BASTEI
LÜBBE

JACOB VON ANCONA, geboren 1221, Enkel des großen Rabbiners Israel von Florenz, war ein umfassend gebildeter Kaufmann und Gelehrter. Per Schiff brach er am 16. April 1270 zu einer Handelsreise nach China auf. Ungefähr sechs Monate lebte er in Zaitun, dem heutigem Quanzhou, bis er nach mehr als drei Jahren im Mai 1273 wieder in Ancona eintraf.

DAVID SELBOURNE, Enkel des namhaften jüdischen Philosophen Moshe Avigdor Amiel, studierte alte Sprachen sowie Rechtswissenschaften in Oxford. Zwei Jahrzehnte lang lehrte er Geistesgeschichte am Ruskin College in Oxford und lebt heute in Urbino, Italien. 1994 erschien sein staatspolitisches Werk »The Principle of Duty«. Er ist der Entdecker und Herausgeber von Jacobs Reisebericht.

JACOB VON ANCONA

STADT DES LICHTS

Ein mittelalterlicher Händler berichtet
von seiner Reise nach China (1270-1273)

Herausgegeben von
DAVID SELBOURNE

Aus den Englischen von
A. Schmidt

BASTEI LÜBBE TASCHENBUCH
Band 64171

1. Auflage: Juni 2000

Vollständige Taschenbuchausgabe
der im Gustav Lübbe Verlag erschienenen Hardcoverausgabe

Bastei Lübbe Taschenbücher und Gustav Lübbe Verlag sind Imprints
der Verlagsgruppe Lübbe

Titel der englischen Originalausgabe:
THE CITY OF LIGHT
© 1997 by David Selbourne
Published by arrangement with Little, Brown and Company
© für die deutschsprachige Ausgabe:
1998 Verlagsgruppe Lübbe GmbH & Co. KG,
Bergisch Gladbach
Lektorat: Helmut R. Feller
Textredaktion: Arnd Kösling, Refrath
Einbandgestaltung: DYADEsign, Düsseldorf,
unter Verwendung eines Ausschnittes aus der Bildrolle
Den Fluß hinauf am Frühlingsfest von Zhang Zeduan (12. Jh.),
Werner Forman Archive, London
Layout und Satz: KOMBO KommunikationsDesign GmbH, Köln
Druck und Verarbeitung: Clausen & Bosse, Leck
Printed in Germany
ISBN 3-404-64171-X

Sie finden uns im Internet unter
http://www.luebbe.de

Der Preis dieses Bandes versteht sich einschschließlich
der gesetzlichen Mehrwertsteuer.

HABENT SUA FATA
LIBELLI

Terentianus Maurus

DANKSAGUNG

Dem Besitzer des Manuskripts von Jacob von Ancona möchte ich meinen Dank dafür aussprechen, daß er mir zwischen September 1991 und Juni 1996 immer wieder die ausgedehnte Beschäftigung mit dem Text gestattet und mir großzügigerweise das Recht zu dessen Übersetzung eingeräumt hat. Ebenso muß ich mich für die vielfältige Hilfestellung und die moralische Unterstützung, die mir bei meiner Arbeit zuteil wurde, bedanken, besonders bei dem inzwischen verstorbenen Eliezer Amiel, bei Dr. Domenico Cossi, Matthew von Ancona, Joseph Hassan, Boris Kaz, Maria Luisa Moscati Benigni, Dr. Luigi Paci, Dr. Gustavo Pesarin, Meir Posen, Carol Thomas und Prof. Donald Thomas. Ebenso gilt mein Dank vielen anderen, die zu zahlreich sind, um einzeln erwähnt zu werden, für die Antworten, die sie mir auf meine Fragen in hunderterlei Angelegenheiten gaben. In großer Dankesschuld stehe ich auch bei meiner Frau, die mit ihrer geistigen und praktischen Zusammenarbeit dieses Werk vorangetrieben hat, bei Christopher Sinclair-Stevenson, bei Philippa Harrison von Little, Brown & Co. sowie bei Andrew Wille, dessen Fachverstand und Urteilskraft viele Entscheidungen bei der Herstellung dieses Buches prägten.

David Selbourne, Urbino, 1997

Inhalt

EINLEITUNG

Anfang 1990 erhielt ich durch einen Besucher, der mich in meiner Wohnung in Urbino aufsuchte, Kenntnis von dem in Privatbesitz befindlichen Manuskript, das hier in Übersetzung vorliegt. Meinem Besucher war bekannt, daß ich mich für Judaica interessiere. Er erklärte, er wolle mir etwas enthüllen, das er keinem Italiener anzuvertrauen wage. Schließlich (im Dezember 1990) konnte ich das Werk zum ersten Mal in Augenschein nehmen. Es war in ein Seidentuch aus dem 17. Jahrhundert mit feinen Perlstickereien blauer und rosafarbener Blumen gewickelt, das einer der Hüllen der Thora-Rollen ähnelte, die in einem Schrank der hiesigen Synagoge aufbewahrt werden – die nicht mehr benutzt wird, da heute nicht einmal mehr ein halbes Dutzend Juden hier lebt.

Es dauerte trotzdem noch mehrere Monate, bis ich den Besitzer – der in der Marche-Region wohnt und selbst kein Jude ist – dazu bewegen konnte, mich in seiner Gegenwart das Manuskript untersuchen zu lassen und zu versuchen, Passagen davon zu entziffern. Und erst im September 1991 konnte ich nach langwierigen Gesprächen über die Schwierigkeiten, die die Bekanntmachung der Existenz dieses Dokuments mit sich bringen würde – sowohl seine Herkunft wie auch die Eigentumsverhältnisse sind ungeklärt –, damit beginnen, den Text (stets im Hause seines Besitzers) im Hinblick auf eine mögliche Übersetzung und Veröffentlichung eingehender zu prüfen.

Das heutige Italienisch spreche ich zwar fließend, aber abgesehen davon, daß ich vor Jahren einmal Dante mittels einer Übersetzungshilfe gelesen hatte, war ich mit mittelalterlichem Italienisch nicht vertraut – und dazu kam noch die Schwierigkeit, die Handschrift des Autors oder Schreibers des Werks zu entziffern. Obendrein regten sich bei dem Besitzer immer wieder Zweifel, ob es klug sei, die Existenz des Manuskripts überhaupt bekannt werden zu lassen, während ich – angesichts der Möglichkeit, daß er dessen genauen Standort zu seinen Lebzeiten möglicherweise nicht preisgeben würde und seine Erben sich vielleicht ähnlich verhielten –, meine eigenen Bedenken hatte, ob ich

Ein Kaufmann betritt die Stadt – Ausschnitt aus dem Livre des Merveilles, *einer illustrierten Ausgabe der Reisen des Marco Polo, Frankreich, frühes 15. Jahrhundert*

einen Text übersetzen sollte, der Dritten nur schwer oder vielleicht überhaupt nicht zugänglich sein würde.

Die Entscheidung war nicht einfach. Mein Hauptinteresse galt jedoch dem Inhalt des Manuskripts, und ich sagte mir schließlich, der Sache werde am besten dadurch gedient, daß ich eine vorläufige und möglichst zuverlässige Übersetzung des Texts ins Englische anfertigte und mich gegenüber dem Besitzer an mein gegebenes Wort hielte. Natürlich werde ich immer wieder bedrängt, mehr preiszugeben, doch das habe ich nicht vor. Zum einen ist das Ehrensache, zum anderen bin ich für das erwiesene Vertrauen dankbar.

Während ich mit Unterbrechungen an dem Manuskript arbeitete – zwischendurch beschäftigte ich mich anfangs mit dem Buch, das dann den Titel The Spirit of the Age bekam, und plante später The Principle of Duty –, wurde mir mehr und mehr bewußt, welch außergewöhnlichen Fund, welch Geschenk ich in Händen hielt, und mir wurde klar, daß ich die Pflicht hatte, seinen Inhalt ungeachtet aller für mich damit verbundenen Schwierigkeiten an die Öffentlichkeit zu bringen. Allein schon die Tatsache, daß ein jüdischer Gelehrter und Kaufmann, Iacobbe (Jacob) von Ancona, einige Jahre vor Marco Polo bis in den äußersten Orient vorgedrungen war und einen brillanten Bericht seiner Erlebnisse hinterlassen hatte, war für mich Grund genug, die Übersetzung voranzutreiben, doch insbesondere die staunenswerte Schilderung der destabilisierten Verhältnisse in der südchinesischen Stadt Zaitun während des Herannahens der mongolischen Eroberer motivierte mich zur Fortführung der Arbeit.

Doch genauso bestechend war der Umstand – oder die Saga –, daß das Manuskript, wie man mir zu verstehen gab, lange bevor es in die Hände des jetzigen Besitzers gelangte, von einer ortsansässigen jüdischen Familie »über Generationen hinweg versteckt gehalten worden war«. Als ich es schließlich geschafft hatte, den Text komplett durchzulesen, stand für mich fest, daß der Hauptgrund dafür in seinen riskanten Erörterungen religiöser Fragen lag.

Angesichts der Inquisition hatte Jacob guten Grund für seine Vorsicht – eine Vorsicht, die offenbar über Generationen weitervermittelt wurde, so daß selbst der derzeitige nichtjüdische Besitzer des Manuskripts sie beherzigt. (Die Juden von Urbino waren 1553 an die Unerläßlichkeit von Vorsichtsmaßnahmen erinnert worden, als man ihre Bücher öffentlich verbrannt hatte.) Zudem hatte in Italien zur Zeit der Niederschrift des Manuskripts – vermutlich in den letzten Jahren des 13. oder in den ersten des 14. Jahrhunderts – die theologische Auseinandersetzung zwischen Christen und Juden an feindseliger Erbitterung und an Bedrohlichkeit für die letztgenannten erheblich zugenommen. Ein Jahrhundert später, 1409, wurden Juden an der Fakultät der Künste der Universität von Padua zugelassen. Elia Delmedigo hielt dort Vorlesungen über Philosophie, und unter seinen Schülern war der große italienische Humanist Pico della Mirandola (1463–1494), wie überhaupt jüdische Denker in der Renaissance des Quattrocento eine wichtige Rolle spielen.

Im voraufgegangenen Jahrhundert jedoch hätten die in Jacobs Text enthaltenen Ausfälle gegenüber dem Christentum, in denen er seine starke Abneigung deutlich artikuliert, im Fall der Entdeckung ihn und seine Familie in böse Schwierigkeiten gebracht. Es war, als haftete dem Gegenstand, den ich jetzt in meinen Händen hielt, immer noch ein uraltes Familientabu an, das quer durch die Zeitalter unmittelbar aus alten jüdischen Ängsten vor der Beschuldigung der Blasphemie und Gottlosigkeit seitens der Christen herrührte. So schreibt Jacob von Ancona denn auch am Ende des Manuskripts: »Doch wenn alles, was ich gesehen und niedergeschrieben habe, bekanntgemacht würde, befürchte ich, daß man mir wegen der Wunder, die ich beobachtet und von denen ich berichtet habe, keinen Glauben schenkte, und andere Teile meines Berichtes würden als schwere Verfehlung betrachtet.« Es ist daher anzunehmen, daß das Buch gut versteckt und, falls es sich bei dem vorliegenden Manuskript um eine frühe Kopie des Jacobschen Originals handeln sollte, diese nur von allerengsten Vertrauten angefertigt wurde.

Da im Mittelalter viele Europäer und speziell Italiener Reisen in den Nahen und Fernen Osten unternahmen, existiert in italienischen Bibliotheken – vor allem im Vatikan – eine beträchtliche Zahl bekannter und unbekannter Manuskripte, die von diesen Reisen berichten. Ihre historischen und geographischen Angaben sind oft mit Vorsicht zu genießen – »mittelalterliche« Übertreibungen sind schon fast sprichwörtlich. Es sind sogar Zweifel laut geworden, ob Marco Polo, der berühmteste Orientreisende, überhaupt in China war.[1] Auch die Maß- und Zahlenangaben des Jacob von Ancona sind trotz der ihm eigenen kritischen Haltung keineswegs über alle Zweifel erhaben, doch im all-

gemeinen gehört er nicht zu den Opfern des Münchhausen-Syndroms, jenes Hangs der frühen Reisenden, jede Lilie zu vergolden, jede Summe zu vervielfachen und sich selbst mit außergewöhnlicher Kühnheit auszustatten.

Über die Entstehung des Manuskripts – also nach welchem Schema Jacob bei seinen Aufzeichnungen verfuhr und wie und unter welchen Bedingungen er die Niederschrift anfertigte – können wir nur mutmaßen. Marco Polo soll seinen Reisebericht einem Zellengenossen in Genua diktiert haben, und das noch nicht einmal in seiner Muttersprache, was der Glaubwürdigkeit seines Berichts insgesamt Abbruch tut. Bezüglich des Manuskripts von Jacob von Ancona, das zu einem nicht unbeträchtlichen Teil aus der detaillierten Wiedergabe von Gesprächen und Debatten besteht, an denen er, wie er sagt, persönlich teilgenommen hat, läßt sich zum Beispiel aus Bemerkungen über die Rolle seines Führers und Dolmetschers in Zaitun, Li Fenli (Lifenli), ablesen, daß zumindest ein gewisser Anteil des Materials, auf dem es basiert, aus Notizen stammt, die Jacob vor Ort machte und die von seinem treuen Diener später aufbereitet wurden (dem er denn auch beim Abschied eine großzügige Entlohnung zukommen ließ). Jacob erklärt, er verstehe die Worte jener, die zu ihm sprechen, »durch den Mund eines Dritten«, er selbst spreche »mit der Zunge eines anderen«. Er weist Li Fenli an, er möge »alle Dinge, die wir aufgeschrieben haben, Seite für Seite fertigstellen«, was uns vermuten läßt, daß die beiden auch gemeinsam Material erarbeiteten, das Jacob bei seiner Rückreise aus China mitzunehmen gedachte.

Dennoch ist aus grundsätzlichen Überlegungen heraus sowie aufgrund der genauen Prüfung des Inhalts offensichtlich, daß ein großer Teil des Textes in Muße in Italien zustande kam – wahrscheinlich, nachdem Jacob seine Tätigkeit als Kaufmann beendet und das Gelehrtendasein wiederaufgenommen hatte. (An einer Stelle des Manuskripts findet sich in hebräischer Sprache der Ausruf: »Gepriesen sei Er, der meine Hand führt« – eine Anrufung, die jemand macht, der über vergangene Geschehnisse berichtet.) Bestimmt hat Jacob während der Reise und in China selbst eine Art Tagebuch geführt, denn die Datierungen nach dem julianischen und dem jüdischen Kalender wie auch deren wechselseitige Zuordnungen sind sehr präzise (und korrekt). Doch die ausgiebige Wiedergabe der in China geführten Gespräche über philosophische und andere Themen dürfte – trotz der offenbar ständi-

gen Gegenwart von Li Fenli – kaum dem ursprünglichen Wortlaut entsprechen, nicht zuletzt deshalb, weil in ihnen Passagen in hebräischer Sprache enthalten sind, die in der geschilderten Situation wohl kaum zur Verwendung kam.

Was den Umstand betrifft, daß Jacob von Anconas Manuskript bislang nicht bekannt (oder registriert) war, so dürfte jemand, der das Verhältnis der Italiener zu Besitz und Vermögen kennt, darüber nicht besonders überrascht sein. Ich persönlich hege keinen Zweifel, daß es sich hier, wie so oft bei italienischen Kunstschätzen, um eine der vielen gestohlenen, beiseite geschafften, verschobenen oder, wie ich in diesem Fall glaube, lediglich in Privathand zurückgehaltenen Kostbarkeiten handelt, von deren Existenz nicht der geringste Hinweis aus dem engsten Kreis der Besitzer nach außen gedrungen ist. Auch ist es angesichts der italienischen Verhältnisse nicht abwegig, wenn sich ein Kunstbesitzer aus Angst vor Beschlagnahme, Diebstahl oder anderweitigem Verlust scheut, mit seinen Schätzen an die Öffentlichkeit zu treten.

Ich greife willkürlich einige einschlägige Beispiele heraus: In den letzten Jahren sah ich eine signierte Luxusausgabe (1528) von Baldassare Castigliones Il Cortegiano *– geschrieben am Renaissance-Hof von Urbino –, die in einem abgelegenen Winkel der Marche bedenklich vor sich hin schimmelt; ich sichtete Teile eines alten Synagogen-Archivs, das in Pappschachteln im Haus eines Gemeindemitglieds aufbewahrt wird; in einer anderen Synagoge in der Marche stieß ich auf wertvolle alte Briefe, die man zwischen die Bankreihen fortgeräumt hatte. Im Dezember 1996 konnte ich im Schloß der Herzöge von Urbino die »Welt-Uraufführung« von lange verschollener Lautenmusik erleben, die in einem Manuskript auf den Regalen der Biblioteca Oliveriana der adriatischen Küstenstadt Pescaro entdeckt worden war. Bei dem Konzert kamen unter anderem Werke des Hofmusikers und Tanzmeisters Giuglielmo Ebreo, auch Wilhelm der Jude genannt (1497–1543), zur Aufführung, der am Hof von Montefeltro (und an dem der Medici) gewirkt hatte.*

Das abenteuerliche Werk von Jacob von Ancona steht in seinem eigenen Zusammenhang.

Das in knittriges und verblichenes Kalbspergament gebundene Manuskript mißt fünfundzwanzigeinhalb Zentimeter in der Höhe und neunzehneinhalb Zentimeter in der Breite. Es enthält zweihundertachtzig meist beidseitig beschriebene Blätter aus feinem, sauberem Papier, die in einer sorgfältigen und zumeist klaren Handschrift beschrieben sind. Es weist allerdings eine große Zahl von Durch-streichungen, Verbesserungen und Randbemerkungen auf, von denen einige in einer anderen Schrift verfaßt sind als der eigentliche Text.

Im Durchschnitt kommen auf jede Seite siebenundvierzig Zeilen. Die zahlreichen im Text vorkommenden hebräischen Wörter und Wendungen sind mit geübter Hand niedergeschrieben und stammen mit an Sicherheit grenzender Wahrscheinlichkeit vom selben Schreiber wie der übrige Text des Werks. Der gesamte Text weist keinerlei Ver-zierungen auf, hat keine Überschriften und keine Unterteilungen in Bücher oder Kapitel. Nirgendwo ist der Name eines Schreibers angege-ben. Am Fuß der letzten Seite findet sich der Name »Gaio Bonaiuti«. Er ist mit einer anderen Tinte und in anderer Schrift als der Haupt-korpus des Textes geschrieben.

Der Umstand, daß das Manuskript zwar in Pergament gebunden, aber auf Papier geschrieben wurde, läßt seine Entstehung im 14. Jahr-hundert und damit in einer Zeit nach dem Tod seines Autors vermu-ten, der uns mitteilt, daß er 1221 geboren wurde. Im Schriftverkehr der Kaufleute war Papier bereits im frühen 13. Jahrhundert in Gebrauch und wurde sogar noch früher aus China und muslimischen Ländern nach Europa importiert. Aber erst gegen Ende des 13. Jahrhunderts setzte die Papierherstellung (auch durch jüdische Handwerker) in Italien ein. Das Papier für das Manuskript könnte sehr wohl aus dem Ancona nahegelegenen Fabiano gekommen sein, wo die Papierherstel-lung zwischen 1268 und 1279 begann. Für die Annahme, daß Jacob von ihm selbst aus China mitgebrachtes Papier verwendet hat, fehlt jeder Hinweis, und sie dürfte wohl etwas gewagt sein, auch wenn man sie mangels eines erkennbaren Wasserzeichens nicht ausschließen kann.

In der Tatsache, daß das Werk im umgangssprachlichen Italienisch, im Volgare, verfaßt wurde und nicht in Latein, mag ein gewisser Hinweis darauf liegen – keinesfalls mehr –, daß dieser Text nicht von Jacob selbst niedergeschrieben wurde, sondern vielleicht die Überset-zung eines (möglicherweise hebräischen) Originals in die besser zu-gängliche Umgangssprache darstellt, um einer heimlichen Nachfrage gerecht zu werden. Das Manuskript enthält zwar auch ein paar latei-nische Passagen, aber es ist darauf hinzuweisen, daß gebildete Juden das Lateinische nach Möglichkeit mieden, denn es war die ungeliebte Sprache der Kirche. Zudem stammt der erste Beleg für die schriftliche Verwendung der Umgangssprache in Italien aus dem Jahr 960, und

*schon im 11. und 12. Jahrhundert wurde das Schreiben im Volgare all-
mählich zur Gepflogenheit.*

*Ich möchte mich daher zwar nicht darauf festlegen, daß das
Manuskript schon zu Jacobs Lebzeiten verfaßt wurde, doch ich neige,
vielleicht aus reinem Wunschdenken, zu dieser Auffassung und ebenso
zu der, daß er selbst der Schreiber war, worin mich allerdings der sou-
veräne Umgang des Textes mit mehreren Sprachen bestärkt (Italienisch,
Hebräisch und Lateinisch sowie die Verwendung arabischer und griechischer Wörter in ihren jeweiligen Schriften), was die Tätigkeit eines
späteren Übersetzers oder Kopisten unwahrscheinlich erscheinen läßt.
Wenn das Manuskript von Jacob selbst niedergeschrieben wurde, dürfte es kaum später als 1290 entstanden sein, denn damals war er schon
fast siebzig Jahre alt.*

*Der Text selbst liefert ebenfalls etliche Hinweise dafür, daß er in
seiner ersten Fassung relativ früh niedergeschrieben worden sein muß.
Einer davon ist der Bezug auf »das Erdbeben, das uns unlängst heimgesucht hat«, der sich in Jacobs – zweifellos überarbeitetem und aus-
gefeiltem – Bericht darüber findet, was er den Ältesten von Zaitun mit-
geteilt haben will. In den Jahren 1269 und 1279 gab es in Ancona
verheerende Erdbeben; das erste ereignete sich ein Jahr vor Jacobs
Abreise, das zweite, nachdem er schon sechs Jahre wieder in Italien war.*

*Ein zweiter, wenn auch nicht so unmittelbarer Hinweis ergibt sich
aus dem Wort* arguni, *das Jacob zur Bezeichnung der in Zaitun ansässigen chinesisch-europäischen Mischlinge benutzt. Es ist unwahrscheinlich, daß dieses ans Italienische angeglichene Wort mongolischen
Ursprungs in Zaitun schon verwendet wurde, als Jacob sich dort aufhielt. Die Stadt fiel erst nach seiner Abreise im Jahre 1277 in die Hände
der Mongolen. Jacobs Kenntnis dieses Wortes dürfte meines Erachtens
aus späteren Kontakten mit Kaufleuten stammen, die im Handel mit
dem mongolisch eroberten China tätig waren, so daß auch dieser Punkt
auf die Niederschrift des Manuskripts kurz nach 1280 hindeutet.*

*Die Signatur »Gaio Bonaiuti« ist zweifelsfrei späteren Datums und
liefert einen wichtigen Hinweis auf die Geschicke des Manuskripts. Wir
wissen von einem Gaio Bonaiuti (der Vorname ist jüdischer Herkunft),
der mit seinen Partnern bis 1430 in Ancona eine Bank betrieb und 1433,
wie wir ebenfalls wissen, zusammen mit anderen jüdischen Geschäfts-
leuten an der Gründung einer Bank in Urbino beteiligt war. Ich
nehme an, daß wir in Bonaiuti einen Nachkommen aus der Linie von*

Jacobs Ehefrau vor uns haben, deren Name im Manuskript als Sara Bonaiuta von Jesi angegeben wird. Jacob erwähnt dort ebenfalls seinen Schwager Isaak de Bonaiuta und einen Vetter namens Eliezer Bonaiuto, dem er in Akko einen Besuch abstattet. Bonaiuta, Bonaiuto und Bonaiuti sind bei den Juden von Ancona und der Marche-Region bis zum heutigen Tag als Vornamen gebräuchlich, wobei abweichende Schreibweisen und geringfügige Veränderungen eines Namens (wie seine Verwendung im Singular oder Plural) in der Geschichte von italienischen Familien häufig festzustellen sind.[2]

Es ist daher gut möglich, daß das Buch ursprünglich durch die Familie Bonaiuto von Ancona nach Urbino gelangt ist – eine Entfernung von knapp achtzig Kilometern. Die Signatur stellte natürlich ein zusätzliches Risiko dar und dürfte, wenn sie aus der Mitte des 15. Jahrhunderts stammte, für die Eigentümer-Familie einen weiteren Grund dargestellt haben, die Geheimhaltung beizubehalten.

Wie wir bereits sahen, waren Bücher für Juden in diesen finsteren Zeiten ein gefährlicher und ständig gefährdeter Besitz. Ein Erlaß des Herzogs Guidobaldo II. von Urbino vom 11. November 1593 ordnete die Beschlagnahme und Vernichtung sämtlicher in der Stadt befindlichen talmudischen Texte an, seien sie im Besitz von Christen oder Juden. Die Schriften waren innerhalb von acht Tagen an den Stadtkommandanten von Urbino herauszugeben, denn sie seien »unverzüglich auf der Piazza öffentlich zu verbrennen«. Einem Juden, der dem Dekret keine Folge leistete, drohten schwere Strafen. Er sollte »am Halse aufgehängt« werden und all seinen Besitz verlieren. Christen sollten »für immer aus dem Hoheitsgebiet des Herzogs verbannt und ihr ganzes Hab und Gut beschlagnahmt werden«. In beiden Fällen sollte demjenigen, der den Behörden das Vorhandensein derartiger Bücher zutrug, ein Viertel des beschlagnahmten Vermögens des Beschuldigten zufallen.[3]

Das Manuskript ist, wie bereits erwähnt, vorwiegend im Italienisch des 13. und vielleicht auch noch des 14. Jahrhunderts verfaßt, das im wesentlichen eine gehobene Form des Toskanischen ist – Jacob läßt uns wissen, daß sein Großvater Rabbi in Florenz war. Doch der Text enthält auch Einsprengsel venezianischer Wörter und Schreibweisen, und manchmal finden sich Ausdrucksweisen, die dem mittelalterlichen jüdischen Dialekt von Ancona zugeordnet werden können. Neben Ausdrücken, Wörtern und einigen wenigen längeren Textstellen in Latein stößt man auf viele hebräisch geschriebene Passagen und Wörter, die überwiegend biblischer oder talmudischer Herkunft sind. Darüber hinaus enthält das Werk eine große Zahl frommer Ausrufe und Formeln, deren jüdischer oder hebräischer Charakter ungeachtet ihrer jeweiligen lateinischen oder hebräischen Schreibweise eindeutig erkennbar ist.

Fast alle Zitate aus dem Alten Testament und dem Talmud sind in hebräischer Schrift wiedergegeben. Im Anhang werde ich darauf näher eingehen (Seite 465 ff.).

Es ist nicht ausgeschlossen, daß auch dieses Manuskript sich einmal in der berühmten Renaissance-Bibliothek der Fürsten von Urbino befunden hat, insbesondere in der Sammlung, die der Herzog Federico von Montefeltro (1422 – 1482) zusammentrug, dessen Hof zu den großartigsten seiner Zeit gerechnet werden muß. Diese Bibliothek – der größte Teil davon befindet sich jetzt im Vatikan – enthielt einen legendären Schatz aus aramäischen, syrischen, griechischen, lateinischen, italienischen und hebräischen Handschriften. Der »im Lateinischen höchst bewanderte« Jude Lorenzo Abstemio war ungefähr ab 1477 ihr Bibliothekar. Unter den hebräischen Texten befanden sich Bibeln, talmudische Abhandlungen, rabbinische Kommentare zu Averroes[4], Avicenna[5] und Aristoteles, wie auch Werke des jüdischen Philosophen Maimonides (1135 – 1204) über Medizin, Wissenschaft und die Liebe (Es war auch ein auf Pergament geschriebenes und in rotes Leder gebundenes Folienmanuskript vorhanden, das als Gegen die Juden katalogisiert war; eventuell handelte es sich um die Tractatio adversus judaios des Augustinus).

Es gab mittelalterliche Manuskriptausgaben von Aristoteles und Dante, von Homer und vom Koran, von Nachschlagewerken und Psaltern, aber auch Werke über Pferdezucht, Gartenbau oder Löwen, über die Entfernung von Flecken, das Schachspiel, die Gewohnheiten Heranwachsender und über die Unsterblichkeit der Seele. Die Bibliothek enthielt auch Handschriften mit Reiseberichten, unter anderem den des friaulischen Mönchs Odrigo über seine Reise nach Indien und China, die er fünfzig Jahre nach der Fahrt Jacob von Anconas unternahm.

Nach dem Tod von Francesco Maria II. im Jahr 1631, des sechsten und letzten Herzogs von Urbino, fiel das Fürstentum an den Kirchenstaat; die Bibliothek hatte er jedoch ausdrücklich der comune von Urbino vermacht. Flaminio Catelano, der Bibliothekar von Urbino, erstellte 1632 ein Inventar der Bestände, das Francesco Scudacchi, der

Notar der Stadt, beurkundete. Das Verzeichnis enthält bestürzend unspezifizierte Angaben über »Bündel verschiedener Schriften« und sogar »allerlei Geheimnisse« (secreti varii, Posten Nr. 1418). Außerdem ist bekannt, daß nach der Erstellung des Inventars immer mehr Bücher aus der Sammlung abhanden kamen, weswegen die Verbringung der Restbestände nach Rom im Jahre 1657 während des Pontifikats von Papst Alexander VII. beschleunigt vorgenommen wurde.[6]

Die Übernahme der Bibliothek durch die römische Kurie erregt die Gemüter in Urbino bis zum heutigen Tag, nicht zuletzt wegen der Gründe, die damals zur Rechtfertigung angeführt wurden und die man nach wie vor als Vorwand ansieht. »Die Leute von Urbino«, erklärt jedoch Pallavicini Sforza ganz in der Tradition der päpstlichen Miß-billigung des Bücherdiebstahls, »hatten keinen Sinn für Kultur und waren miserable Sachwalter«[7] der fürstlichen Bibliothek.

Es ist nicht mehr feststellbar, ob das Manuskript der Stadt des Lichts zu jenen gehört, die zwischen 1631 und 1657 aus der fürstlichen Sammlung verschwanden, oder ob es in der jüdischen Gemeinde von Urbino – die 1633 in ein Ghetto eingeschlossen wurde – ein Dasein im verborgenen führte. Doch ganz bestimmt hätten zweihundert Jahre zuvor Herzog Federicos humanistischer Geist und erlesener Geschmack dem Buch des Jacob von Ancona – wenigstens im Prinzip – einen Platz auf den Regalen seiner Bibliothek eingeräumt.

Abgesehen davon, wie umfassend, interessiert und durchweg genau Jacob von Ancona die Welt beobachtet, und neben seinem außerordent-lichen Engagement für die Probleme einer chinesischen Stadt zur Zeit der Süd-Song-Dynastie, hat der Text Bedeutung als seltenes Beispiel einer mittelalterlichen jüdischen Autobiographie. Jüdische Geschichts-schreibung ist im Mittelalter – ganz anders als philosophische und religiöse Schriften – in der Tat dünn gesät. Noch seltener sind jedoch historiographische Texte, in denen so persönlich Stellung bezogen wird wie in diesem Manuskript.

Wir kennen zum Beispiel die Reisen *des Rabbi Benjamin von Tudela aus dem 12. Jahrhundert, Kaufmannsbriefe aus demselben Jahrhundert, die man in einer Kairoer Synagoge entdeckte, sowie das* Kitab al Mu'tabar *(das »Buch dessen, was durch persönliches Nach-denken erkannt wurde«) des jüdischen Philosophen und Arztes Abu al-Barakat von Bagdad, der zwischen 1160 und 1170 sehr populär war und gegen Ende seines Lebens zum Islam übertrat.*

Doch ein gebildeter jüdischer Marco Polo des ausgehenden 13. Jahrhunderts, der vermutlich Rabbi, Arzt und Kaufmann in einem war und sich obendrein ganz weltlich mit politischen Fragen auseinandersetzte – das ist denn doch etwas anderes.

Das China des 13. Jahrhunderts war nicht nur den missionierenden Mönchen, den Polos und den moslemischen Händlern aus der Levante bekannt. Ich erwähnte bereits den spanischen Rabbi Benjamin von Tudela, dessen Reise einhundert Jahre vor der von Jacob von Ancona stattfand und der ein hebräisch geschriebenes Tagebuch hinterließ, das offenbar 1173 in Kastilien abgeschlossen und 1543 in Konstantinopel zum ersten Mal veröffentlicht wurde. Man nimmt an, daß er wie Jacob als Kaufmann unterwegs war und auf einer – wahrscheinlich dreizehnjährigen – Reise bis nach »Khusistan« gelangte, das im südwestlichen Iran, am Indischen Ozean oder an der Grenze Chinas vermutet wird. Später, im 15. Jahrhundert, folgten ihm die italienischen Juden Elia von Ferrara, ein Talmud-Lehrer und Reisender, und am Ende des Jahrhunderts Meschullam von Volterra. Beide waren Rabbis und Kaufleute.

Die Liste nichtjüdischer Italiener, die den Orient im Mittelalter kennenlernten und darüber schrieben, ist natürlich viel länger. Plano Carpini gelangte um 1246 in den Karakorum. Der Venezianer Marco Polo brach 1271, ein Jahr nach Jacob von Anconas Abreise, nach China auf und erreichte den mongolischen (oder »Tataren«-) Hof des Kublai Khan in Shangdu – dem legendären Xanadu – in der Mitte des Jahres 1275, zwei Jahre nach Jacobs glücklicher Heimkehr nach Italien. Nachdem er den mongolischen Eroberern des China der Song-Dynastie als Verwaltungsfachmann und Botschafter gedient hatte, machte er sich 1292 von jenem Zaitun aus, von dem Jacob berichtet, auf die Rückreise nach Italien.

Der Franziskanermönch Giovanni di Monte Corvino (1247–1328), der später von Papst Clemens V. zum Erzbischof von Khanbalik (Beijing, Peking) ernannt wurde, segelte 1291 von Hormuz nach Zaitun. Der bereits erwähnte Mönch Odrigo oder Odorich aus dem Friaul war von 1324 bis 1327 in China und besuchte ebenfalls Zaitun. Giovanni di Marignolli, ein weiterer bekannter italienischer Mönch, der einen Reisebericht hinterließ, besuchte China in den vierziger Jahren des 13. Jahrhunderts.

Es gibt eine beträchtliche Zahl von moslemischen Reiseautoren des Mittelalters, die nach Indien und China gelangten, darunter Raschid

Dschingis Khan erklärt sich zum Herrscher der Mongolen – aus einem mittelalterlichen Manuskript über die Reisen des Raschid ad-Din

al-Din (1247–1317), ein Jude und Zeitgenosse Jacob von Anconas, der zum Islam übertrat, Wassaf, der um 1300 China besuchte, Abulfeda (1273–1331) und vielleicht der bekannteste, Ibn Battuta (1307–1377), der ein halbes Jahrhundert nach Jacob von Anconas Verwicklung in die Geschicke der Hafenstadt Zaitun ebenfalls dort an Land ging und später von dort aus wieder in See stach.[8]

Auch wenn mir Fehler unterlaufen sein mögen, da es hin und wieder schwierig war, der Handschrift des Manuskripts, den Überschreibungen und den Hinzufügungen am Rand zu folgen – in manchen Fällen gab es mehr als eine mögliche Lesart –, glaube ich doch, eine genaue Wiedergabe des Textes geliefert zu haben.

Das Manuskript hat keine Untergliederungen in einzelne Teile oder Kapitel. Die vorliegende Einteilung, wie auch der Titel des Werks, stammen von mir.

Ich habe den Autor Jacob von Ancona genannt. Er selbst bezeichnet sich als »Iacobbe«, »Giacobbe« und »Iacob«. In anderen Fällen habe ich seine Schreibweise von Personen- und Ortsnamen übernommen sowie auch seine Transkription der chinesischen Namen, die er lediglich hörte. Wo man Namen identifizieren oder ihre Träger mit einer gewissen Sicherheit erraten kann, erweist sich Jacobs Wiedergabe als ziemlich genau, wenngleich er sie natürlich in die ähnlichsten italienischen Laute transkribiert.

Wo immer sich Jacobs Bericht durch bekannte historische Ereignisse, Namen, Orte und Daten überprüfen läßt, ist die Genauigkeit seines Berichts insgesamt beeindruckend. Aus dem Blickwinkel des Herausgebers (und des Lesers) weist der Text jedoch auch einige Überfrachtungen auf, zum Beispiel bei den Rechtfertigungen des jüdischen Glaubens und in den philosophischen Abhandlungen, die umfangreiche Kenntnisse des mittelalterlichen Zusammenhangs voraussetzen. An diesen Stellen habe ich Kürzungen vorgenommen. Desgleichen ließ ich einige der frommen

Anrufungen und Ausschmückungen fortfallen, wo sie die Übersetzung
unnötig schwerfällig gemacht hätten.

Sofern die von Jacob verwendeten Bibelworte oder -passagen von
mir (oder meinen Helfern) als Zitate erkannt wurden, habe ich sie im
allgemeinen nicht wörtlich aus dem Italienischen (oder Hebräischen)
übersetzt, sondern die autorisierte Übersetzung aus der King-James-
Bibel *zugrunde gelegt. (Für die deutsche Ausgabe wurde entsprechend*
die Übersetzung der Luther-Bibel *verwendet). Wo Jacob Worte der*
rabbinischen Schriftgelehrten zitiert, beispielsweise aus der Mischna,
mußte ich mich für Quellensuche und Übersetzung gänzlich auf die
Arbeit dritter Personen stützen, da diese Stellen stets in hebräischer
Schrift verfaßt sind.

Ich kann nicht verhehlen, daß ich häufig in den Bann des Geistes
und der Sprache der italienischen Textvorlage geriet (wie es häufig
auch beim Übersetzen von griechischen und lateinischen Klassikern
geschieht), was mich bei der Übersetzung ebenfalls in einen gewissen
altertümelnden Stil verfallen ließ. Manche dieser Stellen mögen etwas
befremdlich klingen, doch im allgemeinen habe ich sie nach der Über-
prüfung beibehalten, da sie meiner Reaktion auf den Text entsprechen
und weil ich dessen Rhythmus, seine Farbigkeit und Wortfolge nicht
durch modernen Sprachgebrauch stören wollte, dessen Geist mit dem
des Originals wenig zu tun hat. Wo ich es für hilfreich hielt, habe ich
Anmerkungen in den Text eingefügt.

ES WAR
IM JAHRE 1270 ...

Wenig erzählt uns der im April 1270 neunundvierzig Jahre alte »Giacobbe ben (Sohn des) Salomone von Ancona, Enkel des Rabbi Israel di Firenze« über sich selbst, aber dieses wenige verrät viel. So sagt er von sich, er sei von »vornehmer rabbinischer Abkunft«. Hier liefert Jacob eine sehr selbstbewußte Aussage über sich, die meine Überzeugung stützt, daß er Rabbiner war, auch wenn er es an keiner Stelle ausdrücklich sagt. Er bezeichnet sich lediglich als fromm und gelehrt (om pio e dotto), doch sein rabbinisches Wissen war profund.

Es gibt drei weitere Stellen im Text, an denen sich die Vermutung aufdrängt, daß er Rabbiner war, ohne daß es allerdings zur Gewißheit wird. An der ersten läßt er sich über die möglichen Konsequenzen aus, »falls ein Rabbi sie (die Götzendiener) lehren sollte, zu Gott zu beten« – hat er selbst einschlägige Erfahrungen als Rabbiner gemacht oder stammen sie aus zweiter Hand? Bei der nächsten und überzeugenderen Stelle befindet er sich in einem südindischen Hafen unter Juden. Er berichtet, »[es] richteten an mich die jungen Männer, die meine Abkunft kannten« – nicht etwa seinen Status als Rabbiner –, »zahllose Fragen über die Thora und ihre Auslegung durch die Schriftgelehrten«. Dies wäre wohl nicht geschehen, wenn er kein Rabbiner war oder nicht wenigstens, wie ich annehmen möchte, eine gewisse rabbinische Grundausbildung hatte. An einer dritten Stelle erklärt er (gegenüber einem Rabbi) rundheraus, an bestimmte Verbote »muß man sich in unseren Synagogen nicht ... halten«, was unangemessen wäre, wenn er nicht selbst rabbinische Autorität aufzuweisen hätte.

War Jacob auch Arzt? Es spricht viel dafür, eventuell sogar noch mehr als für die obige Annahme, auch wenn es ebenfalls nicht eindeutig ist. An Jacobs medizinischem Wissen kann kein Zweifel bestehen. Er ißt Obst, »damit meine Nieren gesund bleiben und mein Wasser rein«, er versucht »den Blutfluß« einer Dienerin zu stillen, er untersucht

Maimonides und seine Schüler – aus einer spanischen Ausgabe des Führers der Verwirrten von 1348

seine Exkremente nach Anzeichen einer eigenen Erkrankung. Noch eindeutiger: Er untersucht »Augen, Zunge und Puls« eines anderen erkrankten Dieners, außerdem gibt er einem Apotheker Anweisungen zur Herstellung einer bestimmten »Salbe« für seine »wunden Stellen«. Ebenso macht er die Bemerkung, er habe in China »viele Gespräche« mit dortigen Weisen »über Medizin, Philosophie und andere Dinge« geführt.

Es ist nicht ausgeschlossen, daß er sowohl Rabbiner als auch Doktor der Medizin war. Unter den jüdischen Gelehrten seiner Zeit gab es diese Kombination häufig, und es ist auch bekannt, daß sie sich oft gleichzeitig als Kaufleute betätigten. Mit vollem Recht sagt er von sich, er sei »nicht einfach ein Kaufmann« gewesen, wobei er das intellektuelle und moralische Selbstbewußtsein eines vielseitig begabten Mannes zeigt, dem »Gott schon in frühen Jahren den Geist öffnete«, wie er es ausdrückt.

Über sein äußeres Erscheinungsbild finden sich nur verstreute Hinweise. Mehr als einmal erwähnt er seinen »grauen Bart«, und im Rahmen einer Debatte spricht jemand von »seinen dunklen Augen und seiner Adlernase«. In einer Selbstbeschreibung vermittelt er uns das hinreißende Bild eines mit auffälligem Hut und Mantel gekleideten Mannes, dessen Anblick die Chinesen bei seinem Herannahen respektvoll beiseite treten läßt.

Über seinen Geburtsort und seine Ausbildung als Jugendlicher wissen wir nichts. Fest steht nur, daß er der Sohn, vielleicht der älteste Sohn, eines jüdischen Kaufmanns aus Ancona war, der seinerseits höchstwahrscheinlich aus Florenz stammte. Im 12. und 13. Jahrhundert bestanden enge Handelsverbindungen zwischen Florenz und Ancona, wobei letzteres als adriatischer Verteiler für die Waren aus der Toskana diente.

Der Umstand, daß das Manuskript vorwiegend in Toskanisch abgefaßt ist (siehe den Anhang über Jacobs Sprachgebrauch), beweist noch nicht, daß Jacob als Kind in Florenz – vielleicht im Hinblick auf eine Rabbiner-Laufbahn und unter der Ägide seines Großvaters – erzogen wurde, denn es steht nicht eindeutig fest, ob die Sprache des Manuskripts tatsächlich die von Jacob ist. Er selbst sprach Hebräisch, Arabisch (wie er uns mitteilt) und Italienisch, beherrschte genügend Latein, um es immer wieder mal gelehrtenhaft im Text zu verwenden, und hatte offenbar auch einige Griechischkenntnisse. Einer beiläufigen Bemerkung zufolge könnte er auch Persisch gesprochen haben.

Von den wenigen Fakten, die mit Jacob von Anconas Identität in Zusammenhang stehen, ist einer von ganz besonderer Wichtigkeit: sein Hinweis auf »Jacob ben Abba Mari Anatoli« als »mein Lehrer in Neapel«. Hier tun sich Welten auf, was die Beleuchtung von Jacobs intellektuellem Hintergrund angeht, denn es kann kein Zweifel daran bestehen, daß es sich bei dem Genannten um Jacob Anatoli (oder Anatolio; 1194–1256) handelt, der ein Anhänger von Maimonides (Mose ben Maimon; 1135–1204) war, jenes berühmten Rabbiners, Humanisten und Doktors der Medizin, der den Führer der Unschlüssigen (1190) verfaßte.

Anatoli, der wie sein Lehrmeister Arzt, aristotelischer Philosoph, Rabbiner und zudem Mathematiker war, spielte eine bedeutende Rolle bei der Verbreitung der maimonidischen Lehren in der Provence und in Italien. Er übersetzte Werke über Logik und Astronomie aus dem Arabischen ins Hebräische und pflegte engen Kontakt zur intellektuellen Welt des Christentums. Wir wissen, daß er sich mit anderen bedeutenden jüdischen Gelehrten in den 1240er Jahren am Hof und an der Universität Friedrichs II. in Neapel aufhielt – Jacob war damals Anfang Zwanzig.

Anatoli wird von einigen Wissenschaftlern unserer Zeit als »Rationalist« oder – noch ausgefallener – als »Liberaler des 13. Jahrhunderts« bezeichnet. Anatolis Einfluß auf Jacobs philosophische Ansichten, die letzterer ausführlich vor uns ausbreitet, läßt sich möglicherweise ausmachen. Denn wir stoßen bei Jacob auf eine eigenartige Mischung aus Frömmigkeit und kluger Skepsis, rationaler Neugier auf die Welt und orthodoxer Moral, die auf seinen Lehrmeister in Neapel zurückzuführen sein dürfte. So begegnet Jacob der Astrologie mit starker Ablehnung, was bei den Christen wie bei den Juden seiner Zeit ungewöhnlich ist und ihn als Anhänger der maimonidischen Schule ausweist. Seine häufig zum Ausdruck gebrachte Ablehnung von Aberglauben und Götzenkult sind von derselben Haltung geprägt.

Man kann Jacob jedoch nicht als Freidenker oder Skeptiker bezeichnen, auch wenn häufig genau dieser Eindruck entsteht. Seine Gottesbeweise sind typisch für die Hochscholastik seiner Zeit und wurden in gleicher Weise von jüdischen, moslemischen und christlichen Aristotelikern vertreten. Doch ungeachtet seiner frömmelnden Aspekte und seiner häufigen Verweise auf die »Wahrheit der Thora« vertritt er bei der Erörterung der materiellen Welt oft einen »modernen« mate-

rialistischen oder präwissenschaftlichen Standpunkt gegenüber Kabbalisten, Neoplatonikern und anderen, die »zu dunkel von der geschaffenen Welt« sprechen, wie er es in einer denkwürdigen Passage formuliert. »Der Mensch«, erklärt er, »muß im großen Meer des Daseins schwimmen, ob ihm das Licht Gottes leuchtet oder nicht, sei er Christ, Sarazene oder Jude.«

Diese Position, die von orthodoxen Talmudisten als äußerst radikal empfunden worden wäre – einem Maimonidianer wäre sie vermutlich eher akzeptabel erschienen –, dürfte sich bei Jacob während seines Aufenthalts in Neapel entwickelt haben. Friedrich II. von Hohenstaufen (1194–1250), Heiliger Römischer Kaiser von 1220 bis zu seiner Absetzung durch das Konzil von Lyon im Jahr 1245, hatte im Jahr 1224 in Neapel eine Akademie, das heißt, eine Universität gegründet. Er zeigte großes Interesse an jüdischer Gelehrsamkeit und lud viele führende Gelehrte seiner Zeit nach Neapel ein, darunter auch Juden, die ihre Vorlesungen zum Teil auf Hebräisch hielten. Friedrich, der sich am Ende mit dem Papst überwarf, als Ketzer mit dem Bann belegt und auf dem Schlachtfeld besiegt wurde, war ein Mann von kritischem Geist, der seinen neapolitanischen Hof auf der Höhe seiner Macht zu einem Zentrum der Wissenschaft machte. Unter den gelehrten Männern, die er um sich scharte und mit denen er freundschaftlichen Umgang pflegte, befand sich etwa Michael Scott (Scotus), Gelehrter, Philosoph, Astrologe und Übersetzer des Aristoteles aus dem Arabischen ins Lateinische, der seinerzeit als Wahrsager und Prophet Berühmtheit erlangte.

Friedrich II. starb im Alter von sechsundfünfzig Jahren, aber die von ihm gegründete Akademie lebte weiter. Thomas von Aquin (1227–1274) lehrte dort nach 1259 Theologie. Neben Anatoli hielt sich auch Moses ibn Tibbon 1244 und 1245 in Neapel auf, einer der bedeutendsten jüdischen Übersetzer klassischer griechischer und arabischer philosophischer wie wissenschaftlicher Werke ins Hebräische. Man darf wohl annehmen, daß der Enkel des »vornehmen« florentinischen Rabbi zu dem Kreis der Studenten gehörte, die zu Füßen dieser Gelehrten saßen.

Etwas pauschal gesagt, war dies eine Zeit, in welcher in der Provence, in Italien und Spanien intensiv über das Wesen Gottes und der Schöpfung nachgedacht wurde – was sich in Jacobs Spekulationen in seinem Manuskript widerspiegelt. Jüdische, moslemische und christ-

liche Gelehrte beteiligten sich an den Debatten, und im Idealfall regte ein aufgeschlossener Herrscher wie Friedrich II. den gemeinsamen Disput an. Die Hauptthemen der intellektuellen Auseinandersetzungen der jüdischen Gelehrten jener Zeit betrafen Beweise für die Existenz Gottes, die Einheit und Körperlosigkeit Gottes, das Wesen, die Erschaffung und Zusammensetzung des Kosmos, Wesen und Kräfte der Seele und ihr Verhältnis zum Körper, die Natur der Wunder sowie die Vereinbarkeit der Heiligen Schrift mit dem damals neuen Weltverständnis, das sich durch Spekulation (einschließlich mathematischer Spekulation) und durch frühe naturwissenschaftliche Experimente in den Bereichen Physik und Astronomie auftat.

In Jacob von Anconas Manuskript finden sich unübersehbare Spuren, wenngleich manchmal nur als Randbemerkungen, seines – bisweilen sehr tiefgehenden – Interesses an solchen Fragen. Damals waren philosophische Betrachtung und geistiger Austausch eine gängige und intensiv betriebene Gepflogenheit unter den gebildeten Juden Südeuropas, die oft gleichzeitig weltläufige Geschäftsleute und rabbinische Gelehrte waren. Übersetzungen (insbesondere des Aristoteles und anderer Klassiker der griechischen Philosophie und Wissenschaft) ins Hebräische und Arabische sowie hebräischer und arabischer Texte ins Lateinische, Provenzalische und manchmal auch ins Umgangsitalienische fanden weite Verbreitung. Die Lehren, insbesondere von Rabbinern, wurden im allgemeinen vom Meister einem Kreis von Schülern übermittelt.

Außerdem ist es, wie angedeutet, keineswegs überraschend, daß der Jüngling, der in Neapel studiert hatte, sein Erwachsenenleben als jüdischer Kaufmann in Ancona verbringen sollte. Der große Maimonides war immerhin Juwelenhändler und hatte Handel mit Indien betrieben, wenngleich er das Reisen seinem jüngeren Bruder David überließ. Maimonides' bewegende Klage über seinen ertrunkenen Bruder – sie stammt ungefähr aus dem Jahr 1170 und gehört zur berühmten Genisa von Al-Fustat, einem versteckten ManuskriptSchatz in einer Alt-Kairoer Synagoge – zeigt, in welchem Ausmaß das Kaufmanns- und das Gelehrtenleben im mittelalterlichen Judentum miteinander verwoben waren. »Er ertrank im Indischen Ozean«, schreibt Maimonides, »und führte viel Geld bei sich, das mir, ihm und anderen gehörte ... Er wuchs auf meinen Knien auf, er war mein Bruder, er war mein Schüler; er trieb Handel auf den Märkten und verdiente

Geld, so daß ich in Sicherheit zu Hause bleiben konnte ... Jetzt ist alle Freude dahin ... immer wenn ich seine Handschrift oder einen seiner Briefe sehe, dreht es mir das Herz um.«[9]

Wenn Jacob also bei seiner Abreise aus Ancona in den Orient bedauert, daß er nun den Studien und der Familie Lebewohl sagen müsse, haben wir eine klar umrissene (wenn auch in mancher Hinsicht eher ungewöhnliche) mittelalterliche jüdische Persönlichkeit vor uns: einen Gelehrten und Kaufmann, der im Gewürzhandel genauso zu Hause ist wie in Diskussionsrunden über das Wesen der Seele.[10]

Dennoch läßt Jacobs Manuskript an zahlreichen Stellen einen etwas naiven Autodidakten erkennen, selbst wenn man die Begrenztheit des mittelalterlichen Wissens in vielen Bereichen in Rechnung stellt – seine Beobachtungen sind nicht immer die eines fertigen Gelehrten. Das läßt mich vermuten, daß er seine Studien möglicherweise vorzeitig beenden mußte, da ihn das Geschäft in Ancona mit Beschlag belegte. Vielleicht zwang ihn die Pflicht, die erfolglosen Unternehmungen seines Vaters wieder ins Lot zu bringen, so daß seine wissenschaftlichen Ambitionen unerfüllt blieben.

Abschließend deutet die frustrierend knappe Erwähnung »meines lieben Freundes Hillel ben Samuel« auf die nahe Bekanntschaft mit führenden italienisch-jüdischen Gelehrten der Zeit hin. Denn der Zusammenhang legt nahe, daß es sich bei diesem »Freund« um Rabbi Hillel ben Samuel von Verona (1220 – etwa 1295) gehandelt haben könnte, einen namhaften Anhänger des Maimonides, der in Barcelona das Schriftgelehrtentum und in Montpellier Medizin studiert hatte und sich 1254 in Neapel aufhielt, als Jacobs eigene Studentenzeit zweifellos schon vorbei war.

Wenn man sich als Historiker mit dem mittelalterlichen Ancona befaßt, steht man vor dem Problem, daß die frühen Dokumente der Archive fast völlig fehlen.[11] Städtische Erlasse und Gesetze existieren erst ab dem Jahr 1378 ebenso wie Unterlagen über die Gewährung von Handelslizenzen an Kaufleute, in denen eventuell Hinweise auf die Tätigkeit von Salomone und Jacob von Ancona zu finden wären. Die Statuten und Vorschriften der Hafenbehörde sind ebenfalls erst ab dem Ende des 14. Jahrhunderts erhalten. Wir wissen zwar, daß die mittelalterliche jüdische Gemeinde eigene Regeln für Kaufleute hatte und daß Entscheidungen des rabbinischen Gerichts über den Handel und

*anderes sowie Synagogen-Unterlagen und so weiter existierten, doch
aus dem 13. Jahrhundert ist nichts davon mehr vorhanden.*

*Aus vielen anderen Quellen wissen wir jedoch von dem in der
ersten Hälfte des 12. Jahrhunderts einsetzenden kräftigen Wirtschafts-
wachstum Anconas, das sich vor allem dem Fernhandel verdankte. Im
Mittelalter war Ancona zusammen mit Venedig – von dessen Ruhm
und Glanz es überschattet wurde – der wichtigste adriatische Hafen
Italiens. Das Ausmaß seiner überseeischen Handelsaktivitäten und
seine große Freiheit bei der Gestaltung seiner internationalen
Beziehungen sind von den Historikern zumeist übersehen worden. Wie
Venedig fehlte auch Ancona ein fruchtbares Hinterland, und wie jenes
war es deshalb für die Einfuhr von Nahrungsmitteln, zum Beispiel
von Korn aus Apulien, das über das Meer herbeigeschafft wurde, von
seinem Hafen abhängig.*

Der Name Ancona ist aus dem griechischen Wort ankon, *Ellbogen,
abgeleitet, das die Gestalt des dortigen Naturhafens beschreibt. Im Jahr
390 v. Chr. von Dionysius von Syracus gegründet, war es der Ein-
schiffungshafen für Trajans Legionen bei seinen Feldzügen gegen die
Daker. Zweimal, 840 und 850, wurde es von Sarazenen geplündert –
worauf Jacob beiläufig anspielt –, und schon 996 erhielt es die Bezeichnung* civitas, *Stadt. Lange Zeit unter byzantinischem Einfluß, bildete
Ancona als Konkurrenzhafen und Zentrum der politischen und wirtschaftlichen Beziehungen mit dem Byzantinischen Reich einen Pfahl
im Fleisch Venedigs. Bis 1135 war es zu einer blühenden Hafenstadt
mit eigenständiger kommunaler Verwaltung[12] geworden und setzte
sich erfolgreich gegen verschiedene Belagerungen zur Wehr – unter
anderem durch Kaiser Friedrich Barbarossa[13] –, die darauf abzielten,
seine politische Unabhängigkeit zu brechen.*

*Als sein Wohlstand und Einfluß immer mehr anwuchsen, prägte
Ancona seine eigene Währung (den* agontano*), und 1220, im Jahr vor
Jacobs Geburt, wurden die Stadtmauern erweitert. Doch zugleich nahm
die Rivalität mit Venedig um die Vorherrschaft in der Adria weiter zu,
und die Bemühungen Roms, Ancona dem Kirchenstaat einzuverleiben,
intensivierten sich ebenfalls. Zwischen 1228 und 1231, als Jacob ein
Junge war, fanden im Zuge der Bemühungen Venedigs, die gesamte
Adria unter seine Lehenshoheit zu bringen, mehrere erfolglose Versuche
einer Hafenblockade statt. Trotz solcher Pressionen war das 13. Jahrhundert für die Stadt eine Zeit der Stärke und des Wohlstands.*

Bei den Auseinandersetzungen zwischen Friedrich II. – dem Förderer von Jacobs Lehrer in Neapel – und Papst Innozenz IV. verfolgte Ancona seinen eigenen Kurs und wurde wegen seiner im Vergleich zu Venedig sehr viel günstigeren strategischen Lage und seiner blühenden wirtschaftlichen Beziehungen zur griechischen und moslemischen Welt eifrig von der Kirche umworben. In diesen Beziehungen müssen die Juden von Ancona (unter ihnen Jacobs Vater) eine nicht unbedeutende Rolle gespielt haben, denn wir wissen zum Beispiel, daß Salomone Handel mit den Schwarzmeerhäfen trieb – Jacob berichtet davon.

Im Verlauf des 13. Jahrhunderts nahm der Einfluß der Kirche auf die oftmals widerspenstige Stadt zu. Das Manuskript enthält bittere Bemerkungen, die möglicherweise eine in Ancona insgesamt verbreitete feindselige Haltung gegenüber den habgierigen päpstlichen Legaten in der Stadt widerspiegeln. (Einmal weigerte Ancona sich sogar, den jährlichen Tribut an die Kurie abzuführen.) Der schwierige Kampf der Stadt um die Wahrung ihrer politischen Unabhängigkeit von der Kirche, selbst während sie mit ihr verbündet war, sowie um den Erhalt ihrer blühenden Wirtschaft trägt mit zur Erklärung der relativ günstigen Lage der Juden in Ancona bei – zumindest nach Jacobs Einschätzung. Der Status der Stadt bedeutete Einfluß und verhieß günstige wirtschaftliche Aussichten. Man darf wohl auch annehmen, daß die selbstbewußte Haltung von Jacobs Heimatort angesichts überlegener Mächte seine eigene Einschätzung der Probleme von Zaitun beeinflußte und so zu seinem engagierten Einsatz bei den Angelegenheiten dieser ebenfalls unabhängigen Hafenstadt auf der anderen Seite der Welt beitrug.

Zur Zeit von Jacobs Reise hatte Ancona die meisten seiner wirtschaftlichen Rechte erfolgreich verteidigt und sich die Hoheit über seinen Hafen erhalten. Mit ungewöhnlichem Geschick hatte die Stadt es verhindert, diese Rechte an die Kirche abzutreten, und auch in anderer Hinsicht bestand sie das ganze Jahrhundert hindurch auf ihrer politischen Autonomie.

Auf Zypern und auf der Insel Chios, in Konstantinopel, Trapezunt und Akko (wie Jacob bestätigt), in Rumänien und anderswo hatte Ancona eigene Kolonien oder Handelsniederlassungen sowie Konsulate.[14] Pilger strömten durch den Hafen ins Heilige Land. Ancona war der Haupthandelshafen Mittelitaliens, von dem aus Güter wie Wein, Getreide und Olivenöl aus Arezzo, Florenz, Perugia und Siena nach

Süditalien, Dalmatien, in die Levante und noch weiter verschifft wurden. Umgekehrt wurden neben den von der Stadt benötigten Nahrungsmitteln Wolle und Tierhäute aus Dalmatien, Kupfer, Silber und Blei aus Bosnien sowie orientalische Gewürze und Tuche im Hafen angelandet. Somit war die Stadt ein Zentrum sowohl des lokalen wie auch des Fernhandels, wobei der Güterumschlag den von Venedig, Genua oder Pisa nicht erreichte, aber dennoch bedeutend war. Auch Sklavenhandel scheint betrieben worden zu sein, worüber Jacob eine kurze (und verharmlosende), hochinteressante Bemerkung einfließen läßt.

Die Bevölkerungszahl von Ancona im Jahr 1270, in dem Jacob in See stach, schätze ich auf etwa 15 000 bis 20 000. Im Liber de Obsidione Ancone, *dessen Niederschrift auf die Jahre zwischen 1198 und 1201 datiert werden kann, liefert der mittelalterliche Geschichtsschreiber Magister Boncompagno da Signa (1170–1240) für die Bevölkerung von Ancona im Jahr 1173 die Zahl »zehntausend, wovon ein Großteil«, wie er sagt, »von Handel und Seefahrt lebte«.[15] Wie groß die Zahl auch immer war, sie muß sich in der anschließenden Blüte- und Expansionsphase beträchtlich erhöht haben. Im Jahr 1354, ein halbes Jahrhundert nach der Zeit Jacobs, gibt die* Descriptio Marchie *für Ancona »siebentausend Herden« an. Bei der unter Historikern für das mittlalterliche Europa üblicherweise angenommenen Zahl von fünf Personen pro Herd ergibt sich hieraus eine Gesamtbevölkerung von 35 000 Personen.*

Zu Beginn des 13. Jahrhunderts – ungefähr zwanzig Jahre vor Jacobs Geburt – wurde die Inquisition ins Leben gerufen. Sie hatte das Ziel, »Irrgläubige« zu entlarven und zu verfolgen, und sie lastete lange und schwer, wenngleich mit unterschiedlicher Härte auf den Juden Europas. Die Juden wurden von den Urhebern der Inquisition nicht nur als »heimtückische« Ketzer betrachtet, die sich aus eigenem Verschulden gegen die Anerkennung der Göttlichkeit Christi sträubten, sondern es wurde ihnen auch, besonders in ihrer Eigenschaft als Vertraute des Teufels, unterstellt, sie würden andere Menschen zur Ketzerei verführen. Man bezeichnete sie sogar als filii diaboli, *Söhne des Teufels.[16]*

Auf dem 4. Lateran-Konzil im Jahr 1215, zu dem sechs Jahre vor Jacobs Geburt über 1200 Delegierte aus der ganzen christlichen Welt anreisten, wurde unter Papst Innozenz III. im Namen der Stärkung des Papsttums und des Kampfs gegen die »Heimtücke der Juden« eine militante antijüdische Politik eingeleitet. Sie sollten mit neuen Abgaben an die Kirche belegt werden und von nun an von allen öffentlichen Ämtern ausgeschlossen bleiben, »denn es ist absurd, wenn einer, der Christi Gottestum lästert, über einen Christen Macht ausübt«. Darüberhinaus wird in Paragraph 68 des Dekrets vom 11. November 1215 erklärt: »Während in bestimmten Kirchenprovinzen die Juden durch andere Kleidung von den Christen unterschieden werden können, ist in bestimmten anderen Ländern große Verwirrung entstanden, weil kein Unterschied festzustellen ist ... Deshalb bestimmen wir, daß diese Leute ... leicht erkennbar sein sollen.«

Die kirchliche Vorschrift, daß von Juden (und Moslems) ein auffälliges Emblem an der Kleidung zu tragen sei, wurde nicht immer mit Nachdruck durchgesetzt und oft auch unterlaufen, indem die Betroffenen das Emblem auf der Innenseite des Mantels oder der Jacke anbrachten, wo niemand es sehen konnte – so geschehen in Ancona, wie Jacob uns mitteilt. Um diesem Alptraum zu entgehen, dürften auch Bestechungsgelder gezahlt worden sein, und mancherorts konnte es Juden erlaubt werden, das Emblem während größerer Reisen abzulegen. In Italien kam es vor, daß wohlgesinnte Regionalfürsten und sogar Prälaten auf die Anwendung der Vorschrift ganz verzichteten. Daher wurde das Lateran-Dekret 1257, als Jacob Mitte Dreißig war, von Alexander IV. in einer päpstlichen Bulle erneuert, was anscheinend auch zu einer strikteren Anwendung der Vorschrift führte.

Das den Juden auferlegte Erkennungszeichen – Jacob nennt es »Kainsmal« – war nicht in allen christlichen Ländern gleich und variierte in Italien sogar von Stadt zu Stadt. In Rom war es nach der Papstbulle von 1257 ein gelber Kreis, der von Männern am Hut und von Frauen am Schleier zu tragen war. Nach 1310 wurde für Männer ein noch auffälligerer roter Umhang Vorschrift; jüdische Frauen mußten zwei blaue Bänder oder strisce *am Schleier tragen. Anderswo war der Hut insgesamt das Unterscheidungsmerkmal – meist war er rot oder gelb.*

Ein Emblem oder sonstiges äußeres Zeichen tragen zu müssen, das darauf abzielte – ob mit Absicht und Erfolg oder nicht –, den Träger zu demütigen und angreifbar zu machen, war eine Sache, doch der zu Jacob von Anconas Lebzeiten gegen den Talmud geschleuderte Bannfluch war für einen frommen und gebildeten Mann wie ihn etwas ganz anderes. Im Jahr 1232 – als Jacob elf Jahre alt war und allmählich

das Alter der formellen Einführung in die jüdische Gemeinde erreicht hatte – wurde der Bettelpredigerorden der Dominikaner von Papst Gregor IX. mit der Aufgabe betraut, nicht nur in Italien, Spanien und Portugal »inquisitorisch« tätig zu werden, sondern auch alle hebräischen Bücher aufzuspüren, zu beschlagnahmen und zu verbrennen. Vier Jahre später, als der Fünfzehnjährige zweifellos ein praktizierendes Mitglied seiner Glaubensgemeinschaft war, überredeten die Dominikaner den Papst, den Talmud selbst als Werk »der Gotteslästerung und des Frevels« zu verdammen.

Es ist schwer, die tatsächliche Auswirkung solcher Dekrete und des Geistes, der sich in ihnen ausdrückte, auf bestimmte Gemeinden und Einzelpersonen im Italien des 13. Jahrhunderts abzuschätzen. Jacobs außergewöhnliches Zeugnis dieser Vorgänge ist darum ebenso wertvoll wie einmalig. Ferner war die Durchschlagskraft solcher Bannflüche in Italien keineswegs einheitlich, nicht zuletzt wegen der Sonderstellung des Landes im Rahmen des mittelalterlichen Christentums. Italien war zwar das Zentrum des Papsttums, aber es war auch ein Land zunehmend selbstständigerer Gemeinwesen und sich bekriegender Lehnsherren, deren Konflikte den Juden sowohl nutzen als auch schaden konnten. Außerdem hatten Juden hier bereits vor Beginn des christlichen Zeitalters gesiedelt.

Die Juden Italiens und besonders Roms waren Einheimische im eigentlichen Sinn des Wortes und keine Zuwanderer. Zu Jacobs Zeit wäre den Juden nach 1500 Jahren ununterbrochener Ansässigkeit in so mancher Stadt und unter so manchem örtlichen Machthaber von den christlichen Mitbewohnern ohne Zweifel das Bleiberecht zugestanden worden.[17] Wir haben Grund zu der Annahme, daß ihnen in manchen Städten de facto, wenn auch nicht de jure, das Bürgerrecht gewährt wurde.[18] Das vom 4. Lateran-Konzil ausgesprochene Verbot der Ausübung öffentlicher Ämter durch Juden läßt den Schluß zu, daß sie mancherorts derartige Ämter innehatten. Wie Jacobs Manuskript zeigt, konnte es ein Jude trotz aller päpstlichen Bullen besonders in Italien zu Anerkennung und Ansehen bringen.[19]

Ich bezweifle allerdings, daß ein Jude im mittelalterlichen Italien der vollberechtigte Bürger einer Stadt sein konnte, da es ihm unmöglich war, einen christlichen Eid abzulegen. Die Tatsache, daß neben Rom viele mittelalterliche Städte besonders Norditaliens – Lucca, Pavia, Padua und andere – Zentren talmudischer Gelehrsamkeit

*waren, zeigt jedoch, daß die Verwurzelung und Bedeutung der jü-
dischen Gemeinden unbestritten war, welche Ablehnung ihnen auch
immer entgegenschlagen mochte.*

*In der Praxis scheint es tatsächlich so gewesen zu sein, daß die mit-
telalterlichen Päpste und Prälaten – ungeachtet ihrer oft grausamen
und diskriminierenden Dekrete urbi et orbi – Ausschreitungen gegen
»ihre« italienischen Juden eher ablehnten. Die Juden lebten zu Jacobs
Zeit zwar vorwiegend in den Städten, aber sie durften durchaus Land
besitzen und siedelten auch in Dörfern und Weilern, wo sie sich –
etwa in der Region (der Marche) von Ancona – als Landwirte und
Winzer betätigten. Vor allem jedoch waren sie im Handel – auch in
großangelegten Fernhandelsunternehmungen, wie man dem Manuskript von Jacob entnehmen kann – und im Gewerbe aktiv, besonders
im Textilbereich, im Färberwesen und in der Seidenherstellung.
Dennoch waren regionale Steuern und Verbote (ganz abgesehen von
der jüdischen Grundangst vor finanziellen Schicksalsschlägen) in
Italien und auch sonst überall stets ein Klotz am Bein der Juden. In
Venedig untersagte beispielsweise eine alte Vorschrift – wenigstens auf
dem Papier – den Transport von »jüdischem Handelsgut« mit Schiffen
venezianischer Christen.*

*Jacob von Anconas Haltung ist grundsätzlich gegen diese
gewohnheitsmäßige Form der Diskriminierung gerichtet. Er klagt, er
habe »keinen nennenswerten Titel im eigenen Land«, dabei pflegt er
Kontakte mit dem Prior des Klosters Fonte Avellana, mit dem Abt des
Klosters San Lorenzo in Campo und mit dem Bischof von Fano, die er
mit kostbarem Räucherwerk versorgen soll. Jacobs Vater Salomone
scheint dem päpstlichen Legaten in Ancona, Kardinal Rainer, Geld
geliehen zu haben und von ihm betrogen worden zu sein. Jacob sticht
in See »mit Billigung und unter der Protektion des rettore Simone« –
hierbei muß es sich um Kardinal Simone handeln, der ab 1266 päpstlicher Legat in Ancona war –, »der aus schlechtem Gewissen die Missetat
des Ser Rainer wiedergutzumachen unternommen hat«. Er führt auch
Empfehlungsschreiben zur Vorlage in Zypern mit sich, sagt allerdings
nicht, von wem; und der podestà (Bürgermeister) von Ancona namens
Giovanni Confaloniere, den er als »unser Nachbar« bezeichnet, sagt
ihm bei der Abreise Lebewohl, während Jacob ihn beschwört »daß
meine Familie vor Schaden bewahrt werden möge«. Offenbar sind dies
enge persönliche Beziehungen.*

Noch verblüffender ist wohl, daß zu Jacobs Partnern bezüglich der Reiserisiken Benvenuto und Alberto de' Tarabotti gehörten. Die Tarabottis waren im 13. und 14. Jahrhundert die führende Familie von Ancona: Benvenuto war im Jahr von Jacobs Aufbruch Magistrat in der naheliegenden Stadt Arcevia, während Alberto im folgenden Jahr dort Podestà wurde.

Doch ab dem Jahr 1265, unter Papst Clemens IV. und während der Regentschaft von Karl von Anjou – dem Sieger über Friedrich II. –, mehren sich auch die Hinweise auf eine wachsende Feindseligkeit gegenüber den Juden: 1268, zwei Jahre vor Jacobs Abreise in den Orient, wurde die Inquisition in Süditalien eingeführt; die Predigten der Dominikaner gegen die Juden wurden überall in Italien zunehmend schärfer; der Druck auf die Juden, zu konvertieren, wuchs – man bot ihnen im Gegenzug sogar besondere Steuererleichterungen an.

Als Jacob im Frühsommer 1270 von seiner Familie Abschied nahm, dürfte ihm daher die Ungewißheit über ihr und sein zukünftiges Schicksal auf der Seele gelegen haben, genau wie die Befürchtung, sein Vermögen aufs Spiel zu setzen, und die (offen ausgesprochene) Angst vor den Gefahren der Reise. Doch wir sehen auch, daß er sich dadurch nicht beirren ließ. Er war ein Mann, der in der Gesellschaft von Ancona seinen Platz gefunden hatte, bei Juden wie bei Christen, doch er hatte keinerlei Garantie, daß seine Welt nicht in Trümmer gehen würde, sobald sich das Rad des Schicksals gegen die Juden drehte. Ob er das »Schandmal« trug, erwähnt er nicht.

Trotz der Kargheit der mittelalterlichen Quellen ist bekannt, daß es im Jahr 967 in der Nähe von Ancona Landeigentümer jüdischen Namens gab; außerdem wird in einem Gemeindedokument von 949 knapp auf einen »David, der Jude« Bezug genommen. Wir wissen auch, daß Juden zu Zeiten Jacobs an anderen Orten der Marche-Region im Bankgeschäft, im Flachs- und Wollhandel, als Gerber, als Wein- und Ölproduzenten sowie als Ärzte und Gelehrte tätig waren. In Rimini existieren Dokumente aus dem 13. Jahrhundert, aus denen hervorgeht, daß dort ab 1230 Juden vertraglich mit der Eintreibung der Hafengebühren beauftragt waren.[20] Jacob behauptet in seinem Manuskript, daß es in Ancona (um 1270) »seit tausend Jahren« Juden gegeben habe, doch eine entsprechende lokale Tradition fehlt, und es gibt keinerlei diesbezügliche Dokumente.

Welche Beziehung verband Jacob und seine Familie mit der Stadt Ancona? Der Zuname »von Ancona«[21], den Jacob einem italienisch-jüdischen Brauch folgend seinem eigenen Namen und dem seines Vaters als Herkunftsbezeichnung anfügt, läßt vermuten, daß sein Großvater, Rabbi Israel von Florenz, jene Stadt verlassen hatte und zum Zeitpunkt der Geburt von Jacobs Vater in Ancona ansässig geworden war. Ein weiterer Punkt, der die Vermutung stützt, daß die Familie schon eine Weile am Ort lebte, ist Jacobs Ehe mit Sara, der Tochter einer Familie aus der Stadt Jesi südwestlich von Ancona, die im Mittelalter einen kleinen jüdischen Bevölkerungsanteil hatte. Diese Vermutung ist allerdings nicht zwingend. So eine Ehe hätte genausogut – schon früh und durch Heiratsvermittler – zwischen einem Mädchen in Jesi und einem jungen Mann in Florenz geplant werden können, wie zwischen zwei jungen Leuten, die nur wenige Kilometer voneinander entfernt lebten.

Jacob bezeichnet Ancona als patria, *was wörtlich übersetzt »Ort des Vaters« heißt. Diese Bezeichnung beinhaltet aber nicht notwendigerweise, daß es sich um Jacobs Geburtsort oder um den seines Vaters handelt – hierfür hätte er vermutlich den Ausdruck* loco natio *benutzt. Sie bedeutet eher »Ort, wohin man gehört« und bezeichnet den Platz, an dem sein Vater Salomone lebte – wir würden »Heimat« sagen.*

Die Historiker, die sich mit dem mittelalterlichen italienischen Judentum befassen, sind sich einig, daß Ancona nach Rom die größte jüdische Gemeinde Mittelitaliens hatte. Sie versichern auch, daß eine erhebliche Zahl ihrer Mitglieder – Jacobs Vater und vielleicht auch sein Großvater mögen darunter gewesen sein – durch die Möglichkeiten angelockt wurden, die der gewinnträchtige Hafen bot. Die einzigen diesbezüglichen Dokumente, die bislang gefunden wurden, beziehen sich auf bestimmte Juden aus Rom und deren Aufenthaltsgenehmigungen und Zulassungen zu bestimmten Erwerbstätigkeiten in der zweiten Hälfte des 14. Jahrhunderts, rund achtzig Jahre nach Jacobs Reise. Wir wissen auch, daß sich in dieser Zeit eine große Zahl »fremder Kaufleute« in Ancona aufhielt, darunter Griechen, Dalmatiner, Spanier und Deutsche.

Wie weiter oben schon angedeutet, ist es unwahrscheinlich, daß mit dieser Bezeichnung auch die einheimischen italienischen Juden gemeint waren. Wahrscheinlicher ist, daß die jüdischen Kaufleute von Ancona einen Gildenbrief hatten, der ihnen ausdrücklich gestattete, Außenhandel zu treiben, und in dem Regelungen ihrer Aktivitäten, der

Steuern und Abgaben, der Zahl der zugelassenen Kaufleute, der Schlichtung von Streitigkeiten und dergleichen Dinge mehr festgeschrieben waren. Freibriefe dieser Art, die Juden (und andere) betreffen, sind uns auch aus anderen europäischen Städten erhalten; der früheste stammt aus karolingischer Zeit.

Es könnte auch sein, daß die Juden von Ancona im 13. Jahrhundert bestimmte Privilegien und offiziell garantierte Sonderbefugnisse besaßen – wie sie jüdischen Gemeinden auch anderswo durch tolerante, wenn auch keineswegs unwiderrufbare Regionalgesetze zugestanden wurden –, zum Beispiel das Recht, Land zu besitzen und Christen als Dienstpersonal zu beschäftigen, was bei Jacob und seiner Familie ihm zufolge der Fall war.

Es gibt noch zwei weitere Hinweise auf die Art der wirtschaftlichen Tätigkeit der Juden von Ancona zur Zeit Jacobs, von denen der eine jedoch nur indirekt ist. Aus dem frühen 14. Jahrhundert liegen Briefe des Papstes an die Stadt Ancona vor[22], die ihr untersagen, die Sarazenen mit Waren zu beliefern, die diese für kriegerische Zwecke einsetzen könnten, also etwa Waffen, Pferde und Eisen.[23] Man kann daraus schließen, daß die Kaufleute von Ancona in der vorangegangenen Periode, eben in Jacobs Zeit, zum Mißvergnügen Roms von solchen Geschäften profitierten, und man kann weiter annehmen, daß zu diesen Nutznießern auch jüdische Kaufleute gehörten, die durch ihre Kenntnis der Levante (und Arabiens) besonders leicht solche Handelsbeziehungen aufbauen konnten. Wenn sich, wie allgemein angenommen, das Blatt für die jüdischen Kaufleute Italiens nach der Lebenszeit Jacobs zu wenden begann, dann dürfte uns in dem päpstlichen Schriftverkehr mit Ancona ein Zeugnis jenes restriktiven Drucks vorliegen, unter dem sie zu leiden hatten.

Anfang des 14. Jahrhunderts beteiligten sich Juden aus Ancona und Rimini an Bankgeschäften und an der Geldausleihe in Padua. Dies mag als Zeichen dafür zu werten sein, daß die jüdischen Kaufleute aus den adriatischen Häfen gezwungen waren, sich anderswo nach einem Lebensunterhalt umzusehen.

Jacob von Anconas Handelsprojekt im Orient, ein Unternehmen, das (wie das Manuskript deutlich zeigt) im Rahmen eines – eventuell erst von seinem Vater Salomone gegründeten – Familienbetriebs stattfand, war so angelegt, daß ein Partnerkonsortium Spekulationskapital gegen eine Beteiligung am erwarteten Gewinn investierte. Die einzel-

nen Reisen, so auch diese, konnten einzeln finanziert werden. Jacob läßt uns wissen, daß neben seinem Schwager Baruch und dem Vater die beiden weiter oben genannten Mitglieder der Familie Tarabotti, Samuele di Nathan von Lucca und Levi di Abramo von Camerino[24] – beides eindeutig Juden, vielleicht sogar Verwandte – sowie Domenico Gualdi[25] von Florenz ein Konsortium bildeten – insgesamt waren es acht. (In den formellen Partnerschaftsverträgen dieser Art, die vom Mittelalter auf uns gekommen sind, hieß der reisende Partner tractor, *der Investor oder stille Teilhaber wurde* stans *genannt, die Gewinnanteile waren die* sortes, *und die Kapitaleinlage, die jeder Partner zu leisten hatte, nannte man* commoda.*)*

In der Kulturgeschichte des Judentums und auch in der Geschichte des Welthandels ist der jüdische reisende Kaufmann eine archetypische Figur. »Nur die Juden«, erklärt Henri Pirenne, »betrieben ab dem Beginn der karolingischen Epoche [dem 8. Jahrhundert n. Chr.] kontinuierlich Handel, und zwar in einem solchen Ausmaß, daß die Wörter judaeus *[Jude] und* mercator *[Kaufmann] fast dasselbe bedeuteten.«[26]*

Wie lange Jacobs Vorfahren, eventuell sogar mitsamt seinem rabbinischen Großvater, sich schon auf diese Weise betätigt hatten, läßt sich unmöglich sagen. Doch daß Jacob in Akko und Alexandria im Fernhandel tätige Verwandte hatte, seinen Sohn in Basra mit einer jüdischen Kaufmannstochter verheiratete und unter den jüdischen Händlergemeinden im westlichen Indien viele gute Bekannte hatte, kann nur so gedeutet werden, daß seine Familie traditionell mit dieser Welt des Handels quasi verheiratet war.

Die Juden waren die Eingeweihten dieser Welt: Vielsprachig und stets des Lesens und Schreibens kundig – ein Jude, der nicht in der Lage war, die Heiligen Schriften zu lesen, gehörte de facto überhaupt nicht zur Gemeinde –, waren sie risikobereit und, historisch betrachtet, oft Pioniere, die zwischen den entferntesten Gegenden des Erdballs Verbindungen knüpften. Die Anfänge der jüdischen Beteiligung am chinesischen Seidenhandel und der jüdischen Kontakte mit dem äußersten Fernen Osten zum Beispiel verlieren sich im Nebel der Geschichte, doch in arabischen Quellen aus dem 9. Jahrhundert finden sich Erwähnungen, daß Juden »seit urvordenklichen Zeiten« in China gewesen seien. Auch Jacob interessierte sich sehr für dieses Thema, denn er bezieht sich darauf in seinem Manuskript. In manchen Überlieferungen wird sogar eine so frühe Zeit wie die Han-Dynastie genannt (206 v.

bis 220 n. Chr.), und interessanterweise ist dem Manuskript zu entnehmen, daß diese Darstellung den Chinesen ebenfalls bekannt war.

Zwischen dem 9. und 14. Jahrhundert bewegten sich die reisenden jüdischen Kaufleute, die in arabischen Quellen oft als Radaniten bezeichnet werden – abgeleitet von einem persischen Wort, das »sie kennen den Weg« bedeutet –, frei zwischen Europa und dem Fernen Osten und waren dabei in jenen Perioden am erfolgreichsten, in denen die Haupthandelsrouten für christliche Händler durch die Sarazenen blockiert waren. Die Radaniten stammten ursprünglich aus den östlich des Tigris gelegenen Teilen des Irak, und es heißt, daß sie als erste Orangen, Zucker, Reis, Sandelholz, Sennesblätter, Zimt, Kampfer, Moschus, Jasmin und Flieder ins Abendland brachten.

Im frühen Mittelalter waren es laut Robert Lopez »allein die Juden«, die, zumeist in Gruppen reisend, »die wirtschaftlichen und kulturellen Beziehungen zwischen dem katholischen Europa, der islamischen Welt, dem byzantinischen Reich und selbst zwischen Indien und China aufrechterhielten«.[27] Der in dieser Tradition stehende jüdische Kaufmann war zugleich auch Reisender, und Jacob von Anconas Unternehmung war, unter anderem, auch eine Reise ins Ungewisse nach radanitischer Manier.

Man konnte dabei riesige Gewinne machen, und »der Aufstieg zu Reichtum«, so Pirenne, konnte sich »sehr schnell« vollziehen. »Je weiter die Reise und je seltener die importierten Güter waren«, erklärt er und erhellt für uns damit Jacobs Motive (wobei er sich besonders auf Gewürze und Seide bezieht), »desto höher war der zu erwartende Gewinn« – ein Gewinn, der groß genug war, »um alle Mühen und Gefahren aufzuwiegen.«[28]

»Die Macht des Kapitals«, konstatiert Pirenne, »bestimmte alles. Sie beherrschte den Handel zur See und über Land, den Import wie den Export.«[29] Spekulationskapital, wie es im Fall von Jacobs Unternehmung von (jüdischen wie christlichen) Investoren eingebracht wurde, bildete die treibende Kraft hinter solchen Aktivitäten. Sowohl die Kirche – oft insgeheim – als auch der Landadel beteiligten sich hieran.

Während des Mittelalters war zudem Italien, besonders der Norden, der Schrittmacher bei der Entwicklung des Fernhandels. Es überrascht daher kaum, daß sich unter denen, die in dieser Zeit Berichte von ihren Reisen ins Morgenland hinterließen, besonders viele Italiener finden und daß in den Fußstapfen der Kaufleute die Missionare folgten. *Die wichtigen Neuerungen im Handels- und Rechnungswesen, bei den Zahlungsmethoden und dem »Filialsystem« durch ein Netz von Handlungsbevollmächtigten und Handelsagenten vor Ort waren größtenteils italienischen Ursprungs. Die Kreuzzüge – vom ersten im Jahr 1096 bis zum fünften 1217 – ließen den Wohlstand der italienischen Seestädte weiter anwachsen: Die Schiffseigner in Venedig, Genua, Pisa und Ancona profitierten in hohem Maß vom Transport der Kreuzfahrer und Pilger ins Heilige Land. Wir können davon ausgehen, daß die Juden als Europas erste Weltbürger an all diesen Aktivitäten inklusive des Transportgeschäfts mit den Kreuzfahrern beteiligt waren.*

Denn so »revolutionär« diese merkantilen Entwicklungen auf die emporstrebenden Völker des feudalen Europa wirken mochten, für die Juden waren sie es keineswegs. Der Freihandel, dessen führende Vertreter sie damals waren, bildete ihr Element. Sie waren auf Garne und Stoffe spezialisiert, auf Farben und Färbereien, auf Heilpflanzen, Gewürze, Kräuter, Parfüm und Räucherwerk, auf Gold, Silber, Perlen und Korallen. Im Gewürzhandel, der den gewinnträchtigsten Zweig des Fernhandels mit Indien und dem Fernen Osten bildete (wie aus Jacobs Einkäufen hervorgeht), waren die Juden seit langem Experten. Besonders beim Indienhandel bildeten die jüdischen Kaufleute »eine Art von geschlossenem Klub, in dem einer den anderen kannte«[30] – worauf Jacobs Manuskript neues Licht wirft: In der südindischen Handelsstation Singoli (heute die Stadt Kranganore) »wird der Hafen so häufig von jüdischen Kauffahrern angelaufen«, schreibt er, »und der Warenumschlag, den wir bringen, ist so groß, daß auf unser Handelsgut kein Zoll erhoben wird«. Entsprechend wissen wir, daß auch für die mittelalterliche Wirtschaft von Aden, das Jacob im September 1272 besuchte, die jüdischen Indienfahrer eine beträchtliche Bedeutung hatten.

Man war lange der Ansicht, daß die jüdischen Kaufleute in Europa im 12. und 13. Jahrhundert ihre Vorrangstellung verloren (auch an jüdische Händler aus der Levante und dem Maghreb) und daß der Haß der Kirche im Verein mit restriktiven Gildenregeln und eifersüchtigen Konkurrenten die jüdischen Kaufleute und Bankiers aus dem internationalen Handel verdrängte und sie auf das demütigende Niveau kleiner Geldausleiher und fliegender Händler absinken ließ.[31] Das mag im großen und ganzen stimmen, doch Jacobs Manuskript läßt erkennen, daß diese Pressionen in Italien (und in der

Provence) ihre Wirkung langsamer entfalteten als im übrigen Europa, denn sein Familienunternehmen in Ancona bestand in der gewohnten Weise fort.

Ob es das Ende des Jahrhunderts überdauert hat, ist allerdings fraglich.

Jacobs Reise dauerte drei Jahre und einen Monat; vom April 1270 bis zum Mai 1273 führte sie ihn nach Südchina und wieder zurück. Die Hinreise über Akko, Basra, Cormosa (Hormuz), die Westküste Indiens, Ceylon (heute Sri Lanka), die Nikobarischen Inseln, Sumatra, die Straße von Malakka und Häfen im heutigen Malaysia und Kambodscha dauerte sechzehn Monate. Dazu gehörten ein zweimonatiger Aufenthalt in Basra und eine fast dreimonatige Zwangspause auf Sumatra wegen schlechten Wetters. In Zaitun, der großen mittelalterlichen Hafenstadt im Süden Chinas, verbrachte er ungefähr sechs Monate.

Ende Februar 1272 stach er wieder in Richtung Ancona in See, und wiederum führte ihn die Reise über Java und das westliche Indien, von dort jedoch über Aden, Fustat (heute Kairo) und Alexandria. Die Heimreise dauerte etwas mehr als fünfzehn Monate, einschließlich einer erneuten Unterbrechung auf Sumatra, um den Südwest-Monsun abzuwarten, und eines dreimonatigen Aufenthalts in Alexandria im Winter 1272 –1273, wo er Angehörige und Geschäftspartner hatte.

Diese Routen, zu denen auch anstrengende Karawanenreisen durch die Levante gehörten, unterschieden sich nicht sehr von denen, die im 13. Jahrhundert von anderen reisenden Kaufleuten zwischen Europa und dem Orient benutzt wurden. Einige reisten über den Nil und das Rote Meer, andere über den Euphrat und den Persischen Golf. (Marco Polo zog es allerdings vor, über Land durch Persien nach Indien zu reisen, statt sich in den zerbrechlichen Schiffen, die ihm zur Verfügung standen, der Gefahr einer Seereise den Persischen Golf hinunter auszusetzen. Wie uns das Manuskript verrät, war unser Reisender von seinen Glaubensbrüdern in Basra besser ausgerüstet worden.)

Vor Jacobs Zeit nahmen die Kamelkarawanen von Akko oder Aleppo zum Persischen Golf normalerweise den Weg über Bagdad, doch 1270, zwölf Jahre nachdem die Mongolen die Stadt unter ihrem Khan Hülagü eingenommen hatten, spielte sie als Handelszentrum nicht mehr die Rolle, die ihr zuvor einmal zugekommen war. Jacob erwähnt Bagdad nur ganz nebenbei; er schreibt lediglich, daß es »sich in der

Hand der Tataren« befindet. Ebenso war es »gefährlich, länger in Damaskus zu verweilen«, berichtet er. Die Gegend war unsicher geworden: Sechzehn Monate nach Jacobs Durchreise fielen die Mongolen auch in Nordsyrien ein.

Ansonsten folgten Jacobs Hin- und Rückreise dem gängigen Schema. Die Schiffspassagen wurden von der Angst vor Piraten, von den gewaltigen Strapazen der Seefahrt und der Abhängigkeit von den Windverhältnissen bestimmt – unter günstigen Bedingungen konnte ein mit Rudern und Segeln ausgestattetes mittelalterliches Schiff pro Tag ungefähr hundert Kilometer zurücklegen. Die Bereitschaft, die lange und gefährliche Seereise unter Segel und mit Rudern durch indische und chinesische Gewässer zu unternehmen, darf uns nicht verwundern. Jacques Gernet erklärt dazu: »Schon in den ersten Jahrhunderten unseres Zeitalters bestanden Nonstop-Seeverbindungen zwischen der südindischen und ceylonesischen Küste und der Insel Sumatra. Die lange Überfahrt von Palembang (auf Sumatra) nach Guangzhou (Kanton) dürfte schon im 7. Jahrhundert regelmäßig unternommen worden sein.«[32]

Die Dauer von Jacobs Abwesenheit von Ancona lag im erwartungsgemäßen Rahmen. Im Mittelalter machte eine Handelsreise von Europa nach Indien und China eine Abwesenheit von mindestens zwei Jahren erforderlich – oft sogar weit mehr.

s war im Jahre 1270, also 5030 Jahre nach der Erschaffung der Welt[33], gepriesen sei Er, am sechzehnten Tag des April und am dreiundzwanzigsten Tag des Nissan[34], als Giovanni Confaloniere *podestà* und Matteo Angeli und Giacomo Bladioni Hauptleute des Volkes waren, als ich, Jacob, Sohn des Salomone von Ancona und Enkel des großen Rabbi Israel von Florenz, sein Gedächtnis bleibe bewahrt, Kaufmann zu Ancona, mich einschiffte für meine Abreise nach Großindien und zu den entferntesten Küsten der Erde.

Ich befand mich in meinem neunundvierzigsten Jahr, Gott sei gepriesen, war bei guter Gesundheit, doch von schwacher Konstitution und von vielen Sorgen geplagt, aber in meinem Mute bestärkt durch die Liebe meiner Familie und meine vornehme rabbinische Abkunft[35], der Schöpfer sei verherrlicht und gepriesen. Auch gab es mir viel Kraft, daß Ser Giovanni mich verabschiedete; ich wiederum legte ihm ans Herz, meine Familie vor Unbill zu bewahren.

Da ich entschlossen bin, hier einen wahrhaftigen Bericht von allem zu geben, das mir in der Zeit zwischen meiner Abreise und meiner Wiederkehr widerfahren ist, Gott sei geehrt, und da ich in diesem Buch über meine Reise auch solche Dinge niederlegen werde, die bekanntzumachen nicht immer als schicklich empfunden wird, erkläre ich, daß ich mit Billigung und unter dem Schutze von *rettore* Simone die Segel setzte, der aus schlechtem Gewissen die Missetaten des Ser Raniero und des Ser Capocci wiedergutzumachen unternommen hatte.[36] Denn der besagte Simone hatte zu meinem Gewinn dafür gesorgt, daß der Abt von Avellana[37] bei Monte Catria und auch die Priester von San Tommaso in Foglia und von San Lorenzo in Campo kostbares Räucherwerk von mir erhalten sollten, auf daß die Anbetung ihrer Gottesbilder in Wohlgeruch gehüllt werde, und er tat andere Dinge mehr.

Und doch empfand ich unsagbaren Kummer, daß ich nunmehr gefahrvoll an das Ende der Welt reisen und mich nun viele Jahre lang als ein Reisender vom Ort meiner Geburt so weit hinwegbegeben sollte, sogar bis nach Manci, das manche auch Cin nennen und das bei uns Sinim genannt wird.[38] Mein Leid war in der Tat so groß, daß ich aus Furcht vor Mißgeschick zu weinen anhub und zu Gott betete, der unaussprechliche Eine sei gepriesen, daß mir die Reise ohne Schiffbruch zu beenden vergönnt sei. Viele Ängste bedrängten mich, vor Banditen und Piraten oder daß mein Schiff zu Bruch gehen oder daß es in seichten Gewässern auf Grund laufen könnte, daß ein Felsen es beschädigen und sich das Wasser durch das Leck hereindrängen könnte.

Wenn mein Schiff durch solcherart Mißgeschick zugrunde gehen sollte – denn die Schiffe, die die Indische See und die See von Sinim befahren, erleiden oft Schiffbruch, so gefährlich sind diese Gewässer –, was sollte ich dann tun, der ich Wasser noch nicht einmal vertrage, wenn es mir nur bis zu den Knöcheln steht? Ertrank nicht David, der Bruder unseres gesegneten Rabbi Mose ben Maimon, seine Seele sei erquickt am Ende der Tage, ertrank er nicht in der See, so daß sein Bruder tief um ihn trauerte?

Daher betete ich zu dem Heiligen Einen, gepriesen sei Er, Er möge mich erretten, wenn mein Schiff auf Grund laufen oder entzweibrechen oder beim Segeln in der Nacht vom Kurs abkommen oder wenn mir irgendein anderes Leid zustoßen sollte. Denn jeder, der ein solches Schiff besteigt, begibt sich in die Hand Gottes, Sein Name sei gepriesen.

Doch ich fürchtete auch die Habgier und die Begehrlichkeit anderer und die Gefahr, beraubt zu werden, bevor ich noch meinen Gewinn gemacht hatte. Denn so bitter ist das Leben und so zahlreich die Unglücksfälle, die selbst den frömmsten der Juden bedrohen, daß uns nur im Angesicht Gottes Gerechtigkeit gemäß unserer Verdienste zuteil werden wird.

Auch hatte ich Furcht, ein Leid oder ein Unglück könnte einem Mitglied meines Hausstandes zustoßen, nämlich daß die Krankheit und Hinfälligkeit meines Vaters, er sei eingeschrieben in das Buch der Vergebung, sich während meiner Abwesenheit verschlimmern und daß die Geschicke unseres Hauses sich von schlecht zum Schlechteren bis in den Ruin wenden könnten.

Mit solchen Gedanken und im Gebet zu Gott, Er sei gepriesen, daß ich auch den Sabbat einhalten und davor bewahrt bleiben möge, etwas Abscheuliches[39] zu essen, bat ich Ihn, meinen Hausstand in Frieden und Gesundheit zu bewahren und mich selbst in Sicherheit. Darum steckte ich die goldene Besant-Münze, die mir unser gelehrter Rabbi Menachem[40] gegeben und die ihm nach meiner sicheren Heimkunft zurückzuerstatten ich mir vorgenommen hatte, so Gott will, in meine Geldtasche, die ich verborgen bei mir trug.

Mit großer Traurigkeit erbat ich sodann die Vergebung meiner Frau Sara und meiner Söhne für das Mißgeschick meines Vaters, das mich zu meinem Wagnis veranlaßt hatte. Ich erklärte meinen Söhnen, daß jener, der es in dieser bitteren Welt auf sich nimmt, ein Unrecht auszugleichen, zu den rechtschaf-

---

»RABBI MOSE BEN MAIMON«

Maimonides oder Moses ben Maimon, den man den »jüdischen Aristoteles« genannt hat, war Philosoph, Talmudist und Arzt. Er wurde im Jahr 1135 in Córdoba geboren und starb 1204 in Palästina. Sein bedeutendstes Werk ist der Führer der Unschlüssigen *(1190), auf Hebräisch* Moreh Nevukhim. *In diesem Werk versucht er die Ansprüche der Vernunft mit den Forderungen des Glaubens zu versöhnen. In seinen Erörterungen von Themen wie der göttlichen Vorsehung, der Schöpfung der Welt und des freien Willens des Menschen erweist er sich zugleich als rabbinischer wie als aristotelischer Denker. Sein ärztliches Geschick war berühmt. Er ist der Verfasser mehrerer medizinischer Abhandlungen – Richard Löwenherz bot ihm die Stelle als sein Leibarzt am Hof in London an, doch Maimonides lehnte ab. Er wurde zeitlebens als Ratgeber in religiösen Fragen von Juden aus der gesamten mittelalterlichen Welt aufgesucht und verfaßte ein gelehrtes Kompendium des rabbinischen Rechts. Auch Thomas von Aquin wurde, wie sich feststellen ließ, von seinem Denken beeinflußt.*

fenen Männern zählt und daß er gezwungen sein kann, sich in Gefahr zu begeben, um sein Ziel zu erreichen. Wohl wissend, daß ohne meinerseitiges Verschulden mein Vater das Vermögen, das er im Handel mit Ragusa und anderen Teilen Dalmatiens erworben hatte, ohne sich auf niederträchtigen Sklavenhandel[41] einzulassen, bei seinen Unternehmungen am Schwarzen Meer und in Tana[42] wieder hatte zerrinnen lassen, beteten sie für meine Sicherheit, und auch sie vergossen Tränen, damit nicht alles durch die Fährnisse der Reise unterwegs zuschanden werde.

Doch sie freuten sich sehr darüber, daß ich in Basra mit unserem geliebten Sohn Isaak, Gott erhalte ihm Gesundheit und Vermögen, zusammentreffen würde, der dorthin kommen wollte, um die Tochter des Isaia von Ascoli zur Frau zu nehmen, nachdem er ein Jahr für mich und für Gershon ben Juda von Venedig und Haim ben Abraam Ha-Levi von Sinigaglia als Vertreter[43] in Aden gewesen war. Ihnen, die wieder zu weinen begannen, sagte ich, daß wir uns stets in der Hand Gottes wissen sollten, geehrt sei Er, und daß aller Segen durch Ihn und von Ihm kommt.

Daher sollten sie eingedenk sein, erklärte ich ihnen, daß ich, wenn es Gott wolle, mit kostbarem Tuch, Seide, Pfeffer, Räucherwerk, Edelsteinen und anderen seltenen Dingen von großem Wert zu ihnen zurückkehren würde und daß sie deshalb nicht verzweifeln sollten. Zudem stünde ich vor der Aufgabe, so sagte ich ihnen, während die Seeleute zum Ablegen rüsteten, andere an ihre Pflichtvergessenheiten zu erinnern und Oberhand über die Diebe zu erlangen, die mit Betrügerei und List unser Haus zu übervorteilen und uns zu bestehlen versuchten, indem sie uns falsche Ware oder Ware von schlechter Qualität schickten oder andere üble Machenschaften trieben.

Solchermaßen sprach ich über meine Aufgaben, um ihnen die Ängste zu nehmen, und ich sagte zu ihnen, daß es mir zugefallen sei, unserem Glück aufzuhelfen, indem ich an dem einen Ort das suchte, was man an einem anderen in Gold aufgewogen verkaufen könne, und indem ich all das eintriebe, was uns für Waren geschuldet werde, die wir aus unserem Land verschickt hätten, und auch, um die Diebe zu entlassen und an dem betreffenden Handelsplatz einen anderen unter den Juden als Agenten auszuwählen[44] sowie um jene zu belohnen, die ihren Dienst für uns redlich versehen hätten.

Doch als die Zeit meines Abschieds näherkam und das Schiff an Bug und Heck bereitgemacht worden war und der Wind gen Ostnordost blies, wurde ich aufs neue von Gram ergriffen, wie auch mein Weib Sara, das mich vergeblich zu trösten versuchte. Ich glaubte, vor Kummer sterben zu müssen, denn ich sah, daß ich von Gesetzes wegen gezwungen war, meiner Gemahlin Sara Bonaiuta von Jesi die Scheidung zu gewähren, wofür die Gemeindeältesten Sabbato ben Menachem und Lazzaro Ha-Coen als Zeugen dienten. So gestand ich, Jacob von Ancona, der ich befürchten mußte, daß mir ein Unfall zustößt, ihr das Recht zu, sich wieder zu verheiraten, falls ich auf meiner Reise durch einen Akt Gottes, Er sei gepriesen, zugrunde gehen oder nicht in weniger als drei Jahren zu ihr zurückkehren sollte. Für die Zwischenzeit empfahl ich sie und meine Söhne der allfälligen Obhut meiner Brüder Dattalo Porat von Fano und Isaia Sullam Hagiz.

Doch nun hieß man sie von Bord gehen, denn der Lotse befürchtete ungünstigen Wind, und er drängte, daß wir uns so schnell wie möglich mit Ruder und Segel auf den Weg nach Zara[45] machen sollten. So nahmen wir mit vielen Tränen und letzten Umarmungen voneinander Abschied; ich gab meiner Frau Sara den Rat, sich mit ihren Ausgaben zu mäßigen, damit unsere Lage nicht vom Schlechten zum Schlimmeren gerate. Dann vertrauten wir uns gegenseitig der Hand Gottes an, Er sei verherrlicht und gepriesen.

So setzten wir Segel, während ich in meinem Herzen das *Schema Jisrael* sprach und darauf achtete, daß zur Rechten und zur Linken die Leinen losgeworfen wurden. Ich führte auf diesem Schiff eine große Ladung von samtenem und wollenem Tuch mit, weiter unseren goldenen Faden[46], der in Sinim teuer bezahlt wird, Quecksilber, Leinen, Seife aus Ancona in hölzernen Kisten

---

»... DIE SCHEIDUNG ZU GEWÄHREN«
Hier bedeutet »von Gesetzes wegen« einfach »im Einklang mit dem jüdischen Eherecht«, das unter den beschriebenen Umständen eine Trennungsklausel vorsah. (Die Förmlichkeit seiner Schilderung im Manuskript weist darauf hin, daß Jacob hier aus dem Originaldokument zitiert oder es beim Schreiben vor sich liegen hat.) Nach einer Trennung von drei Jahren entsteht nach talmudischem Recht die Vermutung der vollzogenen Scheidung, denn in einer so langen Trennung liegt ein schweres Pflichtversäumnis des Ehemannes gegenüber seiner Ehefrau, das diese von der Ehe entbindet. In Jacobs Fall dauerte es tatsächlich drei Jahre und einen Monat, bis das Paar wieder vereint war. Die »Scheidung« oder get blieb ein wirkungsloses Stück Papier. Ehefrau und Kinder der Obhut zweier Mitjuden anzuvertrauen – im Manuskript werden sie Brüder genannt –, dürfte eine Form der familienüberschreitenden Fürsorge gewesen sein und wurde vermutlich von den Synagogenältesten von Ancona organisiert, wie auch das genannte Dokument von ihnen aufgesetzt und bezeugt worden sein dürfte.

sowie eine große Menge Wein und Getreide für Ragusa und viele andere wertvolle Dinge mehr.

Ich trug auch Edelsteine verborgen an meinem Körper, um sie nach Basra zu bringen und dort zu verwenden, auch zum Anmieten von Schiffen, so ich diese brauchte. Doch Bargeld hatte ich wenig, weder an venezianischen Silber-Groschen noch an Gold-Besanten, damit die Versuchung der Gottlosen, mir das Leben zu nehmen, was Gott verhüten möge, geringer sei.

So fuhr ich in Begleitung meiner christlichen Diener ab, die ich aus Ancona mitgenommen hatte, darunter meine beiden ehrlichen Sekretäre Pietro Armentuzio und Simone Pizzecolli. Dann waren da die Köche Pecte und Rustici und der Bursche Berletto, ihr Küchenjunge. Desweiteren hatte ich zwei Dienerinnen für das Waschen meiner Kleidung, die Frau Bertoni und das Mädchen Buccazuppo, wenn auch gegen meinen Willen. Zu den übrigen gehörte unser Navigator, der wackere Atto Turiglioni, der auf Simones Weisung von Fra Pietro aus Sant' Angelo Karten jener Gewässer erhalten hatte, die wir befahren wollten. Wir hatten vereinbart, daß der besagte Turiglioni zusammen mit den anderen von mir Genannten von Basra bis Großindien und weiter bis ins Land von Sinim bei mir bleiben sollte und ebenso zwei weitere Männer, einer mit dem Namen Micheli und der andere Fultrono geheißen, die meinen Leib gut bewachen sollten, damit mir unterwegs keiner nach dem Leben trachte.

Während wir aus dem Hafen fortsegelten und mein Blick vom Meer hinüber zu dem hohen Hügel von Cònero ging, hing nun das Schicksal vieler Vermögen neben meinem eigenen, dem meines Vaters, möge seine Seele überdauern, und dem meines

»... DOCH BARGELD HATTE ICH WENIG«
Jacob schweigt sich im allgemeinen über sein Geld aus (und über die Höhe seiner Profite ebenfalls), doch dem Manuskript ist zu entnehmen, daß die mittelalterlichen jüdischen Kaufleute kaum Bargeld mit sich führten. Sie verließen sich auf ihre Vertreter, auf Verwandte und Glaubensbrüder, die ihnen das Nötige vorstreckten und ihre Rechnungen übernahmen. Wirtschaftliche Transaktionen wurden auf der Basis wechselseitiger Übereinkünfte und gegenseitigen Vertrauens unter Benutzung von Frühformen des Wechsels und mit Schuldscheinen durchgeführt. Durch derartige Übereinkünfte, die sehr komplex ausfallen konnten, gab der Käufer die mündliche oder schriftliche Zusage, eine bestimmte Summe zu bezahlen, und zwar an einem anderen Ort als dem, wo die Schuld entstanden war. Die Zahlung war gegebenenfalls einem Treuhänder des Verkäufers zu übergeben. Es gab noch eine Vielzahl anderer Zahlungsformen, wozu Kreditbriefe gehörten, die auf eine Reihe von Kaufmannsniederlassungen entlang der Handelsroute bezogen waren und komplexe Systeme der Wechseldiskontierung, bei denen nach Bedarf auch in andere Währungen gewechselt wurde. Auf diesem Feld waren die Juden (und die Italiener) im Mittelalter federführend.

Schwagers Baruch Bonaiuto von meiner Reise ab. Denn meine Partner Ser Benvenuto und Ser Alberto dei' Tarabotti[47] hielten je drei Anteile, Samuel di Nathan von Lucca, Levi di Abramo von Camerino und Ser Domenico Gualdi von Florenz je zwei, wobei die Tarabottis und die Toskaner einen dem Anteil eines jeden Mannes entsprechenden Gewinn erhalten sollten, und ebenso XX, über den ich nichts sagen will.

Darauf erreichte das Schiff allmählich die offene See, und die Wellen wurden höher. Wieder betete ich zu dem Heiligen Einen, Er sei gepriesen, um meine sichere Heimkehr. Doch aufs neue wurde ich von großem Gram ergriffen über die Unbill, die uns widerfahren. So begann ich beim Gedanken an meine Sara und daran, daß ich sie vielleicht nie mehr wiedersehen würde, abermals zu weinen, und mein Herz war schwer, da ich meine Studien und meinen Vater, sein Andenken sei gepriesen, verlassen mußte, und niemand außer Gott selbst wußte, welches Schicksal meiner Reise beschieden war.

Während wir so an den Schiffen und Galeeren vorbei nach Ostnordost auf dem Meer dahinsegelten, lenkte ich meinen betrübten Geist auf die Reise und beschloß, stets die Verpflichtungen eines Juden einzuhalten, keine unreinen Speisen zu essen und niemals am Sabbat das Schiff zu besteigen oder zu verlassen, so es Gottes Wille sei. Ebenso beschloß ich, keinen Tag vergehen zu lassen, ohne meine Gedanken an den Herrn zu richten, Lobpreis sei Ihm, oder meine Tefillin anzulegen, und mich, falls ich verwirrt in einem großen Sturm nicht mehr wissen sollte, Gott behüte, wo Jerusalem liegt, mit Herz und Gedanken dem Heiligsten des Heiligen zuzuwenden, wie Rabbi Juda, der Friede sei mit ihm, es uns gestattet.

Zudem schwor ich, so groß mein Gewinnstreben auch sei, mich allzeit ehrlich und makellos zu benehmen, wie es stets meine Art gewesen ist. Denn oft ist es für den Käufer ebenso von Vorteil, dem Verkäufer entgegenzukommen, wie es für den Verkäufer vorteilhaft sein kann, dem Käufer Nachlaß zu gewähren. Sei es im ersten Fall durch eine den gerechten Preis um eine Kleinigkeit übersteigende Zahlung oder durch einen kleinen Nachlaß für be-

---

»TEFILLIN«

Zwei würfelförmige Lederkapseln mit Bändern, in denen sich Pergamentrollen mit Textstellen aus den Büchern Exodus 13 *und* Deuteronomium 6 *und* 11 *befinden. Sie werden von frommen Juden bei der Morgenandacht zuerst mit Bändern am linken Arm und dann am Kopf befestigt.*

stimmte Güter im zweiten; mit derlei erwirbt man sich oft für geringen Preis einen großen Vorteil, für den andere später teuer bezahlen müssen.

Da aber der wahre Gewinn für die Seele nur jenem zuteil wird, der achtsam auf Gott hört, Er möge für immer verherrlicht werden, ist es abträglich, wenn Habgier die Seele eines Menschen so sehr regiert, daß der Herr sein Wohnrecht verliert, mögen mir meine Worte vergeben werden.

Mit solcherlei Gedanken gewann ich die Fassung meines Gemüts zurück, doch mein Körper beunruhigte sich ob der Bewegung der Wellen, und nach und nach, da ich von schwacher Konstitution bin, erfüllte Übelkeit meinen Magen, so daß ich einige der Speisen wieder von mir gab, die ich unlängst gegessen hatte. Meine Beine verweigerten mir den Dienst, und abermals glaubte ich, Kummers sterben zu müssen, weitab vom Hafen. Doch Berletto kam und stand mir bei und half mir, meine Sinne wieder zu sammeln, und nach und nach empfand ich Besserung, Gott sei gepriesen.

Mit dem ersten Tageslicht, der Wind war sanfter geworden und mein Körper wiederhergestellt, betete ich zu Gott, Er sei gelobt, und legte meine Tefillin an Arm und Stirn an, was viele der Matrosen staunen zu machen schien. Doch auch unter Fremden muß der Jude tun, was ihm von Gott aufgegeben ist, sei es durch lautes Gebet oder in der Stille seine Seele, solange er nicht mutwillig andere damit belästigt oder in ihrem Glauben und dessen Ausübung stört.

So mögen auch andere an jedem Tag ihrem Glauben gemäß Gott huldigen, solange ein Jude keine Achtung vor Götzen oder vor denen empfindet, die vor Götzen die Hände falten oder das Knie beugen. Herr, Gott Israels, es gibt keinen Gott wie Dich. So erreichten wir an diesem Tag Zara, und die Ruderer arbeiteten mit großer Anstrengung, denn der Wind war stark und blies uns manchmal sogar entgegen, aber meine Übelkeit war überwunden, wofür ich den Herrn lobpries.

Hier machten wir einen Halt von sechs Tagen, in die der Sabbat Kedoschim fiel. Meine Brüder teilten sich in meine Pflichten und luden gemäß der Anweisung, die Scheschet Ha-Levi von Zara empfangen hatte, alle meine Güter auf ein bequemeres und stärkeres Schiff.[48] Hier hatte ich auch geplant, die Ankunft des Menachem Vivo von Mestre, möge seine Seele überdauern, abzuwarten oder, sollte er schon angekommen sein, wie sich herausstellte, mit ihm gemeinsam in See zu stechen.

Außerdem mußte ich Vorräte aller Art erstehen und gemeinsam mit Vivo und jenen, die sich uns in Ragusa anschließen wollten, ein Schiff mit drei Mann pro Ruderbank und dreißig Soldaten unter Waffen anheuern, jeden Mann zu dreißig Silber-Groschen pro Monat. Die Ausgaben für die Heuer, für die Vorräte und die vielen Seeleute waren in der Tat groß, denn wir brauchten einen Kapitän, einen Ankermeister, einen Seilermeister, einen Proviantmeister, einen Zimmermann für die Spanten, einen zweiten Steuermann, und außerdem drängten uns noch einige ihre Dienste für unsere Reise nach San Giovanni d'Acri auf.

Als schließlich alles vorbereitet und wohlversehen war, brach ich auf, gefolgt von den Schiffen des Menachem Vivo und denen der christlichen Kaufleute, alle wohlbewaffnet gegen die Piraten dieser Gebiete, nicht nur wegen jener um Famagusta. Denn die Kaufleute sind in Gefahr, ihrer ganzen Ladung beraubt zu werden, wenn sie nicht unter Waffen fahren, da die kleinen Inseln und die Gewässer Dalmatiens Diebesnester und die dortigen Leute von Natur aus grob und dem Diebstahl sehr zugeneigt sind, sogar untereinander.

Auf Anraten unseres Kapitäns ließen wir am Mast die Flagge der Venezianer flattern, um uns vor ihren Schiffen zu schützen, da zwischen unseren Städten immer noch viel Feindschaft herrscht.

So reisten wir, von einem mäßigen, aber kalten Wind vorangetrieben, nach Südwesten, zuerst nach Curzola[49], wo ich von dem dort ansässigen Isaia ben Simone Silber erwarb und eine große Menge Wein verkaufte, was auch Menachem Vivo tat, und danach fuhren wir nach Ragusa weiter. Während dieser Zeit erfüllte ich meine

---

»... ERFÜLLTE ICH MEINE PFLICHTEN«

Dies ist ein stets wiederkehrender Ausdruck im Manuskript, der sich auf die zahllosen, täglich zu verrichtenden Gebete und anderen religiösen Pflichtübungen der frommen Juden bezieht – besonders in Hinblick auf die Heiligung des Sabbats durch Gebete, auf das Entzünden von Kerzen, das Anlegen frischer Kleidung und so weiter. Es gibt insgesamt 613 Ge- und Verbote und Gebräuche für sämtliche erdenklichen Lebenssituationen, die allesamt als Ausdruck der Verehrung Gottes einzuhalten sind. Das Manuskript läßt keinen Zweifel daran, daß sich Jacob sogar unter den größten Erschwernissen stets seiner Pflichten und eventuellen Versäumnisse bewußt ist, denn er macht sich die Mühe, seine Pflichterfüllung aufzuzeichnen, wenn auch meist nur in allgemeiner Form. Seine unentwegte Lobpreisung Gottes in Anrufungen und frommen Ausrufen ist eine Praxis, die frommen Juden ebenfalls durch die Vorschriften der Thora nahegelegt wird.

Pflichten, Gott sei gepriesen, und es gelang mir auch zu vermeiden, daß ich am Sabbat von oder an Bord gehen mußte.

Am Sabbat Emor sah ich von meinem Schiff aus den aufgehenden Abendstern und ließ darauf alle Arbeit fahren, sei es, Armentuzio und Pizzecolli bei der Buchführung zu helfen oder dem wackeren Turiglioni beim Lesen der Karten beizustehen. Ich heiligte den Sabbat und sprach Kiddusch und Amotzi, bevor ich mich zur Ruhe begab.

Denn wie Isaias, der Friede sei mit ihm, sagt: »Glücklich ist der Mann, der dies tut und sich daran hält« und »Wenn du davon abläßt, deine Geschäfte zu verfolgen, weil Sabbat ist, wirst du dich emporschwingen zu den hohen Plätzen der Erde«. Am Morgen, als ich mich mit dem ersten Licht aus meinem Bett erhob, wie es meine Gewohnheit ist, legte ich, da es der Sabbat Emor war, die frischen Kleider an, die mir die Frau Bertoni und das Mädchen Buccazuppo an jedem Sabbat bereitzulegen hatten, wie es ihnen von Sara, Gott sei gepriesen, aufgetragen worden war.

Wenn ich mich am Sabbat auf See befand und die Hand zu keinerlei Arbeit rührte, pflegte ich von da an über die ganze Länge des Schiffes auf- und abzugehen, wie es die Rabbis Gamaliel und Eliezer gestattet und auch selbst getan haben, als sie von Rom nach Brindisi segelten, wie geschrieben steht, obwohl die Rabbis Joshua und Akiba in Hinblick auf das Sabbat-Gesetz nur vier Ellen an Bewegung erlauben.[50]

Als wir vor Ablauf des Sabbats Emor in Ragusa anlangten, also am dritten Tag des Ijar[51], blieb ich an Bord des Schiffes, trotz der Argumente meines Freundes Vivo, Friede sei mit ihm, der erklärte, es sei erlaubt, am Sabbat ein Schiff zu verlassen, sofern man die Leiter für alle angelegt habe und nicht nur für einen Juden, wie der Rabbi Gamaliel lehrt. In diesem Sinne redete er mir zu, doch ich rührte mich nicht und antwortete, daß die Heiligung des Sabbats schwerer wiege als sämtliche Bestimmungen der

Venezianische Kaufleute beim Abwiegen von Wolle – aus einer Serie illustrierter Anweisungen für das Kaufmannswesen von 1380 im Correr-Museum, Venedig

Thora, für welches Geschenk Ihm gedankt sei. Daraufhin verfiel der besagte Vivo in Schweigen und sagte nichts mehr, als ob er vor Überraschung gegenüber so großer Entschlossenheit nichts mehr einzuwenden wüßte.

Doch ich überlegte bei mir, ob im Auge Gottes eine derartige Unbeweglichkeit wirklich Seinem Namen zur Ehre gereicht oder ob sie lediglich als Halsstarrigkeit zu gelten hat. Ich kam deshalb zu dem Schluß, Gott verschone mich, daß ich, vorausgesetzt mein Herz sei rein, wie bei meinen Reisen im Schwarzen Meer oder nach Alessandria weniger gesetzesstreng sein sollte, damit nicht meine Unternehmung oder die Sicherheit anderer in Gefahr geriete. Denn selbst wenn ein Ehrenmann zu Recht von mir behaupten kann, daß ich meinen Pflichten beflissener nachkomme als sogar die heiligsten Männer, so ist doch die Einhaltung der Thora kein Selbstzweck. Zudem ist ein redlicher Mann, der in einer Zwangslage gegen die Regel verstößt, besser als der Unredliche, der die Regel mit Hintergedanken im Herzen befolgt.

Unter derlei Überlegungen stieg ich die Leiter hinab, wenn auch zögernd, denn ich befürchtete, etwas zu tun, das meines Namens unwürdig oder überhaupt schändlich ist.

Nachdem ich von Bord gegangen war, begab ich mich zum Hause meines Bruders[52] Leo ben Benedetto von Ragusa, und zwar festen Schritts, denn es ist verboten, sich am Sabbat zu grämen, und ich war sicher, daß an meinem Handeln nichts auszusetzen war. Denn wenn ein Mann sich des Sabbats erfreut und der Arbeit abschwört, dann befleißigt er sich seiner vornehmsten Verpflichtung. Deshalb warf ich, eingedenk dessen, daß der Sabbat zu heiligen sei, noch nicht einmal einen Blick auf mein Eigentum an Bord des Schiffes und ließ es in der Obhut meiner treuen christlichen Diener zurück. Denn sich in Gedanken am Sabbat mit dem zu beschäftigen, was am kommenden Morgen getan werden muß, wird von unseren Schriftgelehrten, der Friede sei mit Ihnen, zu Recht gleichfalls als Arbeit betrachtet, der sich ein gottesfürchtiger Mann nicht widmen soll.

Im Hause meines Bruders Leo, eines Handelsbevollmächtigten, in dem ich viele Kaufleute in Muße versammelt antraf, wurde ich an ihre Tafel gebeten und zum Bleiben aufgefordert, wobei mich alle als Juden edler Abstammung und von gutem Ruf begrüßten. Denn sie, die das Mißgeschick meines Vaters kannten und auf den Märkten oft seine Gefährten gewesen waren, gaben mir keine Schuld an dem, was ihm zugestoßen war.

Im Gegenteil, sie waren bemüht, mir auf jede erdenkliche Weise zu helfen, und gaben mir viele Ratschläge, an welchen Orten Indiens man billig einkaufen und gut verkaufen könne. Doch es war Sabbat, und an diesem Tag soll man sich Zeit zum Studium der Thora nehmen. Ich zog mich deshalb aus ihrer Gesellschaft an einen ruhigen Platz zurück. Denn wie uns unsere Schriftgelehrten gesegneten Angedenkens sagen, wurden der Sabbat und die Festtage Israel geschenkt, damit wir uns an diesen Tagen dem Studium widmen, jeder nach seinem Verstand und seinen Fähigkeiten.

Dann, nachdem ich am Ende des heiligen Tages an ihrer Anrufung des Elijah teilgenommen und zusammen mit ihnen die Abendgebete zum Herrn gesprochen hatte – Er möge uns segnen und Israel zum gerechten Wandel führen, damit der Tempel von Jerusalem in unseren Tagen wieder aufgebaut werde, Amen und Amen –, ging ich zu Bett.

Während unsere Schiffe in den nächsten Tagen im Hafen vor Anker lagen, wurde meine Ladung von Öl, Wein und Getreide unter großen Mühen entladen und zum Markt geschafft. Einiges davon wurde von den Leuten meines Bruders[53] in dessen Handelshaus eingelagert, der Rest wurde zu einem gerechten und für mich gewinnbringenden Preis verkauft. Auf dem Markt waren viele Männer aus Ancona anzutreffen, die in großer Zahl in Ragusa ansässig sind. Hier müssen sie keine Steuern und Abgaben bezahlen und besitzen viele Häuser und Schiffe.

Ragusa ist ein großer Hafen und eine schöne Stadt. Es gibt hier viele hundert Juden. Sie gehören zu den Reichsten am Ort und befassen sich mit dem Handel von Wein und anderen Produkten unseres Landes, wie Tuch aus Siena und Öl aus Arezzo.

Schließlich, als sich aus dem Nordwesten ein starker Wind erhob, unsere Schiffe repariert, neu verproviantiert und auch sonst von Bug bis Heck in Ordnung gebracht worden waren, stachen wir nach dem Sabbat Behat wieder in See. Vivos Schiffe fuhren hinter uns her, ebenso die der anderen Kaufleute, die nach Famagusta und San Giovanni d'Acri unterwegs waren. Darunter waren die Schiffe des Rabbi Isaak ben Isaak von Ceneda, des Lazzaro del Vecchio von Ancona und des Eliezer ben Nathan von Venedig, auch sie mit je einem Schiff mit Soldaten und drei Ruderern pro Bank. Doch Piraten ließen sich nicht blicken, wofür Gott gedankt sei.

Danach hatten wir beständige Winde und machten schnelle Fahrt, als reisten wir durch die Luft. Unsere Ruder wurden zu Flügeln, und der Himmel war klar, die Seeleute und alle anderen waren zufrieden mit der Bezahlung und der Verpflegung, und ich erfreute mich meiner nach der Seekrankheit wiederhergestellten Gesundheit. Wir passierten die Insel von Corchira, die den Namen Poseidonia trägt, und hielten uns zu unserer Sicherheit dicht am Ufer.

So segelten wir viele Tage lang im Ionischen Meer zwischen anderen schönen Inseln wie Ithaka, Zante und Kithera, wo wir einen Halt einlegten, um Wasser und frische Vorräte zu fassen. Am Sabbat Behukotai erfüllte ich, wie ich geschworen hatte, meine Pflichten, und der arme Berletto umsorgte mich sehr. Denn ich hatte ihn gelehrt, mir kein Fleisch, sondern nach Art Saras in Wein gesottenen Fisch zu servieren, zusammen mit Obst, damit meine Nieren gesund und mein Wasser ungetrübt blieben. Andere aßen Fleisch im Übermaß, und manche wurden krank und fieberten, ihr Wasser war braun und hatte Pestgestank, was mir großes Ungemach bereitete.

So verstrich die Zeit, während unsere Flotte ohne nennenswerte Zwischenfälle gen Kreta segelte. Das Wetter war schön, das Meer ruhig, Piraten waren nicht zu sehen. Auf Kreta, wo es viele Juden gibt, begab ich mich nach meiner Ankunft zur Synagoge, denn ich hatte mir gesagt, daß es gestattet sei, am Sabbat von Bord zu gehen. Als ich dort eintraf, Gott sei gelobt, hatte das Morgengebet soeben angefangen, und ich wurde von Aaron Ebreo von Eraclione begrüßt, der auch Bevollmächtigter des Christen Pietro de Todini ist, eines Kaufmanns aus Ancona.

Da ich allen als frommer Jude bekannt war und viele mich begrüßten, wurde ich aufgerufen, aus der Thora zu lesen,[54] Gott sei gedankt, und danach spendete ich für den Begräbnisverein der Mittellosen. Ich blieb noch für die zusätzlichen Sabbat-Gebete, um über die mir bevorstehenden Gefahren meiner Reise besser nachdenken zu können und um für meine sichere Rückkehr zu Gott zu beten.

Den nächsten Tag, es war der achtzehnte Tag des Ijar und der Tag des Lag ba-Omer[55], verbrachte ich mit Rabbi Isaak ben Isaak in der Synagoge. Ich tätigte keine Käufe und Verkäufe, nicht so jedoch Menachem Vivo und Lazzaro Eliezer. Als der Kapitän unserer Flotte von meiner Frömmigkeit erfuhr und daß ich bis zum folgenden Morgen und auch am Tag danach bei den Juden weder etwas kaufen noch verkaufen würde, wurde er ungeduldig, weil wir so ausgiebig zum Schöpfer beteten. Ich ließ mich aber nicht von meinem Entschluß abbringen, sondern verbrachte am Tag Lag ba-Omer und am folgenden Tag viele Stunden mit dem Studium der Mischna, bis ich zufrieden war, meiner Pflicht genügt zu haben. Am fünften Tag, nachdem ich großen Gewinn gemacht hatte, nahm ich von Aaron Ebreo, der Friede sei mit ihm ... in großer brüderlicher Liebe Abschied, und viele aus unserer Nation, die mir persönlich fremd, aber Brüder aus dem gleichen Stamm waren, den der Fels und Erlöser Israels erhalten möge, begleiteten uns zum Hafen.

So brachen wir auf nach Carpazzo und Rodi,[56] wo ich mit dem Tuch des Samuel[57] ein ausgezeichnetes Geschäft machte, denn wegen seiner hohen Qualität erzielt es bei den Vornehmen dieser Orte einen hohen Preis. Wir erreichten Famagusta, nachdem wir große Angst vor den Piraten jener Gewässer ausgestanden hatten. Auf dem Pamphilischen Meer machten wir sie in der Ferne aus, aber wegen der Zahl und der Schlagkraft unserer Schiffe scheuten sie sich, Gott sei gelobt, uns anzugreifen. Auf dem Markt von Famagusta gab es viele gute steifleinene Steppdecken, von denen ich eine große Zahl erwarb. Ich blieb dort einige Tage, um die besten aussuchen zu können.

In Manci werden solche Sachen im Winter hoch geschätzt, und Steifleinenes wird deshalb gut bezahlt. Hier überbrachte ich auch dem Priester Andrea di Famagusta den Brief, den Ser Simone mir mitgegeben hatte, und erhielt von ihm einen in der Handschrift des Bischofs ausgefertigten Brief für die Mönche von Manci. Wir stachen in Famagusta wieder in See, und nachdem wir den Tag Schawuot an Bord der Schiffe verbracht hatten, kam unsere Flotte mit meinen Schiffen voraus und denen des

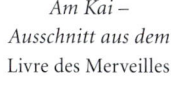

Am Kai –
Ausschnitt aus dem
Livre des Merveilles

Eliezer von Venedig als Nachhut endlich am dreißigsten Mai in San Giovanni d'Acri[58] an, Gott sei gelobt.

Hier überließ ich meinem Sekretär Armentuzio das Entladen unseres Schiffes und ging so schnell wie möglich von Bord, um meinen Onkel, den geliebten Elia, in die Arme zu schließen, Gott beschütze sein Leben. Auch verabschiedete ich mich von Isaak von Ceneda, der sehr damit beschäftigt war, zusammen mit seinem Vertreter seinen alsbaldigen Aufbruch nach Jerusalem vorzubereiten, es sei mir vergönnt, dort zu sterben.

Denn hier befanden wir uns nahe bei Zion, meiner wahren Heimat, was heißen soll, der Heimat meiner Seele und der Seelen all meiner Brüder, der Herr möge uns segnen und unsere Zahl verhundertfachen. Im Hafen lagen viele Schiffe aus Ancona und Genua, aber auch aus Venedig, manche davon sogar unter ihrer eigenen Flagge, was mich sehr erstaunte. Denn nach dem letzten Krieg,[59] der soviel Leid über diese Stadt brachte, möchte man doch nicht ohne Grund meinen, daß venezianische Kaufleute sich hier nicht mehr blicken lassen würden. Doch die Gewinnsucht ist stärker als alle Furcht.

Zwischen den Männern aus Ancona und denen aus Genua herrscht in San Giovanni d'Acri wie überall auf der Welt große Freundschaft und Liebe, wobei das Viertel der Anconesen, das ihnen von Giovanni von Ibelino zugesprochen wurde, und das der Genuesen nahe beieinander liegen. Hier müssen die Kaufleute aus Ancona im Rahmen einer Schenkung des Papstes keine Abgaben bezahlen und haben sich deshalb in großer Zahl niedergelassen. Sie haben ihre eigenen Kirchen und Häuser, Läden, Lagerhäuser und Herbergen für die Kaufleute, die hierherkommen. Darüber hinaus kann ein Kaufmann aus Ancona, sei er Jude oder Christ, nicht nur in Besant und Mark Handel treiben, sondern auch in seiner eigenen Währung, und das sogar unter den ortsansässigen Sarazenen.

Die Venezianer, die der Stadt soviel Leid gebracht haben, sind wieder zum Handel zugelassen, doch die Abgaben, die ihnen hier abverlangt werden, sind hoch. Dennoch legen alle, die mit ihnen in dieser Stadt zu tun haben, ihnen gegenüber ein faires Verhalten an den Tag. Denn in fernen Landen werden Kaufleute und Seeleute aus benachbarten Orten zu Verwandten, seien sie aus Venedig oder Genua, seien es Franken oder Juden, so heftig sie auch zu Hause miteinander streiten mögen. Wenn Männer sich, wie in einem schweren

Sturm, gemeinsam der gleichen Schwierigkeit stellen müssen, dann scheint sich auch ihre Verträglichkeit zu erhöhen, denn der Neid und die Mißgunst des einen gegen den anderen scheinen sich zu verringern. Doch sobald die Sonne des Glücks wieder auf sie herunterscheint, geht jeder wieder seine eigenen Wege und läßt seine Schritte aufs neue von Mißgunst leiten.

In Acri gibt es zweihundertundvierzig Juden, von denen einige in einem eigenen Viertel wohnen, nahe beim Viertel der Genuesen, andere leben in Frieden unter den Sarazenen und Christen. Auch wenn Sarazenen und Christen nicht gemeinsam essen wollen, so leben sie doch einhellig zusammen, obwohl die Sarazenen in ihrem Herzen sehr darüber verbittert sind, daß ihre große Moschee, in der sie Mohammed verehrten, in eine Kirche umgewandelt worden ist. Ihre christlichen Herren haben ihnen deshalb ein kleines Kloster neben der Kirche gegeben, in dem sie ihre Gebete verrichten dürfen.

Zwischen den Juden und den Sarazenen herrschen große Kameradschaft und viel Umgang, obwohl es bei den Juden der Stadt heißt, die Sarazenen würden ihnen oft übel mitspielen und man könne ihnen nicht vertrauen. Dennoch betätigen sich die jüdischen und sarazenischen Händler der Stadt oft in derselben Branche, kaufen einander viel ab, sprechen untereinander arabisch und speisen gemeinsam in ihren Häusern.

Anders als die Christen geben viele Mahometaner[60] den Bedürftigen freigebig von ihrem Brot. Doch diese Gepflogenheit mischt sich mit niederträchtigen Taten und Verhaltensweisen gegenüber Juden. Außerdem verleihen sie manchmal Juden gegenüber ihrem Haß auf die Christen Ausdruck, denn die Christen zu hassen ist für Sarazenen ganz natürlich, und manchmal drücken sie Christen gegenüber ebensolchen Haß auf die Juden aus. Deshalb haben weder Christen noch Juden Vertrauen in die Sarazenen, denn deren Haß schlägt um wie der Wind, der heute aus dem Norden und

»FRANKEN«

Diese Bezeichnung wurde erstmals am Anfang des 3. Jahrhunderts n. Chr. für die am Rhein siedelnden germanischen Stämme benutzt, die anschließend durch die Armeen des Kaisers Julian (Apostata) der römischen Herrschaft unterworfen wurden. Unter Clovis (481–511) warfen sie jedoch das römische Joch ab, besiegten ihre lokalen Stammesfeinde, rückten durch Gallien an die Seine vor und übernahmen dort das Christentum. Ihre Geschichte überschneidet sich mit der Geschichte des sich herausbildenden französischen Königtums. Das Wort »Franken« wurde im Lauf der Zeit besonders von den Angehörigen anderer Glaubensgemeinschaften zur Bezeichnung der abendländischen Christen benutzt.

morgen aus dem Süden weht, so daß niemand den Bewegungen ihres Gemüts folgen kann.

Doch obwohl sie häufig Bösewichter sind und sich auch gegenseitig umbringen, sind sie geschicktere Händler als die Christen, doch weniger geschickte als die Juden, denen es stets gelingt, die Sarazenen auszustechen. Daher sind die Sarazenen in vielen Ländern gute Kommissionäre der Juden, wie in Groß- und Kleinindien[61], denn sie dürfen, Gott bewahre, am Sabbat arbeiten und haben eine große Liebe zum Handeltreiben, auch wenn sie sich gerne nebenbei etwas aneignen, sei es von einem Christen oder von einem Juden, wenn er nicht auf der Hut ist. All diese Dinge habe ich selbst beobachtet, denn so findet man die Wahrheit am besten heraus, oder von anderen erfahren, die im Land der Araber viel Handel getrieben haben.

Desungeachtet ist die Liebe zwischen Juden und Mahometanern größer als zwischen Juden und Christen, denn der Mahometaner bezeichnet sich als Sohn unseres Vorfahren Abraham und verehrt unseren Lehrer Moses, er möge ruhen im Garten Eden und sei gelabt am Ende der Tage. Doch die Christen haben sich aus einem Juden ihr Götzenbild gemacht, der Herr sei ihnen ob ihrer Gottlosigkeit gnädig, sie kennen nicht die Schriften unserer Schriftgelehrten, mit denen der Friede sei, und sie möchten die Thora in Flammen aufgehen sehen, möge der Heilige Eine sie vom Erdkreis verbannen und ihre Namen auslöschen.

Nach einem Tag der Ruhe, es war nämlich der Sabbat Behaalotcha, den ich an der Seite meines Onkels Elia im Studium verbrachte und an dem ich mit anderen Juden ein wenig hierhin und dorthin spazierte, während das Entladen meines Schiffes weiterging, begab ich mich am Morgen in das Viertel der Anconer. Dort waren alle mit der Heiligung des Sabbat beschäftigt, außer einigen der Seeleute, die mich von Ancona hergebracht hatten – auch das Mädchen Buccazuppo weilte unter ihnen –, und sie, die zu viele venezianische Silber-Groschen in der Tasche hatten, benahmen sich in einer Weise, die sich nicht schickte.

Ich tadelte sie, aber sie erklärten, daß ihr Abschied für die Heimreise kurz bevorstünde und daß sie jene, die mich nach Basra begleiteten, vielleicht nie wiedersehen würden, darum seien sie nach so vielen Tagen auf See entschlossen, sich die restlichen Stunden auf diese Weise zu vergnügen.

Ich antwortete ihnen, daß sie sich zwar zu Recht vor dem Morgen ängstigten, denn niemand kann sagen, was er uns bringt, doch sie würden ihren eigenen Sabbat entheiligen, was die Saat Abrahams nicht tun darf, denn solches Verhalten ist eines Mannes unwürdig. Darauf begannen sie in ihrer Trunkenheit zu lachen und spotteten sogar über meinen grauen Bart, da sie nichts mehr begriffen und sich nicht mehr aufrecht halten konnten. Sie waren wie Tiere geworden, die in ihr Verderben rennen, oder wie Primitive, die nichts von der Sünde wissen, wie es Rabbi Hillel, der Friede sei mit ihm, gesagt hat. Des Weines voll, bedeckten sie die Tische mit Erbrochenem und Unrat, gottlos selbst am Sabbat.

Traurig schied ich deshalb von diesem Ort, doch ich hieß das Mädchen Buccazuppo, aus diesem Kreise mit mir fortzugehen, und drohte ihr, sie mit der Trennung von der Frau Bertoni zu bestrafen, die ihre Kusine ist, und sie in Schande nach Hause in unser Land zurückzuschicken, was sie aber keinesfalls wollte. Weinend bat sie mich um Verzeihung für ihr Benehmen. So ging sie zu ihrer Unterkunft, um sich besseren Sinnes auf den morgigen Tag vorzubereiten.

Ich für meinen Teil kehrte von dort zum Haus von Elia zurück, wo ich berichtete, was ich gesehen hatte, und die verbliebenen Stunden des Tages über unsere Weisen, der Friede sei mit ihnen, nachdachte und sie studierte und ebenso das große Buch[62] von Armentuzio.

Nachdem ich mich am nächsten Tag mit Menachem Vivo, Lazzaro del Vecchio und Eliezer von Venedig vergewissert hatte, daß unsere gesamte Ladung gut geordnet auf vielen vierrädrigen Karren zu dem Ort namens El-Gamalia geschafft worden war, wo die Kamele zusammengetrieben werden und die Karawanen in die syrische Wüste aufbrechen, erwarb ich von einem Goldschmied mit sehr gutem Ruf auserlesene Stücke seiner Arbeit. In Großindien und Java Minor gibt es nämlich, wie ich erfahren hatte, einige reiche Adlige, die derlei sarazenische

Kamelkarawane –
aus einer
Ausgabe der
Makamen *des
Abu Muhammed
al-Kasim Hariri
von 1237*

Arbeiten höher schätzen als alles andere auf Erden. In manche Ringe waren kostbare Edelsteine eingesetzt. Diese verbarg ich zusammen mit den anderen bereits erwähnten Steinen an meinem Körper. Den Rest gab ich in die Obhut meiner Getreuen Armentuzio und Pizzecolli, die bei ihrem Leben schworen, vor unseren Reisegefährten kein Wort darüber verlauten zu lassen.

Für diese Käufe gab ich Elia die *suftaja*[63], mit der er die ausstehende Summe bei dem Treuhänder Leo von Ragusa und dem Bankier Levi von Ancona einlösen konnte, zu denen er sich, so Gott will, im Monat Tammus mit Spezereien aus Großindien und anderen Waren zu begeben beabsichtigte.

Nachdem ich noch einige weitere brauchbare Dinge äußerst gewinnträchtig eingekauft hatte, kehrte ich zum Kamelsammelplatz zurück, wo auch Elia und meine Bediensteten sich eingefunden hatten. Berletto wunderte sich sehr, als er diese Tiere in so großer Zahl versammelt sah. Er war sprachlos und bestürzt, als er sah, wie diese Geschöpfe zu Hunderten auf den Knien lagen, um sich für unsere Reise beladen zu lassen, und dabei brüllten, als empfänden sie Schmerzen über das Gewicht, das sie schleppen sollten. Ich betete zu Gott, Er möge sich ihres jämmerlichen Gebrülls erbarmen, das denen, die es hören, das Herz zerreißt.

Die Araber[64] pflegen diese Tiere nachts ebenso zu beladen wie tags, damit der Reisende mit dem Morgengrauen aufbrechen kann, doch es geht sehr langsam voran, wie alles in diesen Ländern. Obwohl meine Diener und die Diener der anderen Kaufleute mit ihrer Hilfe nicht geizten, waren wir deshalb gezwungen, unter der großen Hitze der Sonne zu warten, bis die Karawane endlich bereit war. Doch die Kamele sind sehr nützliche Tiere, denn sie tragen eine große Ladung und kosten wenig, auch wenn sie nicht so schnell sind wie Pferde oder Maulesel.

Unsere Karawane verließ Acri am neunten Tag im Juni des Jahres 1270, also am achtzehnten Tag des Siwan, 5030 Jahre nach der Erschaffung der Welt, und machte sich aus der Welt der Christen auf zum Fluß Euphrat. Uns begegnete auch eine Karawane alter Juden, die nach Jerusalem unterwegs waren, um dort zu sterben, wie es auch mein Herzenswunsch ist, so Gott will. Sie trugen die Gebeine ihrer Anverwandten mit sich, mögen deren Seelen überdauern, um sie dort im Boden der Heiligen Stadt zu begraben. Sie befördern diese Gebeine in Säcken aus Tuch, ein Anblick, der mir sehr zu Herzen ging.

So kamen meine verstorbenen Brüder, der Friede sei mit ihnen, auf ihrer letzten Reise an uns vorbei, während ich und meine Brüder Vivo, Lazzaro del Vecchio von Ancona und Eliezer von Venedig, mit sämtlichen Bediensteten insgesamt achtzig Personen, unseren Blick nach Nordosten richteten. Solcherart ist die Zahl der Kaufleute unter meinen Brüdern groß, die nicht nur durch die Welt ziehen, um Dinge zu finden, die ihnen Gewinn bringen, sondern auch um des Seelenfriedens willen.

Mit einer Karawane von vielen hundert Kamelen, deren jedes mindestens sechshundert Pfund[65] trug, zogen wir gen Damaskus in Arabien, begleitet von zahllosen Kameltreibern, die ihre langsamen Tiere mit Pfeifen und Peitschen vorantrieben. So überquerten wir die Flüsse Leontes und Jordan, überquerten den großen Berg Hermon und kamen zum Sand der syrischen Wüste. Wenn die Sonne unterging, machten wir halt, und ich widmete mich zusammen mit Vivo, Eliezer und Lazzaro von Ancona meinen religiösen Pflichten, wofür Gott gelobt sei.

Doch am vierten Tag war der Vorabend des Sabbat Korah, daher mußten wir mit Seilen drei Ringe um unseren Lagerplatz ziehen, einer über dem anderen, wie es uns unsere Schriftgelehrten, der Friede sei mit ihnen, vorgeschrieben haben, wobei der Zwischenraum weniger als drei venezianische Spannen[66] betragen muß. Dies geschah beim Schein des ersten Abendsterns, um den Sabbat abzugrenzen, der heilig ist. Anschließend sprach ich Kiddusch und Amotzi vor unserem Abendmahl, das Berletto nach meinen Anweisungen für uns zubereitet hatte. Danach sagten wir Gott in Zufriedenheit unseren Dank.

In der Nacht jedoch ergriff mich große Furcht vor den Treibern und ihren Kumpanen, die boshafte und feige Leute sind und

Rast an einer Oase – aus einer Ausgabe der Makamen *des* Abu Muhammed al-Kasim Hariri *von 1237*

sich mit List und Gewalt freizügig am Gut der Kaufleute schadlos halten, zumeist allerdings nur mit List.

Ich hielt deshalb die ganze Nacht die Augen offen und ging mehrfach zwischen den Kamelen herum, die meine Güter trugen, begleitet von meinen treuen Sekretären und meinen Leibwächtern Micheli und Fultrono, die bewaffnet waren, wobei ich zu Gott betete, Er möge mich verschonen ob meiner Missetat. Die beiden Tiere, auf denen ich gewisse Dinge verborgen hatte, hielt ich in meiner Nähe, neben den besagten Ringen aus Seilen. Aber die anderen befanden sich im Dunkeln, und man konnte sie nicht sehen, denn der Mond hatte sich verborgen, und ich hatte verboten, Feuer anzuzünden.[67] Die Treiber fuhren aus dem Schlaf hoch, als wir zwischen ihnen umhergingen, und waren verärgert über unsere Befürchtungen. Doch da sich viele ruchlose unter ihnen befinden, die glauben, daß alle Franken und Juden reich sind, hecken sie oft Pläne aus, um jene zu berauben.

Am Morgen tuschelten die Treiber miteinander und bestanden darauf, die Reise fortzusetzen. Doch ich erlaubte es nicht, denn es war der Sabbat Korah, und so blieben wir an diesem Ort bis zum nächsten Tag, und die Tiere rasteten ebenfalls. Denn in der Thora steht geschrieben, Gott sei gelobt, auch dein Ochs und dein Esel sollen ruhen.

Von dort reisten wir viele Meilen durch Abilene und entlang dem Fluß Abania nach Damaskus. Die Lebensart in jener Gegend ist die von Verehrern des Mahomet, man bestellt das Land, treibt Handel und betet zu Gott. Es gibt viele Moscheen und gelehrte Männer, sowohl unter den Juden wie auch unter den Mahometanern, aber auch finstere und verdorrte Seelen, die den Reisenden in Furcht versetzen. Im Inneren dieser Region an den Rändern der syrischen Wüste gibt es viele sehr arme Leute. Hier ziehen auch die Beduinenfamilien umher, die bei unserem Näherkommen flohen, obwohl viele der Treiber aus ihrem Volk stammten. Mal sind sie ängstlich und furchtsam, mal heimtückisch und mörderisch ohne Grund.

Der Reisende muß deshalb auf der Hut sein und sollte sie weder vorschnell verjagen, noch sollte er ihnen unbedacht sein Wohlwollen zeigen, was immer ihm sein Herz auch gebietet. Denn es gibt Männer darunter, die aus Angst vor Fremden einmal freundlich und ein andermal böse reagieren, wie ein Hund, der vor jemandem Angst hat und nicht weiß, ob er mit dem Schwanz wedeln oder den Betreffenden in die Hand beißen soll.

Ich betrat Damaskus, eine große Stadt mit über dreitausend Juden, zusammen mit meinen Gefährten durch das Westtor. Die Bediensteten hatten wir zur Bewachung unserer Besitztümer zurückgelassen. Wir unterhielten uns ausgiebig in arabischer Sprache mit den Brüdern und Vettern des Lazzaro del Vecchio. Sie sind bedeutende Kaufleute in dieser Stadt, und wir empfingen von ihnen Geschenke und manchen guten Rat. So informierten sie uns hinter vorgehaltener Hand sowohl über ihre Befürchtungen wegen des Herannahens der Tataren, wie auch, als Vertraute des Sultans Bonducdaro, über dessen Absicht, die Christen zum großen Vorteil der Juden aus den Gefilden Syriens zu vertreiben. Sie erklärten, daß die Armeen der Tataren, nachdem sie bereits den Norden erobert hätten, auch Damaskus zu erobern trachteten und es gefährlich sei, lange hier zu verweilen, da man wenige Meilen vor der Stadt bereits tatarische Plünderer gesichtet habe.[68]

Nachdem wir unseren Brüdern manches abgekauft und viele Vorräte für die Reise nach Basra beschafft hatten, beschlossen wir deshalb, daß es klug sei, so schnell wie möglich aufzubrechen, denn die Mittagssonne wurde mit jedem Tag heißer. Wir verließen Damaskus am ersten Tag des Tammus nach dem Sabbat Hukkat und machten uns auf zum Fluß Euphrat, der in ost-südöstlicher Richtung liegt.

Viele Tage und Nächte reisten wir durch die syrische Wüste, die dort *hamad* genannt wird, auf Baudas[69] zu und litten schwer unter der Hitze der Sonne, die so heiß brannte, daß es an ein Wunder grenzte. Wenn der Mittag kommt, wird es schwierig, zwischen den felsigen Hügeln zu überleben, denn nirgends ist eine schattige Stelle; sogar die Kamele brüllen in ihrer Pein, und Tränen laufen ihnen aus den Augen, möge Gott sich ihrer erbarmen. Sie schleppten sich Schritt für Schritt voran, und wenn der Wind blies, wurde er schnell so stark, daß der Staub die Sonne verdunkelte und Mensch und Tier übereinanderstolperten und wir gezwungen waren zu warten, bis er sich wieder gelegt hatte. Meine Diener klagten bitterlich und fluchten, sie hätten ihr Zuhause nicht verlassen sollen. Buccazuppo flehte mich an, nach San Giovanni d'Acri zurückkehren zu dürfen.

Doch wer zuviel mit Frauenzimmern redet, bringt Unheil über sich und sichert sich einen Platz in der Hölle.

Die Hitze der Sonne war so groß, daß ich mir vorkam, als sei ich von den Strahlen der Sonne beidseitig geröstet worden. Kein Vogel flog am Himmel, nichts kroch über den Sand, und sogar mein Blut trocknete ein. Und doch lobpries ich Gott, weil er mich sicher bewahrte, und forderte meine christlichen Diener auf, desgleichen zu tun. Manche erhoben murmelnd ihre Stimme gegen mich, doch in jedem Menschen, so er besser ist als das Vieh, gibt es einen Antrieb zu Gott. Denn wer außer Gott, fragte ich, fördert das natürliche Leben der Welt?

Doch wegen der üblen Wirkung des Bilderkultes haben sie keine wahre Vorstellung von Gott, der Unnennbare sei gepriesen, der der Einzige ist und bis zum Ende aller Tage der Einzige bleiben wird. Denn *dieser Mensch* verstellt ihnen den Blick auf das Licht Gottes, Er sei gepriesen, und so können sie Gott nicht erkennen. Wenn ein Rabbi ihnen riete, zu Gott zu beten, dann wendeten sie sich an *diesen Menschen* und nicht an Gott.

Darüber hinaus waren ihrer viele von Gedanken des Zweifels erfüllt, Gott sei ihnen gnädig. Manche sagten, niemand könne am Mittag voraussagen, welchen Sonnenuntergang der Abend bringen werde, geschweige denn das morgige Schicksal eines Menschen. Ihnen entgegnete ich, daß die Welt und der Himmel fürwahr ohne Grenzen seien und so, wie dieser Tag vergeht und niemals wiederkehrt, so verringert sich auch die Summe unserer Tage unwiderruflich. Aber der Heilige Eine vergeht nicht, und wenn ein Mensch Gott als den Einzigen anruft, und sei es am entlegensten Ort, dann kommt Gott, Er sei gepriesen und geehrt, zu diesem Menschen und segnet ihn ...

Tagelang reisten wir mit großer Langsamkeit, denn viele wurden durch die Sonne vom Fieber befallen, zum Bett des Flusses Aurano,[70] in welchem kein Wasser floß, so stark war die Trockenheit der großen Wüste. Doch während all dieser Tage, wie auch am Sabbat Balak, erfüllte ich mit Vivo, Eliezer von Venedig und Lazzaro del Vecchio

---

»DIESER MENSCH«

Wie andere fromme Juden der Gegenwart und der Vergangenheit sah sich auch Jacob nicht in der Lage, den Namen Jesu auszusprechen, noch nicht einmal als Jeshua ben Joseph, wie er manchmal in jüdischen Texten auftaucht. Diese Umschreibung findet sich auch in den Schriften von Benjamin von Tudela, dem reisenden Rabbiner des 12. Jahrhunderts; siehe Travels, *London 1783, S. 73.*

meine Pflichten, Gott sei gepriesen ob des reichen Lohnes, den die Thora bringt.

Doch in der Tiefe der Nacht an diesem Platz am Fluß wurde ich, der ich die ganze Nacht nicht schlief, in meinem Geiste von großer Unruhe erfüllt. Die Nacht war voller Sterne, doch großer Kummer bedrückte mich bei dem Gedanken meines Wandels auf der irdischen Welt. Der Himmel über mir kündete von der Herrlichkeit Gottes, doch Furcht und auch Zweifel befielen mich, Gott sei meiner Seele gnädig. Denn dort in der Nacht fragte ich mich, wo der Ort der Erkenntnis sei und woher die Weisheit komme, da ich in der Unendlichkeit des Himmels nicht Gottes Hand, möge Gott mich verschonen, sondern nur Leere sah.

Ich weinte sehr über meine Zweifel und betete zu Gott, Er möge mir noch vor Tagesanbruch den richtigen Weg weisen, damit ich nicht in der Finsternis meiner Seele weiterwandern müsse, während die Sonne auf mich herabscheint. Und solcherart war die Wahrheit, die Er mir um Seines Namens willen zeigte: Da die Gedanken und die Weisheit Gottes keine Grenze und kein Ende kennen, gilt das auch für die Gedanken und die Vernunft des Menschen, die keine Grenze und kein Ende haben, so daß es dem Menschen freisteht, sich auch das Nichts vorzustellen. Darüber hinaus gibt es keinen anderen Beweis für die Existenz Gottes, Er sei gepriesen, als diese Unermeßlichkeit des Himmels und all dessen, was sich in der materiellen Welt unserem Auge dartut. Zudem kann der Mensch sogar in seinem Leid durch die Erkenntnis der eigenen Seele zur Erkenntnis des Wesens der Schöpfung und des Schöpfers gelangen, denn diese Erkenntnis ist der Zweck, zu dem wir geschaffen worden sind.

Und jenem, der daran zweifelt, daß die Hand Gottes auf allem liegt, sei gesagt, daß manche Schriftgelehrte erklären, die Welt werde in jedem Augenblick neu erschaffen und ohne Gott geriete sie in der Tat zu einem leeren Nichts. Da verspürte ich wahrhaft Furcht und auch Scham wegen der Zweifel, denen ich verfallen war, und betete mit dem ersten Licht des Tages zu Gott um Seine Vergebung für meine Trübsal und die Irrtümer, denen ich verfallen war. Der Mensch sollte, wie Rabbi Juda lehrt, wissen, was über ihm ist, nämlich ein Auge, das sieht, ein Ohr, das hört, und ein Buch, in dem alle seine Taten aufgeschrieben werden. Dergestalt durch meine eigenen Gedanken erhoben, legte ich meine Tefillin an Arm und Stirn an und dankte Gott dafür, daß Er mich in dieser Nacht Seine Weisheit gelehrt und zum Licht geführt hatte.

In den darauffolgenden Tagen, die uns den Sabbat Pinchas und das Tamus-Fest[71] brachten, an denen ich meinen Pflichten Genüge tat, erreichten wir endlich wieder fruchtbare Orte und kamen dicht an Baudas vorbei, das sich in der Hand der Tataren befindet und zur Einöde geworden ist, die nur von den Sarazenen aus Syrien und aus Aurano aufgesucht wird. Danach kamen wir zum großen Euphrat-Strom und reisten viele hundert Meilen an seinem Westufer entlang, an dem es viele Siedlungen gibt und die Landbevölkerung Nahrung zur Genüge hat. So zogen wir durch ein fruchtbares Land voller Überfluß, in dem man alles findet, was man zum Leben braucht, während ich pflichtgemäß die Sabbate Mattot, Masse und Dewarim heiligte.

So kamen wir in die Nähe von Basra und sahen zur Rechten und zur Linken viele Lagunen, besser Marschen, und auch viele Palmen mit Datteln, fruchtbare Gärten und große Üppigkeit. Doch am neunten Tage des Aw, als die Hitze so groß war, wie man es in keinem anderen Teil der Welt kennt, eine Hitze, die das Gras verdorren und das Wasser im Boden und in den Muskeln und dem Blut der Menschen austrocknen läßt, klagte ich mit Vivo, Eliezer und Lazzaro an meiner Seite, die wir alle ohne Nahrung blieben, weder aßen noch tranken, in tiefem Schmerz über die Zerstörung unserer Stadt, die unter den Völkern einst so groß gewesen war.[72]

In der Hitze der Sonne war unsere Drangsal groß, und manche erstaunten sich über uns und erklärten, es sei ohne Sinn, daß wir sogar das Wasser verweigerten. Berletto bedrängte mich oft zu trinken, denn er war in großer Sorge, weil sein Herr am Rande des Todes zu stehen schien, und ich sah mit Befriedigung, daß die Diener von Vivo, Eliezer und Lazzaro sich ähnlich verhielten.

Doch erlitt Juda an diesem Tage nicht größeres Ungemach, als sie in Gefangenschaft geriet und all ihrer Schönheit verlustig ging, denn der Widersacher streckte seine Hand nach ihr aus, wie die Christen unserer Tage ihre Hand auf die Thora, unsere Königin, legen? So weinten wir miteinander und sagten in unseren Herzen zu jenen, die inmitten der Tiere der Karawane um uns herum waren, ist es denn für euch ein Nichts, für euch, die ihr daran vorübergeht?

Gibt es einen Kummer so groß wie unseren Kummer? Derart weinten wir, und als der Trauertag vorüber war, setzten wir unseren Weg nach Basra mit unseren Gütern und Dienern fort. Wir betraten die Stadt am einunddreißigsten Tag des Juli[73], also drei Monate und fünfzehn Tage nach meinem Aufbruch aus Ancona.

Basra, welches auf arabisch al-Basra genannt wird, ist eine große Stadt, die sich an der Stelle erhebt, wo die großen Flüsse zusammenströmen.[74] In dieser Stadt machen die Kaufleute große Gewinne, und sie kommen aus allen Ländern der Sarazenen hierher, aber auch aus Großindien, von den Inseln Kleinindiens und sogar aus dem Lande Sinim.

In der Stadt gibt es über dreitausend Juden und auch einhundert Franken, doch der größte Teil ihrer Bewohner verehrt Mahomet. Von der Stadt werden die Waren sowohl auf dem Fluß, der hier von den einen der Fluß der Sarazenen, von anderen der Fluß Iddacalo genannt wird, als auch auf einem drei Meilen langen und mit großer Kunstfertigkeit erbauten Kanal zum Meer gebracht, wo ein ansehnlicher Hafen mit Namen Saraggi liegt. Hier landen die großen Schiffe aus Sinim und werden entladen, und hier haben auch Juden Handelsposten und vermieten und bauen auch Schiffe für jene, die nach Großindien fahren.

In Basra findet man luxuriöse Seiden- und Goldbaldachine, *nacchi* und *nacchini*[75], mit goldenen Löwen, Bären und anderen wilden Tieren, die sehr kunstvoll hineingewirkt sind. Man kann hier auch zu günstigen Preisen Pferde für Großindien erstehen, die dort sehr geschätzt werden, sowie große Mengen von Datteln, die von den hierherkommenden Kaufleuten für die besten in der Welt gehalten werden. Hier treibt man auch Tauschhandel mit Seide und purpurnen Gewändern und allen Arten von Gewürzen. Viele der ortsansässigen Juden betätigen sich als Handelsagenten, auch namens und im Auftrag der Sarazenen. Das bringt ihnen großen Reichtum, wie auch der Umtausch von Gold und Silber aus verschiedenen Ländern, den sie mit großem Profit besorgen.

Die Frauen der Stadt sind als Verehrerinnen Mahomets in dünne seidene Schleier gehüllt, und sie können sehen, ohne gesehen zu werden, wie es in allen sarazenischen Ländern Brauch ist. Doch wenn sie die Schleier fallen lassen, wie es geschieht, wenn sie gesehen werden wollen, sogar von Fremden, sind sie oft von großer

Schönheit. Ich habe gehört, die fränkischen Kaufleute würden behaupten, daß sie nicht besonders keusch seien. Doch ob das wahr ist, kann ich nicht beurteilen.

Die Leute essen Datteln, Geflügel und Fisch. Nahe bei der Stadt sind sehr schöne Bäder, von denen eines von den Juden, ein anderes von den Sarazenen aufgesucht wird, um sich in der großen Hitze des Sommers Erleichterung zu verschaffen. Es gibt auch Fliegen, Bremsen und ähnliches Getier, das die Menschen plagt.

Der bedeutendste der reichen Juden ist Isaia von Ascoli[76], mit dessen Tochter mein Sohn Isaak verheiratet werden sollte. Ihn, den geliebtesten und pflichteifrigsten meiner Söhne, begrüßte ich bei meinem Eintritt in die Stadt unter Freudentränen und drückte ihn viele Male an mein Herz, und er berührte als Ehrenbezeigung meine Füße. Ich legte meine Hand auf seinen Scheitel und gab ihm meinen dreifachen Segen, während er ob dieser Segnung weinte und ich ihn ein weiteres Mal in die Arme schloß.

Von ihm suchte ich Näheres über das Leben der Juden in der Stadt zu erfahren, denn er wußte darüber gut Bescheid. Hier speisen und reden die Juden bereitwillig mit den Sarazenen, und die Sarazenen, die ihnen in großem Vertrauen zugetan sind, unterhalten enge Geschäftsbeziehungen mit ihnen und gehen mit ihnen sogar Partnerschaften ein für den Bau der großen Schiffe, die nach Seilan fahren. Die hiesigen Sarazenen, die sich zwar in mancherlei Hinsicht, wie beim Kaufen und Verkaufen, sehr geschickt anstellen, sind nicht so tüchtig wie die Juden, die sie bei jeder Gelegenheit um Rat angehen.

Aus diesem Grund sind nur wenige Juden arm. Zudem steht bei Sarazenen, anders als bei den Christen, der Kaufmann auf einer Stufe mit dem Adligen, und viele Juden haben den Reichtum von Königen. Aber man begegnet ihnen auch oft mit großem Neid, weshalb sie ihren Reichtum verbergen müssen. Deshalb halten sie ihre Häuser gut verschlossen, damit diejenigen, die nicht ihr Vertrauen genießen, nicht sehen können, was sich darin befindet. Denn viele Juden wohnen nicht in ihrem eigenen Viertel, wie ich es in San Giovanni d'Acri sah, sondern ohne großen Unterschied unter den Sarazenen, Franken und Persern der Stadt, sogar in den gleichen Straßen und mit angrenzenden Höfen. In manchen Straßen und Gassen in der Nähe der Synagoge überwiegen die Juden, aber selbst dort sind auch

Sarazenen ansässig. Sie sind sich sehr freundlich gesinnt, und die
Sarazenen nennen die Juden *malem*.[77]

Hier gibt es nämlich keine christlichen Priester, die dagegen
predigen, daß sie mit uns essen und trinken, oder die verbieten, daß
sie in unseren Häusern verweilen, wie es in christlichen Ländern der
Fall ist. Vielmehr herrscht große Freundschaft zwischen den
Angehörigen der verschiedenen Glaubensgemeinschaften, die in der
Stadt leben. Darüber hinaus dürfen sich bei den Anhängern Mahomets die Männer mit denen verheiraten, die sie die »Ungläubigen«
nennen, obwohl unsere Rabbis das verbieten, der Friede sei mit
ihnen, und ihre Namen seien geehrt.

Das Gesetz der Sarazenen erlaubt einer jüdischen Ehefrau auch,
daß sie ihre Gebete im Inneren des Hauses verrichtet, und ermahnt
sogar den Ehemann, sie nicht dazu zu bringen, daß sie den Sabbat
entheilige, wofür Gott gepriesen sei. Auch soll er sie nicht davon abhalten, in der Thora zu lesen, für deren Gaben Gott gedankt sei, vorausgesetzt, sie liest nicht laut, doch darf sie nach der Heirat nicht
mehr die Synagoge besuchen, wofür ein Fluch auf die Sarazenen
fallen möge.

Außerdem ist unsere Besteuerung hier festgelegt,[78] und wir sind
nicht der Ausplünderung ausgesetzt, mit der uns die Könige anderer Gegenden heimsuchen. Hier müssen wir uns auch nicht als
Wucherer betätigen, wie es uns die Christen in ihren Ländern auf-
zwingen, damit wir den Haß der einfachen Leute auf uns ziehen. In
Basra findet man unter den Juden nämlich nicht nur Händler,
sondern auch Schneider, Handwerker, die Holz, Leder und Metall
verarbeiten, Schuhmacher, Sattler sowie viele Apotheker und Ärzte
mit dem großen Geschick und Wissen der Juden, was das Heilen von
Menschen angeht, und mit dem ihnen eigenen Verständnis der
menschlichen Natur.

Die Männer tragen lange, spitze Bärte, und die meisten haben
ein angenehmes Äußeres. Sie kleiden sich dunkelfarbig und tragen
dazu eine zinnoberrote Haube, um die sie ein gestreiftes Seidentuch
winden. Nach einem Erlaß des Sultans der Stadt dürfen sie an den
Füßen nur dunkle Schuhe tragen, damit sie sich von den anderen
Einwohnern unterscheiden. Obwohl sie Juden sind, ist es ihnen auch
gestattet, auf dem Rücken eines Pferdes einherzureiten. Ein Schwert
allerdings dürfen sie nicht tragen.

Die Frauen gehen ohne Schleier. Sie sind schön und anmutig, haben schwarze Haare, dabei eine helle und reine Haut und sanfte schwarze Augen, die von dem Puder glitzern, den sie auflegen – Gott vergebe mir, so leichtfertig zu schreiben. Sie tragen gestickte Gürtel um die Taille, flechten Bänder in ihr Haar und färben sich die Fingernägel rot.

Wenn sie einen Gast begrüßen, ergreifen sie beherzt dessen rechte Hand, küssen sie und führen sie an ihre Stirn. Trotz alldem legen sie ein bescheidenes Betragen an den Tag, doch wenn ihnen ein Leid zugefügt wird oder beim Tode einer geliebten Person, erheben sie lautes Geschrei, schlagen sich auf die Wangen und zerreißen sich die Kleider, allerdings nicht, wenn diese golddurchwirkt oder perlenbesetzt sind.

Zu den Mahlzeiten setzen sich die Juden der Stadt auf den Boden und lassen sich die nahrhaften und wohlschmeckenden Speisen in silbernen Schüsseln auf dem Teppich vorsetzen. Aus Datteln und Feigen verstehen sie eine starke Flüssigkeit herzustellen, von der sie selbst nur wenig trinken, die jedoch von den Sarazenen, denen sie viel davon verkaufen, hoch geschätzt wird. Am Ende des Sabbat sprechen meine Brüder ein Dankgebet über einer Schale Wein, die sie danach auf den Boden ausgießen. Sie sagen, daß derjenige, in dessen Haus kein Wein wie Wasser vergossen wird, nicht zu denen gehört, auf denen der Segen Gottes ruht, mögen ihnen Friede und Überfluß erhalten bleiben, Amen.

All das berichtete mir mein Sohn Isaak, Gott schütze ihn, während ich mich bei ihm aufhielt, oder ich konnte es mit meinen eigenen Augen in der Stadt beobachten.

Nachdem unsere Ladung in Saraggi ausgeladen war, wofür man ein Vierzigstel[79] aller Waren als Gebühr bezahlen muß, und man sie ins dortige Handelskontor meines Bruders Isaia von Ascoli, der Friede sei mit ihm, geschafft hatte, wurden die Karawanentreiber von Armentuzio reichlich entlohnt und zogen wieder ab, während unsere

»... GESTATTET, AUF DEM RÜCKEN EINES PFERDES EINHERZUREITEN«

Sich zu Pferd zu bewegen oder ein Schwert zu tragen – vielleicht, weil dies in den Augen der Christen als Symbol des Rittertums verstanden wurde –, war in den christlichen Ländern des Mittelalters den Juden üblicherweise verwehrt. Zudem wurde ein Reiter durch den Sitz auf dem Rücken eines Pferdes sowohl symbolisch wie auch de facto gegenüber dem gemeinen Volk erhöht, was die Kirche durch Erlässe zu unterbinden suchte, da man die Juden einer solchen Heraushebung für unwürdig erachtete. Eine ähnliche Diskriminierung wurde augenscheinlich in Hormuz von den Sarazenen praktiziert (S. 89). Einen Juden zu Pferd zu sehen, war für Jacob offensichtlich so überraschend, daß es ihm erwähnenswert erschien.

Bediensteten bis zur Abreise nach Großindien im Handelshaus des Isaia untergebracht wurden.

Doch nun, nach dem Sabbat Wa-etchanan, es waren die ersten Tage des August, genauer, der fünfzehnte Tag des Monats Aw, kam eine große und tödliche Hitze über die Stadt Basra. Im Sommer gibt es dort nämlich eine Hitze, die so groß ist, wie man sie in keinem anderen Teil der Welt kennt, eine Hitze ohne jedes Maß. Die Hitze war so gewaltig, daß man sie kaum ertragen, so mächtig, daß man um die Mittagszeit den Fuß kaum auf den Boden setzen konnte und die Menschen sich in die tiefsten Keller ihrer Häuser zurückzogen. Bei dieser Hitze liegen die Leute auch oft im Wasser, beispielsweise in Bottichen, um sich abzukühlen, oder sie flüchten sich in die eine Tagesreise von der Stadt entfernten Palmenhaine. Dies ist auch die Zeit der Krankheiten, denn wenn der heiße Wind weht, sterben viele am Fieber, wie es dem armen Berletto geschah, wovon ich in Kürze berichten werde.

So bleiben denn die Leute während des Tages wegen der großen Hitze in den Häusern und gehen erst in der Nacht aus. Um die Mittagszeit scheint sich nichts zu regen, so groß ist die Hitze. Sogar die Fliegen und die anderen Insekten schlafen. Alles wartet darauf, daß eine kühlende Brise die Hitze lindert, doch wenn Wind aufkommt, bringt er noch mehr Wärme. Im Sommer kommt manchmal ein sehr starker Wind auf, der so heiß ist, daß man ihn nicht überleben kann. Denn dies ist das trockenste Land der Welt. Meine Tage in dieser Zeit der Hitze waren bitter und die Tage meiner Diener ebenfalls.

Da es an frischer Luft fehlt und die schädlichen Winde allenthalben die Verwesung hervorrufen, bedeckt man Fleisch und Fisch mit viel Safran und anderen Gewürzen und legt darüber ein Tuch, doch in der Hitze stinkt alles schon nach wenigen Stunden, denn die Luft der Stadt ist mit Krankheit geschwängert.

Daher war ich müde und träumte von großen Fontänen reinsten Wassers. Ich vergoß nicht so sehr Schweiß als vielmehr eine andere Flüssigkeit, die aus meinem Körper strömte, Gott vergebe mir, daß ich über so etwas spreche, bis ich fürchten mußte, daß sich mein ganzes Fleisch verflüssigte, was Gott verhüten möge.

Vergeblich suchte ich Erlösung von der Hitze, aber dann kam eine Fliegenplage, wie sie einst das Land Ägypten heimgesucht hat, mit Fliegen so groß wie kleine Vögel, vor denen ich meinen Kopf vergrub, da mir diese Qual so sehr zusetzte. Außerdem war die Zahl der Stiche dieser Moskitos so groß, daß mich ein starkes Jucken befiel, vor dem es kein Entrinnen gab und das zu großen Geschwüren führte, da ich mich immerfort kratzen mußte. Doch Abraam Hagiz, ein geschickter Arzt und Apotheker aus Basra, stellte nach meinen Anweisungen eine Salbe her,[80] die meiner entzündeten Haut Linderung brachte.

Als ich einen Monat in der Gesellschaft meines Sohnes zugebracht hatte, dem ich gewisse wertvolle Dinge bis zu meiner Abreise nach Großindien zur Verwahrung anvertraute sowie Ratschläge für seinen zukünftigen Lebenswandel gab, und nachdem ich auch meine Pflichten erfüllt hatte, indem ich an den Sabbaten Ekew, Re-eh und Ki Teze die Thora lange studierte und betete, kam ich am fünfzehnten Tag des Ellul ins Haus meines Bruders Isaia, der Friede sei mit ihm. Der Neumond der Herbst-Tagundnachtgleiche[81] zog nämlich heran, und es war angezeigt und eine gute Gelegenheit, das Neujahrsfest gemeinsam zu feiern und den Versöhnungstag zusammen zu verbringen, um die Vereinigung unserer Familien durch die Eheschließung vorzubereiten. Denn die großen wiederkehrenden Ereignisse sind sowohl ein Ende wie auch ein Anfang, und es ist nur gerecht, wenn Reue und Freude, Glück und Buße aufeinanderfolgen.

Während dieser Zeit lernte ich meine Tochter Rebekka[82] näher kennen, ein Mädchen von fünfzehn Jahren, anmutig und sittsam und bestens geeignet für meinen Sohn. Sie zeigte große Aufmerksamkeit gegenüber meinen Wünschen und bemühte sich allenthalben um meine Gunst. An Neujahr, einem brütendheißen Tag, begaben sich alle zur Synagoge, die nur zweihundert Schritte vom Hause meines Bruders entfernt liegt.

Hier wurden die erforderlichen Gebete gesprochen, und ich wurde als Jude edler Abkunft von allen unter Bezeigung großer Ehrerbietung aufgefordert, einen Abschnitt aus dem Gesetz zu lesen. Danach sagte ein jeder zum anderen, wie es ihr Brauch ist, sowohl auf Hebräisch wie auf Arabisch: »Möge dir in diesem Jahr ein günstiges Schicksal beschieden sein, und möge alles, was du beginnst, zu einem guten Ende kommen.«

Doch als niemand mich sehen konnte, weinte ich über die Abwesenheit meiner Sara und betete, Gott möge sie behüten und meinen Vater, seine Seele möge überdauern, auch. Beim Neujahrsmahl aß ich anfänglich mit einem Stein im Herzen, doch da dies

unfromm ist, Gott möge mir vergeben, war ich später guter Dinge,
da mein Sohn an meiner Seite weilte.

Die Hitze dauerte an, und ich begab mich oft in eine breite und
tiefe Höhle unterhalb des Hauses meines Bruders Isaia, Friede sei
mit ihm, die von einem Bach, der durch ein Aquädukt fließt, gefüllt
wird. Hier fühlte ich mich wohler und konnte freier atmen und den
Gedanken über die Kümmernisse meines Vaters Raum geben, sein
Name möge überdauern. Außerdem betete ich darum, daß meine
Diener meine Güter in sicherer Verwahrung halten und Gott mich
auf meiner Reise beschützen möge. Hier in der Dunkelheit dachte
ich auch viel über das Licht von Gottes Weisheit nach, das, so glän-
zend und hell es auf die Welt des Irdischen herniederscheint, nicht
in die Herzen der Unfrommen dringt, wo es finsterer ist als in der
finstersten Höhle unter der Erde. Wie mein Freund Hillel ben
Samuel, der Friede sei mit ihm, gebetet hat: Möge mich Er, der die
Wahrheit kennt, um Seines Namens willen auch fürderhin solche
Wahrheit lehren, Amen.

Dergestalt bereitete ich mich auf den Versöhnungstag vor und
saß dabei oft zum Schutz vor der Hitze in der Höhle des Isaia. An
diesem Tag betete ich dafür, daß Gott mich ob der Zweifel an all den
Dingen, die meinem Verstand nicht eingehen wollen, verschone und
mir meine gegen andere begangenen Sünden vergebe sowie jene bestrafe, die ihr Wort gebrochen und an unserem Vermögen Diebstahl
begangen haben. Ich enthielt mich der Speise und übte meinen Geist
in der Hingabe zu Gott allein, und beim Klang des Widderhorns erhob sich meine Seele in Furcht und Freude wie vor der Gegenwart
Gottes. Da wiederum schien mir Gott eine Wohltat für den Geist und
nicht für die körperliche Existenz zu sein, und solches wurde, wenn
auch in materieller Form, von unserem Lehrer Moses den Auserwählten als Licht für die gesamte menschliche Ordnung offenbart.
Denn was die Sorgen und Leiden der Rechtschaffenen und das
Wohlergehen der Arglistigen angeht, die uns zeitlebens begleiten, so
steht es nicht in unserer Macht, sie zu erklären.

Dann kamen die Tage der Hochzeit meines Sohnes und meiner
Tochter – freudvolle Tage, in denen ein großes Fest im Haus meines
Bruders Isaia stattfand und viele Mädchen und junge Männer im
ganzen Haus sangen und tanzten. Auch wurden so viele Reichtümer
zur Schau gestellt, daß keiner sie zu zählen vermochte. Mir kam es

vor wie eine endlose Unmäßigkeit, denn es ist besser, ein Jude läßt nicht erkennen, welchen Wohlstand er hat.

Aber alle waren sich einig, daß die Welt ein so schönes Paar wie Isaak und Rebekka noch nicht gesehen habe und daß der Bräutigam einer der ansehnlichsten Männer sei, die man je erblickte. Aber es gab auch Stimmen, die behaupteten, daß Isaia von Ascoli eine solche Hochzeit nicht aus Güte und Pflicht veranstalte, sondern aus Geltungssucht und seiner eigenen Seele zuliebe.

Doch vorab möchte ich sagen, daß ich während der Hochzeitszeremonie erneut über Saras Abwesenheit Tränen vergießen mußte, und als das Paar unter dem Hochzeitsbaldachin die Häupter beugte, um den Segen zu empfangen, waren meine Augen von Tränen blind, worauf meine Freunde Vivo, Eliezer und Lazzaro von Ancona zu mir traten, um mich zu trösten.

Die Brautleute waren so prächtig gekleidet und geschmückt, daß man Königskinder vor sich zu haben glaubte, denn es war eine große Hochzeit, und mein Bruder Isaia hatte sich in große Ausgaben gestürzt. Das Haus war in der Tat zu klein für den Menschenandrang, und manche mußten gebeten werden, in der Nähe in einem anderen Haus Unterkunft zu nehmen.

Das ganze Haus erstrahlte vor Licht, und viele Leute waren von weit hergekommen, sogar aus Baudas, aus der Stadt Isfahan und aus CormosaEs war unmöglich, ihre Zahl zu bestimmen, denn es waren ihrer so viele, die zusehen wollten, wie mein Sohn den Bund der Liebe einging. Als das Paar durch seine heiligen Gelübde miteinander verbunden war, war die Freude aller groß, und sie sahen, wie mein Sohn das Ziel seiner Liebe an der Hand nahm, die von Kopf bis Fuß in Goldstickereien gehüllte Braut, mit einer Krone aus Perlen, Saphiren und Rubinen – was für Juwelen! – und Ringen von großem Wert an den Fingern.

Es waren auch einige Sarazenen anwesend, denn die Thora gebietet, jeden einzuladen, auch wenn die Nachbarn Sarazenen oder gar Feinde sind. Alle brachen über die Schönheit der Braut in laute Rufe aus, die, nachdem man sie vor der Hochzeit acht Tage lang in kühlem Wasser gebadet hatte, am achten Tag frisiert und den Augen der Männer entzogen worden war.

Unter dem Baldachin schritt sie dreimal, das Gesicht mit einem feinen Schleier verhüllt, um Isaak herum, er sodann einmal um sie, worauf Rabbi Haim ben Joel von Baudas, der Friede sei mit ihm, ihren Bund besiegelte. Nun wurde der Ehevertrag verlesen, durch den sich mein Bruder Isaia verpflichtete, meine Flotte auszurüsten, worüber ich später noch berichten werde.

Zu meinem Sohn, über den Gott seine Obhut walten lasse, sprach der besagte Haim wie folgt, während er den Schleier der Braut beiseite zog: »Junger Mann, erhebe die Augen und sieh, was du dir auserwählt. Schönheit ist eitel, doch gepriesen sei die Frau, die den Herrn fürchtet.« Nachdem der siebenfache Segen erteilt war, erschollen Glückwunschrufe, und das Brautpaar zerbrach die irdenen Töpfe auf dem Boden, die die wichtigsten Gäste in der Hand gehalten hatten, und nicht ein Glas, wie es unter uns Brauch ist.[83]

Darauf nahm mein Sohn Isaak ein Ei und tat, als wollte er es nach seiner Frau werfen, um damit auszudrücken, er wünsche ihr eine leichte Kindsgeburt, die ihr Gott, Sein Name sei gelobt, gewähren möge. Nun versammelten sich die Gäste in großer Schar um sie und gaben einer Jungfrau Wein aus einem engen Glas zu trinken und einer Witwe aus einem weiten, doch den Grund dafür möchte ich nicht erwähnen.

Danach wurden die Geschenke aller Anwesenden vor dem Brautpaar ausgebreitet: Gürtel aus Gold, prächtige Gewänder, wertvolle Steine, Perlen, Gold in feinem Silberfiligran, Silber, so fein getrieben, daß es an ein Wunder grenzte, und ein Berg Besant-Münzen von solcher Größe, daß man sie unmöglich zählen konnte. Doch beim Anblick dieser Dinge erfaßte mich großes Unbehagen, denn lehrt nicht unser Lehrer Rabbi Mose ben Maimon, daß die Dinge, die wir nicht brauchen, zahllos sind, doch die, die wir brauchen, sind wenige? Darüber hinaus sind der Gäste viele, die in ihrem Bestreben, es den Reichen gleichzutun, gezwungen sind, Geld zu borgen, um solche Geschenke machen zu können.

Zudem war die Mitgift weltlicher Güter groß, die uns von meinem Bruder Isaia gemacht wurde. Von anderen Dingen abgesehen, verpflichtete er sich, mir bei der Anmietung eines großen Schiffs und zweier Galeeren zu helfen, was schon in die Wege geleitet war, sowie die Hälfte der Heuer der Seeleute für meine Reise nach Großindien und Manci und meine Rückkehr von dort nach Edente zu übernehmen. Ich verpflichtete mich meinerseits, die andere Hälfte der Heuer und die Kosten für die Verpflegung zu tragen und ihm einen bestimmten Teil des Profits der Reise, so Gott will, zu überlassen sowie die Schiffe nach Edente zurückzubringen, wo die Kosten möglicher Beschädigungen oder Verluste geteilt werden sollten.[84]

Nachdem die Geschenke voller Staunen betrachtet worden waren, versammelten sich die Leute zum Mahl. Als sich alle auf den Teppichen niedergelassen hatten, ein jeder an seinem ihm zustehenden Platz, wobei ich aufgrund meiner Kenntnis der Thora, für die Gott gepriesen sei, der Ehrengast war, wurden von Rabbi Salomone ben Giuda von Basra Kiddusch und Amotzi gesprochen, worauf ein großes Amen erscholl.

Darauf wandten sich alle eilends dem Essen zu, doch viele benahmen sich wie Vielfraße und verschlangen tellerweise Fleisch und Früchte, bis ihnen die Augen aus dem Kopf zu quellen drohten. Aber es war ein großes Fest, wie schon gesagt, das von Isaia von Ascoli, der Friede sei mit ihm, zu Ehren meines Sohnes gegeben wurde.

Neben meinem Bruder saßen zu seiner Rechten seine Frau und die Braut, deren Schwestern und die anderen Damen des Hauses. Zu seiner Linken saßen mein Sohn und ich, sowie die Söhne des Isaia und deren männliche Nachkommenschaft. Von den anderen Gästen, die nach Hunderten zählten, wußte jeder, welchen Platz er auf den Teppichen einzunehmen hatte, manche in diesem Raum und andere in anderen Räumen, darunter auch jene, die aus fremden Ländern gekommen waren.

Die von den Gästen getragenen Seiden- und Goldgewänder mit ihrem vielfältigen kostbaren Juwelenbesatz waren von unglaublicher Pracht, denn jeder hatte sich bemüht, so prunkvoll wie möglich aufzutreten, was, ehrlich gesagt, der Sache nicht wert ist. Vor mich hatte man eine große weingefüllte Schale aus purem Gold hingestellt und andere Getränke nach Wunsch.

Als alle gegessen und getrunken hatten, war noch soviel übrig, daß ein Teil davon der sarazenischen Dienerschaft gegeben und ein weiterer Teil den Armen der Stadt überlassen wurde, Gott erbarme sich ihrer.

Dann wurde Gott die Danksagung dargebracht, Ihm, der Sein Volk beschützt und die Übeltäter heimsucht. Alle flehten zu Ihm, Er möge meinem Sohn und meiner Tochter ein langes Leben schenken und sie mit Kindern segnen, auch möge Er, Sein Name bleibe unausgesprochen, den Reichtum aller Anwesenden mehren und vervielfachen, desgleichen mögen die Juden der Stadt untereinander und mit ihren Nachbarn in Frieden und guten Willens zusammenleben. Darauf antworteten alle wie mit einer Stimme: Amen und Amen, andere riefen: Gott lasse es geschehen, so daß das Haus von ihren Rufen widerhallte, während ich salzige Tränen über die Abwesenheit meiner Lieben vergoß.

Doch jetzt forderte Isaia mich mit der vertraulichen Anrede Ciacco[85], die mir mißfiel, auf, als erster zu sprechen und den Vermählten meinen Rat zu geben. Ich erklärte ihnen, das Leben sei zugleich heiter und bitter, voller Schmerz und Lachen, Erfolg und Plackerei, voller Schatten und Licht. Doch so wechselhaft es auch sei, und was immer Gott ... bringe, die Pflichten eines Mannes und einer Frau blieben stets gleich, gegenüber den Eltern, voreinander, gegenüber den Kindern und gegenüber den Nachbarn.

Als sie dies hörten, riefen alle laut ihre Zustimmung, und als die in den anderen Räumen verstanden hatten, was ich gesagt hatte, riefen auch sie dasselbe und erklärten, daß ich in jeder erdenklichen Weise recht hätte, und sie gaben meinen Worten großes Lob. Und ich sprach gut über meinen Sohn und gab meiner Tochter die weitere Empfehlung, ihm in Zuneigung zu dienen, denn dann, so sagte ich zu ihr, werde er desgleichen tun, und ich betete auch darum, daß sie bald gesegneten Leibes sein möge.

Danach, als eine große Zahl der Gäste gesprochen hatte, begannen die jungen Männer und Frauen zu singen und zu tanzen, wie ich es bereits geschildert habe, und es war ihnen dabei gestattet, sich zu umarmen, was bei den Sarazenen verboten ist, aber nicht, sich zu küssen. Schließlich wurde meine Tochter weggeführt, damit die Frauen sie für die Nacht vorbereiten konnten, und mein Sohn umarmte mich ein letztes Mal und schwor zu meinem großen Gefallen, mir gegenüber in seiner Pflichterfüllung nicht nachzulassen. Damit verabschiedete er sich und ging zu seiner Braut.

Das ist das Ende des Berichts von der Hochzeit meines Sohnes, die mich mit Freude und Traurigkeit zugleich erfüllte, da ich wußte, daß die eine Generation vor der anderen abtritt und daß es nichts Neues unter der Sonne gibt. Der Vogel fliegt auf, und es bleibt weder der Vogel noch sein Schatten. Doch durch die Gnade Gottes, Er sei gepriesen, wird alles erneuert werden durch die Liebe frommer Menschen zu Ihm und Seinen Werken, Amen.

Unsere
Errettung aus
der See

Es dürfte bereits deutlich geworden sein, daß Jacobs Manuskript wertvolle Einblicke in das jüdische Wirtschaftsleben des Mittelalters gewährt. Es zeigt, wie verwoben und weitgespannt die familiären, religiösen, intellektuellen und wirtschaftlichen Beziehungen der Juden waren und daß territoriale und sonstige Grenzen für sie relativ geringe Bedeutung hatten. So erkennen wir, wie Jacob von Anconas Familie durch Bluts- und eheliche Bande, durch Bildungsstreben und Gelehrtentum sowie durch spezielle Handelspartnerschaften und wirtschaftliche Aktivitäten mit anderen Städten der Marche-Region in Mittelitalien, mit Venedig, Verona, der Toskana und Neapel, mit der Provence und Spanien, mit Ragusa (Dubrovnik), Akko und Alexandria, mit Damaskus und Basra und mit Indien und dem Fernen Osten verbunden war. Insbesondere zeigt das Manuskript, daß durch die Einbeziehung entfernt lebender Verwandter in gemeinsame geschäftliche Unternehmungen Gewinnmöglichkeiten erschlossen werden konnten, die anderen Unternehmern mit geringerer Reichweite zumeist vorenthalten waren.

Jacob ist auf diese Weise in der Lage, mittels Verwandter oder Glaubensgenossen Schiffe zu chartern, sich wichtige Marktinformationen zu beschaffen, die Bezahlung seiner Rechnungen sicherzustellen und Regreß zu nehmen. In Aden stieß er auf jüdische Schiffseigner und Zollbeamte, in Basra charterte er Schiffe beim Schwiegervater seines Sohnes, und fast überall, wo er hinkam, führte er Gespräche auf Arabisch (und vielleicht auch auf Hebräisch). Das Manuskript demonstriert auch, wie ein Sohn vorübergehend als Stellvertreter in ausländischen Niederlassungen eingesetzt werden konnte oder in einer Art

Kaufleute tauschen Tuch gegen Gewürze – Detail aus dem Livre des Merveilles

dynastischer Eheschließung strategisch in eine prominente Kaufmannsfamilie an einer wichtigen Handelsroute angeheiratet wurde.

Auf allgemeinerer Ebene ist dem Manuskript zu entnehmen, daß jüdische Handelsagenten in wichtigen Handelsregionen und -zentren einschließlich der indischen Malabar-Küste, Sumatras und der Stadt Zaitun selbst saßen, die sowohl für einzelne Großkaufleute wie auch für Gruppen jüdischer Überseehändler tätig waren. In kleineren Häfen unterhielten sie einen Handelsposten oder fóndaco – mit einem Kontor und Lagerhäusern –, in dem sie Waren entgegennahmen, bestellten und weiterleiteten, Bezahlungen annahmen und übermittelten, aber auch Geschäfte auf eigene Rechnung betrieben. Später erwähnt Jacob auch jüdische Kuriere oder Boten, die zwischen Kairo und Alexandria operierten. Dem Manuskript zufolge scheinen jüdische Kaufleute in den von ihnen angelaufenen Häfen auch Nichtjuden, Moslems und Christen gleichermaßen engagiert zu haben, vielleicht für den – für orthodoxe Juden ungünstigen – Fall, daß die Ankunft eines Schiffs auf einen Sabbat fiel, es aber dennoch entladen werden mußte. Jacobs Text belegt seine diesbezüglichen Skrupel.

Umgekehrt erfahren wir von ihm aber auch, daß in ausländischen Häfen »die Zahl der Agenten, die Juden sind und in Vertretung von Sarazenen auftreten, sehr groß ist. Die Sarazenen erweisen sich in manchen Dingen als sehr geschickt, wie beim Aushandeln günstiger Preise, doch weniger in der korrekten Buchführung, wo die Juden die tüchtigsten sind.«

Hinsichtlich seiner Gewinne – und selbst der Preise, die er bei seinen Einkäufen bezahlt – hält sich Jacob bemerkenswert bedeckt, als ob er sich über solche Angelegenheiten nicht schriftlich auslassen wolle. Soweit er sich zu seiner Geschäftsmoral äußert, kann man bei ihm auf einen ehrlichen Kaufmann schließen, der aber auch nicht zögert, sich durch Bestechung korrupter Beamter die Freistellung von Hafengebühren und Steuern zu verschaffen. Er ist schnell dabei, andere der Gaunerei zu zeihen oder schlechte Ware zurückzuweisen, die er »armseliges Zeug« oder »lausiges Zeug«, also Ausschuß nennt. Seine Darstellung des eigenen Geschäftsgebarens ergibt das Bild eines gewieften und geschickten Mannes auf der ständigen Suche nach Vorteilen und Gewinn, der aber auch bereit ist, für erstklassige Waren einen angemessenen Preis zu zahlen. Er mag ein Gelehrter gewesen sein, doch er ist auch unverkennbar ein Geschäftsmann.

Neben den persönlichen familiären Motiven, die Jacob nach Basra reisen ließen – und die wiederum mit wirtschaftlichen Ambitionen verknüpft sind –, ist unverkennbar, daß sein Hauptanliegen bei dieser Reise darin bestand, durch umfangreiche und gewinnbringende Einkäufe das Familienvermögen wiederherzustellen, das unter den Verlusten und Mißerfolgen seines Vaters im Schwarzmeer-Handel gelitten hatte.

Außerdem wissen wir, daß sich der mittelalterliche Fernhandel in erster Linie auf persönliche Beziehungen gründete. Bei der Langsamkeit brieflicher Kommunikation war es schwer, die ordnungsgemäße Abwicklung von Geschäften sicherzustellen. Aus Gründen der Vertrauenswürdigkeit wurden daher die Agenten (commissi) und Handlungsbevollmächtigten (fattori) vor Ort vorzugsweise unter jenen Siedlern ausgewählt, die aus der eigenen Heimatstadt stammten oder (bei den Juden) Angehörige der eigenen Religionsgemeinschaft oder Familie waren. Doch diese Beziehungen mußten ständig durch persönlichen Kontakt aufgefrischt oder verbessert werden. Diese Notwendigkeit konnte den verantwortlichen Teilhaber eines Handelsunternehmens dazu bringen, Leib und Leben bei einer Reise zu riskieren, die zudem eine jahrelange Abwesenheit von zu Hause mit sich brachte.

Aus Jacobs diesbezüglichen Bemerkungen geht hervor, daß es für ihn einige spezifische Probleme zu lösen galt. Dazu dürfte gehört haben, die Arbeit der Treuhänder und Agenten zu überprüfen und sie nötigenfalls auszuwechseln, bestimmte ältere Abmachungen aufzukündigen, Rechnungen zu begleichen und Zahlungen einzutreiben und vielleicht auch den gesamten Betrieb einer Handelsstation – in der der Treuhänder im allgemeinen selbst wohnte und der Kaufmann auf seiner Reise Unterkunft fand – unter die Lupe zu nehmen. Ein im Dienst einer Handelsgesellschaft stehender Treuhänder wurde zum Beispiel abgemahnt oder entlassen, wenn er minderwertige oder verdorbene Ware nach Ancona geschickt hatte, aber auch wegen anderer Unfähigkeiten oder Pflichtversäumnisse. Vielleicht waren auch auf dem Transportweg Betrügereien oder Diebstähle vorgekommen, die es aufzuklären galt, oder es waren, wie sich Jacob bei einer Gelegenheit beklagt, überhöhte Abgaben und Steuern bezahlt worden, da man mit den Hafenbeamten nicht geschickt genug umgegangen war.

Zu diesen Abgaben – von denen Jacob an einer Stelle sagt, sie seien »nicht besser als Ausplünderung« – gehörten die Lagergebühren, sofern der Kaufmann kein eigenes Lagerhaus besaß oder mitbesaß, die Hafen- und Straßenzölle, Markt- und Transportsteuern, die Ausgaben für Wachleute, Bestechungsgelder und willkürlich erhobene Abgaben, die in manchen Ländern und Häfen ausschließlich die Juden trafen. Diese Schröpfungen bezeichnet Jacob als malatolta *oder »illegal erhoben«. Im Hafen Cambaetta (Cambaet oder Cambay in Gujarat) an der Westküste Indiens ist Jacob, der sich von einer Krankheit erholt, am meisten über die Unfähigkeit eines Treuhänders beunruhigt. In seiner zornigen Kritik der dortigen Zustände liefert er uns ein einmaliges Bild der Probleme, mit denen ein Kaufmann seiner Zeit zu kämpfen hatte.*

ährend dieser Zeit kam der getreue Armentuzio in Begleitung des wackeren Turiglioni, beide ganz durcheinander und bedrückt, aus Saraggi zu mir. Sie erklärten, da es bereits der einundzwanzigste Tag des September sei – denn sie kamen am Tag des Gedalja-Fastens –, werde der Nordwestwind sich bestimmt innerhalb der nächsten einundzwanzig Tage erheben. Sie sagten, ich solle eilig zum Hafen zurückkommen, wo alles Notwendige vorbereitet werde, auch auf den Schiffen von Menachem Vivo, Lazzaro von Venedig und Eliezer del Vecchio. Sie erklärten ferner, daß es wegen der schlechten Luft unter meinen Bediensteten viele Erkrankungen gegeben habe, Berletto sei völlig erschöpft, und das Mädchen Buccazuppo bekomme angeblich ein Kind, worüber ich sehr zornig wurde. Weiterhin berichteten sie, daß auf drei Schiffen und zwei Galeeren des großen Kaufmanns Aaron von Barcelona aus Aragonien zur Fahrt gerüstet werde.

Ich entgegnete, wie immer der Wind auch stehe, ich würde erst nach der Verheiratung meines Kindes abfahren, die auf den dreizehnten Tag des Tischri falle, also auf den dreißigsten September. Zudem solle sich ein frommer Mann nicht an den Festen Sukkot oder Simchat Tora oder am Sabbat Bereschit einschiffen, worauf sie sehr besorgt wurden. Daher besänftigte ich ihre Ängste und sagte ihnen, daß wir nach dem elften Tag des Oktober abreisen würden, was einundzwanzig Tage nach jenem Tag war, an dem sie zu mir gekommen waren. Da zudem mein Sohn Isaak, von Isaia beraten, der Friede sei mit ihm, bereits viele Kantar erstklassige Datteln, mit denen ich auch in Großindien Tauschhandel treiben wollte, für Manci erworben und in das Lagerhaus des Isaia verfrachtet hatte und dazu dreihundert Baldachine aus Seide und Gold und je einhundert Nacchi und Nacchini, während andere Dinge meinen Anweisungen gemäß von Armentuzio eingekauft und bereits verladen worden waren, erklärte ich meine große Zufriedenheit.

Jedenfalls eilte ich am zweiundzwanzigsten Tag des September nach Saraggi, um meine Angelegenheiten voranzutreiben. Aber ach, dort traf ich Berletto blaß und abgemagert an, und das Frauenzimmer Buccazuppo lag jammernd aus Furcht vor meinem Zorn auf seinem Bett. Ich versah beide mit meinem Rat, den Kleinen gegen die Schwäche seines Körpers und die andere gegen die Blindheit ihrer Seele. Ihr erklärte ich, daß auf der höchsten Stufe der Daseinsleiter Mann und Weib stünden, die allen anderen Geschöpfen unter der Sonne überlegen seien, und daß sich daher Mann und Frau, ob Jude, Sarazene oder Christ, auf eine Weise betragen sollten, die ihres Ranges würdig ist.

In ihrem Kummer antwortete sie darauf nicht, sondern jammerte nur noch mehr, und sie und die Frau Bertoni baten mich um

Schiff mit Kompaß – Detail aus dem Livre des Merveilles

Hilfe, um das keimende Leben zu zerstören. Denn dergestalt speit der Christ in das Antlitz Gottes, Er vergebe mir meine Blasphemie, und man schneide mir die Zunge aus dem Mund, wenn ich solches aus anderem Grund als zu Seiner größeren Ehre sage, Er sei gepriesen und gebenedeit.

Das Schiff des Isaia war beileibe kein *yehaz*, sondern hatte eine sehr große Tragfähigkeit und konnte acht- bis zehntausend Kantar Fracht[86] und vierhundert Personen[87] aufnehmen, von denen dreihundert für die Bedienung der Segel und als Ruderer gebraucht wurden, wenn der Wind zu schwach war. Es hatte vier Masten und zwölf Segel sowie zwei weitere Masten, die aufgerichtet und festgemacht werden konnten. Alles bestand aus stabilen Planken, stand solide in den Spanten und war gut vernagelt. Weiter hatte das Schiff dreißig Kabinen, jede mit eigenem Schloß und Schlüssel, und an seiner Außenseite waren sechs kleine Boote befestigt, um beim Ankern Vorräte herbeizuschaffen oder Fisch aus dem Meer zu fangen.

Wie bereits erwähnt, rüstete mich Isaia dem Ehevertrag gemäß noch mit zwei weiteren Schiffen aus, die Segel und Ruder trugen und mit je neunzig Seeleuten bemannt waren, von denen einige Waffen trugen. Diese Schiffe sollten gewisse erlesene Waren[88] transportieren und in Zeiten der Gefahr Hilfe leisten. Denn in den indischen Gewässern treiben sich zwischen Cambaetta und Colam viele Piraten herum und plündern die Schiffe aus, die vorbeikommen.

Auf dem großen Schiff, das auch drei Steuerruder besaß, hatten die Kapitäne – Männer aus Basra – Seekarten von Indien und Sinim, die von Sarazenen angefertigt waren, die sich in diesen Dingen gut auskennen; die Kapitäne hielten ihre Karten für genauer als die der Franken.

Sie führten mir auch einen höchst kunstfertig gebauten Kompaß aus Sinim vor, der von den Seeleuten dieser Gewässer außerordentlich geschätzt wird, denn er zeigt

«... EINEN HÖCHST KUNSTFERTIG GEBAUTEN KOMPASS AUS SINIM»
Dies ist eine sehr frühe, wenn auch nicht die erste Erwähnung des Kompasses, der zu Zeiten Jacobs im Abendland bereits in Gebrauch war. Dieser Kompaß scheint Jacob erwähnenswert zu sein, weil er »höchst kunstfertig gebaut« ist, denn es ist anzunehmen, daß auch das Schiff, das ihn von Zadar nach Akko brachte, mit einem Kompaß ausgerüstet war und daß er als gebildeter Mann dessen Funktionsweise kannte. Den Chinesen war der Kompaß allerdings schon seit Jahrhunderten bekannt. Er bestand aus einem Gehäuse oder einer Schale aus Buchsbaumholz, in deren Mitte auf einem Drehpunkt eine kleine magnetische Nadel gelagert war, die nach Süden wies und somit auch alle anderen Himmelsrichtungen kenntlich machte. Diese Richtungen konnten von einer Scheibe auf dem Boden des Gehäuses abgelesen werden.

ihnen die Lage ihres Schiffs in bezug auf den Meridian an, wenn der Himmel von Wolken erfüllt ist und weder Sonne noch Sterne zu sehen sind. Doch bei klarem Himmel können auch die Kapitäne der Sarazenen ihre Schiffe nach Landmarken oder Gestirnen steuern, wie es bei uns üblich ist.

Nachdem ich all diese Wunderwerke besichtigt und meine Bediensteten mit Ratschlägen versehen hatte, begab ich mich zur Feier des Versöhnungstages und der Hochzeit meines Sohnes in die Stadt, wie ich schon schrieb, und auch zur Feier der Feste Sukkot, Simchat Tora und des Sabbat Bereschit.[89] Als ich allen meinen Pflichten Genüge getan hatte, wofür Gott gepriesen sei, kehrte ich von dort in aller Eile nach Saraggi zurück, um aufzubrechen, denn der Wind blies inzwischen kräftig aus dem Nordosten.

Als alle benötigten Vorräte auf unsere Schiffe gebracht und auch die Schiffe des Vivo, des Eliezer und des Lazzaro sowie des Aaron von Barcelona bereit waren und die Segel unserer großen Flotte im Wind zu schwellen begannen, nahm ich Abschied von meinem Bruder Isaia und meinem Sohn Isaak und wünschte ihm, Gott möge ihn verschonen und ihm Gedeihen bringen. Mein Schmerz war groß, und zahlreich waren die Befürchtungen meiner Diener, und ich sorgte mich, daß einige unserer Schiffe die Reise wegen Schiffbruchs nicht überstehen oder durch Piraten ausgeplündert werden könnten.

Doch ich sagte mir, daß die nämlichen Schiffe, auf denen ich segelte, Isaia großen Reichtum gebracht hatten, Gott sei gepriesen für Seine unserem Volk erwiesene Großzügigkeit. So setzte ich am dreizehnten Tag des Oktober mit vertrauendem Herzen Segel, wie die Thora es uns gebietet, mit dem Ziel, die Schiffe nach Edente zurückzubringen, wie ich geschildert, und ließ außerdem bestimmte Güter in den Händen meines Sohnes zurück, damit er sie im Falle des Mißlingens meiner Reise verkaufen könne.

Nach dem Mangel an frischer Luft und der Hitze dieses trockenen Landes gab es nun endlich eine gewisse Erleichterung. Auch

Schiff im Persischen Golf – aus einer Ausgabe der Makamen *des Abu Muhammed al-Kasim Hariri von 1237*

mußte ich die Gemüter von Turiglioni, der sich an der Gegenwart der anderen Lotsen störte, sowie des Mädchens Buccazuppo beruhigen, das sehr unter ihrem Zustand litt.

Ich sagte zu ihnen, der arme Berletto, der schlafend ganz in ihrer Nähe lag, werde nicht mehr lange auf dieser Welt weilen, und ihre Bedrängnisse seien im Vergleich zu den seinen unbedeutend, und wahre Weisheit stelle sich ein, wenn man begreife, daß nicht alles so ist, wie es von außen betrachtet aussieht. Damit sollte gesagt sein, daß in Kummer und Schmerz ein Anlaß zur Freude verborgen sein kann, denn der Schmerz der Geburt birgt den Beginn der Glückseligkeit; oder daß im Zorn über einen Rivalen jener Stolz liegt, der uns antreibt, andere durch größere Verdienste zu überflügeln.

Meine Ratschläge schienen sie wenig zu trösten, doch sie kümmerten sich danach etwas mehr um Berletto. Ich empfand großes Mitleid mit ihm, denn ich sah, daß seine Knochen ohne Fleisch waren, trotz aller Medizin, die er bekommen hatte. Er war in der Tat, ohne etwas davon zu ahnen, dem Tod schon sehr nahe, so schnell schritt seine Krankheit voran.

Um ihn zu trösten, erwies ich ihm an diesem Tag und an den folgenden mein Mitleid wie einem Sohn, Gott behüte. Denn im Leiden werden alle Menschen gleich, und ihr Körper wird schwach und versagt bei allen auf nämliche Weise. Der Christ wird genauso von der Kraft verlassen wie der Sarazene oder der Jude, und sein lebendiges Fleisch verfault und stinkt im Tode, ob er zu den von Gott Auserwählten gehört oder nicht.

Zu Berletto, der weder essen noch trinken wollte, sprach ich: »Du tätest gut daran zu trinken.« Doch seine Schwäche war dergestalt, daß er nicht antwortete. So fuhr unser Schiff dahin und hinter ihm die große Flotte unserer anderen Schiffe, die unter Segel wohlgeordnet folgten, Tag und Nacht und mit gutem Wind an der Küste von Suolstan in Persien entlang.

Nachdem wir bei Neumond an der Insel Lar vorbeigefahren waren, kam, Gott sei gelobt, der Vorabend des Sabbat Noach. Ich hatte zwei Sabbat-Kerzen in meiner Kabine entzündet und widmete mich dem Gebet. Auch dachte ich daran, daß ich mich von jetzt an, nachdem ich nunmehr sechs Monate auf Reisen war, gegenüber meiner Frau Sara im Pflichtversäumnis befand.[90] Doch da kamen

Armentuzio und die weinende Frau Bertoni zu mir und baten mich dringend, nach Berletto zu sehen.

Da es nicht nur erlaubt ist, sondern sogar zu Gottes Lob geschieht, wenn ein frommer Mann für jemanden, der krank und dem Tode nahe ist, den Sabbat mißachtet – denn nichts in der Welt ist von höherem Wert als das Leben eines Menschen, und die Thora wurde uns um des Lebens willen gegeben –, begab ich mich also unverzüglich zum Bett des armen Berletto und prüfte seine Augen, Zunge und Puls. Da zitterten seine Beine in der letzten Agonie des Viertagefiebers,[91] und während die Frau Bertoni in lautes Jammern verfiel, verlor sich Berlettos Puls,[92] und ich wußte, daß sein Tod gekommen war. Mitleid bewegte mich, als ich seinen abgezehrten Körper betrachtete, während ich mich seiner freundlichen Dienste erinnerte, als ich selbst krank gewesen war, und alle meine Diener weinten um ihn. Zu diesen sprach ich: »Das Weinen mag eine Nacht lang dauern, doch die Freude kommt mit dem Morgen.«

Doch als sie den toten Jungen sahen, schienen viele um ihr eigenes Leben zu fürchten, denn er war am Viertagefieber gestorben. Das Mädchen Buccazuppo veranstaltete ein großes Geheul und schrie, sie hätte noch nie einen Toten gesehen, und schrie immer wieder mit seltsamer Stimme »Was ist geschehen?« und »Was ist denn das?«. Da sprach ich zu ihr: »Meine Tochter, das ist ein Leichnam«, worauf sie verstummte.

Dann ging ich fort von ihnen und kehrte in meine Kabine zurück, denn da der Verstorbene ein Christ war, mußten sie ihre eigenen Sterbegebete über ihn sprechen, wozu ich die Anwesenden aufforderte. Doch da von der Leiche Ansteckungsgefahr ausging und ich mich selbst nicht gesund fühlte, mußte auch dies bedacht werden. Nachdem das Kind nun tot und kein Kranker mehr war, für den eine weitere Mißachtung des Sabbat gestattet gewesen wäre, vertiefte ich mich nun und auch noch am nächsten Tag, an dem wir uns der Insel Cusam näherten, in meine Studien.

Als ich die Gebete zur Beendigung der Sabbat-Heiligung gesprochen hatte, spürte ich nun selbst einen Anfall von Viertagefieber. Dennoch begab ich mich wieder zu Berletto. Als ich mich ihm näherte, wirkte er wie jemand, der schon lange Zeit tot ist, denn er war bereits in Verwesung übergegangen. Doch sein Tod lag erst achtzehn Stunden zurück, aber an einem solchen Ort schreitet die

Zersetzung des Körpers schnell voran und setzt schon nach zwei Stunden ein.

Unter uns herrscht der kluge Brauch, sogar in kalten Ländern die Toten schnell zu begraben, denn ein seiner Seele beraubter Leichnam ist trotz des Respektes, den man ihm schuldet, ein Greuel. Um so mehr sollte man in diesen heißen Ländern die Toten noch am selben Tag begraben.

Doch meine Diener waren durch nichts zu bewegen, den toten Körper des Berletto der See zu übergeben. Buccazuppo bestand darauf, daß ihm ein christliches Begräbnis an Land zuteil werden müsse, und drohte gar, Hand an mich zu legen. Sie hatten vom Zimmermann einen Sarg für ihn machen lassen, in den sie den Jungen legten, und sie bedeckten ihn gegen die Verwesung mit Safran und anderen Gewürzen aus Basra.

So gelangten wir nach Cormosa, während das Fieber auch von meinem Körper Besitz ergriffen hatte. Hierher kommen Händler aus Chesmacorano, aus Großindien und aus Sinim, um die hiesigen Perlen, Pferde und kostbaren Steine und Früchte zu erwerben. Die Stadt liegt an einem Fluß namens Minao, über den die Schiffe vom Indischen Ozean hereinfahren können. Hier gedeihen Orangen und Äpfel, und der Sultan dieser Stadt heißt Roccan Mahomet, wird aber auch *calati* genannt. Er herrscht über alle, wie es ihm beliebt, und wird von seinen Feinden sehr gefürchtet. Es heißt, daß er seine Stellung durch die Ermordung seines Bruders erlangt habe und daß seine ganze Familie in blutige Racheakte und andere Untaten verwickelt sei, wie es unter Sarazenen allenthalben immer wieder vorkommt.

Doch es ist ein Ort, der aller Welt offensteht, und es gibt hier über zweihundertfünfzig Juden, die der Fels und Erlöser Israels erhalten möge. Einige von ihnen sind sehr reich und wohltätig zu ihren Brüdern, bewirten sie gastlich und befolgen die Gebote der Thora mit großer Sorgfalt. Auch sind ihre Häuser sauberer und besser möbliert als die Häuser der meisten Sarazenen. Sie kennen die Mischna und den Talmud gut und geben sich Tag und Nacht dem Studium der Gesetze hin. Sie sind auch des Persischen mächtig, das dort jedoch nicht besonders gut gesprochen wird.[93] Alle Arten von Gütern werden hierhergebracht und verkauft, und zwar in solchen Mengen, wie einer nur wünschen kann. Fast alle Makler am Ort sind

Juden, mit den Ärzten verhält es sich genauso, und es gibt auch viele jüdische Familien, die im Färbergewerbe tätig sind.

Alle Juden müssen auf Befehl des Calati einen gelben Turban tragen. Die Frauen sind in zinnoberrote oder grüne und am Busen reich mit Gold bestickte Gewänder gekleidet und verbergen nicht das Gesicht wie die Sarazenen-Frauen. Das wäre in der Tat eine Sünde, denn ihre Schönheit ist sehr groß. Die Männer dieses Landes sind reich an Gold, sie tragen juwelengeschmückte Turbane von unschätzbarem Wert und seidene Westen, über die sie goldbesetzte Gewänder werfen. In solcher Kleidung reiten sie auf dem Rücken von Pferden einher, und man glaubt, Königssöhne vor sich zu haben.

Doch die Juden, abgesehen vom Leibarzt des Sultans, dürfen sich nicht zu Pferde bewegen, wohl aber auf Mauleseln, denn die Sarazenen, ein Fluch komme über sie, sagen, das Pferd sei ein zu edles Tier für einen Juden. Auch gestattet ihnen der Calati nicht, ein Schwert zu tragen, als ob man Angst vor uns haben müßte. Darüber hinaus müssen sie beim Vorbeikommen an einer Moschee der Mahometaner barfuß gehen, und sollte ein Sarazene handgreiflich gegen sie werden, dürfen sie es nicht wagen, ihm mit gleicher Münze heimzuzahlen, denn man würde ihnen die Hand abhacken, da sie gegen einen Anhänger des wahren Glaubens erhoben wurde. Dennoch erfahren meine Brüder gerechte Behandlung in den Belangen des Handels und des Geldes, und viele sind auf diesem Gebiet durch ihre Tüchtigkeit und Arbeit reich geworden, denn die Sarazenen sind weniger aktiv und geben sich lieber der Muße anheim. Sie bestrafen Juden oder Christen, die Mahomet oder ihren Koran lästern, und auch solche, die einer Sarazenen-Frau beiliegen, mit dem Tod durch Verbrennen.

Hier fühlte ich mich vom Viertagefieber so schwach, daß Bitterkeit in meinen Geist einzog, und es war schmerzlich, solche Pein leiden zu müssen und doch gezwungen zu sein, meinen Vorteil zu verfolgen. Die Getreuen Armentuzio und Pizzecolli bedrängten mich, an Bord zu bleiben und mich auszuruhen, doch da es meine Pflicht war, mein Vermögen wiederherzustellen, begab ich mich mit meinem Bruder Sanson Ebreo ben Mose zum Markt, mit jenem, der im Jahre 1259 von Ancona fortgegangen war und den aufzusuchen mein Vater, Gott gebe seiner Seele Ruhe, mich geheißen hatte.

In dieser Stadt hatte ich viele Schwierigkeiten. Als die Soldaten des Sultans sahen, daß meine Diener den Sarg vom Schiff herunterbrachten, verwehrten sie ihnen, ihn zum Friedhof der Franken dieser Stadt zu tragen. Sie befahlen mich in den Hafen, und als sie an meinem Bart und an meiner Kleidung erkannten, daß ich ein Jude war, beschuldigten sie mich, daß ich eine Seuche in die Stadt einschleppen wolle, und befahlen mir, Berlettos Sarg vor ihren Augen zu öffnen, möge Gott mich verschonen. Armentuzio eilte deshalb zu Sanson Ebreo zurück, um dessen Beistand zu suchen, denn der König ist insgeheim den Juden sehr gewogen und hat eine Vorliebe für unseren Glauben, wofür Gott gepriesen sei. Auch hat er sich noch nie an eine jüdische Frau herangemacht, Gott sei gedankt, wie er sich an andere Frauen herangemacht hat, seien es die Gattinnen seiner Ratgeber und manchmal sogar ihre Töchter. Dies berichtete mir Sanson Ebreo.

Zudem muß für jeden Juden, der über neun Jahre alt ist, eine jährliche Steuer an den König entrichtet werden, die auf sarazenisch *kharadj* genannt wird. Doch der Rabbi Asher ben Jehiel, der ein wahrhaft weiser Mann ist, bezahlt wegen des großen Respekts, den ihm die Sarazenen für seine Gelehrsamkeit entgegenbringen, nichts. Am Sabbat kommt der Sultan sogar heimlich in sein Haus in der *mellah*, um mit ihm zu disputieren und an seinem Tisch zu sitzen, wie der besagte Asher mir erzählt hat. Zwar müssen unsere Brüder dafür bezahlen, daß sie eine Synagoge haben und ihre Toten bestatten dürfen, und auch dafür, daß die besagte Synagoge sich zum Licht öffnen kann und nicht im Dunkel bleiben muß, doch wir schätzen uns glücklich, daß wir nicht übler dran sind, denn wir sehen, daß der Sultan uns beschützt.

Daher fürchten sie hier die Zeit eines neuen Sultans, wie unseresgleichen in christlichen Ländern einen neuen Papst oder Herrscher fürchtet, denn eine solche Zeit ist oft eine Zeit der Heimsuchung für unser Volk, mögen die Namen unserer Feinde getilgt werden. Denn neue Herrscher begegnen uns selten mit Milde, sondern überziehen uns eher mit neuen Steuern, Abgaben und anderen Zahlungen oder mit Strafaktionen für Dinge, die wir gar nicht getan haben, und weisen uns sogar aus ihrem Herrschaftsbereich.

Doch zurück zur Sache. Ich öffnete also den Sarg und betete zu Gott, ich möge in der Zeit der bevorstehenden Sabbate Wajera und

Chaje Sara Gelegenheit erhalten, mich durch größere Frömmigkeit von dieser Tat zu reinigen, und sprach in meinem Herzen zum Heiligen Einen, daß ich mich nur aus großer Not zu solchem Handeln herbeigelassen habe, während ich darauf wartete, durch meinen Bruder Sanson und den getreuen Armentuzio vor diesen Hamans[94] gerettet zu werden.

Als ich den Sarg öffnete, war der Gestank des verwesenden grünlichen Fleisches groß, möge ich errettet werden, und die Soldaten hätten mich wohl ergriffen und für das Einschleppen einer Seuche dem Tode überantwortet, obwohl es die Schuld meiner christlichen Diener war, daß Berlettos Leichnam nicht ins Meer geworfen worden war, wie ich geraten hatte. Zwar hätte es mir das Leben retten können, wenn an der Leiche nur die Anzeichen des Viertagefiebers gefunden worden wären, gleichwohl war ich nicht willens, diese bloßzulegen, so groß war die Scheußlichkeit, die da vor mir lag, Gott, der das Leben gibt und nimmt, möge gepriesen sein.

Doch nun kam Sanson Ebreo und erklärte vor den Wachen, daß ich von edler jüdischer Abkunft sei und nicht bloß ein einfacher Kaufmann und daß Rabbi Asher ben Jehiel beim Sultan Mahomet vorstellig werden würde, wenn sie versuchen sollten, mir ein Leid anzutun. Obendrein gab er jeder einzelnen der besagten Wachen Geld, damit meine christlichen Diener den Sarg zum Friedhof der Franken tragen dürften. Nach langem Hin und Her, bei dem ich meinen eigenen fiebrigen Zustand zu überspielen suchte, um die Dinge nicht noch mehr zu verschlimmern, durften meine Diener mit dem Sarg abziehen, wobei ich ihnen einschärfte, sich der Widerworte zu enthalten und sich größter Unauffälligkeit zu befleißigen.

Ich war, dank meiner schwachen Konstitution und durch das Fieber und die Hitze, so schwach geworden, daß ich mich ausruhen mußte, daher wies ich Armentuzio an, mit dem hiesigen Makler Sanson Ebreo wegen des Ankaufs von zwanzig Pferden samt Futter zu handeln und diese der Obhut der beiden Männer Micheli und Fultrono zu übergeben.

Für ein gutes und großes Sarazenen-Pferd, das in Cormosa für fünfzig Silbermark zu haben ist, läßt sich in den Städten Großindiens ein guter Preis von bis zu vierhundert Silbermark erzielen, wie es, Gott sei gepriesen, später tatsächlich geschehen ist. Die Pferde der Sarazenen sind gute Renner, und die Adligen Indiens, die sie sehr schätzen, reiten auf ihnen herum wie die Teufel. Das Wohlergehen der Tiere ist ihnen so gleichgültig, Gott erbarme sich dieser Geschöpfe, daß sie das stärkste und schnellste Pferd in kurzer Zeit zuschanden reiten, denn sie wissen nicht, wie man mit einem Pferd umgeht. Dies erzählte Sanson Ebreo dem Armentuzio, während ich im Fieber darniederlag, und so ist es auch.

Als ich, Gott sei gedankt, wieder einigermaßen hergestellt war, machte ich große und günstige Einkäufe von Räucherwerk für die Götzendiener von Großindien und Sinim, die dafür gut zu zahlen bereit sind, und ganz besonders für den Weihrauch aus Dafaro, auf den ich hier in einer Qualität stieß, über die man nur staunen kann. Für diese Dinge gab ich Sanson Ebreo fünf Prozent wegen des großen Gewinns, der mir bei diesen Waren sicher war. Mit seiner Hilfe kaufte ich auch erstklassige flüssige Essenzen von großem Wohlgeruch sowie Türkise aus Scebavecco, Indigo und hochwertige Klingen für Ser Antonio, wie ich versprochen hatte. Ich fand auch einige schöne Perlen und bekam von meinem Bruder Sanson ein paar Rubine von großem Wert, die man *balasci* nennt und die er seinerseits von einem Händler aus Badachschau gekauft hatte.

Die Korallen, die ich hier vorfand, waren nicht vom Besten, dennoch trachtete der, der sie an den Mann zu bringen suchte, nach dem höchsten Preis. Doch ich ließ mich nicht auf ihn ein, da mein Bruder Sanson mich in unserer Sprache zur Vorsicht mahnte, indem er zu mir sagte: »Gib acht, daß dieser Mensch dich nicht ausplündert.« Ich beschloß daher, Gott, der mich zu solcher Vorsicht angeleitet hat, sei gepriesen, meine Einkäufe anläßlich einer besseren Gelegenheit zu tätigen. Hier nahmen wir auch Orangen an Bord sowie Äpfel, Pfirsiche, Nüsse und Granatäpfel zur Freude unserer Gaumen und unseren Herzen zum Trost, denn das Fieber hatte viele von uns ergriffen. Kann man doch auf Cormosa alle Früchte dieser Erde finden, die Freigebigkeit Gottes vor den Menschen sei gelobt.

So nahm ich Abschied von meinem Bruder Sanson, und viele unserer Brüder begleiteten uns zu unseren Schiffen, nachdem wir Christian Berletto in der Erde Cormosas zurückgelassen hatten, möge auch seine Seele in Frieden ruhen. Die anderen Kaufleute unserer Flotte hatten an diesem Ort ebenfalls großen Gewinn gemacht, Gott sei dafür gepriesen.

Es geschah in diesen Tagen des Cheschwan, als wir in der See von Oddo an der Küste von Chesmacorano entlangsegelten, die ihren Namen nach den Anbetern des Mahomet erhalten hat, die in diesen Ländereien wohnen,[95] daß der Nordostwind einschlief und unser Vorankommen aufhörte. Einige mit vielen Rudern ausgerüstete Schiffe hielten unter großen Mühen auf den Hafen von Chisi zu[96], die anderen blieben aus Furcht vor Piraten bei uns. Außerdem kam eine große Hitze, eine Hitze von der Art, die das Fleisch austrocknet und hart werden läßt und das Fieber in die Höhe treibt. Kein Lüftchen regte sich, der Himmel war still, und die See glich einem Spiegel. Meine Dienerschaft verfiel in heftiges Wehklagen, das Mädchen Buccazuppo, das ein Kind trug, litt große Übelkeit, und alle wurden ohne Maßen von der Hitze gepeinigt.

Tag um Tag[97] kam ich meinen Pflichten nach und betete zu Gott, der die Winde wehen läßt, Er möge Mitleid mit uns haben. So widmete ich mich einen Tag um den anderen dem Studium der Thora, ohne daß etwas Erwähnenswertes geschah. Denn es steht geschrieben, daß das Buch des Gesetzes nicht aus deinem Munde weichen soll und daß du darin meditieren sollst Tag und Nacht, denn dann wird dir Gedeihen auf deinen Wegen zuteil, und du wirst erfolgreich sein.

Und doch glichen wir Pelikanen in der Einöde, unsere Herzen verdorrten und unsere Knochen schmorten wie in einem Ofen. Meine Diener verschliefen, um die Zeit herumzubringen und aus Trübsal, den ganzen Tag, ohne einen Gedanken an Gott oder die Menschen, Gott bewahre, nur der getreue Armentuzio saß auf einer Bank und machte Einträge in das große Buch, als weile er bei sich zu Hause und in seinem eigenen Land. Doch Bertoni und Buccazuppo flüsterten miteinander, die eine tadelnd und die andere leise schluchzend, doch mir, der ich immer noch fieberte, warteten sie weiterhin auf.

Als wieder Wind aufkam, Gott sei gelobt, sank mein Fieber, und wir gelangten nach Chisi, als würden wir erneut durch die Luft fliegen. Der Wind wurde sogar stärker, als er zuvor gewesen war, denn in der Indischen See gibt es bisweilen solche Wechsel der Winde, wie der wackere Turiglioni erklärte, der sich nach wie vor sehr über die sarazenischen Kapitäne ärgerte. So ging ich denn sehr geschwächt von Bord des Schiffes, als hätte ich eine Lähmung der Beine. Ich betete dabei zu Gott, er möge mich verschonen und ich möge mit Seiner Hilfe bald wieder zu Kräften kommen.

Doch in Chisi widerfuhr mir und meinen Brüdern neues Ungemach, da der neue König, der großen Haß auf die Juden hegte, die Feuer Gehennas sollen seine Seele verzehren, besondere Steuern und Zölle von fünfzehn Prozent auf alle Güter und Waren jüdischer Kaufleute, die in sein Reich kommen, erhoben hatte sowie noch weitere grausame Erpressungen gegen sie. Ich aber entschloß mich, diesen Forderungen nicht nachzukommen, worauf die Soldaten des besagten Königs mich mit Gewalt dazu zu zwingen trachteten.

Obwohl ich krank war und vom Viertagefieber zitterte, meine Bediensteten jedoch dringend frisches Wasser und Lebensmittel brauchten, und wenngleich ich befürchten mußte, daß der verwünschte König mich ob meines Stolzes töten lassen würde, so sollte doch kein Jude den Nacken vor einem ungerechten König beugen, auch wenn ihm der Tod droht. Aber Vivo, Eliezer und Lazzaro del Vecchio waren anderen Sinnes und sagten, wir müßten uns mit ihm, sein Name sei getilgt, ins Benehmen setzen, oder wir gingen unseres Lebens verlustig. Auch waren die Juden dieses Ortes, es sind fünfzig an der Zahl, und sie gehen in gelben Turbanen, nicht bereit, uns zu Hilfe zu kommen, fürchteten sie doch selbst die Soldaten des Königs. Allein die Hafengebühren und die anderen grausamen Abgaben, die der König, Gott verkürze ihm das Leben, einforderte und die sich auf fast die Hälfte meiner Waren und Güter summierten, waren jenseits allen Maßes.

Daraufhin nahm der große Jude von Aragón, der mit dem Vater und dem Großvater des besagten Königs viel Handel getrieben hatte und dessen weißem Bart ein Sarazene und sogar ein Christ die Ehre erweisen dürfte, mit den Leuten des Königs Verhandlungen auf. Am Ende wurde ein Kompromiß mit Hilfe von Silber erzielt, das bei Schmerzen dieser Art überall die rascheste Linderung bringt, wenn man es nur richtig anzuwenden versteht. Ich erbot mich, der Summe noch einen gewissen Betrag zugunsten der sarazenischen Armen des Ortes hinzuzufügen.

Dergestalt der Gefahr entronnen, konnte ich feststellen, daß die Juden alle zusammen in einem Viertel ganz in der Nähe der Synagoge wohnen, daß die Reinheitsgebote für die Speisen eingehalten und die Gebete pflichtgemäß verrichtet werden, Ehre sei Gott. Dennoch traf ich hier auf einen abtrünnigen Juden, der im Geiste sehr verwirrt war. Er sagte, Jerusalem und der Messias seien ihm völlig gleichgültig – der Herr sei mir gnädig, wenn ich eine solche Gottlosigkeit niederschreibe –, und er erklärte, unser Volk werde nur durch den Umgang mit Waffen weiterkommen, wodurch es in den Besitz eines eigenen Landes gelangen und dieses vor seinen Feinden verteidigen könne.

Er, möge Gott ihm vergeben, lebte in großer Furcht vor dem König, und darum erwuchs seine Rede aus der Furcht. Doch ich tadelte ihn sehr für seine krankhaften Ansichten, wonach er mir in meiner Schwäche auf dem Markt zu Diensten war. Hier konnte ich zusammen mit Aaron von Aragón eine große Menge Moschus[98] von guter Qualität erwerben, das von den Leuten in Manci vierfach mit Silber aufgewogen wird. Auch gab es wertvolle Steine aus Cascaro sowie schwarze Pelze aus Chesimuro,[99] die ich als Geschenk für Messer Tarabotto kaufte, damit er sich einen trefflichen Wintermantel daraus machen lasse. Hier hörte ich auch von der großen tatarischen Plünderung Chesimuros reden, das sich im nördlichen Teil Großindiens auf Bolor und die Großtürkei zu erstreckt, sowie von dem Blutbad, das Khan Cacciala[100] unter den Menschen dort anrichtete.

Von diesem Ort brachen wir an den letzten Tagen des Oktober oder an den ersten Tagen des November auf, aber das Fieber, das mich erneut heimsuchte, war so stark, daß ich nicht genau sagen kann, welcher Tag es war. Während wir bei gutem Wind Richtung Cambaetta segelten, befiel mich erneut das Viertagefieber, und meine Nieren begannen mir Schmerzen zu bereiten. Da der Anfall jedoch am Sabbat Chaje Sara[101] einsetzte, war es verboten, meinen Körper mit Essig einzureiben, nur Öl war erlaubt. Ich befand mich in solchem Ungemach und war den ganzen Tag wie tot, so daß ich in der Nacht sogar darum betete, ich möge nicht mehr sein,[102] Gott lasse Gnade über mich walten für meine Verfehlung, und ich fragte mich in meiner Seele, wozu ich solche Gefahren zu Wasser, zu Lande und in mancherlei Königreichen auf mich nahm und warum Gott Sein Antlitz vor mir, einem frommen Mann, verhüllte.

So, o Leid über Leid, geriet ich an einen verdorrten Ort in der Ödnis, und die Welt erschien mir unendlich bitter, so krank war ich geworden. Meine Beine und mein Leib waren aufgetrieben von der Wassersucht, ein furchtbarer Anblick. Doch Gott, der Allwissende, Er sei gepriesen, half mir, meinen Zustand richtig einzuschätzen.

Gott ließ mich in meinem Fieber nicht aus Seinem Blick, doch ich sah vor meinen eigenen Augen mein ganzes Leben in Bildern vorüberlaufen, wie es manchmal denen widerfährt, die dem Tode nahe sind. Da wurde ich der unglücklichste Mensch, der je auf der Welt gelebt hat, und Weinen überkam mich ob meiner Gedanken, als wäre ich ein Kind. Denn es war mir eine schreckliche Vorstellung, in der See begraben zu werden, und ich sagte daher viele Male das Schema auf, damit ich nicht jegliche Hoffnung verlöre. Ich wendete viele Gedanken an mein Schicksal und beklagte, daß ich im Augenblick meiner Not ohne die Unterstützung meiner Angehörigen war.

Meine Seele war auch voll der Seufzer über jene, die ich nie mehr wiederzusehen glaubte, und in meiner Qual zersprang mir beinahe das Herz in meiner Brust. So verbrachte ich viele Tage zwischen Leben und Tod, in denen ich von der Frau Bertoni versorgt wurde, während mich meine Beschwerden an den Rand des Wahnsinns trieben. Denn das Fieber ließ mich am ganzen Körper zittern, der Schmerz kam über mich, und sogar die Flöhe machten mich in meiner Pein zu ihrer Beute.

Schließlich fühlte ich mich an allen Gliedern gefesselt, so schwach und bewegungsunfähig war ich geworden. Selbst gutes Süßwasser schmeckte mir bitter und schädlich auf den Lippen, so daß ich dachte, ich hätte etwas Verdorbenes gegessen oder mich mit einem im Haus meines Bruders Isaia genossenen Getränk vergiftet.

So betete ich oft gramvoll zu Gott um Erlösung und glaubte, mein Ende sei nahe und ich müsse eines schändlichen Todes auf hoher See sterben. Doch Gott, Er werde in Ehren gehalten, da Er mein Gebet hörte, nahm mich in Seine Hand, und mein Fieber ging langsam vorüber, und der Wille zu essen kehrte allmählich zurück.

»SCHEMA«

Jacob erwähnt in seinem Manuskript über ein halbes Dutzend Mal, daß er das als Schema *bezeichnete Gebet »Schema Jisrael« gesprochen habe, wobei dieses Wort stets in hebräischer Schrift auftaucht. Das Gebet beginnt mit: »Höre, Israel, der Herr, unser Gott, der Herr ist einzig« und ist das fundamentale jüdische Bekenntnis zum Monotheismus. Das Gebet wird von frommen Juden dreimal am Tag gesprochen und auch am Bett eines Sterbenden – die Sterbenden hoffen ihrerseits, mit diesem Gebet auf den Lippen zu verscheiden. Jacob rezitiert das Gebet in Augenblicken der Angst und Gefahr. Die Märtyrer auf den Scheiterhaufen der Inquisition riefen diese Worte, wenn die Flammen sie verzehrten.*

Doch sehr oft war ich gezwungen, auf den Abtritt zu gehen, wo ich meine Exkremente nach Anzeichen für die Art meiner Krankheit untersuchte. Gott, der alles sieht, sah auch meine Beweggründe und half mir, das Blut zu entdecken, das darin war, und die Flöhe und all das andere Gezücht in meinen kotigen Kleidern zu fangen. Im Spiegel sah ich auch, daß mein Gesicht blaß und meine Beine dünn waren, doch die Wassersucht ging in den nächsten Tagen zurück, und auch die Blässe nahm ab.

Dergestalt genas ich vom Viertagefieber, der Wassersucht und dem Fieber in meinen Nieren, Gott sei gedankt, denn nach meiner ersten Mahlzeit war ich hungriger als vor ihr, wofür auch meine Diener auf ihre eigene Weise Gott dankten. Insgesamt war ich ungefähr einen Monat lang krank, und in dieser Zeit änderte sich mein Zustand von verzweifeltem Schmerz hin zu Zufriedenheit, gemäß dem Willen Gottes und dem Gesetz der Natur.

Am Morgen des vierzehnten November, also dem achtundzwanzigsten Tag des Monat Cheschwan, kamen wir nach Cambaetta, einem großen Hafen in Gazurat, in dem viele Kaufleute aus fernen Ländern anzutreffen sind, denn dort gibt es feine Tuche, auch leben hier ungefähr zweihundert Juden. Es gibt dort viele Mahometaner und schöne Moscheen sowie eine Synagoge der Juden, in der ich den Sabbat Toldot im Gebet und beim Studium der Thora verbrachte und Gott, Er sei gepriesen, für meine Errettung vom Tode dankte.

An diesem Ort war die Versorgung des Königshofs mit Kleidung und anderen Notwendigkeiten den Juden anvertraut. Aller Gold- und Silberzierat für die Ausstattung der Frauen und Konkubinen des Königs wird von Juden gefertigt, Gott sei gedankt, die auch Gold- und Silbertressen herstellen.

Hier sah ich mich genötigt, obwohl noch vom nachlassenden Fieber geschwächt und zum häufigen Aufsuchen des Abtritts gezwungen, unseren Bruder Bekhor, den Vertreter, der durch seine Pflichtversäumnis und andere Nachlässigkeiten großen Schaden angerichtet hatte, zurechtzuweisen und zu belehren. Die Dinge, um die er gebeten worden war, hatte er nicht geschickt oder statt dessen Waren von armseliger Qualität, wie farblos gewordene Pepperoni, schlechte Pessach-Gewürze, gestrecktes Indigo und andere minderwertige Dinge, und dabei war er nicht gewillt, für die Verluste aufzukommen, er, der die Diebereien geduldet und sich

willfährig jeder Abgabenforderung seitens der Beamten des Königs gefügt hatte.

Ich zitierte daher diesen Niederträchtigen herbei und ließ die Getreuen Armentuzio und Simone[103] seine Bücher prüfen, in denen sie auf viele gravierende Fehler stießen, wie die Entnahme von Einkommen und andere Unstimmigkeiten. Bei deren Entdeckung zitterte und weinte der besagte Bekhor, dieser Wicht, der mit uns Abmachungen getroffen und unser ganzes Wohlwollen genossen hatte; Gott sei davor, daß uns Derartiges noch einmal passiert und einer wie er seinen Gewinn aus unserer Tasche zieht. Zu ihm sagte ich, zwar rufe Gott jeden vor sich, damit er Rechenschaft ablege für seine Taten, und solange der Messias noch nicht wiedergekommen sei, könne alles wiedergutgemacht werden, außer einem Menschenleben, aber jetzt müsse er auch vor mir Rechenschaft ablegen. Daraufhin weinte er nur noch heftiger und bettelte um Gnade, wobei er mein Gewand ergriff und die ganze Verantwortung auf seine Frau und deren Sucht nach Reichtum schob und derlei Entschuldigungen mehr vorbrachte.

Ich war zwar vom Fieber geschwächt, aber da wurde ich zornig und verlangte zu wissen, wieso er dann nicht alles Geld, das uns zustand, einkassiert habe, Geld, dessen Eintreibung mir jetzt auf den Nägeln brenne, und warum er solche Summen an Steuern und Abgaben bezahlt hätte? Denn seinesgleichen begreift nicht, daß man gegenüber jenen, die Steuern erheben, ein respektvolles Verhalten an den Tag legen und ihnen wohldosierte Sach- oder Geldgeschenke machen muß, die nicht zu groß und nicht zu klein ausfallen dürfen, denn dann finden sich diese Leute eher bereit, die Güter sachlich zu taxieren und nicht, um uns auszuplündern.

Doch dieser Isaak Bekhor hatte Marktsteuern, Zölle, Lagerhaus- und Abfertigungsgebühren und all die willkürlichen Zwangsgelder bezahlt und weinte nun vor mir, er habe sich in Wirklichkeit bereichern wollen. Darauf erwiderte ich, er habe ohne Verstand und Witz gehandelt und uns dabei noch Waren geschickt, die niemand verkaufen konnte, es sei denn an Blinde. Da weinte er noch mehr, warf sich zu Boden, zerriß sich die Kleider und raufte sich den Bart in einer Weise, die eines Mannes unwürdig ist.

Doch ich empfand darob kein Mitleid. Ich und auch Armentuzio waren ungeduldig und wollten ihn los sein, denn der Treuhänder des

Menachem Vivo, sein Vetter Beniamino, ein ehrlicher und aufrichtiger Mann, war bereit, in unsere Dienste zu treten. So schickte ich Bekhor ohne Prügel fort und bedeutete ihm, er könne Gott danken, daß ich von ihm als alleinige Wiedergutmachung fordere, er möge mich mit seinen Diensten verschonen. Ich machte jedoch pflichtgemäß meinen Brüdern in Cambaetta Meldung von seinen Verfehlungen.[104]

Damit fand ich, gerecht gehandelt zu haben, wenn ich meine eigenen Einbußen hintanstellte, die Gott wiedergutmachen möge, damit meine Brüder den besagten Bekhor geziemend bestrafen könnten. Ich erklärte vor ihnen, daß jeglicher Schadenersatz, den dieser Schuft aufzubringen in der Lage sei, ihrer Talmud-Schule zugute kommen solle. Diesem Vorschlag gab der Rabbi des Ortes, Meir ben Joel, der Friede sei mit ihm, seine Zustimmung, was mein Herz mit Genugtuung erfüllte.

In der ganzen folgenden Nacht hörte ich die Moskitos summen, was meine Seele in große Ruhelosigkeit versetzte, denn für jemanden in geschwächter Verfassung ist dieses Geräusch eine große Plage. Doch in jenen Stunden der Ruhelosigkeit wurde ich vom Studium der Schrift und vom Nachdenken aufgerichtet. Denn jedem Wesen der Schöpfung setzt der Schöpfer, Er sei geehrt, ein Ziel, dem es nachstrebt, wie der Fuchs seiner Beute, der Adler den Himmeln und der fromme Mann der Erkenntnis von Gott und der irdischen Welt.

Groß ist die Zahl der schwierigen Dinge, die allenfalls der Weiseste zu erklären vermag, wie zum Beispiel: Wer war das Weib Abels, die von ihm empfing und ihm einen Sohn gebar, wie geschrieben steht, wo es doch auf Erden noch keine Frau gab außer Eva? Oder: Wie konnte Abraham, unser Stammvater, alle Gebote und Vorschriften Gottes befolgen, wie doch ebenfalls geschrieben steht, wenn diese von Gott erst später unserem Lehrer Moses gegeben wurden? Diesen Fragen widmete ich viel Nachdenken, wobei ich mich gleichzeitig in Klagen erging, daß ein gelehrter Mann seine Tage damit verbringen muß, im Handel mit anderen Männern seinen Gewinn zu suchen. Denn wie Rabbi Hillel lehrt, wird der, der sich allzusehr dem Handel hingibt, niemals die Weisheit erlangen. Doch auch die Worte des Rabbi Gamaliel, mit tausend Segenswünschen sei seiner gedacht, kamen mir in den Sinn, daß alles Studium der Thora ohne weltliche Arbeit vergeblich sei und sogar Sünde mit sich bringe.

Dies gab meinem Herzen großen Trost, und ich machte mich mit meinem Freund Vivo, der auch sehr unter den Fliegen gelitten hatte, am nächsten Tag auf, um gutes Steifleinen und gefärbtes Tuch von der Art zu finden, die in Sinim so hoch geschätzt wird. Davon kauften wir je sechzig Ballen mit einem eigenartigen schönen Muster und einer Breite von sechs venezianischen Spannen.[105]

Außerdem kaufte ich hier viel Pfeffer für Sinim, einschließlich gutem *custo*, Räucherwerk für die Götzendiener, Indigo, roten *kino* sowie ein Kantar Mirobalane.[106] Der Preis der letzteren war viel zu niedrig, oder dem cambaettanischen Kaufmann, einem Mahometaner, ist beim Wiegen ein gewaltiger Irrtum unterlaufen. Da ich jedoch bei ihm mit den anderen Waren ein sehr günstiges Geschäft gemacht hatte, wies ich ihn auf seinen Irrtum hin, Gott sei gelobt. Denn wie die Thora lehrt, ist es für einen Juden schändlicher, einen Sarazenen oder einen Christen zu übervorteilen, als einen Bruder, denn in einem solchen Fall wird zusätzlich zum Betrug auch noch der Name Gottes entweiht, Gott möge einem jüdischen Betrüger gnädig sein.

Wohlzufrieden mit meinen Taten und guten Geschäften brachen wir am neunzehnten Tag des November des Jahres 1270 in Cambaetta auf, nachdem unsere Schiffe wieder mit allem versorgt waren, und stachen nach einem Aufenthalt von sechs Tagen bei gutem Wind gen Südosten in See, Gott sei Dank.

Wir fuhren jetzt zu jenem Teil Großindiens, der Melibar genannt wird, wobei wir an vielen anderen großen Galeeren vorbeikamen, die in diesen Gewässern Gewürzhandel betreiben. Denn hier findet man die besten Dinge, die Würze verleihen, die besten Parfüme, Balsame, Farben, Arzneien und Wachse wohl auf der ganzen Welt, mit denen der Kaufmann große Gewinne erzielen kann. Die Dufthölzer für Räucherwerk, die von allen Götzendienern gut bezahlt werden, sind so erstklassig, daß man nirgendwo besser Handel treiben kann als in Melibar, vorausgesetzt, ein Mann ist von gesegneter Gesundheit, so Gott will, und bleibt von Piraten und anderen Unglücksfällen verschont.

Hier verehren die meisten das Rind als ihren Gott, der Heilige Eine habe Mitleid mit ihnen, und verzehren dessen Fleisch nicht, denn sie sagen, das Rind sei ein heiliges Geschöpf. Sie fangen seinen

Urin in einer goldenen Schale auf und seinen Dung, Gott behüte, in einer silbernen und waschen sich das Gesicht in der ersteren, und aus der letzteren salben sie sich die Stirn, die Wangen und die Mitte der Brust. Wie ein Christ sich als geheiligt betrachtet, wenn er sich mit Wasser aus einem Quell betupft, betrachten sie sich als durch Urin und Dung geheiligt, indem sie solches tun.

Sie haben noch andere viehische Gebräuche, über die man staunen muß und die man besser nicht erwähnt, aber dennoch ist keiner davon so absonderlich wie jener der Christen, die so tun, als äßen sie den Leib *dieses Menschen* und als tränken sie sein Blut.

Sie zählen auch Perlen nach Art der Christen, wobei sie die Namen dieser oder jener Gottheiten oder Geister murmeln. Die Anzahl der auf einer Schnur aufgereihten Perlen richtet sich danach, welcher Gottheit der Betende anhängt. Ich weiß nicht, wie viele Perlen ein Christ auf die genannte Weise abzählt, doch das ist alles Götzendienst, möge Gott ihre Seele am Jüngsten Tag verschonen. Sie glauben, daß jeder Tag und sogar jede einzelne Stunde von der Macht des Schicksals bestimmt wird, und zufällige Begebenheiten gelten ihnen, je nach der Beurteilung durch ihre Zauberer, einmal als glück- und ein andermal als unglückbringend. So ist es zu bestimmten Zeiten günstig, einen Hund zu sehen, der etwas zum Fressen im Maul trägt, ein andermal verheißt es Unglück und entsprechend, ob man einen Mann sieht oder nicht sieht, der Butter trägt, oder ein Pferd ohne Bürde oder eine Katze zur rechten Hand oder einen Affen zur linken.

Das schlimmste ist jedoch, daß sie nicht wie die Juden und die Mahometaner einen einzigen Gott verehren, Sein Name sei gepriesen, sondern viele Götter, wie es auch die Christen tun, bei denen man die Schar ihrer Heiligen nicht zählen kann. Desgleichen verehren auch die Inder[107] eine Vielzahl von Dingen und haben Tausende von Göttern, ob Mensch, Vogel oder Tier in menschlicher Gestalt, Gott möge sich ihrer erbarmen. In der Tat, ihr Götzenkult kennt kein Maß, und Männer wie Frauen verehren sogar Nachbildungen des männlichen Gliedes, die sie mit Girlanden behängen. Doch ihre ekelhafteste Gepflogenheit sind die besagten Salbungen des Gesichts mit den Exkrementen der Ochsen und Kühe, als wäre es ein Breiumschlag, und auch die Mauern ihrer Häuser beschmieren sie damit, die deshalb wie die Ausdünstungen Gehennas stinken. Dennoch waschen sie sich vielmals am Tag und essen nur mit der rechten Hand, denn sie sagen, die linke sei unrein – Dinge, die man nicht verstehen kann, wenn die Menschen das, was der Vernunft entspricht, mit dem vermischen, was ihr nicht entspricht.

Zudem sind unter diesen Götzendienern auch solche, die niemals ein Lebewesen töten würden, doch die Ehefrau eines Verstorbenen verbrennen sie bei lebendigem Leibe, und manchmal stürzen sich diese Frauen sogar mit großer Freude selbst in die Flammen. Solcher Irrsinn und der Geruch des verbrannten Fleisches, den sie mit kostbaren Düften und Räucherwerk zu überdecken suchen, sind abscheuliche Dinge. Denn es ist unfromm, wenn ein Mann den Geruch von verbranntem Menschenfleisch in den Nüstern hat oder den Rauch desselben sieht, doch wer, aus welchem Grund auch immer, ein Mitglied der menschlichen Rasse den Flammen anheimgibt, ist ein Lästerer des Einen Heiligen Gottes, Er sei gepriesen.

Doch die Christen, die die Bewohner von Melibar als Wilde betrachten, tun dasselbe mit jenen, die sie beleidigen, als ob es keinen Gott gäbe, der wiederum über ihr Tun richtet. Denn zwischen den einen und den anderen läßt sich kein Unterschied feststellen. Ob der eine bis auf einen Streifen Tuch nackend geht oder der andere eine Mönchskutte trägt, sie versündigen sich beide gegen Gott, Ruhm Seinem Namen, sei es im Namen des heiligen Ochsen oder im Namen *dieses Menschen*, vor dessen Abbild sie das Knie beugen. Ich will von diesen Dingen an dieser Stelle nun nicht mehr sprechen.

Nachdem ich meine Angelegenheiten in Cambaetta geordnet und Beniamino in seine Pflichten eingewiesen hatte, geschah es, daß Buccazuppo am Morgen des zweiten Tages nach unserer Abreise von dieser Stadt einen starken Blutfluß erlitt und im Laderaum ein grauer und stinkender Schimmel entdeckt wurde, der, Gott behüte, die verdorbenen Lebensmittel bedeckte.

Sarazenen und Christen sahen in diesen Dingen ein böses Omen und betrachteten den Blutfluß des Mädchens und den stinkenden Schimmel als zwei Wirkungen derselben Ursache, nämlich als ein Werk des Bösen. Doch ich erklärte ihnen, daß der Blutfluß des Mädchens bestimmt von einem Gebräu verursacht sei, das ihr die Bertoni eingegeben hatte, und daß der Schimmel von einem starken Gift im Futter der Pferde herrühre, das derjenige ihm beigegeben habe, möge die Pest seinen Körper verzehren, der es Armentuzio in Cormosa verkauft habe.

Doch damit wollten sie sich keinesfalls zufriedengeben. Die Bertoni schwor auf ihr Leben und beim Kreuz ihres Erlösers, sie habe dem Mädchen nichts Schädliches eingegeben, und Armentuzio erklärte beim Kopfe seines Sohnes und bei seinem Heiligen Geist, Gott bewahre, daß der Verkäufer der Pferde ein ehrlicher Mann gewesen sei.

Den Blutfluß des Mädchens trachtete ich mit einem Sud von gekochten Mirobalan-Früchten und einer Paste aus Salz und Kubeben[108] zu stillen, und als der Ausfluß nachließ, gab ich dem Mädchen zur Stärkung und Aufmunterung mit Honig vermischte Datteln, denn sie weinte sehr. Danach verabreichte ich ihr zweimal am Tag die Arznei *asarum*,[109] denn ihr Körper und ihr Geist gerieten sehr durcheinander. Ich forschte sie zwar nicht aus, wem sie beigelegen hatte, doch ich tadelte sie sehr für ihren losen Umgang mit den Männern und riet ihr, an die Erlösung ihrer Seele zu denken, wie das Christentum es sie lehre. Doch in ihrem verwirrten Geist wendete sie den Kopf von mir ab und schrie, ich solle fortgehen, weder Gott noch die Menschen hätten Liebe für sie übrig, sondern nur die böse Frau Bertoni, und Gott würde nur die Wünsche derer erhören, die wohlgestaltet seien, Gott sei ihr gnädig für solche Lästerung.

Während ich sie behandelte, warfen die Seeleute die verdorbenen Vorräte über Bord, wobei Christen und Sarazenen jeder nach seiner Art beteten, das Auge des Bösen möge nicht auf sie herniederschauen. Ich für mein Teil war sehr darüber bestürzt, daß ein frommer Mann wie ich am Vorabend des Sabbat Wajeze in einen so unreinen Zustand geraten war, denn der Ausfluß einer Frau hatte meine Hände berührt, und meine Ohren waren mit Worten befleckt worden, die kein Mann hätte hören dürfen. In meinem Herzen breitete sich daher große Trübsal aus, war ich doch durch das Meer nicht nur von meiner Sara getrennt, sondern auch von meinen Brüdern Vivo, Eliezer, Lazzaro und dem großen Aaron, obzwar ich ihre Schiffe ganz in der Nähe sehen konnte. So wusch ich mich denn und legte frische Kleider an, entzündete die Sabbat-Kerzen und sprach den Kiddusch, alles gemäß meinen Pflichten. Gott sei gepriesen, denn Er hat mich verschont, damit ich Ihm Ehre erweisen kann. Doch in meinem Herzen war wenig

Freude, Gott möge mir vergeben, daß ich Seinen heiligen Tag in dieser Weise begrüßte.

Zum Ausgleich für meinen pietätlosen Zustand auf See bat ich darum, Armentuzio möge meine Lampe fortnehmen – die Bertoni wollte ich nicht in meine Nähe lassen –, und saß die ganze Nacht im Dunkeln. So studierte und betete ich nicht mit meinem Buch, sondern mit meinem Herzen, und am nächsten Tag, dem achten Tag des Kislew, unterließ ich es, meine Kleider nach Flöhen zu durchsuchen, wie es an anderen Tagen meine Gewohnheit war. Denn verbieten nicht die strengsten unter unseren Schriftgelehrten, der Friede sei mit ihnen, daß ein Mann am Sabbat seine Kleider flöht? Und ist es einem frommen Mann nicht ebenso untersagt, am Sabbat beim Licht einer Lampe zu lesen, damit er nicht unabsichtlich und selbstvergessen die Lampe schwenke, um das Öl reichlicher fließen zu lassen? Dabei wäre mir die Lampe erlaubt, wird sie doch durch die Bewegung des Meeres geschwenkt.

So gewann ich in der Dunkelheit der Nacht und am nächsten Tag, an dem ich allein blieb, meine Gottesgewißheit und meinen Mut wieder, Gott sei gedankt. Die Gelehrten sagen, daß alle Dinge von einer bewegenden Kraft bewegt werden, die ihrerseits wieder von einer anderen bewegenden Kraft bewegt wird, so daß in der Hierarchie der Dinge jeweils die übergeordneten Dinge das bewegen, was unter ihnen ist. Und da, wie sie sagen, die Zahl der Beweger nicht unendlich sein kann, müssen wir schließlich zum ersten Beweger gelangen, nämlich zu Gott, Er sei gepriesen.

Doch mir wird Gott durch solche Beweise nicht nähergebracht. Ich finde ihn in der Schönheit der materiellen Welt, in den Meeren und Gebirgen, in den springenden Fischen und den singenden Vögeln und in all den anderen belebten Geschöpfen der irdischen Welt, die Gott uns in Seiner unermeßlichen Güte geschenkt hat. Denn die Erde ist voll von lebendiger Vollendung, und obwohl der Geist Gottes der erste Beweger war, kann man auch allzu heimlich über den Anfang und das Ende der Dinge sprechen oder über das Alpha und das Omega der Welt der Schöpfung. Doch das Licht der Erkenntnis ist in Wahrheit auch das göttliche Licht, und in diesem Licht, das unendlich ist, haben alle Dinge ihren Glanz.

Doch die Natur der Welt ist uns auch dazu gegeben, daß wir sie als vernunftbegabte Menschen durch unsere Taten kennenlernen, denn die Vernunft ist ebenso ein Geschenk Gottes. Außerdem muß der Mensch auf dem großen Meer des Daseins schwimmen, ob ihm das Licht Gottes leuchtet oder nicht, sei er Christ, Sarazene oder Jude. Dies offenbarte sich mir in meinen Gedanken, Gott sei gelobt.

Danach kamen wir an einen Ort namens Mangialur,[110] wo es wohlriechende Kräuter und Räucherwerk gibt, die von den Götzendienern Sinims geschätzt werden, und außerdem noch Elfenbein, feine Korallen und andere Dinge, mit denen ein geschickter Kaufmann großen Gewinn machen kann. An diesem Ort, wo braune und schlanke Männer und Frauen leben, die sich von Reis ernähren, wimmelt es von Schlangen und Skorpionen. Auch die Taranteln sind sehr zahlreich, vor denen man stets auf der Hut sein muß, denn es gibt keine Salbe, die vor ihrem Gift schützt.

Hier kaufte ich viele Kantar schwarzen und weißen Pfeffers und von jedem noch verschiedene Sorten, denn Pfeffer wird in Manci ebenso hoch geschätzt wie in unseren eigenen Ländern. Hier gibt es auch Sandelholz, Aloe und andere Dufthölzer, die zusammen mit üppigem Räucherwerk nach Art der Christen benutzt werden, um die Götzenbilder zu verehren, ebenso feinen Kampfer, mit dem die Götzendiener die Stufen ihrer Altäre besprengen, um den Nüstern ihrer Götter eine Annehmlichkeit zu bereiten. Er ist von so feiner Qualität, daß er beim Verkauf in Sinim mit Gold aufgewogen wird.

Danach kamen wir für kurze Zeit in das Land Illi[111] und ankerten im Fluß. Hier, wo Vivo, seine Seele möge ausharren, gewaltig ausgeraubt wurde, kamen die Agenten gleich an Bord unserer Schiffe und brachten Proben von ihren Waren mit, damit wir sie uns ansähen. Doch es ist bei ihnen Brauch, die Hände auf den Tisch zu legen und mit einem Tuch zuzudecken, so daß sie dem Blick des Käufers entzogen sind, wenn sie Angebote machen und entgegennehmen, wobei sie sich untereinander mit Zeichen und Worten verständigen, die nur sie selbst verstehen. Anschließend kehren sie ans Ufer zu den Kaufleuten zurück, für die sie arbeiten, und treiben so die Geschäfte voran, aber nicht ohne große Betrügereien, mit denen sie ihren Profit machen.

Doch ich traute ihnen nicht, da sie mir mit den Tüchern über ihren Händen wie große Gauner vorkamen. Daher sollte jemand, der sich an diesem Ort nicht betrügen lassen will, selbst an Land gehen und dabei nur wenig Geld mitnehmen, und das noch unter den Fußsohlen im Schuh, und wenn er etwas kauft, sollte er es mit seiner eigenen Waage Unze um Unze nachwiegen. Deshalb benutzten wir unsere eigenen Boote, um an Land zu gelangen, und begaben uns zu den dortigen Juden, die zwar nur wenige an der Zahl sind, aber zu den führenden Kaufleuten am Ort gehören. Sie, die zwar Fremde für uns, aber dennoch unsere Brüder sind, ließen sich keine Pflichtvergessenheit zuschulden kommen und versahen uns mit ihrem Rat gegen die Diebereien der Männer von Mangialur.

Zwar sind dort nicht alle Juden reich, doch sie stehen beim Herrscher des Landes in gutem Ansehen, da sie sich strikt an die Regeln ihres Glaubens halten und nicht nur für den Unterhalt ihrer Talmud-Schule Geld spenden, sondern sich auch der Mittellosen dieses Ortes erbarmen, Gott sei gelobt. An uns verkauften sie hervorragende Gewürznelken und ebensolches Kardamom und gute Korallen, von denen ich eine große Menge für Sinim erwarb. Denn dort haben diese großen Wert, da man sie sowohl den Frauen als auch den Götzen um den Hals hängt.

An diesem Ort gibt es auch viele Papageien unterschiedlicher Art, große und kleine, manche rot und blau mit gelben Füßen. Außerdem findet man keinen Baum, der kein Parfüm abgibt und nicht von großem Nutzen ist. Als wir von dort wieder abfuhren, begleiteten uns unsere Leute in brüderlicher Liebe geschlossen zu unseren Booten, und nachdem wir alle notwendigen Vorbereitungen getroffen hatten, stachen wir bei gutem Wetter wieder in See, Gott sei gelobt.

Pfefferernte – aus dem Livre *des Merveilles*

So segelten wir gen Südosten und kamen schließlich nach dem Sabbat Wajeschew nach Singoli,[112] einem Land, in dem über eintausend Juden leben. Ein paar Tage später trafen auch die Schiffe des Lazzaro und des großen Aaron ein. Hier ist es immer heiß, im Winter und im Sommer, und die Inder halten hier Elefanten, wie man auf dem Markt von Ancona Ochsen hält.

Dieses Land wird von jüdischen Kaufleuten so häufig aufgesucht, und der Handelsumschlag, den wir dem Land bringen, ist so bedeutend, daß wir von Zöllen und Abgaben freigestellt sind. Zudem haben die hiesigen Juden die Gunst der örtlichen Herrscher gefunden. Sie genießen ein friedvolles Dasein und werden geehrt. Denn die Juden widmen sich dem Erwerb von Kenntnissen über die Welt, und sie sind nicht nur gründliche Kenner der Thora, sondern tun sich auch mit Sprachkenntnissen und anderen Fertigkeiten hervor, mit denen sie großen Gewinn machen. Auch ziehen hier die von uns, die mit Gewürzen handeln, von Stadt zu Stadt, denn Esra, der Friede sei mit ihm, hat es uns zur Regel gemacht, daß wir unsere Waren verkaufen, auf daß die Töchter Israels sich schmücken können.

Doch vor allem sind sie makellos in ihrem Glauben. Ihre Thora ist in hebräischer Sprache, und sie beachten ihre Vorschriften mit Sorgfalt. Daher sind sie stets bereit, ihren Brüdern zu helfen und sie zu beschützen, indem sie ihnen Obdach gewähren und alles, was man sich noch wünschen mag. Zudem sind sie schon sehr lange an diesem Ort. Ich habe neunhundert Jahre alte kupferne Inschriften gesehen, in denen ein König von Melibar, ein gewisser Baschra, sein Name möge überdauern, unserem Bruder Rabban, der Friede sei mit ihm, die Adelsprivilegien verliehen hat, solange das Licht der Sonne auf die Erde scheint, gepriesen sei Gott.

So war es unserem Bruder Rabban gestattet, auf einem Elefanten zu reiten, seinen Namen von einem vorausgehenden Herold ausrufen zu lassen, die Lampe des Tages zu tragen, auf Teppichen einherzuschreiten, die auf dem Boden vor ihm ausgerollt wurden, und sein Kommen mit Trompetenschall und Trommelklang anzukündigen.

Hier verbrachte ich mit meinem Freund Vivo, er möge in Eden ruhen, mit Lazzaro, Eliezer und dem großen Aaron, mit dem ich dort viele Streitgespräche führte,[113] ein freudvolles Chanukka-Fest,[114] an dem die Strahlen des Leuchters ein reines Licht in meine Seele gossen. Dennoch trug sich hier ein furchterregendes Mißgeschick zu, Gott bewahre, denn man ließ eine Thora-Rolle zu Boden fallen, wehe mir! Meine Brüder brachen in Wehklagen über dieses schlechte Vorzeichen aus, und der Rabbi Salomone ben Mose von Colam ordnete für alle Anwesenden ein eintägiges Fasten an, wie es unsere Schriftgelehrten vorschreiben.

Doch unter meinen Brüdern gab es viele besonders furchtsame, die erklärten, derjenige, der die Thora-Rolle fallen ließ, Gott sei ihm gnädig, werde gewiß binnen eines Jahres sterben, und selbst die, die nur dabeigewesen sind, möge Gott uns vergeben, stünden in der Gefahr eines frühen Todes, worauf mein Freund Vivo erbleichte.

In Furcht vor dem Zorn Gottes ergaben wir uns deshalb bußfertig dem Gebet und enthielten uns jeglicher Speise, wie es Rabbi Salomone gerechterweise angeordnet hatte. Acht Tage lang brannten die Öllampen, während wir unablässig mit den hiesigen frommen Juden beteten und nur in der Nacht ein wenig herumgingen. In dieser Zeit richteten die jungen Männer, die meine Abkunft kannten, viele Fragen an mich über die Thora und ihre Auslegung durch unsere Schriftgelehrten,[115] deren Gedenken gesegnet sei.

So fragten sie mich, ob ein armer Mann vor der Bundeslade einhergehen dürfe. Ich antwortete, das dürfe er nicht minder als ein reicher Mann, vorausgesetzt, daß seine Kleider nicht zerrissen sind, in welchem Fall es die Pflicht seiner jüdischen Brüder sei, ihn mit Kleidung zu versorgen, Gott sei gelobt, denn in zerrissenen Kleidern soll keiner aus dem Gesetz lesen oder vor der Bundeslade einhergehen oder segnend die Hände erheben.

Ein zweiter wollte von mir wissen, was am Versöhnungstag außer essen, trinken und sich waschen noch alles verboten sei, worauf ich antwortete, das Anlegen von Sandalen und mit der eigenen Frau zu schlafen seien auch verboten, gleichwohl sei es einem König oder einer frischvermählten Braut gestattet, sich das Gesicht zu waschen, wie der Rabbi Eliezer lehrt. Doch immer dann, wenn Zweifel bestehen, ob die mangelnde Nahrungsaufnahme ein Menschenleben in Gefahr bringen könnte, gehen derartige Zweifel allen Regeln vor. Ein Kranker darf daher essen.

Wieder ein anderer fragte mich, wie sich Mann und Frau am Sabbat kleiden sollen, und stellte dazu viele ins einzelne gehende Fragen. Ich belehrte die Anwesenden, daß jene Frauen, die sich mit geschminkten Augenlidern oder Bändern auf der Stirn, die nicht mit einem Schleier vernäht sind, oder mit einem Nasenring oder mit einem Parfümgefäß in der Hand an einen öffentlichen Ort begeben, den Sabbat entweihen, gleich jenen Männern, die in genagelten Schuhen gehen. Doch ein Mann, der ein Bein verloren hat, darf mit einem Holzbein herumlaufen, vorausgesetzt, es ist gut an seinem Körper festgeschnallt.[116]

Sie befragten mich auch, was einem Arzt am Sabbat gestattet sei, worauf ich antwortete, daß der Sabbat immer dann entweiht werden dürfe, wenn es um Leben oder Tod gehe, doch gebrochene Gliedmaßen darf ein Arzt nicht richten, und er darf auch nicht einem Toten die Augen schließen. Einer fragte, ob man einem Kind den Finger in den Hals stecken dürfe, damit es sich erbrechen könne, doch ich gab zurück, das sei nur erlaubt, wenn das Leben des Kindes in Gefahr sei.

Und einer kam am nächsten Tag zu mir und stellte mir seine Frage, während ich ein Bad nahm, worauf ich antwortete, daß ein frommer Mann im Bade keine Antwort geben dürfe, denn es ist verboten, Worte des Gesetzes zu sprechen, wenn man nackt ist.

Als diese Tage der Buße und des Studiums am Chanukka-Fest und auch der Sabbat Mikez vorüber waren, ging ich mit dem dort ansässigen Baruch Ebreo, in dessen Haus ich mich ausruhte, zum Markt. Die Pferde aus Cormosa hatte der getreue Armentuzio mit Hilfe der Knechte Fultrono und Micheli bereits herbeigeschafft, um sie zu verkaufen. Es waren achtzehn Pferde an der Zahl, Gott sei gelobt, zwei waren an dem Schimmel eingegangen, der ihren Magen hatte schwellen lassen. Der Preis, den ich mit ihnen erzielen konnte, war hoch: Die stärkeren wurden für vierhundert Silbermark verkauft, die schwächeren für dreihundert.

So konnte ich daraus großen Gewinn ziehen, Gott sei dafür gedankt, was mich in die Lage versetzte, zehn Kantar[117] weißen und schwarzen Pfeffers und andere Gewürze einzukaufen, darunter auch Muskatblüte und Muskatnuß, für die ich nicht allzuviel bezahlen mußte.

Baruch Ebreo, Gott beschütze ihn, hatte nämlich mich und Menachem Vivo mit seinem unschätzbaren Rat versehen. Desgleichen informierte mich eben dieser Baruch, der in großem Umfang Handel mit Java Minor und dem Lande Sinim getrieben hatte, daß angenehm duftende Hölzer, besonders Sandelholz und Aloe, von den Adligen und den reichen Kaufleuten Sinims hoch geschätzt würden, die dieses Holz für die Pfeiler und Türen ihrer Häuser benutzten, so daß man es ihnen mit großem Gewinn verkaufen könne. In ihren Häusern haben sie Vasen mit ausgesuchten Parfümen, die die Luft wohlriechend und die Gäste zufrieden machen sollen, und zum selben Zweck wird Räucherwerk abgebrannt. Ich kaufte ihm daher eine große Menge solcher Hölzer und Parfüme ab und außerdem fein geschnitzte Kämme aus Elfenbein. Denn Baruch Ebreo berichtete, und das stimmt, daß die vornehmen Frauen von Sinim in reichem Maße Parfüm verwenden, das sie in Seidensäckchen tragen, die an einem um die Taille geschlungenen Band baumeln, und sie stecken sich zahlreiche Kämme aus Elfenbein ins Haar. Alles, was er sagte, entsprach der Wahrheit, möge Gott ihn bewahren.

So konnte ich gut und vorteilhaft an diesem Ort einkaufen. Armentuzio und Pizzecolli waren mit unseren Waren, auf die wir noch nicht einmal Abgaben zahlen mußten, sehr zufrieden. Zudem war dieses Land von großer Schönheit. Es gab viele Bäume und Blumen, einschließlich gewisser kleiner Bäume, die eine süße, rote Flüssigkeit absondern. Diese Gegend gefiel auch meinen Bediensteten sehr gut. Das Mädchen Buccazuppo war wiederhergestellt und erfreute sich auf zurückhaltende Weise, wie ich es ihr geraten hatte.

Als unsere Schiffe mit Vorräten versehen waren und sich alles wieder in Ordnung befand – die sarazenischen Schiffsmeister waren wegen unserer Verzögerungen sehr ungeduldig und der wackere Turiglioni ebenso –, setzten wir nach dem Sabbat Wajechi am letzten Tag des Jahres 1270 Segel, Gott sei gelobt.

Wir kamen jetzt nach Colam.[118] Der große Aaron war schon vor uns aufgebrochen, denn er war nicht willens, in Singoli für die Entweihung der Thora Buße zu tun, und stellte den Reichtum über seine Pflichterfüllung, was Gott verhüte. Hier sah ich viele Gewürze, die ich in unserem Lande noch nie gesehen hatte, aber auch schlechtes Zeug, das zu kaufen eine Torheit gewesen

Elefant und Hase –
aus einem arabischen
Manuskript
(ca. 1350)

wäre. Kaufleute aus aller Herren Länder kommen hierher in diesen Hafen, der einer der bedeutendsten von Großindien ist und stark von den Kaufleuten aus Manci frequentiert wird. In dieser Stadt, in der Ingwer, Indigo und Pfeffer zuhauf angeboten werden, läßt man Baumstämme von Elefanten herumtragen. Hier gibt es dreihundertachtzig jüdische Familien, die zu den größten Händlern von Melibar gehören.

Hier befand ich mich wie im Hause meiner eigenen Familie, denn ich hatte meinen Vetter Levi von Ancona an meiner Seite und ebenso den Rabbi Eliahu ben Elhanan von Colam, mit dem ich am Sabbat Wa-era das Gebet leitete, wofür Gott gepriesen sei. Der Friedhof der Juden, mögen ihre Seelen in Frieden ruhen, liegt hier außerhalb der Stadt und hat viele hundert Grabmale aus ganz weißem Stein. Die Grabinschriften sind schwarz gefärbt, und auf die Steine sind mit großer Kunstfertigkeit segnende Hände eingraviert, wie es bei uns sonst nur auf den Grabsteinen der *Cahanim*[119], ihre Heiligkeit währe ewig, üblich ist.

Am Abend entzünden die Juden von Colam aromatische Räucherkerzen, die duftend und mit geringer Rauchentwicklung abbrennen. Beim Lichte dieser Kerzen sitzen sie in der Süße des Familienfriedens und der Pflichterfüllung vor dem Heiligen Einen beisammen, Er sei gepriesen, und sprechen über die Thora und über ihre Geschäfte.

Hier fallen die Schatten der Nacht so schnell wie ein Wimpernschlag, und es bleibt zu wenig Zeit, als daß ein frommer Mann sich vom Tag verabschieden und Gott für seine Verschonung danken könnte oder um die Geschäfte des Tages abzuschließen und sich auf den Schlummer vorzubereiten. Wenn die Nacht hereingebrochen ist, bewegt sich niemand allzu weit hinaus in die Dunkelheit jenseits des Scheins der Feuer und Laternen, denn sie fürchten jene Bestien, die in diesen Gegenden Menschen fressen, was Gott verhüte.

Hier führte ich lange Debatten mit Eliahu ben Elhanan, der sich in der Thora sehr gut auskennt, Friede sei mit ihm, über die Frage, ob ein Kahlköpfiger oder überhaupt ein Mann mit einem körperlichen Gebrechen das Priesteramt in einer Synagoge ausüben dürfe. Er antwortete, daß im Tempel, möge er nach Gottes Willen in unseren Tagen wiederaufgebaut werden, ein kahlköpfiger Mann, der von Ohr zu Ohr keine Haarlocke aufweise, oder einer ohne Augenbrauen oder einer, dem die Wimpern ausgefallen seien, nicht dienen dürfe. Oder wenn er Brüste hätte wie eine Frau oder wenn sein Mannesorgan zu groß wäre, würde er auch nicht zugelassen, denn wer keine fehlerfreie Gestalt habe, dürfe Gott nicht dienen.

Dazu erklärte ich dem frommen Eliahu, daß meiner Meinung nach derartige Einschränkungen zwar im Tempel angebracht seien, doch in unseren Synagogen müsse man sich nicht daran halten. Denn unter einem so strengen Gesetz, das nur die Wohlgestalteten vor den Herrn treten lasse, gebe es keinen mehr, der Ihm dienen dürfe, was Gott verhüten möge. Ich erklärte, solange das Aussehen eines Mannes seinen Betrachtern nicht unangenehm sei, möge dieser auch seinen Brüdern aus dem Gesetz vorlesen. Dem gab der besagte Eliahu seine Zustimmung, hatte er doch selbst einen kahlen Kopf.

An diesem Ort kaufte ich vom Bruder des Eliahu solche Gewürze, wie sie in Sinim hohe Preise erzielen, und mein Vetter verschaffte mir gutes hiesiges Steifleinen, das als das beste der Welt gilt.

Von hier aus stachen wir am zwölften Tag des Januar des Jahres 1271 in See. Wir reisten nach Südosten, an Comari vorbei und dann weiter nach Seilan.[120] Das Schiff meines Bruders Vivo, möge seine Seele überdauern, segelte knapp hinter uns.

Dann kamen wir zu der Insel Seilan. Hier glaubte ich, ich sei gewiß in Eden, dem Garten Gottes, der Heilige Eine sei gebenedeit. Denn die Singvögel sangen das Loblied des Schöpfers, die Birnen[121] hatten die Farbe von Rosen, und es gab keinen Baum, der nicht Wohlgeruch verbreitete. Das ganze Land duftet nach Gewürzen und verströmt Wohlgeruch von einer Süße, daß es ein Wunder ist. Im Licht des Mondes zeigt sich die Schönheit der Bäume erst recht, denn am Tage ist die Sonne oft so hell, daß man die Freigebigkeit Gottes, Er sei gepriesen, nicht richtig betrachten kann.

Unsere Augen und Ohren müssen in der Tat überall und jederzeit bereit sein, die Schönheit der Geschöpfe Gottes zu sehen und zu hören, Er sei gebenedeit. Doch wenn ein Vogel sein Loblied auf den Schöpfer singt, nehmen manche Ohren sein Lied nicht wahr, selbst wenn es unüberhörbar ist, denn wir verstopfen unser Ohr lieber mit den Klängen des Jammers und des Schmerzes oder des Zornes und des Haders, so daß sie keinen anderen Klang mehr hören. Mit dem Sehen verhält es sich ebenso, denn die Welt der Erscheinungen darf nicht bloß im Auge Gottes bleiben, sondern der Mensch soll sie anschauen. Denn die Menschen haben die Pflicht, die ganze Schöpfung zu betrachten, damit sie von ihr lernen. Sie haben Augen zu sehen, doch sie sehen nicht, und sie haben Ohren zu hören, und sie hören nicht.

Die Bewohner dieser Insel sind sehr dunkelhäutig und gehen alle nackt[122] bis auf ein Tuch, das sie vor ihrem Geschlecht tragen und hinten verknüpfen. Sie sind große Anhänger der Astrologie und sehr ehrliche Händler. Der König dieser Insel heißt Paccambou, doch sein Königreich ist in großer Bedrängnis, denn die Seilani befinden sich im Krieg mit einem Volk aus dem Norden, dessen Fürst Sundara heißt.[123] Dieses Volk hat einen Teil der Insel erobert, die es in seiner Sprache Ilam nennt.

Hier kaufte ich gemeinsam mit Vivo, seine Seele möge überdauern, Pfeffer, Ingwer und Zimt, denn der Zimtbaum, der Blätter wie der Lorbeer hat, wächst hier im Überfluß. Ich kaufte eine große Menge davon, denn Zimt wird in Sinim und bei uns sehr hoch bezahlt, und außerdem noch ein daraus hergestelltes Öl, das für Balsame und Salben benutzt wird. Es gibt hier auch eine gute Arznei für jene, die an der Krankheit der Melancholie leiden, sowie Terpentinöl, das ich für Ser Bartolomeo erwarb.[124]

Doch das Großartigste von allem, was ich zu Gesicht bekam, waren die Edelsteine, die die erlesensten der Welt sind. Meinem Auge boten sich Juwelen von seltenster Schönheit dar, über die ich nur staunen konnte, allen voran die Rubine. Denn allem Geschaffenen hat der Heilige Eine, Er sei gepriesen, eine Vollendung zum Ziel gesetzt, die es erreicht und wo es verharrt. Bei den Bäumen ist dies die Palme, bei den beseelten Lebewesen der Mensch und unter den Edelsteinen der Rubin.

Doch es gab auch Topase, Amethyste und Saphire und noch viele andere Steine von großer Schönheit der Form und der Farbe, von denen die Götzendiener Seilans behaupten, sie seien die gefrorenen Tränen ihrer Götter. Außerdem grenzt die Art ihrer Verarbeitung an ein Wunder, da ich noch nichts Besseres gesehen habe. Von diesen Edelsteinen kaufte ich einen großen Posten für eine große Summe,[125] Gott sei gelobt. Sie haben auch Perlen, wie man sie schöner nirgendwo sieht, manche sind weiß, manche rosa, wie jene aus Battala,[126] deren Wuchs in den Austern angeblich von Tautropfen bewirkt wird, doch dem kann man keinen Glauben schenken.

Auf dieser Insel, deren Überfluß seinesgleichen nicht hat, sind die Einwohner größtenteils Götzendiener. Es kommen sogar sehr viele Pilger hierher, denn sie glauben, daß dies die Heimat ihres Gottes Sacchia[127] ist, den sie Buddum nennen, und daß sich auf einem Berggipfel dieser Insel sein Fußabdruck befindet. Diesen Fußabdruck verehren die Götzendiener, und sie klettern mit großer Mühsal hinauf bis zu den Wolken, um Gesicht und Augen im Wasser der Aushöhlung zu waschen, die, wie sie behaupten, vom Fuß ihres Gottes erzeugt wurde. Dabei beten sie: »Das ist das Wasser Sacchias, das uns reinen Herzens werden läßt.«

Doch die Mahometaner erklären ihrerseits, daß dieselbe Aushöhlung vom Fuße unseres Stammvaters Adam stamme, möge er am Ende der Tage erquickt werden, und nicht vom Fuße Buddums, wie die Anhänger Sacchias behaupten, so daß es oft zu Handgreiflichkeiten darüber kommt, wessen Fuß es gewesen ist. Doch obwohl Adam der erste Mensch war, den Gott geschaffen hat, gepriesen sei Er von allen, sollen wir solche Nichtigkeiten nicht verehren, denn niemand kann sagen, wohin unser Stammvater den Fuß gesetzt hat. Außerdem ist die Verehrung eines Fußabdrucks im Boden etwas Scheußliches, denn sie ist Abgötterei. In gleicher Weise beten sie den Zahn Sacchias an, der in einem bestimmten Tempel dieser Insel in einem goldenen Behälter liegt. Doch die ihn gesehen haben, berichten, er sei so groß wie der Hauer eines Ebers und nicht wie der Zahn eines Menschen. Dennoch wird er von den Gläubigen verehrt, die glauben, es sei der Zahn ihres Gottes.

So führt die Verehrung von Götzen ins Uferlose, doch in diesen Dingen sollte der Mensch sich von seiner Vernunft leiten lassen. Aber der Glaube an etwas, das wider die Natur ist, kann dem Menschen keine Orientierung liefern. Die ganze Natur ist vielmehr nach der Vernunft Gottes gestaltet, Sein unaussprechlicher Name werde verherrlicht, der Er die Welt durch Seine Kraft erschuf. Es gibt zwar seltsame Dinge, die ein Mensch nur schwer erklären kann, doch die Vernünftigkeit dieser Dinge kann entdeckt werden, und die Gesetze, die das Wesen und die Bewegung der Dinge bestimmen, können zweifellos gefunden werden. Denn Gott, Er sei verherrlicht, hat nichts geschaffen, das nicht eine eigene Ordnung hat, die sich in die Ordnung aller anderen Dinge einfügt. Und es ist gottlos, etwas Unmögliches zu glauben, wie zum

Beispiel, daß ein Mensch einen Zahn hat, der so groß ist wie der eines Ebers.[128]

Auf der Insel Seilan wohnen auch einhundertsechzig Juden, doch nur wenige von ihnen widmen sich dem Studium der Thora. Die meisten von ihnen sind ohne Glauben, Gott behüte, und sprechen kein Nachmittags- und Abendgebet, und das Morgengebet am Sabbat Beschallach[129] leiern sie ohne Inbrunst herunter. Zudem essen viele von ihnen unreine Speisen, so daß ich mich nicht bei ihnen aufhalten konnte.

Von dieser Insel brachen wir nach dem Sabbat Jitro am vierten Tag des Februar auf, nachdem fünfzehn Tage zwischen unserer Ankunft und unserer Abfahrt verstrichen waren, wobei ich in dieser Zeit weiterhin alles getan hatte, was das Gesetz verlangt, Gott sei gelobt. An diesem Ort gereichten mir meine Ausgaben sehr zu meinem Gewinn, was mein Herz, das über die mangelnde Frömmigkeit meiner Brüder betrübt war, wieder etwas aufheiterte. So segelten wir nach Ost-Nordost, denn die Kapitäne der Schiffe fürchteten den Einbruch von schlechtem Wetter, obwohl der Himmel immer noch klar war.

Ein inmitten des Meeres dahinsegelndes Schiff ist etwas Wunderbares, und es ist, als ob die Segel dem Schiff Flügel verliehen. Doch in dem Wissen, daß Gott waltet, wie Er will, so wie Er nach Seinem Gutdünken richtet, gab ich mich nicht vorbehaltlos meiner Freude hin. Denn einige heilige Männer der Christenheit sagen zwar, daß der Wille Gottes unwandelbar sei, doch unsere Schriftgelehrten sind anderer Ansicht.

Denn in der Welt der Vergänglichkeit und der Täuschungen muß der Mensch, auch wenn er im Augenblick guten Grund zur Zufriedenheit hat, die Materie sorgsam in Betracht ziehen, die, indem Gott ihr Ordnung verliehen hat, aus dem davorliegenden Chaos gebildet wurde. Auch sagen manche gelehrten Männer, daß die Natur die Erde fest in den Mittelpunkt des Universums gestellt habe und daß sich alles andere um sie herum drehe, doch wir können nicht sicher sein, daß es auch so ist. Kein Zweifel besteht jedoch daran, daß die gestaltenden Kräfte der materiellen Welt sowohl dem Willen Gottes wie auch dem Wirken der Naturgesetze unterliegen, und wer würde daran zweifeln, daß das letztere das Objekt des ersten ist? Aber die Naturgesetze sind ihrerseits eine gestaltende Kraft, die ihre Wirkung im Einklang mit dem Gesetz entfaltet, dem sie unterworfen ist. Die Aufgabe des Menschen ist es nunmehr, die Gesetze der Natur herauszufinden, damit er ein klein wenig die Vernunft Gottes, Er sei gepriesen, zu verstehen lernt.

Doch die Gewißheit, daß wir im Scheine des göttlichen Lichtes stehen und daß uns die Welt als Gottes gütiges Geschenk anvertraut ist, darf uns nicht blind für die Verwirrung machen, die manchmal die Welt und die Herzen der Menschen befällt. Der Fromme, der die größere Ordnung erkennen kann, die hinter allen Erscheinungen steht, die uns begegnen, und der weiß, daß nicht alles in Wirklichkeit so ist, wie es sich uns darstellt, er sollte auch wissen, daß die Winde auf dem Meer derart wehen und die Wasser des Meeres sich derart bewegen können, daß seine Hoffnungen zuschanden werden, auch wenn er vor dem Heiligen Einen, Sein Name sei gepriesen, all seine Pflichten erfüllt hat. Denn das Fleisch des Menschen ist so schwach, und die Substanz der Dinge ist so fest, daß wir gut daran tun, uns über unser Glück nicht allzusehr zu freuen, denn es kann nicht von Dauer sein. Der Ungewißheit des menschlichen Schicksals eingedenk, beschloß ich daher, in guten und in schlechten Zeiten größeren Gleichmut zu bewahren, und betete zu Gott, daß ich mich hinfort weder im Kummer noch in der Freude dem Übermaß anheimgeben möge.

»... DASS DIE NATUR DIE ERDE FEST IN DEN MITTELPUNKT DES UNIVERSUMS GESTELLT HAT«

Jacob scheint an der Vorstellung von der Unbeweglichkeit der Erde Zweifel zu hegen. Das kann eigentlich nur daher rühren, daß solche skeptischen Erwägungen unter einigen der radikaleren Denker, mit denen er ausgebildet wurde, aktuell waren – und diese waren vermutlich wiederum von den sehr viel älteren Zweifeln der pytagoräischen Schule beeinflußt. Den Pytagoräern wird der Glaube zugeschrieben, daß die Himmelskörper einschließlich der Erde und der Sonne – die somit ebenfalls als Planet aufgefaßt wurde – um ein im Mittelpunkt stehendes »Zentralfeuer« kreisen.

Wir gelangten jetzt zum Anfang Kleinindiens, Gott sei gelobt, das sich von der See von Seilan bis zum Ozean von Sinim erstreckt. Die Ruderer litten große Mühsal, denn der Wind hub an, uns aus dem Nordosten entgegenzuwehen, und der Seegang wurde trotz klaren Himmels sehr stark. Auch wechselte der Wind und kam bald aus Nordosten, bald aus Westen, dann wieder aus dem Norden, so daß die sarazenischen Kapitäne gegen den Rat Turiglionis lieber nach Seilan zurückgekehrt wären, doch in solch schwerer See gelang es ihnen nicht, das Schiff zu wenden.

Daher setzte sich Turiglioni durch, der erklärte, es sei ein Fehler, einen anderen Kurs zu nehmen, denn er sah, daß die Schiffe Menachems und der anderen ihre Richtung beibehielten, und auch der große Aaron und sein Admiral fuhren weiter. So folgten wir also mühsam mit Segel und Ruder auf unverändertem Kurs den Schiffen des Aaron von Aragón, und ich betete zu Gott, Er möge die Winde weniger heftig blasen lassen und uns sicher in den Hafen geleiten.

Wir kamen schließlich, Gott sei gelobt, zu den Inseln von Nico-verano, was soviel bedeutet wie das Land der Nackten. Doch die Bewohner dieser Inseln gehen nicht nackend, denn die Männer bedecken ihr Geschlecht mit einem Stück Stoff, und die Frauen ver-bergen das ihre mit einem Blatt. Um den Leib winden sie eine Schnur mit zwei langen Bändern, die hinter ihnen flattern. Da dies aussieht wie ein Schwanz, behaupten jene, die nicht genau hingeschaut haben, diese Menschen seien geschwänzt.

Die Seeleute haben in der Tat Angst davor, vom Wind an diese Gestade verschlagen zu werden, denn sie behaupten, die Bewohner der Inseln hätten zwar den Körper eines Menschen, aber die Schnauze eines Hundes, und ihre Sprache klänge wie das Gebell und Geheul von Hunden. Doch dem ist nicht so, denn diese Menschen sprechen wie die Leute von Seilan. Auch sind sie nicht lediglich drei-einhalb venezianische Spannen groß,[130] wie manchmal behauptet worden ist. Sie sind nur um weniges kleiner als wir und haben auch keine Schnäbel wie die Vögel. Unter Seeleuten heißt es auch, wie mir der sarazenische Kapitän erzählte, daß sie zur Bösartigkeit neigten und Fremden gegenüber wild und grausam seien, doch uns begeg-neten sie freundlich.

Sie haben jedoch schwarze Körper, und einige haben regelrech-te Reißzähne, und andere schneiden ihre Nägel nicht, so daß es aus-sieht, als hätten sie Klauen wie ein Adler, doch man kann mit ihnen trotzdem Handel treiben wie mit anderen Menschen auch. Sie haben nämlich reichlich Muskat, Duftholz und Kardamom, womit sie Tauschhandel treiben, und sie lassen sich bereitwillig mit dem von ihnen sehr geschätzten Zucker bezahlen. Sie haben auch große Mengen indischer Nüsse, jede so groß wie ein Männerkopf, in denen sich klares, frisches Wasser und ein hartes weißes Fleisch mit delikatem Geschmack befindet, so daß wir sie als Proviant nahmen und einige seltene Früchte dazu. Es heißt, diese Menschen hätten

Seeleute, die in ihren Gewässern Schiffbruch erlitten, getötet und verzehrt, doch wie jedermann sehen kann, essen sie nichts anderes als Früchte und Fisch aus dem Meer. Und wenn in ihren Augen etwas Furchteinflößendes aufscheinen sollte, denn sie sehen den Fremdling oft argwöhnisch an, dann ist das bei anderen Menschen, die ihre Nägel schneiden und pflegen, nicht anders.

Als wir aufbrechen wollten, versuchten uns einige der Insulaner zu warnen, indem sie gen Himmel deuteten und uns heftig signalisierten, wieder auszusteigen, worauf es die Sarazenen mit der Angst zu tun bekamen. Ich betete, daß Gott unsere Flotte verschonen möge. Doch der große Aaron drängte zum Aufbruch, und so schlossen wir uns gegen den Rat Turiglionis an, wobei dies auch das letzte Mal war, daß ich meinen Bruder Menachem ben David, genannt Vivo, sah, möge seine Seele in Eden ruhen.

Jetzt sollten wir uns in der trügerischen Welt verlieren, als ob Gott uns verlassen hätte, Er möge mir vergeben, gepriesen sei Sein Name. Denn am nächsten Tag begann sich der Himmel zu verdunkeln, und in der Ferne war Donnergrollen zu hören. Der Wind blies uns so stark entgegen, daß wir nicht mehr vorankamen. In dieser Situation suchte mich der wackere Turiglioni in meiner Kabine auf, wohin ich mich zurückgezogen hatte, um zu Gott zu beten, und erklärte, ein Wechsel der See und des Wetters stünde bevor, wie er vorausgesagt habe, und ich möge mich um die Sicherheit meiner Besitztümer kümmern, denn ein Unwetter mit einem mächtigen Wirbelsturm käme aus dem Nordosten auf uns zu.

Darauf begann, wie er vorhergesagt hatte, der Wind zu brüllen und die See zu kochen, Blitze flammten auf und Donner krachte. Das Brüllen des Donners war in der Tat so gewaltig, daß es den Himmel ausfüllte, als würde er herabstürzen, und auch die Wasser tosten in ihrer Fülle. Obwohl noch kein einziger Stern am Firmament stand, wurde es so dunkel, daß von den anderen Schiffen nichts mehr zu sehen war. So kam es, daß wir in unserer Not mutterseelenallein in der von Gottes Macht und Kraft erfüllten Welt auf dem großen Ozean des Daseins ausgesetzt zu sein schienen.

Es war auch, als sei es dunkelste Nacht, und die Dunkelheit und der Donner schienen nicht von dieser Welt der Menschen zu kommen, sondern aus Gehenna, möge Gott mich verschonen ob meiner unfrommen Worte. Die Wogen schlugen so hoch und unsere Gefahr wurde so groß, daß uns Angst ergriff. Die Seeleute kamen weder voran, noch konnten sie zurück, weder durften sie ablassen, sich zu placken, noch konnten sie den Kurs halten oder einen anderen einschlagen.

Während das Wüten des Windes stärker wurde, kamen binnen kurzem alle meine Diener in großer Angst zu mir. Ich betete zu Gott, Er möge uns mit dem Tode verschonen, und meine Diener hielt ich dazu an, ebenfalls zu beten, jeder auf seine Weise, und dabei nicht zu vergessen, Gott zu danken, daß Er sie bislang verschont habe. Das Mädchen Buccazuppo zeigte dabei die größte Inbrunst und Beflissenheit und suchte meinen Rat, welche Worte sie an ihren Gott richten sollte, bevor sie wieder von dannen ging. Doch die Bertoni bejammerte ihr Schicksal mit tiefen Seufzern und erklärte, unser letztes Stündlein sei gekommen.

Der Sturm nahm nun in der Tat sogar noch weiter zu, entwickelte sich vom Schlimmen zum Schlimmeren und trieb uns der Katastrophe entgegen. Der wackere Turiglioni kam zu mir, um zu melden, daß wir in großer Gefahr seien, und wenn Gott uns nicht zu Hilfe komme, seien wir verloren. Denn im Sturm hatte sich der Ballast gelockert, mit dem die Seeleute den Boden des Laderaums beschwert hatten, und schlug nun von innen einmal links und einmal rechts mit gewaltiger Kraft gegen die Planken des Schiffes, so daß der sarazenische Steuermann nicht mehr in der Lage war, das Schiff zu steuern.

Da wurde auch ich von großer Angst ergriffen, Gott möge mir vergeben, obwohl ich mich doch entschlossen hatte, nicht mehr in Extreme zu verfallen. In meiner Qual fragte ich mich, warum ich mich auf eine so lange und gefährliche Reise begeben hatte, und betete im Tosen des Windes, daß ich, der ich nicht schwimmen konnte, nicht im Wasser untergehen und sterben möge.

Viele um mich herum weinten, doch Buccazuppo, die keine Angst vor dem Ertrinken zu haben schien, tröstete die Christen, und der getreue Turiglioni ging seinerseits ratspendend unter den Sarazenen umher. So geschah es, daß ein vom Sturm gespaltenes Ruder der See überlassen werden sollte, doch er, furchtlos über den Wogen hängend, vertäute es an den Planken. Aber alsbald waren die Seeleute gezwungen, die Hauptleine zu kappen, obwohl sie befürchten mußten, gegen die anderen Schiffe zu laufen, denn die Schote zur

Führung der Segel hatte der Sturm zerrissen, und nun schien alles verloren. Erst geriet der Bug und dann das Heck unter Wasser, und Wind und Wellen schienen unser zerbrechliches Gefährt zerschmettern zu wollen, so daß die Segel von den Masten gerissen wurden.

Im furchtbaren Grollen des Donners hörte ich nun den Zorn Gottes, mögen alle Menschen vor Seiner Majestät und Macht erzittern, ist es doch wahrlich der Geist Gottes, der die irdische Welt auf ihrem Kurs hält. Doch das Toben des Sturms und die Dunkelheit waren von solcher Intensität, daß es für die Menschen keinen festen Ort mehr auf der Erde zu geben schien, und alles wollte in das wirbelnde Chaos zurückkehren, das dem ersten Tag vorausging, möge Gott sich ob meiner Gedanken erbarmen. Doch Form und Substanz schienen eins geworden zu sein, ohne Trennung, und die ganze Schöpfung war anscheinend aufgelöst in den schwarzen Wassern der tobenden See, was Gott verhüten möge.

Als diese Gedanken über mich kamen, betete ich voll Schrecken zu Gott um das Nachlassen des Sturms und sprach das »Höre, Israel«, während die Christen nach ihrer Art mit gefalteten Händen auf den Knien beteten und das Mädchen Buccazuppo geduldig darauf wartete, daß Gott sie erretten möge, Er sei gepriesen.[131] Das Brüllen des Windes in der Dunkelheit und die Erschütterungen durch das Anbranden der Wellen waren so gewaltig, daß ich meine eigene Stimme nicht hören konnte, doch desungeachtet erfüllte ich meine Pflicht, wie Rabbi Jose es lehrt. So hatte ich mich Gott und jeglichem Schicksal anheimgegeben, das Er über mich verhängen mochte, und weinte um meine Sara und den Verlust meiner Schätze. Denn letztlich ist das Fleisch des Menschen schwach und wird in der Todesangst noch schwächer.

Die ganze Nacht hindurch kämpften die Seeleute und die Ruderer bis zum Umfallen darum, das Schiff zu steuern, doch vergeblich, der Wind war zu stark und die Wellen zu hoch. Und doch ging das Schiff durch Gottes Gnade, Sein unaussprechlicher Name sei verehrt, nicht zu Bruch, und wir wurden auch nicht auf Felsen geworfen oder in tiefem Wasser begraben, sondern konnten, da wir am Leben blieben, das erste Licht begrüßen und dem Herrn für unsere Rettung danken, der Herr sei gepriesen und gebenedeit.

Doch bei Tageslicht stellte sich heraus, daß wir von unserem Kurs nach Java Minor abgekommen waren und sechs Segel und zwei

*Die Gefahren
der See – aus einem
westeuropäischen
Manuskript
des 13. Jahrhunderts*

Masten[132] eingebüßt hatten. Wir wähnten uns allein auf hoher See, doch als die Sonne höher stieg, sahen wir nahebei unsere anderen Schiffe,[133] die wertvolle Ladungen trugen, und weit über den Horizont verstreut erblickten wir die Schiffe des Eliezer von Venedig, des Lazzaro del Vecchio und des großen Aaron.

Doch das Schiff meines Bruders Menachem, Segen seinem Gedenken, war nirgendwo zu sehen, und ach, in meinem Herzen wußte ich sogleich, er war verloren, denn bei unserem Abschied hatte ich gesehen, daß Gott Seine Hand auf ihn gelegt hatte, möge ich errettet werden. Im Andenken an meinen Freund und in dem Wissen, daß er nicht mehr war, begann ich zu weinen und sprach den Kiddusch[134] und betete, seine Seele möge sich in Eden bis zu seiner Wiederauferstehung am Jüngsten Tag mit Wonne füllen, Amen. Auch war die wertvolle Ladung, die mit ihm und vielen Seeleuten und Dienern, Gott sei ihnen gnädig, unterging, sehr groß, und in meiner Seele sah ich, wie all dies unter den Wassern zu Tode und ans Ende kam.

Da sich nunmehr die Ruhe nach dem Sturm ausbreitete, erklärte ich vor meinen Dienern, daß auf dem Meer stets der Wind regiere, doch im Einklang mit dem Willen Gottes. Auch sei es nicht gut, im Übermaß unsere Verluste zu bejammern oder sich über unser gutes Geschick zu freuen, wie ich bereits geschrieben habe. Es ist vielmehr von nobler Gesinnung, sich in alles dreinzufinden. Da meine Sinne sich erholten und die Schiffe unserer Flotte zu unserer Hilfe herbeikamen, um uns nach Java Minor zu schleppen, dankte ich Gott dafür, daß er uns in der finstersten Nacht unserer Seelen sicher bewahrt hatte, und betete, denn so bitter ist das Leben, der Name Menachem Vivo möge ins Buch der Vergebung Eintrag finden. Denn er war ein frommer Mann, pflichtbewußt in allen Dingen, und, wie Rabbi Yannai gelehrt hat, es steht nicht in unserer Macht zu erklären, weshalb die Rechtschaffenen in Sorge und die Bösen in Wohlergehen leben, wie ich bereits schrieb.

In schweren Zeiten schreit der Jude zu seinem Schöpfer, Er sei gepriesen: »Wo ist Gott, daß Er mich meinen Feinden oder den Wassern der Tiefe ausliefert, während Er den Übeltäter verschont?«[135] Doch Gott sucht uns erst auf die eine und dann auf die andere Weise heim, manchmal mit dem Leben und machmal mit dem Tode. So warf Er in Seiner Majestät den frommen Vivo in die

Schwärze der Wasser und brachte den Aaron in Sicherheit, ganz nach Seinem Willen. Darob spürte ich große Trauer in meinem Herzen, doch ich wußte, es ist unfromm, sich nur unserer Schmerzen zu erinnern, aber nicht daran, wie unsere Herzen bei anderer Gelegenheit durch Gottes Überfluß erfreut wurden. Zudem stellt sich Weisheit nicht ein, wenn einer in Beschaulichkeit Schmerz über die Welt empfindet und davon frei sein möchte, sondern wenn er die Werke Gottes in Seiner Schöpfung studiert und ebenso die Werke des Menschen, der ebenfalls Sein Geschöpf ist. Wer forscht, wird herausfinden, was herauszufinden ist, doch wer nicht forscht, weiß nur das, was bereits bekannt ist.

Schließlich kamen wir nach vielen Schwierigkeiten, als der Himmel sich schon wieder verdunkelte und erneut Donner zu hören war, nach dem Sabbat Zaw an einen Ort namens Lambri[136] in Java Minor. Die Schiffe des großen Aaron, der Friede sei mit ihm, waren ungeachtet der großen Gefahr schon in die See von Sinim abgefahren. Wegen der heftigen Regenstürme und der Schäden an Masten und Segeln unseres Schiffes und der Schiffe des Lazzaro und des Eliezer von Venedig verbrachten wir hier und im Hafen von Sarha[137] dreiundneunzig Tage bis zum siebenundzwanzigsten Tag des Monats Mai. Wegen des schlechten Wetters begab ich mich an Land, denn ich fürchtete, daß die Schiffe sogar noch im Hafen zu Bruch gehen könnten. Doch die Anker hielten, und unsere Schiffe wurden an diesen Orten wieder in Ordnung gebracht, Gott sei gelobt.

Nachdem ich am Purim-Fest eine Woche der Trauer für unseren Bruder Menachem ben David, genannt Vivo, eingelegt hatte, seine Seele ruhe in Frieden, fand ich zusammen mit meinen Brüdern eine Unterkunft, in der wir sieben Sabbate verbrachten, während die meisten an Bord blieben, um meine Schätze zu hüten und die Ladung in Ordnung zu bringen. In diese Zeit fiel das Pessach-Fest,[138] und ich erfüllte meine Pflichten in allen Belangen trotz vieler Schwierigkeiten, denn es gibt hier keine Juden. Dennoch lobpriesen wir Gott, Er sei gebenedeit, und sangen ein Danklied für unsere Errettung aus dem Meer unter der Führung des Moses, unseres Lehrers, und dafür, daß Er Seine schützende Hand an einem fernen Ort über uns gehalten hatte.

Obwohl Java Minor sehr groß ist, heißt es, daß es eine Insel sei, aber bestätigen kann ich das nicht, denn ich bin noch nicht drumherum gesegelt. Es ist ein wildes Land, in dem man auf schwarze Spinnen mit Giftzähnen stößt, die mit einem einzigen Biß einen starken Mann in der Blüte seiner Jahre töten können, Gott behüte. Es gibt auch große Schweine, aus deren Behaarung man Teppiche webt, die ein frommer Jude weder kaufen noch verkaufen sollte. Die Sarazenen behaupten, unter den Männern Javas gäbe es viele Zauberer, die sich in einen Vogel, ein wildes Tier oder ein Geschöpf des Wassers verwandeln könnten, doch das glaube ich nicht, denn es widerspricht der Natur.

Als ich in jenem Lambri genannten Ort auf günstiges Wetter für das Weitersegeln nach Sarha wartete, während der Sturm jedoch weiterhin wütete und die Wellen hoch gingen, bereiteten mir die verrinnende Zeit und die Kosten für die Seeleute, die Trauer um meinen Freund Vivo und die Befürchtung, daß meine Waren verdorben sein könnten, großes Ungemach. Um die letztgenannte Sorge kümmerten sich Armentuzio und Pizzecolli, während ich nicht säumte, meine Pflichten am Sabbat und an den anderen Tagen zu erfüllen, Gott sei gelobt.

Doch mein Herz war oft niedergeschlagen, denn die Schäden an unserem Schiff waren groß. Aber da meine Ladung in Sicherheit und meine Diener mir treu ergeben waren, hatte ich auch Grund zur Freude, wenn auch meine Sara in so großer Ferne von mir weilte. Denn ich konnte mich meinen Studien hingeben, Gott sei gedankt, und mußte mich weder übermäßig über meine Verluste grämen, für die zur Hälfte mein Bruder Isaia von Basra geradezustehen hatte, noch über meinen Zwangsaufenthalt an diesem Ort, denn selbst noch die Bäume und die Vögel kündeten von der Großartigkeit Gottes. Außerdem sollte ein frommer Mann sich nicht grundlosem Gejammer über sein Schicksal oder über die Unbilden dieser Welt wie Regen, Kälte und dergleichen anheimgeben. Denn es gibt kein Ding, das nicht seinen Platz, und keinen Menschen, der nicht seine Stunde hätte, wie unsere Schriftgelehrten sagen, der Friede sei mit ihnen.

Am vierzehnten Tag des April schließlich, zur Zeit des Neumonds, als der Wind ein wenig nachgelassen hatte und unsere Schiffe wieder instand gesetzt waren, stachen wir nach Sarha in See. Dieser Hafen liegt eine Meile von Sumantala entfernt, der Stadt mit dem Palast des Königs, der samt seinem Volk, unter dem auch Juden wohnen, ein Verehrer Mahomets ist.

In Sumantala, wo, wie sich herausstellte, die Flotte des großen Aaron Schutz vor dem Sturm gesucht hatte, wurden wir von Efraim ben Juda Greco mit großer Freigebigkeit empfangen, einem Gelehrten und Handelsagenten, der uns wegen unserer verzögerten Ankunft schon für tot gehalten hatte, denn an den Stränden waren große Mengen von Treibholz aus Schiffbrüchen gefunden worden. Bei ihm verbrachte ich vierzig Tage, denn es war nach wie vor gefährlich, in See zu stechen. Der sarazenische Kapitän und Turiglioni waren übereinstimmend der Meinung, daß wir nicht vor den letzten Tagen des Mai aufbrechen sollten.

An diesem Ort gibt es, wie erwähnt, fromme Juden, die ordnungsgemäß ihre Gebete sprechen, die Reinheitsgebote für die Speisen beachten und in der Thora bewandert sind. Zudem gilt der König der Mahometaner als Freund der Juden. Er schätzt unseren Glauben, und wir dürfen dort jegliche Kopfbedeckung tragen, die uns beliebt. So sind wir nicht gezwungen, einen gelben oder roten Turban oder einen roten Mantel zu tragen oder sonst etwas, das uns als Juden ausweist.

Darüber hinaus ist auf dem Markt und in den Lagerhäusern Sumantalas alles zu finden, was sich ein Kaufmann wünschen kann. Denn hier gibt es das feinste Gold, jenen glänzenden Stoff aus Feuer, Luft, Wasser und Erde, dem das Verlangen aller Menschen gilt. Hier verwendet man auch weißes Benzoeharz als Weihrauch, welches bei den Sarazenen *luban javi* heißt und den Götzendienern von Sinim und Großindien und den Priestern Roms teuer ist. Auch Lavendelöl und den besten Kampfer findet man hier, jenen aus Fansur,[139] der für jedermann zu haben ist, doch man muß dafür viel Geld hinlegen und ihn manchmal sogar in Silber aufwiegen. Dieser Kampfer wird von den Götzendienern Sinims sehr geschätzt. Sie nennen ihn *pinpou*, was Schneeflocken heißt, und er ist viel besser als ihr eigener. Von diesem Kampfer kaufte ich zu einem hohen Preis eine große Menge ein, dreihundert *libbre* waren es,[140] doch von Efraim Greco gut beraten, wußte ich sehr wohl, daß mir reicher Lohn winkte, und so kam es auch, Gott sei gedankt.

Auch hier ließen sich Sandelholz, Lackharz, Aloeholz oder Adlerholz, das nach süßem Honig riecht und bei den Götzendienern eines jeden Landes in höchstem Maße geschätzt wird, am besten absetzen und wurden mit Gold aufgewogen. Kubeben, Muskatblüten, feine Muskatnüsse, Gewürznelken und weißen und schwarzen Pfeffer gab es in großen Mengen und zu niedrigen Preisen. Efraim Greco hatte diese Gewürze vorrätig, und ich kaufte je zwei Kantar Muskatnuß, Muskatblüte und Kubeben, zehn Kantar Gewürznelken und zwanzig Kantar Pfeffer,[141] wovon ich einiges nach Sinim und den Rest bei meiner Rückreise mitnehmen wollte. Es gab noch andere Dinge in großem Überfluß, aber sie waren nicht von der Qualität, wie ich sie bei Efraim ben Juda bekommen hatte. Viele wollten mir ihre Gewürze und Hölzer verkaufen, doch ihnen gegenüber verhielt ich mich gemäß den Lehren unserer Weisen, ihr Andenken möge fortleben, indem ich sie überhaupt nicht ansprach, denn man soll nicht sagen »Was kostet das?«, wenn man gar nichts kaufen will.

Unter den armen Verkäufern von Waren befanden sich hier auch solche, die wenig hatten und dieses wenige unbedingt verkaufen mußten und deshalb für Güter von großem Wert nur einen kleinen Preis verlangten. Ein solcher Einfältiger hatte Kampfer aus Fansur, den besten, den es gibt, und wollte ihn zu billig abstoßen. Efraim, der Friede sei mit ihm, drängte mich vergeblich zu kaufen und sagte mit einem Lachen, ich sei wie ein Tauber, der nicht hört, und wie ein Stummer, der den Mund nicht auftut.[142] Darauf tadelte ich ihn, es sei nicht richtig, auf diese Weise einen einfältigen Mann zu übervorteilen, denn es sei unfromm und gegen die Lehren unserer Schriftgelehrten, der Friede sei mit ihnen.

Als alle unsere Schiffe bereitgemacht und unsere Masten und Segel instand gesetzt waren, kam der nämliche Efraim jedoch beim Abschied zu mir und sagte, er würde mit dem größten Vergnügen seine Tochter mit meinem Sohn verheiraten, wenn dieser hübsch und im Besitz von Intelligenz sei, um so unsere Geschäfte noch besser voranzubringen. Doch dieses Benehmen behagte mir nicht, daher gab ich zur Antwort, alle meine Söhne seien bereits anderweitig verlobt. Das nahm er mir jedoch krumm, und ich mußte mich sehr ins Zeug legen, um ihn mir wieder gewogen zu machen, denn er hatte mir in allen Angelegenheiten gute Dienste geleistet, der Friede sei mit ihm. So war ich gezwungen, ihm fünf Prozent zu geben,[143] was mein Herz erzürnte, doch ich behielt es für mich, denn er sollte noch Gewürze für meine Rückfahrt erwerben.

In den letzten Tagen des Mai nach dem Sabbat Nasso fuhren wir aus Sumantala ab. Die Kapitäne hatten sich entschlossen, die Reise fortzusetzen, und die Zeit des Südwestwinds[144] war nun gekommen. Den Schiffen des Eliezer von Venedig, des Lazzaro del Vecchio und des großen Aaron schlossen sich nun die Schiffe der anderen Kaufleute an, damit wir, so Gott will, vor den Piraten dieser Gewässer besser geschützt waren. Um sich vor ihnen zu schützen, muß man sich nämlich gemeinsam mit vielen anderen und gut bewaffnet auf die Reise begeben.

In den Gewässern Kleinindiens, die wir wie auf Flügeln nach Südosten durchsegelten, sind die Inseln so zahlreich, daß niemand sie zählen oder benennen kann,[145] Gott sei gedankt für Seine Freigebigkeit. Deshalb gibt es dort auch viele Königreiche, wie die von Sabam und Sincepura, Mait und Bintano. An dem letztgenannten Ort wohnen auch Juden, die gute Kaufleute im Handel mit Sandelbaumholz sind. Ich legte bei ihnen jedoch keinen Aufenthalt ein, denn der Südostwind blies sehr stark, doch sie brachten uns zu essen und zu trinken, um uns willkommen zu heißen.

Der große Aaron kaufte von ihnen eine beträchtliche Ladung Sandelholz, und ich erwarb in Cacula[146], wo Indisches Rotholz reichlich vorhanden und billig ist, einen großen Posten von diesem, ebenso Elfenbein, denn auch Elefanten gibt es hier in großer Zahl. In Cacula wird viel Gold angeboten, wovon Eliezer von Venedig und Lazzaro einiges kauften und vor ihren Bediensteten versteckten. In Sondore[147] gibt es Holz, mit dem sich Lazzaro zu einem geringeren Preis eindeckte, als man in Bintano bezahlen muß, was den großen Aaron wegen der Nachlässigkeit seines dortigen Vertreters sehr quälte.

Doch ich empfand einen solchen Ärger nicht, denn derlei Klagen sind eines frommen Mannes, der kauft und verkauft, nicht würdig, denn wieso sollte Gott gerade ihm Verluste und Tribute ersparen und ihn nur mit Einkommen und Gewinnen segnen? In der Welt des Irdischen ist keinem Menschen immer nur das Glück beschert, nicht einmal dem rechtschaffensten. Ja, es gibt viele Weise, die bei aller Weisheit im Leben viel Schmerzliches erdulden müssen, da ihnen die Unwürdigen und jene, die anderen die Weisheit neiden, oft mit Boshaftigkeit begegnen. Und auch der größte Reichtum schützt seinen Besitzer nicht vor Krankheit und Tod, wie auch die größte Schönheit des Fleisches verfallen muß nach dem Willen Gottes, Er sei immerfort gepriesen und verehrt. Sich in Gelddingen zu beklagen, wenn jemand zum Beispiel sieht, daß er an einem Ort mehr für etwas bezahlt hat, als ein anderer an einem anderen Ort für die gleiche Ware geben mußte, ist daher eine Torheit.

An jenem Ort, der Sondore heißt, sagte ich dies zu dem großen Aaron wegen seines großen Ärgers über die Sache mit dem Sandelholz, doch in seiner Hoffart und Gier wollte er nichts davon hören. Vielmehr fragte er mich, ob ich denn nicht auch meinen Vorteil suchte. Ich sagte ihm, was in keiner Weise beruhigend auf ihn wirkte, daß ich in der Tat meinen Vorteil suche, doch im Einklang mit der Vernunft. Da geriet er derart in Zorn, daß er auf mich losgehen wollte, doch die Getreuen Armentuzio und Pizzecolli, die unsere Auseinandersetzung hörten, gingen dazwischen, um seine Hiebe abzufangen.

Er jedoch schämte sich in seinem Stolz in keiner Weise, denn das ist die Natur des Niederträchtigen, der sich über seine Pflichten Gott gegenüber hinwegsetzt und glaubt, in der Welt das Sagen zu haben, die doch allein der Herrschaft Gottes unterliegt. Doch mit Gold und Silber kann man sich weder Weisheit noch die Seele anderer Menschen aneignen, und sie sollen auch nicht unvernünftig eingesetzt werden. Denn in allen Angelegenheiten des Menschen gibt es Grenzen[148], die uns Gott in der Thora gesetzt hat und die uns auch durch die Gesetze der Natur gegeben sind. Dies zu beachten, verlangt von uns sowohl die Vernunft wie die Pflicht[149], und darüber darf sich ein Mensch, sei er auch noch so groß, nicht hinwegsetzen. Das allerdings konnte ich Aaron von Aragón nicht mehr sagen, denn er hatte sich verärgert abgewandt und war mit seinen Dienern zu seinem Schiff zurückgegangen.

Von Sondore aus segelten wir nach dem Sabbat Chukkat oder Balak[150] im Monat Tamus bei beständigem Wind aus Südwest gen Ostnordost und gelangten so an einen Ort namens Zabai, der in Ciamba im Reich der Comari liegt.[151] Hier verehrt man das Gesetz des Mahomet, und der König heißt Ciasinna. Sie haben dort viel Aloe, aber auch erstklassigen Kardamom, von dem ich einiges kaufte. Ich erfüllte immer noch meine Pflichten, sowohl an Bord wie an Land, was meine Diener nach so vielen Tagen der Reise Wunder nahm, doch ich fürchtete, daß wir zu guter Letzt doch noch von Piraten angegriffen werden, in Untiefen auf einen Felsen laufen oder

Flußboote bei der Stadt Kaifeng – Detail aus der Bildrolle Den Fluß hinauf am Frühlingsfest *des Malers Zhang Zeduan aus dem frühen* 12. Jahrhundert

sonst irgendein Mißgeschick erleiden könnten. So gelangten wir in die Gewässer von Sinim, Gott in Seiner Majestät und Seinem Glanz sei gepriesen.

Es geschah am dreizehnten Tag des August des Jahres 1271, also im Jahre 5031 und am fünften Tag des Monats Ellul, vor dem Sabbat Schoftim[152], daß unsere Flotte nach Zaitun im Lande Manci gelangte. Ich, Jacob di Salomone von Ancona, sah und hörte hier Dinge, über die sich manch anderer wundern mag und von denen ich jetzt mit Gottes Hilfe, Er sei gepriesen, erzählen werde.

ZAITUN –
EINE STADT
UNERMESSLICHEN
HANDELS

Die Stadt Zaitun, la città lucente *oder »die Stadt des Lichts«, war
der bedeutendste Hafen Südchinas im 13. Jahrhundert. Ausländer ent-
stellten chinesische Worte oft (oder hörten sie falsch), so daß der Name
der Stadt in arabischen, indischen und europäischen Reiseberichten
auch als Zaytun, Zaiton, Zaitum und Zeithum auftaucht; Cayton,
Saiton und Kaitam kommen ebenfalls vor. Das zeigt, daß der Klang der
ersten Silbe des Namens für Nichtchinesen schwer zu erfassen und in
die eigene Sprache umzuschreiben war.*

*Die Lage von Zaitun war unter Wissenschaftlern lange umstritten.
Man war sich nicht einig, ob die Stadt an der Stelle des heutigen
Quanzhou lag oder mit dem etwa hundert Kilometer weiter südwestlich in der Provinz Fujian gelegenen späteren Zhangzhou identisch ist.
Moderne Fachleute haben sich für den erstgenannten Standort entschieden. Im Jahr 1974 wurde auf dem Grund der Bucht von Quanzhou
ein großes hölzernes Schiff aus dem 13. Jahrhundert entdeckt, das
größere Mengen von Parfüm und Gewürzen geladen hatte, womit ein
weiteres Indiz dafür gefunden war, daß Quanzhou ein bedeutender
mittelalterlicher Seehafen und Werftenstandort war.*

*Laut Jacob war die Stadt zugleich Hauptstadt ihrer Provinz, doch
daran bestehen gewisse Zweifel (Das Gebiet der Süd-Song-Dynastie
wurde 1270, dem Jahr vor Jacobs Ankunft, in sechzehn Provinzen aufgeteilt und bedeckte insgesamt eine Fläche von der vierfachen Größe
Frankreichs.). Aber ob Provinzhauptstadt oder nicht, im 13. Jahrhundert*

*Händler und Käufer
auf dem Markt –
Detail aus der
Bildrolle
Den Fluß hinauf
am Frühlingsfest*

*hatte Zaitun die Stadt »Sinchalan« oder Khanfu (Guangzhou, später:
Kanton) aus ihrer Rolle als wichtigster Handelshafen Südchinas verdrängt. Guangzhou hatte seine erste Blütezeit mit geschätzten 200 000
Einwohnern im 8. Jahrhundert, doch vom 11. bis zum 14. Jahrhundert
war Zaitun der aktivere Handelsplatz.*

*Marco Polo nennt Zaitun daher ohne Einschränkung »den Hafen
der Kaufleute Südchinas«, den »alle Schiffe aus Indien zu ihrem vornehmsten Zielhafen machen«.[153] Die Historiker stimmen darin
überein, daß der Umschlag dieses Hafens den der größten mittelalterlichen Häfen Europas bei weitem übertraf. Zudem war China in der
Song-Zeit die größte Seemacht der Welt und hatte eine Bevölkerungszahl, die für Nord- und Südchina zusammen auf einhundert Millionen geschätzt wird.[154] In Südchina war der Waren- und Geldumlauf
besonders intensiv. Die Zeit, in der Jacob sich in Zaitun aufhielt – das
damals seinen Angaben zufolge »über zweihunderttausend Einwohner«
hatte –, war bekanntermaßen eine Periode des ungezügelten Konsums
und Luxus, des ungebremsten Zustroms der bäuerlichen Bevölkerung
in die städtischen Zentren sowie des Imports in größtem Maßstab, mit
der Folge einer aus den Fugen geratenen Handelsbilanz. In weiterer
Konsequenz kam es als Ergebnis des Exports von Edelmetallen zur
Deckung des Handelsdefizits zu einer Münzknappheit, die ihrerseits
einer der Hauptgründe für die Einführung des Papiergeldes war, das
den mittelalterlichen China-Reisenden und auch Jacob von Ancona so
außerordentlich bemerkenswert vorkam.*

*Es war auch eine Periode beträchtlichen technischen Fortschritts
und von »auffälliger Modernität«[155], in der von der Kunst des Buch-
drucks in breitem Umfang Gebrauch gemacht wurde, worüber Jacob,
anders als Marco Polo, Interessantes mitzuteilen hat. Das gesamte
Gebiet der Süd-Song scheint nicht nur von der Furcht vor der drohenden Invasion ergriffen worden zu sein, sondern zugleich von einem
Höhenflug der Aktivität, des Erfindungsgeistes und der Expansion. Das
Kinsai (Hangzhou) der 1270er Jahre – die Haupstadt der Süd-Song,
der Jacob aus wortreich dargelegten Gründen keinen Besuch abstatte-
te – war mit einer geschätzten Einwohnerzahl von über einer Million
vermutlich die größte und reichste Stadt der Welt. Im Vergleich dazu
hatte Venedig zu Beginn des 14. Jahrhunderts vielleicht 100 000 und
Florenz zwischen 45 000 und 65 000 Einwohner; Paris mit »160 000
Herden« erreichte möglicherweise eine Viertelmillion.*

Nach Jacobs Bericht war Zaitun eine wimmelnde und schnell-lebige Küstenmetropole mit einer changierenden, heterogenen Bevöl-kerung.[156] Es war eine Stadt im sozialen und kulturellen Umbruch mit großen Kolonien ausländischer Kaufleute, darunter Franken (christ-liche Westeuropäer), Sarazenen (Muslime) und Juden. Archäologen förderten Belege für eine intensive wirtschaftliche Aktivität entlang der Küste zutage; sie fanden und finden in diesem Gebiet moslemische, nestorianische, katholische, manichäische und hinduistische Inschrif-ten[157], wenn auch bislang noch keine Spur der Synagoge und des jüdi-schen Friedhofs ausgegraben wurde, auf die Jacob Bezug nimmt.

Es ist historisch gesichert, daß sich zur Zeit von Jacobs Besuch 1271/72 und noch während des gesamten 14. Jahrhunderts sowohl im Song- wie auch im mongolisch eroberten China Juden aufhielten, was durch die Berichte anderer Reisender bestätigt wird. In der Ramusino-Fassung der Reisen streift Marco Polo die Juden in China mit einer Randbemerkung, bei der er sie mit »Sarazenen und Götzendienern« und »vielen anderen, die nicht an Gott glauben« in einen Topf wirft. Giovanni di Monte Corvino erwähnt sie als in China lebend, und der Mönch Giovanni di Marignolli behauptet, er habe mit ihnen in den 1340er Jahren in Khanbalik (Bejing) theologische Dispute geführt. Ibn Battuta berichtet in der Mitte des 14. Jahrhunderts von ihrer Anwesen-heit in Kinsai, doch nur Jacob von Ancona geht (begreiflicherweise) ausführlich auf dieses Thema ein.

Trotz aller Belege für die wirtschaftliche Expansion und die sozia-len Umwälzungen in Südchina zur Zeit von Jacobs Besuch haben einige Wissenschaftler behauptet, die Wirtschaft der Südlichen Song sei ungeachtet ihrer Reichweite, Differenziertheit und Geldwirtschaft durch bürokratische Gängelung, durch eine von »Mandarinen« ausge-hende Diskriminierung der Kaufleute und durch eine engstirnige politische Führung[158] an der Entwicklung zu einer »vollgültigen kapita-listischen Marktwirtschaft« gehindert worden. Doch Jacob von Anco-nas Bericht aus Zaitun – der die Stadt in die Nähe der »Freihandels-zonen« mancher Handelshochburgen der modernen Welt rückt – legt anderes nahe.

Jacob entwirft vor uns das Bild einer blühenden Handelswirtschaft, einer leistungsfähigen handwerklichen Produktion und eines unge-zügelten Konsums, kurz gesagt, einer stark wettbewerbsorientierten Unternehmergesellschaft, die fast »modern« anmutet. In den Strömun-

gen und Spannungen Zaituns jener Zeit – die Jacob sehr lebhaft beschreibt – waren mächtige und unabhängig denkende Kaufleute zu einem Kampf um die Vorherrschaft gegen das »Mandarinat« angetreten, welches zudem in sich selbst gespalten war, da einige seiner Mitglieder sich ebenfalls wirtschaftlich betätigten.

Andere Historiker sind einer präziseren Beurteilung jener Welt, die Jacob vorfand und auf die sein Manuskript ein einzigartiges Licht wirft, nähergekommen. »Neuer Reichtum und ein zugänglicheres Bildungssystem brachten eine größere und selbstbewußtere Elite hervor«, schreiben Hymes und Schirokauer. »Das intellektuelle Leben wurde belebt, und neue politische Visionen tauchten auf. Die gebildete Elite ... versuchte sich theoretisch, schriftstellerisch und praktisch in Staat und Politik und in die Frage von deren Verhältnis zur Gesellschaft einzumischen [und] zu klären ... was die Staatsmacht war und was sie leisten konnte und sollte ...«[159] Das Manuskript liefert dafür eine schlagende Bestätigung, und auch die genannten Autoren sind der Meinung, daß in den Song-Städten des 13. Jahrhunderts beileibe kein Mangel an »Autonomie« herrschte, sondern es war vielmehr eine Zeit des »verlorenen Glaubens an den Staatsaktivismus«[160] und der Dezentralisierung, eine Zeit, in der »neue lokale Institutionen, manche freiwilliger Art, manche staatlich gefördert, manche auch eine Mischung von beidem, sich plötzlich in großer Zahl formierten«[161] – in anderen Worten: eine Zeit, die der unsrigen nicht unähnlich war.

Bei der Betrachtung unter einem anderen Blickwinkel, wie Gernet sie vornimmt, »[ist] der Eindruck von Ordnung, den das südliche China des 14. Jahrhunderts erweckt« – ein Eindruck, den Jacob keineswegs vertrat –, »eine Täuschung .... Das Gebäude war schon baufällig geworden«.[162] Diese Welt war zudem vom mongolischen Feind bedroht. Aus jeder Zeile von Jacobs Bericht spricht die Angst vor dieser alles überschattenden Bedrohung, eine Angst, an der sich die Stadt spaltete.[163] Doch Zaitun wirkte auf seine mittelalterlichen Besucher vor und nach der mongolischen Eroberung alles andere als »baufällig« und beeindruckte sie mit seiner Pracht und Größe.

Für Marco Polo war die Stadt »ein Wunder« und »sehr groß und vornehm«, für Marignolli ein »staunenswert guter Seehafen und eine Stadt von unglaublicher Größe«, für Andrea di Perugia eine »großartige Stadt«, für Abulfeda eine »Stadt von Rang«. Ibn Battuta beschrieb Zaitun als »großartige Stadt und gar herrlich«, und den Hafen, wo er

»ungefähr einhundert riesige Dschunken auf einmal« sah, nennt er
»einen der größten der Welt«. Der Mönch Odorich aus Friaul meinte,
die Stadt sei »zweimal so groß wie Bologna«, doch am stärksten beein-
druckt war er von ihrem Hafen. »Sein Umschlag ist so groß und um-
fangreich, daß es einfach unglaublich ist. Ganz Italien«, ruft er aus,
»hat nicht so viele Schiffe wie diese Stadt allein.«[164]

Hier ging der inzwischen fünfzigjährige Kaufmann aus Ancona
am 25. August 1271 an Land – im chinesischen »Jahr des Schafs«, wie
er uns mitteilt.

achdem ich mit Gottes Segen in das Land Sinim
und in die Stadt Zaitun gelangt war – eine wunderbare Stadt mit sehr viel Handel und einer der
bedeutendsten Orte von Manci –, und zwar in
jenen Bezirk, den die Bewohner *Ciancio* nennen, ging ich mit
meinen Bediensteten und meiner reichen Ladung von Pfeffer, Aloe-
und Sandelhölzern, von Kampfer und erstklassigen Parfümen, von
kostbaren Steinen und Perlen, Datteln, Tuch und anderen Dingen
an Land, Gott sei gelobt. Es war im Jahr des Schafs, wie die Leute von
Manci es nennen, die den Jahren Tiernamen wie Drache, Ochse oder
Schlange geben.

Die Leute von Manci nennen die Stadt auch *ha-Bahir*[165], denn
die in den Straßen dieser Stadt aufgestellten Öllampen und Fackeln
sind so zahlreich, daß die Stadt in der Nacht aufs Hellste erstrahlt
und schon von weitem sichtbar ist. Aus diesem Grund wird sie von
ihnen *Hanmansicien*[166] oder Stadt des Lichts genannt. Die Landbevölkerung nennt die Stadt *Giecchon*, und sie liegt an der Mündung
des Sentan-Flusses gegenüber den beiden Inseln, die sie den Älteren
und den Jüngeren Bruder nennen. Sie ist die Hauptstadt dieser
Provinz des Manci-Reichs, die bis zu den Ufern des großen Flusses
hinaufreicht, der von den Bewohnern Sinims Der Gelbe oder
Ouangho[167] genannt wird, und die Tataren nennen ihn Der Schwarze
oder *Carmuren*. Doch jene, die ihn gesehen haben, sagen, er ist
weder gelb noch schwarz, sondern vielmehr dunkelbraun.

In diese Stadt Zaitun brachte ich nun so viele kostbare Dinge,
die ich aus Indien und von seinen Inseln herbeigeschafft hatte, daß
ich abermals den Neid und die Habgier anderer fürchtete und Angst

hatte, nach so vielen Mühen doch noch beraubt zu werden, bevor ich meinen Gewinn gemacht hätte. Ich wurde von meinem Bruder[168] Nathan ben Dattalo von Sinigaglia, meinem Vertreter, mit großer Liebe empfangen. Er und die anderen Juden der Stadt ließen mir alles an Ehre und Preis angedeihen und versprachen, jeglichen Schaden von mir fernzuhalten. Doch ich erfuhr auch, daß die Tataren und ihre Armee kurz vor der Eroberung der Gebiete von Manci standen, was mich mit großer Furcht erfüllte, alles zu verlieren, das Vermögen und das Leben dazu, und ich betete zu Gott, daß Er das verhüten möge. Doch zuerst will ich vom Hafen und von den Handelsgeschäften Zaituns erzählen.

Es ist ein großer Hafen, sogar noch größer als der von Sinchalan,[169] den die Schiffe von der See von Sinim her anlaufen. Hohe Berge umgeben ihn und schirmen ihn vor den Winden ab. Der Fluß, an dem der Hafen liegt, ist groß und breit mit starkem Rückstrom vom Meer, und das Ganze ist voll von Schiffen, die wunderbar anzuschauen sind. Hier laden jedes Jahr Tausende von großen Schiffen Pfeffer ein und aus und außerdem noch eine Vielzahl von Schiffen andere Ladungen, so daß am Tage unserer Ankunft wenigstens fünfzehntausend Schiffe im Hafen lagen. Sie kamen aus Arabien, Großindien, Seilan, Java Minor und aus den fernen Ländern des Nordens,

Eine Volksmenge beobachtet von einer Brücke das Segelsetzen auf einem Flußschiff – Detail aus der Bildrolle Den Fluß hinauf am Frühlingsfest

wie der nördlichen Tatarei[170] sowie aus unserem Land und aus anderen fränkischen Königreichen.

Ich sah hier in der Tat mehr Schiffe, Barken und kleine Boote vor Anker, als ich je in einem Hafen gesehen habe, mehr sogar als in Venedig. Außerdem sind die Schiffe aus Sinim die größten, die man sich vorstellen kann. Manche haben sechs Masten, vier Decks und zwölf große Segel und können über tausend Mann befördern. Auf diesen Schiffen gibt es nicht nur Karten, die eine Augenweide sind, so genau sind sie, sie haben auch Geometer und Leute, die im Umgang mit dem Magneteisenstein sehr geschickt sind, und solche, die sich am Sternenhimmel auskennen, so daß sie ihren Weg bis ans Ende der irdischen Welt finden können, für welche Gabe Gott gepriesen sei.

Deshalb gibt es hier eine so große Zahl von Kaufleuten, die den Fluß hinauf- und herunterfahren, daß man es kaum glauben möchte, wenn man es nicht gesehen hat. An den Ufern des Flusses stehen viele große Lagerhäuser mit eisernen Toren, in denen die Kaufleute aus Großindien und anderen Ländern ihre Güter sicher verwahren. Doch die größten sind jene der Sarazenen und der Juden, die Klöstern ähnlich sind, in denen der Kaufmann seine Güter sicher unterbringen kann, ob sie nun zum Verkauf bestimmt sind oder ob er sie eingekauft hat.

Denn in dieser Stadt pflegt man Handel in großem Stil, und die Kaufleute machen riesige Gewinne, denn Stadt und Hafen sind abgabenfrei,[171] so daß kein Kaufmann willkürlichen Forderungen, Besteuerungen und Gebühren ausgesetzt ist, worüber ich an entsprechender Stelle noch mehr schreiben werde. Darum herrscht aus allen Gegenden Sinims einschließlich des Landes der Tataren[172] ein großer Zustrom von Waren, wie allerfeinster Seide und anderen Gütern, in diese Stadt. Und da jeder Kaufmann, ob groß oder klein, an diesem Ort die Möglichkeit hat, seinen Reichtum zu mehren, sind die Märkte der Stadt von staunenswerter Größe.

Früher mußten die Kaufleute, die übers Meer von Großindien kamen, auf ihre wertvollsten Waren wie Perlen, Edelsteine, Gold und Silber fünf Prozent an Abgaben bezahlen, auf Gewürze zehn bis zwanzig Prozent und für Tuch fünfzehn Prozent, wenn es ihren Vertretern nicht gelungen war, die Gunst des *sciposo* zu erlangen, wie man ihn nennt. Doch jetzt sind alle diese Abgaben annulliert worden, worüber ich mich später eingehender auslassen werde, so daß Handelsgüter den Hafen nun ohne Kosten in beide Richtungen passieren können. Man ist dort nämlich überzeugt, daß die Einbußen, die den Tuch-, Gewürz- oder anderen Händlern von Manci dadurch möglicherweise entstehen, durch die großen Einnahmen ausgeglichen werden, die der Stadt und den Einwohnern auf diese Weise zufließen. Man sagt, daß das, was dieser Region durch fehlende Abgaben entgeht, durch die Gewinne der Märkte, Läden, Tavernen und anderer Geschäfte, in denen die Kaufleute aus aller Herren Länder verkehren, mehr als ausgeglichen wird. Dennoch ist die Zahl der Händler groß, die wegen des großen Andrangs von auswärtigen Konkurrenten den Platz hinter ihren Theken und in ihren Läden aufgeben mußten und verarmt sind, Gott behüte, so daß man vom Mitleid gerührt wird, wenn man sie sieht.

In diese Stadt kommen jedenfalls so viele fränkische, sarazenische, indische und jüdische Kaufleute und obendrein Händler aus Sinim und aus den Städten und Dörfern dieser Provinz, daß man sich hier das ganze Jahr wie auf einer riesigen Messe vorkommt und Güter aus den entferntesten Winkeln der Erde finden kann. Vor allem jedoch stellt man hier für die ausländischen Kaufleute auserlesenes Seidentuch her und bietet es an und viele andere Dinge von höchster Qualität dazu, während man uns Gewürze, Räucherwerk, Hölzer, Tuche und anderes mehr abkauft, so daß man in Zaitun sogar auf Kaufleute aus Aragón oder Venedig, aus Alessandria und aus Brügge in Flandern trifft, ebenso wie auf schwarze Kaufleute oder solche aus England[173], wie ich noch berichten werde.

Die Nachfrage nach seltenen und kostbaren Gütern und auch nach anderen Waren ist so groß, daß nicht nur der Hafen mit Schiffen, sondern auch die Zufahrtsstraßen der Stadt mit Karren und Wagen verstopft sind. Es herrscht in der Tat ein unermeßlicher Bedarf an Gütern, denn alle, ob arm oder reich, haben brennende Bedürfnisse, auch wenn ihnen die Mittel zu ihrer Befriedigung fehlen. So bevölkern sie die Märkte Tag und Nacht, wo sie nicht nur alltägliche Dinge sehen, sondern auch Dinge bestaunen können, die in jedem Land der Erde den größten Wert besitzen. Hier gibt es alles Lebensnotwendige, doch die Sucht, zu kaufen und zu verkaufen, und die Gier nach teuren Dingen ist so groß, daß der gemeine Mann sich nur wenige Dinge leisten kann und nachher ärmer ist als zuvor, während andere über alle Maßen reich geworden sind.

Doch zuerst möchte ich berichten, daß das Land Sinim oder Mahacin[174] in zwei Teile geteilt ist, in den der Cataini im Norden, die unter die Herrschaft der Tataren und ihres Khans Chubilai[175] gefallen sind, und in den der Mancini im Süden, die unter einem König Namens Toutson[176] leben, den sie *tentsu* nennen, was »Sohn des Himmels« bedeutet. Die Cataini stammen aus dem Reich Cataio und die Mancini aus dem Reich Manci, aber obwohl sie sich sehr gleichen, sind es doch zwei verschiedene Völker, von denen sich jedes von den Tataren und vom jeweils anderen unterscheidet. Von Zaitun sind es fünfzig Tagesreisen bis zum Hof des Khans der Tataren, der sich in Sandou[177] befindet, zwanzig Tagesreisen zum Hof des Toutson in Chinscie[178] und acht Tagesreisen nach Fuciu.

Die Tataren, die von manchen auch Mongolen genannt werden, haben das Land der Cataini verwüstet. Darüber hinaus werden die Leute in den Städten von Cataio von den Tataren bewacht, die die Soldaten ihrer Armee eine Meile vor den Städten stationiert haben und denen, die sich unter ihrer Herrschaft befinden, nicht gestatten, Mauern und Tore zu sichern.

Manche sagen, diese Mongolen seien Abkömmlinge der Gog und Magog, Gott behüte, der Feinde Israels im Norden, ein unreines Volk,

Händler und Käufer auf dem Markt – Detail aus der Bildrolle Den Fluß hinauf am Frühlingsfest

das Menschenfleisch verzehrte, weshalb sie anfänglich Magogoli genannt und später von Alexander dem Großen in der Tatarei eingesperrt wurden, damit die Welt gerettet werde, das walte Gott. Jene, die das Land der Tataren bereist haben, sagen, diese seien sehr häßlich und hätten kleine Augen und platte Nasen und eine Haut wie gegerbtes Leder, und es sei berechtigt, sie zu fürchten, denn sie seien ein grausames Volk, das dem Morden und Plündern zugetan ist. Andere wiederum behaupten, nachdem die Tataren das Land und die Reichtümer von Sinim an sich gebracht hätten, seien sie dem Müßiggang anheimgefallen und wollten nur noch seidene und goldene Gewänder und mit erlesenen Gewürzen zubereitete Speisen.

Ihr König, den sie Chubilai und die Cataini und Mancini Scitsou nennen, ist der Sohn von Tuli und der Enkel von Cingis Khan[179], einem Schmied. Manchmal heißt es, dieser Cingis sei von seiner Frau umgebracht worden, und andere wiederum sagen, er sei an Krankheit und Altersschwäche gestorben. So kann die Wahrheit der irdischen Welt im dunkeln bleiben, weil die Berichte über dieselbe Sache dergestalt voneinander abweichen.

Von den Tataren muß auch erwähnt werden, daß ihr Khan, wie einst unser König Salomon, sein Name sei im Buch der Erinnerungen verzeichnet, viele Frauen und Konkubinen und von diesen viele Söhne hat. Es heißt, in seinem Palast habe er auch viele sarazenische Ratgeber. Daher befinden sich jene im Irrtum, die wie manche der Christen glauben – so hat es mir jedenfalls Simone berichtet[180] –, daß die Tataren an ihrer Seite gegen die Mahometaner

Kublai Khan

in den Krieg ziehen würden, denn mit diesen verbindet sie vielmehr große Freundschaft. Mehr noch, wegen der Angst der Cataini und Mancini vor den Tataren und ihrem Haß auf sie sagen manche, daß die Mongolen und die Juden Verwandte sind. Doch sie ähneln uns nicht[181] und wissen nichts von der Thora, möge deren Wort in Verehrung gehalten werden.

Doch gibt es nicht viele, die in ganz ähnlicher Weise alles über uns behaupten, was ihnen gerade in den Sinn kommt? Wenn es Bitterkeit gegen uns schürt, um so besser, wie zum Beispiel, daß wir grausam und habgierig seien und sogar, wie ich sagen hörte, daß ein Sarazene und ein Christ bestimmte Fische mit Leichtigkeit fangen könnten, nicht aber ein Jude, Gott möge uns bewahren. Als die Tataren in unseren Landen in Böhmen einfielen[182], wurde da nicht behauptet, sie gehörten zu den Zehn Stämmen Israels, der Friede sei mit allen unseren wahren Vorfahren und Stammesbrüdern, damit der Haß gegen die Tataren um so größer sei?

Über die Leute von Manci sollte ich noch berichten, daß sie auch kleine Nasen haben, aber schwarzes Haar und weiße Haut, anders als die Tataren. Die Männer haben auch keine Bärte oder nur ein paar dünne Barthaare, die abzuschneiden die alten Männer sich hüten. Die Körper der Frauen sind sehr schön und weiß mit zarter Haut, und außer am Kopf und an den Geschlechtsteilen sind sie am ganzen Körper unbehaart,[183] Gott möge mich verschonen. Doch davon werde ich an passender Stelle berichten.

Der König Toutson, den sie den Sohn des Himmels nennen, wie die Christen *diesen Menschen* den Sohn Gottes nennen, Gott möge ihnen vergeben, ist sehr dem Genuß des schönen Geschlechts zugetan und ein Mann von großer Lüsternheit, der, selbst wenn er ein Bad nimmt, Frauen hat, die ihm dabei dienstbar sind. Er kümmert sich wenig um das Herannahen der Tataren. Seine Minister, deren erster Ciasuto heißt, herrschen in seinem Namen über das Königreich, doch zuerst muß ich über Zaitun weiterberichten, das man die Stadt des Lichts nennt.

Es ist eine Stadt des unermeßlichen Handels, und ein gewaltiges Hin- und Herfluten von Menschen und Fahrzeugen erfüllt ihre Straßen. Da Zaitun zudem eine *ouang* ist, was in der dortigen Sprache »eine große Stadt« bedeutet, dürfen nach ihrem Gesetz nur die *cinsi* oder

*Dschingis Khan –
Porträt aus einem
chinesischen Album
mit Herrschern
des 13. Jahrhunderts*

die gelehrten der bedeutendsten Beamten des Sohnes des Himmels die Stadt regieren. Das Menschengewimmel ist in der Tat so groß, und es gibt so viele Dinge zu beobachten, daß ich nicht recht weiß, wie ich es mit Tinte und Faß wiedergeben soll.

In Zaitun gibt es so viele Menschen, daß niemand ihre genaue Zahl kennt, aber man sagt, es sind über zweihunderttausend, was sogar die Einwohnerzahl von Venedig übertrifft, Gott sei gelobt. Die bewohnten Areale der Stadt und der umliegenden Ortschaften und Dörfer scheinen eine einzige Stadt zu bilden, und es stehen so viele Gebäude dicht beieinander, daß die Bürger der Stadt und die Bewohner des Landes durcheinandergemischt werden, als wären sie eine einzige Bevölkerung.

In der Stadt kann man den Klang von hundert verschiedenen Sprachen hören, so groß ist die Zahl derer, die von anderen Ländern hierherkommen, so daß es unter den Bewohnern von Manci, wie ich noch berichten werde, nicht wenige gibt, die die fränkischen und sarazenischen Sprachen beherrschen. Es gibt viele verschiedene christliche Bekenntnisse in der Stadt, sogar solche, die gegen die Juden predigen, und auch Sarazenen, Juden und viele andere Völker, die ihre eigenen Tempel und Häuser haben, wobei jede Völkerschaft einen eigenen Bezirk innerhalb der Mauern innehat. In diesen Bezirken befinden sich auch Gästehäuser, in denen die Christen und Sarazenen unserer Flotte Unterkunft fanden.

Die Juden sind zweitausend an der Zahl und haben ein Gebets-haus, Gott sei gelobt, das, wie sie versichern, über dreihundert Jahre alt ist.[184] Dorthin ging ich mit Nathan ben Dattalo, Eliezer von Venedig und Lazzaro del Vecchio am ersten Sabbat nach der Ankunft unserer Flotte, also am Sabbat Schoftim, um unter unseren Brüdern zu sein und um Gott, Lobpreis Seinem Namen, dafür zu danken, daß wir dem Meer entronnen waren. Hier wurde auch für das Heil des Königs Toutson gebetet, denn die Juden der Stadt waren in großer Furcht vor dem Kommen der Tataren.

So leben denn in der Stadt Zaitun Leute aus aller Herren Länder und jeder Glaubensrichtung zusammen, Gott möge sie erhalten, und ihnen allen ist die Ausübung ihrer jeweiligen Religion gestattet, denn man ist hier der Ansicht, daß jeder in seinem eigenen Glauben seine Erlösung finden kann. Daher können die Priester ungeachtet aller Narreteien, an die sie glauben, ungehindert predigen, was sie wollen.

Die Anhänger von Sacchia, dem Buddum, haben die größte Zahl von Götzenklöstern, die sowohl in der Stadt wie in den sie umgebenden Hügeln liegen. Doch einzig die hiesigen Christen versuchen die Juden zu ihrem eigenen Glauben zu bekehren, aber es ist ihnen nicht gelungen, auch nur einen von ihnen zum Ketzer zu machen, der den Gott seiner Vorväter verraten hätte, Gott sei gepriesen und gebenedeit.

Im Lande Sinim gibt es viele Juden, die schon zur Zeit unserer Vorfahren Abraham, Isaak und Jacob, der Friede sei mit ihnen, an diese Gestade gekommen sind. Und weil sie schon so lange unter den Bewohnern Sinims leben, haben sie deren Gesichter, Sitten und Namen angenommen, so daß sie nur schwer von den anderen Bewohnern der Stadt zu unterscheiden sind, da sie dieselbe Haut, Augen, Nasen und Haarfarbe wie die Leute von Manci bekommen haben. Sie sprechen auch ihre Gebete in einer Sprache, der ich nicht folgen kann, die sich aus der Sprache von Sinim und einigen Worten aus unserer Sprache zusammensetzt[185], jedoch eine seltsame Aussprache aufweist. Das gilt auch für ihre Thora, die in der Schrift von Manci geschrieben ist, in welcher ganze Wörter unserer Sprache so versteckt sind, daß man sie nicht sehen kann.

Sie haben jedoch auch eine Schriftrolle, die gänzlich in unserer Sprache geschrieben ist, die jedoch niemand außer ihrem Rabbi lesen kann, einem gewissen Lo Hoan, weshalb ein Jude aus fränkischen Landen ihren Lesungen aus dem Gesetz nicht folgen kann. Sie sind dennoch Juden, denn sie verstehen das Schema in unserer Sprache, beschneiden die Vorhaut vor dem achten Tag und halten auch die Reinheitsgebote der Speisen ein.

Doch obwohl sie genauso unsere Pflichtgebete sprechen, wie das Morgengebet und die zusätzlichen Sabbat-Gebete, was von Juden bestätigt wird, die sowohl unsere Sprache als auch die von Manci sprechen können, beten die Juden, die aus den Ländern der Sarazenen und der Franken zu ihnen kommen, wie die Kaufleute, Handelsagenten und Gelehrten, in einem nahegelegenen Bethaus unter sich. Als ich am Sabbat Schoftim mit den Juden von Manci gebetet hatte, begab ich mich anschließend mit Nathan ben Dattalo und den anderen Juden aus meinem Land[186], von denen Hunderte in der Stadt weilten, dorthin, um meine Pflichten besser erfüllen zu können, Gott sei gelobt.

Es heißt, im Lande Sinim gebe es viele zehntausend Sinim-Juden,[187] so in Sinchalan, Penlian, Chinscie und Suciu und an vielen anderen Orten mehr. In der Talmud-Schule von Chaifen befinden sich die verlorengegangenen Bücher der Makkabäer und des Sohnes von Sirach, die Nathan ben Dattalo, wie er erklärt, mit eigenen Augen gesehen hat, was ich für die Wahrheit halte.[188] In Sinchalan, wo es zahlreiche Juden gibt, wurden vor langer Zeit viele von ihnen von Baiciu[189] umgebracht, Friede ihrer Seele, zusammen mit Sarazenen, Christen und Persern, doch heute können sie sich in Frieden in dieser Stadt bewegen, wofür Gott gedankt sei.

In Suciu wohnen vierzig jüdische Familien in der Nähe der Se-Tore im Norden der Stadt, nahe beim Piscien-Tempel. In Chinscie leben die Juden zwischen den Toren Singte und Ouangian im Ostteil der Stadt, und es sind über zweihundert Familien. In Zaitun wohnen sie im Bezirk des Vier-Bogen-Palastes und in der Straße der Kleinen Roten Blumen, wo sich auch ihr Bethaus befindet. Ihr Friedhof, Friede den Seelen der Toten, befindet sich außerhalb der Stadtmauern in einem Bezirk namens Ciuscien.

In ganz Sinim, also sowohl in Cataio und auch in Manci, müssen die Juden, Gott sei ewig gepriesen für Seine Gnade, keine Erkennungszeichen tragen. Sie werden wegen ihres auf vielen Gebieten umfassenden Wissens in großen Ehren gehalten, denn sie sind große Meister der Medizin[190] und aller anderen Künste. Darüber hinaus ist zu beobachten, daß die Leute von Manci viele Dinge von ihnen gelernt haben, denn obwohl sie Götzen verehren, widerspricht es ihrem Glauben, ein Gewebe auf dem Körper zu tragen, in welchem pflanzliche und tierische Stoffe vermischt sind, was Gott verhüten möge. Denn wie im Buch Leviticus geschrieben steht, sollst du kein Kleid anlegen, in dem Wolle und Leinen gemischt sind.[191] Auch die Leute von Manci verhalten sich so und haben diesen Brauch zweifellos von den Juden übernommen. Desweiteren entsprechen die Maße der Arche Noah den Proportionen eines Schiffes aus Sinim,[192] und zudem darf bei ihnen wie bei den Juden, aber nicht bei den Christen, ein Mann ein Grabmal nicht betreten oder Körper oder Gebeine eines Verstorbenen berühren. Dies wird auch bei ihnen als lästerlich und verboten betrachtet, außer wenn es einen Leichnam zum Begräbnis vorzubereiten oder die Ursache einer Krankheit zu bestimmen gilt, damit andere nicht zu Schaden kommen.

Die Tataren sind bestimmt kein israelitischer Stamm, wie ich bereits geschrieben habe, aber nennen sie ihre Herrscher nicht Khan, was in unserer Sprache *kanah* heißt, also jemanden bezeichnet, der in Besitz nimmt, was doch die Tataren in der ganzen Welt mit den Ländern anderer Völker gemacht haben?

Doch wie soll ein Mensch einen zuverlässigen Bericht aus der großen Stadt Zaitun liefern, wenn seine Seele hier in eine solche Verwirrung gerät, daß er am liebsten mit verstopften Ohren und bedeckten Augen herumlaufen würde, um den Verstand nicht zu verlieren? Denn der Lärm und das Gedränge der Menschen sind so groß, daß jeder, der sich unter die Menge mischt, alsbald an den Rand seiner Fassungskraft gerät und das Getümmel nur eine kurze Zeitlang ertragen kann, denn die Seele braucht Ruhe, um eines Gedankens fähig zu sein.

So habe ich auch vergessen, über jene Christen zu berichten, die Anhänger eines gewissen Nestorius sind und ihre eigenen Kirchen und Bischöfe haben und von den anderen Christen der Stadt gehaßt werden, da sie Verräter seien, nicht weil der Glaube der Nestorianer törichter wäre als ihr eigener, sondern weil in Rom ein Verbot gegen sie erlassen wurde, das bis an die Küsten von Sinim herüberreicht. Was ihren Glauben angeht, so sagen sie, daß in *diesem Menschen* nicht eine Natur, sondern zwei wohnen, die eine als die Fleischwerdung des Wortes Gottes, sie seien verdammt für eine solche Gotteslästerung, und die andere als ein Mensch, wobei die erstere in letztere hineingegeben ist, wie in einen Tempel, oder mit ihr vereinigt ist, wie Feuer mit Eisen, wie diese Anhänger des Bilderkultes erklären.

Über solche dunklen Theorien, denen das Licht der Wahrheit fehlt, streiten sich die Christen dieser Stadt, während die Mönche sich mit nichts anderem als Teufelsaustreibungen beschäftigen. Denn viele Bewohner Mancis, die glauben, von Teufeln besessen zu sein, wenden sich um Hilfe an die Klosterbrüder. Die Mönche besprengen jene, von denen der Wahnsinn Besitz ergriffen hat, mit

---

»NESTORIANER«

Die nestorianische Lehre, nach der die Jungfrau Maria nicht die »Mutter Gottes«, sondern die Mutter eines Menschen ist, gelangte im 7. Jahrhundert aus Persien nach China. Die Lehre wurde von der römischen Kirche im 5. Jahrhundert verboten. Die Nestorianer benutzen zwar das Symbol des Kreuzes, aber sie kennen keine Darstellung des Gekreuzigten an diesem Kreuz. Das Kreuz war für sie kein Symbol des Leidens, sondern des endgültigen Triumphes Christi oder seines Sieges über den Tod. Jacob nennt sie cristiani nestorini.

Wasser und gebieten im Namen *dieses Menschen* den Dämonen, den Körper des Besessenen augenblicklich zu verlassen. Danach wollen die zuvor Besessenen getauft werden, womit sie den einen Götzenkult durch den anderen ersetzen.

Über sich selbst sagen die Nestorianer, ein Priester namens Alofeno sei vor mehr als sechshundert Jahren aus Tatsin, also aus Rom, hergekommen und habe heilige Bücher und Bilder *dieses Menschen* mitgebracht. Der König Taitsun, der zu dieser Zeit über sie regiert hat, habe dem besagten Alofeno gestattet, seine Lehre ungehindert zu verbreiten.[193] Es ist mir nicht gelungen herauszufinden, ob das der Wahrheit entspricht, doch es ist gewiß, daß die Juden von Sinim schon vorher ins Land gekommen sind.

Doch wer kann schon in einer Stadt von Gott sprechen, das Falsche oder das Wahre, in der so lautes Geschrei und Getöse herrschen, daß man noch nicht einmal Gottes Donner vernehmen würde? Der Heilige Eine möge mir meine Worte vergeben.

In einem Tumult, in dem ein Mensch irre werden kann, und inmitten von Karren, Götzenbildern und einem Kommen und Gehen tauschen Tausende von Händlern Gold und Silber, Groschen und auch Geld aus Papier, über das ich an geeigneter Stelle mehr berichten werde. Die Aufregung und das Gebrüll der Stimmen, das Geschrei und Getöse der Reichen und das Gejammer und die Wut der Armen und Gedrückten sind so groß, daß man abermals sagen kann, der Donner Gottes würde auf den Märkten der Stadt nicht gehört. Zudem gibt es überall große Werkstätten, in denen Hunderte[194] von Männern und Frauen gemeinsam arbeiten, um Metallwaren, Porzellanvasen,[195] Seide, Papier und andere Dinge herzustellen. In manchen von diesen Werkstätten arbeiten gar tausend Leute, so daß es staunenswert ist, ihnen zuzuschauen.

Das Symbol des Kreuzes im Nestorianischen Kodex

Vielerorts kann man auf Papier Geschriebenes und Broschüren erwerben, die sie in ihrer Sprache *tachuini* nennen und mit besonderer Tinte auf besondere Weise herstellen. Diese kleinen Bücher werden für wenig Geld verkauft und deshalb von denen, denen es nicht an Willen fehlt, etwas über die Welt zu lernen, Gott sei gelobt, in großen Mengen erworben. Außerdem werden in der Stadt des Lichts täglich an den Wänden große papierene Blätter angebracht, auf denen die Erlasse und Entscheidungen der hohen Beamten der Stadt verzeichnet sind und auch die Erlasse der in der Stadtverwaltung tätigen Vertreter des Sohnes des Himmels, wie auch Handlungen von Bürgern sowie andere Informationen, die für mitteilenswert gehalten werden. Jeder Bürger kann ein solches Papier für sich haben, ohne dafür zu bezahlen.[196]

So kommt es, daß sich viele wie in Herden zusammenfinden. Die Männer sind auf ihre Weise hübsch, aber sie tragen dünne Bärte mit spärlichem Haar wie die Katzen, doch die Frauen sind die schönsten der Welt, möge Gott mich verschonen. Beide ziehen das Vergnügen allem anderen vor, und das, was sie in Händen halten können, schätzen sie höher als das, was nur ein Versprechen ist oder was man nicht sehen kann. Sie leben von Handel und Gewerbe, haben wenig für Waffen übrig und ziehen Geld der Weisheit vor, obwohl es neben den Toren, für die Reichtum den Vorrang vor Wissen hat, auch viele weise Männer gibt.

Vor allem sind viele der Überzeugung, daß alle Menschen gleich sind, und zwar nicht nur vor dem Auge Gottes, sondern auch nach den Gesetzen der Natur. Doch zur gleichen Zeit suchen sie sich voreinander durch die Größe des Reichtums hervorzutun und streben nach Ehrungen, die sie über die anderen erheben. Daher erregt es großen Neid, wenn jemand einen Gunstbeweis des Sohnes des Himmels erhält, denn alle gieren sie nach der Aufmerksamkeit des Hofes und behaupten doch gleichzeitig, dafür nichts übrig zu haben.

So sah ich mich bei meinem Aufenthalt in der Stadt des Lichts von Beginn an in eine große geistige und körperliche Unruhe versetzt. Ich fand Ruhe und Trost in der Erfüllung meiner Pflichten und sah dem Tag der Versöhnung wegen der Sünden meines Herzens und meiner Augen mit Furcht entgegen, möge meine Seele verschont werden. Ich fand Unterkunft im Hause des Nathan ben Dattalo, der

Friede sei mit ihm, zusammen mit der Frau Bertoni und dem Mädchen Buccazuppo, damit sie mir zu Diensten stehen konnten. Meine anderen Diener fanden anderweitig Unterkunft, die Seeleute im Viertel der Sarazenen nahe bei der Moschee. Die Getreuen Armentuzio und Pizzecolli ließ ich ebenfalls in meiner Nähe wohnen, denn sie sollten mir bei den Ein- und Verkäufen zur Verfügung stehen, wann immer ich sie brauchte.

Doch die Angst vor den Tataren und das Durcheinander in der Stadt waren so groß, daß ich keine Ruhe finden konnte und keinen Seelenfrieden, da mich immer wieder etwas anderes aufschreckte. Meine seelische Verfassung verschlimmerte sich daher allmählich immer mehr, während ich mich in Gedanken mit dem Ort beschäftigte, an den ich gekommen war, und mit den Seelennöten seiner Bewohner. Denn obwohl es eine Stadt der Wunder war, war es auch eine Stadt der Verdammnis, Gott möge ihre Bewohner erretten.

Die Bärtigen, die sich in der Stadt ergehen, sind allesamt Sarazenen, Christen oder Juden aus anderen Ländern, denn die Leute aus Sinim haben keine oder nur ganz dünne Bärte. Die Ausländer sind daher in der Stadt leicht zu erkennen, doch es sind so viele, daß man sie nicht zählen kann. Die Bewohner von Zaitun nennen die Christen *elicoveni,* und die Mahometaner nennen sie *hiu.* Manche von diesen sind Mancini, andere sind Kaufleute aus fremden Ländern wie Persien und dem Reich von Mitzraim. Die Sarazenen sind in der Tat so zahlreich – angeblich sind es mehr als fünfzehntausend –, daß sie wie die Christen verschiedene Sekten bilden, von denen die einen, es sind die frömmsten, schwarze Kopfbedeckungen tragen und andere weiße. Jede Sekte hat ihren eigenen Tempel, in den sie geht, um ihren Propheten zu verehren, jeder nach seiner Art.

Doch unter den Leuten von Manci gibt es sehr viele, die in dem Glauben, daß die Menschen aus anderen Ländern alle gleich seien, zwischen Juden und Sarazenen oder zwischen Juden und Christen keinen Unterschied machen. So nennen sie Sarazenen und Juden unterschiedslos »jene, die große Nasen haben« oder »jene, die kein Schweinefleisch essen«, Gott behüte, und bezeichnen beide als *somaciun,* was in unserer Sprache »Menschen mit farbigen Augen« bedeutet. Dergestalt werden sogar jene Dinge, in denen sich die Menschen ganz außerordentlich unterscheiden, falsch wahrgenommen, so groß ist die Verwirrung. Die Stadt ist nämlich ein Völkergemisch, und jedes Volk in dieser Stadt, angeblich sind es dreißig, hat seine eigene Sprache, selbst wenn seine Landsleute schon lange Zeit in dieser Stadt ansässig sind. Deshalb unterhalten sich die Sarazenen in arabischer, die Franken in fränkischer[197] und jedes andere Volk in seiner ihm eigenen Sprache, so daß diese Stadt, Gott behüte, Babel gleicht.

Außerdem verhält sich jedes Volk nach eigenem Gutdünken, die Sarazenen nach ihrem Brauch, die Armenier nach dem ihren, und alle anderen verfahren in der gleichen Weise. Die Kaufleute aus Großindien zum Beispiel, die man leicht erkennen kann, weil sie so braun und dünn und ihre Frauen, besonders jene aus Chesimur, von großer Schönheit sind, ernähren sich von Gemüse, Milch und Reis und verschmähen Fleisch und Fisch und ernähren sich auch nicht wie die Leute von Zaitun oder folgen deren Sitten und Gebräuchen. Jede Völkerschaft lebt nach ihrer eigenen Weise.

Weil die wenigsten Kaufleute aus anderen Ländern sich der Sprache und Schrift der Leute aus Zaitun zu bedienen verstehen, sind diese gezwungen, eine große Zahl von Beamten aufzubieten, die ihrerseits die Sprachen der anderen meistern, darunter jene, die sie *hunlusciaocini*, *coscienfusci* und *lipinueni* nennen. Zu ihnen gehören auch die, die *arguni* heißen, von denen ich an gegebener Stelle ausgiebiger sprechen werde.

So kann ein Mann durch die Straßen Zaituns gehen, als sei es keine Stadt von Manci, sondern eine Weltstadt, in der in einem Stadtteil die Mahometaner wohnen, in einem anderen die Franken, in einem anderen die Armenier, welche Christen sind, wieder in einem anderen die Juden, Friede sei mit ihnen, in noch einem anderen die Leute aus Großindien, und in jedem Stadtteil gibt es wieder einzelne Viertel, wie im Stadtteil der Franken ein Viertel für die Lombarden, ein weiteres für die Deutschen, die große Esser sind, und ein anderes Viertel für die Leute aus unseren Ländern.[198]

Denn hier trifft man auf Venezianer, die mit ihrem Geschick alle anderen außer den Juden ausstechen, Genueser, Pisaner und Anconer sowie auch Franzosen, und alle haben ihre eigenen Herbergen und Lagerhäuser. Zudem leben hier venezianische und genuesische Kaufleute in Frieden und Eintracht zusammen, da unter Landsleuten[199] fern von zu Hause immer große Zuneigung herrscht. Ihre Eintracht geht in der Tat so weit, daß sie einen vierundzwanzigköpfigen Rat haben, der sich aus Männern aus Venedig, Genua, Pisa und Ancona zusammensetzt. Einer davon ist ein gewisser Vioni, ein Kaufmann aus Genua, der schon lange hier weilt und mir erzählt hat, daß er einen Bruder in Tauris hatte, der an der Pest gestorben ist. Die Sarazenen haben ebenfalls einen solchen Rat, den sie *ortaq* nennen.

Wie jede Völkerschaft der Stadt ihr eigenes Viertel mit Tempeln, Wandelgängen, Herbergen und Lagerhäusern hat, so haben auch die Juden, Gott sei gelobt, wie ich bereits geschrieben habe, ein Spital, ein Bethaus, eine Talmud-Schule, eine Schule und einen Friedhof, Friede mit denen, die dort begraben liegen, Amen. In der Tat haben die Christen, die Sarazenen und die Juden jeweils einen Friedhof vor den Mauern der Stadt, doch die Götzendiener von Manci verbrennen ihre Toten, Gott behüte, wie es auch in Großindien geschieht, auf eine Weise, die schaurig anzusehen ist.[200] Von allen Gruppen, die aus anderen Ländern in die Stadt gekommen sind, sind die Juden am längsten hier ansässig, Gott sei gepriesen und geehrt. Denn wie jeder sehen kann, steht in der Stadt unser über tausend Jahre altes früheres Gebetshaus, mögen uns Friede und Fülle beschert sein, das, auch wenn es jetzt verfallen ist, in Heiligkeit auf ewig überdauern wird. Denn der Heilige Eine sorgt für Sein Volk, Amen.

Die Christen dieser Stadt vereinigen sich oft durch Heirat mit den Götzendienern, doch bei den Sarazenen geschieht das selten, bei den Juden niemals. Denn bei den Franken ist es grundsätzlich Sitte, daß ein verheirateter Mann, der länger als zwanzig Tage außer Landes geht, eine andere Frau nehmen kann, wohin er auch geht, und die Frau kann einen anderen Mann nehmen, und keiner der beiden verliert ein Wort darüber. Bei den Sarazenen steht dies dem Manne frei, der Frau aber nicht. Doch dieser Brauch ist in beiden Fällen schändlich, denn er ist gegen das Gesetz Gottes, Er sei gepriesen und Seine Gebote sollen befolgt werden.

So begehen die Franken und die Sarazenen bereitwillig Ehebruch und viele andere scheußliche und garstige fleischliche Missetaten. Doch andererseits sind die Frauen von Zaitun von großer Schönheit und lockerem Umgang, so daß sie manchen in Liebe zu ihnen entbrannten Kaufmann in Versuchung bringen hierzubleiben, seine Ehefrau zu verstoßen und sich eine neue Frau zu nehmen. Denn die Betreffenden sagen, ihre eigene Frau würde derlei Kunstfertigkeiten wie die hiesigen Frauen nicht praktizieren, und sie erliegen deshalb der Versuchung, mit diesen Frauen zu schlafen, Gott möge sie züchtigen. Doch bei Leuten, deren Mangel an Glauben sich in allen Bereichen offenbart, muß man sich über derartige Schwächen nicht wundern.

Es heißt, daß ein Christ oder ein Sarazene sich in der Vergangenheit nicht so verhalten konnte, denn wenn ein Fremder die Tochter eines Zaituno zur Frau begehrte oder mit einer Frau aus dieser Stadt zusammenliegen wollte, stieß er auf großen Unmut. Desweiteren befleißigten sich früher die Männer und Frauen der Stadt angenehmer Umgangsformen und großer Höflichkeit, besonders gegenüber den Fremden. Sie behandelten sie sehr freundlich und versorgten sie mit jeglichem Rat, wobei sie sagten, es sei bei ihnen Brauch, niemanden gegen seinen Willen zum Verbleiben in der Stadt zu zwingen und niemandem, der dazubleiben wünschte, das Tor zu verschließen. In den zurückliegenden Zeiten gab es hier sogar einen Beamten, dessen Aufgabe es war, den Kaufmann aus fremden Ländern vor Gaunern zu schützen und jene zu bestrafen, die ihn mit schlechter Ware zu übervorteilen trachteten. Doch jetzt ist alles anders, und auch unter den Bewohnern von Zaitun sind die Streitigkeiten viel heftiger geworden, wie ich noch berichten werde, so daß heute viel Bitterkeit und Haß unter ihnen sind.

Die Viertel, in denen die Einwohner von Zaitun Haus an Haus wohnen, werden daher inzwischen nicht mehr als ein einziges Haus betrachtet. Während früher die Fremden, die zu ihnen kamen, um Handel zu treiben, bereitwillig empfangen wurden, werden sie in dem inzwischen über die Stadt gekommenen Verfall der Ordnung von vielen schief angeschaut und als Leute betrachtet, die hier nichts zu suchen haben.

In den Handelsniederlassungen der Franken und Juden stellten die Bürger früher zur Behaglichkeit ihrer Gäste guten Wein aus Taianfo und Uciaiano zur Verfügung, wie auch den gewürzten Wein aus Ciencian, obwohl kein frommer Jude davon getrunken hätte aus Furcht, der Wein könne irgendwelchen Götzen als Opfergabe geweiht worden sein. Die Franken und auch die Sarazenen tranken jedoch den Wein in der Vergangenheit mit Vergnügen, doch inzwischen bleiben solche Spenden aus. Die Fremden sind heute vielmehr zur Zielscheibe vieler Verbrechen geworden, die sogar am hellichten

Tage verübt werden. Der Verfall der Sitten ist so weit fortgeschritten, daß es den Einheimischen besonderen Spaß zu machen scheint, einen Mann aus einem fremden Land zu berauben, weil dergestalt die Angst in den Herzen derer geschürt wird, die zu ihnen gekommen sind. Doch es gibt viele in der Stadt, die sich über diese Dinge bitter beklagen, wie ich an geeigneter Stelle weiter berichten werde.

Da es in dieser Stadt so viele fränkische und andere Völker gibt, die mit den hiesigen Frauen das Beilager geteilt haben, kann jedermann mit Leichtigkeit ihre Abkommen herumlaufen sehen, die sie Arguni nennen, wie man bei uns die Bastarde und die Söhne einer ortsansässigen Frau und eines Christen als *mamzerim* bezeichnet.

Die Dienerschaft der ausländischen Kaufleute rekrutiert sich aus den Reihen dieser Arguni, denn sie können neben der Sprache von Manci auch die fränkischen Sprachen sprechen. Da ich inzwischen acht Tage in der Stadt war, nahm ich mir einen von ihnen als Diener, einen gewissen Lifenli von vierundzwanzig Jahren. Er hatte, von den Augen abgesehen, das Erscheinungsbild eines Mannes von Manci und war der Sohn einer Frau aus dieser Stadt und eines gewissen Guglielmo, eines Kaufmanns aus Pisa. Dieser Mann, der sich in den Sitten und Gebräuchen der Stadt des Lichts sehr gut auskannte, wurde mein Führer. Er war ein zuverlässiger Mann mit großem Geschick, der gern ausgiebig über das Verhalten der Leute diskutierte. In den Augen der Wohlgeborenen der Stadt galt er zwar als von niederem Stande, doch er war mir sehr von Nutzen, indem er mir sowohl glänzende Geschäfte vermittelte, als auch die Aufmerksamkeit der Weisen und Ratgeber der Stadt auf mich lenkte, woraus mir allerdings auch große Unannehmlichkeiten erwuchsen.

In Begleitung des besagten Lifenli, denn niemand findet sich in einer so großen Stadt ohne ortskundigen Führer zurecht, traf ich nach dem Sabbat Ki Teze,[201] an dem ich freudigen Herzens meine religiösen Pflichten erfüllte, Gott sei gelobt, auf Menschenmengen, die so dicht waren, wie noch nicht einmal in Venedig zur Zeit der großen Messe.[202] Das Gewimmel der Leute war von einem Ausmaß, daß man dachte, die Welt sei ins Chaos gestürzt,[203] möge Gott derartiges verhüten.

Denn in den Straßen der Stadt des Lichts herrscht ein dauerndes Hin und Her von Tausenden von Wagen und Karren, deren Lärm und Anzahl einfach überwältigend sind. Zu jeder Stunde des Tages von der frühesten Dämmerung an, denn die Bewohner der Stadt des Lichts erheben sich sehr früh aus dem Bett, ist eine große Volksmenge auf den Beinen, und jeder geht seinen Geschäften nach. Man möchte es für unmöglich halten, daß es in dieser Stadt für alle genug zu essen geben könnte.

Denn schon in der Morgendämmerung sind die Stände der Leute, die Essen verkaufen, dicht umlagert. Die Passanten essen Portionen von Gänse- oder Hammelfleisch,[204] verschiedene Suppen und andere warme Speisen, während andere, Männer und Frauen, planlos auf den Straßen herumlaufen. In alle Richtungen streben Leute eiligen Schritts und wie von Sorgen getrieben voran, andere wirken ganz verloren oder essen im Gehen, manche schreiten zielstrebig fürbaß, andere scheinen müßig zu flanieren. Das Durcheinander war tatsächlich so groß, daß ich beobachtete, wie ein Mann, der einen Kessel schleppte, im Gewühl hinfiel und ein zweiter, ebenfalls mit einem Kessel, über ihn stürzte. Unsere Schriftgelehrten sagen in einem solchen Fall, wenn zwei Kesselträger hintereinander herlaufen und der erste fällt, so daß der zweite über ihn stürzt, dann muß der erste dem zweiten den erlittenen Verlust bezahlen.

In diesem Gewühl, das mit den Stunden über jedes Maß anschwoll, drängten sich Bauern und Bürger ohne Zahl, Arme und Reiche, Männer und Frauen, Herren und Knechte, Adlige und Gemeine, Leute aus Sinim und Fremde, Leute in Seidengewändern und Leute in Lumpen. Da waren jene, die in den Seiden- und Stein-

*Straßenszene – aus
der Bildrolle*
Den Fluß hinauf am
Frühlingsfest

gutwerkstätten arbeiten und in den Tavernen und Läden, da waren Händler und Verkäufer von Lebensmitteln und anderen Dingen, Vagabunden, Barbiere, Sänftenträger, Götzenpriester, Tellerjongleure, Wahrsager und Astrologen und solche, die wilde Tiere an Zügeln herumführten.

Die Reichen und Wohlgeborenen tragen bodenlange Seidengewänder und an den Füßen Schuhe, die sie größer erscheinen lassen, die Armen ein hüftlanges Hemd und Kniehosen, und manche gehen barfuß, möge Gott sich ihrer erbarmen. Man trifft auf den Straßen auch auf viele Bettler und auf Elende, die auf Türschwellen schlafen, und auf solche, die sich um Essensreste oder gefundene Münzen prügeln.

So stieß ich mit Lifenli auf zwei Männer, die sich um ein paar Münzen zankten, die sie auf der Straße gefunden hatten, wobei ein dritter behauptete, die Münzen gehörten ihm. Unsere Schriftgelehrten erklären in einem solchen Fall, daß an einem öffentlichen Ort herumliegendes Geld dem Finder gehört, und das ist derjenige, der als erster die Hand darauflegt. Doch wenn das Geld in einer Geldtasche gefunden wird oder wenn die Geldstücke aufeinandergestapelt sind, dann muß der Fund angezeigt werden, und man darf das Geld nicht nehmen. Als ich das Lifenli erklärte, sagte er, jeder der beiden behaupte, als erster die Hand auf die Münzen gelegt zu haben, und der dritte sei ein Bettler, dem das Geld ganz bestimmt nicht gehöre. Ich gab den dreien daher den Rat, das Geld, es handelte sich um drei Münzen, gleichmäßig unter sich aufzuteilen, was auch geschah, und so gingen wir unserer Wege.

Die Reichen und Adligen der Stadt führen ihr Geld im Ärmel mit sich. Beim Bezahlen nehmen sie den entsprechenden Betrag heraus und stecken dann das Geld mit einer Verbeugung in den Ärmel ihres Gegenübers, denn so ist es bei ihnen Brauch. Außerdem schreiten sie stolzen Gebarens mit einem Fächer durch die Straßen, oder sie thronen auf dem Rücken eines Pferdes, dessen Sattel mit Lackmalereien geschmückt ist, und ihre Frauen sitzen auf Tragstühlen mit zwei Türchen, doch wer arm ist, geht zu Fuß. Überall schleppen Männer Waren herum, die an Traghölzern aus Bambus hängen. Zu alldem kommen noch die Esel, Maultiere und Hunde ohne Zahl, durch die sich die Menschen in einem unbeschreiblichen Tumult und Lärm ihren Weg bahnen. Selbst die allerschönsten Damen, manche in Sänften, manche aber auch zu Fuß, nähern sich diesen Tieren ohne Furcht.

Wie Lifenli berichtete, blieben früher einmal die Frauen der Adligen, der Beamten und der reichen Kaufleute zu Hause, wo man sie nicht sehen konnte. Doch nun sind einige von ihnen selbst Kaufleute geworden, wie es auch bei uns vorkommt,[205] und sie begeben sich überallhin wie ein Mann. Sie stehen nicht nur hinter dem Ladentisch, sie gehen auch zu den Geldwechslern und tätigen Einkäufe. Es heißt sogar, einige von ihnen seien schon nach Java Minor und nach Großindien gesegelt, um sich größeren Gewinn zu verschaffen, aber das entspricht wohl kaum der Wahrheit. In den Straßen und vor den Herbergen, die von Ausländern besucht werden, kann man auch junge Mädchen beobachten, die Prostituierte sind. In der Stadt Zaitun geben sich nämlich viele Frauen der Prostitution hin und laufen ohne Hemmung und Scham auf der Straße herum. Schon ihre Augen blicken hurenhaft, und sie trachten den Reisenden mit ihren Blicken in Versuchung zu führen. Wenn dieser ihren Blick erwidert, geben sie ihm ein Zeichen, ihnen zu folgen, was Gott verhüten möge. Andere prächtig gekleidete Frauen gehen mit geöffneten Lippen herum, was in Zaitun als ein Zeichen der Lüsternheit gedeutet wird. Doch von diesen Dingen werde ich später schreiben.

Die Stadt ist von großen Mauern umgeben, von denen ein Teil darniederliegt, und hat viele Tore mit Türmen. Bei jedem Tor befindet sich ein bestimmter Markt, so wie in jedem Stadtbezirk bestimmte Gewerbe und Handwerke angesiedelt sind. So gibt es bei einem Tor einen Markt für Seide, bei einem anderen für Gewürze, bei einem dritten für Ochsen und Karren, bei einem weiteren für Pferde, dann an einem für Getreide, das von den Landbewohnern in die Stadt gebracht wird, an wieder einem anderen für alle Sorten von Reis, an einem weiteren für Schafböcke und Ziegen, an noch einem anderen für Fisch aus dem Meer und aus den Flüssen und noch viele andere Märkte dieser Art mehr. Der Reichtum dieser Stadt ist so groß, daß es sogar noch viele weitere Märkte gibt, für Fisch, sowohl rein wie unrein,[206] für reines und unreines Fleisch, für Obst und Blumen, für Tuche, für Bücher, für Räucherwerk, für Porzellan, für Perlen und kostbare Steine, Märkte sowohl innerhalb wie außerhalb der Mauern.

Auf diesen Märkten, zu denen mich Lifenli viele Male hinführte, damit ich dort meine Einkäufe machen konnte, sieht man Menschen in großer Zahl, die die Waren genau betrachten, welche in einem Überfluß angeboten werden, wie man ihn auf der ganzen Welt noch nicht gekannt hat. Hier sehen die Leute alles, was das Herz begehrt, und sie suchen es sich mit allen Mitteln zu verschaffen, seien es redliche oder üble, wobei die einen mit Mühsal und Arbeit zum Ziel zu gelangen suchen, die anderen mit Diebstahl und Tücke.

Über allen Märkten und den Straßen, die zu ihnen führen, liegt ein lautes Summen wie von Bienen oder anderen Insekten und das dumpfe Geräusch, das von den dahinstapfenden Füßen einer großen Menschenprozession erzeugt wird. Darüber hinweg schallen die Rufe der Verkäufer und das Brüllen und Kreischen der Tiere, sowohl derer, die verkauft werden, wie auch derer, die auf der Straße herumlaufen. Zudem sind die Häuser aus Holz oder Bambus so klein und stehen so eng beieinander, daß man in den Straßen oft weder vorwärts noch rückwärts kommt und sich irgendeinen anderen Weg suchen muß. Wie Lifenli erklärte, kommt es häufig zu Feuersbrünsten. Doch es gibt auch viele Götzentempel und andere Gebäude, die mit Schnitzwerk und Gold verziert sind, das im Sonnenlicht glänzt und wunderbar anzusehen ist.

In den Läden, die hier zahlreicher sind als sonst irgendwo auf der Welt, findet man alle Arten von Waren, Gewürze, Seidentuche, Edelsteine, auch Weine und Salben, wovon ich große Mengen erwarb. Hier findet man Arzneien gegen Erkältungen, Salben zum Verscheuchen der Insekten, ein Kraut für die Galle, Schminkfarben für die Augen der Frauen. Eine Straße mit dem Namen Straße der Drei Teller ist ganz und gar der Seide vorbehalten, von der es nicht weniger als zweihundert Sorten gibt. Die Stoffe sind mit solchem Geschick gewoben, daß sie wunderbar anzuschauen sind. Eine andere Straße beherbergt die Gold- und Silberschmiede, unter denen sich Sarazenen und Juden befinden, eine andere die Apotheker, wieder eine andere die Astrologen, die ebenfalls ein eigenes Viertel haben, in dem sie wohnen, doch es heißt, daß sie sich gegenseitig sehr hassen.

Es gibt sogar ein Gebäude an der Straße der Harmonie, wohin Lifenli mich später führte, das der Versammlungsort ihrer Philosophen und Astrologen ist, die dort ihr Wissen und ihre Weisheit unter Beweis stellen. Wie Lifenli mir erklärte, gehen manche Astrologen und Wahrsager dorthin, warten einen bestimmten Zeitpunkt und eine bestimmte Konjunktion der Sterne ab und fordern dann die dort versammelten Leute – meist solche ziemlich fortgeschrittenen Alters – mit lauten Rufen auf, mit der Stirn den Boden zu berühren, um so den Sohn des Himmels, also ihren König, zu besänftigen.

Diese Astrologen, die von vielen für weise Männer gehalten werden, rufen sodann in ihrer Sprache *que e*, was »Beugt euch nieder« bedeutet. Dann rufen sie *che e*, was »Steht auf« heißt oder *cho e*, »Stellt euch auf einer Seite auf«. Bei anderen Konstellationen rufen sie »Steckt euch die Finger in die Ohren«, und alle tun es. Wenn die Astrologen ihnen befehlen, die Finger wieder aus den Ohren zu nehmen, tun sie auch das. Das sind die Weisheiten, deren Kenntnis die Leute von Zaitun ihnen zuschreiben. Groß ist auch die Zahl der Tavernen mit gutem und mit schlechtem Ruf, wo Männer und Frauen miteinander tanzen können oder wo man Fisch oder ein Getränk aus feinen Kräutern reicht. In einem anderen Viertel der Stadt, das in ihrer Sprache *ouasu* heißt, trifft man auf Geschichtenerzähler, Sänger und Prostituierte in großer Zahl.

In der Stadt des Lichts gibt es alles, das Gute und das Schlechte, in einem solchen Überfluß, wie man es nie zuvor gesehen hat. Denn dort findet man bessere Unterkunft als im eigenen Heimatland, gleichwohl ist es eine Stadt, in der viele Bürger einen gewaltsamen Tod erleiden, wie ich noch berichten werde. Die Einwohner rennen Tag und Nacht hin und her, als ob sie nicht wüßten, wohin, aber dennoch messen sie die Zeit mit der größten Sorgfalt. Denn in jeder Hauptstraße der Stadt ist auf einem Turm eine Uhr[207] angebracht, und jede Uhr wird von einem Wächter betreut, der die vollen Stunden mit Schlägen auf eine Kupferplatte[208] verkündet, deren Tönen noch in der engsten Gasse zu hören ist, um sodann die eingeläutete Stunde in der dortigen Schrift aufzuschreiben, damit jedermann sie sehen kann.

Es ist auch nicht wie bei uns verboten, in der Nacht noch unterwegs zu sein, und an jenen Orten, wohin sich die Männer zur Unterhaltung und auf der Suche nach Vergnügungen jeglicher Art begeben, Gott bewahre, herrscht bis zum Aufgang der Sonne größter Andrang. Die Zahl der Lampen und Lichter, welche die Leute von Zaitun in den Zugängen zu ihren Häusern und Höfen aufstellen, ist so groß, und die Laternen, die von Passanten mitgeführt werden, die nächtens unterwegs sind, sind so zahlreich, daß die ganze Stadt glitzert, denn überall ist Licht.

Doch die Straßen der Stadt sind, obwohl die Kaufleute und auch viele Bürger so reich sind, vom Kot der Tiere und auch der Menschen verschmutzt. Sogar Tierkadaver läßt man oft tagelang herumliegen, Gott behüte, und aus den Behausungen der Menschen wird allerlei Unrat achtlos auf die öffentlichen Wege geworfen. Kein Bürger würde diese Dinge selbst wegräumen, und man erwartet stets, daß ein anderer sich darum kümmert. Doch die Leute von Manci waschen, wie jene von Großindien, häufig ihren ganzen Leib und das Haar mit kaltem Wasser, manche sogar täglich. Es geniert sie nicht, dies vor den Augen eines Fremden zu tun, doch sie tun es nicht in Gegenwart einer Frau oder eines nicht gleichaltrigen Verwandten, sei er älter oder jünger. Bei ihnen gibt es auch keine Flöhe, dennoch haben sie sehr unreinliche Gewohnheiten, wie Zähne und Zahnfleisch mit einem Tuch zu wischen und den verlängerten Rücken ebenfalls, was eine Scheußlichkeit ist. Sie stellen sich auch in ihren Hauseingang und spucken oder urinieren auf die Straße[209], was beides abscheulich ist. All dies konnte ich beobachten, als Lifenli mich in den Straßen der Stadt herumführte.

Da inzwischen der Neujahrstag gekommen war, der in diesem Jahr auf den zweiten Tag nach dem Sabbat Nizzawim fiel,[210] begab ich mich mit Nathan ben Dattalo, Lazzaro del Vecchio und Eliezer von Venedig – der große Aaron war nach Chinscie gegangen – in das Bethaus der aus Sinim stammenden Juden von Zaitun und anschließend in ein nahe gelegenes Haus in der Straße der Roten Blumen, in dem sich üblicherweise die Juden aus anderen Ländern zum Gebet zusammenfinden.

An der erstgenannten Stätte waren nicht weniger als fünfhundert Personen versammelt und an der zweiten über siebenhundert, wofür Gott gepriesen sei. Hier genügte ich gemeinsam mit meinen Brüdern meinen Pflichten als Jude, möge Gott Israel stets lehren, Gerechtigkeit zu üben, und unsere Zahl verhundertfachen. So lobte ich den Herrn, weil Er mich sicher bewahrt hatte, und betete unter vielen Tränen, daß Er meine Sara, meinen Vater, dessen Seele überdauern möge, meine Söhne und meine Töchter in Seinen Händen bewahren und daß ich sie bei meiner Rückkehr gesund und guter Dinge antreffen möge.

Am zehnten Tag des Tischri[211] entsagte ich jeglicher Speise und betete um Vergebung all meiner gegen Gott begangenen Sünden und um Gesundheit und Kraft zur Wiedergutmachung aller Sünden, die ich gegen meine Mitmenschen begangen hatte. Ich betete auch für die Seele meines Freundes Vivo, Segen seinem Andenken, und weinte sehr, da er in dieser Stunde nicht neben mir stehen konnte, weil das Meer seinen Leib verschlungen hatte.

Ich betete auch, daß Gott mir helfen möge, mich in diesem seltsamen Land gebührend um meine Seele und meinen Körper zu kümmern, indem Er im Hinblick auf erstere mein Studium der Thora fördern und im Hinblick auf letzteren verhindern möge, daß unreines Fleisch über meine Lippen komme. Von diesen beiden Dingen ist das erste bei weitem das wichtigere, auch sind jene, die sich am meisten um ihren Körper kümmern, nicht immer jene, die am längsten leben, denn Krankheit kann den stärksten Mann befallen, wenn er es nicht erwartet. Doch wer nicht auf seine Seele achtet, gerät in Leid und bemerkt dadurch sein Versäumnis und kann es im Laufe der Zeit mit Gottes Hilfe wiedergutmachen, während der, der eine verborgene Krankheit in sich trägt oder heimlich von einer Krankheit befallen wird, nichts für sich tun kann, noch kann letztlich Gott etwas für ihn tun, Gott vergebe mir meine Worte, falls sie etwas enthalten sollten, das Ihn beleidigt.

Was den Verzehr der rechtmäßigen Nahrung des Körpers betrifft, die ein Teil von Gottes Überfluß ist, sollten wir einen guten Appetit entfalten, doch ohne Gier, und uns immer dazu anhalten, das uns Geschenkte zu lieben, damit wir die Freigebigkeit der Natur bereitwillig erwidern, indem wir Gott mit Kiddusch und Amotzi preisen. Doch wir sollten nicht zulassen, daß der Überfluß an

Nahrung, der uns geschenkt ist, unseren Geist vom Studium ab-
bringt oder daß wir in unserer Habgier die Geschöpfe der Erde
schlecht behandeln, als ob sie nur dazu da seien, dem Rachen als
Nahrung zugeführt zu werden.

In der Stadt Zaitun kann man, wie ich geschrieben habe, alles
finden, was ein Mensch in irgendeiner Weise seinem Lebensunterhalt
dienstbar machen kann, sowie Lebensmittel jeder erdenklichen Art,
auch Wild, einschließlich Hochwild und Geflügel, Hühnern und
Enten so feist, wie es besser nicht geht, vorausgesetzt, es wurden
ihnen die Hälse in der gebotenen Weise abgeschnitten, und dazu
alle Arten von Fisch, die mein Auge noch nie gesehen hatte.

Doch die Leute von Zaitun sind so gierig, daß sie nicht nur jene
Arten von Fleisch verzehren, die unrein sind, nicht nur Schweinefleisch, Gott behüte, sondern obendrein auch so widerliches Zeug,
daß noch nicht einmal ein Franke es essen würde. Auf den Märkten
der Stadt gibt es so viele gute Dinge, wie Reis und alle Arten von Obst
und Kräutern und ein Getränk, das aus kleinen Blättern eines
Strauchs zubereitet und von den Leuten sehr geschätzt wird, obwohl
es einen bitteren Geschmack hat. Und dennoch essen sie alle möglichen Arten von unreinem Fleisch wie Falken, Katzen, Hunde, Eulen,
sogar Schlangen und Mäuse, Gott verschone mich ob meiner
Aufzählung solcher Abscheulichkeiten, deren letztere sie mit Ingwer
gewürzt verzehren und in ihrer Sprache »Wild des Hauses« nennen.[212] All dies erfuhr ich von dem getreuen Lifenli oder habe es mit
eigenen Augen gesehen. Doch daß sie ein Gericht aus dem Fleisch
ausgesetzter Kinder essen, das sie als »zweibeiniger Hammel« bezeichnen, wie manche behaupten, sollte man nicht glauben.

Am liebsten von allem und mit der größten Gier verzehren die
Leute von Zaitun das Schwein, dessen Fleisch sie üblicherweise auf
der Straße zubereiten und mit dessen unreinen Teilen sie den
Passanten vor dem Gesicht herumfuchteln, was auch den Sarazenen
sehr unangenehm ist. Doch Milch und Käse essen sie nicht, da sie
diese für unrein erachten, aber das Fleisch von Eseln oder Hunden
zu essen, davon nehmen sie keinen Abstand. Ebenso können sie den
üblen Gestank des Schweins oder von verbranntem Öl gut vertra-
gen, der einem starken Mann schwindlig werden läßt und ganz gewiß
die Nase Gottes beleidigt, Er sei gepriesen, doch den Duft von
Knoblauch finden sie abscheulich.[213] So sind denn die Sinne und

auch die Geschmäcker der Kreaturen Gottes verschieden, Er sei gelobt, und den einen wird der Verzehr bestimmter Arten von Fleisch durch ihr Gesetz gestattet, und den anderen sind die nämlichen Arten von Fleisch verboten.

Doch auch wenn die Menschen gleichermaßen heilige wie unheilige Dinge tun, dürfen wir dennoch nicht einfach sagen, daß alles im selben Maß verdienstvoll sei, wie wir auch nicht behaupten können, der Verzehr von Schlangen oder Mäusen sei so rein wie der Verzehr von irgend etwas anderem. Denn manche Dinge sind des Menschen würdig und andere seiner unwürdig, manche dem menschlichen Wohlergehen dienlich und andere abträglich, manche Dinge von Natur aus bekömmlich und andere von Natur aus unrein. Und mehr noch, wenn Gott uns durch Gesetze, was recht und was unrecht, was gut und was schlecht sei, eine Richtschnur zu geben versucht, dann lasset Ihn uns preisen für Seine Güte, denn wo solches Gesetz fehlt, kann der Mensch nicht in einem angemessenen Rahmen leben und ist verloren.

Es gibt unter den Götzendienern auch solche, die, was die Speisen angeht, aus Frömmigkeit die Tötung von Tieren ablehnen, deren Blut nicht vergießen und deren Fleisch nicht verzehren. Doch es gibt auch andere, die eine große Liebe zum Schöpfer und Seiner Schöpfung bekunden, aber dennoch mit großem Eifer Tiere verzehren, indem sie andere aus ihrer Mitte als Metzger dienstbar machen, aber die Augen und Gedanken von solcherlei Geschehen abwenden. Aber wir sollten alles Leben achten, Gott sei gelobt, in dem Wissen, daß der Mensch ohne Fleisch nicht auskommt, und wir sollten uns im Einklang mit der Vernunft so verhalten, daß die Tiere unseretwegen keine Qualen leiden müssen und sie zum Beispiel betäuben, bevor wir sie töten. Doch wir sollten uns über unsere Gelüste und Bedürfnisse keinen Täuschungen hingeben und auch nicht anderen etwas vormachen, denn dadurch wird lediglich der Unwahrheit Vorschub geleistet.

In der Stadt des Lichts gibt es auch solche, die, wie Lifenli mir berichtete, ein einfaches und unverfälschtes Leben zu führen suchen und die glauben, daß wenig zu essen und das wenige gut zu verdauen einen Menschen älter werden läßt als alle anderen, ja sogar hundert Jahre alt. Diese Leute fasten das ganze Jahr, nicht aus Bußfertigkeit, sondern der Gesundheit zuliebe, und sie essen weder Fleisch noch

Fisch, sondern nur Gemüse und Reis und dazu Obst und reines Wasser. Sie behaupten, so bleibe man jung und verlängere die Jugend, doch für andere wiederum ist ein solches Leben ein harter Angang, der ihnen die Ruhe raubt. Manche jedoch, und solche gibt es auch in Großindien, schießen über jedes Maß hinaus und verhalten sich gegen jegliche Vernunft, indem sie sagen, sie würden überhaupt kein Tier der ganzen Welt töten, noch nicht einmal einen Floh oder eine Laus, denn auch Floh und Laus hätten eine Seele wie der Mensch. Doch damit lästern sie Gott, denn eine Seele hat nur das, was nach dem Bilde Gottes erschaffen wurde, und vor Seinem Angesicht sind nicht alle Dinge gleich, gepriesen sei Er.

Denn nur der Mensch, der die Krone der Schöpfung ist, hat sowohl Vernunft und eine Seele, wodurch er Mensch ist und kein Vieh, so wie jene, die gegen die Vernunft handeln und ihre Seele vergessen, zum Vieh herabsinken, auch wenn sie noch den Leib und das Antlitz eines Menschen haben. Deshalb sagen unsere Schriftgelehrten, der Mensch solle nicht so unmäßig essen, daß er zum Vieh wird, aber auch nicht so wenig, daß seine Kräfte verfallen, denn auch das ist eine Beleidigung Gottes, der uns nach Seinem Ebenbilde geschaffen hat.

All dies erwog ich, durch die fehlende Nahrungsaufnahme geschwächt, am Tag der Buße in meinem Geiste, Gott sehe mir das Schweifen meiner Gedanken nach. Doch Er rief mich mit dem Klang des Schofar wieder zu mir selbst zurück, und ich setzte den Fuß wieder auf Seinen Pfad, um Ihn zu lobpreisen und die Ziele meiner Reise zu erreichen.

Hiernach fing ich an, mit Nathan ben Dattalo und dem getreuen Armentuzio an meiner Seite und mit der Hilfe Lifenlis, mit dem Verkauf der Waren aus aller Herren Länder, die ich in die Stadt des Lichts gebracht hatte, großen Gewinn zu machen, denn mein Pfeffer, die Hölzer, das Räucherwerk, das Tuch und die kostbaren Edelsteine erzielten bei den Händlern der Stadt großartige Preise, wofür Gott gelobt sein möge. Meine Waren aus Ober- und Niederindien, die anderen Männern Bewunderung abnötigten, waren in der Tat so erstklassig, daß kein Kaufmann aus Ancona bislang im Lande Sinim solche Gewinne machen konnte, wie Nathan ben Dattalo erklärte.

Dennoch war ich im Herzen insgeheim beunruhigt, nicht nur, weil ich fürchtete, daß die Tataren, die in das Reich von Manci eingedrungen waren, wovon jedermann berichtete, die Stadt angreifen und mich gefangennehmen könnten, sondern auch wegen des großen Durcheinanders, der Raffsucht, der Gier und der Hoffart, die allenthalben um mich herum herrschten, so daß man nicht mehr wußte, wie man sich in einer solchen Stadt richtig verhalten sollte. Außerdem befürchtete ich, daß meine Bediensteten, die sich den Vergnügungen der Stadt in großem Maße anheimgaben, in Gefahr geraten oder in eine Falle tappen und dergestalt zugrunde gehen könnten. Immer wieder ermahnte ich die Frau Bertoni und das Mädchen Buccazuppo, auf ihren Leib und ihre Seele gut achtzugeben, und immer wieder schworen sie Gehorsam. Buccazuppo flehte mich zudem an, ich möge ihr auf der Rückreise das Lesen beibringen. Dies stärkte mein Vertrauen, daß sie aufrechten Sinnes geworden war, aber der Bertoni traute ich nicht über den Weg, und ich verlangte jeden Tag von ihr, daß sie ihre religiösen Pflichten erfüllte, damit kein Übel über sie komme.

Damit suchte ich mein beunruhigtes Gemüt zu beschwichtigen, allein, ich fand keine Ruhe. Denn obwohl die Kaufleute der Stadt sehr reich und bedeutend waren, da sie aus dem Handel mit Seide, Porzellan, Gewürzen und anderen Dingen größeren Wohlstand gewonnen hatten, als ein Herz je begehren konnte, und ihre Zahl jeder Zählung trotzte, war ihre Arroganz so groß, daß es schien, als wollten sie die gesamte Stadt ihrem Stolz unterwerfen. Außerdem prahlen sie damit, daß ihre Städte größer seien als die unsrigen, und während sie einst als ehrliche Männer einen guten Namen hatten, ist jetzt, da ihre Habgier und ihr Reichtum so groß geworden sind, ihr guter Ruf dahin. Und wenn man sie fragt, wer dieser Stadt in Wahrheit Licht verleihe, dann glauben sie, daß sie selbst es sind und nicht ihre Weisen und Gelehrten und auch nicht jener, den sie den Sohn des Himmels nennen, die dem Reich solchen Glanz bringen.

Dabei werden sie nicht nur durch den Handel in Sinim und in Übersee fett, sondern auch durch den Verleih von Geld an den Sohn des Himmels und seine Minister und durch die Profite aus jenem Handel, der früher das ausschließliche Privileg des Königs war.[214] Der Umfang ihres Handels ist so gewaltig, daß sie aus Mangel an Edelmetall gezwungen sind, Geld aus Papier zu verwenden, das sie *fescieni* oder »fliegendes Geld« nennen, um damit Käufe und Verkäufe ohne Gold und Silber zu tätigen, denn mit diesem Papier kann man an allen Orten bezahlen, an denen der König von Manci herrscht.[215] Auf jeden Schein dieses Geldes, von dem fünf den Wert eines *sommo* aus Silber haben, setzt ein Beauftragter des Königs seine Unterschrift und sein Zeichen, während das Papiergeld des Großen Khan ein zinnoberrotes Siegel trägt.

Die Kaufleute und die Händler hatten früher vielerlei Gilden, wie die Christen in unseren Landen, für jedes Handwerk oder Gewerbe, für die Juweliere, die Geldwechsler, die Lebensmittelhändler, die Vergolder, die Apotheker und Ärzte und selbst die Grubenleerer der Stadt. So, wie bei unserem *herem*, erhielten hier die Bedürftigen aus den eigenen Reihen Unterstützung, damit ihre Lebensführung gesichert war. Nun aber sind ihre Gilden in der Auflösung begriffen, denn die Gewerbe stehen jedem offen, der eines davon ausüben möchte, und jeder versucht, soviel Gewinn herauszuschlagen, wie er nur kann, wobei die einen immer reicher werden und die anderen zu Almosenempfängern herabsinken.

Nach einem aber verlangt es die Allerreichsten mehr als nach allem anderen, nämlich nach ihrer Erhebung in den Adelsstand. Am Hof des Sohnes des Himmels, wo man begierig auf den Reichtum der Kaufleute ist und deren Sucht nach Ehrungen sehr wohl kennt, obwohl sie solche keineswegs verdienen, ist man bereit, den Adelstitel an jene zu verkaufen, die willens sind, den Preis dafür zu bezahlen. In die Seidengewänder, Hüte und hohen Schuhe des Adelsstandes kleiden sich zudem auch jene der größten und stolzesten Kaufleute, die nicht derart geehrt wurden, und für diese Vortäuschung der Gunst geben sie viel Geld aus. Darum kaufen sie von den ausländischen Kaufleuten die teuren Waren Großindiens und der fränkischen Länder, wodurch die Sarazenen und meine Brüder ihre Torheit unterstützen und reich dabei werden.

Doch da die Mildtätigkeit gegenüber den Armen gerechterweise als Pflicht der Reichen betrachtet wird, wofür Gott gepriesen sei, und nachdem der Sohn des Himmels nicht mehr wie in früheren Zeiten für die Bedürfnisse der Armen sorgt, wetteifern bestimm-

»HEREM«

»Herem« bezieht sich auf das »Verbot, zur Gemeinde zu gehören«. Dies ist ein in den jüdischen Gemeinden des Mittelalters praktiziertes System von Verboten, das Neuankömmlingen den Zuzug in eine jüdische Siedlung oder die Tätigkeit in einem von Juden ausgeübten Gewerbe verwehren sollte. Dies war nicht lediglich eine Maßnahme zur Beschränkung der Konkurrenz und zur Aufrechterhaltung der Lebensgrundlage – wie in den christlichen Zünften –, es sollte damit auch einer zu starken jüdischen Präsenz und dem Anwachsen von Aggressionen an bestimmten Orten vorgebeugt werden. In Italien scheint diese Institution zu Beginn des 13. Jahrhunderts eingeführt worden zu sein.

te Kaufleute der Stadt miteinander in der Unterstützung der Armen. Sie gehen sogar zu den Armen nach Hause, um deren Sorgen kennenzulernen und ihnen eigenhändig Geld zu überbringen. So machen sich die, die Gutes tun, selbst eine Freude. Und auch wenn sie diese Dinge ihren Götzen zuliebe tun, so dienen sie dennoch Gott, Er sei verherrlicht und geehrt. Der Sohn des Himmels und seine Ratgeber erklären, es sei besser, wenn diejenigen, denen es an allen Gütern gebricht, von den Reichen unterstützt werden, als daß sie eine Bürde auf den Schultern des Königs darstellen.

Nun wollen aber die Kaufleute, die sich dergestalt für die Armen einsetzen und der Stadt großen Reichtum bringen, allenthalben auch mitregieren, denn sie vertreten, gleich einigen von uns, den Standpunkt, daß die, die den anderen zur Befriedigung ihrer Bedürfnisse verhelfen, auch über sie herrschen sollten. Doch in der Stadt des Lichts benehmen sich die Kaufleute wie Könige und würden am liebsten anstelle des Adels und der königlichen Minister die Herrschaft übernehmen.[216] Doch die hochwohlgeborenen Adligen und Beamten sehen auf die Kaufleute wegen ihrer gemeinen Abkunft mit Verachtung herab und spotten sogar über deren Reichtum. Denn sie sehen sich selbst an erster Stelle, dann kommen für sie die Leute vom Lande, dann die Handwerker und an letzter Stelle die Kaufleute aus der Stadt.

Es geht also alles durcheinander, und jeder schätzt den anderen gering, Gott sei ihnen gnädig. Der Reichtum der Stadt und ihres großartigen Handels und die Zahl der daran beteiligten Menschen ist so groß, daß alle darin verloren zu sein scheinen wie in den Strömen der Urflut vor dem ersten Schöpfungstag, Gott vergebe mir meine Worte. Denn das, was früher einen Platz in der Stadt hatte, hat ihn nun nicht mehr, und wer wußte, wohin ihn seine Schritte lenken, der weiß es nun nicht mehr.

Wer in Zeiten der Not und des schlechten Wetters und bei Heimsuchung durch Überschwemmungen und Feuersbrünste vom König Nahrung und Kleidung erhielt, der bleibt jetzt unversorgt. Der König gibt auch den Waisen und Kranken kein Obdach mehr, dagegen beteiligen sich manche der Adligen und der königlichen Beamten am Handel, was ihnen früher vom Sohn des Himmels nicht gestattet wurde, und manche haben sogar in Großindien und an anderen Orten ihre eigenen Vertreter. Zudem gehört eine ganze

Reihe der großen Geschäfte und Lagerhäuser insgeheim Adligen oder königlichen Beamten, die durch die Vermietung reich werden, denn die Sehnsucht nach Reichtum ist groß und verzehrt die ganze Stadt.

Aber alle befleißigen sich eines vornehmen Auftretens, wobei der eine sich nach Art der vornehmen Herren verbeugt, während er ohne Scham von einem Sarazenen Geld nimmt, und ein anderer, der ein Meister der Riten ist[217] und die Verderbtheit der Sitten beklagt, steckt sich fünf oder sechs Prozent für den Weihrauch und anderes Räucherwerk in die eigene Tasche, wie mir Nathan ben Dattalo erzählte. Zwar machte ich in der Stadt nach dem Sukkot große Gewinne, Gott sei gelobt, doch überall um mich her sah ich nur Unordnung, und ich wußte nicht mehr, was ich denken sollte, denn jedermann erklärte, daß von den Dingen, die früher ihren Platz hatten, keins mehr an seinem Platz sei. Da ein frommer Mann aus der Unordnung keinen Gewinn ziehen darf und da die einen über die nämlichen Dinge klagten, aus denen die anderen einen Beruf machten, bat ich Lifenli, mich zu einem der hiesigen Weisen zu bringen, damit ich ein besseres Verständnis von den großen Mißständen dieser Stadt gewönne.

Als ich am Tage nach Simchat Tora, also am vierundzwanzigsten Tag des Tischri[218], meine Tefillin angelegt hatte, kam die böse[219] Bertoni zu mir und erklärte, daß man meinen Diener Turiglioni schon seit einigen Tagen nicht mehr gesehen habe und befürchten müsse, daß ihm etwas zugestoßen sei. Das Mädchen Buccazuppo, das unsere Stimmen gehört hatte – denn die Frau Bertoni zeterte, der besagte Turiglioni treibe sich in schlechter Gesellschaft in den übelsten Spelunken der Stadt herum –, kam auch noch herein und beschwor mich heftig weinend, Turiglioni suchen zu gehen. Ich aber verbat mir, mit solchen Geschichten zu mir zu kommen, während ich betete, Gott bewahre, und schickte sie fort. Anschließend kam Lifenli und sagte, er werde mich zu einem Tempel der Götzendiener bringen, den sie den Tempel des Steinernen Phönix nennen, Gott möge mir die Sünde vergeben, daß ich, Jacob ben Salomone, einen Tempel mit Götzenbildern betrete. Doch wer kann wahrhaft von dem Heiligen Einen sprechen, wenn er allein Ihn kennt und nicht auch die falschen Götter, vor denen andere in ihrer Blindheit das Knie beugen?

So ging ich mit Lifenli zu dem Kloster des Phönix der Sacchiani, in welchem mindestens eintausend Mönche anzutreffen sind, Gott möge sie verschonen, und nicht weniger als dreitausend Götzenbilder, und ich betete dabei, Gott möge mir nachsehen, daß ich einen so frevelhaften Ort betrete. Bei ihnen gibt es nämlich wie bei den Christen Klöster und Konvente, Mönche und Nonnen, die Zucht des Fleisches und den unfrommen Bilderkult.[220] Doch diese Götzendiener treten gegen das Töten von Menschen auf, während die Christen sich dieses zum Ruhme anrechnen und die christlichen Sophisten, ohne zu erröten, etwas predigen, was mit ihrem Glauben nicht zu vereinbaren ist.

Doch dafür, daß die Sacchiani, im Gegensatz zu den Christen, Frieden und die Liebe zu allen Dingen predigen, haben sie in vergangenen Zeiten mit der Plünderung ihrer Tempel und anderen Leiden büßen müssen. Doch inzwischen hat sich der Haß der Leute gegen sie gelegt, denn der Glaube der Mancini ist schwach geworden, und die Zahl der Priester ohne Anhänger und der Mönche ohne Glauben ist groß. Ihre Tempel werden daher nur noch von den Alten besucht, und es gibt wenig junge Leute, die in die heiligen Orden der Götzendiener eintreten. Ihre Priesterschaft besteht daher aus Männern, die so alt sind, daß sie schon sämtliche Zähne verloren haben. Außerdem heißt es, daß in der Stadt des Lichts die Sacchiani ihren Götzenbildern keine Verehrung mehr entgegenbringen und daß die Jungen über den Kult der Alten lachen und wenig Neigung zeigen, die Tempel, in denen ihre Vorfahren gebetet haben, auch nur zu betreten, obwohl die Werke des Glaubens, die diese in Milde vollbracht haben, zahlreich sind, Gott sei gelobt.

Aber ihr Orden[221] ist schwach, und die Laster und Mißstände in der Stadt nehmen überhand. Die Jungen machen sich über die religiösen Regeln lustig und halten sie für wertlos, und so ist der Kult der Götzendiener an den Rand gedrängt worden. Die neuen Götter heißen Reichtum und Besitz, was Gott verhüten möge, und der wildwüchsige Mensch ist in allem ihr Leitbild. Die Überzeugung, daß es in der Welt nichts Göttliches gebe und nichts, das nicht mit den Mitteln des Verstandes erklärbar sei, gilt unter den jungen Männern der Stadt inzwischen sogar als weise, Gott habe Erbarmen mit ihnen, und Sein unaussprechlicher Name sei gepriesen und gelobt. Andere sagen lediglich, die Priester der Sacchiani seien kahlköpfige

Esel, und wenn ein Priester reite, dann überrage der Eselskopf den Pferdekopf.

Zudem gibt es wie bei den Christen und den Sarazenen auch bei den Sacchiani Unversöhnlichkeit bis in den Tod. Denn obgleich diese Götzendiener angeblich alle dieselben Götzen verehren, verfolgt eine Sekte die andere wie bei den Christen, wobei sie sich gegenseitig der Irrlehre und des Verrats am Glauben zeihen. Wie die einen Sarazenen schwarze Kopfbedeckungen tragen und die anderen weiße, ich habe es geschrieben, und wie sie sich untereinander streiten, zu welcher Stunde das heilige Fasten des Ramadan aufgehoben sei, so will eine Sekte der Sacchiani nicht dulden, daß die andere die heiligen Umrundungen um die Götzenstatue rechtsherum und nicht linksherum macht, wie es ihrer Meinung nach von den heiligen Texten vorgeschrieben wird. Andere Sekten erklären, die Stirn des Gläubigen dürfe bei der Anbetung des Götzenbildes, Gott behüte, den Boden nur zweimal und nicht dreimal berühren, wie es die anderen zu tun pflegen. Wieder andere streiten sich wie die Christen darum, ob es in einem Geist drei Geister geben könne oder ob derselbe Geist in allen existiere.

Wenn sie in diesen Fragen keine Einigung erzielen können, dann zieht die Sekte, die sich am meisten gekränkt fühlt, aus dem Tempel der Vorfahren aus und gründet einen neuen, in dem ihre Anhänger dann die Götzenbilder linksherum umschreiten können und nicht rechtsherum wie die anderen, die sie Ketzer nennen und der Gemeinschaft mit ihnen unwürdig.

Doch die Jungen, erklärte Lifenli, sind solcher Narrheiten längst überdrüssig geworden, und nur die Alten beschäftigen sich noch mit diesen Dingen. Darauf gab ich ihm zur Antwort, daß der Glaube der Sacchiani, wie der Glaube der Christen, ein Glaube an tausend Abbilder ohne Gott ist, denn Gott verschwindet im Schatten der Abbilder, und man hört und sieht ihn nicht mehr, so viele sind es.

Die Götzendiener von Sinim haben in der Tat Götter ohne Zahl, der Heilige Eine möge mir vergeben, oder ihre Zahl ist so groß, wie die Zahl der Sandkörner am Meer. Denn da jeder Mensch aus Ton, Stein oder Holz sein eigenes Götzenbild herstellen und es sogar in seinem eigenen Haus aufstellen darf, damit es über ihn wache, gibt es bei ihnen so viele Götter wie Türschwellen. Wie bei den Christen sind manche dieser Götzenbilder aus Stein gehauen oder mit Gold

bemalt, doch manche haben auch eine Vielzahl von Händen und
Köpfen. Doch man braucht sich nicht zu wundern, daß ein Mann
aus Sinim eine Kreatur mit vielen Köpfen auf einem Hals verehrt
oder mit drei Augen, wenn das jedem Menschen innewohnende göttliche Wesen so sehr verleugnet wird, daß sie sich zu Boden werfen
und falsche Götter aus Holz oder Stein anbeten, wie die Kinder
Israels, als sie sich von Moses, unserem Lehrer, abwandten. Denn
dann haben die Menschen nicht mehr Gott vor sich, sondern nur
noch Altäre.

In einer Hinsicht jedoch verdienen die von den Anhängern
Sacchis verehrten Götzenbilder das Lob vor denen der Christen,[222]
denn die Götzendiener Mancis stellen nicht nur das Abbild des
Buddum vor sich auf, sondern auch Bilder von wilden Tieren, Blumen
und Vögeln, alle schön bemalt, während die Christen nur Bilder von
den Mühsalen und Leiden ihrer Götter und Heiligen auf ihre Altäre
stellen, als ob der Tod etwas Besseres wäre als das Leben. Doch das
heißt, den Heiligen Einen zu lästern, Er sei gebenedet, denn es
widerspricht dem Gesetz Gottes und der Vernunft des Menschen.

In Übertretung von Gottes Gebot, Er sei mir gnädig, setzte ich
meinen Fuß in den Tempel der Sacchiani, um die falschen Götter
besser von Ihm unterscheiden zu können, der Er der Wahre ist. Und
dort sah ich, daß jedes Götzenbild einen eigenen Namen, einen
eigenen Festtag und auch seine eigenen Tugenden hat, wie bei den
Christen auch.

Ebenso konnte ich sehen, daß die Statuen ihrer Götter zumeist
aus vergoldetem Holz gebildet sind.[223] Die Priester behängen die
Statuen mit Blumengirlanden und opfern ihnen auch noch, Gott
bewahre, Schalen mit warmen Speisen, als ob sie mit ihren hölzernen Mündern essen könnten, was nur ein gänzlich unvernünftiger
Mensch glauben kann. In diesem Tempel beobachtete ich mit eigenen Augen, wie sie den Boden vor den Statuen der falschen Götter
mit Milch besprengten, wie die Christen ihre Statuen mit Wasser
besprengen, in dem Glauben, daß die Geister sie dann beschützen.
Auch erzeugen sie mit teurem Räucherwerk dichten Rauch vor ihren
Götzen, was den Kaufleuten, die sie mit Weihrauch versorgen,
großen Gewinn einträgt, Gott sei dafür gedankt. Außerdem steht
ein alter Priester neben der Statue, der sich vor den Gläubigen verbeugt und sie bedrängt, den Götzen Räucherwerk darzubringen,

das er selbst verbrennt. Dafür erhält er Geld, woraus dem Tempel Gewinn zufließt.

Die Priester veranlassen die Leute zu dem Glauben, daß sie alles Gute, das ihnen widerfährt, nicht ihrer Glaubensstärke, sondern den Priestern zu verdanken haben. Daraus schlagen sie ebenfalls Gewinn, wie auch aus Teufelsaustreibungen, die sie nach Art der Christen vornehmen.

Nur ein paar alte Männer und Frauen waren hier zu sehen, die mit der Stirn dreimal den Boden berührten, nachdem sie die Arme hoch über den Kopf zu den Götzenbildern um sie herum erhoben und zu diesen um Wohlstand und Glück gebetet hatten. Da sie zudem glauben, daß die Geister ihnen beim Gehen stets ein paar Spannweit über dem Kopfe folgen, beugen sie sich beim Betreten und Verlassen der kleinen Götzentempel tief herab zum Boden, damit die Geister über ihnen genügend Platz haben und ihnen kein Leids geschieht.

Sie glauben nämlich, daß die Seele jenes, der nicht freundlich mit den Geistern umgeht, zu einem niedrigen Leben herabsteigen muß und in einen anderen Körper wandert, was Gott verhüten möge, und sogar als Katze, Hund oder Schwein wiedergeboren werden kann. Doch sie sagen nicht, ob eine solche Seele, wenn sie als Katze, Hund oder Schwein ihre Pflichten als Tier durch das Fangen von Mäusen oder das Auffinden von Trüffeln brav erfüllt, auf der Leiter der Schöpfung wieder aufsteigen und erneut in den Leib eines Menschen einziehen wird. Doch obwohl dieser Glaube gegen das Gesetz Gottes und der Natur verstößt und seine Anhänger sogar das Haupt und den Körper vor Götzenbildern aus Holz und Gold verneigen, behaupten sie, daß alle Dinge im Universum eins sind, was ein frommer Mann wiederum sehr wohl glauben mag, denn alle Dinge kommen von Ihm, der alles geschaffen hat.

Doch wir können nicht glauben, daß die Seele des Menschen, der die Krone der Schöpfung ist, in den Leib eines unreinen Tieres einziehen kann, denn dies würde die göttliche Ordnung zum Nichts zergehen lassen, Gott behüte, wozu nur Gott allein in Seinem Zorn imstande wäre, mögen alle Götzenbilder zu Boden geschmettert und in Stücke zerbrochen werden, damit sie zugrunde gehen.

Ihre Lehre irrt auch darin, daß diese Welt lediglich ein Eindruck[224] und das Leben folglich nur Kummer und Schmerz ist, da wir uns auf der Suche nach jenem befinden, was nicht Materie und

Substanz ist, weshalb alles in Täuschung und Irrtum sein Ende nehmen muß. Doch auch das ist eine Lästerung Gottes und Seiner Schöpfung, deren Form und Substanz die wahre Natur Gottes ist.[225] Denn niemand kann, ohne Gott zu lästern, sagen, daß die Welt nur aus Schatten bestehe oder daß das Leben lediglich ein Wartestand des Todes sei. Solche Dinge zu sagen, die uns Gott noch nicht einmal zu denken gestattet, beweist eine tiefe Geringschätzung der Großartigkeit der materiellen Welt, die von Gott geschaffen wurde, und beschädigt die Verpflichtung des Menschen, sich des Geschenks des Lebens würdig zu erweisen.

Zudem erklären die Priester der Sacchiani, von denen manche große Reichtümer besitzen und ein unreines Leben führen, da die irdische Welt substanzlos sei, müsse der Mensch sich der Flucht aus dieser Welt verschreiben und die Augen von allem abwenden, was diese beleidigt, denn das Licht der Wahrheit ginge sonst in den Schatten der Welt verloren. Als ich das von dem Abt des Klosters hörte, einem gewissen Iunien, der erklärte, daß alle Dinge von der Vorsehung und von Langmut durchwaltet seien, wurde meine Seele aufs neue von großer Verwirrung ergriffen, möge Gott mir verzeihen. Denn in der Stadt des Lichts, in der viele reich und ruhmvoll sind und viele arm und in der es dem, dem nicht geholfen wird, sogar an einem Bissen Brot gebricht, wo aber dennoch der reichste Handel stattfindet, dessen ein Mensch in der ganzen Welt ansichtig werden kann, erschien mir alles bar jeder Ordnung und jeden Sinns und wie von Gott verlassen, Gott möge es verhüten.

Auch kam ich mir allein gelassen vor in einer Stadt, die sich in ihrer riesigen Ausdehnung bis zum Horizont erstreckte und in der jeder nur sein eigenes Wohl im Auge hatte und sich sogar von den eigenen Götzen abwandte, während die Tataren immer näher rückten. Die Angst um mein Hab und Gut bedrängte mich so sehr, ja, ich glaubte sogar schon, die Sonne auf den Schwertern der Mongolen glitzern zu sehen, daß ich mit Lifenli wieder hinab in die Stadt ging. In dieser Nacht betete ich zu Gott, Er sei gepriesen, Er möge mich, der ich mich zu den Abgöttern begeben hatte, verschonen und daß meine Sara und mein geliebter Vater, seine Seele ruhe in Frieden, in Sicherheit bewahrt bleiben mögen und daß Gott, Er sei gepriesen und gebenedeit, auch jene Götzendiener in Seiner Hand geborgen halten möge, die Ihn nicht kennen.

IN FINSTERNIS
UND LICHT

Das gewaltige und plötzliche Wachstum der Süd-Song-Städte einschließlich Zaituns – die Stadt war rund zehnmal so groß wie Ancona – war der Geschichtswissenschaft schon lange bekannt. Doch daß
diese Städte moralische und soziale Umwälzungen des Ausmaßes
durchmachten, von dem Jacob aus Zaitun berichtet, war bislang nicht
bekannt, trotz Marco Polos lebendiger Beschreibung des Alltagslebens
in Kinsai unter den Mongolen-Herrschern. Diese Umwälzungen kann
man zwar aus den Aufzeichnungen der dynastischen chinesischen
Geschichtsschreiber[226] ableiten, doch der von Jacob von Anconas
Manuskript gebotene Detailreichtum hat offensichtlich nicht seinesgleichen.

Zur Zeit von Jacob von Anconas Aufenthalt in Zaitun – vom August
1271 bis zum Februar 1272 – stand der Manzi oder (von Jacob) Manci
genannte südliche Teil Chinas an der Schwelle der Eroberung durch die
Tataren (oder Mongolen). Sie hatten Nordchina bereits unter ihre Herrschaft gebracht, jene Region, die von ausländischen Reisenden damals
Cathay[227] genannt wurde. Doch 1271 gehörte die Großstadt Zaitun wie
das übrige Manzi immer noch zum Reich des Süd-Song-Herrschers Du
Zong, dessen Hauptstadt Kinsai war. Nord-Song befand sich allerdings
schon lange in der Hand der »barbarischen« Tataren, deren Herrscher
1271 der legendäre Kublai Khan war.

China war immer wieder das Invasionsziel von Nomadenstämmen
aus dem Norden gewesen und war von diesen häufig ausgeraubt und
unterjocht worden. Im Jahr 1233, ungefähr vierzig Jahre vor dem vom
Manuskript erfaßten Zeitraum, hatten die Tataren, die aus den Gebieten nördlich der Wüste Gobi kamen, Kaifeng, die Hauptstadt der Nord-
Song eingenommen. Danach dehnten sie ihren Herrschaftsbereich
Schritt für Schritt (was für moderne Begriffe sehr langsam war) auf
das gesamte Nordchina bis an die Ufer des Yangzi aus. Seit dem frühen

*Wasserschöpfen
am Brunnen – aus
der Bildrolle*
Den Fluß hinauf am
Frühlingsfest

12. Jahrhundert eigneten sie sich unter Herrschern wie Dschingis Khan (1162–1228) und den folgenden Khans einen beträchtlichen Teil der damals bekannten Welt einschließlich der Levante an.

Im Jahr 1240 eroberten sie Kiew und drangen nach Polen vor. In den Jahren 1241–1242, während Jacobs Studienzeit in Neapel und dreißig Jahre vor seiner Reise, fielen sie in Böhmen ein – was Jacob weiter oben erwähnte –, ebenso in Ungarn, Dalmatien, Serbien und Österreich. So hatten China, die islamische und die europäische Welt gleichermaßen unter der »furchtbaren Heimsuchung der mongolischen Eroberung«²²⁸ zu leiden. In China erreichten die mongolischen Armeen 1253 Sichuan und Yünnan. 1264, sechs Jahre bevor Jacob in See stach, wurde die Stadt, die heute Beijing heißt (damals Ta-tu) zur mongolischen Hauptstadt. Von 1267 an – also auch während Jacobs Aufenthalt in Zaitun – wurde die Stadt unter dem Namen Khanbalik oder Canbaluc zur neuen Residenz des Khan umgebaut. Und ab 1268 standen die Stadt Xiangyang und die Festung Fanzheng am Han-Fluß unter der im Manuskript erwähnten mongolischen Belagerung, die fünf Jahre dauerte.

Die wachsende Bedrohung Südchinas durch die Tataren, die wenig mit den Interessen eines jüdischen Gelehrten und Kaufmanns aus Süditalien zu tun zu haben scheint, wurde durch die Verkettung der Umstände ganz im Gegenteil zu einem Ereignis, über das Jacob wohlinformiert und sehr besorgt war. Drei Jahrzehnte zuvor waren die Tataren auf ihren Raubzügen sogar bis an die Ancona gegenüberliegende adriatische Küste vorgestoßen, bevor sie sich von dort wieder zurückzogen. Die Eroberung Bagdads im Jahr 1258 und die Plünderungen in Nordsyrien zehn Jahre später hatten sich, wie wir gesehen haben, auch auf Jacobs Reise ausgewirkt, und seine Interessen als jüdischer Kaufmann im China-Handel waren mit dem Schicksal der südlichen Song-Dynastie eng verknüpft. Das Schicksal, das die Stadt Zaitun auf sich zukommen sah, konnte ihm daher weder ökonomisch noch intellektuell gleichgültig sein, und das macht, wie ich finde, die Energie seines kurzen Engagements für die dramatischen Angelegenheiten der Stadt weitgehend verständlich.²²⁹

Das Manuskript zeigt jedenfalls, daß – trotz des Verlusts des Nordens und der in Zaitun (und in seiner Provinz) anwachsenden Angst vor der tatarischen Invasion – der wirtschaftliche und kommerzielle Fortschritt der Süd-Song-Provinzen anhielt. Jacob verzeichnet be-

*ständig sein Erstaunen über die Wirtschaftskraft und den Reichtum,
die er dort vorfand – wie auch über die Leistungsfähigkeit der Song-
Handwerker und der dortigen Manufakturen –, gleichwohl ist er innerlich gespalten. Er hält sowohl seine Erregung als Kaufmann über
seine Funde und günstigen Einkäufe fest, wie auch sein Interesse als
»Intellektueller« an den politischen und moralischen Konflikten, die in
der Stadt aufgebrochen waren und sie zerrissen.*

m nächsten Tag, ich hatte die Mühsal meines
Vaters, er ruhe in Eden, im Traum gesehen, kamen
die Frau Bertoni und das Mädchen Buccazuppo,
letzteres wieder unter Tränen, zu mir und verkündeten, daß mein Diener Turiglioni immer noch nicht gefunden worden sei. Ich sah mich gezwungen, sie zu tadeln, weil sie in Gegenwart
Lifenlis hereingeplatzt waren und sich vor ihm in so derbem Ton
über diese Angelegenheit ausgelassen hatten. Doch ich machte mir
Sorgen, daß dem Turiglioni durch seine eigene Torheit etwas
zugestoßen sein könnte in dieser Stadt, in der sämtliche menschlichen Laster und jegliche Sünde und jede Fährnis, die die Welt je
gesehen hat, in Blüte standen.

Nachdem ich mit dem getreuen Armentuzio und mit Nathan
ben Dattalo die geschäftlichen Dinge besprochen hatte, machte ich
mich mit Lifenli zu dem vornehmen Pitaco auf, einem Mann von
hohem Alter und mit großem Ansehen in der Stadt, denn er war
früher Präfekt, was in ihrer Sprache *ciciu* ist. Besagter Pitaco ist ein
Edler und ein Cinsci, was in unserer Sprache »Gelehrter« bedeutet,
denn im Reich von Manci darf nur ein gelehrter Mann Präfekt einer
Stadt werden.

Doch während ich durch die Straßen ging, trieb mich weiterhin
eine große seelische und körperliche Unruhe um, und ich fragte mich,
wie man eine solche Stadt mit ihrem Durcheinander an Menschen,
Göttern, Reichtümern und Absichten, sowohl guten wie auch bösen,
gerecht regieren könne. Denn sogar dem Frömmsten dürfte es auch
mit der gesamten Weisheit der Thora und unserer Schriftgelehrten,
der Friede sei mit ihnen, unmöglich vorkommen, diese Stadt gerecht
zu regieren. Denn dazu muß es kommen, wo nur wenige des Befeh-
lens würdig sind und nur wenige zum Gehorchen bereit.

Wir betraten das Haus des edlen Pitaco in der Straße, die sie Straße des Langen Lebens nennen und die im westlichen Teil der Stadt liegt, und er drückte sich dergestalt aus, wobei Lifenli seine Worte niederschrieb:

»Der Unwürdige entbietet dem Gelehrten ein Willkommen in dieser ärmlichen Behausung.«[230] Dann fügte er hinzu: »Mögest du unter uns zu Reichtum gelangen.«

Ich antwortete darauf, wie es uns unser weiser Rabbi Simeon ben Zoma gelehrt hat: »Ehrwürdiger Herr, jener, der von allen Menschen lernt, ist weise.« Nachdem Lifenli meine Worte in seine Sprache gebracht hatte, verneigte sich Pitaco und faltete die Hände nach Art der Bewohner von Manci.

Er führte mich in einen Garten, in dem die Wasser einer Fontäne aufstiegen, und begann wieder zu sprechen, während ich aufmerksam den Worten des Weisen lauschte:

»Die Menschen verhalten sich so, daß es dem Himmel widerspricht. Der Gottesdienst wird vernachlässigt, und die Ahnen geraten in Vergessenheit. Seit der Zeit von Angati, dem Gelben Kaiser,[231] hat es keine verderbtere Zeit gegeben als die unsere. Die Ältesten der Stadt werden mißachtet und leben in Finsternis, und die Niederen hält man den Erhabenen für gleichrangig. Edle werden unaufgefordert angesprochen, während die Gemeinen, die ohne Verdienst sind, deren Plätze besetzen.«

An dieser Stelle machte der alte Mann eine Pause und schwieg eine Weile, als ob er nicht weitersprechen wollte. Dann aber fuhr er fort und sprach so:

»Einst konnte man sich auf die Rechtschaffenheit der Leute verlassen, und sie begegneten in Ehrfurcht denen, die über ihnen standen oder weiser waren als sie: der Sohn dem Vater, der Schüler dem Lehrer, der Novize seinem Meister. Und alle verehrten jene, die am vorbildlichsten gelebt hatten, denn so konnten sie den Weg, den es zu beschreiten galt, um so besser erkennen. Doch jetzt ordnen die Leute ihre Beweggründe ihren Begierden unter, da sie glauben, sie könnten tun und lassen, was ihnen gerade einfällt, und sie lassen den Respekt vor den Ältesten der Stadt vermissen.

Der Stadt Zaitun fehlt es an jeglicher Tugend, denn die Bräuche unserer Väter werden verworfen, und was bleibt, sind Spuren und Überreste. Doch wenn die Jungen keine Ehrfurcht vor den Alten

und vor den Bräuchen der Vorfahren haben, wie kann es dann Respekt vor dem Gesetz geben?« fragte Pitaco. »Und wenn dieser Respekt fehlt, leiden dann nicht die Jungen und die Stadt gemeinsam?«

Ich unterließ es, darauf zu antworten, denn ich hielt es für unangebracht, mich als Reisender aus einem anderen Land zu den Mißständen seiner Stadt zu äußern. Er fuhr fort:

»Ich werde zu dieser Sache Stellung nehmen, wie die Vernunft es gebietet. Der Unwürdige diente dem Sohn des Himmels als Ratgeber, da ich in meiner Jugend die Schriften unseres großen Lehrers und Meisters Chung[232] meinem Gedächtnis einverleibt und mich stets im Einklang mit dem Gebot seiner Weisheit verhalten habe. In Chinscie verbeugte ich mich deshalb in Ehrfurcht vor ihm, der das Ebenbild der himmlischen Ordnung ist, denn im Universum sind alle Dinge eins, die Welt der Götter und die Welt der Menschen und das Reich des Himmels und das Reich der Natur.«

Darauf gab ich keine Antwort, denn ein weiser und gottesfürchtiger Mann wird nicht glauben, daß ein König der Sohn des Himmels ist, wie ich bereits geschrieben habe. Denn ein Mensch mag in seiner Not mit einem Engel ringen, wie unser Vorfahr Jacob, der Friede sei mit ihm, an einem Peniel genannten Ort gerungen hat, aber daß ein Mensch selbst ein Engel oder der Hof von Chinscie ein

Eine Kamelkarawane
zieht durch das
Stadttor – Detail aus
der Bildrolle
Den Fluß hinauf am
Frühlingsfest

himmlisches Königreich auf Erden sei[233], kann man gewiß nicht glauben.

Der edle Pitaco fuhr fort: »Doch jetzt verlieren nicht nur die Jungen aus lauter Habgier jegliche Frömmigkeit und lehnen die Lebensweise unseres Meisters ab, die nämlich der unmittelbare Weg zur Harmonie ist, auch der Hofadel erweist den Ahnen keine Ehrfurcht mehr und ist unbelesen in den Schriften der Weisen.

Glaubt ihr, es genügt, wenn ein Mann nur die Weisheiten des Kaufmanns zur Genüge beherrscht?« fragte er mich. Ich blieb stumm, auch wenn ich sehr wohl wußte, daß alle Weisheit dieser Art nicht ausreicht. Er fuhr also fort:

»Einst galt es als eines Edlen oder Gelehrten unwürdig, einen Markt zu betreten oder auf der Straße zu laufen oder in eine Taverne zu gehen. Doch jetzt wird sogar die Stellung eines Beamten gekauft und verkauft; die Höflichkeit gilt nichts mehr, und die Beamten kleiden sich, wie es ihnen beliebt. Und da in dieser Stadt jeder gehalten ist, zu handeln, wie es ihm beliebt, begehen selbst die *tunpan* und die Ciciu Unterschlagungen[234], und doch wird nichts gegen sie unternommen. Denn das, was sie tun, wird nicht mehr als Verstoß gegen den Himmel betrachtet, sondern gilt als Ausnutzung der Gunst des Schicksals. Einst waren jene, die vom Sohn des Himmels ehrenvolle Ämter erhielten, die ehrenhaftesten Männer. Da aber heutzutage auch die Gemeinsten in solche Ämter eingesetzt werden, schämen sich die Würdigeren, weil die Ehrenzeichen an ihrem Gürtel die gleichen sind.«[235]

Hierauf seufzte Pitaco gequält, womit er mein Mitleid erregte. Dennoch gab ich ihm keine Antwort, da es die Pflicht der Frommen ist zuzuhören, wenn andere wehklagen, wie unsere Weisen uns lehren. Da fügte er mit lauter Stimme hinzu: »Sündig sind die *chuanceni*«, denn er war zornig auf die hohen Reichsbeamten, die mit diesem Namen bezeichnet werden. »Die Tage sind vorüber, in denen die Chuanceni in Ehren und Achtung gehalten wurden. Früher einmal waren sie für ihren einwandfreien Lebenswandel und ihr gerechtes Urteil bekannt, und sie gingen auf in ihrer Pflicht. Jetzt beteiligen sie sich sogar ohne jeden Skrupel an Handelsgeschäften und beleidigen mit ihrer Habgier und Unwürdigkeit die Ahnen, so daß der Betrug am Hofe überhandgenommen hat und der Lohn nicht nach der Würdigkeit, sondern nach der Höhe der Verkäufe gegeben wird.

Ein Weiser mag sich daher jahrelang bescheiden und erhält weder Lohn noch Anerkennung, während er still und alleine wartet. Denn wenn der Himmel einem Mann nicht gewogen ist, was immer seine Verdienste seien, dann gilt er auch vor den Menschen nichts. Stimmt darin nicht der größere Mann[236] mit dem unbedeutenderen überein?«

Ich antwortete ihm wie folgt: »Das tue ich nicht, denn unsere Schriftgelehrten sind der Ansicht, von anderen Menschen im Stich gelassen zu werden, sei für den Weisen und den Tugendhaften Ehre und Segen zugleich, wie auch der beste Beweis seines Wertes. Denn der wahrhaft Weise frohlockt vor Gott, Er sei gepriesen, und nicht vor den Menschen.«

Über meine Worte, die vom getreuen Lifenli in seine Sprache übertragen wurden, war der edle Pitaco so überaus verwundert, daß er nichts darauf zu erwidern wußte und mich eine Weile schweigend betrachtete.

Dann fuhr er fort: »Man verneigt sich nicht mehr vor den Vorfahren und verehrt sie nicht mehr. Man berührt nur noch für Geld und Besitz die Erde mit der Stirn, als ob in Wahrheit dies die Götter wären. Früher galt die Verehrung den letzteren, heute den erstgenannten. Respekt vor dem Alter ist selten geworden, und unter den Jungen gibt es heutzutage nur noch wenige, die bedenken, daß im Alter die Weisheit liegt und im weißen Haar die Ehre. Die Jungen haben sich angewöhnt, nur noch mit ihresgleichen engen Kontakt zu pflegen, und halten Distanz zu den Alten, so daß diese sich wie Gespenster ungesehen durch die Straßen bewegen, und wenn sie etwas sagen, verhallt es ungehört.

Die Überzeugung, daß ein alter Mensch eine Last auf den Schultern der anderen ist, hat sich heute so verfestigt, daß manche sagen, sie wollen nicht so alt werden, daß sie auf die Hilfe anderer angewiesen sind und daß man sie, wenn die Zeit der Krankheit und der Bedürftigkeit gekommen ist, lieber töten solle, was doch ein Verstoß gegen den Himmel ist. Und wenn ein alter Mann oder eine alte Frau gestorben sind, verbleibt ihr Leichnam nicht die pflichtgemäße Zeit im Hause des Sohnes, noch wird vor dem Sarg Essen aufgestellt, noch werden an ihrem Grab Götterfiguren verbrannt, damit sie dem Verstorbenen in der nächsten Welt zur Verfügung stehen, wie es geboten ist.

Heutzutage halten sich nur die Frömmsten an diese Rituale. Der Tod wird auf die leichte Schulter genommen, und man entledigt sich der Toten ohne Gebet und Trauer. Jetzt ist der Gedenktag für den Toten ein Tag wie jeder andere, und an den Türen der Tavernen werden die Lampen angezündet, aber nicht im Haus des Verstorbenen. Die Lebenden gehen ihren Geschäften nach, ohne des Todestages des eigenen Vaters oder der eigenen Mutter zu gedenken, eine Sache, die zum Himmel schreit. Statt dessen werden die Toten eilig unter die Erde gebracht, und der undankbare Sohn, der nur an sich selbst denkt, sucht sich des Leichnams des Elternteils durch dessen Verbrennung zu entledigen. Was könnte schlimmer sein als diese unwürdige Behandlung von Vater oder Mutter? Denn wenn die Toten an jenen Ort geschafft werden, wo man sie verbrennt, dann geschieht das nicht aus Liebe, sondern aus Bequemlichkeit. Es ist zwar eine Schande, solche Dinge in Gegenwart eines Fremden auszusprechen, doch wenn die Söhne sehen, wie der Rauch in die Luft steigt, denken sie lediglich, daß es jetzt Zeit ist, nach Hause zu gehen.«[237]

Obwohl ich, Jacob, von derlei unfrommen Dingen nichts mehr zu hören wünschte, befragte mich Pitaco nach meinem Urteil über das Gehörte, worauf ich ihm, Gott sei gelobt, antwortete:

»Diese Dinge sind gegen die Natur und leugnen den Unaussprechlichen Namen, möge Er bis ans Ende der Tage von der ganzen Menschheit gepriesen werden. Denn unsere Schriftgelehrten erklären, daß der Leichnam eines Menschen, Segen über ihn, gewaschen, in Tücher gehüllt und in der Erde begraben werden muß, bevor die Sonne am Tage seines Todes untergegangen ist, und daß nur zu Zeiten der Pest gestattet ist, einen Leichnam zu verbrennen. Denn wo Leichen verbrannt werden, da herrscht auch schändliche Abgötterei. Außerdem sollen wir einen gerade Verstorbenen unsere Ehrfurcht erweisen, denn im Augenblick des letzten Atemzuges trennt sich zwar die Seele vom Körper, doch sie bleibt noch vier Tage lang in der Nähe des Leichnams, wie unsere Schriftgelehrten lehren, der Friede sei mit ihnen.

Wer das Grab seines Vaters oder seiner Mutter vernachlässigt, lädt nicht weniger Schuld auf sich, als hätte er seinem Vater oder seiner Mutter zu ihren Lebzeiten eine Wunde geschlagen, Gott behüte, wofür unsere Richter in Israel ihn dem Tode überantworten.«

Auf meine Worte entgegnete Pitaco: »Es ist mit Gewißheit eine Beleidigung des Himmels, wenn ein Sohn die Leiche von Vater oder Mutter dem Feuer überantwortet und die Asche in einer goldenen Urne sammeln will. Denn wenn die Urne, wie so oft, zu klein ist, müssen die großen Knochen beiseite geworfen und andere zu kleinen Stücken zerbrochen werden. Und wenn mehrere Leichen am gleichen Ort verbrannt werden, wie es jetzt bei uns geschieht und was gegen die himmlische Ordnung verstößt, wird die Asche einfach unter den Hinterbliebenen aufgeteilt. Auf diese Weise mag man die Toten täuschen, aber nicht den Himmel. Doch erzeugt nicht die Verehrung der Toten in jedem Menschen, der sich als Mensch versteht, den Willen, in Einklang mit den Sitten unserer Vorfahren zu leben? Ist das nicht fromm und richtig?«

Diese Fragen stellte der Edle mir, Jacob, Gott sei gepriesen, worauf mir wegen meines Vaters die Tränen kamen, seine Seele möge überdauern. Denn ich fürchtete, nachdem ich seine Leiden im Traum gesehen hatte, Segen seinem Gedenken, in der Erfüllung meiner Pflichten vor ihm versagt zu haben. So stimmte ich, unfähig zu sprechen, Pitaco in meinem Herzen zu, denn ich wußte, im Rahmen seines eigenen Glaubens war er weise, Gott sei geehrt.

Darauf sprach er: »Wenn die Söhne ihren Pflichten zur Ehrung der Toten nicht nachkommen, wie sollen dann die Sünden der Väter Vergebung erlangen. Sie sollten sich vielmehr bemühen, Sengsu, dem pflichteifrigsten aller Söhne, nachzueifern, der die Verehrung des Vaters über alles andere setzte. Denn diese Verehrung fordert uns dazu auf, unsere Eltern im Leben und im Tode zu achten, zu Ende zu führen, was die Vorfahren unvollendet gelassen haben, jene zu verehren, die von ihnen verehrt wurden, und jene zu lieben, die ihnen teuer waren. Das sind die höchsten Pflichten eines Sohnes.«

Dann verfiel er in Schweigen. Er erhob sich und verbeugte sich vor mir, Gott sei gepriesen, und bat mich, am nächsten Tag wiederzukommen.

Im Morgengrauen stand ich auf und legte gemeinsam mit Nathan ben Dattalo, der Friede sei mit ihm, die Tefillin an. Danach betete ich um eine ertragreiche Reise und um meine sichere Rückkehr, so Gott will. Danach kam das Mädchen Buccazuppo wieder voll Trauer über das Verschwinden des wackeren Turiglioni zu mir, der immer noch nicht in sein Quartier zurückgekehrt war, und die böse Frau Bertoni machte mir in scharfem Ton den Vorwurf, ich hätte es immer noch nicht für nötig befunden, nach ihm zu suchen. Ich versprach ihr, dies zu tun, aber noch nicht heute, sondern erst nach Ablauf des Sabbat Noach, da ich durch die Einladung beim edlen Pitaco schon gebunden sei, worauf die Bertoni mich anschrie und das Mädchen Buccazuppo wieder weinte, aber still und ohne etwas zu sagen.

Doch zuerst begab ich mich mit Nathan zum Lagerhaus, um mit dem getreuen Armentuzio zu sprechen. Er führte mir Seidenprodukte in allen Farben vor, darunter auch Tuch aus grüner und goldener Seide, das wunderbar anzuschauen und mit einer solchen Kunstfertigkeit gewebt war, wie ich es in der ganzen Welt noch nicht sah, und doch hatte man für vierzig Pfund davon weniger als acht venezianische Silber-Groschen verlangt.[238] Es gab auch Satin, der Name[239] kommt von Zaitun, wie ihn die Welt kostbarer noch nicht gesehen hat, und der kostbarste davon war mit kleinen Perlen übersät. Auch Tataren-Stoffe hatten sie für mich erworben, die so kunstvoll gewebt waren, daß noch nicht einmal ein Maler mit dem Pinsel es hätte übertreffen können.

Wirtshaus am Fluß – Detail aus der Bildrolle Den Fluß hinauf am Frühlingsfest

Mit dem Einkauf von Gewürzen hatten sie noch nicht begonnen, und ich wies sie an, den feinsten Zucker, Safran, Ingwer, die beste Galgant-Wurzel,[240] Zimtrinde und den besten Kampfer und auch Indigo und Alaun[241] auszusuchen. An Porzellan hatten sie bereits sechshundert sehr kunstvoll gefertigte Schüsseln besorgt, für die sie nur zweihundert Groschen gegeben hatten, und doch waren die Schüsseln so dünnwandig wie gläserne Ballonflaschen. Da es das schönste Porzellan der Welt war, schlug ich vor, noch mehr davon für mich zu beschaffen, denn mit solchen Waren konnte ich mein Glück machen, so Gott will. Doch mit dem Einkauf der anderen Waren, wie Edelsteinen, Perlen, Landzucker, dunklem Safran gegen Krankheiten der Nieren und des Magens und anderem mehr, wollten wir bis zu unserer Reise in die Bezirke der Umgebung warten. Denn im Umland der Stadt des Lichts gibt es viel Fertigung und Handel, viel wird angeboten und verkauft, und ein Kaufmann kann dabei großen Gewinn machen.

Ich erfuhr auch von Armentuzio, der es wiederum vom Sekretär des Eliezer von Venedig gehört hatte, daß bestimmte Teile des Reichs von Manci von großer Dürre heimgesucht wurden, was die Einheimischen und Astrologen der Stadt als schlechtes Vorzeichen für das Kommen der Tataren deuteten. Doch man sollte nicht unbesehen glauben, daß es solche Vorzeichen gibt, denn die Anhänger der Abgötterei geben viel auf solche aus Wetterumschlägen oder dem Vogelflug abgeleitete Vorhersagen, die durch die Vernunft nicht nachvollziehbar sind und vor denen uns Rabbi Mose ben Maimon zu Recht warnt, da sie eines weisen Mannes unwürdig sind und für den Frommen eine Lästerung Gottes darstellen.

Gleichwohl beschloß ich, meine Warenbestände sorgfältiger zu sichern, und wies Armentuzio insgeheim an, meine Schiffe für den Fall, daß die Stadt in Gefahr geraten sollte, stets abfahrbereit zu halten. Meine Brüder Eliezer und Lazzaro, die solche Befürchtungen nicht hatten, begannen jedoch unbekümmert, die zur Stadt Zaitun gehörenden Ortschaften und Dörfer zu besuchen, wo sie umfangreiche und profitable Einkäufe tätigten, Gott sei gepriesen.

Danach begab ich mich eilends zum Hause Pitacos, wo sich viele Leute, die ihm mit großer Ehrerbietung begegneten, versammelt hatten, um seinen Worten zu lauschen, sein Andenken bleibe bewahrt.

Während Lifenli, wie ihm geheißen, Pitacos Worte mitschrieb, sprach dieser:»Jetzt ist schon soviel verlorengegangen, das wiederzugewinnen nicht weniger schwierig ist, als zum blauen Himmelszelt emporzusteigen. Das Maß ist abhanden gekommen, alles ist übersättigt, und Groß und Klein sind in ein Mißverhältnis geraten. Junge Männer und Frauen befinden sich in einem Zustand der Gier und sind nicht mehr mit dem zufrieden, was das Leben ihnen bringt. Die Suche nach Vergnügen und anderen Dingen, die ihnen willkommen sind, treibt sie um.

So finden sie keine Ruhe. In der Vergangenheit durfte sich niemand in der Stadt ohne dringenden Grund nachts auf die Straße begeben, denn die Wächter hätten ihn gefragt: ›Wo gehst du hin?‹ Doch jetzt streifen viele zur Nachtzeit in der Stadt umher, was für keinen von ihnen ohne Gefahr ist. Einst war man überzeugt, daß der maßvolle Weg der richtige sei, doch jetzt ist das richtig, was jeder einzelne für gut und richtig hält. Mehr noch: Als gut gilt das, was einen Vorteil bringt. Der Krämergeist hat in solchem Ausmaß von uns Besitz ergriffen, daß man glaubt, nur das, was einen Preis hat, habe auch einen Wert, als ob die ganze Welt nur noch ein Markt wäre. Wenige besitzen daher noch den Willen, zu unterscheiden, was echten Wert besitzt und wo es an Wert und Verdienst mangelt oder was sie lieben und was sie hassen sollen.

Für alle ist der eine Weg so gut wie der andere; keiner fragt sich, was besser oder was schlechter ist. Manche jungen Leute behaupten gar, alles Reden über Gut und Böse sei sinnlos, denn Gut und Böse seien keine festen Größen, sondern ob eine Angelegenheit oder eine Handlung gut oder böse sei, hänge von dem ab, der sie ausführt, sowie von seiner Absicht.[242]

So zerstören sie die Gesetze des guten Wandels und erklären, das sei schon als solches eine gute Sache, und auf diese Weise werde der Himmel abgeschafft. Wenn ihnen weise Männer widersprechen, antworten sie, daß der Mensch keine allgemeinverbindlichen Regeln aufstellen könne und falls doch, dann läge darin ein unzulässiger Zwang für jene, die diese Regeln nicht zu befolgen wünschten. Heutzutage erklären sogar einige unserer Weisen, man müsse sich hüten, die Jugend Achtung vor dem Gesetz des Himmels zu lehren, damit sie nicht in die Fesseln des Glaubens gerate, während andere sagen, weder die Gesetze der Menschen noch die der Götter seien geeignet, den Menschen zum Guten zu bekehren.

Dürfen wir uns da noch wundern, daß viele nicht mehr unterscheiden können, was sich im Einklang mit der Natur befindet und was nicht, oder daß man glaubt, zwischen richtig und falsch bestehe nur ein geringer Unterschied, und die Alten könnten in diesen Dingen auch nicht besser urteilen als die Jungen?

So kann man sagen, daß die göttliche Ordnung des Himmels abhanden gekommen ist und auch die Ordnung der Menschen zerstört wurde, so daß wir in die Finsternis gestürzt sind, wo niemand seinen Weg erkennen kann, denn das Licht der Wahrheit leuchtet nicht mehr.«

Nach diesen Worten, die der getreue Lifenli anschließend in klarer Form für mich aufschrieb, murmelten die um den edlen Pitaco Versammelten und verfielen sodann in Schweigen. Als Fremder wagte auch ich nicht, das Wort zu ergreifen, obwohl ich wußte, daß diejenigen, die die Gebote des Moses, unseres Lehrers, nicht befolgen, in einer Welt leben müssen, der es an jeglicher Tugend mangelt, und daß jene, die gegen die Vernunft verstoßen, indem sie sich von Lüsternheit oder Habgier beherrschen lassen, den Fuß nicht auf den Pfad der Gerechtigkeit setzen, seien sie jung oder alt.[243]

Pitaco fuhr fort: »Inzwischen gibt es bei uns sogar Gelehrte, die nicht nur lehren, daß falsch auch richtig sein kann und gut auch schlecht, so daß alle die Orientierung verloren haben. Und mehr noch: Wenn jemand sagt: ›Wir müssen die Guten und die Weisen ehren‹, dann treten solche auf, die inzwischen so sehr der Tugend ermangeln, daß sie behaupten, eine solche Ehrerweisung erschaffe eine höhere Klasse von Menschen, so daß einige als besser und andere als schlechter eingestuft würden, und in ihrer Blindheit sagen sie, das sei gegen die Natur.

Und wenn ein anderer sagt, das Alter verdiene, geehrt zu werden, dann widersprechen ihm jene, die der Jugend den Vorzug zuerkennen wollen. Doch die Seele solcher Leute, die sich für weise halten, kennt weder Maß noch Ruhe, denn die Wurzeln des Begreifens sind bei ihnen gekappt worden. Sie sind wie ein Mann, dessen Augen entfernt wurden, so daß er nicht mehr sehen kann.

Doch die Schlimmsten sind jene, die sagen, man dürfe einen Menschen nicht nach seinen Taten beurteilen. Wenn sich daher jemand respekt- oder würdelos verhält, sich über andere hinwegsetzt oder sogar einem Mitmenschen das Leben nimmt, dann werden diese Leute sagen, die Schuld liege nicht bei ihm, sondern bei anderen, den Eltern oder den Lehrern oder sogar in den Zeitläuften schlechthin. Und diese Leute meinen auch, es sei nicht richtig, einem solchen Menschen beizubringen, daß sein Handeln falsch ist, denn niemand sei in der Lage, diese Dinge richtig zu beurteilen.

So haben sie aus der Stadt einen Dschungel gemacht, worin die Bestie im Menschen von der Kette gelassen, der Jäger seiner Waffen beraubt und das Lamm dem Wolf vorgesetzt wird, damit er es nach Belieben zerfleische. Wenn ein Mensch Unheil über sich bringt, gibt es keine Hoffnung auf Rettung. Mit einer Stadt oder einem Reich verhält es sich nicht anders.«

Bei diesen Worten Pitacos schienen einige der um ihn Versammelten zornig zu werden, denn ihre Gesichter röteten sich; manche verlangten zu wissen, was zu tun sei, wieder andere forderten ihn auf, die Stadt angesichts der Gefahr, in der sie schwebe, wachzurütteln, und einige saßen stumm da, wie in Verzweiflung.

Pitaco sprach zu ihnen: »Der Lebenswandel der Stadt hat sich verändert und ist voller Laster. Wenn sie gerettet werden soll, muß zuerst gerecht abgewogen werden, wer ihre Feinde sind.« Da verstummten alle, als ob sich keiner in dieser Angelegenheit ein Urteil erlauben wollte. Auch Pitaco sagte eine Weile nichts, als sei er selbst ratlos.

Sodann sprach er so: »Die Händler und Kaufleute der Stadt haben selbst die Gemeinen gelehrt, alles zu verschlingen, was ihnen in den Weg kommt, wie die Seidenraupe die Blätter des Maulbeerbaums. Sie haben mit ihrer großen Habgier die Stadt aus dem Gleichgewicht gebracht und wollen noch nicht einmal, daß den Tataren Widerstand geleistet wird, sondern hoffen vielmehr auf profitable Geschäfte, sobald diese die Stadt erobert haben. Sie zählen alles, kennen aber von nichts das wahre Maß. Dennoch meinen sie jetzt, sie seien im Rang allen anderen gleich oder sogar überlegen.«

So sprach jener Pitaco und tat ohne Furcht vor dem Haß der Kaufleute der Stadt oder dem der anderen Bürger unverblümt seine Meinung über Gut und Böse kund, wobei auch ich sehr wohl wußte, daß der Mensch seiner Besitztümer überdrüssig werden kann wie der Ochse der Plackerei.

Er fuhr folgendermaßen fort: »Doch sie sind es, die den Niedergang der Stadt herbeigeführt haben, so daß selbst die Bettler, denen die Hilfe der anderen zuteil wird, wie es nämlich gerecht ist, sich ungehalten gegen jene wenden, die ihnen Unterstützung gewähren, so sehr ist allen das Maß der Dinge abhanden gekommen. Die Verwirrung unter dem Himmel ist sogar so groß, daß nicht nur Gewalttaten nicht mehr gemeldet werden, weil sie so zahlreich geworden sind, sondern der Sohn des Himmels selbst, der unter dem Einfluß falscher Ratgeber aus den Reihen der Kaufleute und Händler des Reiches steht, kennt nicht mehr den richtigen Weg, den es einzuschlagen gilt.

Manche sagen ihm nämlich, es sei weise, den Armen Wohltaten zu erweisen, während andere es für eine Torheit halten, da diese dadurch sehr zum Nachteil des Wohlstands des Reiches den Willen verlören, ihre eigene Nachkommenschaft zu erhalten. Früher einmal versorgte der Sohn des Himmels die Bedürftigen mit Korn, Getreide und anderen Dingen mehr, und niemand, der um diese Hilfe nachsuchte, wurde abgewiesen, denn es galt als Pflicht, die Armen zu unterstützen.

Doch jetzt behaupten die neuen Ratgeber des Sohnes des Himmels, Hilfe zu suchen sei dasselbe wie betteln, denn jeder könne durch eigene Arbeit zu Wohlstand gelangen. Wahr ist wohl, wie manche sagen, daß Habgier und Neid bei allen die Begehrlichkeit geweckt haben, seien sie arm oder reich. So versucht nun jeder, alles an sich zu raffen, was er nur bekommen kann, doch jetzt sagen die Beamten zum armen Mann: ›Scher dich hinweg unter dem Fluch des Himmels, denn wenn der Himmel dich lieben würde wie mich, dann hätte er dir Gutes erwiesen.‹«

Als ich diese Worte hörte, ergriff mich großer Zorn, Gott sei gelobt, denn zu behaupten, daß die Reichen in der Gunst Gottes stünden und die Armen von Ihm verstoßen würden, steht im Widerspruch zu den Lehren unserer Schriftgelehrten. Doch ich, Jacob von Ancona, verharrte in Schweigen, denn als Fremder fürchtete ich noch immer, hinausgejagt zu werden, falls ich vor ihnen keine Klugheit walten ließ.

Pitaco aber fuhr fort: »Und wenn ein verzweifelter Mann sich daran begibt, in den Worten unserer Weisen das Licht der Wahrheit zu suchen, dann wird er bemerken, daß nur wenige das Wissen haben, das Männern der Weisheit angemessen wäre, und daß sie deshalb anderen nur wenig beibringen können. Doch während von unseren klugen Männern viele schwach sind und nichts Handfestes anzubieten haben, werden die Leute stärker und härter, so daß andere unserer Gebildeten, da sie keine Waffen haben, die Leute durch die Gewalt ihrer Worte zu unterwerfen trachten.

Doch einige andere unserer klugen Männer, und sie halten sich selbst für die weisesten, wollen noch nicht einmal wissen, was andere zu sagen haben, oder sie stellen zu jeder Meinung eine Gegenmeinung auf, ohne sich darum zu kümmern, ob diese richtig ist oder falsch. So etwas hat zur Folge, daß unseren jungen Leuten das Wissen über den richtigen Weg völlig fehlt. Früher einmal wurde einem Sohn gelehrt, daß er sogar aus den Klauen des Todes entrinnen könne, wenn er Vater und Mutter zu deren Lebzeiten geehrt habe. Doch welcher Lehrer würde heutzutage so etwas lehren, und wer würde ihm glauben?

Denn die Dinge, die von weisen Männern in Ehren gehalten worden sind, sollten von denen, deren Wissen bescheidener ist, weder herabgewürdigt werden, noch sollte es solchen Leuten gestattet sein, andere an ihrer eigenen Meinung zu messen. Dennoch vertreiben die Törichten, die in der Überzahl sind, die Weisen, von denen es nur wenige gibt, aus ihren Positionen, wodurch großes Unheil über die Jugend kommt.

Denn wie Menche[244] lehrt, werden die einfachen Leute zu wilden Tieren, wenn sie nicht in tugendhaftem Verhalten unterwiesen werden. Zudem kennt ein Kind, dem von seinen Lehrern Schaden zugefügt wurde, weder die Wege der Tugend, noch kann es in anderen Bereichen taugen und weder seinen Eltern noch dem Sohn des Himmels dienen.

Doch jetzt findet nur noch das Beifall, was eine Beleidigung des Himmels ist, während Gehorsam gegen die Älteren als Verhalten eines Schwächlings oder Sklaven gilt. Heutzutage bewundert niemand mehr den braven Sohn oder die treue Gattin, denn man hält sie nicht für tugendhaft, sondern glaubt, daß sie den eigenen Willen verleugnen.

Von all diesen Dingen sprach der edle Pitaco, als laste ein schweres Gewicht auf seiner Seele. Ich zog mich jetzt zurück, denn es war der Vorabend des Sabbat Noach,[245] während sich weitere Anhänger und Schüler um ihn versammelten, um seinen Worten zu lauschen. Lifenli zeigte jedoch wenig Neigung, das Haus des Pitaco zu verlassen, und ich mußte ihm befehlen, zum Hause des Nathan ben Dattalo, der Friede sei mit ihm, mitzukommen, denn es war mir zu gefährlich, allein durch die Straßen der Stadt zu gehen.

So verließen wir die Versammlung, denn ein frommer Mann muß sich am Sabbat jeglicher Tätigkeit enthalten, es sei denn, sie diene dem Lobe Gottes, Er sei gepriesen, oder der Suche nach Seiner Vergebung oder sie bezwecke, die Kinder Israels vor Schaden und Gefahr zu schützen. Darum darf man sich weder mit den Zähnen die Fingernägel abbeißen oder auch nur ein einziges Kopfhaar ausrupfen, noch darf man den Sorgen einer Stadt, in der man als Fremdling weilt, am Sabbat Gehör schenken.

Denn das hieße, das Gedächtnis und die Heiligung des Sabbat zu vernachlässigen, und davor möge Gott mich für immer bewahren, Amen.

Am Morgen des auf den Sabbat Noach folgenden Tages suchte mich zu früher Stunde der getreue Armentuzio auf, nachdem ich bereits meine Tefillin abgelegt hatte. Er riet mir, in den kommenden Tagen nach Chinscie zu reisen, denn auch meine Brüder Eliezer von Venedig und Lazzaro würden beabsichtigen, sich dorthin zu begeben. Doch ich befürchtete, daß mir von den Tataren oder durch ein anderes Mißgeschick der Rückweg abgeschnitten werden könnte, und außerdem konnte ich auch in der Gegend von Zaitun meinen Warenbedarf decken, wo es alles gab, was das Herz begehrt, wie mir Nathan ben Dattalo versichert hatte. Die Seidenstoffe und die anderen Textilien von Chinscie und das dortige ziselierte Silber, anderen Zierat und auch die Spezereien konnte ich ebensogut auf den Märkten und in den Läden von Zaitun einkaufen wie anderswo.

Die Frau Bertoni kam ebenfalls zu mir und flehte mich an, bei der Suche nach unserem armen Turiglioni zu helfen, was ich mir für den folgenden Tag vornahm. Anschließend kam auch noch der getreue Lifenli herein, und ich bemerkte, wie das Mädchen Buccazuppo den Blick auf ihn heftete.

Danach begab ich mich, von Lifenli begleitet, abermals zum Hause des Pitaco, denn ich dachte, es wäre gut, noch mehr über das Verhängnis der Stadt Zaitun zu erfahren, um desto besser den richtigen Weg durch die menschlichen Niederungen gehen zu können.

Denn wer an die entlegensten Orte der Erde reist, der sollte nicht nur kaufen und verkaufen, um Gewinn zu machen, sondern sich auch um die Wahrheit bemühen, so sie zu finden ist. Im Näherkommen sah ich, daß sich viele um das Haus des Pitaco versammelt hatten, und ich bahnte mir mit dem getreuen Lifenli meinen Weg durch die Menge, wobei mein Bart und mein Hut die anderen zurücktreten ließen, voller Respekt für meine Erscheinung.

Im Inneren des Hauses fand ich zu Füßen Pitacos noch mehr Menschen versammelt als das letzte Mal. Er saß auf einem hohen Sitz, damit man ihn besser sehen konnte, und redete von Leuten, die zwar den Leib und das Antlitz eines Menschen trügen, sich aber immer weniger wie Menschen verhielten, sondern zunehmend wie Tiere, was Gott verhüten möge.

Er sprach wie folgt: »Klein ist der Unterschied zwischen den Menschen und dem Vieh, wie Menche erläutert. Der gewöhnliche Mensch läßt diesen Unterschied oft vermissen, doch wer den Weg kennt, wahrt ihn. Doch wie sollen jene, die vom Wege abgekommen sind, in die Lage versetzt werden, ihren Wert als Menschen wiederherzustellen, wenn sie sich der Niedrigkeit des Herzens, der Unzucht und dem Müßiggang hingegeben haben und Zeugen werden, wie vor ihren Augen jede nur denkbare Missetat begangen wird? Wie soll die Stadt ihnen aus ihrem verkommenen Zustand heraushelfen, wenn so viele der Bürger sich diese Art zu leben selbst ausgesucht haben? Auch der wildeste Löwe verschlingt nicht sein Junges. Doch unter uns sind viele, die gegen ihre Söhne gewalttätig sind, und es gibt viele Söhne, die sogar gegen den Vater gewalttätig werden und sich ohne Scham schlimmer als jedes Tier betragen, denn Drachen zeugen Drachen.«

Diese Worte sprach der edle Pitaco mit leiser Stimme, worauf viele aufschrien und sich mit der Faust an die Brust schlugen. Er aber fuhr fort: »Die Seele der Stadt selbst wird von Haß verzehrt, und keinem schlägt jetzt mehr Haß entgegen als dem, der anderen ihre Missetaten vorhält. Doch in unserer Finsternis vergehen sich Männer, die bestialischer sind als jedes Tier, an Witwen und Müttern mit Kindern und töten die Schwachen für ein Trinkgeld, und daneben gibt es Mütter, die in maßlosem Zorn ihre Kinder erschlagen.

Es ist, als würden die Herzen der Menschen von Flammen verzehrt, die selbst die Liebe des Himmels in Asche verwandeln. Einst herrschten Friede und strenge Gerechtigkeit in der Stadt, denn der Sohn des Himmels wollte nicht zulassen, daß irgendeinem das geringste Leid zugefügt würde oder daß irgend jemand seinen Nachbarn Übles antue.

Der Ruhm seiner Gerechtigkeit war in der Tat so groß, daß die Menschen ihre Geschäfte voller Waren offenstehen ließen, und andere ließen alle ihre Waren vor der Tür stehen, und doch unternahm es niemand, einzudringen oder etwas wegzunehmen. Jeder konnte sich bei Tag und bei Nacht in Sicherheit auf den Straßen aufhalten, und man brauchte vor niemandem Angst zu haben. Jetzt ist es mit alldem vorbei.«

Mit schwacher Stimme, als sei er des Lebens müde, sprach Pitaco folgendermaßen weiter: »Einst fürchteten alle das Gesetz und wußten, daß jeder, der dagegen verstieß, die verdiente Strafe empfing, daher wurde das Gesetz geflissentlich befolgt. Jetzt betrachtet man die vier Bestrafungen[246] selbst als Schmähung des Himmels und hält Strafen für einen bösartigen Akt gegen den Übeltäter, der, wie manche meinen, unser Mitleid verdient. Ein Verbrechen mag noch so scheußlich und grausam sein, sofort treten Leute auf, die an dem Verbrecher keine Schuld finden können, so daß der Zorn der Leute wächst und sich manche eigenhändig am Übeltäter rächen, damit er nicht ohne Strafe davonkomme.

Derzeit ist die Unordnung unter dem Himmel so groß, daß obendrein solche, die einst wegen ihrer Taten des Todes für würdig erachtet wurden, in die Freiheit entlassen werden, doch Edle müssen sich dem Gesetz beugen, und Richter nehmen schamlos Bestechungsgelder an. So nehmen die schlimmsten Verbrechen überhand, denn es gibt nichts mehr, wovor sich ein Mensch fürchten müßte, während die Bürger, die des allgemeinen Verfalls überdrüssig sind, glauben, daß nicht einmal mehr der Himmel ihren Klageschrei vernimmt.«

Als Pitaco diese furchtbaren Worte gesprochen hatte, schwoll der Zorn der Anwesenden ein weiteres Mal an. Einige schrien zu ihren Göttern um Beistand, andere drohten mit grausam verzerrtem Gesicht, alle Übeltäter umbringen zu wollen, so daß ein Fremder in ihrer Mitte bei dem Anblick schon ans Zittern kommen konnte.

Pitaco aber fuhr fort: »Wenn es heutzutage in der Stadt brennt, kommen die Übeltäter wie wilde Tiere eilig herbeigelaufen, um die brennenden Häuser zu plündern, aus denen die Bewohner geflohen sind. Früher bemühte sich jeder, seinem Nachbarn zu helfen und dessen Besitztümer zu retten, doch jetzt ist der eine die Beute des anderen. Genauso ergeht es auch dem Fremdling unter uns, dem unsere Väter noch die größte Höflichkeit erwiesen, aber heute wird auch er nicht mehr geachtet und wird angegriffen und ausgeraubt, wenn er durch die Stadt geht, und das bedeutet, daß der Himmel selbst angegriffen und zerstört wird.

Und wer erinnert sich nicht an den Wächter, der in vergangenen Zeiten die verlorenen Dinge verwahrte, die auf der Straße gefunden wurden, und an den sich jeder wenden konnte, der etwas verloren hatte? So kam damals in der Stadt Zaitun so gut wie nichts abhanden, doch wenn heute etwas am Straßenrand gefunden wird, wird es niemals zurückgegeben, sondern einfach gestohlen. Ist es deshalb nicht an der Zeit, daß jene, die der Überzeugung sind, daß niemand bestraft werden soll und selbst der, der jemanden umgebracht hat, frei auf den Straßen herumlaufen soll, vor die Bürger gebracht werden, damit sie im Angesicht des Himmels Rede und Antwort stehen?«

Pitaco hatte dies mit leiser Stimme gefragt, doch die Antwort scholl ihm von allen mit lauten Rufen entgegen. Er fuhr fort: »Wenn zwanzig Männer mit Keulen und Messern einen Passanten anspringen, ihn ausrauben und davonlaufen, ohne von den Wächtern gestellt zu werden, sind sie dann nicht eher junge Wölfe als Menschen?

Doch nun gestatten wir selbst den wildesten unter ihnen, sich aus ihren Missetaten herauszureden, so daß manche sagen, sie hätten aus Langeweile gehandelt, andere wollten ihre Stärke beweisen oder daß sie keine Feiglinge sind, andere hätten es nur einem anderen Gauner nachgemacht, und wieder andere wollten mit ihren Missetaten berühmt werden. Manche von ihnen grinsen über das Urteil ihres Richters, und neben ihnen stehen schon jene bereit, die unter Verwechslung von Falsch und Richtig erklären, es sei gar nicht die Schuld der Betreffenden, oder die Strafe für die Übeltaten sei unangemessen hoch, so daß am Ende sogar die Wächter um ihr Leben fürchten müssen.«

An dieser Stelle kam Pitaco zum Ende, denn er war fortgeschrittenen Alters und von geschwächter körperlicher Verfassung. Alle verneigten sich, während er hinausging. Der Gedanke, daß in einer so großartigen Stadt eine solche Verwirrung unter den Menschen herrschen sollte, wie ich es gerade gehört hatte, ließ mich an Körper und

Seele erzittern. Ich stand so sehr unter dem Eindruck der Worte des edlen Pitaco, daß ich in Begleitung von Lifenli unverzüglich zum Haus des Nathan ben Dattalo zurückkehrte, der Friede sei mit ihm, denn ich wußte, daß die Welt der Heiden auf diese Weise untergehen würde. Denn ein Jude muß ganz gewiß all das fürchten, was andere Menschen beeinträchtigt und zu Boden wirft, seien es Christen, Sarazenen, Inder oder andere Anhänger der Abgötterei, denn ihr Ungemach bedeutet Leid auch für uns, möge Gott sich Seines Volkes erbarmen und Seine Hand auf ewig über uns halten, Amen.

Am folgenden Tag, dem sechsten Tag des Cheschwan, begab ich mich trotz des Geschreis von Bertoni und Buccazuppo über den vermißten Steuermann frühzeitig zum Hause Pitacos, nachdem ich zuvor noch Armentuzio mit weiteren Aufträgen versorgt hatte. Gott möge mich verschonen, denn an diesem Tag war ich so tief gefallen, daß ich auf das Anlegen der Tefillin verzichtet und nur im Herzen ein stummes Gebet verrichtet hatte.

Vor Pitacos Haus hatte sich bereits eine Menschenmenge eingefunden, die größer war als an den Vortagen. Wie Lifenli mir mitteilte, hatte sich die Kunde von Pitacos Worten in der ganzen Stadt verbreitet, und viele wollten ihn hören. Die Wächter und die Ratgeber der Stadt schienen ihn nicht am Reden hindern zu wollen, denn sie waren wohl insgeheim der Ansicht, er sei ein alter Mann, auf dessen Meinung man nicht viel zu geben brauche.

Der Zorn Pitacos und seiner Zuhörer schien jetzt noch angewachsen zu sein. Manche erhoben die Stimme gegen die Ältesten, andere riefen ihm zu, er solle ihre Führung übernehmen, damit die Stadt gerettet werde. Er antwortete darauf nicht, sondern beugte den Kopf tief herab und sprach dann, auf einem erhöhten Stuhl sitzend: »Ein Bordell ist eine Fallgrube für die Massen, eine Spielbank ein zu geißelnder Ort, eine Taverne ein Hort der Übeltäterei und das Betrachten und Berichten von Bluttaten die Lampe, die den Leichnam im Sarg beleuchtet. Denn haben unsere weisen Männer nicht gesagt, daß das Glücksspiel der Räuberei verwandt ist und die Unzucht dem Mord? Doch heute gilt beides nicht mehr als Missetat, sondern als ein Vergnügen, und mancher tötet, um sich damit zu trösten. Zudem begeben sich unsere jungen Männer zum Spaß in Gefahr, und wenn anderen ein Unheil zustößt, schauen sie sogar mit Vergnügen zu, so groß ist die Unordnung unter dem Himmel geworden. Und obgleich jeder am Ende feststellt, daß derartige Vergnügungen ein Trug sind, so rennen doch alle auf der Suche danach bald hierhin und bald dorthin und glauben, es wäre alles nur ein Spiel, aber in Wirklichkeit werden sie immer bösartiger. Denn wer sich auf den Pfad des Bösen begibt, wird selbst bösartig.

Früher glaubten unsere Familien an ihre Bestimmung unter dem Himmel, und man betete zu den Hausgöttern um den Schutz des Himmels und um ein langes Leben für alle Mitglieder der Familie. Wahrlich, das Fundament unseres Reiches und unserer Stadt ist das Band zwischen Vater und Sohn. Wenn die Familien tugendhaft sind, ist es auch das Land, und damit die *chocia* einem guten Regiment folgt, muß es auch die Familie tun. Und wenn kein Vater seiner Familie ein Lehrer sein kann, dann gibt es auch niemanden, der zum Lehrer des Reiches taugt, das die Familie aller Familien des Landes ist.

Doch selbst alte Männer von fünfzig Jahren sind nicht mehr der Reinheit des Lebens ergeben, und die Jungen halten es kaum bei ihren Frauen aus und kümmern sich nicht um ihre Kinder, sondern treiben sich herum und suchen gleichgesinnte Kumpane, während die Kinder mit ihren Müttern allein gelassen werden.

Früher einmal vermieden es die Männer sorgfältig und unter allen Umständen, die Frau eines anderen zu berühren, denn das galt als etwas ganz Übles und Gemeines. Daher berührten sie nur die eigene Frau und sonst keine. Und die Frauen der Stadt, die ihrerseits sittsam und keusch waren und auf die Ehre ihres Gemahls bedacht, kümmerten sich gewissenhaft um die ganze Familie.

Doch jetzt laufen Kinder herum, deren Väter niemand kennt, und die Mädchen unserer Stadt, die früher einmal ehrenhaft, sittsam und auf gutes Benehmen bedacht waren, sind häufig liederlich und gemein geworden und setzen sich über alle Schranken hinweg, so daß manche sogar in den Tavernen anzutreffen sind. Auch stellen sie sich taktlos und allzu freizügig zur Schau und sind unbescheiden selbst in der Gegenwart Älterer, und sie leihen unwürdigen Gesprächen ihr Ohr. Die Tochter eines Hauses geht daher so gut wie nie jungfräulich in die Ehe, denn sie hat bereits der Schlange den Zutritt zu ihrem Garten gestattet.« Diese Worte quittierten viele mit Gelächter, Gott möge sich ihrer erbarmen.

»Einstmals, ihr Herren, setzte ein Junge in seinem zwanzigsten Jahr eine Mütze auf,[247] und ein Mädchen steckte sich mit fünfzehn Nadeln ins Haar. Doch nun liegen viele schon beieinander, kaum daß die ersten Haare an ihnen zu sehen sind. Früher einmal hatten die jungen Frauen unserer Stadt nicht nur körperliche Schönheit, sondern auch gutes Benehmen, und keine verderbte junge Frau, die mit ihrem Körper für Geld Unzucht trieb, konnte es wagen, in der Stadt zu bleiben. Doch nun möchte jeder, einschließlich der jungen Mädchen, seien sie verheiratet oder nicht, die fleischlichen Gelüste befriedigen, sobald sie sich melden, und alle möchten unverzüglich kopulieren, sobald sie der Drang danach befällt, ohne einen Gedanken an das Ungeheuerliche ihres Tuns.

Wahrlich, junge Männer und junge Frauen sind inzwischen gleichermaßen verderbt, wobei die Mädchen nicht nur auf schamlose Weise ihre Zähne entblößen, sondern auch des Sommers auf den Straßen in dünnen Stoffen herumgehen, durch die die Gestalt ihrer Körper leicht zu erkennen ist, als ob sie sich jedem anbieten wollten, der sie begehren mag.

Die Männer reden deshalb jetzt schlecht und verächtlich über die Frauen, was einst untersagt war, und wenn ein Mädchen dicke Beine hat oder einen Kropf am Hals, dann mokieren sie sich darüber ohne Anstand und Schamgefühl. Außerdem sind inzwischen die meisten Männer zum Hahnrei geworden, denn fast alle Frauen machen sich zu Huren, und selbst die jüngsten Mädchen teilen aus Langeweile und zur Unterhaltung das Lager mit den Jungen. Und in der Tat hat das keine größere Bedeutung für sie als jede andere Kurzweil, die interessant genug ist, um ihre Aufmerksamkeit zu erregen.

Und jene Männer, die bei anderen Männern liegen, tun so, als ob sich ihr Verstoß gegen die Natur im Einklang mit der Natur befände. Schritt für Schritt gewöhnen sie die Bürger an das, was verboten ist, und betrachten ihre niedrigen Triebe als gut und richtig. Sie fangen mit der Behauptung an, daß es nicht alle Männer glücklich mache, bei einer Frau zu liegen, dann sagen sie, bei einer Frau zu liegen sei für einen Mann auch nicht natürlicher, als bei einem Mann zu liegen, und am Ende behaupten sie, es sei richtig, wenn ein Mann bei einem Mann liegt, wobei das doch gerade der Beweis dafür ist, daß alle Dinge unter dem Himmel aus den Fugen geraten sind.

Und jene Männer, die nur Männer lieben, erklären zur Irre-
führung der Bürger zudem nicht nur, daß auch sie die reine Liebe
im Herzen hätten und daß eine solche Liebe vor dem Himmel denselben Respekt verdiene wie die Liebe zwischen Mann und Frau, sie
verlangen auch, daß jene Männer, die das Glied, das ein Mann verbergen soll, in den Anus eines anderen Mannes stecken, von allen als
ehrenwert anerkannt werden sollten.«

Bei diesen Worten brachen viele von denen, die sich um Pitaco
geschart hatten, in Gebrüll aus und schrien wieder und wieder, daß
solche Männer zu sterben verdienten

Pitaco fuhr fort: »Doch unter uns gibt es Narren, die behaupten,
daß ein solches Verhalten sich nicht nur im Einklang mit der Natur
befindet, sondern der Stadt auch wohl ansteht, und daß Männer, die
bei anderen Männern liegen, sanfter und zärtlicher sind als solche,
die bei Frauen liegen. So rechtfertigen sie mit scheinbar vernünftigen Argumenten ihre eigenen verderbten und ruchlosen Leidenschaften. Andere, die in ähnlich verdrehter Weise die Natur als
Argument bemühen, behaupten, wenn Männer mit Männern schliefen, blieben den Frauen viele Unannehmlichkeiten erspart, und die
Körper der Frauen hätten nicht unter den Geburten zu leiden.

Diese Böswilligen wollen jenen, die das Leben der Stadt durch die
Zeugung ihrer Söhne und der eigenen Nachkommenschaft in Gang
halten, obendrein weismachen, daß der Status der Ehefrau lediglich
den Männern zugute komme und daß die Frauen deshalb von derlei
Pflichten befreit werden müßten, genauso, wie andere wollen, daß die
Söhne von ihren Pflichten gegenüber den Vätern zu entbinden seien.

Aber viele von denen, die sich auf schlechte Weise gegen die vor
dem Himmel bestehenden Pflichten von Müttern, Vätern und
Söhnen auslassen, wollen nichts anderes, als ihr eigenes Verhalten
zur verbindlichen Regel zu machen, um sich der Verurteilung durch
jene zu entziehen, von denen sie verachtet werden. Sie wollen nur
hemmungslos ihre Triebe ausleben, und nichts soll ihnen dabei in
die Quere kommen, weder das Gesetz noch die Pflicht, noch die
Wünsche anderer.«

Bei diesen Worten schrien viele verzweifelt auf und warfen die
Arme gen Himmel, möge Gott, der Gepriesene, Mitleid haben mit
ihnen und ihrer Stadt. Pitaco wartete, bis sie wieder still waren, und
äußerte sich dann so: »Diese Leute, ihr Herren, sagen, daß all diese

Dinge rein persönlicher Art seien« – in ihrer Sprache haben sie dafür das Wort *sou* –, »aber dem ist nicht so, denn sie betreffen die Zukunft unserer Stadt. Denn wenn Männer auf den Straßen ungeniert nach anderen Männern Ausschau halten oder sich wie Frauen kleiden und auch so benehmen, dann ist das nicht mehr *sou*, sondern etwas, das alle angeht« – was sie in ihrer Sprache als *cun* bezeichnen.

»Auch sollten jene, die den rechten Weg suchen, den Blick von den Gepflogenheiten und dem Benehmen der jungen Frauen abwenden, als ob sie *sou* wären. Denn in der Vergangenheit waren die jungen Frauen voll Zärtlichkeit und dabei sittsam, doch das hat sich geändert. Manche werden gefräßig wie Löwinnen und verlieren jede Zurückhaltung, wenn sie einen jungen Mann erblicken. Früher verstanden die Frauen noch zu tändeln, doch ihre losen Sitten und ihr mangelnder Respekt vor den Männern hat sie derb werden lassen. Früher eroberten die Frauen einen Mann mit zarter Verführung, doch heute trachten sie danach, einen Mann durch ungehöriges Benehmen oder mit den kurzen Verlockungen des Fleisches zu ködern, und verfehlen so, ihn an sich zu binden.

Zudem kann ein Mann mit einer Frau, die ihn nur ausgesucht hat, um das Lager mit ihm zu teilen, ebenfalls umspringen, wie er will. Auf diese Weise empfindet bald jeder Verachtung gegen den anderen. Wenn er ein Mann ist, der von sich aus an eine Frau herantritt, dann ist das etwas, was die Frauen inzwischen für falsch halten. Daher sind nur wenige Männer bereit, längere Zeit mit solchen Frauen zusammenzusein, und bleiben lieber ungebunden. Denn nicht einmal ein kräftiger, mutiger und gutaussehender junger Mann wird sich eine solche Last auferlegen wollen, sondern lieber flugs von einer Frau zur anderen schweifen, wie manche Frauen von Mann zu Mann schweifen und mit jedem Mond einen anderen haben. Wenn ein solches Paar heiratet, wird die Ehe nicht lange halten, denn kaum haben sie sich die Treue versprochen, da finden sie schon Zuflucht in den Armen eines anderen.

Respekt und Vertrauen sind verschwunden, und unstetes Verlangen ist an ihre Stelle getreten. Immer weniger Menschen sind ihrem Gatten zugetan; die meisten haben nur noch das Verlangen, jemanden zu finden, der ihnen noch mehr Lust bereitet.«

Hier hielt Pitaco eine Zeitlang inne. Die ihm nächst stehenden Männer flüsterten ihm etwas ins Ohr, und er schien ihnen einen Rat zu geben, worauf sie sich entfernten. Lifenli erklärte mir, die bedeutenden Händler der Stadt seien auf Pitaco wegen der Worte, die er gegen sie gerichtet hatte, inzwischen so wütend geworden, daß die, die ihm am nächsten standen, um sein Schicksal bangten. Doch ungeachtet dieser Befürchtungen erhob sich der edle Pitaco. Mit einer tiefen Verbeugung vor den vor ihm Versammelten schloß er: »Wenn es viel zu sagen gibt, sollte man weniger sagen als nötig, doch in meiner Nichtswürdigkeit habe ich zuviel gesprochen. Außerdem sind die Meinungen in dieser Stadt so zahlreich, daß sie noch nicht alle verdaut sind. Der Weise, der sich bemüht,[248] ist vom Sophisten bezwungen worden, der sich Ideen zu eigen macht wie ein Krämer, der mit Gemüse oder Stoff handelt. Denn immer werden Waren ausgetauscht, seien sie für den Geist oder für den Körper.

Heutzutage wird daher alles unter dem Himmel im selben Atemzug besprochen, und Weise und Sophisten verwenden dieselben Ausdrücke, so daß es unmöglich geworden ist, den Wert eines Menschen oder einer Idee zu beurteilen. Wenn etwas auf den Straßen und Märkten der Stadt als großartig bejubelt wird, gilt es auf einmal auch bei den intelligentesten Männern als großartig. Auf diese Weise ist vom Gesetz des Himmels das Gute verdampft, und nur der Bodensatz ist noch übrig.

Jetzt leben wir ohne Leitbild und probieren bald hier etwas aus, bald dort, wie es ein Blinder tut. Nichts unter dem Himmel wird in die Ordnung zurückgeführt, alles weht uns um den Kopf wie der Wind, und was dem einen ein Laster, ist dem anderen eine Tugend. In unserer Stadt haben die Leute heute schon vergessen, was sie gestern noch begehrten, denn ihr Begehren ist grundlos, und sie irren unablässig im Kreis herum. An einem Ort lauschen sie Männern, die an nichts glauben, an einem anderen betrachten sie Mord und Lüsternheit, an wieder einem anderen erfahren sie von Gottlosigkeiten ohne jedes Maß. So gibt es viele, die überhaupt nichts anderes als derlei Raserei und Tollheit kennen. Zur selben Zeit versuchen die Ratgeber des Sohnes des Himmels, die Wirkungen eben jener Ursachen einzudämmen, die sie selbst zu verantworten haben, und hoffen auch noch, daß ihnen ausgerechnet jene zu Hilfe eilen mögen, die sich ihnen längst nicht mehr verpflichtet fühlen.

Doch alle haben das Vertrauen in die Zukunft verloren und sind zu Opfern ihrer Ängste geworden. Keiner möchte alt werden, damit man ihn nicht schwach und bedürftig antrifft, und wer Führung sucht, weiß nicht, wo er sie finden soll. Früher einmal galt es als durchaus vorteilhaft, der Allerniedrigste in der Stadt zu sein, so niedrig, daß selbst noch die Grubenleerer ihn scholten, wenn er ihnen im Weg stand. Doch heute will jeder alles besitzen und ist davon überzeugt, niemand sei dazu eher berechtigt als er selbst, während die Habenichtse Unterstützung fordern, als seien sie Könige, doch wenn diese ihnen zuteil geworden ist, sind sie so undankbar wie zuvor.

Denn heute ist das, was zur Zeit unserer Vorfahren verboten war, nicht nur erlaubt, sondern wird geradezu gefördert, und zwar von jenen, die – selbst verdorben – danach trachten, andere zu verletzen, damit das Mindere über das Bessere triumphiere. Es ist, als wollten die Menschen, daß das Leuchtende im Dunkel bleibt und das Düstere und Schandbare ans Licht gebracht wird.

Die Welt unter dem Himmel stürzt ein, Fürsten verfallen der Schwäche, und die Tataren rücken heran, doch weise Führer sind nicht in Sicht. In der Vergangenheit fand ein Mann von edler Gesinnung und weisem Rat Bewunderung, auch wenn er keine Besitztümer hatte, doch heute sieht man verachtungsvoll auf ihn herab, als wäre er vom Weg abgekommen. Denn Männer und Frauen machen heute, was ihnen beliebt, und halten sogar die Ehe für einen Hemmschuh ihrer Begierden. Und dazu genieren sich die Ungebildeten nicht, ihre törichten Ansichten kundzutun, als wären sie weise.

Doch wenn, wie zur Zeit von Ianciu, die oben keine Prinzipien haben und die unten keine Gesetze und wenn die oben sich nicht um den rechten Weg kümmern und die unten sich nicht um ihre Bildung, dann ist es in der Tat ein gnädiges Schicksal, wenn das Reich nicht untergeht. Ihr Herren, auch dieser Unwürdige hat große Befürchtungen. Doch der Pfad der Mitmenschlichkeit und Tugend kann wiedergefunden und das Gesetz des Himmels wieder befolgt werden. Wohin soll es mit den Bürgern denn sonst kommen, wenn die Stadt nicht mit neuen Regeln und Vorschriften auf eine andere Grundlage gestellt wird, die geeignet ist, sie vor noch größerem Schaden zu bewahren?«

Mit diesen Worten verneigte sich Pitaco erneut und sagte nichts mehr. Ich, Jacob ben Salomone von Ancona, der all dies gehört und vom Mund und der Hand des getreuen Lifenli erfahren hat,[249] stimmte mit vielem davon überein und konnte an Weisheit zunehmen, wofür Gott gedankt sei.

Ich gab Pitaco zu verstehen, daß er eine edle Haltung zum Ausdruck gebracht habe, und sagte, daß die Menschen seines Landes, als sie die Weisheit ihrer Vorfahren verwarfen, sich verhalten hätten, als würden die Sarazenen ihr heiliges Buch oder die Juden die Thora fortwerfen, was Gott verhüten möge.[250] Pitaco erwiderte mit der Frage: »Was ist die vornehmste Tugend, und welches Gut verdient den Vorzug?« Darauf gab ich zur Antwort, Gott sei gelobt: »Gerechtigkeit ist am vornehmsten, und Gesundheit verdient den Vorzug.« Darauf verabschiedete ich mich von ihm. Er verneigte sich vor mir, Gott sei gedankt, und ich entfernte mich.

Nun fiel es mir zu, nach meinem Steuermann Turiglioni zu suchen. Buccazuppo beschwor den getreuen Lifenli unter vielen Tränen und auf Knien, mich in bestimmte Tavernen und andere verworfene Orte der Stadt zu begleiten, denn besagter Turiglioni hatte sich vom Tage unserer Ankunft in Manci an zu diesen Orten begeben.

Aber ich hatte große Bedenken, an diese Orte zu gehen, Gott sei gelobt, denn ein frommer Mann soll die Pfade des Gemeinen nicht kreuzen, es sei denn, er errettet damit eine Menschenseele aus der Hand des Todes, wie es uns unsere Weisen lehren, der Friede sei mit ihnen. Doch es war mir nicht klar, ob dieser Fall überhaupt vorlag, so daß mich Zweifel befielen, ob diese Ausnahme gegeben sei. Zu jedem Argument dafür kam mir ein anderes in den Sinn, das dem ersten entgegenstand.

Wenn ich nämlich an diese düsteren Orte ginge, ohne Turiglioni zu finden, dann hätten meine Augen etwas erblickt, das zu erblicken sich für einen frommen Mann nicht schickt, und somit hätte ich das Gesetz gebrochen, was Gott verhüten möge. Ähnlich wäre es, wenn ich an einem solchen Ort Turiglioni das Leben rettete und mein Auge dabei, so ich ruchloser Dinge ansichtig würde, keinen Abscheu, sondern Lust empfände. Auch dann hätte ich das Gesetz gebrochen, was Gott verhüte. Doch wenn ich nicht ginge, und der wackere Turiglioni würde tot aufgefunden und hätte seinen Tod erlitten, nachdem ich ihn hätte retten können, dann hätte ich abermals das Gesetz gebrochen, denn ein frommer Mann muß tun, was er zur Rettung des Lebens eines anderen für erforderlich hält, vorausgesetzt, seine Annahme ruht auf festem Grund.

Ich sah mich deshalb vor die Notwendigkeit gestellt, abzuschätzen, wie stichhaltig die Befürchtungen von Bertoni und Buccazuppo waren. Unter dem Eindruck der Tränen des Mädchens erklärte Lifenli, daß es für jeden Fremden lebensgefährlich sei, sich allein in die verworfenen Lokale der Stadt zu begeben, wie Turiglioni es getan habe. Als ich das vernahm, rief ich die Männer Micheli und Fultrono an meine Seite und machte mich mit ihnen und dem getreuen Lifenli auf die Suche nach meinem Steuermann Turiglioni.

In den Kaschemmen der Stadt des Lichts trifft man auf die Hefe des Volkes, darunter viele junge Männer, die keinen Gott haben und deshalb weder Gesetz noch Glauben kennen. Auch sind sie feige und haben sich vollkommen dem Müßiggang und dem Laster hingegeben. Sie leben wie das Vieh in seinem Stall und ernähren sich von Diebstahl und anderen Missetaten. Da sie ihr Leben nachts in Tavernen und ähnlichen unzuträglichen Orten verbringen, haben sie eine blasse und ungesunde Farbe, oft mangelt es ihnen obendrein an Sauberkeit, Gott behüte, und betrunken und häßlich sind sie meist außerdem.

Sie fluchen lästerlich und mit bösartigen Gesten und pflegen einen groben Umgangston, wobei sie sich gegenseitig ohne jedes Feingefühl und ohne Rücksicht darauf, wer ihnen zuhört, anschreien. Manche greifen sich beim Sprechen ans Glied, andere lassen es in anderer Hinsicht an Anstand fehlen. Manche sind träge und fett und nicht willens, einen Finger zu rühren oder einen Schlag zu arbeiten. So sind sie an Körper und Seele heruntergekommen, und sie essen und trinken auf abstoßende Weise.

Viele von ihnen laufen schmutzig und ungepflegt herum, wie ich bereits schrieb, und sie nehmen weder Rücksicht auf ihr Ansehen noch auf andere Leute, denn sie waschen sich nicht und kämmen auch nicht ihr Haar. Im Gegensatz zu den anderen Bewohnern von Manci, die sich ausgiebig waschen, riechen diese Leute nicht gut und verströmen einen Gestank, der die Nase ungemein beleidigt, so daß man sich an Orten, wo sie versammelt sind, ein Tuch vor das Gesicht halten muß. Dennoch sind unter ihnen einige, wie Lifenli mir verriet, die großen Reichtum besitzen, gleichwohl aber in Lumpen gehen und keine Angst davor haben, daß die Hunde sie beißen könnten.

Jene, von denen ich hier geschrieben habe, die die Mehrheit in den niederen Vierteln der Stadt bilden, haben eine eigene Sprache, die andere nicht gut verstehen. Wie ich schon erwähnte, geben sich viele von ihnen dem Nichtstun hin und pflegen den Müßiggang, und aus dieser Untätigkeit erwächst ihre niedere Denkungsart.

Doch auch andere sind zu sehen, die bösartig und auf dem Gebiet der Zaubersprüche und der Magie sehr beschlagen sind. Manche von ihnen tragen goldene oder mit Perlen und Edelsteinen besetzte Ohrringe. Manchmal wird behauptet, sie seien in der Vergangenheit aus der Großtürkei gekommen, ein andermal werden sie für Tataren gehalten.

Aber die niedrigsten Bürger von Zaitun beherrschen weder die Schwarze Kunst noch überhaupt ein Handwerk, denn sie zeigen keine Bereitschaft, das Handwerk des Vaters zu erlernen, wie das Herstellen von Seide, Porzellan, Papier oder von anderen Dingen. Sie ruhen und verschlafen den ganzen Tag und machen es sich im Bett gemütlich; am Abend erst treten sie vor die Tür, um sich wie Vagabunden mal hierhin, mal dorthin zu begeben. Manche trinken Opium und versinken danach bis zu drei Tage lang in Schlaf,[251] andere streifen in der Absicht durch die Straßen, jemanden zu mißhandeln, und sind zu jeder Untat bereit.

Ich sah Leute, die wie Tiere wirkten und Gesichter wie Hundeschnauzen hatten; viele von ihnen schienen schwer von Begriff, und ihr Müßiggang und ihre Lasterhaftigkeit hatten Monster aus ihnen gemacht. Solchen rohen Männern fehlt zudem die Angst vor der Sünde, und es gibt daher keinen Grund, sich mit ihnen zu unterhalten, zumal das auch mit großer Gefahr verbunden ist. Denn wer sich in Blick oder Benehmen etwas anmerken läßt, das ihnen mißfällt, der muß mit Prügeln oder anderen Mißhandlungen rechnen. Daher befiel mich beim Anblick dieser Leute sowohl Angst um meine eigene Sicherheit wie auch um das Schicksal des wackeren Turiglioni.

Denn diese Leute sind von übler Abkunft, und jemanden zu verletzen, zu berauben oder gar umzubringen gilt bei ihnen nicht als Sünde. Manche trachten in der Tat danach, jeden auszurauben, der durch ihre Straße kommt, aber sie sind keineswegs mutig, sondern feige und heimtückisch. Sie schlagen zu, und wenn jemand kommt, laufen sie weg. Am meisten fürchten sie den, der stärker ist als sie. Außerdem haben sie auch dann, wenn sie nicht prügeln und rauben, die übelsten Gewohnheiten wie Beißen und Spucken, und wenn sie wütend sind, spucken sie sich gegenseitig ins Gesicht. In ihrer Niedertracht lassen sie sich im Zorn auch noch zu anderen Gewalttätigkeiten hinreißen, die ich schweigend übergehen möchte.

Begleitet von Micheli und Fultrono und geführt vom getreuen Lifenli, zog ich also mit großer Angst durch die Straßen mit den Tavernen und anderen niederen Örtlichkeiten der Stadt des Lichts. Dabei sah ich auch gewisse Männer, es waren Priester der Götzendiener, die sich als einzige unbesorgt an diesen Orten bewegen können. Sie trugen einen schwarzen Seidenhut mit goldener Bordüre, ein schwarzes Gewand mit einer gelben oder purpurnen Schnur um den Leib und Schuhe aus schwarzer Seide.[252]

In diesen Tavernen verbringen die Leute den ganzen Tag mit Trinken, Gott behüte, und sie kommen nur heraus, um auf der Straße das Wasser abzuschlagen. Drinnen setzen sie den Becher nie vom Mund ab, daher werden sie im Laufe des Tages wahrhaft betrunken und sind schließlich unfähig zu stehen. Auch die auf der Straße sind oft betrunken und brüllen einander und den Passanten Verwünschungen hinterher. An diesen niederen Orten legt in der Tat jeder das nüchterne Verhalten ab, alle trinken und essen über die Maßen, und wenn sie betrunken sind, schlafen sie sogar auf der Straße wie die Schweine oder als ob sie tot wären.

Da dieses Leben voller Verderbtheit ist, lehren unsere Propheten und Schriftgelehrten, der Friede sei mit ihnen, daß sich ein frommer Mann nicht mit Weinsüffeln und Vielfraßen gemein machen soll. Denn ihre Tische starren von Erbrochenem und Unrat, o Gottlosigkeit, und mit ihrem Wein werden auch sie verschlungen, und durch das Trinken verlieren sie ihren Weg, ihre Blicke gehen in die Irre, ihre Urteilskraft torkelt, und sie sind wie das Vieh im Schlachthaus.

Als ich auf der Suche nach Turiglioni in die finsteren Kaschemmen eintrat, machte mir der üble Gestank sehr zu schaffen. Es war eine Schande, so viele junge Männer in einem derart unwürdigen Zustand sehen zu müssen. Denn sie haben das Auge, das nicht sieht, jenes blinde Auge, das auf die Welt blickt, ohne Ort und Augenblick zu erkennen, und das nicht weiß, was aus diesen abzulesen ist, denn Betrunkene sind niedere Wesen, denen das Begreifen verlorenging. Hier sah ich, daß sich nur noch wenige aufrecht halten konnten und vieles andere Schreckliche mehr, denn die meisten rührten sich nicht mehr und schienen nicht mehr lebendig zu sein, was Gott verhüten möge.

Wie der gelehrteste unserer Schriftgelehrten in der Nachfolge des allervornehmsten Aristoteles gelehrt hat, kann jedes bewegungsbegabte Lebewesen auch über einen gewissen Zeitraum bewegungslos verharren. Doch selbst hier noch hat Gott, Er sei gebenedeit, uns Seine Güte bewiesen, denn der Schlaf des Betrunkenen und Gottlosen ist eine Wohltat für die Welt. Doch sie sind auch wie Tiere, die zugrunde gehen, die wie Schafe ins Grab gelegt werden, wie uns David, der Sohn Jesses, der gesalbte süße Psalmist Israels, gesungen hat. Doch es ist keinesfalls die Bestimmung irgendeines Menschen, sei er Jude oder Nichtjude, auf eine solche Weise in Ketten zu liegen, die noch nicht einmal dem Vieh angemessen ist, denn ihresgleichen hat sich die Ketten selbst angelegt.

Diesen Menschen, die weder Glauben noch Ziel haben und die weder sich selbst noch irgend jemand anderem etwas Gutes tun, kommt nicht wirklich der Rang eines Menschen zu, wie uns Rabbi Mose ben Maimon lehrt, Friede seiner geehrten Seele. Unter den Geschöpfen dieser Erde ist ihr Rang tiefer als der eines wahren Menschen, aber höher als der der Affenscharen. Denn sie haben die Gestalt von Menschen und Fähigkeiten, die höher sind als die von Affen, aber da ihnen die Tugenden jener fehlen, die nach Gottes Ebenbild geschaffen sind, stehen sie in Wirklichkeit auf einer tieferen Stufe als die Menschen.

Wenn die Männer von Manci betrunken sind, schreien und singen sie obendrein wie die Katzen in der Nacht, und es interessiert sie nur noch das Musizieren, Singen und Tanzen. Lifenli erzählte mir, die jungen Leute hätten früher so köstlich zu singen und zu musizieren verstanden, daß es wunderbar anzuhören war, und daß sie viele Feste feierten, bei denen es keine Trunkenheit oder Schlägereien gab. Denn wie unsere Schriftgelehrten verkünden, wenn Freude aufkommt, soll niemand sie unterbinden, da das unheilig ist, und das Tanzen mit den Füßen ist ein Lobpreis Gottes, Er sei gebenedeit.

Doch in den Tavernen der finsteren Viertel der Stadt des Lichts sind nur die Schreie von Dämonen zu hören, Gott behüte, und nicht die Lieder der Vergnügten und Glücklichen. Denn hier geben die Betrunkenen und Gequälten die jammervollen Geräusche der Verfluchten Gehennas von sich, Gott vergebe mir meine Worte, mit vielen wimmernden Tönen, die schrecklich anzuhören sind, als litten die Sänger größte Seelenpein. Der Gesang ergab deshalb keine angenehme Harmonie und kein Klingen, vielmehr drang so etwas wie Weinen an mein Ohr, ähnlich dem Geheul derer, die, o weh, den Flammen überantwortet werden.

Zusammen mit Lifenli und unterstützt von Micheli und Fultrono, erforschte ich lange diese trübseligen und finsteren Orte, doch über das Schicksal Turiglionis konnte ich nichts in Erfahrung bringen. Schließlich begab ich mich zum Hause Nathan ben Dattalos zurück, der Friede sei mit ihm. Hier weinte Buccazuppo bitterlich vor Lifenli, und er war sehr gerührt und versuchte sie mit Worten des Trostes zu beruhigen.

Danach, die Sonne war inzwischen untergegangen, machte ich mich erneut mit Lifenli und in Begleitung von Micheli und Fultrono auf zu den üblen Vierteln der Stadt, um Turiglioni zu suchen. Doch zuvor betete ich zu Gott, gepriesen sei Er, daß ich selbst nicht unrein werden möge, indem ich mich in eine solche Nähe zu dem begab, was verboten ist. Denn ich hatte die Pflicht, noch tiefer in diese niedere Welt einzutauchen, damit keiner mir den Vorwurf machen konnte, ich hätte meinen Diener achtlos dem Verderben und dem Tode ausgeliefert.

So kamen wir zu einem mit Laternen und Lampen hell erleuchteten Platz mit vielen Bühnen und Prostituierten in der Nähe des Osttores der Stadt des Lichts, wo sich am Abend jene einfinden, die sich auf der Suche nach Vergnügungen und schändlichen Wonnen befinden, die ihresgleichen auf der ganzen Welt nicht haben und von denen noch nicht einmal jene, die sie bereits gesehen haben, glauben wollen, daß es sie gibt. Als ich hier eine Rotte von jungen Männern und Frauen auf mich zukommen sah, ergriff ich die Flucht, denn ich dachte, sie wollten mich berauben, doch sie schenkten mir keine Beachtung, Gott sei Dank.

An diesem Ort herrschte großer Tumult, und man vernahm den Lärm von Geschrei, Trompeten, Pauken und Händeklatschen; manchmal waren schrille Schreie dazwischen, manchmal klang es wie ein andauerndes Dröhnen, und manchmal war es ein summendes Geräusch wie von vielen Bienen. Denn hier waren viele Schauspieler und Sänger, jede Truppe hatte eine eigene Bühne, und davon gab es mindestens einhundert. Um jede Bühne drängte sich eine große Menschenmenge, manche warteten darauf, daß die Schauspieler zu sprechen und die Musik zu spielen anfinge, und anderswo sahen und hörten die Leute schon den Ereignissen zu, die sich vor ihnen entfalteten.

Über allem lag ein wüstes Gemenge von Gesang, Getrommel und Gerede, dazwischen fürchterliche Schreie des Schmerzes und des Jammers und dann wieder Lachen, sogar ganze Stürme von Gelächter, so daß die Luft zerrissen wurde vom Gejammer, Gestöhn und Gelächter der Anwesenden. Und doch war es, als stünde ich ganz allein an einem wüsten und verlassenen Ort, möge Gott mich erretten, so hohl, wild und rasend war das Dröhnen der tausendmal tausend Stimmen, die in dunkelster Nacht widerhallten.

Doch als ich nähertrat, erblickte ich Dinge, die zu berichten mir das Herz verzagen möchte, Gott verschone mich. Denn obwohl die Bewohner der Stadt wenig für Waffen übrig haben, betrachten und hören sie mit Genuß die Darstellungen von Qualen und Pein, während sie bequem an Orten stehen, die für derlei Dinge vorgesehen sind. So sah ich mit eigenen Augen einen Kampf, bei dem eine große Zahl von Kämpfern Mann gegen Mann focht und einige von ihnen tödliche Wunden davonzutragen schienen, während alle mit Schwertern und Keulen gewaltige Hiebe gegeneinander führten. Hände und Arme schienen abgeschlagen zu werden, Blut schien zu spritzen und in Strömen zu fließen. Offenbar haben die jungen Männer der Stadt ein widerwärtiges Vergnügen daran, denn sie hören mit Entzücken das Klirren der Schwerter, den Klang der Keulenhiebe und das Stöhnen der Verwundeten, und begeistert sehen sie das Blut, das mit verborgener Kunstfertigkeit zum Fließen gebracht wird.

Sie haben ein stumpfsinniges Vergnügen daran, bei einem Handgemenge klaffende Wunden im Gesicht und am Arm erscheinen zu sehen, so daß alles zinnoberrot ist. Wenn die zur Witwe gemachten Frauen wehklagen und die Waisen weinen, lachen die jungen Männer und wackeln vor Begeisterung mit den Köpfen, Gott sei ihnen gnädig trotz ihrer Schlechtigkeit. Mehr noch, sie brüllen laut, daß man andere foltern möge, und sofort wird ihnen das Austeilen und Einstecken von grausamen Hieben, das Abhauen und Abhacken von Händen und Füßen so lebensecht vorgeführt, daß es einen frommen

Mann schaudert. In der Tat benehmen sie sich, als würden sie am liebsten bis zu den Waden in Blut waten. Doch gleichzeitig sind solche wie sie, so erklärte mir Lifenli, nicht bereit, die Stadt gegen die Tataren zu verteidigen, deren bloßer Name sie vor Angst erzittern läßt, sondern nur dazu, sich gegenseitig Leid anzutun. Es ist, als seien sie davon besessen, die eigenen Brüder zu erschlagen, wie Kain, er sei verflucht, Abel erschlug, nicht aber ihre Feinde, die vor den Toren der Stadt stehen.

Wer weise ist und von scharfem Verstand, bedeutet ihnen daher nicht viel, auch nicht der Fromme und Pflichtbewußte. Vielmehr bewundern sie den, der dem Löwen unter den wilden Tieren gleicht, der niedermacht und tötet und ein schauerliches Gemetzel ohne Sinn und Zweck anrichtet, während sie selbst bekanntermaßen Feiglinge sind. Zudem macht es ihnen nicht nur Spaß, tödliche Gewalttaten zu betrachten, auch Blut zu trinken scheint ihnen nicht ekelhaft und verderbt, möge Gott mich, der ich Derartiges schreibe, am Ende der Tage verschonen, ja nicht einmal das Essen von Fäkalien, welchselbige Scheußlichkeit vor den Augen des Pöbels dargeboten wird, mögen Flüche wie Unwetter auf sie herabgehen.

So sah ich junge Männer zu Tausenden und Abertausenden, aber auch Frauen und Kinder, die mit blassen Gesichtern im Schatten vor dem Geglitzer der Laternen und Lampen standen und voll Ergötzen aufjauchzten, als würden das spritzende Blut und die anderen abscheulichen Dinge den Hunger ihrer fluchbeladenen und verirrten Seelen stillen.

Jene, die diese Dinge gegen Entgelt vor den Augen der Leute darbieten, erklären, daß sie die Leute mitnichten auf schlechte Gedanken bringen, sondern sie im Gegenteil von üblen Taten abhalten, denn der Mensch sei ängstlich. Doch jene, die so sprechen, sind selbst verderbt und verwechseln nicht nur Gut und Böse, wie die anderen Bewohner des Stadt des Lichts auch, sondern ebenso Wahrheit und Lüge. Außerdem werden sie durch die Beschäftigung mit der Verderbtheit selbst verdorben, und durch ihre Beschäftigung mit einer vorgespiegelten Wirklichkeit werden sie zu Lügnern.

Ich wandte daher mein Gesicht von diesem Anblick ab wie von einem verwesenden Leichnam, Gott sei gelobt, denn hier tummelten sich Menschen, die kein Mitleid für das Leiden anderer empfanden. Hier beobachtete ich, wie jugendlicher Überschwang niederträchtigen Zielen dienstbar gemacht und das Verworfene und Blinde des Menschen in Kurzweil umgemünzt wurde. So geschieht es, daß Gottesfurcht und Menschenliebe in die Finsternis abgedrängt werden, wie es auch in christlichen Ländern geschieht, wo meine Brüder, Friede sei ihren Seelen, ins Feuer geworfen werden.

In Finsternis und Licht sah ich, Jacob von Ancona, eine schreckliche und furchterregende, von Dämonen erschaffene Welt. Gott sei mir gnädig, daß ich als gottesfürchtiger Mann solche Orte aufsuchte. Alles schien Blut zu sein, und die Menschen standen fiebernd davor, ein verlorenes Volk. Vom wackeren Turiglioni fand sich hier keine Spur, und niemand hatte etwas von ihm gehört.

Am nächsten Tag, nachdem ich meine Pflichten erfüllt, Gott sei gelobt, und meine Angelegenheiten geordnet hatte, machte ich mich beim Hereinbrechen der Nacht mit Lifenli, Micheli und Fultrono erneut auf zu den sogar noch düstereren Örtlichkeiten in jenem Teil der Stadt des Lichts, welcher der Dritte Bezirk am Fluß genannt wird, in den sich diejenigen begeben, die auf die allerunkeuschesten Vergnügungen aus sind, Gott möge mir verzeihen.

Dort gab es Häuser für so verderbte Lustbarkeiten, daß sich dort nur die allerschwärzesten Seelen wohl fühlen, obwohl es überall hell war und die Lampen und Laternen wie Sterne leuchteten. Gott vergebe mir, daß ich mich so leichtfertigen Fußes unter sie begeben habe.

Hier vermengen sich Männer und Frauen ohne Rücksicht auf ihren Stand und ohne Bedenken, unter so vielen Freudenmädchen erblickt zu werden, die sie in ihrer Sprache »Blumen« nennen und deren Zahl man nicht benennen kann. Manche davon sind schön und begehrenswert, mit parfümierten Körpern und von Dienern umsorgt, andere sind vulgär und abstoßend und kennen kein Schamgefühl, und sie tun alles, was einem Mann Behagen und Wollust bereitet, Gott möge mich verschonen ob der Dinge, die mein Auge erblickte.

Die Verderbnis der Bürger von Zaitun ist in der Tat so groß, daß die bestaussehenden Dirnen bei Männern und Frauen als Göttinnen gelten. Man gibt ihnen das Geleit, wenn sie einhergehen, und die jungen Leute versuchen nicht nur, ihre Art, sich zu kleiden, und die Farbtöne, mit denen sie sich das Gesicht schminken, nachzumachen, sondern sogar den Tonfall, mit dem sie sprechen oder singen. Diesen

Dirnen gereicht ihre Lasterhaftigkeit daher nicht zur Schande, und sie schämen sich auch in keiner Weise für ihre Lebensführung, sondern zeigen sich in aller Großartigkeit, als seien sie Königinnen des Himmels, und sie finden ihre Gatten sogar unter den Edlen dieser Welt. Einige von ihnen sind verheiratete Frauen, die, da sie ohne Tugend sind, hemmungslos die Hure spielen, andere werden zu solchen Dingen von ihren Ehemännern gedrängt, die ihre Frauen zum Ehebruch veranlassen, sich dessen aber nicht schämen, möge Gott mich verschonen, der ich so schmutzige Dinge aufgeschrieben habe.

Dort gibt es auch Frauen, die von Menschenhändlern stundenweise oder für die ganze Nacht verkauft werden, und man trifft sogar noch nicht einmal zehnjährige Kinder, die vom eigenen Vater in die Stadt gebracht worden sind. Viele Mädchen, die eigentlich keine Dirnen sind, geben Fremden ihren Körper bereitwillig einen Tag oder eine Woche oder einen Monat lang hin, wie es ihnen beliebt, so daß die jungen Mädchen sehr früh ihre Unschuld verlieren. Sie wetteifern sogar miteinander darum, genommen zu werden, und wenn der fremde Kaufmann seinen Spaß mit ihnen gehabt hat, Gott behüte, dann reicht es, ihnen für das Beilager ein kleines Geschenk zu geben, denn die Mädchen sind stolz darauf, daß gerade sie die Auserwählten gewesen sind, so leicht nehmen sie die Sache. Sie legen keinerlei Wert auf Keuschheit, wie andere den Ehebruch nicht für schändlich halten, und bringen sogar bedenkenlos Kinder zur Welt, die sie oft heimlich wieder umbringen. Alle diese Frauen und Mädchen wandeln in so dünnem Stoff auf den Straßen, daß die Männer ihre Körper deutlich erkennen können, so unzüchtig ist ihr Aufzug, möge Gott mich für das verschonen, was meine Augen gesehen haben.

Wie Lifenli mir sagte, sind unter ihnen auch viele Ehefrauen, die von ihren Männern fortgeschickt wurden, und sogar solche, die Kinder geboren haben. Denn wenn eine Frau einen Mann nicht zufriedenstellt, kann er sie fortjagen und sich nach Belieben eine andere nehmen. Doch da Frauen heutzutage dieselben Freiheiten verlangen wie die Männer, fehlt ihnen die Kraft, sich gegen so etwas zur Wehr zu setzen, so daß sie oft ein erbärmliches Leben führen, was Gott verhüte. Zudem ist die Verwirrung, die jetzt unter den Frauen herrscht, sehr groß, denn während manche ihren Körper freizügig allen hingeben, da sie glauben, wer mehr Männer habe, sei auch reizvoller als die übrigen, sagen andere, so wie die Christenfrauen in unseren Landen, sie wollten nur einen gütigen Mann heiraten, der sie mit der Macht der Liebe oder mit einem anderen Beweis der Treue erobert.

Wieder andere Frauen, mehr Mann als Weib, kräftig gebaut und stark wie Männer, weisen die Männer überhaupt zurück und behaupten, es sei richtig und vernünftig, um keinen Preis der Welt das Lager mit einem Mann zu teilen. Diese Frauen haben zwar die feinen Satingewänder beiseite geworfen und kleiden sich nur in grobe Seide oder schlichtes Leinen, doch, obwohl sie angeblich nichts von den Männern wissen wollen, tragen sie eine Kleidung, die äußerst eng geschnitten ist. Mit großem Geschick lassen sie jede Bewegung ihres Körpers erkennen und erregen eben jene, denen sie sich versagen, so daß die Männer nicht mehr wissen, was sie denken sollen. Manche dieser Frauen leben allein, manche, so wird gesagt, schlafen mit Frauen, Gott behüte. Aber obwohl diese Frauen keines Mannes Flehen, ihn zu erhören, zugänglich sind, verweigern sie sich nicht aus denselben Gründen wie die Nonnen der Christen, die erklären, sich dergestalt um so besser dem Himmel weihen zu können, sondern aus reiner Abneigung gegen die Männer, von denen sie erklärtermaßen keinen einzigen jemals heiraten würden.

Andererseits sah ich auch Männer, Gott möge dem Frommen vergeben, der solches gegen seinen Willen erblickt, die Frauenkleider aus feinster Seide trugen, und wieder andere Männer, die sich in einer Weise gekleidet hatten, daß es aussah, als hätten sie treffliche Brüste und üppige Hintern. Denn die Stadt des Lichts ist so voll von Verderbnis, daß es hier Männer gibt, die die Vorstellung genießen, sie hätten keinen Mann vor sich, sondern eine dralle Frau, möge Gott eine solche Schändlichkeit verhüten.

Sogar jene, die sich der Sünde gegen die Natur hingeben und deshalb wie Tiere leben, tun dies ohne Scham und Reue. Unter ihnen gibt es auch Männer und Knaben, die ihre Körper genauso verkaufen wie die Frauen. Früher einmal wurden sie für ihre Sünden schwer bestraft, doch jetzt sind sie in der Stadt zu großem Einfluß gelangt und manche sogar zu großem Vermögen. In gewissen verworfenen Häusern, in die ich mich auf der Suche nach Turiglioni begeben mußte, der Gepriesene möge mich verschonen, erblickte ich daher Dinge, von denen gewiß noch nie jemand geschrieben hat, wie zum Beispiel Männer, die ohne Scham vor den Augen der anderen miteinander kopulierten.

Über solche Abscheulichkeiten, für die es keine Vergebung geben kann, weder jetzt noch am Ende der Tage, Gott sei gelobt, sagen sie in der Stadt des Lichts, es gebe viele verschiedene Möglichkeiten, wie Mann oder Frau zur höchsten körperlichen Wonne gelangen könnten, und jeder habe das Recht, sich so zu befriedigen, wie es seinem Trieb entspreche, sei es in die Rückseite oder in die weibliche Öffnung oder zwischen die Schenkel.[253] Weiterhin sagen sie, daß man weder einem Mann noch einer Frau für ihre Vorlieben einen Vorwurf machen oder sie deshalb bestrafen dürfe, da sie dadurch krank oder unrein werden könnten. Dies ist die verderbte Denkungsart, der sie in diesen und auch in anderen Dingen folgen, wie ich bereits geschrieben habe.

So leben jene Zaituni, die sich verhalten, wie man es einst in Sodom tat, ihre Wollust ungehemmt aus und streifen auf der Suche nach Befriedigung ihrer Triebe durch die Straßen, da sie keinerlei Form der Lüsternheit für eine Sünde halten. Daher kann man auch solche sehen, die ihre Blicke über die Gestalten von Knaben schweifen lassen und Tag und Nacht unablässig hin- und herlaufen, um das Begehren jenes Gliedes zu stillen, das ein Mann verborgen halten sollte, weshalb zehn- und zwölfjährige Jungen mit dem Verkauf ihres Körpers Geld verdienen und davon leben.

Doch unsere Richter in Israel, der Friede sei mit ihnen, haben erklärt, wenn ein Mann sich einem Mann verbindet, soll er erschlagen werden, und auch jener, der Männern nachstellt, kann von seiner Missetat nur um den Preis seines Lebens Erlösung finden. Die Männer Sodoms sollen an der kommenden Welt keinen Anteil haben, Gott sei gelobt, denn was derart krumm ist, kann nicht gerade gemacht werden, und auch zwei unverheiratete Männer sollen nicht unter derselben Decke schlafen. Doch in der Stadt des Lichts ist die Lüsternheit aller entfesselt, und jedes Begehren kann für Geld Befriedigung finden, so daß selbst die Mönche der Götzendiener kein tugendhafteres Leben führen als die anderen und in ihren heiligen Häusern ungehindert miteinander sündigen und oft das Lager mit Frauen teilen.

Mit dem getreuen Lifenli als Führer betrat ich also auf der Suche nach meinem Diener die finstersten Orte der Erde, wohin Männer auf der Suche nach fleischlichen Genüssen kommen, ohne sich von den Drangsalen ihrer Stadt anfechten zu lassen. In diesen Häusern, in denen die Männer ihre aufgerichteten Glieder zu beruhigen suchen und die Mädchen ihre Lenden bis zum Schoß entblößen, Gott vergebe mir meine Worte, gehen Krankheiten mit ihnen auf demselben Weg einher.

Auch wenn viele Frauen der Stadt solchen Krankheiten anheimgefallen sind, so legen sie doch großen Wert auf ihre Schönheit, die Schönheit des Haars, des Mundes, der Lippen, der Brüste und aller anderen Glieder, damit sie vollkommen aussehen. Damit ihre Füße klein bleiben, schnüren manche sie sich sogar so sehr zusammen, daß die Knochen brechen, denn das halten sie für besonders elegant und schön, andere schminken sich Gesicht und Hals ganz weiß, und manche essen besonders wenig, damit sie stets schlank bleiben. Denn jene, die fett werden und deren Wangen und Brüste herabhängen, befürchten, abgewiesen zu werden.

Und so treiben es diese Mädchen das ganze Jahr, Gott sei ihnen gnädig. Doch arme Leute, die mit schönen Töchtern gesegnet sind, betrachten es als ein Glück und halten das Hurentum sogar für eine große Gnade und Ehre, denn jeder von ihnen glaubt, daß seine Tochter als Lohn für derlei Übeltaten eine gute Partie machen wird.

In der Stadt des Lichts glauben viele Leute zudem, daß die Erscheinung einer Frau sich im Alter von dreißig ändert, daher versuchen sie ihre Jugend zu bewahren und bemühen sich mit allen Mitteln, den Anblick ihres Körpers so zu erhalten, wie er war, bevor sie den Strapazen des Lebens begegneten, wobei sie am meisten fürchten, daß ihr Körper austrocknen und hart werden könnte, weshalb sie ihre Haut jeden Tag mit teuren Salben bestreichen, um sie weich und

MANCHE SCHNÜREN SICH DIE FÜSSE ZUSAMMEN

Die Deformation der Füße von kleinen Mädchen durch Bandagen, die nach und nach immer enger geschnürt wurden, war ein chinesischer Brauch, der dem Gang eine besondere Anmut verleihen sollte. Die Zehen wurden, nachdem die Zehenknochen gebrochen worden waren, unter den Ballen und die Fußsohle gezwängt. Diese Verstümmelung führte zu einem stark zusammengepreßten Fußstumpf, der sogenannten »goldenen Lilie« von oft noch nicht einmal acht Zentimetern Länge. Die goldene Lilie war ein von Heiratsvermittlern geschätzter, wertsteigernder Faktor (vielleicht auch ein sexueller Fetisch) und ein schmerzhaftes und die Bewegungsfreiheit einschränkendes Symbol der Unterwerfung. J. K. Fairbank bemerkt in seinem Buch China: A New History, *Cambridge, Mass. 1992, »die bäuerlichen Massen ... imitierten die Oberschicht«, während andere – zu denen auch die Ming-Kaiser gehörten – den Brauch ablehnten. Die hier von Jacob kurz erwähnte Praxis dürfte bis zum 10. Jahrhundert unbekannt gewesen sein, war dann jedoch bis ins 19. Jahrhundert üblich.*

zart zu erhalten. Doch selbst im Alter von vierzig Jahren noch festes Fleisch zu haben ist nicht alles, was sie erstreben, denn bei ihnen gilt der Respekt nicht der Person als solcher, sondern dem, was sie auf dem Leib trägt. Deshalb wird ein Mensch in armseliger Kleidung niedrig eingestuft, während jene, die sich in Seiden- und Goldgewänder hüllen, als besonders hochstehend gelten, Gott behüte. Doch es ist, wie unsere Schriftgelehrten lehren: Der da allein seines Weges geht und das Herz der Eitelkeit öffnet, handelt gegen seine eigene Seele.

So begab ich mich in der Stadt des Lichts jeden Tag unter die Verlorenen, doch in den dunkelsten Orten am Fluß wurde auch ich zur verlorenen Seele, Weh über mich. Schwach ist das Fleisch, wenn es sich vom Auge leiten läßt und nicht von der Vernunft, mit der Gott uns ausgestattet hat, Er sei gepriesen. Denn inmitten der vielen, mit denen ich die ruchlosen Stätten betrat, kam ich mir vor wie einer von ihnen, Gott behüte, der selbst zu einem unreinen, brüllenden Tier wurde, Gott vergebe mir die Gelüste, von denen ich dort befallen wurde.

Während der edle Pitaco, sein Name möge Bestand haben, gegen die Sünden der Stadt predigte und sich täglich mehr Leute um ihn versammelten, um ihn zu hören, und während der getreue Armentuzio sich mit meinem Bruder Nathan um meine Geschäfte kümmerte, begab ich mich ohne Rücksicht auf die, die ich liebte, und auf meine Pflichten vor dem Heiligen Einen[254] mit Lifenli an jene Orte, an denen Männer keinen Akt der Lust als Sünde betrachten und sich alle ohne Scham fleischlichen Handlungen hingeben, ungeachtet der Krankheiten, die viele von ihnen durch derlei Verkehr an Haut und Genitalien tragen.

Denn dort kann man mit jedem von diesen Mädchen alles tun, was einem beliebt, und in großer Lust mit ihm zusammensein, als ob es die eigene Frau wäre. Wenn also ein Kaufmann mit einer Frau das Lager zu teilen wünscht, läßt er sie an einen separaten Ort mitkommen, der für diesen Zweck bereitet ist. Wahrlich, es findet sich hier keine schöne Frau, die dieser Kaufmann nicht nach seinen Bedürfnissen haben kann, wenn er will, vorausgesetzt, er bezahlt den angemessenen Preis und die Frau hat nichts dagegen einzuwenden.

In anderen Lokalen zeigen die Frauen, die sehr gelenkig und wohlgestalt sind, ihre Brüste und sogar ihre Scham vor allen

Anwesenden, indem sie unbekleidet vor ihnen tanzen, möge Gott mir die Sündhaftigkeit meiner Augen vergeben. Und sollten sich Wachmänner nähern, geben jene, die an der Tür stehen, ein Signal, und die Mädchen bedecken ihre Blößen mit einem Tuch. Viele dieser Frauen sind über alle Maßen schön, und als die schönsten gelten jene, die Brauen wie Weidenzweige und Augen wie Mandeln haben, und diese treten, nachdem sie ihre Kleider abgelegt haben, gänzlich entblößt hervor, es sei mir vergeben.

Doch auch wenn die Blumen eines Gartens vor der Schönheit vieler dieser Frauen ihre Farben verlören, so muß die Blöße einer Frau dennoch dringlicher bedeckt werden als die eines Mannes, wie unsere Schriftgelehrten lehren, der Friede sei mit ihnen. Aber diese Frauen haben nicht das Gefühl, etwas Falsches zu tun, Gott behüte, und sagen, sie hätten keine Scheu, Männern ihre Beschaffenheit zu zeigen, und selbst, wenn sie mit einem Mann schliefen, geschehe dadurch nichts Unrechtes. Außerdem erklären sie, daß ihnen kein Körperteil schamvoller sei als ein anderer, und wir würden nur deshalb bekleidet herumlaufen, weil wir uns schämten. Nun ist es zwar richtig, daß der Mensch sich seines Körpers nicht zu schämen braucht, denn diesen hat Gott nach Seinem Ebenbilde geschaffen und uns in Seiner Großzügigkeit geschenkt, doch der Schamlose vergeht sich gegen die Vernunft, denn nicht alles, was den Menschen ausmacht, muß man auch herzeigen.

Lifenli hatte von einem gewissen Uaiciu gehört, der Fluch komme über ihn, daß Turiglioni in dessen Spelunke oder sonstiger dunklen Lokalität gewesen sei. Er holte Micheli und Fultrono ab, damit sie ihn zur »Fünften Straße der Brücke« begleiteten, denn so hieß jener Ort. Ich hatte große Angst, in dieser Gehenna allein zu bleiben, in der keine Untat ungetan bleibt und die Zügellosigkeit regiert.

Lange Zeit ging ich daher mit mir zu Rate, ob ein frommer Mann an einem so verruchten Ort bleiben dürfe, und bat um Gottes Hilfe, um nicht noch mehr zu sündigen, denn ich sah, daß hier die Frauen die Männer dazu brachten, sie an vielen Stellen zu betasten, selbst wenn die Männer nicht wollten. Doch hatte ich dem getreuen Lifenli nicht auch versprochen, an diesem fluchbeladenen Ort zu verweilen, Gott möge mir vergeben, bis er zurückkehren würde? Ich scheute mich deshalb, meinem Versprechen nicht nachzukommen,

und außerdem war ich auch besagtem Uaiciu verpflichtet, sein Name sei getilgt, der von Lifenli Geld erhalten hatte, damit meine Sicherheit in diesem Lokal gewährleistet sei, und dieses Band aus Worten und Geld wollte ich nicht zerreißen.

Doch da man Zusagen nicht einhalten muß, wenn der Zweck unrein ist, hielt ich lange mit mir selbst Zwiesprache, ob meine Absicht lauter oder unlauter sei. Denn ich war zwar auf der Suche nach meinem Diener, doch meine Blicke richteten sich gegen meinen Willen auf die lasterhaften Dinge, die sich vor mir abspielten. Möge mir vergeben werden, aber die Schönheit der Frauen, die mich umgaben, schwächte meinen Willen.

Doch da meine Absicht lauter und ich nicht der Sünde wegen an diesen Ort gekommen war, sondern reinen Herzens, Gott sei gepriesen, und weil ein frommer und gelehrter Mann sogar an den finstersten Orten der Welt das Verhalten der Menschen beobachten soll, um daraus zu lernen, wandte ich die Augen nicht von dem ab, was dort zu sehen sein würde, obgleich meine Begierden so heftig wurden, daß ich Angst bekam, meine Seele zu verlieren, Gott behüte.

So bot sich meinen Augen also eine junge Frau dar, mit kleinen Schuhen wie Pfötchen und in zinnoberrote Seide gekleidet, ihr Haar schwarz wie das Gefieder eines Raben, das Gesicht weiß gepudert, ihre Augen klar und ihr Körper leicht wie eine Blume oder wie ein Blütenstiel, der sich im Winde biegt.[255] Sie schien auch keine Dirne zu sein, denn sie hatte eine dezente Art, auch wenn sie mir ihre Beine und Füße zeigte, Gott bewahre, die wahrhaftig so schön waren, daß man auf der Welt keine schöneren finden kann. Ich geriet sogleich in Versuchung, Gott sei mir gnädig, denn meine Augen fanden Gefallen daran, sie zu betrachten, so schwach war mein Fleisch.

Doch als sie sich ausgezogen hatte, Gott bewahre, fing sie an, im Fleische zu sündigen, zuerst mit dem Schenkel und dann mit dem Bauch,[256] und ein eigenartiger Duft stieg von ihrem parfümierten Leib auf, so daß ein Mann vor Begierde vergehen konnte. Außerdem schätzen sie dort die Scham einer Frau am meisten, wenn sie hoch am Leibe sitzt, so daß man sie gut sehen kann, Gott verschone mich, der ich solche Dinge ausspreche, mit Seinem Zorn. Sie zeigte die ihre sehr unbefangen, auch war sie kaum behaart, und einigen Männern, die in großer Wonne mit geschwollenen Gliedern bei ihr auf einer Matte lagen, verwehrte sie keineswegs deren Berührung.

Dann sah ich viele obszöne Dinge und betete zu Gott, daß ich daraus lernen, aber selbst solche viehischen Handlungen vermeiden könne, damit mir die Gnade des Heiligen Einen zuteil werde, die sich in der Segnung des Verstandes und im Licht der Weisheit sowohl hinsichtlich des Wesens Gottes als auch des Menschen zeigt. So legte einer eine silberne Klammer um die Wurzel seines Gliedes, fügte einen Schwefelring dazu und rieb sich eine Salbe auf den Nabel. Dann öffnete er die Schenkel der besagten Frau, Gott vergebe mir, was ich geschrieben habe, und half ihr, das Gesäß weit anzuheben, worauf er den inneren Bereich mit Speichel anfeuchtete und sein Glied an der weiblichen Pforte plazierte. So drang er in die Tiefe ein, so daß die Frau alsbald zur höchsten Wonne gelangte.

Ich sah auch noch andere Dinge, die zu unrein sind, um sie aufzuschreiben, doch mein Blick war mit nacktem Fleisch gesättigt. Wo ich anfangs noch Wohlgefühl verspürt hatte, möge Gott mich verschonen, empfand ich jetzt Erschöpfung an Seele und Körper. Während Mann und Frau vor meinen Augen in Schändlichkeit kopulierten wie die Tiere, sah ich nun zu alledem nicht mehr sie, sondern meinen Vater tot daliegen, o weh, mit bleichem Gesicht und hochgebundenem Kinn, auf dem Bettüberwurf ein im Todeskampf hervorgequollener Tropfen Speichel, während alle um ihn herum versammelt standen, seine Seele möge überdauern, und sein Andenken sei tausendmal gesegnet, Amen.

Und da ich mich an einem Ort solcher Abscheulichkeit befand, gleichsam in einem Stall voller Tiere, wendete ich meine weinenden Augen ab, möge Gott mir das Übermaß meiner Sündhaftigkeit vergeben. Dennoch sah ich nicht nur meinen Vater vor mir, Friede seiner Seele, sondern auch jene, die hinter meinem Rücken auf das niedrigste kopulierten. Denn sogar für einen frommen Mann ist es schwer, jene Dinge zu vergessen, die am schädlichsten für ihn sind, so daß das Verruchte, das ich erblickt hatte, in meinem Geist haftete, obwohl ich meine Augen ganz fest geschlossen hielt, während sie von Tränen überquollen.

Ich lernte somit auf bitterste Weise, daß wir sehr achtsam sein müssen, welchen Dingen wir Zutritt zu unseren Gedanken gewähren. Denn es gibt vieles, das wir besser gar nicht erfahren hätten, obwohl ein Mann auf der Suche nach Wissen durch die Welt gehen sollte, wie es uns die Schriftgelehrten weisen. Auch sah ich, daß sich in der Erscheinung des Schönen das Unreine verbergen kann. Entsprechend kann sich im Anschein der Wahrheit die Falschheit verbergen oder im Herzen eines frommen Mannes eine Sehnsucht nach Verruchtem und Verbotenem. Ich lernte aber auch, daß viele Menschen jegliche Zügelung ihrer Wollust ablehnen und lieber den Tod in Kauf nehmen, als ihrem Vergnügen zu entsagen.

Doch nun, während ich noch solchen Gedanken nachhing, kamen der getreue Lifenli und meine Diener Micheli und Fultrono zu mir zurück und erklärten, daß der Körper meines Steuermanns Turiglioni gefunden worden sei. Ich begab mich mit ihnen deshalb zu einem dunklen Durchgang, wo ich auf den schon stark verwesten Leichnam Turiglionis stieß, der in einer großen, schwarz gewordenen Blutlache lag und an Brust und Hals Messerstiche und Verwundungen aufwies, Gott behüte. Doch es war nicht herauszubringen, wer das getan hatte oder was der Grund gewesen war, denn niemand wollte etwas sagen.

Ich wies daher meine Diener an, den Leichnam zum Handelshaus der Genueser zu schaffen, wo Turiglioni gewohnt hatte, damit die Patres ihm ein würdiges Begräbnis bereiten konnten. Damit war meiner Verpflichtung gegenüber dem Mann Genüge getan, der mein Schiff bis ans Ende der Reise hatte steuern wollen und an einem schmutzigen Ort seinen Tod gefunden hatte. Denn wie uns unsere Weisen lehren, können Lüsternheit und Unkeuschheit für uns allesamt das Ende bedeuten.

Danach kehrte ich mit Lifenli durch die Stadt, deren Lampen im Dunkeln wie die Glühwürmchen unseres Landes glitzerten, zum Hause meines Bruders Nathan ben Dattalo zurück. Die Erinnerung an das Gesehene und der Kummer derer um mich herum bedrängten mich, und mein Herz war schwer ob der vielfältigen Gefahren, die über dieser großartigen Stadt hingen. Denn ich fürchtete, daß sie in ihrer Verwirrung und Sündhaftigkeit dem Zorn Gottes anheimfallen würde, Er sei gelobt, dem es gefallen möchte, sie mittels des Arms der Tataren zu Boden zu schmettern, so daß das Übel der Abgötterei durch ein größeres Übel ausgemerzt würde bis zum Ende aller Tage.

פירמי

הבן כאמרתך ואל תשלטני

כלאו

ספר החמשי והואספר קדוש

Bei den
Gelehrten

Gegen seinen eingangs erklärten Willen wird Jacob in die in Zaitun
stattfindenden Diskussionen und Auseinandersetzungen hineingezogen – auch in jene, die unter den Gelehrten der Stadt stattfinden, die
sich dem Bericht zufolge regelmäßig in einer Art Akademie treffen und
(allem Anschein nach) eine Art gesetzgeberische Funktion ausüben. Der
Akademie gehören auch führende Kaufleute an, die als ambitionierte
Emporkömmlinge im Kreis der Gelehrten gezeichnet werden. Ebenso
wird deutlich – wenn auch nicht deutlich genug –, daß die streitsüch-
tigen gelehrten Männer, die Jacob zumeist als »Sophisten« bezeichnet,
verschiedene Fraktionen bilden, die wiederum verschiedenen politischen Lagern zuzuordnen sind. Den Unterschieden dieser Lager entsprechen – neben anderen Dingen – offenbar unterschiedliche Ansichten darüber, wie die Stadt regiert werden solle und wie man sich auf
die vorrückenden Tataren vorzubereiten habe.

Die Situation, die sich aus Jacobs lebendigem Bericht in Umrissen
erschließt, war offensichtlich sehr komplex, denn es scheint viele
Argumentations- und Konfliktlinien gegeben zu haben. Neben den
Meinungsverschiedenheiten über praktische Maßnahmen zur Verteidigung der Stadt (und ob man sie überhaupt verteidigen solle), bestand
ein uralter moralischer Konflikt – dessen Protagonist Pitaco ist – über
einen unterstellten Sittenverfall und Werteverlust und die daraus
resultierende Abkehr von der Tradition. Es findet eine zunehmend
schärfer geführte Debatte über die Regierungsweise statt, in der Jacob
eine Rolle gespielt zu haben behauptet, und schließlich gibt es eine
heftige Auseinandersetzung über den Wert des freien Wirtschaftens,
bei der die »Kaufmannspartei« und ihre Führer einen aggressiven
Standpunkt vertreten.

Weniger klar zu erkennen ist, wie sich die alltägliche Verwaltung
der Stadt Zaitun abgespielt hat, denn nach Jacobs Beschreibung scheint

*Seite aus der
Mischne Thora
des Maimonides –
portugiesisches
Manuskript aus dem
15. Jahrhundert*

*es fast eine Art von »dualer Machtausübung« gegeben zu haben, bei
der die reichen Kaufleute die Regierungsgewalt über die Stadt ausübten
oder auszuüben trachteten. Man hat den Eindruck, daß eine alte
Ordnung – die des kaiserlichen Beamtentums und des Adels – ausein-
anderfällt und eine neue Ordnung – die sich vorwiegend an den
Interessen der Kaufleute ausrichtet und zumindest von einem Teil der
Bevölkerung unterstützt wird, sofern man Jacobs Bericht vertrauen
darf – geboren wird, während gleichzeitig die mongolischen Invasoren
näherrücken.*

*Neben den regelmäßigen Zusammenkünften der Gelehrten-
akademie, bei denen sich Jacob unter anderem auch über das (an
diesem Ort unwahrscheinliche) Thema der Untaten des Christentums
ausläßt, scheint es auch die Vorform einer Volksversammlung gegeben
zu haben – oder zumindest eine Reihe öffentlicher Versammlungen.
Hier wurden die widerstreitenden Standpunkte der Stadt im Hinblick
auf einen gemeinsamen Nenner erörtert, der den Interessen aller
gerecht werden sollte.*

*Wie präzise oder wie ausgeschmückt Jacobs Bericht hierüber auch
sein mag, er liefert uns jedenfalls einen guten Einblick in das intellektuelle und politische Leben einer Stadt der Süd-Song. Er wirft ebenso-
viel Licht auf Jacobs eigene moralische, philosophische und politische
Vorstellungen wie auf die seiner zahlreichen Gesprächspartner – eher
mehr auf Jacobs Positionen, denn es gibt kaum ein Thema, zu dem er
nicht in längeren (vorgeblichen) Reden oder kurzen Bemerkungen
Stellung nimmt.*

*Aber trotz aller »Drangsale« der Stadt und trotz Jacobs etwas über-
triebener Vertiefung in sie vergißt er seine eigenen Interessen als Kaufmann nicht. Das Lob der Gastgeber schmeichelt ihm, und nach seinem
Ausflug in die Niederungen der Stadt tätigt er weiterhin seine Einkäufe
und kommt seinen religiösen Pflichten nach.*

*Bemerkenswert am folgenden Kapitel sind auch die Einblicke in
das jüdische Leben des europäischen Mittelalters, die Beobachtungen
über das Verhältnis zwischen Juden, Muslimen und Christen sowie
Jacobs Darlegung seiner – philosophischen wie ethischen – Geringschätzung des christlichen Glaubens und Verhaltens. In bezug auf letztere sollte angemerkt werden, daß Jacob beständig gegen die talmudische Vorschrift des »Raschi« genannten mittelalterlichen Rabbi
Solomon ben Isaak von Troyes (1040–1105) verstößt – oder diese nicht*

kennt –, nach der das Christentum nicht als »Abgötterei« eingestuft *werden darf. Das Kapitel endet mit einer großartigen prophetischen Vision über das letztendliche Schicksal der Juden.*

Als das Mädchen Buccazuppo und die Frau Bertoni vom Tod des Steuermanns Turiglioni erfuhren, brachen sie in heftiges Weinen aus, während Lifenli ihnen berichtete, wo die Leiche gefunden worden war und wie ich, Jacob von Ancona, ein gottesfürchtiger Mann, unter der Gefahr, mir den Zorn Gottes zuzuziehen, mich in die finstersten Spelunken der Stadt begeben hatte, um sein Schicksal aufzuklären. Die Tränen des Mädchens rannen ohne Unterlaß, und auch mein Tadel ließ sie nicht versiegen, während Lifenli aufdringlich versuchte, sie und die böse Frau Bertoni zu trösten, und erklärte, daß Buccazuppo nur deshalb so sehr weine, weil Turiglioni sie zuvor geschwängert habe.

Bei diesen Worten zog ich mich in meine Kammer zurück, denn ich wollte nichts von solchen Verfehlungen der Nichtjuden hören, und beklagte, daß die um mich herum in so niedriges Verhalten verfallen waren, denn ein frommer Mann soll sich von allem Unreinen fernhalten, es sei denn, es gilt das Leben eines anderen zu retten. In meiner Kammer weinte deshalb auch ich bitterlich darüber, daß ich in solche Schande geraten war, zuerst, indem ich durch die Begierde meiner Augen an finsteren Orten meine Seele fortgeworfen hatte, und danach, indem meine Ohren von solchen Übeltaten hören mußten. Ich betete zu Gott, Er sei gepriesen, Er möge mich in Seinen Händen bewahren und meine Schritte auf das Gute und die Wahrheit hinlenken, damit mir sowohl Gewinn beschieden sei und ich außerdem anderen dienen könne, ohne an Leib und Seele Schaden zu nehmen.

Als ich meine Tefillin an Stirn und Arm angelegt hatte, Gott sei verherrlicht, und mich darin bestärkt hatte, alle Tage meines Lebens den Geboten der Thora zu gehorchen, erhielt ich durch die Hand des Nathan ben Dattalo ein Zeichen in Gestalt von drei Briefen des Kaufmanns Abramo ben Leo von Mestre, der soeben in Zaitun eingetroffen war. Den Briefen war zu entnehmen, daß meine Frau Sara wohlauf war, mein Vater jedoch schwach, meine Tochter Rebekka ein

Kind erwartete sowie daß meine Angelegenheiten in Cambaetta wohlbestellt waren. Dies wurde mir geschrieben von Beniamino Vivo, wofür ich Gott dankte.

An diesem Tag, es war der einundzwanzigste Tag des Kislew,[257] ging ich mit Nathan und Armentuzio aus und kaufte erneut große Mengen der kostbarsten Seide sowie feinstes Porzellan, das auf meine Anordnung herbeigeschafft worden war, und vieles andere mehr. Doch währenddessen war ich in meinem Herzen über meine Vision[258] sehr beunruhigt und hatte bei jedem Schritt unseres Weges das Gefühl, ich sollte mich umgehend ins Bethaus begeben und den Kaddisch aufsagen, doch ich scheute mich, es auch zu tun, denn meine Vision konnte auch eine von Gott, Er sei gepriesen, zur Prüfung meiner Frömmigkeit geschickte Täuschung sein.

Am nächsten Tag, dem Vorabend des Sabbat Wajeschew, verstärkte sich meine Unruhe. Der Tag danach war der Vorabend des Chanukka-Festes,[259] und ich verfiel in bitteres Wehklagen darüber, daß ich nicht wissen konnte, ob mein Vater gestorben war, was Gott verhüte, oder noch lebte, wofür ich ohne Unterlaß betete, doch mir schwebte unaufhörlich dieselbe Vision vor Augen wie zuvor.

In dieser Zeit, es waren die Tage des Kislew, verschloß ich die Ohren meines Herzens vor den weltlichen Stimmen der Stadt, die erklärten, daß die Gefahr, in der die Stadt schwebe, mit jeder Stunde größer werde und daß die Anhängerschaft des edlen Pitaco sich gewaltig vermehre. Es hieß sogar, die Anhängerschaft der Kaufleute von Zaitun verlange, daß Pitaco ins Gefängnis geworfen werde, denn sie sei aufgebracht wegen der Schelte, mit der er ihnen die Mißstände der Stadt angelastet habe. Doch ich beschloß, mich um alle diese Dinge nicht zu kümmern, auch nicht um das Weinen Buccazuppos, und ich verbot Lifenli, sich ihr zu nähern. Ich erfüllte vielmehr während der Tage des Chanukka-Festes und am Sabbat Miketz[260] gemeinsam mit meinen Brüdern meine religiösen Pflichten, und im Lichte des siebenarmigen Leuchters lobpries ich Gott, denn meine Tochter trug ein Kind im Leibe, und meine Frau Sara war wohlbehalten, und ich betete auch für die Errettung meines Vaters, seine Seele ruhe in Frieden, doch im Herzen sprach ich den Kiddusch.

Danach kam der getreue Lifenli zu mir, um zu melden, ein Diener aus dem Hause des edlen Pitaco habe ihm die Botschaft überbracht,

die anderen Gelehrten der Stadt wünschten mich als gottesfürchtigen und gelehrten Mann, der sich auch in den Belangen der Menschen auskenne, in allen Ehren in ihren Reihen zu empfangen. Diese pflegen sich alle zwanzig Tage in ihrem großen Saal einzufinden, der an Zaituns Straße der Harmonie liegt. Ihre Aufgabe ist es, gemeinsam mit den vom Sohn des Himmels in die Stadt des Lichts entsandten Beamten nicht nur die Gesetze der Stadt zu schreiben, auch finden sich diejenigen von ihnen zusammen, die sie ihre Weisen nennen – die Astronomen, Astrologen, Magier und jene, die in den Gesetzen der Medizin und Alchimie kundig sind –, um sich miteinander über die Früchte ihrer Gelehrsamkeit und ihrer Experimente auszutauschen.

Soldaten haben hier keinen Zutritt, da sie von niedriger Geburt sind, sondern nur die angesehenen weisen Männer der Stadt, die Kappen mit langen Eselsohren tragen, sowie gewisse reiche Kaufleute, denen es zwar an Gelehrsamkeit mangelt, die aber den Zutritt zu den gelehrten Kreisen gewonnen haben, indem sie geltend machten, sie würden der Stadt die größten Reichtümer verschaffen, weshalb es untragbar sei, wenn ihnen eine Tür verschlossen bleibe. Doch es kommt nur selten vor, daß ein weiser Mann aus einem anderen Land von ihnen herbeigebeten wird, es sei denn, er wird von den Bewohnern Mancis wegen seiner Gelehrsamkeit bewundert, wofür Gott gedankt sei.

Ich gab daher Lifenli zur Antwort, ich rechne es mir zur großen Ehre an, vor der Versammlung erscheinen zu dürfen, und Lifenli gab es an den Diener des Pitaco weiter. Darauf begab ich mich in Begleitung Lifenlis und des Dieners unverzüglich zum Versammlungsort, um von der Weisheit der Gelehrten zu lernen und um ihren Ratschluß für die Stadt in der Zeit der Bedrängnis zu erfahren.

Bei meiner Ankunft war dort schon ein großes Festmahl bereitet, was in ihrer Sprache, wie Lifenli mir sagte, »einen Drachen kochen und einen Phönix töten«[261] genannt wird, Gott behüte. Bei diesem Anblick überkam mich große Furcht, daß mir unreines Fleisch vorgesetzt werden könnte. Um mich herum erblickte ich die großen Doctores ihrer heiligen Schriften, die sie *mincini* nennen, die Doctores des Rechts, die sie *minfani* nennen, die Doctores der Zahlen, die sie *suansui* nennen und die Doctores der Literatur, die sie *sciusui* nennen.

Es gab auch Männer dort, die in Geschichte bewandert waren oder im Studium der Gesichter oder in der Geomantie, und ebenso gewisse Magier, die pietätlos nach dem Geheimnis des ewigen Lebens suchen, was auch bei uns geschieht, und die behaupten, hierfür einen Trank aus Quecksilber bereitet zu haben, der aber demjenigen, der ihn trinkt, sehr gefährlich werden könne.

Einige der Anwesenden behaupteten, die Zukunft voraussagen zu können, wie es die Gottlosen auch bei uns tun, doch sie waren ohne deren Bildung.[262] Einer von ihnen, der gebildeter war als die anderen, war vom Sohn des Himmels auserwählt worden, ihm zu dienen. Er führte ein Astrolabium mit, an dem er die Zeichen der Planeten, die Stunden und die Stellen hinter dem Komma ablesen konnte. Diese Astrologen, Astronomen und anderen Wahrsager bestimmen durch das Studium der Sterne, Zahlen und Komma-stellen den Tag, an dem man eine Reise unternehmen, heiraten, ein Geschenk machen oder seiner Frau beiwohnen soll.

Manche von ihnen schienen Meister und wissenschaftlich ge-bildete Gelehrte zu sein, doch andere hatten ein sehr anmaßendes Gehabe, und einige waren gottlos. Denn gottlos sind jene, die noch nicht einmal ihre Kammer verlassen wollen, ohne miteinander beraten zu haben, ob die Stunde glückverheißend sei oder nicht. In der Tat besteht bei allen Völkern der Wunsch, in die Zukunft zu sehen und sich gegen Unglück zu wappnen. Auch bei uns[263] gibt es viele gelehrte Astrologen, wenn auch nicht so viele wie bei den Sarazenen, doch wenn der Mensch seinen Willen dem Schicksal überläßt, dann empfindet er nicht mehr seine Taten als gut oder böse, sondern er betrachtet sich als Opfer der ungünstigen Vorzeichen, die angeblich über die Ursachen und Wirkungen seiner Taten entschieden haben.

Dergestalt würden Richtig und Falsch unter das Gesetz der Sterne fallen, Gott behüte, und nicht unter das Gesetz Gottes, der gepriesen sei und der den Menschen lehrt, wann er sich gut und wann er sich

---

»GEOMANTIE«

Eine Spielart der Wahrsagerei, die sich auf die astrologische (oder anderweitige) Interpreta-tion von Linien und Figuren stützt, die sich er-geben, wenn man Erde auf den Boden (oder auf eine andere geeignete Oberfläche, auch auf Papier) wirft. Wie man glaubte, schlug sich in diesen Mustern und Formen das individuelle Schicksal nieder, so daß man es voraussehen und Übereinstimmungen mit den Stellungen der Sterne und Planeten feststellen konnte. Im Mittelalter (und auch später noch) war diese Praxis im asiatischen und abendländischen Kulturkreis gang und gäbe, wurde aber von den Anhängern des Maimonides als Aberglaube abgetan.

schlecht verhält. Doch der weise Rabbi Mose ben Maimon, Friede seinem Namen, lehrt uns, daß weder die Seele noch der Wille, noch die Taten des Menschen von den Bewegungen und Verhältnissen der Sternenwelt bestimmt werden. Das glauben nur die, welche sich der Abgötterei hingeben.

Doch zu den Weisen, denen in der Stadt des Lichts am meisten Ehrfurcht entgegengebracht wird, gehören eben diejenigen, die von der Wahrsagerei leben. Die Prophezeiungen für den folgenden Tag, die sie am Abend aufschreiben, werden in der Nacht an die Mauern und Tore der Stadt geheftet, damit die Passanten sie am Morgen lesen können. Doch diese Männer sind nicht besser als die alten Bauernweiber unseres Landes, die jedem die Zukunft voraussagen, sofern man ihnen nur eine Münze gibt. Dennoch werden diese Männer hier als Weise betrachtet, obwohl sie falsche Philosophen sind, die nicht zwischen dem wahren Wesen und der Erscheinung der Dinge zu unterscheiden wissen oder zwischen jenen Dingen, die bewiesen werden können, und jenen, an die kein Mensch glauben kann, ohne sich gottlos zu verhalten, da sie der Vernunft, der Natur und dem Willen Gottes widersprechen.

Wie ich also schrieb, versammeln sich all diese an jedem zwanzigsten Tag zu einer Sitzung und zu einer Debatte, manchmal über dies und manchmal über jenes. Nachdem sie gegessen haben, diskutieren sie ausgiebig das anstehende Thema, zu welchem sie ihre Standpunkte und Reden mit großer Sorgfalt vorbereitet haben, wie Lifenli mir erklärte.

Doch vor dem Mahl erläutern sie einander ihre Entdeckungen, oder sie zeigen alte Münzen, die sie aus dem Boden ausgegraben haben, oder sie lesen aus ihren neuen Werken über ihre Studien der Vergangenheit, über Tiere und Pflanzen und andere Dinge. Auf ähnliche Weise philosophieren sie, wie es auch bei uns üblich ist, über das, was ihrer Meinung nach die Wahrheit ist. Doch es heißt, daß sie in ihrer Arroganz und in ihrem Hochmut oft alle anderen für unbedeutend halten und nur von Hohlheiten statt von Gott oder dem Wesen der wahrnehmbaren Welt reden.

Einer von ihnen ist ein Mann von sehr fortgeschrittenem Alter und mit sehr anmaßendem Benehmen; man nennt ihn den »glorreichen Fürsten der Lehre[264] der vergangenen und der gegenwärtigen Welten«. Er glaubt, alles über den Himmel und die Erde zu wissen, möge Gott mir meine Worte verzeihen. Doch in vertrautem Kreise beklagt er sich heimlich, er habe kein großes Werk verfaßt und befürchte, sein Name werde bald vergessen sein, doch vor den anderen ergeht er sich in Prahlerei und tut, als sei er der größte Weise in ihrer Runde.

Er spricht mit einem so herrschaftlichen Gehabe, daß sich alle täuschen lassen und glauben, die Wahrheit zu hören. Doch wenn sie genau überlegen, was er gesagt hat, dann entpuppen sich seine Worte als das, was sie wirklich sind, nämlich als Formeln ohne Inhalt. Wie mein Lehrer Rabbi Jacob erklärte, Friede sei mit ihm, könnte man solche Männer, wenn man sie nach ihren Reden beurteilte, als Zauberer bezeichnen. Denn mit dem Klang ihrer Worte erwecken sie vor ihren Zuhörern den Eindruck der Gelehrsamkeit,[265] doch hinterher zeigt sich, daß sie weder weise noch tiefgründig gesprochen, sondern nur leeren Klang und eitle Gesten von sich gegeben haben, die spurlos in unserer Welt vergehen werden.

Außerdem herrsche unter diesen Gelehrten, so sagte mir Lifenli, eine große gegenseitige Gehässigkeit. Doch sie grüßen sich, wie ich beobachten konnte, auf das freundlichste und erklären, daß jeder willkommen sei, und jeder wünscht dem anderen, daß er ein gutes Jahr verbringen oder daß seine Söhne zu Ehren gelangen mögen, und jeder bittet unter Verneigungen den anderen, er möge sich zuerst setzen. Doch das sind falsche Höflichkeiten, wie mir Lifenli erklärte, denn hier seien viele Herzen vom Haß beherrscht, so daß es zu Streit und sogar zu Handgreiflichkeiten komme, wie ich noch berichten werde.

Drei Weise führen den Vorsitz, aber da alle von Neid auf sie erfüllt sind, genießen sie wenig Vertrauen. Trotzdem fragt jeder die Vorsitzenden nach ihrer Meinung, um dann abfällig darüber zu tuscheln.

Denn der Neid auf Ruhm, bei dem die Ahnung und Angst vor dem eigenen Ende den Verstand des Menschen beherrschen, ist so stark, daß der Neidische den anderen am liebsten vernichten möchte und dessen Ruhm fürchtet, da er sich selbst darin nicht übertreffen lassen will. Der Gedanke, vergessen zu werden, während die kommende Generation immer noch von den Werken und Taten anderer spricht, ist insbesondere den Sophisten unerträglich, denen es an wahrer Weisheit mangelt. Wahrlich, sogar der intelligenteste

und gottesfürchtigste Mann hat Angst davor, daß sein Name dem Vergessen[266] anheimfällt. Aber hier lassen sich viele von Mißgunst und Neid leiten, so daß sie den gelehrtesten aus ihren Reihen mit großer Gehässigkeit begegnen. Sie drehen ihnen den Rücken zu, heucheln Unkenntnis ihrer Schriften und sogar ihres Namens und zeigen ihnen auf allerlei Weise ihre Mißgunst. Sie behaupten, daß die, von denen sie sehr wohl wissen, daß sie die Gebildetsten unter ihnen sind, die am wenigsten mit Wissen Gesegneten seien und daß diese ihr Wissen keineswegs bei großen Weisen erworben, sondern zufällig gefunden hätten und daher keine echten Gelehrten seien.

Vielen ist daher die Boshaftigkeit ins Gesicht geschrieben, denn man kann sehr wohl sehen, was ihnen am Herzen und an der Seele nagt, nämlich der Neid. So haben manche Schafsgesichter, andere die Gesichter von Füchsen und Wölfen. Doch die Mißgunst, die ihnen Leib und Seele zerfrißt, verzerrt nicht nur ihre Gesichter[267], sondern auch ihr ganzes Denken. Doch manche wirkten liebenswürdig, während andere grob und derb wie Leute vom Lande aussahen. Manche hatten eine Haut so dunkel wie Leber, Gott behüte, manche einen üblen Atem, manche waren so alt, daß ihnen alle Zähne ausgefallen waren, und manche hatten ein völlig verbogenes Rückgrat, das ihnen großes Ungemach bereitete. Einer stotterte, und ein anderer sprach sehr schnell, so daß Lifenli seinen Äußerungen nicht folgen konnte.

Andere wiederum, darunter auch gewisse Kaufleute, sprachen ohne jede Logik, wie es mir schien, als Lifenli ihre Worte in unsere Sprache übersetzte. Doch unwahre oder der Vernunft widersprechende Worte werden in dieser Welt oft beifällig aufgenommen, denn ein Mann mag durch die Kraft seiner Rede andere um einen Schritt überholen, aber er gewinnt zwei Schritte, wenn er lügt. Vieles, was ich an diesem Ort hörte, schien daher nicht aus dem Munde von Weisen, sondern von Sophisten zu kommen, die keinerlei Licht der Wahrheit in sich trugen, das den Weg der anderen erleuchten könnte. Denn viele redeten nicht nur ohne jedes Maß, sondern auch ohne jeden Sinn, als ob sie den Klang der eigenen Stimme lieben würden und ihnen die großen Mißstände der Stadt gleichgültig seien. Ein Weiser sollte aber lieber mit weniger Worten auskommen und nicht mit mehr, denn wer die Worte vervielfacht, der schafft Gelegenheit zur

Sünde, doch viele der Versammelten schienen sich in endlosen Einwänden ergehen zu wollen.

Da alles, was von Gott vollbracht wird, von Vernunft durchwaltet ist, sollte es, wie unsere Weisen lehren, mit den Worten des Menschen ebenso sein. Denn in den Worten versinnbildlichen sich unser Geist und unsere Seele. Wenn es den Worten an Weisheit mangelt und wenn sie anderen keine Wahrheit vermitteln, so ist das ein Zeichen dafür, daß unser Geist und unsere Seele beschädigt sind.

Ein Gelehrter aber, der alle Aufgaben vernachlässigt, die ihm oder seiner Stadt Gewinn bringen, und der auf Kosten anderer lebt, beleidigt Gott und die Menschen. Wenn sich ein weiser Mann durch seine Ratschläge den Respekt anderer Menschen verdienen will, muß er seine Weisheit nicht nur mit Worten, sondern auch mit Taten beweisen, denn die Weisen haben die Pflicht, die Schöpfung nicht nur zu verehren, sie müssen sie auch erhellen und erneuern.[268] Doch wie unsere Schriftgelehrten lehren, kann ein Mensch auch nach seinen Worten beurteilt werden.

Unter den Anwesenden waren in der Tat einige, deren Gedanken, die der getreue Lifenli für mich übersetzte, an Weisheit denen unserer Schriftgelehrten in nichts nachstanden, doch andere argumentierten mit so falschen Schlüssen, daß sie einem weisen Mann die Schamesröte ins Gesicht trieben. Ich mußte mir viele sophistische Spitzfindigkeiten und gewichtige Scheinprobleme anhören, ob es zum Beispiel Donner und Wind ohne Regen geben könne. Aber wenn jemand zwei Köpfe hat, kann ihm auch der weiseste Mann keine befriedigende Antwort geben.

Doch in ihrer Dünkelhaftigkeit glauben die Leute von Zaitun, sie hätten die ganze Weisheit der Welt gepachtet, und jeder, der ihre Weisheit nicht kenne, sei geringer als sie. Sie erwiesen mir zwar die Höflichkeit, die mir meiner Herkunft entsprechend zustand, doch die meisten behandelten mich anfänglich wie einen armen Tölpel aus einem fremden Land, dem das Verständnis für ihre Wissenschaft notgedrungen fehle.

Mit einem von ihnen, Scipi, einem wahrhaft gelehrten Großmeister der Astronomie, den sie in ihrer Sprache einen *ciuncancien* nennen, führte ich mit Hilfe Lifenlis, der Friede sei mit ihm, eine ausgiebige Diskussion über Medizin, Philosophie und andere

Themen. Denn dieser Scipi erklärte, die natürliche Ordnung und die menschliche Ordnung seien eins, und eine universelle Vernunft, die der Mensch durch seine Studien erkennen könne, stehe über allen Dingen. Das hätten die Menschen früher einmal gewußt, aber heute hätten sie es vergessen, erklärte Scipi. Aber sobald dieses Wissen wiedergewonnen sei, werde der Frieden in der irdischen Welt einkehren.

Ich entgegnete ihm, daß unser Weiser, Rabbi Mose ben Maimon, seine Seele möge überdauern, gelehrt habe, daß die Vernunft eine Eigenschaft des Menschen und nur des Menschen sei, denn der kritische Verstand sei bei den anderen Geschöpfen dieser Welt nicht anzutreffen. Zudem lehre Rabbi Mose ben Maimon, daß der Mensch seine höchste Vollendung im Erwerb der Tugend der Vernünftigkeit erlange. Denn nur so, durch die Lerntätigkeit des Verstandes, könne sich der Mensch dem Göttlichen annähern und länger leben als sein materieller Körper. Seiner Einsicht folgend, solle er Gott verherrlichen und stets versuchen, Gott ähnlicher zu werden, indem er alles seinem Wissen einverleibe, was Gott in Seiner Gnade unserem Wissen zugänglich gemacht habe.

Als ich Scipi das mit Lifenlis Hilfe dargelegt hatte, antwortete dieser, nachdem er zugehört und sich verneigt hatte, während sich eine große Zahl von Gelehrten um uns herum versammlete, daß ein solches Argument dem eines ihrer früheren Weisen ähnlich sei, der ebenfalls Gott an die höchste Stelle gesetzt habe, doch erst wenn ein solcher Glaube abgeschafft werde, was Gott verhüte, könne unter den Menschen wieder Harmonie einkehren.

Ich antwortete, es sei zwar richtig, daß der Mensch durch seine Vernünftigkeit Mensch sei, wie unser Rabbi Mose ben Maimon lehre, aber woher komme die Vernunft, wenn nicht von Gott? Als Scipi meine Worte verstanden hatte, verbeugte er sich abermals und antwortete, nach der Lehre ihres Weisen Ciusi sei die Vernunft nur eine Ausdünstung der Energie – die bei ihnen »Atem der natürlichen Ordnung« heißt –, aus der, ihren Lehren zufolge, auch die sittliche Wahrheit stamme.

Nachdem ich seine Worte begriffen hatte, antwortete ich, daß die sittliche Wahrheit nicht lediglich durch das Wort Gottes, das uns unser Lehrer Moses vermittelt habe, auf uns gekommen sei, vielmehr sei die natürliche Ordnung selbst schon die Schöpfung Gottes.

Darauf stimmte Scipi ein unwürdiges Gelächter an und antwortete nicht mehr, denn er wußte nicht, was er hätte sagen sollen.

Da die Weisen der Stadt ihre Ansichten so beflissen danach ausrichten, wer in der Stadt des Lichts der Stärkste ist, ungeachtet dessen, wie richtig oder falsch diese Ansichten sind, ist für sie der Unterschied zwischen Wahrheit und Unsinn schwer auszumachen. Wenn ein reicher Mann eine bestimmte Meinung vertritt, neigen sie dazu, sich dieser Meinung anzuschließen, selbst wenn sie falsch ist, doch wenn ein Mann ohne Reichtümer und Macht ausspricht, was sie insgeheim ohnehin für richtig halten, dann bekämpfen sie ihn. Denn ihre Sehnsucht, anderen zu gefallen, ist so groß, daß manche bereit sind, das, was sie als gut und richtig erachten, für das preiszugeben, was sie als schlecht und falsch betrachten, was Gott verhüte.

Doch diese Heuchelei[269] verschafft ihnen keine Zufriedenheit, und sie haben an allem etwas auszusetzen, denn durch ihre gelben Augen sehen sie alle Dinge gelb. Dies ist ihnen zuviel, jenes zuwenig, und keinem von ihnen ist etwas recht und billig, wenn es nicht dem eigenen Gutdünken entspricht. Wohin ihr Blick auch fällt, sie finden immer etwas, das ihnen nicht paßt. Denn ohne Glauben und Zuversicht können ihre Gedanken niemals Ruhe und Zufriedenheit finden. Sie glauben nämlich nicht, daß an ihnen selbst etwas auszusetzen sei, sondern nur an den Zeiten, in denen sie leben, und sie verlieren sich in so vielen verschiedenen Angelegenheiten, daß ihr Geist von der Vielfalt der Dinge, die sie beschäftigen, überschwemmt wird.

Wenige jedoch betrachten die Dinge als Ganzes, wie beispielsweise die schwierige Lage und die Drangsale der Stadt. Lieber verbringen sie die Tage damit, sich gegenseitig zu bekritteln. Auf diese Weise haben sie sich selbst eine triste Welt geschaffen, doch sie machen andere dafür verantwortlich.

Auch begrüßen sie sich nicht nur mit allerlei Höflichkeiten, als ob einer dem anderen tatsächlich willkommen wäre, wie ich bereits geschrieben habe, sondern viele suchen bereits durch ihr bloßes Gehabe den Anschein eines Weisen und Gelehrten zu erwecken. Ganz anders als unsere Weisen glauben sie daher, daß man die ganze Welt kennenlernen kann, ohne vor die Tür zu gehen, daß man sehen kann, ohne hinzuschauen, und daß man weise sein kann, ohne zu denken.

Zudem behaupten viele von ihnen nicht nur, daß die Menschen ungleich seien, sie suchen auch für sich selbst höhere Ränge und größere Ehrungen zu gewinnen. Deshalb schlingert die Stadt in ihrer Blindheit einmal hierhin und einmal dorthin, denn niemand vermag noch festzustellen, wer recht hat und wer nicht, und selbst das Urteil der Weisesten ist nicht mehr von der Vernunft diktiert. Statt dessen werden endlose Auseinandersetzungen geführt, und das mit großer Erbitterung, so daß der Unterschied zwischen dem Weisen und dem Narren verschwindet, und alle lassen sich ins Handgemenge verwickeln, als ob sie kein Pflichtgefühl und keinen Anstand mehr im Leibe hätte.

Bei dem Festmahl, das ich bereits erwähnte, gab es acht Tische, die für je dreißig Personen gedeckt waren. Nachdem alle gegessen und viele geredet hatten, entstand große Uneinigkeit, wobei manche die Partei des edlen Pitaco ergriffen und manche die der Kaufleute, aber andere hielten sich ganz heraus und behaupteten, ein Weiser müsse auf alle Fälle neutral bleiben, wenn andere sich zu Parteien[270] zusammenfänden, gleichgültig, worum es gehe.

Es schien ihnen nicht zu genügen, ihre Standpunkte und Einwände vorzutragen. Ihre Wortgefechte wurden hitzig, die Meinungen prallten hart aufeinander, und eine Partei zeigte der anderen unverblümt ihre Geringschätzung. Nachdem sie anfangs mit gedämpfter Stimme gesprochen hatten, fingen sie bald an, sich gegenseitig anzuschreien, und bellten binnen kurzem wie eine Meute von Wölfen, in der jeder den anderen zu übertönen sucht.

Keine Partei wollte der anderen zuhören, sondern man überschüttete sich mit Flüchen und Verwünschungen des Inhalts, daß etwa der Sohn des einen zum Dieb oder die Tochter des anderen zur Hure werden möge. Ohne Scham nannten sie sich gegenseitig Hahnrei, und einer sagte zu einem anderen, er sei ein Dummkopf, der im Traum seinen Vater tot daliegen sehe, was Gott verhüten möge, aber den Mund nicht öffnen könne, um seine Vision mitzuteilen, obwohl er es wünsche. Jener antwortete dem ersten, er sei wie ein Blinder mit einer Laterne, der vorgebe, sehen zu können, während er nicht das Geringste erkenne. Ein anderer sagte zu seinem Gegner, er sei wie einer, der auf einen Baum klettere, um dort Fische zu fangen, und ein dritter nannte seinen Widersacher eine Ratte, die an den bedruckten Blättern eines Buches nage, aber nichts daraus lernen könne, sondern die Wahrheit immer mehr zerstöre. Das war die Bedeutung der wütenden Wortwechsel, die der getreue Lifenli mir übersetzte.

Sie verstiegen sich zu immer wilderen Verwünschungen, die höchst wunderlich anzuhören waren. Man flehte sogar, der Leib des anderen möge verwesen oder die Beine sollten ihm an den Knöcheln abbrechen. Auch Gelehrte weit fortgeschrittenen Alters erwiesen sich als Todfeinde, und es lag ihnen so wenig an ihrem Einvernehmen, daß sie lieber aufeinander losgingen.

Sie fingen daher an, mit den Fäusten aufeinander einzuschlagen, denn die Auseinandersetzung über die Ansichten des Pitaco und über den Zustand der Stadt war sehr erbittert. Hitzig hieb jeder auf seinen Parteigegner ein, Gott möge ihnen vergeben, und lachte auch noch, wenn er diesen zu Boden gehen sah. Die Rauferei war so wüst, daß sogar einer seinem niedergeschlagenen Gegner in den Mund spie, Gott behüte, eine Scheußlichkeit, die ich zuvor weder bei Mensch noch Tier gesehen hatte. Einer, dem am übelsten mitgespielt wurde, trug Wunden im Gesicht und an der Nase davon, ein anderer an den Armen. Als schließlich einer, ein großer Kaufmann mit Namen Anlisciu, einem Parteigänger des edlen Pitaco an die Gurgel ging und dessen Gesicht fahl wurde wie Wachs, warf ich, Jacob von Ancona, mich dazwischen, Gott sei gelobt, worauf plötzliche Stille eintrat. Ihre Beschämung schien groß, sich vor einem Fremden in solcher Weise gehengelassen zu haben.

Ich sprach zu ihnen wie folgt, wobei Lifenli ihnen meine Worte übersetzte: »›Freue dich nicht über den Fall deines Feindes‹, denn das lehrt unser Weiser Eliezer ben Isaak, der Friede sei mit ihm, ›und dein Herz sei nicht froh über sein Unglück; der Herr könnte es sehen und Mißfallen daran haben‹, Er sei gelobt.« Als ich ihr Erstaunen über meine Kühnheit sah, ergriff mich Furcht über meine Worte, denn ich war ein Fremder und befand mich ganz allein unter ihnen.

Da ergriff einer der Weisen das Wort. »Du täuschst dich, wenn du dich fürchtest, denn da du nicht aus unserem Lande bist, findet dein Rat eher Beachtung. Außerdem sind wir mit den Torheiten und mit der Weisheit derer, die aus anderen Ländern hierherkommen, wohlvertraut und haben gelernt zu unterscheiden, wer von euch wahrhaft weise und wer töricht ist.« Nachdem er so zu mir gesprochen hatte, verneigte er sich tief, Gott sei gelobt, und alle gingen ihrer Wege. Ich aber dankte Gott für Seine Worte, die Er mir in den Mund gelegt hatte, so daß sie mir im Lande Sinim zur Ehre gereichten.

In diesen Tagen des Tewet, nach dem Sabbat Wajigasch[271], trafen Eliezer von Venedig, Lazzaro del Vecchio und Nathan ben Dattalo, der Friede sei mit ihnen, Vorbereitungen für eine Reise nach Chinscie, der Hauptstadt des Reichs und dem Ort, in dem der Palast des Königs steht.

Die Stadt befindet sich zwanzig Tagesreisen von der Stadt des Lichts entfernt, doch die Straße ist schmal und das Vorankommen an vielen Stellen schwierig. Der Weg führt durch dunkle Wälder mit Räubern und reißenden Flüssen, die man oft nicht überqueren kann. Es gibt zahlreiche wilde Löwen und Löwinnen,[272] Luchse, Leoparden und anderes wildes Getier, und es ist sehr gefährlich, diesen Landstrich zu durchqueren, wenn sich die Reisenden nicht zu großen Gruppen zusammenschließen. Der Löwe wird allgemein als Gefahr angesehen, und die Zahl der Händler, die unterwegs, Gott behüte, im Rachen wilder Tiere und Ungeheuer umgekommen sind, ist groß.

Ich pflege mich zum Einkauf von hochwertigen Waren ohne Begleitung oder allenfalls mit ein bis zwei Helfern aufzumachen, um ungehindert die günstigsten Angebote auszukundschaften. Auch sollen andere mit geringerem Geschick meine Sachkenntnis nicht ausnützen können. Ich erklärte also, daß ich nicht mitkommen würde, sondern mich nur im Gebiet der Stadt des Lichts zu bewegen gedächte, wo man alles Notwendige und Wünschenswerte finden kann. Es gibt nämlich, wie ich später berichten werde, in der Entfernung von ein bis zwei Tagesreisen um Zaitun viele Städtchen und Ortschaften, in denen der Handel blüht und reicher Profit winkt.

Zudem fürchtete ich nicht nur die Giftschlangen, auf die man auf den Wegen stößt, sondern auch die gefährlichen Affen mit Hunds- und Wolfsgesichtern, die großen Schaden bei denen anrichten, die an ihnen vorbei des Weges ziehen. Doch von allen Tieren fürchtete ich am meisten die Affen mit Menschengesichtern, die das Herz des Reisenden stocken lassen. Denn in Wahrheit scheinen sie keine Tiere, sondern Menschen zu sein, was Gott verhüte. Wie uns die Propheten lehren, kommt derlei schädliches Getier als Strafe für die Schmähung des Heiligen Namens über die Welt, Gott sei verherrlicht und verehrt. Nun hat die Abgötterei bei den Bewohnern von Manci ein solches Ausmaß, daß ein Reisender, sollte er die Nacht im Freien verbringen, befürchten muß, augenblicklich bei lebendigem Leibe aufgefressen zu werden. Um diese Gefahr warnend vor Augen zu führen, hat man Gebeine entlang der Straße verstreut.

Zudem fürchtete ich, unterwegs auf die Tataren zu stoßen oder daß der Sohn des Himmels, der schon sehr fortgeschrittenen Alters war, sterben könnte, denn dann wäre niemand mehr sicher, schon gar nicht derjenige, welcher wertvolle Waren über die Straßen führt.[273] Desungeachtet wurde ich von Eliezer und Lazzaro viele Male gedrängt mitzukommen. Ich antwortete ihnen mit den Worten unserer Schriftgelehrten, daß ein weiser Mann den Hof des Fürsten meiden soll. Dabei verschwieg ich jedoch, Gott vergebe mir diese Verkürzung der Wahrheit, daß mich die Weisen der Stadt aufgefordert hatten, vor ihnen von meinem Land und meinem Glauben zu berichten[274] und so meine Ehre vor den weisesten Männern der Stadt zu mehren, wofür Gott gepriesen sei.

Nachdem ich Nathan ben Dattalo mit mancherlei Anweisungen bezüglich der Kostbarkeiten, die er mir besorgen möge, versehen hatte, wandte ich mein Herz zu Gott, Er sei gepriesen. Am fünfzehnten Tag des Tewet, als die Sabbat-Gebete abermals die Frevelhaftigkeit meiner Taten getilgt hatten, wofür Gott gedankt sei, ging ich mit Lifenli zum großen Saal der Weisen, um dort über mein Land und unsere Welt zu sprechen, wozu man mich ehrenvollerweise aufgefordert hatte.

Hier fand ich wiederum eine große Zahl der Gelehrten der Stadt versammelt. Sie erwiesen mir große Gunst und großen Respekt und erklärten, daß die Worte, die ich vordem zur Beendigung ihrer Auseinandersetzung gesprochen hatte, die Worte eines größeren Führers gewesen seien, als man ihn in ihren eigenen Reihen finden könne. Sie wünschten deshalb, von mir etwas über den Ablauf des Lebens in meiner Heimatstadt zu erfah-

Affen – Gemälde aus der Song-Dynastie

ren, über das Schicksal der Juden und der Sarazenen in den christlichen Ländern und über viele andere Dinge mehr.

Nachdem ein großer Weiser aus ihren Reihen namens Ociuscien, den sie einen *sciansciuposci* nennen, mich ausgiebig als einen gelehrten Meister von vornehmer Abstammung gepriesen hatte, baten sie mich zu sprechen, und ich begann wie folgt:

»Ihr hohen Herren, damit ich euch Wissenswertes durch die Zunge eines anderen mitteilen kann, bitte ich um Geduld mit meinen armseligen Worten. Denn ich befürchte, ich werde euch Unbehagen bereiten in einer Zeit, in der eure Stadt sich in so außerordentlicher Gefahr befindet, wie ich es von dem edlen Pitaco vernommen habe, der ganz gewiß zu den weisesten Männern gehört.

Ich sollte auch nicht leichtfertig annehmen, es könne mir gelingen, auch nur einem gelehrten Mann unter euch etwas zu erklären, was dieser nicht schon längst weiß. Denn hier sind jene versammelt, die man für die weisesten Männer eurer Stadt ansieht, welche wahrlich eine der größten Städte der Welt ist, sowohl was ihre Schätze als auch was ihre Drangsale angeht. Meine Vaterstadt Ancona, in der seit tausend Jahren Angehörige meines Volkes leben, ist viel unbedeutender. Die Lebensgrundlage dieser Stadt ist der Handel, denn Ancona ist ein bedeutender Hafen, den zahlreiche Schiffe und Galeeren anlaufen. Auch ist diese Stadt keinem König untertan, sondern lediglich jenen Männern, welche von den bedeutendsten Bürgern zu ihren Konsuln ernannt worden sind.

Die Juden gehören allerdings nicht zu den bedeutenden Bürgern, obgleich manche von ihnen vornehm und reich sind. Denn durch eine Verfügung der römischen Kirche ist ihnen die Teilnahme an der Regierung der Stadt verwehrt, wenn auch meine Brüder nach Belieben kommen und gehen und Handel treiben dürfen, mit wem sie wollen. Im Handel und Gewerbe des Landes haben sie große Erfahrung, und sie verfügen über großen Reichtum an Schiffen, Land und anderen Dingen. Unter uns gibt es große und kleine Kaufleute, Winzer und Bäcker, Leute, die Tuch verarbeiten, wie Färber und Schneider, und solche, die edles Metall bearbeiten, wie Gold- und Silberschmiede, und Fischer gibt es ebenso, denn unter uns befinden sich auch arme Leute, Gott stehe ihnen bei.

In Sprache und Broterwerb unterscheiden wir uns kaum von den Christen. Viele meiner Brüder suchen sich ihre Gefährten, die

Dienerschaft, die Kindermädchen und sogar die Köche in deren Reihen und wohnen mit ihnen in derselben Straße oder gar im selben Haus. Wir kaufen auch Eier und Käse von ihnen, und sie kaufen Fleisch bei uns. Wir stellen ihnen unsere Mühlen zur Verfügung und sie uns ihre Pressen. So reinigen sie unsere Kleider, wir färben die ihrigen und gehen zu ihren Gerbern und lassen uns von ihnen das Pergament für unsere Thora-Rollen fertigen, Gott sei gelobt für die Gnade, die Er Seinem Volk erweist. Darüber hinaus kümmern wir uns nicht weniger mildtätig um ihre Armen wie um unsere eigenen, obwohl sie das ihrerseits nicht tun.

Obwohl die Adligen der Stadt und sogar manche ihrer Priester, der Friede sei mit ihnen, meinen Brüdern große Liebe entgegenbringen und obwohl wir das Kainsmal tragen, nämlich das rote Zeichen der Juden – wenngleich nicht für jedermann erkennbar, sondern auf die Innenseite unserer Kleidung genäht, wo es nicht ohne weiteres zu sehen ist –, so hat die christliche Kirche doch nach wie vor das Ziel, uns von unseren Nachbarn abzusondern.

Ihr Herren, ich werde über diese Angelegenheit in einer Weise berichten, die von der Vernunft getragen ist, denn unter dem Schutz freundlicher Fürsten, wie sie in der Mark von Ancona regieren, können meine Brüder ... in Frieden leben, und wir dürfen unsere Angelegenheiten im Einklang mit unserem Gesetz, der Thora, regeln.

Wir haben unseren eigenen Ort der Verehrung, einen geistlichen Gerichtshof, ein Spital und andere Häuser außerdem, und dafür sei Gott gelobt. Doch keiner von uns kann wissen, welches Schicksal uns droht, wenn ein neuer Adliger oder Priester über uns kommt wie Haman, unser Peiniger, was Gott verhüten möge. Und wie sollen wir Ruhe finden, wenn der gemeine Mann bei jedem Unglück, jeder Seuche und jeder Krankheit von Mensch und Tier uns die Schuld daran gibt?

In manchen christlichen Ländern, wie in Böhmen und Burgund, lassen die Herrscher, sie seien verflucht, meine Brüder sich sogar gegen Lösegeld freikaufen, und sie tauschen sie unter sich aus, bis sie zu nichts mehr nütze sind und man sich ihrer entledigt wie wertlosen Viehs. In unserem Land allerdings

---

»... SUCHEN SICH ... DIE DIENERSCHAFT, DIE KINDERMÄDCHEN ... IN DEREN REIHEN«

Eine Verfügung des Lateran-Konzils (1179) untersagte den Juden in aller Form, christliche Diener oder Kindermädchen zu beschäftigen, doch in Ancona setzte man sich darüber hinweg. (Die Beschäftigung eines christlichen Kindermädchens war den Juden auch durch die Mischna untersagt.)

kann ein Jude als Mensch unter Menschen leben, wofür Gott gelobt sei, obwohl oft ein Priester ... behauptet, wir würden dem christlichen Leben Abbruch tun, so daß die Christen uns entweder dazu bringen wollen, freiwillig ihren Glauben anzunehmen, was Gott verhüte, oder uns mit Gewalt in ihre gegen uns gerichtete Predigt treiben oder uns sogar davonjagen.«

Ich verstummte einen Augenblick, denn ich dachte mit großer Bitterkeit an die Leiden, die meine Brüder in dieser Welt auf sich nehmen müssen, und an die Grausamkeit jener, die sich zum Glauben der Nächstenliebe bekennen. Da erhob sich der Kaufmann Anlisciu und sprach:

»Der Geringere wünscht vom Größeren mehr über den Haß der Christen auf die Juden und den Haß der Juden auf die Christen zu erfahren, denn wir wissen wenig über dessen wahre Ursachen.«

Darauf antwortete ich: »Ihr Herren, die Christen sagen, daß der Mensch, den sie als Götzen verehren, der König der Juden war, doch die Juden kennen keinen solchen König. Zudem verbreiten sie unter sich die Lehre, daß am Ende der Tage eben dieser Messias unser Volk erretten werde, Gott vergebe mir die Blasphemie meiner Worte. Doch einstweilen, so predigen ihre Klosterbrüder, seien wir ein verworfenes, verderbtes und verdammtes Volk, der Heilige Eine sei gelobt.

Deshalb gab es noch nie soviel Niedertracht und Torheit, denn in den Städten meines Landes halten die Herrscher und Adligen und manche Priester und auch einfache Leute große Stücke auf die Juden und schützen uns vor der Grausamkeit derer, die uns hassen. Sie gestatten uns, die Gesetze zu mißachten, die uns ins Elend stürzen würden, besuchen uns sogar in unseren Häusern, essen frohgemut mit uns an einem Tisch und gestatten unseren Gelehrten, ihre Kinder zu unterrichten. Es sind sogar einige darunter, die uns bitten, wir mögen sie unsere Sprache und unsere Sitten lehren, wodurch es auch Christen gibt, die Juden werden, trotz der damit verbundenen Leiden, die sie auf sich nehmen, und der Gefahr, ihr Leben einzubüßen. Doch von unserem Lehrer Mose ben Maimon werden sie unserer besonderen Liebe anempfohlen, denn sie haben sich aus eigenem Willen unter uns begeben, während wir von Gott ausersehen worden sind, Er sei gepriesen und verherrlicht.«

Nachdem Anlisciu mir zugehört hatte, setzte er sich mit einer Verbeugung ohne eine weitere Frage wieder hin. Ein anderer Weiser,

Lolichuan, den sie in ihrer Sprache *mincinciuscien* nennen und der unter ihnen wegen seiner Gelehrsamkeit großes Ansehen genoß, erhob sich und sprach:

»Der Unbedeutende wendet sich an den gottesfürchtigen Doktor und bestätigt ihm guten Gewissens, daß er der Weisere ist. Der Weisere sagt also, daß in christlichen Ländern einige aus den Reihen der Christen die Sitten der Juden erlernen und Juden werden. Doch nun predigen die Christen, wie du behauptet hast, gegen die Juden und verurteilen sie wegen ihrer Irrtümer. Geben denn dann nicht viele Juden nach und werden Christen, um der Peinigung und dem Tode zu entgehen?«

Nachdem ich seine Worte durch den Mund Lifenlis vernommen hatte, antwortete ich:

»Einige meiner Brüder, Gott sei uns gnädig, tun das leider in der Tat, entweder aus Eigeninteresse oder im Interesse ihrer Söhne. Da ihnen die Kraft zu widerstehen fehlt, werden sie zu Christen, die sich nicht mit dem Herzen, sondern nur mit den Lippen zum Christentum bekennen.«

Als ich ihm geantwortet hatte, mußte ich erneut Tränen über das Leid Israels vergießen, worauf der Weise Lolichuan mich nach den Gedanken eines Juden angesichts des Kreuzes der Christen fragte. Ich antwortete, daß ein Jude im Herzen erschaudere, wenn er auf dem Kreuz ausgestreckt das Abbild desjenigen sehe, von dem die Lästerer des Heiligen Namens, Er sei gepriesen, behaupten, er sei sowohl unser Messias, was Gott verhüte, als auch der Sohn des Herrn aller Herren, Gott verschone mich, denn solches widerspricht den Regeln der Vernunft, der Natur und besonders der Heiligkeit Gottes, Er sei auf ewig gepriesen.

»Die Christen sagen auch, ihr Abgott sei von uns getötet worden, Gott behüte, und stellen es als Verrat hin, doch die Täter waren nicht wir, sondern die Römer, falls eine solche Tat überhaupt begangen worden ist. Sie behaupten auch, wir seien Wucherer, doch zu wuchern ist uns durch das Gesetz unseres Lehrers Moses[275] nicht gestattet.

Zudem ist das Gesetz, das der Christ predigt, nicht sein eigenes, sondern es ist das Gesetz, das unserem Volk von Gott gegeben wurde, nämlich daß der Mensch nicht töten, rauben, ehebrechen oder falsches Zeugnis ablegen soll. Sagen wir deshalb nicht mit Recht, daß die Christen jegliche Missetat gegen alle nach dem Ebenbild

Gottes Geschaffenen und gegen ihren Besitz verurteilen müßten, da wir doch feststellen, daß sie durch uns vom Willen Gottes Kenntnis erhalten haben?«

Darauf erhob sich der Kaufmann Anlisciu mit einer Verbeugung von seinem Platz und erkundigte sich mit großer Bescheidenheit, welche von den christlichen Glaubenslehren einem Juden am nichtswürdigsten vorkämen. Darauf antwortete ich ihm mit großem Zorn, den Gott mir vergeben möge, nichtswürdig sei all jenes, was dem Zeugnis unserer Sinne oder der Vernunft sowie der Natur und dem Willen Gottes widerspreche, wie die Menschwerdung Gottes und die Kindsgeburt einer Frau ohne Verkehr mit einem Mann.

Hierauf antwortete Anlisciu abermals mit großer Bescheidenheit und einer Verneigung bis zum Boden mit dem Wunsch, in seiner Stadt mögen mir Glück und Gewinn beschieden sein. Darauf bat er mich, ich möge in einfachen Worten über die Natur Gottes, Er sei gepriesen, zu der Versammlung sprechen.

Ich erklärte daher, daß Gott, Er sei gebenedeit, weder an einen Körper gebunden noch eine Kraft in einem Körper, noch im Besitz eines Körpers sei, noch in einem Körper Fleisch werden könne. Doch die Christen in ihrer Abgötterei, Gott möge mit der Welt, den Juden und den Nichtjuden, Gnade und Mitleid walten lassen, schreiben Gott in falscher und unfrommer Weise sowohl Substanz und Ort, Quantität und Qualität, Bezüglichkeit und Zeitlichkeit zu, womit sie dem Unaussprechlichen Namen die Körperlichkeit eines Abgottes verleihen, der gepriesene Gott verschone mich ob meiner Worte.

Daher betrachten sie Gott, als befinde Er sich im Himmel, während wir doch lediglich sagen können: Der Herr ist unser Gott, der Herr ist der Einzige. Wenn wir von der Hand oder dem Arm Gottes sprechen, dann sprechen wir nicht von einer Substanz, sondern es ist ein Begriff, der aus Buchstaben und Wörtern zusammengesetzt ist, durch den wir die Wirkung einer körperlosen Sache durch den Klang unseres körperlichen Mundes vermitteln.

Wenn wir davon sprechen, daß unser Lehrer Moses die Stimme Gottes mit seinen Ohren vernahm, dann meinen wir ganz ähnlich nicht die körperliche Stimme Gottes, sondern einen Klang, der von Gott an die körperliche Sinneswahrnehmung eines Menschen geschickt wurde. Denn diesen Sinnen gebricht es an Kraft, und sie können nur bestimmte Dinge hören und sehen, wie auch das Wort

Gottes das Begriffsvermögen des Menschen übersteigt, es sei denn, dieses Wort fügt sich in das, was der Geist des Menschen zu begreifen in der Lage ist. Wenn daher der Heilige Eine von Seinem Auge spricht, indem Er erklärt, daß diesem nichts verborgen bleibt, dann nicht, weil Er ein körperliches Wesen ist, sondern damit die Menschen die Bedeutung Seines Wortes begreifen können, denn sie wissen, daß das Auge der Sitz des menschlichen Sehvermögens ist. Doch die Menschen sollen den Heiligen Einen nicht mit solchen Hilfsmitteln beschreiben, denn auf diese Weise wird ein abgöttisches Bild erzeugt, was Gott verhüten möge.

Der Kaufmann Anlisciu erhob sich abermals, um zu fragen, ob ein Christ ein Abbild seines Gottes auch auf andere Weise und wiederum im Widerspruch zur jüdischen Lehre erzeugen könne. Ich antwortete, daß dies der Fall sei, wenn er zum Beispiel sein ganzes Leben dem Gebet widmete. Denn es ist wahrlich ein vollkommenerer Gottesdienst, unsere weltlichen Aufgaben in Gemeinschaft mit den anderen Menschen zu erfüllen, als Tag und Nacht in Abgeschiedenheit zu Gott zu beten, wie es die Christen abgöttischerweise in ihren Klöstern tun.

Unter uns Juden stellen wir daher die Frage: Wer soll hinaufsteigen und uns den Himmel herabholen, damit wir hören und tun, was richtig ist? Unsere Schriftgelehrten geben uns hierauf zur Antwort, daß die Wahrheit Gottes von denen unter die Menschen gebracht wird, die in dieser Welt ein von Pflichterfüllung getragenes Leben verbringen, und nicht von jenen, die sich mit weltabgewandtem Gesicht nur der Pflege der eigenen Seele widmen.

Anlisciu schien, Gott sei gelobt, mit dieser Antwort sehr zufrieden und dankte mir mit einer tiefen Verneigung für meine Weisheit.

Nun erhob sich ein anderer, ein Richter der Stadt des Lichts mit Namen Cauiau, ein an Jahren sehr weit fortgeschrittener Mann mit einem großen Kropf am Hals. Mit einem Lächeln wollte er von mir wissen, was ich über die Sarazenen oder Mahometaner sagen könne und ob sie besser oder schlechter als die Christen angesehen seien. Da entstand großes Gelächter unter den Weisen, die versammelt waren, um meine Worte zu hören, für welche Ehre Gott gedankt sei, und ich antwortete wie folgt:

»Die Sarazenen sind unsere Brüder, denn gemeinsam sind wir dem Samen Abrahams entsprossen, der Friede sei mit ihm. Auch gibt es nur wenige unter uns, die ihrer Zunge nicht mächtig sind. Deshalb können wir uns uneingeschränkt mit ihnen unterhalten, was den Franken nicht möglich ist. Außerdem sind wir auch Brüder im Glauben, denn sie und wir, nicht aber die Christen und andere, die der Abgötterei verfallen sind, glauben, daß Gott der Eine ist. Der Papst der Christen, der uns wegen unserer gemeinsamen Ablehnung der christlichen Abgötterei fürchtet, hat deshalb das Kainszeichen sowohl den Sarazenen wie auch den Juden vorgeschrieben, was auf uns beiden lastet, möge Gott uns von dieser Bürde befreien.

Die Sarazenen sind mit uns auch einer Meinung, was die Beschneidung des männlichen Gliedes betrifft und ebenso bei der Ablehnung von Götzenbildern und des Fleisches vom Schwein, wie auch in der Verehrung der Heiligen Stadt sowie darin, daß sie nur das Fleisch von selbstgetöteten Tieren essen. Unsere Schriftgelehrten erklären daher, daß ein Jude sich im Hause eines Sarazenen an den Tisch setzen und sogar ihr Fleisch essen darf, vorausgesetzt sein Hunger ist groß, und anderweitig ist kein gutes Fleisch zu finden. Die Sarazenen lehnen nämlich nicht nur das Schwein ab, sondern entziehen auch dem Schlachtvieh das Blut auf die gebotene Weise. Deshalb habe auch ich schon mit ihnen gegessen, doch nur, wenn mein Hunger groß war; Gott möge mir vergeben, wenn etwas Unreines über meine Lippen gekommen ist.«

Darauf erhob sich der Kaufmann Suninsciou, ein wegen seines Reichtums in der Stadt sehr gefürchteter Mann, und wünschte mit wie zum Gebet gefalteten Händen mehr über die Argumente zu erfahren, die von Juden und Sarazenen gegen die Verehrung von Bildern vorgebracht werden.

Ich antwortete ihm: »Auf der ganzen Welt dürften die Juden und die Sarazenen die einzigen sein, die keine Bilder verehren, wofür Gott gepriesen sei. Denn alle anderen, unter denen sich auch die Christen befinden, verneigen sich vor Bildern aus Holz und Stein und berühren sie in Ehrfurcht mit den Fingerspitzen, die sie sodann mit zum Himmel gedrehten Augen seufzend küssen, oder sie stellen Blumen und andere Opfergaben vor ihre Götzenbilder und glauben sogar, daß ihnen diese Statuen und Bilder in Krankheit und Unglück beistehen können. Denn das ist Abgötterei, nämlich nicht die Verehrung des Einen Gottes, der weder eine menschliche noch überhaupt irgendeine bestimmte Form besitzt, sondern die Anbetung von Erzeugnissen des Menschen, die gotteslästerlich auf einen Altar oder Thron gestellt worden sind.«

Auf diese Weise sprach ich, Jacob von Ancona, in der Furcht des Herrn, und das Erstaunen der Weisen der Stadt war so groß, daß keiner wußte, was er sagen sollte, denn sie hörten stumm meinen Worten zu, während einige hinter vorgehaltener Hand tuschelten.

Ich fuhr also fort: »Ihr Herren, die Sarazenen bekennen gern ihre Liebe zu meinen Brüdern und bauen in ihren Landen ihre Moscheen oft neben unsere Gebetshäuser und befolgen auch sonst, wie ich bereits bemerkte, viele unserer Sitten und Gebräuche. Doch wie jeder weiß, haben ihre Vorfahren in vergangenen Zeiten die Sonne angebetet, Gott bewahre. Und wie unser Lehrer Mose ben Maimon festgestellt hat, wurde Israel außerdem von niemandem soviel Leid zugefügt wie vom Stamme Ismael, nämlich dem Stamm der Verehrer des Mahomet.«[276]

Darauf erhob sich ein anderer ihrer großen Weisen sichtlich verärgert und erklärte mit lauter Stimme, ich sei undankbar, denn er habe gehört, daß der überwiegende Teil der gelehrten Bücher der Juden auf arabisch geschrieben sei und nicht in unserer Sprache, und deshalb seien wir nach Ansicht der Bewohner von Sinim Angehörige eines einzigen Volkes und einer einzigen Denkungsart.

Darauf antwortete ich ihm: »Es ist wahr, mein Herr, daß sie uns in manchen Ausformungen ihrer Lehre und ihrer Bildung nahestehen und daß sie, die gebildeter sind als die Christen, uns gegenüber mehr Seelengröße gezeigt haben als jene, die unsere Thora in die Flammen werfen,[277] der Heilige Eine möge uns bewahren und bestrafe die Übeltäter dereinst in Gehenna. Dennoch kann ein Jude einem Sarazenen nicht mehr vertrauen als einem Christen, da doch beide, wenn sie vom Fieber gepackt werden, gerne ihre Wut an uns auslassen.«

Auf meine Worte hin erhob sich ein anderer Weiser aus ihrer Mitte und rief, er habe gehört, die Juden lebten in großem Reichtum unter den Sarazenen und würden von ihnen als Brüder geschätzt und geliebt.

Darauf antwortete ich folgendermaßen: »Es ist richtig, daß wir in bestimmten Ländern der Sarazenen und auch der Christen zu höchstem Rang und zu größten Ehren aufgestiegen sind. Zur Zeit des Samuel Ha-Nagid, Lobpreis seinem Namen, herrschte ein Jude über ein spanisches Königreich, als wäre er dessen wahrer Fürst. Doch die Kalifen von Arabien vertrieben sowohl Christen als auch Juden aus ihren Ländern, und in der Heiligen Stadt zerstörten die Sarazenen die heiligen Stätten der Juden und der Christen nicht minder, wofür der Fluch Gottes auf sie fallen möge. Auch darf ein Jude nicht vergessen, daß die Sarazenen Juden und Christen unter Androhung des Todes zum Wechsel ihres Glaubens zwangen und jene, die standhaft blieben, dem Schwert überantworteten. Auch kann kein Bewohner meiner Stadt vergessen, ob Jude oder Christ, daß der Wohlstand unserer Stadt von den Sarazenen verwüstet wurde und weder Frauen noch Kinder verschont blieben, sie mögen in Frieden ruhen.[278]

Auf diese Worte hin erhob sich der Kaufmann Anlisciu abermals, wobei er sich wie ein Bruder verhielt, wofür Gott gedankt sei, und erklärte, da die Sarazenen die Feinde der Juden wie der Christen seien, müsse zwischen diesen beiden daher größere Liebe herrschen.

Als ich das hörte, ergriff mich der Zorn, und ich sagte, die Liebe der Juden für die Christen könne wegen der unterschiedlichen Geisteshaltung durch so etwas nicht anwachsen.

Es gibt auch Leute, sagte ich, die behaupten, die Gesamtheit der Sarazenen stehe der Gesamtheit der Christenheit übelgesinnt gegenüber und umgekehrt. Doch das entspricht nicht der Wahrheit, wie die allerorten zu beobachtende Kameradschaft der Kaufleute zeigt. Es stimmt auch nicht, daß die Gesamtheit der Sarazenen und der Christen den Juden übel gesinnt ist oder umgekehrt. Dennoch habe ich einen Christen sagen hören, die Sarazenen und die Juden dürsteten gemeinsam nach dem Blut der Christen, denn jeder scheint zu glauben, daß die anderen gemeinsam oder für sich allein mit der Absicht angetreten seien, ihm ein Leid zuzufügen.

Es ist jedoch richtig, daß in den Augen der Sarazenen sowohl die Juden wie die Christen Ungläubige sind und beide von ihnen angegriffen wurden, wie vom Kalifen Al-Hakim und den Fürsten der Berber.[279] Doch in den Augen der Christen betreiben meine Brüder in Abstimmung mit den Sarazenen insgeheim Machenschaften, um Unheil über den christlichen Glauben zu bringen. Doch das kann gar nicht sein, denn der heilige Koran der Sarazenen verbietet einem Mahometaner sogar die Freundschaft mit einem Juden oder Christen, damit die Anhänger Mahomets nicht eins mit ihnen werden.

Und wer wüßte nicht, daß Sarazenen und Christen in den Zeiten, in denen sie sich nicht gegenseitig abgeschlachtet haben, Hand in Hand gegen uns vorgegangen sind? Denn das ist der Fall, obwohl meine Brüder mit beiden Freundschaft und Handelsbeziehungen und viele Partnerschaften unterhalten, zum Beispiel mit den großen Kaufleuten von Fustat, Edente, Alessandria und anderen sarazenischen Ländern und mit den Kaufleuten von Aragón, Marseille, Genua, Venedig und anderen christlichen Städten. Zudem haben Sarazenen und Christen je für sich allein die Ermordung meiner Brüder betrieben, ihre Seelen mögen ruhen in Gott, wie in Medina, wo ganz zu Beginn der Religion des Mahomet meine Brüder auf Befehl des Propheten dem Schwert überantwortet wurden. Und wer weiß nicht, daß meine Brüder, der Friede sei mit ihnen, zur Zeit des Josef Ha-Nagid am Sabbat von den Sarazenen hingeschlachtet wurden, der Fluch ergieße sich wie Sturzregen über die Übeltäter?[280]

Dennoch nennen uns die Sarazenen ihre Brüder in Abraham, denn Ismael, der Stammvater der Sarazenen, war der erste Sohn des Abraham und der ältere Bruder Isaaks, unseres eigenen Stammvaters, Ehre seinem Gedenken. Doch die Sarazenen behaupten in ihren heiligen Schriften, daß Abraham kein Jude war, Gott möge mich verschonen, aber auch kein Götzendiener, was Gott verhüte, denn in seinem Herzen hatte er sich zu dem Heiligen Einen bekehrt. Die Sarazenen sind allerdings keine Bilderverehrer wie die Christen und können zu Recht behaupten, sie seien unsere Brüder, und in ihrem heiligen Buch behaupten sie auch nicht, Gott sei gelobt, daß die Juden *diesen Menschen* getötet hätten, weshalb Gott, der Gepriesene, in Seiner Gerechtigkeit auch sie bewahren möge.

Ich fuhr fort wie folgt: »Aber die Christen fürchten die Sarazenen mehr als alles andere, und sie hegen eine schwache Hoffnung auf deren Unterwerfung. Die Christen hoffen deshalb, die Tataren auf ihre Seite zu bringen, um mit ihnen gemeinsam gegen die Sarazenen vorzugehen, die Christen von der einen Seite und die Tataren von der anderen. So kommt es, daß die Sarazenen, die dieses Ränkespiel durchschauen, um so eifriger bemüht sind, sich als Ratgeber des Großen Khan zu etablieren, damit dieser nicht mit den Christen gemeinsame Sache gegen sie macht. Ich habe erfahren, meine Herren, daß die Sarazenen am Hofe des Tataren-Herrschers in der Stadt Sciandu großen Einfluß auf den Khan ausüben. Manche behaupten sogar, die Sarazenen hätten ihn durch ihre Astrologen verhexen lassen, andere sagen, sie hätten die Verfügungsgewalt über all seine Schätze gewonnen, und der Khan habe Angst vor ihnen.«

Als sie diese Worte hörten, Gott sei dafür gepriesen, rief einer der großen Weisen der Stadt aus, ich würde die Wahrheit sprechen, denn man wisse über diese Dinge Bescheid. Daraufhin lachten andere, während die Mehrheit drängte, ich solle fortfahren, darunter vor allem jene aus der Partei des Kaufmanns Anlisciu, an die der getreue Lifenli auf meinen Befehl sehr zur Befriedigung Anliscius in ihrer Sprache gewisse artige Worte richtete.

Während die Weisen teils schweigend zuhörten, teils miteinander flüsterten, fuhr ich also fort mit meinen Ausführungen: »Die Christen träumen davon, die Tataren zu ihrem Glauben zu bekehren, um gemeinsam sämtliche sarazenischen Länder zu unterwerfen und das Zeichen des Kreuzes an jedem Ort der Erde aufzurichten, was Gott verhüte.

Seid deshalb gewarnt, daß die Franken, die sich in das Reich des Großen Khan begeben, nur darauf aus sind, die Sarazenen vom Erdboden zu tilgen. Außerdem verfolgen sie dieses gottlose Ziel mit wenig Aussicht auf Erfolg, denn es heißt zwar, daß die Franken bessere Soldaten seien als die Sarazenen, aber die Sarazenen haben sich im Namen Mahomets als so wilde Krieger erwiesen, daß sie sogar noch bereitwilliger als die Christen das Leben für ihren Glauben hingeben.

Daß die Sarazenen über die Christen aller Länder herrschen, ist allerdings genausowenig wünschenswert wie die Herrschaft der Christen über alle Sarazenen. Denn während sie in gleichem Maße bereit sind, einander Übles anzutun, neigen sie beide gemeinsam zu Übeltaten gegen die Juden, wie ich bereits erwähnt habe. Ein Jude kann wahrlich weder der Herrschaft des einen noch des anderen trauen, denn die Christen erliegen dem Haß gegen uns und die Sarazenen dem Neid, und sie nennen unsere Seelengröße Anmaßung, unsere Bescheidenheit Gemeinheit und unseren Zorn auf sie Verrat.«

Die Weisen der Stadt des Lichts lauschten diesen Worten mit großer Zustimmung, Gott sei gepriesen, weshalb ich mich als ein Mann fühlen durfte, der dem Heiligen Einen und Seinem Volk rechtschaffen gedient hatte. Daraufhin erhob sich Ociuscien abermals und ließ mir in seiner Rede Ehre angedeihen, Gott sei dafür gedankt, denn er war in den Fragen der verschiedenen Glaubensrichtungen und -lehren sehr beschlagen.

Er sprach zu den anderen Weisen folgende Worte über sich: »Der Geringere,[281] der zwar in den Angelegenheiten der Juden wenig Wissen vorzuweisen hat, denn es gibt niemanden, dessen Wissen den Vergleich mit dem des Bedeutenderen bestehen kann, weiß, daß Abraham der Begründer eures Glaubens war und daß nach Abraham Moses kam, der den Bund des Gesetzes errichtete und die Heiligen Bücher verfaßte. Zur Zeit unseres Königs Migti kamen die Anhänger des Moses, denen wir damals den Namen *tachincho* und später *ciuhu* gaben, aus dem Lande Siiui in unser Land, und einige sagen, sie seien sogar schon zur Zeit der Ciou[282] gekommen. Andere wiederum behaupten, daß die Ciuhu und die Anhänger des Propheten Mahomet zum selben Volk gehören und nicht voneinander unterschieden werden können. Sie sagen, beide seien *oui*, wobei die Juden jene Oui sind, die aus dem Fleisch ihrer Nahrung die Nerven und Sehnen entfernen,[283] und die Mahometaner sind ebenfalls Oui, die aber kein Schweinefleisch essen.«

Als ich diese Worte hörte, bestritt ich ihre Wahrheit, denn die Juden und die Sarazenen gehören nicht zum selben Volk, und auch die Juden enthalten sich des Schweins, Gott sei gelobt. Darauf behauptete ein anderer Weiser, ein gewisser Cian, der unwissend war, die Juden würden den Himmel in derselben Weise verehren wie die Bewohner von Sinim, ferner sei Abraham der Urheber der Thora, Gott sei mir gnädig für diese Worte, und zur Zeit des Königs Migti hätten die Juden diesem mit Tuch aus Großindien Tribut geleistet.

Ich antwortete jenem Cian, er habe kein wirkliches Wissen von unserem Volk, worauf er, der ein Sophist war, ärgerlich wurde und folgendes behauptete: »Wir wissen, daß euer Gesetz vorschreibt, den Himmel anzubeten, die Eltern zu achten und die Toten zu verehren. Nach eurer Überzeugung dient man dem Herrscher vor allem durch die Pflichterfüllung gegenüber den Eltern. Ihr unterscheidet euch in der Tat nicht besonders stark von uns. Wir haben euren Sabbat schon in den Zeiten vor Abraham begangen, und die Buchstaben eurer Sprache sind wie unsere Buchstaben zur Zeit der Ciou. Wir wissen auch, daß ihr in der Fruchtbarmachung des Bodens, im Handel, in der Gesetzeswissenschaft und im Kriegshandwerk Hervorragendes leistet und daß ihr großes Ansehen für eure Verläßlichkeit in allen Dingen genießt.«

Darauf antwortete ich Cian: »Deine Worte sind zugleich sehr wahr, wenig wahr und falsch, denn wir beten nicht den Himmel an, Gott behüte, noch tun wir uns im Kriegshandwerk hervor, noch verehren wir die Toten, noch haben andere den Sabbat vor der Zeit unseres Stammvaters Abraham begangen, der Friede sei mit ihm, noch hat unsere Sprache Ähnlichkeit mit der des Volkes von Sinim.«

Darauf erhob sich ein anderer Weiser und erklärte, Juden und Sarazenen seien dasselbe, denn beide hätten sie farbige Augen und Nasen wie Schnäbel, und beide haßten das Schwein. Da entstand großes Gelächter unter ihnen.

Ich antwortete, die Juden hätten Augen wie alle Menschen, und ihre Nasen seien weder zu groß noch zu klein, sondern wohlgestaltet, und wir haßten auch nicht das Schwein, obwohl es unrein ist, wir lehnten nur ab, es zu verzehren. Als einer der Weisen das hörte, rief er derb dazwischen, ich sei wie alle meine Brüder und hätte dunkle Augen und eine Nase wie ein Adler. Ociuscien, sein Name bleibe unvergessen, sprang daraufhin erzürnt auf und erklärte mit großer Bestimmtheit, er wünsche derartige Worte nicht mehr zu hören, und tadelte ihren Mangel an Höflichkeit gegenüber einem wohlgesonnenen Fremden.

Ich machte deshalb vor Ociuscien eine Verbeugung des Dankes und sagte, meine Brüder, die seit der Zerstörung des Tempels – die Übeltäter seien auf ewig verflucht – im Lande Sinim weilten, hätten keinen Tadel, sondern Ehrerbietung verdient. Denn selbst die Christen sagten, meine Brüder in Persien hätten als erste die Kunst der Seidenherstellung nach Sinim gebracht, da wir es von altersher verstehen, den Seidenwurm zu züchten und seinen Faden zu verspinnen. Darauf gab es weitere Unmutsbezeigungen mir gegenüber. Viele der Anwesenden schrien, meine Worte seien unzutreffend, und ihre Vorfahren hätten diese Kunst schon von Anbeginn der Welt an gekannt, was kein Mensch glauben kann.

Doch nun erhob sich abermals der besagte Cian, Gott behüte, der erklärte, daß die Juden ungeachtet meiner Worte tadelnswert seien, und sprach: »Es steht fest, daß auch dann, wenn sich Juden, Christen und Mahometaner im Glauben unterscheiden, eure heiligen Schriften lehren, daß ihr denselben Schöpfer und Vater habt,

Karikatur eines Juden – aus dem Besitz des Staatsarchivs, London

denn soviel habe ich durch meine Studien begriffen. Ihr solltet euch daher wie Brüder verhalten, nicht verbrüdert im Glauben, sondern in der Menschlichkeit. Warum also habt ihr voreinander soviel Abscheu, und weshalb wollt ihr euch gegenseitig schaden?«

Auf diese Frage antwortete ich wie folgt, Gott sei gepriesen: »Du erklärst zu Recht, daß alle Menschen Brüder sind, denn wir wurden alle nach dem Ebenbild Gottes geschaffen. Zudem wurde Abraham, der Friede sei mit ihm, durch Hagar zum Vater von Ismael und durch Sara, Friede sei mit ihr, zum Vater von Isaak, Segen seinem Andenken, so daß die ersten Anhänger des Mahomet von unserem Blute waren. Und da *dieser Mensch*, der von den Christen auf gotteslästerliche Weise als Gott verehrt wird, in Wahrheit Jude war und seine Anhänger ebenfalls Juden, kommt der Glaube der Christen ebenfalls von den Hebräern. Doch eine Vereinigung mit ihnen kommt für uns nicht in Frage, denn die Gesetze und Pflichten, die Gott uns gegeben hat, hat Er niemand anderem gegeben, Gott sei gepriesen für Seine Gunst, die Er Israel erwiesen hat. Deshalb ist ihre Art des Gottesdienstes nicht die unsere, und sie sehen in ihren Moscheen und Kirchen auch nicht davon ab, gegen uns zu predigen, was ihnen allen zum Fluch werden möge.«

Hierauf stellte Cian, der noch unzufrieden war, folgende Frage: »Wie kommt es denn zu den Unterschieden in den Befehlen Gottes, wenn Gott ein einziger ist?« Darauf antwortete ich, Gott sei gedankt: »Weil die Menschen verschieden sind. Manche nehmen Gott auf die eine Weise wahr, andere wieder anders. Gott schenkt jedem von ihnen das, was am besten zu ihm paßt. Die größte Wahrheit aber gewährte Er jenem Volk, das für den Empfang Seiner Lehre das würdigste war, damit wir den anderen Menschen eine Leuchte seien.«

Hierauf erklärte Cian, dem es an Weisheit mangelt, ohne sich von seinem Platz zu erheben und mit lauter Stimme: »Du trittst also dafür ein, daß der Haß zwischen den Juden, Christen und Mahometanern eine natürliche Gegebenheit ist!«

Ich antwortete: »Haß zwischen vernünftigen Menschen ist gegen die Natur. Doch die Furcht vor jenen, die an Meinungen festhalten, die der Vernunft hohnsprechen, ist nicht gegen die Natur und auch nicht der Argwohn gegen jene, die wie die Christen gegen ihre eigenen Überzeugungen verstoßen. Und auch wenn viel Übereinstimmung zwischen uns herrscht über die Kürze unseres Lebens und die Wunder der Schöpfung, wie oft werden dieser Einklang und dieses gemeinsame Wissen durch Haß zunichte gemacht, dessen Leidtragende die Juden sind, Gott beschütze uns, die am häufigsten von den anderen aus ihren Häusern vertrieben werden und dabei Hab und Gut und oft sogar das Leben einbüßen.«

Darauf antwortete Cian: »Aber trifft nicht euch die größte Schuld, denn es wird doch gesagt, daß ihr eure Tür auch dann vor anderen verschlossen haltet, wenn sie euch nichts zuleide tun wollen?«

Ich gab zurück: »Von unseren Vorvätern, der Friede sei mit ihnen, haben wir gelernt, daß man sich auf die gute Meinung, die andere über uns hegen, nicht lange verlassen kann. Denn wer uns heute am meisten liebt, der haßt uns morgen auch am meisten, sobald er glaubt, wir hätten ihm eine Kränkung zugefügt. Und viele, die uns zuzulächeln scheinen, wenn wir vor ihnen stehen, reden schlecht über uns, sobald wir uns wieder entfernt haben. Deshalb achten wir sorgfältig auf unser Wohlergehen, da wir nicht wissen, wem wir wirklich trauen können.«

Daraufhin erklärte Cian, es sei nicht unser berechtigter Argwohn und auch nicht der Haß, der uns entgegengebracht werde, die uns dazu trieben, uns abzusondern, vielmehr sei es unser Stolz, der uns glauben mache, Israel[284] allein sei im Besitz von Weisheit und Wissen, und die anderen Menschen lebten in Finsternis.

Da entgegnete ich, der Einwand, Israel allein nehme diese Dinge für sich in Anspruch, sei nicht klüger als der Vorwurf, Israel hätte weder Weisheit noch Wissen, wie ihn die christlichen Mönche erhöben, der Fluch komme über sie. Denn nicht nur seien alle Menschen nach dem Ebenbild Gottes geschaffen, auch bleibe die Wahrheit stets die Wahrheit, unabhängig von der Person und dem Glauben dessen, der sie vertrete.

Des weiteren erklärte ich: »Wenn der Sohn eines Nichtjuden auf eine ihm angemessene Weise eine größere Gelehrsamkeit erlangt als ein Sohn Israels auf die ihm angemessene Weise, dann übertrifft jener Sohn des Nichtjuden den Juden ohne jeden Zweifel an edler Gesinnung und Seelengröße. Und wenn ein Nichtjude unsere Thora studiert und sich als ihr Meister erweisen sollte, dann hat er unsere Ehrerbietung nicht minder verdient als unser Hoherpriester selbst, wie Rabbi Meir ganz richtig erklärt hat. Es ist nicht unser Stolz, der uns zu solchen Urteilen gelangen läßt, obwohl sogar das Rote Meer sich teilte, um die Hebräer hindurchgehen zu lassen, und unser Gesetzgeber Moses mit dem Wort Gottes als Richtschnur für alle kommenden Generationen vom Berge Sinai herabgestiegen ist.«

Darauf sagte Cian voll Zorn, hiermit beweise ich eben den Stolz, über den sich alle Menschen so beklagten, und die Juden der Stadt Zaitun und die Juden, die von weither zu ihnen kämen, seien vom gleichen Schlage. Dem entgegnete ich: »Die Juden haben Grund für ihren Stolz. Denn wer weiß nicht, daß unser Prophet Jeremias der Lehrer des Griechen Plato war und daß der große Aristoteles, sein Name möge nie vergessen werden, zu Füßen des Simon studierte? Außerdem, ihr Herren, ist auch der einfachste Jude der Welt des Lesens kundig. Denn ein Jude, der sich als Bauerntölpel gefällt und die Thora nicht studieren kann, ist kein Jude und bleibt ausgeschlossen.«[285]

Auf meine Worte erklärte Cian in der Hitze seines Zorn, ich hätte damit behauptet, daß auf der ganzen Welt nur der des Lesens kundige Jude es verdiene, weise genannt zu werden, da nur der die wahre Gelehrsamkeit erlange, der das sittliche Gesetz gemäß der Thora studiere. Darauf antwortete ich, nicht nur die Thora, sondern auch die Vernunft lehre den Menschen, was das sittliche Gesetz sei, und erlaube ihm, Gut und Schlecht zu unterscheiden, selbst wenn er ungebildet sei. Auf meine Antwort wußte Cian nichts mehr zu entgegnen und verstummte, Gott sei gelobt.

Dergestalt sprach ich über die Juden, meine Brüder, Gott bewahre sie in Seinen Händen, wie es meine Pflicht war, und berichtete den Weisen der Stadt des Lichts von unseren Gesetzen und Bräuchen, doch ich erklärte auch, daß in den christlichen Ländern, in denen das Kainszeichen auf uns laste, unsere Sicherheit keine verläßliche Sache sei und daß all unser Segen von Gott komme, Er sei verherrlicht und gelobt.

Denn der Christ nehme uns oft unser Leben und unser Hab und Gut, wenn die Priester ihn im Namen ihres Gottes gegen uns aufhetzten. Es heiße zwar, die ganze

»... UNSER PROPHET JEREMIAS ... DER LEHRER DES GRIECHEN PLATO«
Die Überlieferung, daß die Griechen ein Großteil ihrer Philosophie von den Juden bezogen haben, ist tief verwurzelt (besonders bei den Juden), und selbst Nietzsche hielt es für möglich, daß Sokrates ein Jude war. Von Jacobs obiger Beteuerung abgesehen, herrscht in der jüdischen intellektuellen Tradition Unsicherheit, ob Philo Judäus von Plato beeinflußt wurde oder umgekehrt. Man glaubt auch, daß Aristoteles die Septuaginta (die hebräische Bibel) studiert hat, und dem Talmud ist zu entnehmen, daß Rabbi Jehoschua ben Chananja mit den Philosophen Athens diskutierte (Bechorot, 8b).

Welt dürfe als Heimatland der Juden gelten, doch jeder Mensch müsse am Abend sein Haupt an einem bestimmten Ort und nirgendwo anders zur Ruhe betten. Unsere wahre Heimat sei außerdem Jerusalem allein; in allen anderen Städten seien wir nur auf der Durchreise.

Und wenn es bei den Christen, sowohl bei denen, die uns unterdrücken, wie auch bei denen, die guten Willens sind, heiße, daß wir oft traurig und schmerzerfüllt seien, dann entspreche das der Wahrheit. Denn sogar in der Heiterkeit der Hebräer schwinge der Ton der Traurigkeit mit, denn für alle diese Dinge gebe es leider eine stichhaltige Begründung. So also sprach ich vor den Weisen.

Da fragte mich der vornehme Ociuscien, ob das Los meiner Brüder auch in Zukunft so hart und trostlos sein werde, wie es in der Vergangenheit gewesen sei. Ich antwortete darauf: »In der Zukunft sehe ich sowohl größeren Ruhm als auch größere Leiden[286] für mein Volk, sowohl das Blühen unserer Gelehrten in allen Ländern als auch großes Leid, das uns angetan werden wird, möge Gott uns vor unseren Feinden schützen.[287] Denn die Kirche der Christen lehrt ihre Anhänger, angesichts eines Juden nicht einen Menschen wie sie selbst zu sehen, der geboren wird wie jeder Mensch und der in der Hoffnung auf die Erlösung durch Gott wieder stirbt, Er sei gepriesen, sondern einen Kain, dem kein Übel erspart bleiben soll, seien seine Taten gut oder schlecht.

Ein Jude,
ein Franke und
andere vor Gericht –
aus einer deutschen
Handschrift
um 1300

Greif – aus einer
nordfranzösischen
hebräischen Bibel
vom Ende
des 13. Jahrhunderts

Jeder meiner Brüder steht daher oft nicht vor einem Freund, sondern vor einem Ankläger, in dessen Augen er bereits die verborgene Verurteilung sehen kann, selbst wenn der andere sie durch Worte des Wohlwollens und des Lobes zu verbergen sucht. Doch ein solches Vorurteil ist auch eine Lästerung Gottes, denn nur Gott vermag uns wirklich zu beurteilen, wie er auch über jene, die uns verurteilen, am Ende der Tage urteilen wird. Von diesen Feinden, ihr Herren, ist der Christ der schlimmste, denn er ist in seinem Herzen zur Grausamkeit bereit. Er sieht immer nur unsere schlechten Seiten und achtet auf unsere Fehler mehr als auf seine eigenen.

Er erkennt schnell den Juden in uns, selbst wenn wir uns verhalten wie jeder andere, und er stutzt wie ein Hund, dem sich das Fell im Nacken sträubt, sollte er das in uns finden, was in seinem Herzen Angst und Neid aufkommen läßt, selbst dann, wenn unser Körper und unser Besitz armselig sind. Wahrlich, selbst wenn wir arm und einfach sind, bildet er sich ein, daß wir reich an Besitz und Heimtücke seien, und wenn wir vorsichtig sind, meint er, wir seien über alle Maßen weise. Er hält uns für verschlagen, wenn wir klug sind, für ungläubig, wenn wir unserem eigenen Glauben folgen, für geizig, wenn wir unsere Güter dem Zugriff unserer Feinde entziehen, für streberhaft, wenn wir etwas lernen, und für betrügerisch selbst in unseren guten Taten, als ob wir solche nur vollbrächten, um einen vorteilhaften Platz oder eine Gunst zu erlangen.

Wegen dieser Vorurteile seitens der Christen können wir weder durch gute noch durch schlechte Taten Sicherheit finden. Denn je mehr wir es ihnen recht zu machen versuchen, desto eher lassen sie sich zu Ausschreitungen gegen uns hinreißen. Deshalb sehe ich großes Leid und vielfachen Tod auf uns zukommen, was Gott verhüte und wovor Er Sein Volk schützen möge, sogar noch größeres Unglück, als wir jemals zuvor erlitten, wenn der Boshaftigkeit der Christen gegen uns nicht durch die Vernunft und Güte anderer Grenzen gesetzt werden. Denn da sind jene, deren Haß nur beschwichtigt werden kann, wenn unser Blut vergossen wird, unsere Habe geraubt und wir aus unseren Städten vertrieben werden.

Unsere Standhaftigkeit im Glauben, unser Einsatz für uns selbst und für andere und unser Stolz auf den Glanz unserer Gelehrsamkeit, die uns fest und unbeugsam machen, stacheln den Haß der anderen nur um so heftiger an.

Daher ist es nicht ausgeschlossen, was Gott verhüte, daß eines Tages ein neuer Haman aufsteht, der uns zum Staub auf dem Dreschplatz machen will und der uns alle, Weh über mich, zu töten trachtet, möge Gott uns diese Heimsuchung ersparen. Doch Gott wird uns gewiß nicht dem Schlächter ausliefern, sondern wie er die Wellen über den Ägyptern zusammenschlagen ließ, wird er schützend die Gegenwart Gottes zwischen ihren Schwertern und unseren Leibern ausbreiten, um uns sodann sicher aus dem Kummer unseres Exils ins Heilige Land zu geleiten.

So sehe ich die Feinde Israels, als seien sie zur Schlacht angetreten und bereit, uns hinzuschlachten mit dem Strick, mit Gift und mit dem Schwert, aber ich vermag keine hingeschlachteten Opfer zu sehen, wofür Gott verherrlicht und gepriesen sei. Denn in meinem Geiste sehe ich nur, wie unsere von der Majestät Gottes geblendeten Feinde durch den flammenden Glanz der Herrlichkeit Gottes zurückgeschlagen werden, und danach sehe ich den Rauch der Opferfeuer, der als Dank von unseren Altären gen Himmel steigt, wofür Gott verehrt und verherrlicht sei.«

Nachdem ich so gesprochen hatte, verfiel ich, Jacob von Ancona, in Schweigen und sprach kein weiteres Wort. Auch die Weisen der Stadt verharrten eine Zeitlang in Schweigen. Indem ich nämlich von der Errettung der Juden gesprochen hatte, war Einmütigkeit unter ihnen eingetreten und ihre Streitigkeiten waren beigelegt.

Da erhob sich der Kaufmann Anlisciu und ersuchte mich unter großer Gunstbezeigung, an einem anderen Tag zu ihnen über die Heuchelei und Boshaftigkeit der Christen in den fränkischen Ländern zu sprechen. Vom getreuen Lifenli begleitet, begab ich mich hinaus, während sich im Vorbeigehen alle tief vor mir verneigten, wofür Gott gepriesen sei.

Als ich in den nächsten Tagen alle meine religiösen Pflichten erfüllt hatte, wofür Gott gedankt sei, und die Worte meiner Ansprache vor den großen Weisen von Zaitun in allen Teilen der Stadt verbreitet worden waren, wie Lifenli mir mitteilte, wurden mir Berichte von vielen Handgreiflichkeiten und Zusammenstößen in den Straßen der Stadt zugetragen, zu denen es zwischen den Anhängern der Partei des edlen Pitaco und denen der Partei der Kaufleute und des Volkes gekommen war, so daß sich aus Gründen der Sicherheit jedermann gezwungen sah, zu Hause zu bleiben.

Darauf wurde ich von dem Mädchen Buccazuppo und der boshaften Frau Bertoni bedrängt, denn nachdem man den Steuermann Turiglioni unlängst begraben hatte, war Buccazuppo in plötzlicher Liebe zu dem getreuen Lifenli entbrannt, Gott behüte. Denn das wurde mir von der Bertoni heimlich hinterbracht, und sie schwor darauf beim Haupt ihrer Kinder und vergoß viele falsche Tränen, damit dem Mädchen ja kein Leid geschehe. Denn Lifenli hatte zu Buccazuppo, die sich der Trauer über Turiglioni hingegeben hatte, Worte des Trostes gesprochen und so ihre Liebe gewonnen, nachdem ihm ihre beständige Traurigkeit aufgefallen war.

Als mir das zu Ohren gekommen war, zitierte ich Buccazuppo herbei und erklärte ihr, man habe sie meiner Obhut anvertraut, damit sie mir diene, und sie dürfe deshalb nicht vom Pfad ihrer Pflicht abweichen und habe stets die Gefahr für ihre Seele zu bedenken. Denn ich war gezwungen, nach Art der Christen zu ihr zu sprechen, was Gott mir vergeben möge. Auch dürfe sie sich nicht der Hoffnung hingeben, sie könne in Manci mit einem Mann ohne die größte Gefahr für Leib und Leben zurückbleiben, denn die Stadt sei wegen der heranmarschierenden Tataren und wegen der Unruhen unter den Bürgern dem Verderb ausgeliefert, und wer ein Fremder sei, solle sich lieber Gedanken über seine Flucht machen. Ich sagte ihr auch, daß ich Befehl gegeben hätte, meine Schiffe gegen die Gefahr zu rüsten, und daß unsere Abfahrt kurz bevorstehe.

Nach diesen Worten brach sie in Tränen aus und erklärte zuerst, daß die Bertoni nicht die Wahrheit gesagt habe, dann, daß der getreue Lifenli gar nichts von ihrer Liebe ahne, die in ihrer Seele verborgen sei. Als ich das hörte, tat mir das arme Ding leid, und ich sagte zu ihr, es sei besser für sie, vor der Frau Bertoni zu schweigen, und auch, daß ich mich mehr um sie kümmern würde, damit ihr kein

Leid geschehe, und daß Lifenli zwar ein ihrer Liebe würdiger Mann sei, doch sie müsse in erster Linie an ihre Rückkehr in ihr Heimatland denken. Außerdem versprach ich, ihr für ihre Treue auf der Rückreise Lesen und Schreiben beizubringen. Damit ging sie fort, doch sie weinte immer noch.

In jenen Tagen nach dem Sabbat Schemot kamen am vierundzwanzigsten und fünfundzwanzigsten Tag des Tewet[288] zwei Boten zu mir ins Haus des Nathan ben Dattalo. Der erste war ein Abgesandter des edlen Pitaco, der die Weisheit meiner Worte vor den Weisen der Stadt lobte, von denen er einen Bericht erhalten habe, doch er rate mir, darauf zu achten, mit wem ich es zu tun hätte, wenn man meinen Rat suche. Danach kam ein weiterer Bote, diesmal von dem Kaufmann Anlisciu, der mich zum Weisen aller Weisen erklärte und mich untertänigst bitten ließ, gemeinsam mit ihm das Haus des großen Suninsciou zu besuchen, damit ich mehr über die Ansichten jener erführe, die insgeheim in der Stadt das Kommando hätten.

Nachdem ich ihnen mit Hilfe von Lifenli geantwortet hatte, erhielt ich Nachricht von meinen Brüdern Nathan ben Dattalo, Eliezer von Venedig und Lazzaro del Vecchio, der Friede sei mit ihnen, die auf ihrem Weg in die Stadt Chinscie auf wunderbarste Waren und Kunstwerke gestoßen waren und sehr gewinnträchtig eingekauft hatten. Für diese Fülle dankten sie Gott, Er sei gepriesen.

Das Gesetz
der Freiheit

Zu den bemerkenswertesten Abschnitten in Jacob von Anconas
Manuskript gehören jene, in denen er die politischen Debatten beschreibt, die im Winter 1271–1272 in Zaitun geführt wurden, als sich
die Ältesten und Weisen der Stadt mit dem Problem der Verteidigung
gegen die Tataren, aber auch mit allgemeineren Regierungs- und Ver-
waltungsfragen auseinandersetzten. Jacobs Kommentare zu diesen
Auseinandersetzungen und seine Beiträge dazu – sofern man hier seinem Bericht folgen darf – werfen tiefgehende Fragen nach seiner eigenen Position auf, die einer weitergehenden Untersuchung bedürfen.

In meiner eher willkürlichen Einteilung der Übersetzung in einzelne Kapitel folgt nun ein Bericht über Jacobs »privaten« Meinungs-
austausch mit einem reichen Kaufmann, den er als grande popolano
bezeichnet – wörtlich übersetzt ein »Mann des Volkes«, was ich jedoch
als »Bürger« und »Abgeordneter« lesen möchte. Darin geht es um
Reichtum und Armut, um Handel und Gewinn sowie um die Vor- und
Nachteile dessen, was wir heute als Wohlfahrtsstaat und freie
Marktwirtschaft bezeichnen. Die Auseinandersetzung der beiden
Kaufleute über die Pflichten der Reichen, die Erwartungen der Armen
und über die Vorteile und Risiken einer freien Wirtschaft – die möglicherweise im Nachgang ausgeschmückt wurde – findet durch die
Verärgerung Suninscious über einige von Jacobs Antworten ein plötz-
liches Ende. Doch die Wiederaufnahme dieser Themen läßt im Text
nicht lange auf sich warten, als Jacob tiefer in das hineingezogen wird
– oder sich hineinziehen läßt –, was er die »Drangsale der Stadt« nennt.

Im Verlauf der Diskussion erhalten wir einen faszinierenden
Einblick in den »Lifestyle« eines reichen Kaufmanns der Süd-Song, in
dessen »Prestigekonsum«, Luxus und (in Jacobs Augen) Raffgier. Der
Kaufmann in Jacob zollt Bewunderung, der Moralist in ihm verurteilt.
In der Tat hat diese Spannung zwischen den gegensätzlichen Aspekten

*Auf der Brücke über
den Fluß – Detail aus
der Bildrolle
Den Fluß hinauf am
Frühlingsfest*

seines Charakters – das Manuskript ist eine köstliche Mischung bewußter und unbewußter Mitteilungen über Jacobs komplexe Persönlichkeit – meine Übersetzung vorangetrieben. Dieser Mann steht in seiner ganzen Vielschichtigkeit vor uns und läßt sich voll und ganz auf die moralischen und praktischen Widersprüche und Herausforderungen ein, mit denen er sich seiner Meinung nach konfrontiert sieht.

Dann folgt ein Bericht über Jacobs ersten Besuch in einer Versammlung, deren politischer Status unklar bleibt und die einberufen wurde, um die Probleme der Stadt zu diskutieren. Mit dem Wort, das Jacob hierfür benutzt – concilio –, dürfte er eine Versammlung hoher Funktionäre religiöser und weltlicher Art zu einem bestimmten Zweck gemeint haben und nicht eine stehende parlamentarische Einrichtung. Jacob verwendet zwar auch den Ausdruck parlamento, *doch nur in der Bedeutung einer großen Gesprächsrunde oder (wie wir salopp sagen würden) einer »Quatschbude«. Das Wort scheint für ihn nicht die Bedeutung einer repräsentativen Bürgerversammlung zu haben, trotz der im 13. Jahrhundert in vielen Teilen Mitteleuropas einsetzenden Entwicklung der »Ständeparlamente«.*

Er mag in diesem Punkt – und im Rahmen seiner Zeit – »altmodisch« erscheinen, aber vielleicht war ihm in seiner jüdischen Frömmigkeit die Entwicklung der Regierungsformen des christlichen Europa auch entgangen (oder gleichgültig?). Dennoch zeigt die Intensität seines Engagements für die politischen Probleme Zaituns, welches sich im Verlauf des Manuskripts fast ins Zwanghafte steigert, daß er bei den Auseinandersetzungen, an denen er beteiligt gewesen sein will, intellektuell nicht unvorbereitet war.

Denn zu Jacobs Zeit beeinflußten die Werke Ciceros, insbesondere dessen De officiis *(Über die Pflicht), und die von Avicenna und Averroes das Denken und die Diskussionen der jüdischen, christlichen und muslimischen Gelehrten über weltliche Angelegenheiten einschließlich der Regierungsformen. Die Grenzen zwischen der Welt Gottes und der des Herrschers wurden von den Gelehrten mit Leichtigkeit überschritten. Vor allem unter dem Einfluß des Aristoteles war im Mittelalter die Natur des politischen Gesamtwesens ein interessantes und geeignetes Thema für die Spekulationen eines jüdischen Gelehrten. Im mittelalterlichen Italien lebte sogar eine alte jüdische Überlieferung fort, die besagte, daß Aristoteles im hohen Alter zum jüdischen Glauben übergetreten sei.*[289]

*Doch wenn wir Jacobs »altmodische« Verwendung des Begriffs
Parlamento einmal beiseite lassen – wie sehr ist er seinem Text zufolge
mit den zeitgenössischen italienischen Diskussionen und Standpunkten
über die richtige Regierung einer Stadt und eines Reichs vertraut? Bei
der Erörterung politischer Fragen macht das Manuskript ausgiebigen
Gebrauch von Worten, die zu Jacobs Zeit üblich waren, wie* città *und*
cittade *(Stadt),* cittadino *(Bürger),* governo *(Regierung),* regno *und*
reame *(Reich) und* terra *und* patria *für »(Heimat)land«. Wir treffen
für »Heimatland« auch auf* terra natio, *doch für die Verwendung von
Begriffen wie* stato *im Sinne von »Staat« oder* nazione *(Nation) war es
zu Jacobs Zeiten natürlich noch zu früh.*

*Er erweist sich allerdings als »modern« genug – schon gar im
Vergleich mit der weniger tiefschürfenden Geisteswelt seiner Zeit –, um
zu versuchen, den chinesischen Gesprächspartnern begreiflich zu
machen, daß es nötig sei, die Vertreter der Stadt einzuberufen und
ihre Meinung zu den Schwierigkeiten der Stadt einzuholen. (Das kann
nur bedeuten, daß die im Concilio Anwesenden keine offiziell gewählten Volksvertreter im engeren Sinne waren.) Aus der judaischen
Tradition heraus steht Jacob auch der monarchistischen Idee und dem
Absolutismus ablehnend gegenüber. Doch wie Thomas von Aquin
scheint er die sich damals entwickelnde Überzeugung nicht gekannt
oder ihr gleichgültig gegenübergestanden zu haben, daß Entscheidungen, die die ganze Bevölkerung betreffen, auch deren »demokra-
tische« Zustimmung haben sollten, speziell durch Mehrheits-
entscheidung, selbst wenn diese Entscheidung nur durch die Mehrheit
der Patrizier getroffen würde. Diese Überzeugung wurde bereits von
einigen mittelalterlichen Juristen vertreten und auch in einigen italienischen Städten praktiziert. Zudem ist es sehr gut möglich, daß seine
Heimatstadt Ancona zu Jacobs Zeit bereits einen ständigen Rat von
Bürgervertretern besaß.*

*Die erste urkundliche Erwähnung eines Podestà (etwa: Bürger-
meister) und von Konsuln in Ancona findet sich in einem Dokument
des Klosters von Tremiti, das vom August 1128 datiert. Diese Repräsen-
tanten wurden mit größter Wahrscheinlichkeit von einer ständigen
Körperschaft ausgewählter Bürger von Ancona bestellt oder gewählt
(vermutlich durch Mehrheitswahl), die durch Herkunft, Vermögen und
Status eine besondere Stellung einnahmen. Die Juden waren hiervon
mit großer Gewißheit ausgeschlossen. Außerdem war das Vertretungs-*

Haus eines
reichen Mannes –
Ausschnitt aus einem
Gemälde des
12. Jahrhunderts mit
der Darstellung
der Ehrfurcht vor
den Eltern

prinzip, sei es durch Ernennung oder durch Wahl, in den Gremien der Kirche bereits fest etabliert.[290]

Im Lauf der Zeit und ganz besonders ab dem Beginn und der Mitte des 15. Jahrhunderts wurden diese frühen »demokratischen« Ideen und Praktiken jedoch von Doktrinen wie der päpstlichen Unfehlbarkeit und dem Gottesgnadentum der Könige zurückgedrängt und ersetzt. Zu Jacobs Zeit war die Spannbreite der politischen Vorstellungen und Praktiken jedoch breiter, als es in seinen Beobachtungen und Kommentaren zum Ausdruck kommt. Zwar ermöglichte es ihm seine schnelle Auffassungsgabe, die Implikationen der in Zaitun vorgefundenen politischen und sozialen Wirren zu begreifen, doch die damalige abendländische Diskussion dieses Problemkreises scheint ihm nicht bekannt gewesen zu sein. Seine politischen Vorstellungen werden zwar durch seinen »Humanismus« und Skeptizismus gemildert, doch ihr Tenor vermittelt (in der Rückschau) insgesamt eher den Geist des Mittelalters als der beginnenden Renaissance.

Es gibt, glaube ich, gute Gründe für Jacobs relativ große Distanz zu diesen Themen. Der stichhaltigste lautet, daß er als Jude – der zwar gute Verbindungen und ein zufriedenstellendes Auskommen hatte – in seiner eigenen Stadt (wahrscheinlich) kein vollberechtigter Bürger war, und den konziliaren Regeln und Praktiken der Kirche dürfte er als Jude beziehungslos gegenübergestanden haben. Es entbehrt in der Tat nicht einer gewissen Ironie, daß ein Mann wie er den Ältesten einer fremden Stadt, wie von ihm behauptet, die Theorie der bürgerlichen Pflichten vorformuliert, während er sich mit größter Wahrscheinlichkeit selbst nicht zu den Bürgern seiner Heimatstadt rechnen durfte.

Jacobs lebendiger Bericht vom Aufeinandertreffen der Standpunkte der Beamten, Kaufleute und anderen Teilnehmer der ersten Sitzung des Concilio behandelt in etwa dieselben Themen, über die er mit dem Kaufmann Suninsciou schon privat diskutiert hatte, zum Beispiel das Wesen der Freiheit und die Voraussetzungen der Ordnung. In seinen eigenen Diskussionsbeiträgen nehmen moralische Überlegungen typischerweise den Vorrang ein, gleichgültig, ob es um gerechte Preise oder den freien Willen und die Entscheidungsfreiheit geht.

Das Kapitel endet mit einer Beschreibung der Hauptstadt des Süd-Song-Reichs, Kinsai, aus zweiter Hand und einer Diskussion über die Rechte und das richtige Verhalten der Frauen.

m siebenundzwanzigsten Tag des Tewet[291] begab ich mich, von Lifenli und Anlisciu begleitet, zum Haus des Großkaufmanns Suninsciou, einem immer noch jungen Mann, der jedoch sehr reich und in der Stadt sehr angesehen war, wie ich bereits berichtet habe. Ihm gehört ein wahrhaft großer Palast mit vielen Toren, Gärten und Pavillons für Festlichkeiten, dessen Fußböden mit Intarsien aus Silber verziert sind. Die unlängst zu Reichtum gelangten Kaufleute leben nämlich in Freuden wie die Könige, und ihre Frauen geben sich wie engelsgleiche Wesen, Gott vergebe mir meine Worte, indem sie sich in die teuerste, mit Gold versponnene Seide kleiden.

Ihre Häuser sind auch aus kostbaren Materialien erbaut, und die Besitzer geben für die Anschaffung von Zierat, Bildern und Möbeln hohe Beträge aus. Obendrein kaufen sie von den Händlern aus Großindien viel seltenes Parfüm, Räucherwerk und Arzneien und scheuen bei Luxuswaren keine Kosten, um den Neid anderer zu erregen. Sie imitieren die Sitten und Gewohnheiten der Adligen, denn, wie mir der getreue Lifenli erklärte, sie wollen nicht nur leben wie diese, sondern auch so sprechen, um sich allgemein beneiden und bewundern zu lassen. Sie haben kostbare Besitztümer in großer Vielfalt, die von ihnen mit äußerster Ehrfurcht behandelt werden, als ob diese Dinge ihr ganzer Lebensinhalt wären, was Gott verhüte.

Von diesen Besitztümern, von denen manche die höchsten Preise haben, die ein Mensch zu zahlen bereit sein kann, sind viele von großer Schönheit, doch sie sind zu nichts nütze, wie Bäume mit Blättern aus Gold und Silber, die durch großes künstlerisches Geschick rascheln können, und goldene und silberne Vögel, die zwischen ihnen herumstehen und singen. Obendrein reiten sie auf Pferden in der Stadt herum, die mit silbernen Trensen gezäumt sind, doch daß zu ihren Füßen Unrat herumliegt, ist den Reitern gleichgültig.

Suninsciou ist ein großer Volksvertreter[292], dem von mehr als fünfzig Dienern unentwegt aufgewartet wird. Wenn er sich an die Tafel setzt, werden ihm Gerichte in solchen Mengen aufgetischt, daß man nur staunen kann. Manchmal wird er sogar gefüttert wie ein Ziervogel, und das Essen wird ihm in den Mund gesteckt, was ein gottesfürchtiger Mann nur mit Beschämung beobachten kann. Es heißt, er sei so reich, daß er im Hügelland nördlich der Stadt des Lichts einen Gold- und Silbervorrat versteckt habe, der größer sei als der gesamte Schatz des Sohnes des Himmels. Viele behaupten, daß er bei allem Reichtum großer Grausamkeit verfallen sei und seine Kinder vor den Augen der Diener verprügle, doch andere nennen ihn lieb und gut, während wieder andere behaupten, er sei ein Räuber, der sogar den Armen noch alles wegnehme.

Er kleidet sich mit größter Sorgfalt. Seine Schuhe sind aus Satin und alle anderen Kleidungsstücke aus feinster Seide, und er war auf eine Weise parfümiert, die besser zu einer Frau gepaßt hätte. Wenn er an seiner Kleidung eine Unstimmigkeit findet, und sei sie noch so unbedeutend, zitiert er den Schneider herbei, der diese unverzüglich zu beseitigen hat, aber um die Bettler, die vor seinem Tor stehen, kümmert er sich angeblich kaum. Wenn er durch die Stadt geht, kommt es ihm nicht in den Sinn, daß sie saubergehalten und vom Gestank der ausgeleerten Nachtgeschirre befreit werden müßte, doch wenn ihm Obst vorgesetzt wird, ißt er nicht davon, solange es nicht gewaschen worden ist.

Auch die Frauen seines Hauses sind in Seidengewänder gekleidet, die unglaublich schön anzusehen sind. Im Haar tragen sie erstklassigen Goldschmuck, der von ihren eigenen Kunsthandwerkern hergestellt wird, und Elfenbeinkämme aus Großindien und Ciamba, weshalb sie mit unbedecktem Haar einhergehen, damit dieser Schmuck besser zur Geltung kommt. Bei großen Banketten tragen die Gemahlinnen der reichsten Kaufleute der Stadt Perlenkrönchen auf dem Kopf, und man möchte kaum glauben, daß sie Emporkömmlinge[293] sind, sondern man meint, sie wären von altem Adel. Da sie zudem in Alaun- und Sandelholzwasser baden und reichlich Parfüm auftragen, duften sie auf das Süßeste, so daß sie selbst in geschlossenen Räumen den Blumen eines Paradiesgartens gleichen, wofür Gott gepriesen sei.

Doch es heißt nicht nur, daß diese Frauen Gold und Silber heraussprudeln wie ein Springbrunnen Wasser, sondern daß sie, obgleich sie den Eindruck von schönen Füchsinnen erwecken, ihre Begierde befriedigen wie Drachen oder Löwinnen. Zudem ist das ganze Streben der reichsten unter ihnen darauf gerichtet, an den Hof des Königs Toutson in Chinscie gerufen zu werden und dort unter den Adligen und anderen Großen Platz nehmen zu dürfen, die der König auf seinen Banketten festlich bewirtet.

So trachten sie und ihre Gatten, ich schrieb es bereits, danach, wie Angehörige des Adels zu leben. Um ihren Gästen etwas zu bieten, rufen sie Dichter und Sänger in ihr Haus. In den Sälen und Gärten des maledeiten[294] Suninsciou drängten sich so viele Anhänger, daß er, obwohl noch ein junger Mann, nicht wie ein Kaufmann, sondern wie ein Herrscher inmitten seiner Vasallen auftrat, wobei er einen Reichtum entfaltete, der jeder Vernunft hohnsprach.

Deshalb sagte ich zu ihm, unsere Rabbis, der Friede sei mit ihnen, lehren, daß selbst der Reichste sich bemühen soll, nicht nur im Einklang mit der Vernunft zu leben, sondern auch in den von der Natur gesetzten Grenzen. Suninsciou antwortete darauf mit Geringschätzung und sagte, ihr Weiser Lazu habe gelehrt, die Natur zeige gegenüber dem Menschen nicht nur kein Wohlwollen, sondern absolute Gleichgültigkeit und ordne alles ihren eigenen Zwecken unter, was Gott verhüten möge.

Nach diesen gottlosen Worten fuhr er folgendermaßen fort: »Diejenigen, die dem Weg[295] folgen, sagen, daß die höchste Vollkommenheit alles erlange, allein, in der materiellen Welt erlangt sie gar nichts. Außerdem bedeutet das Streben nach Reichtum nicht notwendigerweise, in Habgier zu verfallen, wie auch die Armut kein Gebot des Himmels ist. Man kann den reichen Mann und den Kaufmann nur dann verurteilen, wenn sie ihren Reichtum für verderbte Zwecke einsetzen oder die Götter leugnen. Denn es kommt alles auf den Willen des Menschen an, der ein guter oder ein böser sein kann. Geld an sich ist weder gut noch schlecht. Und wie soll Zaitun denn leben, wenn der Handel eine Gefahr für die Seele darstellt, wie die fränkischen Priester predigen, die zu uns gekommen sind? Oder verwechselst auch du Reichtum mit Bosheit und Armut mit Tugend, wie es die Christen tun?«

Darauf antwortete ich, daß ich kein Christ sei, Gott bewahre, und deshalb auch diese Meinung nicht teilte. Ein reicher Mann sollte sich beim Ausgeben seines Reichtums vielmehr von der Weisheit leiten lassen, indem er die Armen unterstützt, im Einklang mit den Gesetzen Gottes lebt und das Übermaß meidet.

Wiederum zeigte Suninsciou meinen Worten gegenüber Verachtung und sprach wie folgt: »Wer der Bequemlichkeit nichts abgewinnen kann, dem sei dies unbenommen, doch wer dem Feuer am nächsten sitzt, dem wird auch am schnellsten warm.[296] Außerdem sind die Taten, über die die Menschen in der Seele frohlocken, nicht immer gut, noch ist der, der anderen zu dienen wünscht, stets ein Mann von Tugend. Zum größten Glück gelangt vielmehr, wer sich auf seine eigene Stärke verläßt und seine eigenen Ziele verfolgt, während der nie zu seinem Lohn kommt, der sich stets nach anderen richtet, sei es, um ihnen zu gefallen, sei es, um ihre Unterstützung zu bekommen, ob sie nun Götter sind oder Menschen.«

Als ich diese verruchten Ansichten vernahm, die mir so noch nie zu Ohren gekommen waren, und als der Großkaufmann Suninsciou noch nicht einmal ein gutes Wort für die Tugend der Mildtätigkeit übrig hatte, gab ich zurück: »Auch ich, Herr, bin ein Kaufmann, der seinen Profit sucht und seine Ziele verfolgt und sich auf der Jagd nach Gewinn sogar bis in die entferntesten Winkel der Welt hinauswagt. Doch da ich ein gottesfürchtiger Mann bin, versuche ich deshalb nicht minder, den Gesetzen Gottes zu gehorchen, Er sei lobpriesen, und mich an die Lehren unserer Schriftgelehrten zu halten, der Friede möge mit ihnen sein. Wie reich an Besitztümern wir auch sein mögen, es steht uns nicht zu, andere Menschen glauben zu lassen, wir hätten unbegrenzte Macht, denn das ist eine Lästerung des Heiligen Einen, der allein über den Himmel und die Erde herrscht. Auch soll niemand gegen die Armen und Bedürftigen hetzen oder die Hand gegen sie erheben, vielmehr gebührt ihnen seine Unterstützung. Denn das verlangt die Pflicht gegenüber Gott, Er sei gepriesen, und den Menschen.«

Bei diesen Worten rötete sich Suninscious Gesicht, und er erzürnte. Seine Stimme wurde so laut, daß seine Diener bei ihrem Klang in Totenstarre zu verfallen schienen. Er sprach: »Man mag einem anderen geben, was einem beliebt, denn das ist eine Angelegenheit der freien Entscheidung[297] des Menschen, doch wer zu viel oder zu lange Unterstützung empfängt, wird faul und bösartig. Denn er gewöhnt sich daran, sein Brot zu fordern, als habe er einen Anspruch darauf, und was ihm angeboten wird, nimmt er nicht an wie eine Gabe, sondern als erweise er dem Geber einen Gefallen. Die Hilfesuchenden werden daher nicht mehr sagen ›Wir bitten euch, seid so gut und gebt uns etwas‹, sondern ›Wir stehen hier und fordern unser Recht‹ oder ›Wir verlangen, daß ihr uns gegenüber eure Pflicht erfüllt‹, und jene, die sich solchem Auswuchs beugen, sagen, daß man daran nichts anderes tun könne, als geduldig und umsichtig zu sein.

Doch wie unser *Buch der Lieder* sagt, schmeckt dem Vornehmen nur die Speise, die er sich selbst verdient hat, doch der Unwissende freut sich über unverdienten Lohn und glaubt, er habe einen Gewinn gemacht. Seinesgleichen sucht sich nur das heraus, worauf er sich ein Recht einbildet, und schert sich nicht um seine Pflicht.« So sprach der Kaufmann Suninsciou, dem ich zur Antwort gab, auch er scheine wenig für seine Pflicht übrig zu haben, denn das gelte für alle, die ihre Ziele ohne Rücksicht auf andere verfolgten.

Auf meine Worte gab er mir verächtlich zurück: »Der Hund, der den Zerlumpten beißt, zeigt gute Urteilskraft. Hier bei uns hat jeder, was er für sein körperliches Überleben braucht. Außerdem macht die Stadtluft die Menschen frei, während sie auf den Äckern die Sklaven ihres Bodens sind. Die Bürger der Stadt des Lichts haben ein süßes Leben.«

Darauf antwortete ich ohne Furcht, Gott sei gedankt: »Im Gegenteil, Herr, hier gibt es einige, die ein über alle Maßen süßes Leben haben, viele, die ausreichend haben, viele, die wenig haben, und andere, die gar nichts haben. Außerdem ist die Stadt des Lichts zwar die großartigste von allen Städten, was den Reichtum ihres Handels angeht, und keine andere Stadt der ganzen Welt kann sich mit ihr vergleichen, doch ihre Lasterhaftigkeit und Gefährlichkeit sind so groß, daß man sich sogar mitten in ihren großen Straßen und Gebäuden nicht ohne Angst um sein Leben und seine Habseligkeiten bewegen kann. Auch gibt es in dieser Stadt Lustbarkeiten und Vergnügungen, die den Körper und die Seele des Menschen zerrütten, so daß nun das Zornesschwert Gottes, Er sei gepriesen, bereit ist, herniederzusausen, denn die Tataren nähern sich den Toren der Stadt. Doch ihre Bürger sind in diesem Augenblick entzweit, und manche halten zu dieser Partei, andere zu einer anderen, und niemand kann den richtigen Weg weisen.

Außerdem herrschen unter euren größten Weisen so viel Haß und Heimtücke, daß sie die Wahrheit nicht mehr finden können. In den Tempeln eures Glaubens ist niemand mehr anzutreffen außer den Alten, denn die Jungen nehmen an den religiösen Riten nicht mehr teil, wie der edle Pitaco allen vor Augen geführt hat. Aber die Reichen brüsten sich stolz mit ihrem Besitz ... und glauben, Handel und Geld allein brächten die Segnungen des menschlichen Lebens herbei. Sie glauben auch, die Habenichtse könnten, wenn sie sich nur mit ihrem Willen bemühten, mehr erlangen und auf diese Weise zufrieden werden. Feine Seide und Porzellan und andere Dinge habt ihr im Überfluß, Herr, doch überall um euch herum sind Abertausende, die vom Weg abgekommen sind und ihre Seele eingebüßt haben. Die meisten von ihnen sind zwar jung, aber da sie nicht bereit sind, den Weg der Vorväter zu beschreiten, haben sie sogar ihre Lebensgrundlage verloren.«

Als ich meine Gedanken vorgetragen hatte, verstummte der Großkaufmann Suninsciou. Er sah mich unverwandt an, als sei er in Gedanken, und seine Bediensteten standen stumm um ihn herum. Der getreue Lifenli wirkte, als hätte er große Angst.

Schließlich sprach Suninsciou: »Du bist zu hart und zu streng. Die Menschen haben vielerlei Fehler, aber auch viele Tugenden. Denn wer beherrscht nicht wenigstens eine Sache besser als alle anderen, auch wenn er alles andere dafür um so schlechter beherrscht? Doch niemand kann alles gut, noch nicht einmal der größte Weise unter uns.«

Hier verstummte er abermals, so daß ich, Jacob von Ancona, wieder zu sprechen begann, doch er bat mich innezuhalten und fuhr selbst fort: »In einer einzigen Sache befinden wir uns auf Abwegen, denn die Zahl unserer Nachkommenschaft sprengt jedes vernünftige Maß, und in Manci wird es bald eine solche Menge von Menschen geben, daß kein freies Stück Land mehr übrigbleiben wird, das man bearbeiten könnte.«

Auf diese Worte antwortete ich: »Dann, Herr, wünscht ihr also die freie Entscheidung in allen Dingen, außer in der Zeugung von Menschen, doch es ist ruchlos, in Gottes Plan einzugreifen, Er sei gebenedeit.«

Darauf antwortete Suninsciou in großem Zorn, so daß die Stimme Lifenlis erzitterte, ich möge mich lieber um mein eigenes Land kümmern, das meinen Rat besser brauchen könne; in seiner eigenen Stadt werde sich auf seinen Befehl alles zum Besseren wenden. Als Lifenli das hörte, riet er mir in unserer Sprache zum unverzüglichen Aufbruch, doch ich beschloß mit dem Willen Gottes, meine Stellung zu halten, und erklärte, es sei Menschenpflicht, sich um die Bedürftigen und Armen zu kümmern.

Darauf antwortete der Kaufmann Suninsciou: »Die bedürftigen Armen, die ihre Kinder nicht großziehen können, sollen sie an die Reichen geben oder verkaufen, denn in deren Häusern wachsen sie besser auf. Wer gesund ist, muß verpflichtet werden, einen Beruf auszuüben, denn wenn die, die weder krank noch fortgeschrittenen Alters sind, das nicht wollen, dann pochen sie auf das Mitleid anderer oder rauben sie aus, wenn sie vorübergehen.«

Hierauf gab ich furchtlos zur Antwort, Gott sei gelobt: »Aber ich habe von dem edlen Pitaco gehört, daß der Sohn des Himmels nicht mehr gütigen Herzens den Armen Hilfe zukommen läßt, sondern daß er sich von ihnen abgewandt hat, Gott behüte, nachdem die Ratgeber ihm erklärt haben, durch die Unterstützung der Armen schwinde die Klugheit und die Kraft aus deren Seele.«

Suninsciou, der abermals seine Geringschätzung meiner Worte zeigte, antwortete: »Der Dienst an den Armen gehört nicht zu den Pflichten des Sohnes des Himmels, sondern es ist die Pflicht der Armen, dem Sohn des Himmels zu dienen. Außerdem gehen alle Menschen unter dem Himmel, ob arm oder reich, ob von vornehmer oder niederer Geburt, ihren Weg je nach ihrem Schicksal im Licht der Sonne oder in Finsternis. Doch jeder, der ein bißchen Verstand und Kraft besitzt, hat selbst die Wahl, ob er gut oder elend leben möchte, ob er an etwas glaubt oder nicht, ob er sich dem einen Ziel verschreibt oder dem anderen. Deshalb ist es nicht die Aufgabe des Sohnes des Himmels oder der Regierenden dieser Stadt, die Entscheidungsfreiheit der Leute zu beschneiden, denn das würde bedeuteten, sie herabzuwürdigen und ihre Tugenden zunichte zu machen.«

Darauf sagte ich mit dem getreuen Lifenli an meiner Seite: »Desungeachtet klagen die Armen, daß man über ihre Leiden hinwegsehe und nur die Leiden der Reichen kuriere, daß die Brunnen kein sauberes Wasser mehr führten, die Kinder in den Straßen herumstreunten, und die Dungkutscher, die den Unrat in die Gärten und Felder vor der Stadt zu schaffen hätten, würden sich nicht mehr um ihre Aufgabe kümmern.«

Der Kaufmann Suninsciou antwortete darauf so: »Du verstehst nichts von unseren Verhältnissen, denn die Armen gehören zu unserer Partei und nicht zur Partei des Pitaco und der anderen alten Männer um ihn herum, die nur ihre eigenen Ziele verfolgen und lediglich das Rad zu den Zuständen ihrer Vorväter zurückdrehen möchten. Denn sowohl die Armen wie die Reichen unter uns wollen sich bei der Verwirklichung ihrer Wünsche keine Beschränkungen auferlegen lassen, und sogar die Tataren sind ihnen lieber als eine Kandare aus Pflichten. Jetzt gibt es kein Amt zum Schutz der Kinder mehr, aber auch keine Zölle für ausländische Kaufleute, und niemand muß heimlich den *scibaso* bezahlen, um die Besteuerung seiner Waren zu verhindern. Vielmehr können alle Waren genauso ungehindert den Hafen passieren wie die Leute die Straßen der Stadt des Lichts, und jeder kann dabei reich werden. Auch der Sohn des Himmels ist damit einverstanden, denn da er sein Volk liebt, wünscht er, daß es ihm gutgehe, und wenn die Notwendigkeit entsteht, einen Krieg zu führen, dann weiß er, daß die Menschen um so bereitwilliger für die Verteidigung des Reiches zu zahlen bereit sind, je ungehinderter sie sich in Friedenszeiten ihren eigenen Wünschen und Zielen hingeben können.

Außerdem braucht der Kaufmann in der Stadt des Lichts den *cianinpancian* nicht mehr zu fürchten, und der Händler aus fremden Landen ist nicht mehr gezwungen, ob er will oder nicht, Gold, Silber, Edelsteine und Perlen ausschließlich an den Sohn des Himmels zu verkaufen.[298] Die Tage des Herrschers Ouaninsci sind vorüber, denn das haben wir beschlossen, und alle können nach Belieben ihre eigenen Ziele verfolgen, damit jeder nach eigenem Gutdünken zur Zufriedenheit gelangen kann. Denn das ist das Gesetz der Freiheit,[299] dem sich jeder fügen muß, der nicht den Reichtum der Stadt zerstören und ihre Lichter ausgehen lassen will.«

Diese Sätze sprach der Kaufman Suninsciou mit lauter Stimme und voll Arroganz und Hochmut, als wollte er seinen Zuhörern Angst einflößen. Doch furchtlos erklärte ich, wenn jeder zum Erreichen der eigenen Ziele uneingeschränkt tun dürfe, was er wolle, dann sei das kein Gesetz für Menschen, sondern das Verhalten von wilden Tieren. Darauf schien der besagte Kaufmann vor Zorn anzuschwellen, und seine Züge verzerrten sich.

Da sprach ich, wiederum ohne Furcht, zu ihm die Worte: »Wenn ich meinen Mittag und meine Nacht auf dem Markt verkaufte, was Gott verhüten möge, und damit meine Pflicht vor Gott vernachlässigte, Er sei gepriesen, dann bliebe mir nichts, wofür es zu leben lohnte.«

Darauf verlangte Suninsciou mit gepreßter Stimme zu wissen: »Kann ein Mann sich ernähren und kleiden, der sich immer nur an die Wahrheit und Gerechtigkeit hält und sich nicht manchmal auch übler Methoden bedient?« Worauf ich antwortete, daß die Ware eines verderbten Menschen, selbst wenn er mit Gebeten und Segen handelte, Gott sei mir gnädig für meine Worte, dennoch fluchbeladen bliebe.

Darauf verlangte Suninsciou, ich möge mich aus seiner Gegenwart hinwegbegeben, und sprach frevelhaft: »Wie die Flamme des Feuers bei kaltem Wetter heller brennt, so sollten wir in Angelegenheiten des Handels das Licht nicht durch ein Übermaß an Tugendhaftigkeit trüben«, worauf seine Bediensteten enger um ihn zusammenrückten, als stünde er vor einem Feind.

Darauf verabschiedete ich mich von ihm mit dem Hinweis, der erste Stern des Sabbat Wa-era erscheine alsbald am Himmel und rufe mich zum Gebet, Gott sei gepriesen. Darauf lachte der gottlose

Suninsciou und antwortete: »Überall da, wo es keine Priester und Weisen gibt, die zur Pflichterfüllung mahnen, geht es den Leuten gut, und sie leben miteinander in Frieden.«

Als ich das hörte, Gott behüte, ging ich in Begleitung des getreuen Lifenli fort.

In den folgenden Tagen, also zu Beginn des Monats Schewat,[300] wurde bekannt, daß in der Stadt des Lichts einige Leute aus der Partei Suninscious zu Tode gekommen waren, und andere, die zur Partei des edlen Pitaco gehörten, wurden ebenfalls umgebracht, so sehr war die Feindseligkeit zwischen ihnen ausgeufert.

Aus Sorge um die Sicherheit des Nathan ben Dattalo, des Lazzaro und des Eliezer von Venedig, der Friede sei mit ihnen, schickte ich einen Boten nach Chinscie, der ihnen zur eiligen Rückkehr raten sollte, sofern er sie in dieser Stadt noch anträfe. Damit ich außerdem mein Leben und meine Hoffnung nicht verlöre, falls die Wirrnisse der Stadt zum allgemeinen Zusammenbruch führen sollten, ordnete ich erneut an, meine Schiffe für einen unverzüglichen Aufbruch vorzubereiten und meine Waren sachgerecht zu verladen und weiter, daß meine Seeleute sich in Hafennähe bereitzuhalten hätten, denn niemand konnte den genauen Tag unseres Aufbruchs voraussehen. Dasselbe sagte ich zu meinen Dienerinnen Bertoni und Buccazuppo und zu Rustici und Pecte, worauf die Buccazuppo erbleichte, denn es hatte den Anschein, daß sich in ihr der Wunsch regte, in der Stadt zu bleiben, obgleich sie mir auf meine diesbezüglich an sie gerichteten Fragen keine Antwort gab und auch nicht auf die Fragen der Bertoni.

Zur gleichen Zeit, es war am zweiten und dritten Tag des Monats Schewat,[301] kam ein Bote aus dem Haus des edlen Pitaco zu mir, um mir zu sagen, daß die hohen Beamten der Provinz, die sie in ihrer Sprache Ciciu und Tunpan nennen, angeordnet hatten, die Bürger der Stadt sollten wieder zur Eintracht zurückfinden, denn so laute der Befehl des Sohnes des Himmels. Deshalb seien sie aufgefordert, zu einer Versammlung zusammenzutreten, um sich in einer Debatte miteinander auszusprechen, damit nicht ein Bürger das Blut des anderen vergieße. Da darüber hinaus die schwierige Lage der Stadt besprochen werden solle und zu überlegen sei, wie sie sich selbst regieren könne, und ich mich als ein Mann erwiesen habe, der in diesen Dingen über ein weises Urteil verfügt, möge auch ich, obwohl ein Fremder, die Versammlung besuchen und mir die dort gesprochenen Worte anhören. Der Bote des edlen Pitaco ließ mich wissen, ich sei zwar ein großer und in allen Ländern geachteter Kaufmann, doch hätte ich erkennen lassen, daß ich mich nicht der Partei der Kaufleute verbunden fühlte, sondern vielmehr der Partei jener, die dem Weg des Anstands und der Tugend verpflichtet seien, Gott sei gepriesen.

Über die Worte des Boten empfand ich große Genugtuung und hieß ihn meinen bescheidenen Dank an seinen edlen Meister ausrichten. Ich würde es als meine Pflicht betrachten zu erscheinen, um zu hören, was besprochen werde.

Am vierten Tag des Schewat begab ich mich daher, vom getreuen Lifenli begleitet, zur großen Halle des Präfekten der Stadt, in der alle höheren Beamten und kaiserlichen Vertreter, die sie in ihrer Sprache *chuan* nennen, und eine große Zahl von Kaufleuten, Weisen und anderen Bürgern, unter ihnen auch Soldaten und Wächter der Stadt, versammelt waren. Der Andrang war so groß, wie wohl noch nie zuvor bei einer Versammlung. Tausende hatten sich zusammengefunden, um eine große Aussprache abzuhalten.[302]

Der Präfekt sprach zu den vor ihm Versammelten: »Ihr Herren, wir sind hier versammelt, um die Stadt wieder sicher zu machen, und jeder muß unbehelligt zu Wort kommen dürfen. Denn unter uns herrscht ein großes Durcheinander, und wir haben uns entzweit. Jeder glaubt, den richtigen Weg zu kennen und zu wissen, daß der andere in tiefer Finsternis geht. Wir müssen deshalb bis zur Wurzel des Problems vorstoßen und uns einig werden, worauf es mehr ankommt und worauf weniger, aber wir müssen alle Angelegenheiten regeln, wie der Himmel es verlangt. Wir sollten auch nicht glauben, daß irgend jemand auf der ganzen Linie recht hat, denn wir werden hören, daß bei jedem ein Körnchen Wahrheit zu finden ist.

»Der weise Menche«,
Mengzi,
chinesischer Gelehrter
des 4. Jh. v. Chr.

Ihr wißt auch, daß der Sohn des Himmels, geleitet von seinen beiden Hauptratgebern, den Weisen Ciumin und Gaiudincia, die beide Anhänger der Weisheit des Menche sind, beschlossen hat, daß innerhalb unserer Stadt alle Waren von der Besteuerung befreit sein sollen. Denn der weise Menche hat gelehrt, daß die Händler gerne dahin kommen, wo die Waren nicht besteuert werden. Ganz ähnlich werden Reisende ihre Waren gerne in einem Reich abladen, in dem an den Grenzen der Städte keine Steuern von ihnen erhoben werden, und sie werden auch gerne die Straßen dieses Reiches benutzen und auf diese Weise der jeweiligen Stadt zu Reichtum verhelfen.

Wenn der Bevölkerung diese Freiheit zugestanden wird, wozu der weise Menche seine Schüler angehalten hat, dann wird sie die Regierenden ihrer Stadt achten, die darauf in der Welt nicht ihresgleichen haben wird. Denn solche Maßnahmen lassen die Bürger nicht nur durch den umfangreichen Handel wohlhabend werden, sondern sie arbeiten auch eifriger, wenn sie von den vormaligen Belastungen befreit sind. So werden sowohl der Sohn des Himmels wie auch die Stadt von der Last ihrer Verpflichtungen gegenüber den Bürgern entbunden, denn diese sind nun besser in der Lage, von ihren eigenen Mitteln und ihrer Hände Arbeit gewinnbringenden Gebrauch zu machen.

Daher wird unsere Stadt nun im Einklang mit der Lehre des Menche regiert, und jeder Bürger kann sich ganz seinen in freier Entscheidung selbst gewählten Zielen widmen und zum Wohlstand der ganzen Stadt beitragen, indem er seine Ziele durchsetzt. Denn der Sohn des Himmels und seine Ratgeber wünschen, daß in dieser Stadt die Regierenden die Diener und nicht die Herren des Volkes sind und daß jeder Bürger als freier Mann in freien Verhältnissen[303] ungehindert mit seinen Mitbürgern zusammenlebt. Außerdem hat der Weise Ciumin erklärt, unter solchen Voraussetzungen und in einer solchen Stadt seien die Bestrebungen der Bürger zu vielfältig, um sie mit einer für alle verbindlichen gemeinsamen Regelung zu erfassen, wie es in anderen Städten des Reiches möglich ist. Vielmehr muß jeder dem anderen gegenüber guten Willen zeigen, denn es ist unmöglich, in jedes Haus und auf jede Straße einen Wächter zu stellen.

Damit die Menschen weiterhin in Freiheit zusammenleben können, darf deshalb keiner gegen den anderen zu den Waffen greifen,

sondern es muß möglich sein, daß jeder sich um seine selbst-
gesteckten Ziele kümmert, solange sie nicht ungesetzlich sind. Denn
so kann jeder zu Glück und Reichtum gelangen. Doch wenn er sich
anderen in den Weg stellt und andere sich wiederum ihm in den Weg
stellen, wird alles unter dem Himmel in große Unordnung geraten,
unser Reichtum wird zerrinnen, und jeder Mensch wird darunter zu
leiden haben.«

Als der edle Pitaco diese Worte hörte, ließ er den Präfekten nicht
weiterreden und erklärte mit großer Bitterkeit, während anfangs
gegen ihn angeschrien wurde: »Der Sohn des Himmels wurde mit
diesen törichten Argumenten überredet, wobei er nicht sah, daß
eine Freizügigkeit die andere nach sich zieht, bis alle Ordnung zerstört ist und nur unter größten Schwierigkeiten wieder aufgerichtet
werden kann. Wenn der Mensch nach Belieben alle Ziele verfolgen
darf, die er sich aussucht, bekommt man ihn nicht ohne großes
Murren wieder an die Kandare.«

Darauf machten viele der Kaufleute und der anderen Anwesenden ein großes Geschrei, doch er fuhr fort: »In den vergangenen Zeiten haben wir die Barbaren des Nordens zu unseren Sitten
und Gebräuchen bekehrt, und nicht sie haben uns bekehrt, so zu sein
wie sie. Doch nun sind unter uns jene aufgestanden, die ohne das
rechte Verständnis der Lehre des Menche sich in einer Weise verhalten, die dem Gesetz des Himmels zuwider ist. Sie zerstören die
Lebensart der früheren Zeiten und wenden unseren Lehrern den
Rücken zu. Ein Mensch mag aus einem dunklen Tal emporsteigen,
um sich auf dem Gipfel in einem hohen Baum niederzulassen, doch
er sollte den hohen Baum nicht aufgeben, um in die dunkle Schlucht
hinabzusteigen.«

Bei diesen Worten gab es viel Gebrüll und Geschrei. Pitaco
fügte mit lauter Stimme hinzu: »Menche hat aber nicht gesagt, daß
die Führung einer Stadt ihren Kaufleuten anzuvertrauen sei, damit
sie in den Ruin getrieben werde.« Daraufhin wollte niemand
mehr zulassen, daß der edle Pitaco weitersprach, so groß war das
Gebrüll der Menge, bis die Soldaten und Wächter auf Befehl des
Präfekten die Menge mit derben Hieben schlagartig wieder zur Ruhe
brachten.

Darauf äußerte sich der edle Pitaco folgendermaßen über das
Reich: »Der Geist des Sohnes des Himmels ist von den Ratgebern

Ciumin und Gaiudincia so einseitig beeinflußt worden, daß sie ihn überhaupt vom rechten Wege abgebracht haben. Mittlerweile kann sogar der Ein- und Verkauf von Salz, Wein, Räucherwerk und all den anderen Dingen, die einst dem Reich vorbehalten waren, von jedermann völlig ungehindert vorgenommen werden. Sogar die Freudenmädchen, die der Sohn des Himmels früher den Botschaftern anderer Länder zur Erhöhung ihrer Behaglichkeit zuführte, werden mittlerweile von den Kaufleuten vermittelt.«

Hierauf hörte man viele wütende Rufe gegen Pitaco, der dennoch fortfuhr: »Doch jetzt sind auch die Ländereien des Reiches verkauft worden, und die Bergwerke und Grasländer ebenso. Früher gab der Sohn des Himmels den Bauern Darlehen und regelte den Getreidemarkt, und das Reich war früher Besitzer einer großen Zahl von Werkstätten und Magazinen. Doch nun ist alles in die Hand der Kaufleute übergegangen, und sie machen damit, was sie wollen.«

Doch die Partei der Kaufleute, von deren Anhängern über einhundert erschienen waren, wollte den edlen Pitaco unter keinen Umständen in dieser Weise weiterreden lassen. Der Kaufmann Anlisciu beschwerte sich mit folgenden Worten lautstark über die hohen Beamten, die sie in ihrer Sprache Chuanceni nennen: »Und für wie viele kaiserliche Delegierte und Vertreter mußten wir aus unserer eigenen Tasche für standesgemäße Unterkunft sorgen? Gab es nicht drei- bis vierhundert solcher beamteter Nichtstuer in unserer Stadt, deren Aufgabe darin bestand, Fliegen zu fangen und an allem herumzumeckern, und kein Mensch konnte einen Stein von links nach rechts setzen, ohne sie um ihre Erlaubnis zu fragen? Wir wollen nicht vergessen, daß es unser vornehmer Führer Suninsciou war, dessen Einfluß uns vor dieser Willkür geschützt hat.

Das Amt für Schiffahrt sitzt uns nicht mehr im Nacken und auch nicht die Makler, die uns unsere Gewinne gestohlen haben, und das Amt für Gebäude und mehrstöckige Häuser darf uns nicht mehr in die Arbeit pfuschen. Und den ausländischen Händlern ist es nicht mehr untersagt, ihre Waren in den Geschäften unserer Stadt zu verkaufen, denn wir haben jetzt freiheitliche Verhältnisse. Die Dämonen, die uns ins Fleisch bissen, haben ihre Zähne und Klauen verloren.«

Auf diese Worte des Anlisciu, die er mit lauter Stimme sprach, entstand unter den Kaufleuten und im Volk großes Gelächter. Doch manche riefen auch zornig dazwischen, daß die Kranken keine Heilung mehr fänden und die Kinder nicht mehr unter dem Schutz des Sohnes des Himmels stünden, denn man habe die betreffenden Häuser geschlossen und die Insassen fortgeschickt.[304]

Auf diesen Einwand hin erhielt ein gewisser Anscinen, der auch ein bedeutender Führer der Kaufmannspartei war und mit dem edlen Pitaco um das Wort wetteiferte, die Zustimmung des Präfekten und der Wächter, und er antwortete: »Jawohl, meine Herren, die Untergebenen des Sohnes des Himmels, die Arzneien verkauften, haben sich uns gegenüber viel zuschulden kommen lassen. Denn die kostbaren Arzneien, die aus anderen Ländern zu uns kamen und die jeden Kranken heilen können, haben sie nur an die Chuanceni und die anderen Beamten verkauft sowie an die Damen des Hofes. Edler Herr Pitaco, mit diesen ungerechten Praktiken haben wir Schluß gemacht, denn jetzt haben die Kaufleute diese Dinge in die Hand genommen.

Wir werden auch nicht mehr die grausame Machtausübung derer hinnehmen, die im Namen des Sohnes des Himmels in unseren Gefängnissen das Kommando führen, noch das Treiben derer, die, selbst der Finsternis verhaftet, unseren Kindern nur die altmodischsten Dinge beibringen. Die Verantwortung für unsere Söhne und unsere Häftlinge werden wir jenen übertragen, die am besten dafür geeignet sind, mehr Licht und mehr Erleuchtung in die Stadt des Lichts zu tragen. Auch die Stätten der religiösen Erbauung werden davon nicht ausgenommen sein, denn wir erklären, daß die Ausgaben für die Mönche aus den Spenden der Gläubigen bestritten werden müssen, denn es ist nicht länger tragbar, daß ihr Unterhalt der Stadt zufällt.

Wir werden auch die Unterstützung[305] der Bürger nicht fortsetzen wie bisher. Denn die Armen übermäßig zu unterstützen heißt ihnen schaden, und die übermäßige Unterstützung einer großen Zahl von Familien schadet der Stadt.«

Auf diese Worte des Kaufmanns Anscinen erhob sich zorniges Geschrei aus dem Volk, und einer der Leute, ein gewisser Oantatte, sagte voll Bitterkeit: »Aber warum, ihr Herren, soll denn der Sohn des Himmels nicht wie bisher den Familien der Armen geben, was sie erbitten, wie zum Beispiel warme Kleidung im Winter? Ist es denn nicht eine gute Tat mit ihrem eigenen Wert und außerdem auch besser, wenn kein Bürger in großer Bedürftigkeit leben muß? Und ist es denn nicht ein hehres Ziel, den Menschen zu helfen, damit sie leben, arbeiten und zu Wohlstand gelangen können?«

Darauf antwortete der edle Pitaco, und alle verstummten: »Wie Menche lehrt, kann ein König ohne Mildtätigkeit sein Reich zwischen den vier Ozeanen nicht zusammenhalten.«[306]

Da fragte ihn der Kaufmann Anscinen zornig: »Wie wird denn die Hilfe für die Bedürftigen beurteilt, wenn man von deiner Lehre ausgeht?«, worauf Pitaco antwortete: »Es ist ein Akt der Barmherzigkeit im Einklang mit dem Gebot des Himmels.«

Auf diese Worte sagte Anscinen das folgende: »Aber wenn ein solcher Akt der Barmherzigkeit von den Wohlhabenden vorgenommen wird und nicht auf das Gebot des Himmels, sondern in Form von Abgaben, die ihnen auferlegt werden, heißt das nicht, dem einen etwas wegnehmen, um es dem anderen zu geben? Oder soll man das eigene Feld brachliegen lassen, um das Feld des anderen zu bestellen? Hat nicht eben jener Menche gelehrt, daß ein Mann von wahrer Barmherzigkeit, wie unser Sohn des Himmels einer ist, nicht dem einen etwas wegnehmen soll, um es dem anderen zu geben, sondern daß er in die eigene Tasche greifen und es ansonsten den Reichen überlassen sollte, zu geben, wenn sie es selbst für nötig halten und wenn die Bedürftigen bei ihnen um Unterstützung an die Tür klopfen? Denn nur so werden alle in den Stand versetzt, sich ihrem Gewissen gemäß zu verhalten und auf dessen Forderungen zu antworten oder auch nicht, ganz nach ihrer freien Entscheidung.«

Diese Worte wurden von einem Teil der Menge mit großem Hohngelächter quittiert, und Oantatte, der in den Reihen des Volkes stand, antwortete: »Es ist die Pflicht der Reichen, den Armen etwas abzugeben, besonders jenen Armen, denen es an Arbeit und Einkommen mangelt, und sie so zu versorgen, daß sie davon leben können. Darauf haben die Armen ein gutes Recht, denn auch sie sind Menschen.«

Pitaco gab zurück: »Ein Recht haben sie auf diese Dinge nicht, aber man darf von warmherzigen Menschen gute Taten erwarten. Doch selbst der gute Wille wird von jenen untergraben, die sagen, jeder solle sich nur nach seinem Gewissen richten.«

Dazu meinte Anscinen in seiner Antwort verächtlich, die Ratschläge des Ciumin und Gaiudincia führten zu Reichtum, und der Reichtum führe zu Barmherzigkeit, worauf viele in zornigem Protest aufschrien.

Darauf erklärte der edle Pitaco: »Aber ihr, werte Herren, zerstört die Bereitschaft, anderen Unterstützung zu gewähren. Barmherzigkeit ist eine eigenständige Tugend, derer auch die Bedürftigen fähig sind. Denn sie erfließt nicht aus dem Reichtum, sondern aus einer gütigen Seele, was für Leute wie die Ratgeber Ciumin und Gaiudincia gänzlich unverständlich ist. Außerdem spielt es keine Rolle, ob man halb soviel oder doppelt soviel Steuern erhebt wie zuvor oder gar keine, denn für sich allein genommen bedeutet das überhaupt nichts, solange man nichts für die Rechtschaffenheit der Bürger tut. Denn ohne rechtschaffene Bürger ist alles verloren.«

Der Kaufmann Anscinen beschied diesen Worten der Wahrheit, für die Gott gepriesen sei, eine frevlerische Antwort: »Du möchtest damit sagen, daß wir ohne gerechte Grundsätze handeln. Doch unsere Grundsätze sind keine anderen als die des Lazu selbst, der erklärt hat, daß das Universum von feststehenden natürlichen Gesetzen regiert wird, und er hegte deshalb große Verachtung für jene, die sich vergeblich gegen den Lauf des Himmels und den Willen der Menschen stemmen wollten. Deshalb kann niemand, ohne allen damit zu schaden, denjenigen Vorschriften machen, die ihren Vorlieben und Bedürfnissen entsprechend kaufen und verkaufen. Jeder muß unbehelligt seine Ziele verfolgen können, so gut er kann, denn der Wille des Menschen ist der erste Beweger all dessen, was Überfluß in die Stadt bringt. Wenn diese Kräfte zerstört werden, wird die Stadt ebenfalls zerstört, und diejenigen, die es darauf ankommen lassen, daß die Stadt auf diese Weise zugrunde geht, sind größere Feinde für uns als die Tataren.«

Doch nun, o weh, erhob sich der gelehrte Weise Ociuscien, ein großer und dünner Mann, der zugunsten Anscinens sprach und sagte: »Das Verhalten der Kaufleute, ihr Herren, ist weder gut noch schlecht. Da Gut oder Schlecht für den Kaufmann überdies unerhebliche Werte sind, kann man auch nicht sagen, daß das Verhalten des Kaufmanns gegen das Gute verstößt. Außerdem muß man, wie Cienlian lehrt, eine Handlung nach der Wirkung und nicht nach den

Ursachen beurteilen, wie man einen Menschen auch nicht nach seinen Gewändern oder seinen Grundsätzen, sondern nach seinen Taten beurteilen soll. Und man kann auch nicht sagen, daß der Kaufmann unsere Stadt in Gefahr bringt, im Gegenteil, er schafft die Güter heran, die sie dringend braucht. Außerdem werden um so mehr Waren verkauft, je mehr davon gekauft werden.«[307] Viele in der Menge konnten sich das Lachen über diese törichten Worte nicht verbeißen.

Desungeachtet fuhr Ociuscien fort: »Zudem erzeugt der Kaufmann durch seine Tätigkeit auch Reichtum für andere und nicht nur für sich selbst. Dieser Reichtum kommt auf vielerlei Weise auch den Armen zugute, und gleichzeitig gibt der Kaufmann mit seinem Besorgen, Herbeischaffen und Verkaufen den anderen, wie die Ameise, ein gutes Beispiel für beharrliche Arbeit und ihren Gewinn. Und durch seine und seiner Brüder Kraft wird die Stadt nicht ausgeraubt oder um ihre Sittsamkeit gebracht, sondern sie erhält eine Handhabe, um sich vor dem Tyrannen zu schützen, der herannaht, um den Bürgern der Stadt den Zehnten und andere drückende Abgaben aufzuerlegen und sie auf sonstige Weise zu knechten und zu schädigen.«

Der große Kaufmann Anscinen antwortete ihm mit einer tiefen Verbeugung: »Der gelehrte Ociuscien hat klug gesprochen. Denn wie uns Lazu lehrt, soll man Fische nicht aus dem Wasser nehmen und den Menschen nicht vom Markt, denn der Markt ist dafür da, daß die Menschen das, was sie haben, gegen das tauschen, was sie brauchen. Es ist auch nicht nötig, daß über die, die sich dort einfinden, um den Bedürfnissen der Menschen Rechnung zu tragen oder um die eigenen Bedürfnisse zu befriedigen, irgendeine Aufsicht ausgeübt wird.«

Auf diese Worte antwortete wieder Pitaco: »Somit behauptet ihr, Herr, daß es nicht nur besser ist, wenn die Kaufleute der Regierung nicht unterstehen, sondern auch, daß sie selbst über alles regieren sollten.« Hierauf erhoben sich viele beifällige Zurufe. Da fuhr Pitaco fort: »Darüber hinaus sagt ihr, die Kaufleute sollten nach Belieben schalten und walten können, ohne daß jemand ihr Tun beaufsichtigt. Wie kommt es dann, daß ihr sofort nach den Richtern der Stadt ruft, wenn unter euch Kaufleuten eine Meinungsverschiedenheit ausbricht?«

Auf diese Frage des edlen Pitaco, in der sich tiefste menschliche Wahrheit verbarg, gab Anscinen zur Antwort: »Wir wollen nicht abstreiten, daß unter uns Gerechtigkeit zu geschehen hat. Wir behaupten jedoch, wenn die herrschenden Gesetze schlecht und zu zahlreich sind, werden die Leute immer ärmer, und die Ordnung des Reiches gerät in Gefahr. Es kann sogar dazu kommen, daß die Armen großen Hunger leiden, nicht weil sie faul und untätig wären, sondern weil die Beamten mit ihren Gesetzen alles aufzehren. Je größer die Gesetzesflut, um so mehr Diebe und Räuber wird es geben. Man muß vielmehr ein Reich so regieren, wie man einen kleinen Fisch kocht.[308] Wenn sich die Menschen schlecht regieren lassen, dann deshalb, weil die Regierenden töricht und ihre Gesetze schlecht sind.

Deshalb sagen wir, daß man die Entscheidungsfreiheit der Leute nicht einengen und ihnen ihr Leben nicht mit Gesetzen sauer machen soll. Außerdem werden die Bürger ihres Herrschers nicht überdrüssig, wenn er ihnen keinen Überdruß macht. Der weise Mann sagt sich deshalb: ›Ich brauche mich nur zurückzuhalten, und die Leute werden zurechtkommen.‹« Bei diesen Worten jubelten dem Kaufmann Anscinen viele Menschen begeistert zu, so daß man eine Zeitlang sein eigenes Wort nicht verstehen konnte.

Darauf entgegnete Pitaco voll Bitterkeit, wobei ihm einige der Kaufleute und der anderen Versammelten ihre große Geringschätzung nicht verhehlten: »Aber damit hat es ja nicht sein Bewenden. Auch wir bekennen uns zur Lehre des Menche, der darlegte, daß nur ein mit Weisheit regiertes Reich die Mittel zur Deckung seiner Ausgaben aufbringen könne. Ihr jedoch möchtet am liebsten alles zerstören, was eurer Meinung nach überflüssig ist, wie die Gebräuche unserer Vorväter und die bewährtesten Lebensweisen und dazu die Gesetze und sogar die Gebäude, die für euch keinen Wert darstellen.

In den Ländern der Barbaren, wo die Städte keine Mauern haben und die Könige der anderen Länder keine Gesandtschaften und wo es keine öffentliche Verwaltung und kein ziviles Gewerbe[309] und somit auch keine öffentliche Sphäre gibt, könnte man eure Ratschläge vielleicht noch gelten lassen. Doch in diesem Reich und in dieser Stadt könnt ihr unsere Art und Weise nicht so einfach abschaffen, denn wenn nicht mehr respektiert wird, was die weisesten Herrscher und Gelehrten der vergangenen Zeiten für wahr und gerecht befunden haben, dann läßt sich die Ordnung nicht mehr aufrechterhalten, dann findet niemand mehr Glück und Zufriedenheit, und dann wird das Gesetz des Himmels nicht mehr beachtet. Denn jene haben den höchsten und den geringsten Dingen unter dem Himmel Rechnung getragen, sowohl den Dingen, die die Götter betreffen, wie auch den Angelegenheiten der Menschen, aber ihr kümmert euch nur noch um eure Interessen und um euren Besitz.

Der Kaiser Oaou und der Kaiser Man verfügten, daß die Herstellung von Eisen und Salz niemals in die Hand der Kaufleute übergehen solle, doch in eurer Anmaßung habt ihr sogar dies für euch genommen.[310] Aber diese Kaiser waren weiser als ihr, meine Herren, denn sie wußten, daß diese Dinge, die dem Nutzen aller dienen, nicht unter der alleinigen Verfügung der Reichen stehen dürfen.

Was sie für einen Fehler hielten, halten auch wir für einen Fehler, denn in den Herzen der Menschen aller Zeiten lebt eine klare Vorstellung von Gerechtigkeit, und für die Menschen aller Zeiten sind Dinge, die sie als ungerecht erfahren, eine Kränkung.«

Auf diese Worte Pitacos, der Friede sei mit ihm, reagierte der Kaufmann Anlisciu, ein derber und grober Mann, mit dem Ausruf »O Geduld!«, als wolle er von diesen Dingen nichts mehr hören, wobei viele ihm zujubelten. Dann erklärte er: »Das Reich kann nicht Kaufmann sein, und der edle Pitaco kann kein Stück Seide weben, und kein Beamter kann die Leute mit den Gütern versorgen, nach denen sie verlangen. Deshalb ist es nur gerecht, wenn alles von denen bestimmt wird, die die Bedürfnisse der Menschen bedienen, und nicht die, von denen die Leute am wenigsten zu erwarten haben, mit der Laterne vorangehen oder sich auf dem Rücken der anderen mitschleppen lassen.«

Als er das hörte, sagt Oantatte, der in der Volksmenge stand: »Du hast recht, doch warum bleiben wir unter eurem Regiment immer noch arm und haben noch nicht einmal genug Geld, unsere Kräfte für die Mühen des nächsten Tages wiederherzustellen. Wenn das stimmt, was du sagst, warum werden dann die Abflüsse, die das faulige Wasser fortführen, nicht mehr in Ordnung gehalten? Heutzutage gibt es überall in der Stadt Marktstände und Läden, und kein Mensch weiß mehr, wo er was finden kann, weil alles ein einziges Durcheinander ist.«

Viele Kaufleute lachten über seine Worte, Gott strafe ihre Hartherzigkeit. Ein anderer von den armen Leuten setzte hinzu: »Ihr
Herren, selbst wenn unter eurer Regierung ein paar von uns wohlhabend werden, so gewinnen doch die Hochgestellten und die
Gemeinen nicht in gleicher Weise, und die Reichen werden noch
fetter und die Armen noch magerer werden. Aber wenn nun die
Armen nicht mehr wie früher Unterstützung finden können, sollte
ein Gesetz gemacht werden, das den reichen Mann und den armen
Mann gleichstellt.« Auf diese Worte des Bauern, Gott habe Erbarmen
mit ihm, gab es wieder großes Gelächter unter den Kaufleuten. Auch
ließen ihn die Wächter nicht weitersprechen, denn er erwähnte die
Rebellen[311] der Stadt des Lichts und schrie, die Götter des Himmels
würden die Kaufleute für ihren Hochmut strafen.

Da erhob sich aus den Reihen der Partei des edlen Pitaco ein
gewisser Cianianmin, ein Mann von hohem Alter und ein Meister
der Medizin, und sprach zu den Kaufleuten, die alle verstummten,
um ihm zuzuhören: »Die armen Leute der Stadt und des Umlandes,
die kein Land besitzen, sind jetzt ärmer als je zuvor. Denn jetzt
schweben vor ihren Augen nicht mehr die Geister ihrer Ahnen,
sondern die Gespenster jener Dinge, die sie sich ersehnen, aber
nicht leisten können. Auch nehmt ihr für euch in Anspruch, diejenigen zu sein, die das Licht in die Stadt getragen haben, doch mit
eurem Tun habt ihr nur große Bitterkeit unter dem Himmel her-
vorgerufen und das gemeinsame Wohl gefährdet. Denn wie sollen
wir uns gegen den heranmarschierenden Feind verteidigen, wenn
unter uns keine Einigkeit herrscht, und wie sollen wir die Übel der
Zwietracht und Gewalt kurieren, die uns in unseren Städten befallen haben?[312] Ihr Herren, euer Tun widerspricht dem Himmel
und wird Verderben über uns bringen, ohne Unterschied, ob reich
oder arm.«

Da entgegnete ihm der Kaufmann Anlisciu in glühendem Zorn:
»Deine Worte, verehrter Herr, entsprechen nicht der Wahrheit. Denn
da mehr gekauft und verkauft wird, kann jeder, der willens ist zu
arbeiten, zu größerem Wohlstand gelangen. Deine Vorstellungen
sind wie von Motten zerfressenes Tuch und deine Worte wie die
Geräusche, die einer leeren Höhle entsteigen.«

Als sie dies hörten, begannen viele in der Menge laut zu schrei-
en, einer wider den anderen, und manche wollten den Nächst-

stehenden sogar schlagen, so daß keiner die Worte des alten Cianianmin verstehen konnte, der Friede sei mit ihm. Doch nachdem die Wächter unter die Menge gegangen waren und hier und dort Hiebe ausgeteilt hatten, fuhr der alte Mann folgendermaßen fort: »Ihr laßt den Respekt für die Götter und die Menschen vermissen und glaubt in eurem Hochmut sogar, ihr wäret die Beherrscher der Natur. Denn wie sonst könntet ihr denken, daß die Erde, die Erze in ihr, das Wasser und alles Getier des Landes und des Meeres euch gehören könnten? Das Wasser ist vielmehr nach der Lehre des Lazu das höchste Gut. Solange es nicht überhandnimmt, ist es allen Lebewesen und Dingen von Nutzen, und deshalb gehört es allen. Genauso verhält es sich auch mit anderen Gütern, die niemand für sich allein in Anspruch nehmen darf, denn sie müssen allen Menschen zur Verfügung stehen, damit sie ihr Leben fristen können.«

Die Worte des gelehrten Cianianmin wurden mit lauten Beifallsrufen quittiert, und der Kaufmann Anlisciu antwortete darauf: »Die Stadt und das Reich werden von rechtschaffenen Bauern und Handwerkern, Goldschmieden und Schneidern, die ihren Berufen nachgehen, in Gang gehalten, und nicht von den Weisen, deren Kopf angefüllt ist mit Gelehrsamkeit, die aber noch nicht einmal wissen, wie man Wasser aus dem Brunnen schöpft.«

Diese Worte Anliscius erhielten ebenfalls großen Beifall von den Kaufleuten und vom Volk. Manche schrien dies und andere jenes, und der Weise Cianianmin erklärte ärgerlich: »Wenn deine rechtschaffenen Goldschmiede aufhören müßten, Gold zu stehlen, dann würden ihre Familien verhungern, und wenn deine rechtschaffenen Schneider aufhören müßten, Tuch zu stehlen, dann würden ihre Frauen nackt herumlaufen.«

Darauf antwortete Anlisciu: »Du machst dich über den Kaufmann lustig, aber du kaufst seine Waren, und du schaust zum Himmel hinauf, während andere die Erde bearbeiten müssen. Sieht so ein gerechter Lebenswandel aus? Und während andere sich bemühen, neue Wege zu beschreiten, wandelt ihr nicht nur auf den alten, sondern versucht sogar, die Leute von den neuen abzuhalten, und damit bringt ihr Unglück über alle.«

Auf diese Vorwürfe antwortete jetzt der edle Pitaco: »Sogar wenn euch von denen, die weiser sind, eure Irrtümer nachgewiesen werden, macht ihr unbeeindruckt auf eurem Weg weiter. Doch nach der

Lehre des Menche soll der, der bemerkt, daß er den Weg verloren hat, unverzüglich stehenbleiben. Aber ihr habt euch mit Habgier auf die Güter der Stadt gestürzt, die früher zur Befriedigung der Bedürfnisse aller zur Verfügung standen, anderes habt ihr sorglos verkommen lassen, und jetzt wundert ihr euch, daß die Leute in dem Durcheinander übereinander herfallen. Ihr haltet euch selbst für äußerst lobenswert, denn für euren Reichtum arbeitet ihr von früh bis spät, derart versessen seid ihr darauf. Aber wer mit dem ersten Hahnenschrei aufsteht und seiner Arbeit unermüdlich nur zu seinem eigenen Besten nachgeht, ist kaum besser als ein Dieb. Denn das Schäbigste auf der ganzen Welt, das Streben nach Reichtum, ist für ihn das Maß aller Dinge.«

Nun, da die Partei des Pitaco die Oberhand gewonnen zu haben schien, rief der Präfekt den großen Kaufmann Anscinen auf, er solle antworten. Dieser sprach: »Der Markt ist kein Ort der Begierde, sondern der Arbeit und der Befriedigung der Wünsche und Bedürfnisse der Menschen nach Gütern und anderen Dingen. Treibt denn nicht in der Stadt des Lichts der Überfluß an allen Dingen die Menschen an, auch alles besitzen zu wollen, und arbeiten sie nicht deshalb um so härter, um das zu erreichen? Denn wer etwas besitzen möchte, der versucht sich die entsprechenden Mittel zu verschaffen, und wenn ihm das gelingt, dann stellt er dadurch jene zufrieden, die ihm verschafften, was er begehrte. Auf diese Weise dreht sich das Rad des Handels,[313] und es kann doch nichts Gutes sein, seinen Lauf zu hemmen und seinen Weg zu blockieren, indem man hier und dort Steine auf den Weg legt. Denn das ist zu niemandes Vorteil, während die ungehinderte Bewegung dieses Rades die ganze Stadt aufblühen läßt.«

Der Kaufmann Anscinen erhielt für seine Worte abermals viel Beifall. Der edle Pitaco wirkte erschöpft, und der Weise Cianianmin antwortete: »Heutzutage, ihr Herren, halten die Menschen nichts von Mäßigung. Sie schätzen die Übertreibung und werden deshalb zugrunde gehen. Wie Menche lehrt, ist für das Herz nichts so gedeihlich wie die Einschränkung der Zahl der Wünsche, denn wer Perlen und Jade höher schätzt als alles andere, der wird gewiß Übel erleiden. Ihr von der anderen Partei glaubt, großartig zu sein, weil ihr großartige Kaufleute seid, doch das Großartige beschränkt sich auf euren Reichtum. Es wäre besser für euch, Lazu zu studieren, der lehrt, daß wahre Größe nur dem zukommt, der fest auf dem harten Boden der Wahrheit steht und sich nicht auf die äußere Form der Dinge verläßt, und seien sie auch noch so sehr geschmückt und verziert.

Da fahren manche vierspännig herum, aber was ist daran besser, als stillzusitzen? Dem, der sich seiner Jade- und Goldschätze brüstet, kann es nicht nur passieren, daß er seine Schätze nicht beieinanderhalten kann, er eilt auch dem eigenen Sturz entgegen, denn auf Zehenspitzen[314] hat man keinen festen Halt, und mit gespreizten Beinen kann man nicht gehen. Doch der, der weiß, wann er genug hat, dem bleibt die Schande erspart, und wer weiß, wann er anzuhalten hat, der kommt nicht zu Schaden.«

Der derbe Kaufmann Anlisciu brüllte als Antwort: »Ihr alten Leute redet sehr schön, aber ihr seid unredlich, ihr, die ihr durch die Straßen und Märkte geht und in eurer Seele das Angebot der Kaufleute bestaunt, während ihr so tut, als würdet ihr diese Dinge verachten und als seien sie eures Blickes nicht würdig. Es ist, als würde eine Pfanne voll heißer Bohnen[315] euch Schmerzen verursachen, und zwar nicht erst, wenn ihr sie verschlungen habt, sondern bereits, wenn ihr sie erblickt.« Bei diesen Worten brachen alle Anwesenden in sehr großes Gelächter aus, wofür Gott gedankt sei.[316]

Doch Pitaco antwortete ihnen mit den Worten: »Ihr lacht, aber die, die nur der Gedanke an Gewinn treibt und an die Befriedigung ihrer Bedürfnisse, wie kann man denen begreiflich machen, daß andere unter Dürre und Hungersnot leiden? Gibt nicht der Himmel den fünf Getreidesorten das Leben, damit sich die einfachen Leute von ihnen ernähren, und schenkt er nicht den Reichen gutes Gelingen, damit sie den Armen helfen können? Doch was wissen jene davon, die nur an den eigenen Profit denken? Wenn der Reis teuer ist und der arme Mann ihn nicht kaufen kann und sich niemand seiner erbarmt – kümmert es jene, die taub sind für die Seufzer ihrer Nachbarn, kümmert es sie, was der Himmel dazu sagt?«

Nach diesen drei Fragen entstand große Stille, als wüßte keiner, was er darauf sagen sollte, bis schließlich der große Kaufmann Anscinen antwortete: »Die Leute, die keinen Gedanken an das Morgen verschwenden, das sind diejenigen, die den Nachbarn für sich aufkommen lassen! Es gab noch nie eine Zeit ohne Überschwemmungen, Dürre, Seuchen oder Kälte. Und trotzdem lassen die Leute keine kluge Voraussicht walten, dabei ist es doch jedermanns Pflicht, sich gegen die Unbilden des Himmels zu wappnen.«

Darauf antwortete der edle Pitaco: »Das ist wohl wahr, aber sollen die Hungernden, Verängstigten und Mittellosen vielleicht einstweilen auf der Stelle treten, sich gegenseitig stumm anschauen und klaglos eines unbemerkten Todes sterben? Und möchtet ihr ihnen, wenn ihr dies alles beobachtet, aus ihrer Not einen Vorwurf machen, gleichgültig, ob sie daran schuld sind oder nicht? Und außerdem: Wenn die Armen in den Gräben und auf der Straße liegen oder anderswohin fliehen, wer soll dann eure Felder bestellen[317] und Nahrung für euren Tisch erzeugen?«

Diese drei von Pitaco zusätzlich aufgeworfenen Fragen wurden vom Volk mit großem Beifall begleitet. Viele, die zuvor den Kaufleuten zugejubelt hatten, schrien jetzt ihren Unmut gegen sie heraus. Anscinen sah sich gezwungen, abermals zu sprechen: »Aber es sind doch Männer wie du, edler Pitaco, die mit ihrem einfachen Gemüt und ihrer Weltfremdheit die Ursache unserer Übelstände sind. Denn ihr blickt verächtlich auf all die Dinge herab, die für den Alltagsmenschen völlig normal sind, sei es, mit einer Frau zu schlafen, sei es, zu kaufen und zu verkaufen, sich zu vergnügen und vieles andere mehr. In eurem Dünkel bemerkt ihr gar nicht, daß die Faulen sich durch eure verächtliche Haltung bestärkt fühlen, während jene, die sich nicht um das Morgen kümmern, durch eure Fürsorglichkeit zu noch mehr Verantwortungslosigkeit veranlaßt werden, denn sie werden nichts beiseite legen und immer wieder bei euch um Hilfe anklopfen. Außerdem glaubt ihr, die ihr noch nie einen Tag lang auf dem Feld oder in einer Werkstatt gearbeitet habt, in eurer vornehmen Lebensart, daß die Schale Reis, die man einem hungrigen Mann reicht, verdienstvoller sei, als der Reis, den der Betreffende selbst angebaut hat. Und ihr glaubt auch, daß Kaufmann zu sein einen Abstieg auf der Leiter zum Himmel bedeutet und daß seiner Hände Arbeit zu verkaufen für einen Mann nicht minder ehrenrührig sei, als wenn eine Frau ihren Körper verkauft. In eurer Arroganz hegt ihr Verachtung für alle, die sich freudig dorthin begeben, wo ein Gewinn gemacht werden kann, außer sie kommen aus einem fernen Land angereist, denn dann erweist ihr ihnen Ehre über Gebühr.

Doch von allen schädlichen Dingen ist das schädlichste, daß ihr den Leuten erzählt, weniger sei mehr, das Scheitern sei tugendhafter als der Erfolg, und die Armen seien vornehmer als die Reichen. Doch durch solche Lehren scheitert die Stadt als solche.«

Jetzt verstummte die Partei des Pitaco und das ganze Volk ebenfalls, und man hatte den Eindruck, daß alle auf der Suche nach der Wahrheit waren, Gott sei gelobt. So konnte Anscinen das Wort ergreifen und ungehindert erklären: »Die Sache, von der der edle Pitaco und seine Anhänger am wenigsten Kenntnis haben, ist das Kaufen und Verkaufen, und deshalb steht ihnen auch die Verachtung der Reichtümer unserer Stadt am wenigsten zu. Denn, wie mein Bruder Anlisciu bereits gesagt hat, man könnte meinen, sie verachteten den Überfluß, der sie umgibt. Doch nur, wenn jemand die Wahl zwischen verschiedenen Dingen hat, wie zwischen verschiedenen Arten von Reis oder Obst, kann er seine Bedürfnisse seinem Geschmack oder seinem Geldbeutel entsprechend befriedigen. Mehr noch, indem er dies und nicht jenes kauft, läßt er den Kaufmann merken, was gefällt und was nicht. Der Kaufmann seinerseits, der durch die Gegenwart der anderen Kaufleute stets unter dem Zwang steht, die Qualität seines Angebotes zu steigern, ohne den Käufer durch einen zu hohen Preis zu vertreiben, kann dadurch die Waren besser auswählen, die er vor dem Käufer ausbreitet. Auf diese Weise erfährt der Verkäufer, wie der Geschmack und der Geldbeutel seines Käufers beschaffen sind, und der Käufer, welche Güter er zu welchem Preis erwarten kann. Wenn daher beide ungehindert so handeln können, wie es ihrem Willen entspricht, dann kann jeder den anderen zufriedenstellen, und durch diesen Kreislauf des Kaufens und Verkaufens, an dem alle teilnehmen, wird die Stadt wohlhabend und frei.«

Doch das Herz des edlen Pitaco war noch nicht überzeugt, und trotz seines hohen Alters entgegnete er: »Die Leute wollen immer mehr und mehr ohne Ende, und wie ein Kind will jeder das haben, was er noch nicht hat. Wenn sie das Ersehnte in Händen halten, sind sie immer noch nicht glücklich, sondern werfen es beiseite und jammern abermals nach etwas Neuem. Auf diese Weise gehen alle Sitten in die Brüche, denn nur das Allerneueste hat in den Augen der Leute noch einen Wert, und Rastlosigkeit und nicht Friede macht sich in den Herzen der Menschen breit.«

Der ungehobelte Anlisciu entgegnete hierauf: »Manche haben Steckrüben lieber als Birnen, denn jeder mag nun einmal, was er mag. Willst du behaupten, das sei falsch, oder wollen wir nicht lieber jeden Steckrüben essen lassen, der sie begehrt?« Auf seine Worte erhob sich im Volk großes Gelächter, und eine Zeitlang ging alles im Lärm unter, bis der betagte Cianianmin erwiderte: »Man könnte dich mit Ianciu vergleichen, der auch nur an sich selbst dachte, aber er war ein Gelehrter.« Wieder entstand großes Gelächter; sogar in der Partei der Kaufleute wurde gelacht. Denn sie diskutierten diese Dinge sowohl mit Vergnügen als auch mit großer Heftigkeit und Wut untereinander.

Doch der Kaufmann Anlisciu, der den Hohn der anderen bitter zu spüren bekam, erklärte mit lauter Stimme: »Wie jeder andere habe auch ich das Recht, dem nachzugehen, was mir gefällt und was mich erhöht. Wenn mich Besitz, teure Gewänder und schöne Frauen erhöhen, dann ist es nur recht und billig, daß ich diesen Interessen nachgehe, denn es liegt in der Natur des Menschen, den eigenen Zielen zu folgen.«

Darauf antwortete ihm der edle Pitaco, sein Name möge nie vergehen, wie einer, der im Herzen wahrhaft das Wort Gottes vernimmt, denn die Weisheit der Thora kann auch von Nichtjuden vernommen und verstanden werden, Gott sei gelobt: »Wie Menche lehrt, ihr Herren, ist das Bedürfnis nach Erhöhung allen Menschen gemeinsam. Doch jeder Mensch trägt sie schon in sich, ohne dazu Besitz, schöne Kleider und Frauen zu benötigen, nämlich in seiner Seele. Manchen Leuten wird diese Erkenntnis allerdings niemals aufgehen. Denn das, was dich erhöht, mein lieber Anlisciu, ist selbst gar nicht hochstehend, und das, was wirklich hochstehend ist, hast du noch nie gesehen oder kennengelernt.

Außerdem, wenn du dir nichts so sehr ersehnst wie dein Vergnügen, wieso ist dir dann nicht gleichgültig, auf welchem Wege es sich einstellt, solange du bekommst, was du dir wünschst? Und wie viele Menschen werden ihren Begierden noch Zügel anlegen, wenn Glück und das Streben nach dem eigenen Vorteil als dasselbe angesehen werden? In Wirklichkeit ist eure Habgier der große Feind unserer Stadt, und Habgier ist nicht das Mittel, die Stadt stark und reich zu machen und vor ihren Feinden zu schützen.«

Doch bei diesen Worten Pitacos sprangen die Kaufleute wie auf ein Zeichen alle gleichzeitig auf und schrien wütend, sie würden hiermit als Verräter der Stadt und Freunde der Tataren hingestellt, und

manche machten Anstalten, auf den edlen Pitaco und den Meister Cianianmin einzuschlagen, so daß die Wächter zu deren Hilfe herbeiliefen, während die Leute zugunsten der einen oder anderen Partei wild durcheinanderschrien.

Schließlich mußten die Kaufleute Anscinen mit den Händen nach vorne schieben,[318] denn er war nicht mehr bereit, das Wort an den edlen Pitaco zu richten, und der Ärger seiner gesamten Partei über die gegen sie erhobenen Vorwürfe war so groß, daß die meisten entschlossen waren, die Versammlung zu verlassen und nicht mehr weiterzudiskutieren.

Doch ich, Jacob von Ancona, trat mit dem getreuen Lifenli von meinem Platz hervor, und indem ich die Hand des Kaufmanns Anlisciu ergriff, flehte ich ihn im Namen Gottes an, er und die Mitglieder seiner Partei möchten bleiben, denn es würde für alle Kaufleute in der Stadt, ob aus Manci oder aus anderen Ländern, verhängnisvoll sein, wenn sie wegen eines solchen Streits Schande auf sich lüden. Ich erklärte, dazu werde es mit Gewißheit kommen, wenn ein Teil der Menge mit ihnen zusammen voller Wut im Herzen auf die Straßen der Stadt hinausgehe, Gott sei gedankt, daß Er mir solche Weisheit in den Mund gelegt hat.

Darauf ergriff der Kaufmann Anscinen, der noch unschlüssig gewesen war, ob er gehen oder bleiben sollte, das Wort und sprach: »Diesen Schatz, nämlich freie Männer in freien Lebensverhältnissen zu sein, werden wir nicht nur vor jenen verteidigen, die unsere Freiheit beschneiden wollen, sondern wir werden uns bemühen, ihn sogar noch zu vergrößern. Denn von ihm hängt, im Gegensatz zu dem, was Pitaco behauptet hat, das Glück und der Wohlstand der ganzen Stadt ab, einschließlich des Glücks derer, die zur Zeit arm und bedürftig sind. Denn Sumacien lehrt, wenn jeder seinen Beruf ausübt und mit Freude seine eigenen Geschäfte betreibt, dann strömen, den Gesetzen der Natur[319] gemäß, Tag und Nacht und ohne Ende und wie von selbst Güter hervor, so wie Wasser abwärts fließt, denn die Menschen werden das herstellen, was andere benötigen, ohne daß man sie dazu auffordern muß. Unsere Regelung der Freiheit ist hier in der Stadt des Lichts in der Tat so weise wie in keiner anderen Stadt der Welt und veranlaßt jeden zur größten Anstrengung, um es in seinem Beruf zur Meisterschaft zu bringen.

Da in unserer Stadt jeder Handlungsfreiheit hat und die Früchte seiner Mühen ernten kann, bemüht sich jeder um so stärker, da er weiß, daß rechtens ist, was er tut, und daß er seinen Gewinn zu Recht für sich behalten darf. Deshalb bringt diese Stadt große Werte hervor, steht fest gegen ihre Feinde und ist zum Kampf gegen jene bereit, die gegen die pflichtgetreue Gemeinschaft der Kaufleute losschlagen wollen.«

Bei diesen Worten brachen die allermeisten Zuhörer aus dem Volk in so laute und aggressive Zustimmung aus, daß man es mit der Angst zu tun bekommen konnte. Doch die Partei des Pitaco ließ sich nicht einschüchtern, und er selbst erklärte: »Anscinen, du sprichst in edler Manier, doch von dem, was du tust, verstößt vieles gegen das Gesetz und gegen die Ordnung des Himmels. Ihr unterdrückt die Armen ohne Gnade, betrügt euch gegenseitig, benutzt falsche Gewichte, und das alles nur aus Gier nach Gold. Im Namen der Entscheidungsfreiheit tun die Reichen, was sie wollen, und die Armen, was sie können. Auf diese Weise wird jede Sünde statthaft, gleichgültig, was das Gesetz dazu sagt. Wenn die Bürger sich gegenseitig bestehlen und berauben, fehlt ihnen folglich das Bewußtsein, ein Verbrechen zu begehen, so daß die Stadt nunmehr am Rande des Abgrunds steht. Ihr Herren, man kann im Reich nicht regieren wie im Haus einer Familie, denn dann gehen die Ziele verloren, für die sich die Menschen zusammenfinden und im Einverständnis miteinander leben. Doch jetzt behauptet ihr, in der Stadt des Lichts müsse jeder ungehindert sein Vermögen verteidigen dürfen, wie er wolle, und ihr sagt, da so viele Tag und Nacht mit Schwertern und Keulen herumlaufen, soll jeder Einwohner sich und seinen Besitz ganz rechtmäßig mit denjenigen Mitteln gegen seinen Nachbarn verteidigen dürfen, die er für richtig hält.

So kann man solche Waffen inzwischen niemandem mehr versagen, denn ohne sie wird er zur Beute von anderen. Aber wenn euch jemand sagt, daß ihr damit nicht Sicherheit, sondern große Gefahr für alle geschaffen habt, dann antwortet ihr, es sei besser, wenn alle bewaffnet seien, als nur die Starken oder die Gewalttätigen. Manche von euch behaupten sogar, es sei besser, wenn jeder verpflichtet wäre, ein Messer zu tragen – als ob dann alle sicherer wären.

Doch das sind Methoden des Todes und nicht des Lebens, und sie schenken niemandem Sicherheit. Denn wenn alle mit einer Waffe in der Hand auf die Straße gehen, wird jeder Streit notwendigerweise eher durch Blutvergießen beendet als durch die Kraft der Vernunft. Aber dennoch behauptet ihr, daß potentielle Übeltäter dadurch abgehalten werden, daß jeder ein Messer bei sich führt, und versteigt euch sogar zu der Behauptung, daß auf diese Weise der Friede besser garantiert sei als für viel Geld durch das Reich. Aber auch das sind verderbliche Ansichten, denn mit Messer und Schwert allein kann die Gerechtigkeit nicht aufrechterhalten werden.

Zudem kommen gelehrte Männer aus anderen Ländern zu uns, die unsere Reichtümer bestaunen und gleichzeitig angstvoll und unangenehm berührt unsere Übelstände betrachten. Laßt einen von ihnen in seiner eigenen Sprache zu euch sprechen, der wahrhaft der weiseste von allen ist, denn er ist zugleich der größte Kaufmann und der größte Gelehrte seines Volkes, ein Mann der Frömmigkeit und des Reichtums, beschlagen im Gesetz der Juden und in vielen anderen Dingen, ein Mann, der deshalb wie kein anderer geeignet ist, seine Gedanken vor uns auszubreiten.«

Auf diese Weise erwies der edle Pitaco mir, Jacob di Salomone, Kaufmann aus Ancona, großes Lob und Ehre, daß er mich unter allen Menschen, Juden und Nichtjuden, auswählte, um mit Hilfe des getreuen Lifenli in der großen Halle des Präfekten der Stadt des Lichts vor einer unzählbaren Menschenmenge so zu sprechen: »Ihr Herren, hat ein Reich seit der Teilung der Welt in verschiedene Erdteile je so schlechte Dinge von seinen Kaufleuten gehört, wie man sie in der Stadt des Lichts vernehmen kann? Seit meiner Ankunft hier bin ich Zeuge so vieler Auswüchse und Narrheiten geworden, daß mir in anderen Ländern kein Mensch Glauben schenken würde, wenn ich davon erzählte. Denn wie soll jemand, in dem das Licht der Vernunft leuchtet, glauben, daß die Herrscher eines Reiches oder einer Stadt es denen, die dort wohnen, freistellen, nach Belieben mit einem Messer in der Hand herumzulaufen oder vor den Augen anderer bei einer Frau zu liegen oder Unzucht mit einem Mann zu treiben oder was der Dinge noch mehr sein mögen, die alle von Gott verboten sind.

Auch würde niemand mir glauben, daß die Herrscher eines Reiches oder einer Stadt den Kaufleuten nicht nur die Freiheit zugestanden haben, zur Mehrung ihres Reichtums beliebig und frei von Abgaben zu kaufen und zu verkaufen, sondern daß sie ihnen auch die Gebäude, Straßen, Seen und Kanäle und sogar die verlassenen Tempel und Altäre der Vorfahren verkauft haben. Denn darin liegt eine so große Torheit, daß nur Verrückte die daran Beteiligten für weise halten würden. Hat man denn jemals gehört, daß Menschen aus eigenem Antrieb ihre Stadt in Zerfall[320] versinken lassen und ihre Bürger in Feindschaft gegeneinander aufhetzen?

Ihr Herren, auch ich bin ein Kaufmann, aber ich bin der Ansicht, diese Dinge sind nicht menschlicher Überlegung und Weisheit entsprungen, sie sind vielmehr das Werk von Teufeln, Gott behüte. Es ist zwar richtig, daß es ohne die Freiheit, zu kommen und zu gehen, zu kaufen und zu verkaufen – einer Befugnis, derer sich unfreie Menschen nicht erfreuen –, keinen gegenseitigen Handelsverkehr geben kann. Doch eine derartige Freiheit ist ein nützliches und kein natürliches Recht, und sie ist auch nicht absolut, wie die Gelehrten der Franken richtig erklären. Was den Reichtum angeht, sagt der edle Pitaco mit Fug und Recht, daß sein Überfluß die Seele beschädigt, auch wenn er die Truhe des Kaufmanns mit Gold und Silber füllt.

Obwohl die Worte des Kaufmanns Anscinen deshalb für die Ohren von jemandem wie mir, der ich ebenfalls Kaufmann bin, gefällig klingen müßten, haben sie meiner Seele mißfallen und sie beunruhigt. Denn in dieser Stadt, so reich sie auch sein mag, scheint die Narrheit zu regieren. Als gottesfürchtiger Mann, der ich gottlob bin, halte ich diese raffgierige und blinde Zügellosigkeit der Begierden, die ich in eurer Stadt beobachte, für unwürdig, gemein und böse. Denn ein Mann ist es sich selbst und den anderen schuldig, nicht all seinen Wünschen nachzugeben und nicht alles besitzen zu wollen, was er sich ersehnt.«

Nachdem der getreue Lifenli mit großer Mühe meine Worte aus meiner eigenen Sprache übersetzt hatte, begrüßte die Partei des Pitaco meine Rede mit einhelligem Beifall und forderte mich auf weiterzusprechen.

Ich fuhr also folgendermaßen fort: »Einige unserer Gelehrten gestatten dem Kaufmann, freien Handel zu treiben, vorausgesetzt, er betrügt seinen Käufer nicht. Von unseren Gelehrten warnen aber andere vor der Sünde jener, die damals lebten, als die Erde überflutet wurde, und erklären, es sei sündhaft, wenn ein Händler verlange, um seines Vorteils willen alles tun zu dürfen, was ihm beliebt, denn nach ihrer Ansicht führt dieser Weg nicht geradewegs zum

Reichtum, sondern zur Herabwürdigung des Namens Gottes. Wo jemand von den Fesseln des Gesetzes befreit und es ihm gestattet wird, sich ungezügelt und ohne Rücksicht auf die Mitmenschen zu verhalten, dort müssen jegliches Recht und Gesetz alsbald verfallen, denn da jeder Mensch dazu neigt, es seinen Mitmenschen nachzutun, muß das, was zunächst nur einigen wenigen erlaubt war, schließlich allen zugestanden werden. Die Menschen müssen gehalten sein, in allen Verhältnissen und Angelegenheiten gerecht miteinander umzugehen, sei es in der Beziehung von Herr zu Knecht und von Knecht zu Herr, von Ehemann zu Ehefrau und von Ehefrau zu Ehemann, von Verkäufer zu Käufer und von Käufer zu Verkäufer. Bei der letztgenannten Beziehung gilt es, einen gerechten Preis zu finden, der beide Parteien zufriedenstellt.«

Da rief der Kaufmann Anlisciu dazwischen: »Und was, o weisester der Weisen, ist deiner Meinung nach ein gerechter Preis?«

Ich entgegnete ihm: »Mein Herr, das mögt zuvor ihr mir erklären.«

Anlisciu antwortete: »Jeder Preis, der zwischen Verkäufer und Käufer zustande kommt, ist gerecht.«

Darauf erwiderte ich: »Damit wird nichts anderes gesagt, als daß etwas soviel wert ist, wie man dafür erlösen kann.«[321]

Der törichte Anlisciu gab zurück: »Das ist auch unsere Meinung.«

Ich gab ihm zur Antwort: »Es gibt aber auch Leute, die behaupten, daß der Preis einer Sache davon abhängt, wie nützlich sie ist und wie sehr sie vom Käufer begehrt wird, wie unser großer Aquinas[322] meint.«

Darauf erklärte Anlisciu, daß zwischen diesem Satz und dem ersten[323] kein Unterschied bestehe. Er meinte: »Wenn ein Käufer eine Sache für sich als nützlich betrachtet und sie erwerben will, dann wird er den gerechten Preis dafür bezahlen, der gleichzeitig der Preis ist, zu dem die Sache verkauft werden kann.« Die um ihn herumstanden lachten verständnislos, Gott habe Mitleid mit ihnen.

Darauf stellte ich folgende Frage: »Aber inwiefern ist ein solcher Preis gerecht? Wenn einer verhungert und Brot braucht, um seinen Bauch zu füllen, darf man dann von ihm fünfzig Groschen verlangen, weil er in seinem Hunger bereit ist, soviel zu bezahlen?«

Da gab der gottlose Anlisciu zurück: »Wenn er willens ist, dem Bäcker diesen Preis zu entrichten, warum nicht? Willst du ihm in

deiner unendlichen Weisheit vorschreiben, wieviel er bezahlen darf? Und warum sollte der Bäcker weniger von ihm verlangen, wenn er bereit ist, soviel zu bezahlen?«

Hierauf sagte ich, Gott sei gedankt: »Weil es dann, mein Herr, keine Gerechtigkeit gibt auf der Welt.«

Meine Worte mißfielen den Rängen[324] der Kaufleute sehr. Viele sprangen von ihren Plätzen und forderten den Präfekten auf, mir das Wort zu entziehen, da ich ein Fremder sei. Auch im Volk erhob sich vielfache Zustimmung zu ihrem Begehren, doch andere wollten, daß ich fortführe, und sagten, meine Worte seien weise, Gott sei gelobt. Darauf erklärte der edle Pitaco, der Friede sei mit ihm, die Kaufleute der Stadt seien von einem in die Flucht geschlagen worden, der als Kaufmann ihr Versagen richtig beurteilen könne und keine Angst habe, es zu benennen. Außerdem werde durch den Umstand, daß ich ein Jude und Fremdling sei, die Wahrheit nicht zur Lüge, und meine redlichen Worte würden nicht zur Verleumdung.

So ließ man mich fortfahren: »Es ist wahr, die Kaufleute aller Länder sind wenig erbaut von überhöhten Abgaben und Wegzöllen, die ihnen das Vorwärtskommen sauer machen. Denn sie möchten sich frei bewegen und ungehindert nach eigenem Gutdünken entscheiden können, in welche Länder sie ihre Schiffe lenken, und sie wollen selbst die Wahl treffen, wann sie kaufen und wann sie verkaufen. Außerdem erhofft sich der Kaufmann den Schutz seines Königs oder derer, die seine Stadt regieren, aber er möchte nicht, daß sie in seine Angelegenheiten hineinregieren und sich über ihn stellen, denn er selbst weiß am besten, was gut für ihn ist.

Aber soll die Stadt deshalb darauf verzichten, Steuern zu erheben oder sich um die Sauberkeit des Trinkwassers zu kümmern, das die Leute aus den Brunnen schöpfen, oder die Armen und Kranken zu unterstützen oder die Unzucht von Männern mit Männern zu bestrafen oder zu bestimmen, wer zum Markt zugelassen wird und wer nicht? Wie sonst soll eine Stadt regiert und das Gemeinwohl aufrechterhalten werden? Und sollen die einen den anderen Luft, Wasser und Hausbrand vorenthalten dürfen, es sei denn, man kauft ihnen das Genannte ab? Sollen der Himmel, die Meere, die Flüsse und die flackernde Flamme des Feuers zur Ware gemacht werden? Vielmehr soll der, der sich von allen Beschränkungen frei glaubt und sich ohne Rücksicht auf andere allem hingibt, worauf sich sein schweifender Wille richtet, an der kommenden Welt keinen Anteil haben, denn das ist die Lehre unserer Weisen, der Friede sei mit ihnen.[325]

Doch auch unter uns gibt es viele, die nur danach streben, sich über die anderen zu erheben und das zu tun, was ihnen nach eigenem Gutdünken richtig erscheint, doch aus einem solchen Verhalten läßt sich kein Maßstab für Gut und Böse ableiten, nach dem alle Menschen ihr Leben ausrichten können. Denn es steht dem Menschen nicht frei, nach eigenem Belieben zu entscheiden, was im Verhalten gegenüber den Mitmenschen als gut und was als schlecht zu gelten hat. Deshalb, ihr Herren, habt ihr eure Stadt auf den falschen Weg geleitet, der euch in den Untergang führen wird, Gott sei euch gnädig.«

Der grobschlächtige Anlisciu konnte nach meinen Worten nicht an sich halten, und obwohl die Partei der Kaufleute nichts mehr hören wollte, antwortete er, doch jetzt schlug er einen anderen Ton an: »Du bist ein Jude, der endlos über gut und schlecht daherredet, und ein Kaufmann, der wie alle Juden seine Kameraden betrügt. Du behauptest, auch noch ein Gelehrter zu sein, und dozierst gelehrtenhaft herum, wie uns unser Führer Suninsciou und der weise Cian gesagt haben. Aber das große Durcheinander herrscht bei dir, nicht bei uns, und Weisheit habe auch ich. Du beschwerst dich, daß wir dafür sind, daß jeder Mensch sich seine Ziele selbst wählen soll, wie jeder sich unter verschiedenen Kleiderstoffen oder unter verschiedenen Fischen auf dem Markt den aussucht, der ihm am besten zusagt. Aber bei all deinem jüdischen Gerede über Gut und Böse: Wie soll ein Mensch, wenn er noch nicht einmal zwischen dem Besseren und dem Schlechteren wählen darf, zwischen Gut und Böse oder zwischen richtigem und falschem Verhalten wählen können? Außerdem kann man den Menschen nicht für seine Handlungen verantwortlich machen, wenn er keine Entscheidungsfreiheit hat, und dann ist jedes Urteil müßig.«

So sprach Anlisciu, der nicht wirklich weise war, doch die um ihn herum lachten und zeigten spöttisch mit dem Finger auf mich, Gott möge sie verschonen. Ich aber antwortete ihnen mit Zuversicht und Festigkeit, Gott sei gelobt: »Ihr Herren, ich leugne nicht, daß der Mensch durch seine natürlichen Anlagen und durch die ihm von Gott verliehene Ausstattung tun kann, was er will, oder sich im Rahmen seiner Gegebenheiten beliebig zwischen Dingen entscheiden kann, wie zum Beispiel zwischen diesem oder jenem Weg, diesem oder jenem Gefährten, diesem oder jenem Sack Gewürze. Doch wer diesen Ballen Seide oder jenen auswählt oder diese oder jene Qualität Pfeffer, der entscheidet sich nicht zwischen Gut und Böse, sondern zwischen zwei Qualitäten materieller Art. Die Befähigung zu solchen Entscheidungen gibt demjenigen aber keine moralischen Prinzipien an die Hand. Denn wer sich gut verhält statt schlecht, der trifft keine Wahl zwischen diesen beiden Möglichkeiten, sondern läßt sich von seiner Seele und von seinem Pflichtgefühl leiten.«

Hierauf wußte Anlisciu keine Antwort, und die anderen Kaufleute um ihn herum waren sehr ratlos, wofür Gott gelobt und gepriesen sei. Manche schrien mich an, ich hätte hier nichts zu suchen, und andere bedauerten, daß Anlisciu keine Erwiderung gab. Viele aus den Reihen des Volkes gingen darauf verärgert weg und beklagten, daß weder die Partei des edlen Pitaco noch die des Großkaufmanns Suninsciou sie anführen könne. Einer schrie laut, die Franken und die Juden, Gott behüte, hätten mit ihrer Gewinnsucht die Kaufleute von Zaitun über alle Maßen angestachelt. Doch der vornehme edle Pitaco machte mir zu Ehren eine tiefe Verbeugung, wofür Gott gepriesen sei, und erklärte, durch meine Worte habe die Seite der Wahrheit über die Seite der Falschheit gesiegt. Während ich den Saal verließ, kam auch der Kaufmann Anlisciu zu mir und bat mich erneut, ich möge doch mehr über die Christen und ihren Haß auf die Juden sprechen, denn alle wollten meine Worte hören. Ich gab ihm zur Antwort, es sei mir eine Ehre, doch ich sähe mich daran sowohl durch meinen Glauben wie auch durch anderweitige Verpflichtungen gehindert, während er mich vor aller Augen zum weisesten aller Menschen erklärte.

Nach dem Sabbat Bo,[326] der Monat Schewat war schon ziemlich fortgeschritten, kamen meine Brüder Nathan ben Dattalo, Lazzaro und Eliezer sicher auf ihren Schiffen nach Zaitun zurück,[327] die mit Gütern aus Seide und Gold, mit Parfümen und Salben hoch beladen waren und einen Wert besaßen, der unaussprechlich war, wofür Gott gepriesen sei. Die schwierige Lage des Kaiserreiches und das große

Drunter und Drüber der Stadt Zaitun schien sie nicht zu kümmern, denn sie sprachen nur von den Wundern, die sie in der Stadt des Sohnes des Himmels erblickt hatten.

Chinscie, also die Hauptstadt des Reiches Manci und der Sitz von König Toutson, ist ihrem Bericht nach über und über mit Gold bemalt und hat die höchsten Stadtmauern der Welt. Es besitzt viele Seen und Gärten, eintausend Tempel, fünfzig Klöster, mehr Kanäle, als Venedig hat, viertausend steinerne Brücken und über neunhunderttausend Herde.[328] Somit ist es die größte Stadt der Welt, und für eine Reise um ihre Mauern benötigt man vier Tage.

Der König wohnt in einem riesigen Marmorpalast mit über fünftausend gold- und edelsteingeschmückten Zimmern, denn weniger gilt als unangemessen für ihn, den sie lästerlicherweise den Sohn des Himmels nennen, wie die Christen *diesen Menschen* den Sohn Gottes nennen, wobei die eine Bezeichnung nicht weniger töricht ist als die andere. Im Palast herrschen Haß und Intrigen zwischen den Adligen des Hofes, nicht anders als in der Kurie von Rom unter den Kardinälen. Und wie der Papst an diejenigen, die seine Gemächer bevölkern, Titel und Ehrungen verteilt, so macht es auch der Sohn des Himmels, der ganz nach Art des Papstes auf einem goldenen Thron den Vorsitz über das höfische Treiben führt. Wie in der Kurie in Rom rücken auch am Hof des Sohnes des Himmels die Konkubinen und Verwandten der Höflinge in Vorzugsstellungen auf, und hier wie dort wird das Geschehen von Lust und Neid und nicht von Tugend und Gerechtigkeit bestimmt.

Der Sohn des Himmels ist umgeben von Eunuchen, Schreibern, Dienern, Astrologen, Frauen und anderen Müßiggängern, und dazu kommen die Wärter der königlichen Tiere, wie die Meister der Habichte und Geierfalken, und die Wärter, die sogar die Fische versorgen, die man in einem Teich nahe beim Palast zum Vergnügen des Herrschers hält. All diese Leute und noch viele andere dazu, ihre Zahl beträgt an die zehntausend, empfangen vom Sohn des Himmels alles, was sie für ihre Tätigkeit am Hofe brauchen, und sie werfen sich dafür vor ihm zu Boden. Dennoch heißt es, der König gehe mit denen aus seiner nächsten Umgebung so freimütig um, daß einige sogar Zeuge werden, wenn sein Haar geschnitten wird oder wenn er nackt ist, zum Beispiel beim Baden, doch das ist verabscheuungswürdig.

Die Juden von Chinscie, etwa zweitausend an der Zahl, wohnen auf dem Hügel des Phönix. Er liegt westlich vom Palast des Königs Toutson und wird von den Bewohnern Mancis der Hügel der Franken genannt, denn dort wohnen auch Franken und sogar Sarazenen. Die Sarazenen haben ihren Tempel in der Nähe der Brücke der Reichtümer und die Juden ihr Bethaus, Gott sei gelobt, in der Straße der Segnungen. Doch den wunderbaren und auch den verbotenen Dingen zu lauschen, von denen meine Brüder Lazzaro und Eliezer von Venedig berichteten, bewegte meine Seele nicht, noch nicht einmal der Anblick der erlesenen Sachen, die sie teils auch für mich mitgebracht hatten und unter denen sich viele äußerst gewinnträchtige Dinge befanden.

Denn es ist weder zu bewundern noch zu loben, wenn ein Mann sich König nennt, sich viele Frauen nimmt und mehr Gold und Silber anhäuft, als ein Mensch jemals brauchen kann. Meine Augen blickten ohne Glanz auf die Güter, die Nathan ben Dattalo vor mir ausbreitete, denn meine Seele war dieses Handels überdrüssig geworden. Weder der König noch der Papst, die stolz auf ihren Thronen sitzen, weder die seidenen Gewänder noch der goldene Ring sind das wahre Licht dieser Welt, sondern lediglich Schatten, neben denen die Lampe der Thora mit unsterblicher Flamme leuchtet, Gott sei gepriesen für Seinen Überfluß.

Außerdem war ich in Gedanken sehr mit den Drangsalen der Stadt beschäftigt, die in der Bevölkerung Tag für Tag größer wurden, von der manche für diese und andere für eine andere Partei eintraten. Ich sah, daß die Dinge, von denen die Leute hier umgetrieben wurden, dieselben waren, von denen alle Menschen ins Unglück getrieben werden. Am Sabbat Jitro und am Sabbat Mischpatim[329] betete ich deshalb zu Gott, Er sei gepriesen, Er möge mir Weisheit gewähren und mir die richtigen Gedanken und Worte vor der großen Versammlung der Stadt eingeben, damit deren Machthaber, die mich um meinen Rat gebeten und mir großen Beifall gezollt hatten, Gott sei gedankt, durch meine Hilfe aus der Finsternis ans Licht gelangten. Denn das ist, wie unsere Schriftgelehrten sagen, der Friede sei mit ihnen, die Pflicht eines gottesfürchtigen Juden.

Doch in diesen Tagen des Schewat kamen neue Mißlichkeiten auf mich zu, denn meine Dienerin Buccazuppo, die zu einer hübschen

Frau herangewachsen war, Gott vergebe mir, daß ich mich derart lobend über sie äußere, erging sich ohne Grund endlos in Tränen und Seufzern. Da ich dachte, sie befinde sich zuviel in der Gesellschaft der bösen Frau Bertoni, ersuchte ich den getreuen Lifenli, er möge zu der besagten Buccazuppo seine Schwester mitbringen, eine gewisse Liciancie, damit sie, die unserer Sprache mächtig war, meiner unglücklichen Dienerin Gesellschaft leiste.

So verbrachten sie viele Stunden zusammen im Gespräch, doch mir, der ich mit dem Nachdenken über die Stadt so sehr beschäftigt war, daß ich meine religiösen Pflichten nur noch in aller Eile erledigte, Gott möge mir vergeben, entging, o weh, worüber sie sprachen. Schließlich wurde Liciancie mir vorgestellt, denn ich wollte mich einmal mit ihr unterhalten, um meiner Aufsichtspflicht über Buccazuppo Genüge zu tun, denn das hatte ich versprochen.[330] Dabei stellte sich heraus, daß Liciancie eine dreiste Art hatte, die wenig zu einer Frau paßte, nichts von Männern hielt, sich schlampig kleidete und mit ihrem schamlosen und lockeren Mundwerk Dinge aussprach, die keine Frau aussprechen sollte, weder vor einem Mann noch vor einer anderen Frau.

Solche Frauen, vor denen sich jeder Mann klugerweise hüten sollte, gibt es in der Stadt des Lichts sehr viele, wie mir Lifenli erklärte. Sofern sie verheiratet sind, sind sie sehr grob zu ihren Männern und verjagen sie nicht nur aus ihrem Bett und verweigern den Beischlaf, Gott behüte, obendrein enthalten sie ihnen auch noch andere Dienste vor, und überhaupt verstößt ihr Benehmen gegen die

Vernunft und die Natur. Ihre Ehemänner, so heißt es, bekommen Angst vor ihnen und sind froh, wenn sie ihrer Gegenwart entrinnen können. Am Ende verlieren sie überhaupt ganz den Willen, einer Frau beizuwohnen, denn eines Tages können sie keine mehr leiden. Dabei sind sich diese Frauen gegenseitig auch nicht besonders gewogen und neigen zu Zänkereien und sogar zum Austausch von Hieben.

Als ich Liciancie nach ihrer Bewertung[331] des Beischlafs von Mann und Frau befragte, Gott vergebe mir mein Tun, antwortete sie, ein solcher Akt sei weder ein Vergnügen, noch solle die Frau ihren Körper den Gelüsten der Männer hingeben, denn die Männer benutzten, scham- und ehrlos wie sie seien, die Körper der Frauen nur, um sich Erleichterung zu verschaffen. Darauf fragte ich sie, wie eine Frau zu einem Kind kommen wolle, wenn sie nicht zum Beischlaf mit einem Mann bereit sei. Sie aber gab zurück, es bestünde keine Notwendigkeit, Kinder zu gebären, denn in der ganzen Stadt gebe es genug Kinder, deren Mütter nicht mehr festzustellen seien.

Da antwortete ich ihr folgendes, und Gott gab mir die Stärke, ihrer Frevelhaftigkeit entgegenzutreten: »Daß eine Jungfrau ohne Beischlaf mit einem Mann ein Kind empfängt, mag ein Christ in seiner Tollheit glauben, doch daß eine Frau, die den Verkehr mit einem Mann ablehnt, ein Kind zu haben wünscht, ohne es in ihrem Schoße auszutragen, widerspricht der Natur nicht minder. Und wie soll eine Frau, die keinen Mann stützend an ihrer Seite hat, für das Kind aufkommen?«

Darauf sprach Liciancie, und Buccazuppo lauschte ihrer Antwort, obwohl ich es ihr verboten hatte: »Genauso, wie es die Frauen der Seeleute machen.«

Darauf ich: »Und wie soll ohne die Partnerschaft eines Mannes den Bedürfnissen des Kindes Rechnung getragen werden?«

Darauf nahm sie Buccazuppo an der Hand und antwortete, die Freundschaft einer Frau sei alles, was sie sich wünsche. Da entgegnete ich, daß sie eine unglückliche Seele haben müsse, worauf sie in große Wut geriet und mir entgegentrat wie ein Mann und sogar drohte, mich niederzuschlagen, Gott behüte.

Dazu sagte ich: »Du setzt dich über die anderen hinweg und willst immer nur das tun, was dir paßt, doch wenn man dir Vorhaltungen macht, wirst du wütend.«

Frauen im Garten bei Hausarbeiten – kolorierte Tusche auf Seide, etwa 1235–1300

Doch diese Liciancie antwortete, ohne sich zu schämen: »Aber auch du verlangst, daß deine Begierden befriedigt werden, und möchtest mit einer Frau machen, was du willst, und wirst böse, wenn sie es dir abschlägt.«

Nachdem ich Buccazuppo aus dem Zimmer geschickt hatte, antwortete ich: »Das Alleinleben, besonders, wenn es von vielen praktiziert wird, ist gegen die Natur, denn es verstößt gegen das Gesetz der Schöpfung. Eine Frau kann mit einer Frau kein Kind zeugen und ein Mann nicht mit einem Mann, davor sei Gott. Auch kann der Samen des Mannes nicht aus dem Schoß einer Frau fließen, noch befindet sich ein Schoß im Leib des Mannes. Deswegen verstoßen deine Ansichten gegen die Natur und gegen die Vernunft, auch wenn du dich mit Leidenschaft dafür einsetzt und glaubst, du seist im Recht.«

Doch die große Verwirrung in der Stadt des Lichts ließ Liciancie, obzwar sie eine Frau war, folgendes antworten, der Heilige Eine möge sie am Ende der Tage verschonen: »Ein Mann wie du zu sein bedeutet, unvollkommen zu sein, denn die Männer, nicht die Frauen, sind ihren Begierden ausgeliefert, können sie doch weder Blick noch Gedanken von dem abwenden, worauf sie Lust verspüren, und schnell sind sie des Körpers einer Frau überdrüssig, die ihnen keine Wollust mehr verschafft. Aber weiß denn nicht jeder, daß die Stärke eines Mannes nach seinem vierzigsten Lebensjahr Jahr für Jahr geringer wird, nach seinem fünfzigsten Jahr Monat für Monat, nach seinem sechzigsten Jahr Woche für Woche und nach seinem siebzigsten Jahr Tag für Tag? Doch während die Stärke seines Körpers abnimmt, bleiben ihm die Gedanken in seinem Geist erhalten, so daß er daran verzweifelt, daß er sein Leben vergeblich lebt. Deshalb möchte er die Frau, die ein Leben ohne Wollust schätzt, am liebsten in Ketten legen, denn sie führt ihm die Niedrigkeit seiner Gedanken vor Augen. Zudem wird er zunehmend in die Gesellschaft von Männern getrieben, die ihm ähnlich sind, und das gereicht ihm zu noch größerer Verzweiflung. Aber Männer haben kein Recht, auf Kosten der Körper und Seelen der Frauen zu leben und ihnen wie Egel das Blut auszusaugen.«

Diese Worte Liciancies, die schließlich eine Frau und jung an Jahren war, überraschten und beunruhigten mich außerordentlich, denn mir schien, daß seit dem Anbeginn der Welt, als der Heilige

Eine, Ehre sei Ihm, allen Dingen das Leben schenkte und der Natur
ihre Gesetze gab, noch nie eine Frau derartige Dinge ausgesprochen
hatte. Nachdem ich meine Dienerin Buccazuppo herbeigerufen hatte, damit sie meine Worte höre, sagte ich deshalb zu Liciancie, der
ungezähmte Anteil der Frau sei zweifellos dem ungezähmten Anteil
des Mannes verwandt, und beide seien der menschlichen Gesellschaft unwürdig. Da sich bestimmte Männer den Frauen gegenüber
boshaft verhielten, was Gott verbiete, sei es verständlich, daß sich
manche Frauen den Männern gegenüber ebenfalls so verhielten, was
Gott ebenfalls verhüte, denn Männer und Frauen hätten jeweils
etwas von der Natur des anderen in sich. Und wie entsprechend
jene Frauen, die Lebensmittel einkauften, das Haus in Ordnung
hielten und auf die Kinder aufpaßten, aus dem guten Anteil der Frau
bestünden, so bestünden jene Männer, die ihren Frauen Haushalts-
geld gäben, das Haus vor Räubern schützten und den Kindern
richtiges Benehmen beibrächten, aus dem guten Anteil des Mannes.

Hierauf antwortete die unverfrorene Liciancie, daß die Dinge,
die ich den Frauen zugeschrieben hätte, die Arbeiten von Bediensteten seien und nicht die von freien Menschen und daß alle Männer
von ihren Frauen verlangten, ihnen in allem zu Diensten zu sein. Sie
fügte hinzu: »Man soll uns nicht länger nur beibringen, wie man mit
Nadel und Faden umgeht, wie man Handschuhe zuschneidet und
ähnliche Arbeiten verrichtet, denn jede Ehefrau, die sich bemüht,
botmäßig zu sein, um ihrem Mann zu gefallen, sorgt dafür, daß sie
– und auch ihr Mann – den traurigsten Leiden verhaftet bleibt. Oder
sollen wir von denen eine andere Wahrheit annehmen, die uns die
Füße zusammenschnüren und sie »goldene Lilien«[332] nennen oder
die uns lehren, daß eine Frau ihrem verstorbenen Mann sogar in den
Tod folgen soll?

Solche Männer betrachten uns jetzt als stechende Skorpione,
doch über wie viele Generationen hinweg haben *sie uns* schon übel
mitgespielt? Doch nun dürfen uns die Männer nicht mehr wie Tiere
einstufen, nur damit sie nachsehen können, daß wir unter unserer
Kleidung nicht häßlich sind, denn welche Frau dürfte es äußern,
wenn ein Mann grob ist, schlechten Atem hat oder sich boshaft verhält? Wir werden es nicht länger zulassen, daß Männer Frauen
herabwürdigen und von uns sprechen, als besäßen nur sie Verstand
oder als seien wir flatterhaft, und nur die Männer wüßten, was sie

wollen. Frauen müssen statt dessen ihre eigene Erfüllung finden und nicht länger das tun, was Männer von uns verlangen, sondern vielmehr das, was uns am meisten zusagt, jede nach ihrer eigenen Vorstellung.«

Bei diesen Worten der Liciancie befiel mich abermals große Sorge, daß Buccazuppo durch diese Mischung aus Unsinn und Wahrheit ins Unglück gestürzt werden könnte, Gott vergebe mir, daß ein gottesfürchtiger Mann wie ich sich gezwungen sah, sich mit diesen Gedanken so eingehend auseinanderzusetzen.

Aber damit die Wahrheit über die Torheit obsiege, ließ ich mich vor den Augen meiner Dienerin Buccazuppo noch weiter treiben und sprach zu Liciancie: »Die Männer tun den Frauen nicht mit Absicht weh, und die Frauen verstehen ihr eigenes Wesen auch nicht besser als die Männer das ihrige. Beide sind vielmehr nach dem Ebenbild Gottes geschaffen, Er sei gepriesen, und die einen sind so schwach und hinfällig wie die anderen.«

Hierauf antwortete Liciancie etwas, was mir außerordentliche Scham bereitete: »Das Interesse der Männer gilt nur dem Körper der Frauen und geht bis zur Vergewaltigung, auch wenn sie ihnen zärtlich etwas von Liebe erzählen, um sie dadurch desto eher zu besitzen. Statt dessen sollten die Frauen selbst entscheiden, mit wem sie das Lager teilen und ob sie heiraten und Kinder bekommen wollen, und sich dabei nach dem eigenen Willen richten und nicht nach dem Willen der Männer. Außerdem sollten sie beim Liebesakt nicht bestiegen werden, sondern den oberen Platz einnehmen, denn dies könnte den Stolz der Männer brechen helfen.«

Bei diesen Worten brachen die beiden Frauen in Gelächter aus, Gott sei ihnen gnädig. Nie zuvor hatte ich so schmerzlich die Verderbtheit des Menschengeschlechts erleben müssen, und ich verwies darauf, daß es gegen die Natur sei, auf solche Weise und ohne jeden Anstand zu reden und zu lachen.

Darauf entgegnete Liciancie schamlos: »Männer wie du wollen den Frauen Sittsamkeit und Treue einreden, und dabei gebt ihr euch selbst der Unkeuschheit und Wollust hin. Wir sollen sanft und zart sein, während ihr anmaßend und grausam seid. Doch wie ein Mann sich zu seinem Vergnügen eine Konkubine zulegt, so kann sich auch eine Frau nach Lust und Laune für ihren Spaß und zur Befriedigung ihrer Wünsche einen Liebhaber nehmen. Und wie bisher die Frauen auf Befehl der Männer die Augen abwendeten, so sollen es jetzt die Männer tun. Es ist unser Recht, sie zum Hahnrei[333] zu machen.«

Da inzwischen der erste Stern des Sabbat Mischpatim am Himmel erschienen war,[334] schickte ich die beiden hocherzürnt fort, Gott sei gelobt, und ordnete an, Liciancie keinen weiteren Zutritt zum Haus des Nathan ben Dattalo zu gewähren, damit meine Dienerin Buccazuppo vor Schaden bewahrt bleibe. Danach widmete ich mich dem Gebet, Gott sei gepriesen, damit mein Herz wieder rein würde und vor den Thron Gottes treten könnte. Auch befürchtete ich, in einer so fluchbeladenen Stadt, in der jeder Irrtum zur Wahrheit erklärt und die Wahrheit ein Opfer der Narrheit der Menschen wurde, vom rechten Wege abzukommen.

IM AUGE GOTTES

Bemerkenswert ist dieses Kapitel vor allem wegen Jacobs zweiter und umfangreicherer Attacke gegen das Christentum und die Verbrechen der Christen, wie sie sich ihm darstellen. Auch aus einem Abstand von über 700 Jahren spürt man noch die Kraft einer Auseinandersetzung, die dem gelebten Glauben entspringt, gleichgültig, ob diese öffentlich vor den Weisen der Stadt Zaitun (Anfang 1272) stattfand, wie Jacob schreibt, oder ob sie, wie ich glaube, bei der Niederschrift nach seiner Rückkehr nach Ancona im darauffolgenden Jahr eingehend ausgearbeitet wurde. (In den Anmerkungen werde ich auf solche Passagen hinweisen, die eindeutig das Produkt späterer Überlegungen sind.) Der furiose Schlagabtausch mit dem Mönch Fra Bartolomeo – vermutlich ein Franziskaner – klingt jedoch authentisch, genau wie die Leidenschaft und Härte, mit der Jacob seine Standpunkte vertritt. In den wechselseitigen Vorwürfen und in dem provokanten Elan, mit dem Meinung und Gegenmeinung dargelegt werden, glaubt man, den Tonfall der Inquisition zu hören. Die Wortwechsel liefern uns ferner zahlreiche Informationen über das Los und die soziale Position der Juden des Mittelalters, über kirchliche Praktiken und Mißstände – einschließlich des Simonismus (die Bereicherung durch kirchliche Amtsausübung) und Wucher – und über die Empörung der Juden, die sich bösen Anspielungen und falschen Anschuldigungen ausgesetzt sahen.

Die Kraft von Jacobs Haltung nährt sich zudem aus einem speziellen (und außergewöhnlich starken) Sendungsbewußtsein, das es ihm auferlegt und geradezu zur Pflicht macht, »von Gott Zeugnis abzulegen«. Im Eifer des Augenblicks gelingen ihm Höhenflüge der Eloquenz und Leidenschaft, so verletzend seine Worte für die religiösen Gefühle anderer auch sein mögen. Eine Art Wut bricht sich in ihnen Bahn, doch es ist die Wut eines Mannes, an dem das Bewußtsein über die Ungerechtigkeiten nagt, die seinen »Brüdern« nach seiner Einschätzung »jetzt« und früher widerfuhren. Im Licht der Heimsuchungen, die in den kommenden Jahrhunderten über die Juden hereinbrechen sollten, wirken Jacobs Wut und Argumente allerdings kümmerlich, so unange-

Süßkind von Trimberg (etwa 1250–1300), ein jüdischer Dichter aus Deutschland, dargestellt als bärtiger Jude mit dem charakteristischen spitzen Hut. Aus der Manessischen Handschrift, *14. Jahrhundert, Universität Heidelberg.*

nehm sie für seine Gegner auch gewesen sein müssen. Dennoch kann gegen die Stichhaltigkeit seiner heftigen Angriffe auf die christliche Heuchelei – daß die Christen sich, auch ihren Mitchristen gegenüber, nicht an das halten, was sie predigen – kaum etwas eingewendet werden. Gegenüber diesen Anschuldigungen scheinen mir seine mehr ins Theologische gehenden Vorwürfe der »Abgötterei« und ähnlichem, so angriffslustig sie auch vorgetragen werden (und den rabbinischen Verfügungen zuwiderlaufen, wie wir bereits sahen) heute von geringerer Bedeutung zu sein.

Es ist interessant, daß Jacob nicht nur (wie in diesem Kapitel) von einem christlichen Gegner in die Schranken gefordert wurde, sondern auch von »Spöttern« aus den Reihen der Weisen und sogar von dem hartnäckigen Li Fenli, wie Jacobs erster Stellungnahme zu diesem Thema zu entnehmen ist. Natürlich wird sich nie endgültig feststellen lassen, ob ihnen ihre Fragen und Ansichten von Jacob in den Mund gelegt wurden. Doch das Streitgespräch mit dem jungen und »gottlosen« Li Fenli – eine Art judäo-platonischer Dialog – erhellt Jacobs eigene Überzeugungen. Er sieht sich gezwungen, seinen Glauben und seine Weltsicht unter Druck – und dazu im Zorn – abzuklären und zu erläutern, und dies geschieht auf eine Weise, die uns einen deutlichen Einblick in das Wesen seiner Frömmigkeit und seines Denkens mitsamt deren Stärken und Schwächen gibt.

Das Kapitel enthält auch den Bericht über eine kurze Reise, die Jacob (aus kommerziellen Gründen) in die Umgebung von Zaitun unternahm – während die Ungeduld seiner Leute, nach Italien zurückzukehren, wuchs –, sowie die Widergabe einer Debatte im concilio über die Vor- und Nachteile des bewaffneten Widerstands der Stadt gegen die Tataren. In dieser Debatte erfahren wir von der Existenz einer »pazifistischen« und einer »militaristischen« Fraktion in Zaitun, wobei der Kaufmannsflügel anscheinend eine gewaltlose Duldung der Eroberung favorisierte, während dessen Gegenspieler zur Verstärkung der Mauern, zu Standhaftigkeit und Widerstand gegen die Eindringlinge aufforderten. In dieser Debatte geißelt jener »Pitaco«, dem Jacob immer größere Bewunderung zollt, die Feigheit der Unterwerfungsbefürworter, und auch Jacob steuert (oder behauptet es jedenfalls) einen bescheidenen Beitrag zur Diskussion bei.

s war am zweiten Tag des Adar[335], und ich hatte alle meine religiösen Pflichten erfüllt, als der Kaufmann Anlisciu mich unter großen Ehrenbezeigungen im Namen des großen Suninsciou bitten ließ, ich möge seinem Diener mit Lifenli zur Kammer der Weisen in der Straße der Harmonie folgen. Dort waren schon viele versammelt, um mich über die Missetaten der Christen und deren übles Betragen gegenüber den Juden sprechen zu hören, denn ich war unter ihnen zu großem Ruhm gelangt,[336] wofür Gott gepriesen sei.

So betrat ich die Kammer der Weisen, die bis auf den letzten Platz besetzt war, so groß war der Andrang, und in meinem Herzen trieb mich das Gebot des Heiligen Einen, furchtlos und mit unbeschwerter Seele die Wahrheit meines Glaubens zu verkünden und die Bosheit derer anzuprangern, die stets von Liebe und Vergebung sprechen, deren Herzen aber, da sie heucheln, mit Haß und falschen Anschuldigungen gegen uns erfüllt sind.

Als mich der Weise Ociuscien und der Weise Lolichuan, ein Meister erhabenster Abstammung, aufriefen, vor der Versammlung der Gelehrten der Stadt zu sprechen, nachdem sie meine Weisheit gepriesen hatten, erklärte ich:[337]

»Ihr Herren, ich habe vor, die Dinge bezüglich der Art der Juden und der Bosheit unserer Feinde so klar zu machen, wie sie es nie zuvor gewesen sind, und wenn ich etwas Falsches behaupten sollte, dann möge Gott mich als Christ sterben lassen.« Auf diese Worte hin entstand großes Gelächter unter ihnen. Danach fuhr ich fort: »Die Wahrheit über diese Dinge ist eigenartig, denn unsere Verfolger sind jene, die der Welt die Nächstenliebe predigen. Die Christen lassen uns nirgendwo für längere Zeit in Ruhe, geschweige denn, daß sie uns lieben – stets finden sie binnen kurzem einen Grund, ihre Bosheit an einzelnen oder an vielen von uns auszulassen, nicht etwa, weil wir uns etwas gegen sie hätten zuschulden kommen lassen, sondern einzig und allein deshalb, weil wir Juden sind.

Wenn ein Christ durch einen Juden einen Vorteil hat, läßt er ihn vorübergehend gewähren, doch sobald er glaubt, daß der Jude seinen christlichen Zwecken nicht mehr dienlich ist, findet er einen Grund, ihn fortzuschicken, sofern es ihn nicht besser dünkt, das einfache Volk gegen ihn aufzuhetzen. In den fränkischen Ländern verdanken wir unsere Sicherheit der Habgier der Herrscher, nicht ihrer Liebe, denn sie wollen lieber an unser Geld als an unser Leben. Und wenn die Juden ihr Recht als Menschen unter Menschen fordern, dann wird mit christlicher Nächstenliebe von ihnen verlangt, daß sie, o weh, zuerst ihren Glauben ablegen, was Gott verhüte.«

Ich, Jacob von Ancona, erklärte mit lauter Stimme und in dem Wissen, daß ich mit Gottes Segen sprach, das folgende, wobei ich einen unfreundlichen Ruf vernahm, der mich aber ungerührt ließ: »Am heimtückischsten sind ihre Priester, denn sie belehren die Gläubigen, die Juden seien raffgierig und geizig. Dieselben Priester aber kommen heimlich zu uns und leihen sich Geld, um damit Häuser, Kleider und Juwelen für die Frauen zu kaufen, die sie in aller Verborgenheit aushalten, oder um Hauslehrer für ihre Kinder anzustellen oder ihren Bischöfen ein Amt zu kaufen, in dem diese auf ihre alten Tage fett werden können. Auf diese Weise und mit Schlimmerem verletzen sie, ohne zu erröten und ohne Scham, ihre eigenen geheiligten Regeln, indem sie uns heimlich um Geld angehen, doch von der Kanzel herab verdammen sie uns als Wucherer ohne Gnade und Gewissen.

In ähnlicher Weise schreiben uns die Christen durch ihre Gesetze und Erlasse vor, daß wir sie nicht als unsere Hausangestellten beschäftigen dürfen, daß wir kein Land erwerben dürfen, daß wir nicht frei unsere Berufe auswählen dürfen und daß wir noch andere Dinge nicht dürfen. Doch welcher Jude weiß nicht, daß all das dennoch gestattet wird, wenn er jenen Geld bezahlt, die im selben Atemzug vor anderen erklären, ihr Glaube verbiete es ihnen, dieses Geld anzunehmen? Und so hart die Christen auch gegen die Juden sein

Satirische Darstellung der Juden von Norwich – Zeichnung von Matthew Paris, 13. Jahrhundert

mögen, die Habgier derer, die umgekehrt uns dieser Untugend zeihen, ist so groß, daß von ihnen nur wenige der Versuchung widerstehen können, sogar ihre Seele zu verkaufen, wenn sie nur Gewinn dabei machen.«

Doch bei diesen meinen Worten sprang plötzlich unter den Zuhörern einer auf und schrie in fränkischer Sprache, ich sei ein lügnerischer Jude. Es war ein gewisser christlicher Priester aus Zaitun namens Fra Bartolomeo, und ich sah, daß er vor Wut bebte. Aber ich ließ mich nicht unterbrechen, denn ich wußte, daß ich vor Gott die Wahrheit sprach, und dankenswerterweise bat der Kaufmann Anlisciu diesen Bartolomeo, Fluch über ihn, er möge mich weitersprechen lassen, damit jeder aus meinem Munde die Wahrheit erfahren könne. Ich fuhr also fort: »Die Thora verbietet dem gläubigen Juden den Handel mit Götzenbildern und allen anderen Dingen, die dem Kult von Götzendienern dienlich gemacht werden können. Doch wer weiß nicht, daß die Priester der Christen in allen fränkischen Ländern schwunghaften Handel mit Raritäten und Kostbarkeiten für ihre Kirchen mit uns treiben, und wer weiß nicht, daß wir es sind, die ihnen das Räucherwerk beschaffen? In ihren Erlassen nennen sie das Simonie[338], aber welcher Abt macht sich dessen nicht schuldig, da doch ihre Gier nach Räucherwerk und erlesenen Dingen allemal über den Haß auf uns obsiegt? Auch die Herrscher christlichen Glaubens zögern nicht, Geschenke von uns anzunehmen, einem Richter Israels jedoch wäre derlei verboten, denn ein Richter Israels soll kein Geschenk annehmen, da es jene blendet, die sehen können.

Oh, wie diese Gotteslästerer Armut predigen, dabei aber wie alle anderen Menschen nach Reichtum dürsten! Sie wettern gegen den Handel als Gefahr für die Seele und nennen den Kaufmann den Gehilfen des Teufels, Gott bewahre, aber zur eigenen Bereicherung stecken sie das Geld ihrer Kirchen in die Handelsfahrten der Juden. Ganz ähnlich erklären sie das Zinsennehmen zu einer Sünde gegen die Barmherzigkeit Gottes, aber ihre eigenen Prälaten verleihen Geld gegen Unterpfänder und Profite, die weit wertvoller und höher sind als die, die man den Juden gestattet, und andere Christen leihen wiederum ihnen Geld, wie die Salimbeni, die ohne jede Scham von der Abtei von Fiastra einhundert Prozent Zinsen verlangten, als das Kloster vor dem Ruin stand. In Gelddingen verbreiten die Christen überall Lügen und behaupten, ihre Kredite seien zinslos, aber unsere seien wucherisch, dabei verschleiern sie nur ihre großen Gewinne durch falsche Belege über die Aus- und die Rückzahlung. Diese gottesfürchtigen Bürger, die selbst nichts anderes als Wucherer sind, täuschen mit falschen Dokumenten Verkäufe von Gütern an den Geldnehmer vor, der später alles zu einem höheren Preis bezahlen muß, und was dergleichen Finten mehr sind.

Doch wenn jemand sich von einem anderen Geld leihen möchte und diesem vorab schon ein Geschenk macht mit den Worten ›Ich mache dir dies zum Geschenk, damit du mir Geld leihen mögest‹, dann ist das ein Wucherzins, der im voraus bezahlt wird. Und wenn dieser nämliche Mann dem Geldgeber etwas zum Geschenk macht für ein Darlehen, das er schon erhalten hat, dann ist es Wucherzins im nachhinein, wie uns Rabbi Gamaliel lehrt.[339]

Doch die frommen Christen praktizieren all diese Dinge und verwischen mit ihren Irreführungen den Unterschied zwischen dem, was ihnen gestattet ist, und dem, was sie zur Sünde erklären. Aber wenn ihre Seele durch solche Tricks in Gefahr gerät, scheint es sie nicht zu beunruhigen, denn die Christen verstehen so geschickt mit Scheinargumenten umzugehen, daß sie sogar noch für ihre schlimmsten Missetaten eine Rechtfertigung aus dem Kirchenrecht abzuleiten wissen. So wird von den Christen Unrecht durch Mogelei in Recht umgemünzt, bis sie nichts mehr dabei finden, andere für dieselben Sünden, die sie selbst tagtäglich begehen, zu verurteilen und auf den Scheiterhaufen zu schicken. Und welche Summen haben die Legaten und Prälaten zur Mehrung der Ehre Gottes und der Kirche Roms und ihres Hohepriesters[340] von uns geborgt, ohne an Rückzahlung zu denken, wie damals, als die Kirche den heiligen Kardinal unserer Stadt vorschickte, die Juden im Namen des Kreuzes auszupressen, und er sich von meinem Vater Geld lieh?«[341]

Bei meinen wahrheitsgetreuen Worten machte Bartolomeo abermals wütende und beleidigende Zwischenrufe in fränkischer

---

»... VERSCHLEIERN IHRE GROSSEN GEWINNE DURCH FALSCHE BELEGE«
Diese Vorgänge werden von Jacob nicht im einzelnen erläutert, doch einiges weist darauf hin, daß sich mittelalterliche Geldverleiher unter dem Deckmantel eines »Säumniszuschlags« für verspätete Rückzahlung Zinsrenditen zu verschaffen wußten, die nach den kirchlichen Vorschriften gegen den Wucher nicht zulässig waren. Trotz Jacobs Dementi dürften die jüdischen Bankiers jedoch dieselben Methoden praktiziert haben. Schuldscheine für den Geldgeber zum Beispiel wurden manchmal über eine bis zu einhundert Prozent höhere Summe ausgestellt, als das tatsächliche Darlehen betrug. G. Luzzatto, I Banchieri Ebrei in Urbino nell' Età Ducale, *Padua 1902 (Reprint 1938), S. 37.*

Sprache, aber ich ging nicht darauf ein und erklärte vielmehr, hier könne man sehen, von welcher Art die Väter der Kirche und ihre zukünftigen Heiligen in Wahrheit seien, der Fluch komme über sie, die uns in unsere mißliche Lage bringen.

In dem Wissen, daß der Blick Gottes auf mir ruhte, denn so empfand ich die Kraft meiner Seele und meines Körpers, fuhr ich fort, Gott sei es gedankt: »Wer anderes als die großen Bankiers und Wucherer der Christenheit, die sich insgeheim bei uns Geld ausleihen, wenn ihre Kassen leer sind, verwalten das Vermögen und die Profite des Papstes von Rom? Und wer weiß denn nicht, daß bei jeder Wahl eines Papstes alle, die ihm nahestehen, nur noch an ihren Vorteil denken und ihr ganzes Denken keineswegs den Tugenden des Kandidaten gilt, sondern sich nur darauf richtet, daß etwas für sie abfällt? Sobald einer aus ihrer Mitte den gottlosen Thron des Petrus besteigt, werden sie zu Kardinälen und Legaten, gleichgültig, ob sie Männer Gottes und der Gelehrsamkeit sind oder nicht.

Ist der Bruder eines Heiligen denn notwendigerweise auch ein Heiliger? Diese ihre Kirche ist nämlich keine Gemeinschaft von Gleichen[342], in der Heiligkeit und Güte belohnt werden, sondern eine Kirche der Hoffart und des Reichtums, in der Arroganz und Schlechtigkeit herrschen. Dennoch ist die Barmherzigkeit meiner Brüder gegenüber den christlichen Städten grenzenlos, wie unsere Spenden nach dem letzten Erdbeben, von dem wir heimgesucht wurden, erneut bewiesen haben, eine Barmherzigkeit, die auch mein Vater dem Priester Filippo erwies, als er in unserer Stadt Zuflucht suchte. Denn wer weiß denn nicht, daß ein Erdbeben Juden und Nichtjuden ohne Ansehen ihres Glaubens gleichermaßen unter den Trümmern begräbt? Doch immer ist es der Nächstenliebe predigende Christ, Fluch über ihn, der auf seinem Weg innehält, wenn er einen Juden sieht, der Friede sei mit diesem, und der im Juden nicht einen Menschen wie alle anderen sieht, sondern ihm das Kainsmal anheften will, damit die Vertreter des Glaubens der Nächstenliebe sich vor ihm in acht nehmen können.

Auf die Christen ist so wenig Verlaß, daß sogar solche, die uns besonders nahestehen, sich als wankelmütig erweisen, wenn wir in Bedrängnis geraten. Und wenn sie sehen, daß uns Leid angetan wird, scheuen sich auch die Gutherzigsten nicht, mitzumachen. Bei unseren Festen und Hochzeiten sind sie unsere Gäste, und in unseren

Häusern dienen sie uns, wie auch wir ihnen mit unserer größeren Weisheit in vielerlei Dingen zu Diensten sind und Herrscher uns als Ratgeber und Weise um sich sammeln. Aber noch nicht einmal die klügsten dieser Herrscher können es unterlassen, uns grausam zu behandeln, wenn das Gesetz der Prälaten es ihnen vorschreibt.[343]

Auch kommt es vor, daß gelehrte christliche Priester, denn die gibt es, zusammen mit uns unsere Heilige Schrift studieren,[344] doch wer weiß nicht, daß deren Papst gleichzeitig unsere Thora verurteilt hat, Gott sei gedankt für Seine uns erwiesene Gnade? Denn ein solcher Haman hat unsere Weisheit zur Gotteslästerung erklärt, möge Gott ihn hinabschleudern nach Gehenna und seine Seele zerschmettern.

Sie lernen von uns, studieren mit uns an den Höfen der Herrscher und suchen den Beistand unserer Gelehrten, um die Schriften der Griechen, Sarazenen und unserer Propheten lesen zu können, mögen ihre Seelen überdauern. Aber zur gleichen Zeit gibt es unter ihnen Heuchler, die mit Freuden unsere Weisheit annehmen, wohl aber unsere Bücher verbrennen, so groß sind ihre Bosheit und ihr Haß auf uns.

Sogar wenn ein ganzes Reich oder eine ganze Stadt von der Geisteskraft eines meiner Brüder abhängt, wird er von denen, die an seine Intelligenz oder seine Vernunft nicht heranreichen, dennoch geringgeschätzt. Die Nächstenliebe der Christen geht so weit, daß sie uns lächelnd und schamlos ausrauben. Unsere Körper treten sie mit Füßen, aber unsere Weisheit und unser Wohlstand kommen ihnen zupaß. Stets sind sie bestrebt, die schwereren Lasten auf unsere Schultern zu packen und uns Hindernisse in den Weg zu legen, damit wir um so eher stolpern und zu Fall kommen.«

Bei meinen Worten, für die Gott gedankt sei, schrie Fra Bartolomeo voller Wut in der Sprache der Franken, ich sei ein Lügner, Gott behüte, und drohte mir, daß ich, ein Jude, wegen der Dinge, die ich im Lande Sinim zum Schaden des christlichen Glaubens behauptet hätte, schwer würde büßen müssen und daß die, die *diesen Menschen* getötet

---

»… UNSERE WEISHEIT ZUR GOTTESLÄSTERUNG ERKLÄRT«

Im Jahr 1236, als Jacob fünfzehn Jahre alt war, verurteilte Papst Gregor IX. auf Drängen des Dominikanerordens den Talmud als gotteslästerliche und ketzerische Schrift. In einer weiteren päpstlichen Bulle vom Jahr 1239, die die Aussage jener von 1236 bekräftigte, wurde die Zerstörung aller talmudischen Schriften angeordnet. Nach dem Bericht eines Zeitgenossen fand im Jahr 1240 in Paris eine Verbrennung »ganzer Wagenladungen« talmudischer Handschriften statt.

hätten, der ewigen Verdammnis anheimfallen würden und dergleichen mehr.

Darauf antwortete ich, Gott sei gelobt, daß seine Kirchenväter
dann keine Geschäfte mit uns machen sollten, und die Äbte und
Prälaten seiner Kirche sollten auch kein Geld von uns nehmen und
uns nicht die Gold- und Silbersachen von ihren Altären verkaufen
und uns auch nicht gestatten, ihre Pilger über die Meere zu bringen,
zumal uns das durch die Gesetze der Thora ohnehin untersagt ist,
wofür Gott gelobt sei. Doch Bartolomeo, ein törichter Mann, vor
dem mir jede Furcht vergangen war, Gott sei gedankt, wollte keine
Ruhe geben, obwohl ihn der weise Ociuscien und der Kaufmann
Anlisciu anflehten, er möge still sein, damit ich weitersprechen
könne. Doch ich bedurfte ihres Beistandes nicht, denn von Gott,
möge der Tempel in Jerusalem noch in unseren Tagen wieder errichtet werden, drang eine gewaltige Stimme zu mir, die mich
dergestalt sprechen ließ: »Ihr Herren, die Juden, die mehr Einsicht,
Energie und Gottesfurcht haben als die anderen Menschen, werden
mit Gottes Hilfe, Er sei gepriesen, sogar gegen die Grausamkeit der
ganzen Welt alle ihre Feinde überwältigen. Weder Spott noch Haß,
weder Unrecht noch Tücke werden uns von unserem auserwählten
Pfad abbringen oder den heimlichen Stolz unserer Herzen beugen
können.« Amen und Amen.

*Ludwig IX.
bei der Abfahrt zum
siebten Kreuzzug
(1248-1254) – aus*
Vie et miracles de
Saint Louis,
*einem französischen
Manuskript
des 14. Jahrhunderts*

Als der getreue Lifenli den Weisen der Stadt meine Worte übermittelt hatte, entstand eine großen Stille, als ob diese Männer wahrhaft das Wort des Herrn vernommen hätten, Er sei gepriesen
immerdar, und ich fuhr fort mit folgenden Worten, die alles bislang Gesagte zusammenfaßten: »Ihr Herren, der Mann, der vor euch
steht, Jacob ben Salomone ben Israel, hat keinen Titel oder Ruhm[345]
in seinem eigenen Land. Auch kann ich in meinem eigenen Land
zu meiner Verteidigung keinen Finger bewegen oder solche Worte
sprechen, wie ich sie hier spreche, ohne dadurch die Zahl meiner
Widersacher zu vervielfachen. Denn wenn ein Jude meines Landes
gegen einen, der ihn herabwürdigt, Klage führt, wird ihn dieser ver-
lachen und ihn, statt Antwort zu geben, einen Juden heißen.

Auch darf der reiche Jude aus Furcht vor Diebstahl seinen
Reichtum nicht herzeigen, und der arme Jude darf nicht so blind und
elend sein, daß er Abscheu hervorruft.
Entsprechend muß der weise Jude sein Licht
unter den Scheffel stellen, damit ihn die anderen nicht hassen oder beneiden, und der
unwissende Jude darf seine Unwissenheit
nicht zutage treten lassen, denn um so schärfer wird seine Dummheit gegeißelt. Deswegen müssen wir uns alle verstellen, um anderen keine Angriffsfläche zu bieten. Für die
Kinder Israels ist es daher nicht dienlicher, in
Armut, Elend und von Kummer und Leid bedrückt, ein Leben im Staube zu verbringen,
als reich und stolz herumzulaufen, und ein
königlicher Palast ist für sie keine vorteilhaf-
tere Wohnstatt als ein ärmlicher Verschlag.
Denn jede Lage trägt ihre eigene Gefahr in
sich, und ob Prinz oder Bettler, töricht oder
gelehrt, der Jude bleibt in jedem Fall ein Jude,
Friede sei mit uns. Unsere Stellung mag sein
wie sie will, man heftet uns allen dasselbe Mal
an und lädt die Boshaften ein, über uns herzufallen, wenn wir uns zeigen, doch wenn wir
unter unseren Brüdern Schutz suchen, wirft
man uns vor, wir würden uns absondern.

**»... IHRE PILGER ÜBER DIE MEERE
ZU BRINGEN«**

*Wie hier anklingt, hat Jacob vom Transport
von Wallfahrern von Italien ins Heilige Land
auf Schiffen, die jüdischen Kaufleuten gehörten oder von ihnen finanziert wurden,
gewußt oder sich sogar daran beteiligt. Ancona
war einer der Haupthäfen für diesen Pilger-
verkehr. Laut Henri Pirenne (*Economic and
Social History of Medieval Europe, *London
1947, S. 32) »elektrisierte der Bedarf der Kreuzfahrer« an Transportmitteln nach Jerusalem
die italienischen Hafenstädte und ließ sie bis
zur Niederlage Ludwigs des Heiligen bei
Tunis 1270 – dem Jahr von Jacobs Abreise in
den Orient – »eine unglaubliche Dynamik
und Lebendigkeit entfalten«. Es ging auch
nicht nur um das Anmieten von Schiffsraum,
denn »die Dienste der Kaufleute, die sich so
gut wie niemand sonst im östlichen Mittelmeer auskannten, wurden fürstlich entlohnt«.
(N. J. G. Pounds, *An Economic History of
Medieval Europe, *London 1994, S. 365)*

Und entsprechend, wenn ich getarnt ging, Gott möge mir vergeben, und nicht für einen Juden gehalten wurde, waren dann nicht viele Klosterbrüder wie dieser, der sich unter euch befindet, freundlich zu mir und haben mich in ihr Herz geschlossen und mir sogar heilige Reliquien geschenkt? Doch wie verändert sich dies Gesicht, ihr Herren, und wie verdüstert sich die Braue, wenn ein solcher Diener Gottes, der Herr vergebe mir das Gotteslästerliche meiner Worte, entdeckt, daß ich ein Jude bin, ein Bruder *dieses Menschen*,[346] als der ich mich in meiner leiblichen Person entpuppe. Und wenn wir das Zeichen so tragen, daß sie es sehen können, achten sie wie Janus mit einem Gesicht darauf, daß wir es korrekt tragen, und mit dem anderen fragen sie uns, wieviel wir ihnen zahlen, damit wir von der Vorschrift ausgenommen werden. Und wenn wir erkennen lassen, daß wir vermögend sind, werfen sie uns vor, wir wollten sie bestechen, wenn wir uns zurückhalten, heißt es, wir seien geizige Juden, wenn wir gelehrt sind, sind wir ihnen zu schlau, wenn wir stolz sind, zu stolz, und wenn wir bescheiden sind, sagen sie, wir würden am Boden kriechen wie Ungeziefer. Und wenn wir uns weigern ... auf ihren Befehl Christen zu werden, ist es angeblich unsere Halsstarrigkeit, die uns davon abhält, doch wenn wir uns taufen lassen, was Gott verhüte, bleiben wir für die, die uns in ihre Gemeinde aufnehmen, doch stets Juden.

Deshalb soll kein Jude dem Glauben seiner Väter abschwören und sich lieber für das hassen lassen, was er in Wirklichkeit ist, als für etwas, das er zu sein behauptet, aber in Wirklichkeit doch nicht ist. Außerdem behaupten ja die Christen selbst, die Juden müßten erhalten bleiben zum Zeugnis für das, was sie in ihrer Gotteslästerlichkeit die Wahrheit ihres Glaubens nennen, obgleich Mönche wie dieser, der sich hier unter euch befindet, mit einem Haß gegen uns predigen, als würden sie uns alle lieber tot sehen und

Aaron von Colchester – Karikatur eines Juden aus dem späten 13. Jahrhundert mit einer Variante des »Judenmals« auf dem Gewand (unten rechts)

»Das Mal«

Das ursprünglich im Theodosianischen Kodex im Jahre 438 niedergelegte Verbot von Heirat und sexuellen Beziehungen zwischen Christen und Juden wurde in aller Deutlichkeit auf dem Lateran-Konzil erneuert. Das »Schandmal«, das die Juden nach dem Erlaß von 1215 auf der Kleidung zu tragen hatten, diente angeblich vor allem dem Zweck, die Vermischung der Rassen zu verhüten. De facto wurde das sexuelle Tabu aber von beiden Seiten weitgehend ignoriert, woraus sich die häufige Wiederholung des Verbots durch die kirchlichen Gesetzgeber erklärt.

315 — IM AUGE GOTTES

als würden sie uns am liebsten aus dieser Welt vertreiben. Denn so ist der Glaube, der den Menschen gebietet, ihre Feinde zu lieben. Dabei sind die Juden, der Friede sei mit ihnen, keineswegs die Feinde der Christen, denn sie sind doch die Väter *dieses Menschen*, vielmehr haben die Christen sich selbst zu unseren Feinden gemacht, indem sie uns als eine ansteckende Seuche verleumdet und unser Blut vergossen haben, die Strafe komme über sie am Jüngsten Tag. Doch wie, ihr Herren, sollen sie die Wahrheit über uns sagen, wo sie doch noch nicht einmal über sich selbst die Wahrheit sagen?«

Darauf forderte der Priester von den Weisen Ociuscien und Lolichuan mit lautem Gebrüll, man solle mir das Wort entziehen, und drängte sich gewaltsam und mit Püffen gegen die, die ihm im Wege standen, zu dem Ort, wo ich stand, wobei er in der Sprache der Franken behauptete, daß meine Worte heimtückisch und falsch seien, da ein Jude sie gesprochen habe.

Doch ich, der ich von keinem Christen Tadel oder Zurechtweisung fürchtete, forderte Ociuscien auf, den Priester sprechen lassen,[347] und bot an, daß der getreue Lifenli, Friede sei mit ihm, die Worte bekanntmachen würde, die er hervorbrächte. Darauf zog sich Bartolomeo die Kutte enger um den Leib und gab mit zorniger Stimme sämtliche Anschuldigungen von sich, die von den Christen gegen unser Volk vorgebracht werden, als da sind unsere Treulosigkeit, Ketzerei und Wucherei und unser Durst nach christlichem Blut, Gott behüte, und nach der Schändung jenes Dinges, das sie in ihrer Abgötterei die Hostie nennen, und viele weitere ähnlich verkehrte Dinge hinsichtlich ihres Bilderkultes. Außerdem behauptete er, das Gesetz unseres Lehrers Moses sei wertlos, wofür der Heilige Eine, Er sei gepriesen, am Jüngsten Tag das Antlitz von ihm abwenden möge. Als er gesprochen hatte, ging der Priester Bartolomeo nicht zu seinem Platz zurück, sondern er machte Anstalten,

»… UNS ALS EINE ANSTECKENDE SEUCHE VERLEUMDET HABEN«
Das entspricht nur zum Teil der Wahrheit. Der Theodosianische Kodex aus dem 5. Jahrhundert verwendet zwar Ausdrucksweisen wie die von Jacob zitierte, doch die Bulle Sicut Judeis *von Papst Gregor I. (590–604) milderte den Kodex ab, auch wenn die Kirche sich nie förmlich von ihm distanzierte. Die Bulle wurde mit zahllosen Änderungen von nicht weniger als zehn der zwölf im 13. Jahrhundert amtierenden Päpste erneuert und fand 1234, als Jacob dreizehn Jahre alt war, als fester Bestandteil Eingang in das Kirchenrecht.* Sicut Judeis *sprach sich gegen die Zwangstaufe aus und garantierte den Juden die Unverletzlichkeit ihrer Synagogen und Friedhöfe sowie das Recht auf ungehinderte Ausübung ihres Glaubens. Dennoch rechtfertigte Papst Innozenz III. im Jahr 1205 die »ewige Knechtschaft« der Juden, und das 4. Lateran-Konzil von 1215 bürdete ihnen weitere Lasten und einschränkende Verbote auf; dazu begann sich zu Jacobs Zeit die Inquisition auszubreiten.*

sich fortzubegeben, denn er glaubte, daß ich, Jacob von Ancona, ihm jetzt die Antwort schuldig bleiben müsse, denn ich war ja seiner Ansicht nach im Vergleich zu ihm ein verächtlicher, gemeiner und angstvoller Jude, der nicht wagen würde, vor einer so großartigen Versammlung weiser Männer seinen Worten entgegenzutreten.

Doch die Kraft Gottes war in meinem Herzen und in meinem Geist, und ich antwortete furchtlos:»Ihr sprecht von Gott, Er sei gelobt, von den Engeln, der Friede sei mit ihnen, von Gut und Böse, von Lüge und Wahrheit und von den Bildern, die ihr verehrt, Gott bewahre. Doch was könnt ihr schon von der Wahrheit wissen, wenn selbst eure Bilder die eines Juden sind, wie das Abbild *dieses Menschen*, das ihr auf eure Altäre stellt und vor dem ihr das Knie beugt, ihr aber den Juden, der vor euch steht, schmäht und hinauswerft?

Hohe Herren, ein Christ wird niemals die Wahrheit von der Lüge unterscheiden oder die beiden richtig benennen können, wenn der Mensch, den er anbetet, ein Jude ist, welchen er seinen Gott nennt, Er möge mir das Gotteslästerliche meiner Worte vergeben. Genauso nennen sie die Bluttaten, die sie im Namen ihres Kreuzes anrichten, keineswegs Bluttaten, sondern sie bezeichnen sie als Reisen zum Heiligen Grabe oder als Pilgerfahrten nach Jerusalem, und sie schweigen über die grausamen Untaten, die sie unterwegs begehen. Wer wirklich Gott anbeten will, kann Ihn überall anbeten, in Aragón oder Paris, doch die Christen müssen alles niedermachen, was ihnen auf dem Weg zum Heiligen Grabe begegnet, um selbst heilig zu werden. Doch sind nicht die, die von dort zurückkommen, immer noch dieselben wilden Bestien, als die sie aufgebrochen sind?

Doch das gibt keiner von ihnen zu, denn der Glaube der Christen erhebt sich auf einem großen Lügengebäude aus Taten und Worten. Deshalb verkündet dieser Priester von seiner Kanzel, es sei eine Sünde, das Blut eines Menschen zu vergießen, doch die Christen nehmen anderen Menschen das Leben ohne Rücksicht auf die eigene Seele oder auf die Seele der Hingemordeten. Törichte Priester,[348] deren Worte nicht von Gott kommen, sondern aus menschlicher Ränkesucht erfließen, sprechen unablässig von Nächstenliebe, dabei leben die Christen selbst in Haß und Zwietracht.

Sie sind auch nicht in der Lage, ohne große Verbitterung und Entzweiung aus den Reihen ihrer Priester einen Papst zu wählen, so daß sie noch nicht einmal jetzt einen Papst aufweisen können.[349] So kämpfen und streiten sie ohne Ende miteinander, und einer der Streitpunkte ist, wer in himmlischen und wer in weltlichen Angelegenheiten[350] das erste Wort haben soll, und sie erschlagen einander im Namen der Bilder, die sie anbeten.

Ist es deshalb nicht eine törichte und niederträchtige Forderung, wenn ausgerechnet sie den Juden vorschreiben wollen, was gut und was böse ist und was Wahrheit und was Lüge? Denn in der Schlacht tragen die Christen das Zeichen des Kreuzes auf ihren Bannern und schlachten einander ab im Namen der Brüderlichkeit des ganzen Menschengeschlechts. Und dann behaupten die Christen, wir selbst und nicht sie seien die verräterischen Aufrührer gegen Gott, was keineswegs stimmt, und wir würden den christlichen Glauben nicht achten, was absolut richtig ist und immer so sein wird und wofür Gott gepriesen sei.

Denn es ist eine große Niedertracht, im Namen *dieses Menschen* ein christlicher Menschenschlächter zu sein, und wenn die Christen behaupten, das Kreuz wünsche nur Taten der Gerechtigkeit zu vollbringen, ist das schlichtweg eine Lüge.[351] War es denn nicht im Namen des Kreuzes und des jüdischen Bildes, das sie darauf befestigen, Gott behüte, daß in Byzanz ein Bruder den anderen erschlug und Gold und Silber, kostbare Steine, Seide, Pelze und edle Gewänder fortschleppte?[352] Denn solches haben uns die Juden dieses Ortes berichtet, und sie erklärten auch, daß christliche Priester jene begleiteten, die das Schwert gezogen hatten, und ihren Anteil von der Kriegsbeute nahmen und der Metzelei ihren Segen gaben. Doch was würden die Christen wohl über uns sagen, wenn meine Brüder eine so blutige und ruchlose Tat begangen hätten?«

Der Gedanke an unsere Leiden, o weh, ließ meine Bitterkeit wachsen, der Herr möge uns in Seinen Händen bewahren, und Er rief mich an, so daß ich mit Seinem Atem sprach: »O Heuchelei und Falschheit, o Grausamkeit und Tollheit, o gotteslästerliche Bilderverehrung und Menschenschlächterei, euer Name ist auf immer Christentum. Sogar hier noch kommen und gehen eure Priester wie die Vagabunden und predigen den Haß gegen uns, damit wir auf Erden keinen Platz mehr finden, an dem wir sicher sind. Wahrlich, die Dominikaner sind die Hunde Gottes,[353] denn so nennen sie sich selbst ganz zu Recht, denn sie gehören zur Art der tollwütigen Köter, die die Zähne fletschen und zubeißen, um den Fremdling zu töten.

Ihre Priester geben uns im Namen der Liebe die Zeichen des Feuers und predigen den Völkern, all jene zu töten, die einen Bart tragen und Geld verleihen. Sie behaupten sogar, unsere Beschneidung sei ein Zeichen, um einander zu erkennen und ohne Furcht vor einem Irrtum Verschwörungen anzetteln zu können. Doch noch nie geschah es, daß ein Jude einem anderen sein Glied vorwies, um ihn von seinem Glauben zu überzeugen. Sie behaupten auch, daß wir am Pessach-Fest ein christliches Kind schlachten, Gott behüte, und sein Blut am Pessach-Tisch trinken, damit wir uns jedes Jahr mit Frohlocken des Todes *dieses Menschen* erinnern, Gott verfluche sie für diese Falschheit. Denn wer weiß denn nicht, daß uns der Verzehr von Blut durch unsere Gesetze verboten ist und wir deshalb verpflichtet sind, sogar aus unseren Schlachttieren alles Blut abfließen zu lassen, bevor wir ihr Fleisch verzehren dürfen? Und saß nicht *dieser Mensch*, der Jude, den sie bei ihrem Bilderkult verehren, am letzten Tage seines Lebens mit anderen Juden an eben diesem Tisch, um auch unseres Auszugs aus der Knechtschaft zu gedenken, Gott sei gepriesen und gelobt?

So türmen sie eine Lüge auf die andere, bis die Wahrheit im Namen der Wahrheit nicht mehr zu erkennen ist. Denn sind nicht sie es, die an ihren Altären so tun, als tränken sie das Blut des Abgottes, den sie anbeten, und als äßen sie sein Fleisch, und danach wischen sie sich auf unanständige Weise den Mund an Tüchern, die ihre Priester ihnen hinhalten?«

Als ich diese Worte ausgesprochen hatte, verließ der Priester Bartolomeo mit seinem Gefolge unter Zornesgebrüll die Kammer der Weisen. Doch ich, der ich wußte, daß ich im Strahl des Auges Gottes stand, fuhr fort:

»So betet der Christ nach Art der Gotteslästerer den an, den er den Gekreuzigten nennt, der niemandem helfen und niemanden erretten kann. Aber ihren Angaben nach glauben die Christen, daß er der beste

*Pessach-Fest –
aus einer deutschen
Haggada,
um 1400*

Mensch war, den es je gegeben hat,[354] so gut, daß er in der Tat der Sohn Gottes war, Gott möge mir meine Worte verzeihen.

Doch soll ich, ein Jude, etwa daran glauben, daß der Immaterielle Eine, Er throne in ewiger Herrlichkeit, in Seiner Person oder durch einen Geist in den Schoß einer Frau eingegangen ist, o möge Gott mich verschonen für diese Äußerung, und daß Er sich mit dieser Frau verbunden hat, damit die Worte unserer Propheten in Erfüllung gehen? Doch Gott, Er sei gepriesen, ist der Feind jener, die Seinen Heiligen Namen unbedacht aussprechen, und wenn er immateriell ist, kann ein solcher Verkehr nicht stattfinden, und wenn der Verkehr im Geiste allein stattfindet, kann er keine körperliche Wirkung zeitigen.

Ferner, wenn dieser Jude, zu dem die Christen beten, Vater und Mutter hatte, wieso hatte er selbst dann weder Weib noch Kind? Denn wenn er das eine gehabt haben sollte, warum dann nicht das andere? Und jene, die von der Dreifaltigkeit Gottes sprechen, was sind sie anderes als Leugner der Einheit Gottes, die die Augen verschlossen halten und nicht sehen können?«

Hierauf rief jener mit dem Namen Cian, der mich nicht zu achten schien, dies seien Fragen, an deren Antwort er nicht interessiert sei. Von den Weisen, die untereinander entzweit waren, lachten einige, während andere diesen Cian ersuchten zu schweigen. Der weise Ociuscien tadelte ihn und bat mich fortzufahren, wofür Gott gepriesen sei. Ich setzte daher meine Rede fort, denn wenn Spötter einem gottesfürchtigen Juden zusetzen, darf er nicht wanken und sich dem Befehl Gottes zu entziehen suchen:

»Außerdem sagen die Christen in ihrer Bosheit ganz in der Art des Priesters Bartolomeo, daß das Gesetz unseres Lehrers Moses überholt und wertlos sei und daß *dieser Mensch* der Messias sei, der uns von den Propheten versprochen worden ist. Sie behaupten auch, daß der Allmächtige Gott mit den Christen einen neuen Bund eingegangen sei, und erklären mit großer Torheit, sie seien das wahre Israel und nicht die Juden, Gott möge uns bewahren.

Doch wenn wir solchen christlichen Gotteslästerern entgegentreten, behaupten sie voll des Hohns, Gott hätte uns verlassen, und unsere Leiden seien der Beweis dafür. Dabei sind sie es selbst, die uns unsere Not bereiten, sie, die geschnitzte Abbilder eines Juden anbeten und deren Glaube nicht besser ist als ein Totenkult. Desungeachtet werfen sie uns, die wir ihnen ihren falschen Propheten gegeben haben, Gotteslästerung und Frevelhaftigkeit und jede sonst noch erdenkliche Bosheit vor, sie, deren Gebete die Worte der Juden und der Gesalbten des Gottes von Jacob sind.[355]

Und wie sollen wir unseren Jeschua[356] getötet haben, der von den Römern auf eine Weise hingerichtet wurde, die den Juden nicht gestattet ist?[357] Denn unsere Richter befehlen, daß ein Sohn Israels, der als falscher Prophet etwas verkündet, das er nicht gesehen oder nicht gehört hat, und der den Namen Gottes unnütz ausspricht und damit gegen das Gesetz Mose verstößt, am Halse aufgehängt werden soll. Doch wir haben kein Gesetz, das erklärt, daß er nach Art der Römer an ein Kreuz aus Baumstämmen zu hängen sei. Dennoch behaupten die Christen fälschlich und gottlos, daß die Tat von uns begangen wurde und die Rache über alle Generationen des Blutes meiner Brüder kommen werde, doch gleichzeitig wollen sie geltend machen, nicht sie, sondern die Juden gäben sich der Rache hin.

Auf diese Weise haben die Christen versucht, sich von den heiligen Geboten der Thora, Gott sei gepriesen für die Gnade, die Er Seinem Volk erwiesen hat, freizumachen und unsere Propheten von ihrem angestammten Platz herunterzureißen und die Einfältigen mit Wundern von der Wahrheit ihrer Lehre zu überzeugen. Doch damit haben die Christen die eine Unwahrheit auf die andere getürmt, um aus ihren Prälaten Herrscher machen und grausam mit den Juden umgehen zu können, wobei sie allen verkünden, die ihnen darin folgen, daß sie auf diese Weise das ewige Leben gewinnen. Auf diesen Berg aus Unwahrheiten haben sie ihre Heiligen und Märtyrer gesetzt, von denen unser Jeschua für sie der Erste ist. Aber die Zahl der Juden, die sie im Namen eines Juden zu Märtyrern gemacht haben, ist unermeßlich.«

Auf diese Worte antwortete Cian, der inmitten jener Weisen stand, die Anhänger der Kaufmannspartei waren,[358] daß all das, was ich vorgebracht hätte, durchaus seine Richtigkeit haben könne, doch wenn jemand weder Christ noch Jude sei, brauche er sich damit nicht auseinanderzusetzen. Denn jeder verehre die Götter oder wende sich von ihnen ab, wie er es für richtig halte, erklärte Cian.

Doch auch das konnte ich nicht gesenkten Hauptes gelten lassen, wofür Gott gedankt sei, der mir an diesem Tage aufgab, all diese Dinge vor der Versammlung der Weisen der Stadt des Lichts auszusprechen. Und wenn auch die Lage der Stadt sehr verfahren war und ihr Fall, wie ich wußte, wegen der Blindheit und der Habgier und der Entzweiung ihrer Bürger bald bevorstand, so war doch die Entzweiung der Juden und der Christen viel größer, denn sie sind gemäß ihres Glaubens in der ganzen Welt entzweit. Und der Glaube, zu dem sich die Christen bekennen, ist ebenso dazu verurteilt zu fallen, wann immer es Gott beliebt, und ich weiß, daß er in seinem Fall viele Länder und Völker mit sich ins Verderben reißen wird.

Da bei den Christen die frömmsten zu ihren Mitmenschen am grausamsten sind und die sanften und liebevollen Christen die am wenigsten frommen, darf der Glaube der Christen nicht über Sarazenen und Juden herrschen, denn der Jude hat am meisten von denen zu befürchten, die ihren abgöttischen Gottesdienst am meisten ernst nehmen, und von den anderen am wenigsten. Mit der Frage des Christen »Warum wirst du nicht Christ?«[359] wird dem Juden das gottloseste Ansinnen zugemutet, denn es würde seine Unterwerfung unter den Bilderkult, die Irrlehre und ähnlichen Unglauben bedeuten.

Wir verachten die Christen daher nicht wegen der Worte ihres Glaubens, sondern wir tadeln ihre Taten, die sich im Widerspruch zu den Worten befinden, die sie verkünden. Zudem haben die Christen insgeheim selbst stark mit Glaubenszweifeln zu kämpfen, denn ihr Glaube ruht auf Dingen, gegen die sich die Vernunft des Menschen sträubt. Und immer dann, wenn ihre Anfechtungen am stärksten sind, schlagen sie am wildesten auf meine Brüder los, als ob sie durch unsere Gegenwart an die Falschheit ihres Glaubens erinnert würden. So ist die Inbrunst[360] der Christen am größten, wenn sie mit Feuer und Schwert jene heimsuchen, die sie ungläubig nennen, der Zorn Gottes strecke sie nieder, und nicht, wenn sie auf Knien im Gebet vor ihren Abbildern liegen.

Doch diese Dinge spreche ich aus, gepriesen sei Er, der meine Hand führt, damit wir Juden – die wir zur Zeit in allen Ländern von der Gnade anderer abhängen, in deren Wohlwollen wir zwar gedeihen, doch dabei stets auf eine ungünstige Wendung des Schicksals gefaßt sein müssen, die für uns die Flucht bedeuten oder uns gar das Leben kosten kann –, nicht der Boshaftigkeit unterliegen, die uns von den anderen entgegengebracht wird. Wir sollen vielmehr unsere irdischen Tage erhobenen Hauptes verbringen, denn unsere Weisen sind weiser als die der anderen, und wenn wir uns keines gefälligen Verhaltens befleißigen, was Gott verhüte, dann deshalb, weil uns andere Menschen durch das, was sie uns angetan haben, so haben werden lassen. Doch unsere Weisen haben prophezeit, daß eines Tages ein böses und heimtückisches Volk sein Haupt erheben wird, das dem Volk Israel soviel Schaden zuzufügen trachtet, wie ihm seit Anbeginn der Welt noch nie zugefügt wurde. Aber in der letzten Stunde, wenn meine Brüder am Rande des Daseins stehen werden, wird uns der unsagbar Erhabene gewiß dem Rachen des Todes entreißen und unsere Feinde, ihr Land und ihren Besitz vernichten.

Und danach werden die Juden erneut aufsteigen im Licht Seines Segens, Gott sei gebenedeit, denn so lautet die Prophezeiung, und sie werden alle Völker anführen auf dem Wege der Gelehrsamkeit und der Wahrheit bis zum Ende aller Tage und dem Kommen des Messias. Über all diese Prophezeiungen habe ich, Jacob von Ancona, Gewißheit in meinem Herzen, und dafür sei Gott der Schöpfer, geheiligt sei Er, verherrlicht, hochgeschätzt und verehrt, Amen, Amen und Amen. Denn am Ende werden die Unterdrücker der Söhne Israels so klein sein wie die Staubkörner im Wind.

Dergestalt trug ich Cian und allen Weisen meine Gedanken vor, die mir zu großer Ehre gereichten, denn der weise Ociuscien äußerte Worte großen Lobes, denen alle beipflichteten. Deshalb machte ich mich zufriedenen Herzens zusammen mit dem getreuen Lifenli auf den Rückweg, da ich vor Gott und den Menschen meine Pflicht erfüllt hatte. Doch als wir durch die Straßen der Stadt des Lichts gingen, in denen sich eine große Menschenmenge auf und ab und hierhin und dorthin wälzte, hielt mich Lifenli zu erhöhter Vorsicht an und erklärte, meine Worte seien zwar gelehrt und wahrhaft löblich gewesen, doch ich hätte mir mit Gewißheit den Priester Bartolomeo zum erbitterten Feind gemacht und somit die anderen Christen der Stadt ebenfalls, bei denen ich großes Ärgernis erregt hätte und jetzt verdächtig und verhaßt geworden sei. Dies waren seine Worte.

Da zudem in der Stadt jeder gegen den anderen große Abneigung und Feindschaft hege, die Kaufleute gegen die Partei des edlen Pitaco, ein Kaufmann gegen den anderen und die Weisen und die Leute untereinander auch,[361] sei nunmehr jeder gefährdet, der an ihren Versammlungen teilnehme, ob Einheimischer oder Fremder, und es sei besser, zuzusehen, als gesehen zu werden, und besser, zuzuhören, als zu sprechen. Auch solle ich jenen nicht vertrauen, die nach mir schicken ließen,[362] wie dem Kaufmann Anlisciu, denn da sie alle, die ihnen im Wege stünden, am liebsten beiseite räumen würden und zudem befürchteten, daß die Bevölkerung der Stadt sich auf die Seite des Pitaco schlage, würden die Wortführer der Kaufleute von Tag zu Tag dreister und gingen nachhaltiger gegen ihre Widersacher vor, seien diese in den eigenen Reihen oder außerhalb. Man könne daher ihren Worten nicht trauen, meinte der getreue Lifenli, denn sie seien nicht an der Wahrheit der Dinge oder am Wohle der Stadt, sondern nur an den eigenen Zielen interessiert. Es sei daher besser, wenn ich mich mehr meinen eigenen Angelegenheiten widmete und die Stadt verließe, bevor die Gefahr für mich und meine Bediensteten zu groß werde. Außerdem erklärte er, daß von allen Seiten Leute kämen, die vom Anmarsch der Tataren berichten, so daß die Geschicke der Stadt von Tag zu Tag ungewisser würden.

Mit solchen Erwägungen setzte mir der getreue Lifenli zu und erbat zugleich meine Vergebung für seine Ratschläge, doch ich dankte ihm für seine Besorgnis, wies aber seine Befürchtungen zurück und sagte, dies sei nicht die Art und Weise, wie ein gottesfürchtiger Mann dem nachkomme, was ihm zu tun von Gott aufgetragen worden sei. Doch der gute Lifenli war mit meiner Antwort keineswegs zufrieden und machte den kühnen Einwand, ich würde die Angelegenheiten Gottes, Er sei verehrt, über die Angelegenheiten der Menschen stellen. Nicht das Auge Gottes, sondern die Vernunft des Menschen müsse die Wahrheit der Dinge herausfinden. Denn zu glauben, daß das Auge Gottes besser als das Auge des Menschen erkennen könne, was wahr und was falsch ist, sei nicht klüger, als bemalte und vergoldete menschenähnliche Statuen mit Girlanden zu behängen. Das behauptete der junge Mann, Gott verschone mich für das, was ich niedergeschrieben habe. Bei seinen Worten lachte ich ohne jede Verärgerung, denn der Bursche war jung, und ich sagte, daß all die Dinge, die er erwähnt hätte, für den wahren Gläubigen verabscheuungswürdig seien und daß kein Jude jemals auf die genannte Weise Statuen mit Girlanden behängen würde, allerdings würden Christen und andere Götzendiener vor solchen Bildern herumrutschen, bis ihnen die Knie brächen und sie dieselben in einer Schlinge um den Hals tragen müßten. Doch der kühne Bursche war mit meiner Antwort nicht zufrieden. Er sagte, daß alle die, die an Gott glaubten, demselben Glauben anhingen und blindes Vertrauen in Wunder hätten sowie in das, was keine wirkliche Existenz habe, Gott sehe mir diese Worte nach.

Während wir in einer großen Menschenmenge, die tausenderlei Geschäften nachging, unseres Weges schritten, antwortete ich ihm: »Auch bei uns[363] gibt es viele, die behaupten, ihre Zukunft anhand des natürlichen Laufs und der Stellung der Planeten und deren Zeichen und Konstellationen vorhersehen zu können. Doch diese Dinge erfüllen mich mit großem Zweifel, denn ich sehe, daß auch der freie Wille des Menschen ein Geschenk Gottes ist, des Schöpfers aller Dinge, und mit diesem Willen kann man Gutes und Schlechtes tun, kann man das Heilige Gesetz beachten oder brechen, aber nicht nach den Sternen, sondern jeder einzelne gemäß seiner Weisheit oder Torheit.

Zweifellos gibt es im Himmel und auf Erden Wunderdinge, die kein Mensch so leicht versteht, und es gibt auch Träume, durch die sich die Zukunft enthüllen kann. Doch gegenüber jenen, die allenthalben Geister und Dämonen sehen oder sich ständig vor der Verzauberung durch Teufel und Hexen fürchten oder glauben, anderes Wetter machen zu können, sind Zweifel und Mißtrauen angebracht. Denn solche Dinge können unseren Geist von den Segnungen Gottes und von unseren Pflichten vor Ihm abbringen, Er sei gepriesen, und auch vom vernünftigen Denken des Menschen. Außerdem gibt es Form nur in der Materie, und sie hat keine eigene und unabhängige Existenz. Deshalb sollte das, was keine körperliche Substanz hat, uns auch nicht erschrecken, da es lediglich eine Frucht unseres Geistes ist.[364]

Beobachtung der Sterne – aus dem Liber Phisiognomiae, einer Abhandlung über den Einfluß der Planeten und Sterne auf den menschlichen Körper aus dem 14. Jahrhundert

Außerdem neigen die Christen dazu, den Juden vorzuwerfen, sie würden sich der Zauberei und dunkler Machenschaften bedienen, und deshalb ist es besser, wenn wir uns der Wahrsagerei und des übermäßigen Studiums der Sterne enthalten.[365] Unser Wissen kann die Zukunft nicht erfassen, und niemand kann behaupten, die Juden besäßen besondere Kräfte. Denn es gibt nur den Einen Gott, der über die Sphären herrscht, der alles geschaffen hat, und in allem, was existiert, gibt es keinen anderen Gott neben Ihm. Außerdem hat Er alles geschaffen, was nicht Er selbst ist, Er sei verherrlicht und gepriesen, und keines der geschaffenen Dinge selbst soll angebetet werden oder irgendeine Form, die aus oder von ihnen gemacht worden ist, Amen und Amen.«

Aber Lifenli war mit meiner Antwort immer noch nicht zufrieden. Er bedrängte mich mit vielen klugen und vielen ruchlosen Fragen über Götter und Götzenbilder, so daß ich gezwungen war, ihm wie folgt zu antworten, während wir unseres Weges gingen: »Junger Mann, unsere Weisen lehren, daß ein Götzenbild dich, deine Gedanken und deine Handlungen nicht kennen noch deine Gebete hören oder deine Gesten sehen kann. Auch kann der Unaussprechliche Name keine menschliche oder sonst eine Form annehmen noch darf ein Jude diesen Gedanken überhaupt denken. Auch soll die Vernunft des Juden keine scheinbaren Wunder oder Außerkraftsetzungen der Natur anerkennen, die ein geschickter Mann in Szene gesetzt hat. Ebenso ist uns geboten worden, keine Astrologie zu betreiben, denn das Schicksal Israels hängt nicht von den Sternen ab. Deswegen kannst weder du noch kann sonst irgend jemand sagen, meine Brüder verweigerten sich den Geboten Gottes, Er sei gepriesen, oder der Vernunft des Menschen.«

Darauf antwortete der getreue junge Mann, es hätte noch nie einen Glauben an die Götter gegeben, der nicht auch den Glauben an wunderbare Dinge, die kein

Der Auszug aus Ägypten – aus der Goldenen Haggada, *Nordspanien (?) um 1320*

Mensch erklären könne, eingeschlossen hätte, Gott verschone mich für die von mir niedergeschriebenen Worte. Und die Juden, erklärte Lifenli, die einen besonders starken Glauben an Gott hätten, müßten deshalb unvermeidlich auch an das glauben, wofür es keine Beweise gebe.

Ich entgegnete ihm, daß nicht alle Werke des Glaubens den gleichen Respekt und Ernst verdienten, denn manche seien Machenschaften, mit denen die Törichten getäuscht werden sollten, und andere seien Werke der Abgötterei, denen vor dem Auge Gottes kein Wert zukomme. Es sei wahr, daß Gott die Söhne Israels durch Zeichen und Wunder aus Ägypten herausgeführt, sie in der Einöde beschützt und ihnen das Land Kanaan geschenkt habe. Aber danach sei es dem Menschen nicht mehr vergönnt gewesen, daß sich die Gesetze der Natur für ihn außer Kraft setzten,[366] denn damals sei dies zum ersten und zum letzten Mal geschehen bis zur Wiederkehr des Messias.

Doch als wir bei diesen Worten das Haus des Nathan betraten und uns das Mädchen Buccazuppo begrüßte, erzürnte mich der junge Lifenli, indem er pietätlos lachte und sagte, daß die Juden zwar keine Götterbilder hätten, aber ebenfalls an das glauben würden, was der Natur und der Vernunft zuwider sei.

Ich antwortete ihm: »Die Anhänger Aarons[367] wurden zu Recht bestraft und niedergemacht, und kein Jude soll auf ihrem götzendienerischen Pfad wandeln. Weder der äußere Schein und nicht das, was andere berichten, noch der Glaube und die Prophezeiungen derer, die Abgötterei betreiben, dürfen unser Leitstern sein, denn das ist der Weg in den Irrtum, sondern die

»… ODER DASS DIE ERKLÄRUNG DER NATUR DER DINGE IN BUCHSTABEN ODER ZAHLEN ZU SUCHEN IST«
Diese Randbemerkung scheint eine Kritik an der mittelalterlichen Kabbalistik zu sein. Sie hätte Li Fenli unverständlich sein müssen und ist eindeutig das Ergebnis einer von Jacob in Ruhe vorgenommenen späteren Ausarbeitung. Die Kabbala (wörtlich: Tradition) war ein System des philosophischen Mystizismus, dessen Ursprung bis zur jüdischen Gemeinde von Gerona in Spanien Anfang des 13. Jahrhunderts verfolgt werden kann. Die Kabbala lehrt, daß das »Einswerden mit Gott« durch mystische Spekulation hergestellt werden kann, daß die Welt von Gott nicht geschaffen wurde, sondern vielmehr (in einem durchaus Blakeschen Sinn) eine »Emanation« Gottes darstellt sowie daß das »Ewige« sich aus zehn rotierenden Sphären oder Sefirot zusammensetzt, deren jede eine Quelle der Gnade und des Überflusses ist. Die Kabbalistik hatte in Lehre und Praxis befremdliche Aspekte, indem sie sich unter anderem anheischig machte, die Merkmale Gottes durch eine geheimnisvolle Analyse aus den Buchstaben des hebräischen Alphabets ableiten zu können, und auf diese Praxis scheint sich Jacob zu beziehen. Die Anhänger des Maimonides waren im allgemeinen Gegner der Kabbalistik und bevorzugten den Aristotelismus vor der Esoterik, während die Kabbalisten ihrerseits den Rationalismus ablehnten, der das Denken des Maimonides kennzeichnete.

Verehrung des Heiligen Namens, ergänzt um den Gebrauch von Vernunft und Verstand, der Gaben des Heiligen Einen. Dann werden wir keinen Täuschungen erliegen, und wir werden nicht glauben, daß die Sphären beseelt sind oder daß die Erklärung der Natur der Dinge in Buchstaben oder Zahlen zu suchen ist oder daß es Unglück verheißt, den linken Fuß vor den rechten zu setzen, oder daß Bäume Vögel hervorbringen können.«

Lifenli, der, Gott sei gedankt, schon etwas zufriedener war, verlangte hierauf zu wissen, ob ich an Wunder glaube. Ich antwortete, ich würde genausowenig an Luftgeister[368] glauben wie an den Riesenvogel, von dem die Seeleute berichten, der, wie sie sagen, auf dem Monde nistet. Denn es schickt sich nicht für einen Juden, etwas anzuerkennen, das nicht in der Thora steht und das auch von seiner eigenen Vernunft verworfen wird. Es ist daher unmöglich, daß es einen Vogel gibt, der größer ist als ein Mensch, mit Füßen und einem Hals wie ein Kamel und der, obwohl er Flügel besitzt, immer nur läuft, sogar so schnell wie ein Leopard, aber nicht fliegen kann. Dennoch bestehen die Seeleute von Cormosa darauf, daß dem so sei und daß dieser Vogel am Tag zwanzig Meilen[369] weit rennen könne. Aber so etwas braucht man nicht zu glauben. Denn ein Vogel mit Flügeln, der aber dennoch nicht fliegen kann, steht im Widerspruch zur Vernunft und zum Ratschluß Gottes, denn Gott hat nichts geschaffen, was dem Gesetz der Natur widerspricht, welches seinerseits das Gesetz Gottes ist.

Man könnte einwenden, daß Gott in Seiner Machtvollkommenheit erschaffen kann, was Ihm gefällt, mithin auch einen solchen Vogel, doch darauf erwidere ich, daß Er das wohl könnte, es aber nicht tut, wenn dadurch Unordnung in die Welt der Schöpfung hineingetragen wird. Es ist richtig, daß sogar unsere Schriftgelehrten von einem riesigen Vogel gesprochen haben, der mit seinen Flügeln die Mittagssonne verdunkelt, doch sie können uns nicht befehlen, etwas zu glauben, was der Vernunft widerspricht. Daher würde der Heilige Eine genausowenig einen Vogel erschaffen, der nicht fliegen kann, wie einen Fisch, der nicht schwimmen kann.

Denn jedes Geschöpf bewohnt seine eigene Welt nach der dieser Welt innewohnenden Ordnung, und das ist für das eine Geschöpf die Ordnung des Wassers und für das andere die Ordnung der Lüfte. Ein Fisch wie das große Krokodil Ägyptens[370] oder ein Frosch können im Wasser wohnen und mögen auch auf dem Lande herumgehen, ganz nach Gottes Gnadenreichtum. Ähnlich mag ein Vogel auf dem Lande herumgehen, im Wasser schwimmen und in den Lüften fliegen. Aber ein Fisch, der im Wasser nicht schwimmen kann, ist unvorstellbar, denn das verstößt gegen die Vernunft, und ebenso unvorstellbar ist ein Vogel, der nicht fliegen kann.

Ich behaupte nicht, daß ein Vogel ein schneller oder geschickter Flieger sein muß, denn manche Vögel, wie zum Beispiel das Huhn, können nicht gut fliegen. Aber was Flügel hat, muß auch irgendwie fliegen können, wie der Mensch, da er eine Seele hat, zu Gott hinstreben muß.

Dergestalt legte ich meine Gedanken dar, Gott sei gelobt, doch der junge Lifenli lachte schon wieder unfromm, so daß ich gezwungen war, ihn zu tadeln, zumal das Mädchen Buccazuppo und die Frau Bertoni sich in unserer Gegenwart befanden, obwohl ich sie geheißen hatte, uns allein zu lassen. Ihr Benehmen hatte sich nämlich unter dem Einfluß der üblen Reden der Frau Liciancie so sehr gewandelt, daß sie sich von mir nicht mehr sagen ließen, wann sie zu kommen und wann sie zu gehen hatten, Gott bewahre.

Die Bertoni hob an zu jammern, wir seien von allen Seiten von Gefahren umgeben, und mein Herumtrödeln in der Stadt brächte uns den Untergang, denn der Feind rücke heran. Obendrein berichtete die Buccazuppo, daß die getreuen Armentuzio und Pizzecolli, nachdem sie die Zeit unserer Abfahrt aus dem Lande Sinim immer näher rücken sahen und sehr verärgert über meine Abwesenheit waren, am nächsten Morgen in verschiedene Dörfer und Weiler[371] im Lehensgebiet von Zaitun aufbrechen wollten, um dort nach feinen Waren Ausschau zu halten, die in der Stadt des Lichts nicht erhältlich waren. Doch das mußte ich unterbinden, denn der nächste Tag war der Vorabend des Sabbat Teruma,[372] und ich trug Buccazuppo auf, zu ihnen zu gehen und ihnen aufzutragen, den nächsten statthaften Tag abzuwarten.

Doch dies nahm Lifenli kühn zum Anlaß, um zu sagen, daß ich mich hiermit als denselben magischen Künsten zugetan erweise, wie jene, gegen die ich vor den Weisen der Stadt Vorwürfe erhoben hätte. Wie die Leute von Manci glaubten, es sei eine Sünde, mit dem Fuß auf die Schwelle eines Hauses zu treten, erklärte er, so hätten die Juden Angst, auf einer Straße zu reisen, wenn der Tag nicht günstig sei. Doch ich mißbilligte seine Worte und erzählte ihm, welche Geschenke der Sabbat und das Gesetz der Thora sind. Aber er gab keine Ruhe und wandte ein, die Juden seien nicht anders als die Christen, die auf Stirn und Brust das Zeichen des Kreuzes schlügen, um den bösen Blick zu bannen.

Ich entgegnete ihm, daß solches in der Tat auch bei meinen Brüdern anzutreffen sei, denn sie hielten den Kindern die Augen zu, wenn sie zum ersten Mal zum Unterricht gebracht würden, um die heiligen Buchstaben zu erlernen,[373] damit sie nicht zufällig einen Hund sähen. Denn einige unserer Schriftgelehrten sind der Meinung, daß die Augen eines Kindes, das zum ersten Mal den Unsagbaren Namen des Erhabenen zu lesen bekommt, nichts Unreines erblicken sollen. Aber nicht alle halten solche Torheiten für richtig, und sie beeinträchtigen auch nicht die Herrlichkeit unseres Sabbat. Dies sagte ich zu ihm, Lobpreis sei Gott.

Doch in seiner Halsstarrigkeit wollte Lifenli sich meinen Worten nicht beugen und erklärte, bei den Bewohnern von Manci sei das Begraben eines Toten an bestimmten Tagen, die als *tinsinci* bezeichnet werden, nicht erlaubt, weil sonst über einen anderen Angehörigen dieser Familie ein plötzlicher Tod kommen könne, und alle diese Dinge seien gegen die Vernunft, gleichgültig, ob sie von Juden oder von anderen Völkern betrieben würden.

Darauf antwortete ich, und Gott sei gedankt für die Kraft, die Er mir gegen meinen Widersacher[374] verlieh, denn ich war sehr ermüdet: »Manche Leute fürchten das eine, und andere Leute fürchten etwas anderes, so wie bei dem einen Volk das eine für heilig gilt und bei einem anderen etwas anderes. So gilt bei den Leuten von Melibar der Schwärzere mehr als die anderen, bei den Franken hingegen der Weißere. Daher machen die Leute von Melibar ihre Götterbilder schwarz und ihre Dämonen so weiß, wie weiß nur sein kann, denn das habe ich gesehen, und die Christen machen die Gesichter ihrer Abbilder, Gott vergebe mir meine Worte, weiß und blaß und die ihrer Dämonen schwarz wie die Nacht. Und die Inder werfen den Sarazenen und den Christen vor, daß sie die Kuh verzehren, während die Sarazenen und die Juden den Christen vorhalten, daß sie das Schwein essen, was Gott verhüten möge, und die Christen verübeln den Juden und den Sarazenen, daß sie das Fleisch ihrer Schlachttiere ausbluten lassen, während die Fremden den Leuten von Manci vorwerfen, Hunde und Schlangen zu essen, und der, der das Verzehren von Tieren überhaupt ablehnt, macht allen anderen Vorhaltungen. Ist darin Vernunft zu erkennen, oder hat die Vernunft ausgespielt, und alle haben unrecht?[375]

Ganz ähnlich setzen die Bewohner von Großindien ihre Hoffnung nicht auf den Heiligen Einen, sondern auf das Rind, während bei den Christen die in ihre Götter und Heiligen gesetzten Hoffnungen und der Glaube an sie um so größer sind, je mehr deren Geschichten und Legenden der Vernunft widersprechen. Die Tataren, habe ich sagen hören, versuchen durch Beweihräucherung ihrer Götzenstatuen das Wetter zu beschwören, und die Christen beten zu den Knochen und Schädeln ihrer Heiligen, damit sie ihnen ein günstiges Schicksal bescheren. In ähnlicher Weise beten andere Götzendiener nicht nur nach Art der Christen vor ihren Götzenbildern, sondern sie geben ihnen auch noch etwas zu essen und betreiben dergleichen Narrheiten mehr.

Überall in der Welt, wo Menschen Abbilder mit menschlichem Gesicht anfertigen oder sich von der Angst leiten lassen und sich über Vernunft und besseres Wissen hinwegsetzen, verstoßen sie gegen das Wort und das Gesetz Gottes und sind nicht besser als die Christen, sondern sind wie sie. Denn diese Abbilder und Ängste stehen zwischen dem Menschen und Gott, Er sei gepriesen, wie der Todesgötze der Christen, nämlich die Figur eines toten Menschen auf einem Kreuz, sich zwischen die Christen und ihre Gotteserkenntnis schiebt, Gott sei verherrlicht und verehrt. Doch ein gottesfürchtiger Mensch darf nicht zulassen, daß seine Betrachtung des Heiligen Einen durch irgend etwas verstellt wird, sei es durch ein Bild oder einen falschen Mittler oder ein falsches Gesetz. Zudem muß der Gottesfürchtige Seine Gesetze befolgen, denn die Zeremonien des Glaubens allein finden keinen Gefallen vor Gott.«

Lifenli hätte mir gerne noch weitere Fragen über unsere Gesetze gestellt, doch ich schickte ihn fort, denn ich wollte mich nicht von ihm erzürnen lassen, sondern freudvollen Herzens dem Kommen des Sabbat Teruma entgegensehen.

Nachdem ich meine religiösen Pflichten erfüllt hatte, wofür Gott gepriesen sei, brach ich am fünften Tag des Adar[376] mit meinen Bediensteten Armentuzio und Pizzecolli und mit Nathan ben Dattalo und dessen Diener, einem gewissen Cianta, in Zaitun auf, um im Umland Dinge billiger einzukaufen, die in der Stadt teurer angeboten werden. Wohin wir auch kamen, wir fanden zahllose bewohnte Orte, Städte und ummauerte Dörfer mit lebendigem Handel und Handwerk und gutbestückten Märkten, auf denen alles Lebensnotwendige im Überfluß zu haben war und wo fleißig gekauft und verkauft wurde.

Alle Städte der Provinz und der umliegenden anderen Provinzen befinden sich unter der Lehensherrschaft von Zaitun. In Abständen von ein paar *li* findet man überall Unterkunft, wobei ein Li soviel ist wie zweihundert venezianische Schritt,[377] und in allen Häusern kann man zusehen, wie Seide angefertigt wird, was ein wunderbarer Anblick ist.

Hier werden viele wertvolle Waren hergestellt, die zum Verkauf in die Stadt gebracht werden, aber wenn man sich selbst aufs Land begibt, kann man sie billiger bekommen, wie ich bereits geschrieben habe. Außerdem sind die Dorfbewohner, Männer wie Frauen, sehr freundlich zu denen, die aus einem anderen Lande kommen, und sie sagen »Mögest du Reichtum bei uns finden«, denn das Wetter ist mild, und das Land ist fruchtbar, und es herrscht großer Wohlstand. Wasser fließt reichlich in Kanälen zwischen den Feldern, die un-

Bewässerung
von Reisfeldern,
um 1400

geachtet der Dürre der Vergangenheit grün wie Gärten waren. In Küstennähe wächst der Bambus in großen Mengen, und man lebt hier auch vom Fischfang, vom Perlentauchen im nahegelegenen Meer und von der Salzgewinnung. Doch in den kleinen Städten auf dem Lande ist der Wohlstand noch größer, denn hier gibt es Gewürze, Spezereien und Hölzer aller Art und außerdem noch Seide, Satin und Porzellan.

Das Land ist wohlgestaltet und sieht aus wie ein riesiger schöner Garten mit großen Bergen und Tälern und Quellen reinsten Wassers sowie üppigem Baumbestand, der niemals die Blätter verliert und immer grünt, Lob sei Gott. Es gibt auch zahllose Seen, Teiche, Lagunen und Sümpfe, und in den küstennahen Sümpfen wird viel Salz gewonnen, doch felsige Hügel, auf denen die Götzendiener ihre Klöster errichtet haben, findet man ebenso.

Es heißt, daß es im Reich des Toutson tausend große Städte gibt, wie Iansu,[378] Pocien und Chiacien, wie auch Chinscie, dessen Gebiet sich bis ans Südufer des Flusses Chian[379] erstreckt, wo große Mengen Reis und Getreide geerntet werden. In dieser Gegend fließt auch der Große Fluß,[380] der großen Schaden verursacht, wenn er anschwillt, wie unser Po, wenn er durch Ferrara strömt. Viele Boten und Läufer bringen Nachrichten und Güter in alle Städte Mancis. Sie reiten und laufen sogar nachts und bezwingen alle Täler und Flüsse. Daher kann ein Kaufmann seine Geschäfte und Zahlungen mit Geld aus Papier oder vielen anderen Zahlungsmitteln sehr zügig und zu seinem großen Vorteil abwickeln.

Doch das Beste und Erlesenste, was ein Kaufmann im Herrschaftsbereich von Zaitun erstehen kann, sind die Seidenstoffe aller Art und Färbung, zu denen auch aus Seide und Gold gewebtes Tuch gehört, das von der kunstfertigsten Machart ist, die es überhaupt gibt. Der Wert verschiedener Seidenstoffe ist in der Tat so konstant, daß man sie zu einem festen Preis in Silber mißt, und doch kann man auf dem Lande einhundert Libbre des kostbarsten Stoffes für weniger als acht venezianische Silber-Groschen erwerben, Gott sei es gedankt. Auch findet man hier Satinstoffe, wie man sie noch nie gesehen hat; sie sind noch üppiger als die besten, die in die Stadt Zaitun gelangen, und die kostbarsten sind mit kleinen Perlen bestickt. Ferner gibt es auch Stoffe der Tataren, die mit solchem Geschick gewoben sind, daß noch nicht einmal ein Maler mit dem

Pinsel gleiches hervorbringen könnte. Mit alldem deckte ich mich reichlich ein, Gott sei gelobt.

Ich entdeckte auch Porzellan von ausgezeichneter Qualität, aus dem Schalen so fein wie bauchige Glasflaschen hergestellt werden, von denen ich für zweihundert Groschen sechshundert Stück kaufte, denn dieses Porzellan ist das schönste der Welt. In der Provinz gibt es auch viel feinen Zucker, der sich in einer dunklen Masse befindet, sowie Safran, Ingwer und Galgant-Wurzel der allerersten Qualität, wovon ich ebenfalls große Mengen einkaufte. Man kennt dort eine bestimmte Art von Safran, den man gegen Krankheiten der Niere und des Magens verwenden kann, und auch davon kaufte ich einiges, ebenso Salben für die Pflege der Zähne und Kassia[381] für die Verdauung.

Unter der Führung von Nathan ben Dattalo und seinem treuen Diener machte ich einen großen und gewinnträchtigen Einkauf; ich kaufte viel gutes Indigo und Alaun[382], und ich sah sehr viele Gewürze, die nie in unser Land[383] kommen und deren Namen ich nicht kenne, wie auch Papier, Lackharz und erlesene Kräuter für Getränke.

Ich hegte jedoch große Furcht, ausgeraubt zu werden, was Gott verhüte, denn die Wegelagerer sind sehr zahlreich, und die Berichte der Landbewohner über das beständige Näherrücken der Tataren trugen zu meiner Befürchtung, ich könnte unterwegs umkommen, ebenfalls bei. Doch Gott, Er gepriesen, hielt mich in Seinen Händen und brachte mir großen Gewinn, ohne daß mir ein Leid geschah, obgleich ich nicht alle meine Pflichten vor Ihm erfüllte, Er möge mich verschonen am Jüngsten Tag. Denn als ich am Vorabend des Sabbat Zaw[384] meines Weges zog, wurde ich von der Nacht überrascht, Gott möge mir vergeben, und ich vertraute meine Börse auch nicht einem Nichtjuden an, wie die Thora es vorschreibt, sondern behielt sie in meiner Angst bei mir.

»... am Vorabend des Sabbat Zaw«

Der Sabbat hatte formal begonnen, und Jacob hatte gegen das Verbot verstoßen, am Freitag nach Einbruch der Dämmerung noch Geld bei sich zu tragen. Der Sabbat muß zum Gedenken und zur Feier von Gottes Ausruhen nach sechs Schöpfungstagen in freudiger, aber konsequenter Abstinenz von den Tätigkeiten der Arbeitswoche verbracht werden. Weitere Verbote der Mischna (es gibt insgesamt 59 Verbotskategorien) für den Sabbat untersagen es, ein Feuer oder eine Lampe zu entzünden, zu kochen, zu reisen, etwas Schweres zu tragen, zu schreiben sowie Tätigkeiten geschäftlicher und finanzieller Art auszuüben, einschließlich des Anfassens von Geld. Hieraus rührt Jacobs Beunruhigung über seinen Verstoß gegen die Gesetze der Frömmigkeit. Auch Fasten und Trauern sind am Sabbat untersagt, denn dies ist ein »Tag der Freude«, an dem frisch gewaschene Kleidung angelegt werden soll.

In dem Hospiz, in dem ich gezwungen war, die Nacht zu verbringen, da ich von der Stadt des Lichts noch über eine Tagesreise entfernt war, legte ich sie nicht einmal ab. Doch die ganze Nacht betete ich zu Gott in Seiner Herrlichkeit und dankte Ihm freudvoll für die Gnade des Sabbat und für die Mildtätigkeit der Landbewohner Mancis gegenüber einem Fremden. Denn es besteht die Vorschrift, daß jeder Kaufmann, der auf seiner Reise durch ihre Städte zieht, ungeachtet seiner Verhältnisse für Unterkunft und Verpflegung nichts zu bezahlen braucht, wofür Gott gepriesen sei.

Nach siebentägiger Abwesenheit kehrte ich mit meinen Waren in die Stadt des Lichts zurück und fand mich wieder in der Gemeinschaft meiner Freunde ein[385], Gott sei gelobt, denn es war der Vorabend des Festes Ester und der Beginn des Purim. Doch meine Gedanken waren sehr betrübt, denn die Städte und Dörfer, durch die ich gekommen war, erwartete ein Ende durch Tatarenhand, so schien mir.

Denn die Landbevölkerung rührte keine Hand für die Verteidigung ihrer Heimat, möge Gott sie bewahren, sondern jeder arbeitete friedlich wie immer und wartete darauf, abgeschlachtet zu werden wie das Lamm, das arglos die Klinge des Metzgers betrachtet. So hörten sie weder die Schritte ihres Haman, der durch ihre

Ein Zug von Reisenden – Detail aus der Bildrolle Den Fluß hinauf am Frühlingsfest

Ländereien näherrückte, noch die Worte jener, deren guter Rat ihnen zum Vorteil gereicht hätte, sondern sie schalteten und walteten wie immer, gleich den Einwohnern der Stadt des Lichts, die auch nicht an das Morgen dachten.

Während dieser Tage kam auch der Kapitän der Sarazenen[386] mit meinem Diener Armentuzio zu mir, nachdem unsere Schiffe seefertig gemacht worden waren, und ersuchte mich dringend, jetzt aus Zaitun abzufahren, damit wir nicht durch schlechtes Wetter in Gefahr gerieten – die Seeleute seien fertig zum Aufbruch.

Doch ich war noch nicht bereit abzusegeln, denn ein Bote des edlen Pitaco war gekommen, um mir mitzuteilen, daß jener vor einer großen Versammlung der Stadt sprechen werde. Denn da die Verwirrung der Bürger über alles, was sie betraf, derart groß war, blickte die Stadt nun ihrem Untergang ins Auge. Er bat mich, die Versammlung zu besuchen, da ich an jedem Ort, an dem ich aufgetreten sei, schon Worte von großer Weisheit gesprochen habe, doch er warnte mich, der Friede sei mit ihm, ich möge mich wegen des Hasses des Kaufmannes Suninsciou und vieler anderer aus seiner Partei vorsehen. Denn ich hätte mich vor dem Volk gegen sie ausgesprochen und jene, die nichts als Gewinn und Reichtum erstrebten, wegen ihrer Habgier getadelt, aber jene gerühmt, die den Weg des Anstands, der Sittsamkeit und Wahrheit predigten, und wenn ich mich weiter auf diese Weise vernehmen ließe, würde man mich mit Gewißheit aus der Stadt vertreiben.

Nachdem der Bote des Pitaco gegangen war, schickte ich den sarazenischen Kapitän und meinen Diener Armentuzio mit der Nachricht fort, falls Eliezer von Venedig und Lazzaro del Vecchio aus Ungeduld den Wunsch hätten, aus eigenem Antrieb aus der Stadt fortzusegeln, dann möchten sie das tun, wie es ihnen beliebe, doch ich für mein Teil würde erst abfahren, wenn ich meinen Verpflichtungen nachgekommen sei.

Dann kam auch noch die böse Frau Bertoni zu mir und drängte mich wortreich und mit vielen christlichen Verwünschungen, für die sie der Widersacher am Jüngsten Tage holen möge, daß alle unverzüglich abfahren sollten, denn wie sie sagte, hielt die Frau Liciancie meine Dienerin Buccazuppo in ihrer Macht. Die besagte Liciancie sei nämlich während meiner Abwesenheit von der Stadt häufig zum Haus des Nathan gekommen, und das sogar in der

Dunkelheit der Nacht, was ich allerdings keinesfalls zu glauben bereit war, denn diese Frau führte eine boshafte Zunge und keine wahrhaftige.

So wurde ich von allen Seiten bedrängt, doch nachdem ich meine Tefillin angelegt und Gott dafür gedankt hatte, daß er die Gelehrten und Frommen in Seiner Obhut bewahrt, machte ich mich am sechzehnten Tag des Adar, also am achtzehnten Tag des Februar des Jahres 1272, vom getreuen Lifenli begleitet, auf den Weg zu der großen Versammlung der Stadt, um die Rede des edlen Pitaco zu hören, sein Gedenken bleibe bewahrt.

Als alle versammelt waren und sie ihren Göttern die üblichen Ehrbezeigungen erwiesen hatten, indem sie sich hierhin und dorthin verbeugten, erhob sich einer von ihnen und trug mit klagender Stimme ein Lied über die Not der Stadt des Lichts vor, das manche in ihrem Kummer zu Tränen rührte.

Hierauf folgte eine große Debatte der Ältesten, der Kaufleute und der Gelehrten der Stadt, bei der Pitaco als der Ranghöchste, Rechtschaffenste und Älteste als erster das Wort ergriff und in düsterem Ton darlegte, daß die Tataren das Land im Norden verwüstet, die Städte geplündert und die Kunstwerke zerstört hätten, so daß sogar die Bücher, in denen die Taten der Väter und der gegenwärtigen Zeiten niedergeschrieben sind, verbrannt worden seien, und dieses Schicksal stehe auch den südlichen Landesteilen Sinims bevor, wenn die Bewohner sich nicht ihrem Untergang entgegenstemmen würden.

Er griff zu folgenden Worten: »Das Königreich hat keine Ordnung mehr, und die Stadt ist von Verlockungen umgeben, die wir in unserer Trägheit und Vergnügungssucht nicht in Betracht ziehen. Es ist absolut notwendig, daß wir unsere Aufmerksamkeit der Verteidigung der Stadt zuwenden und neue Waffen schmieden, denn unsere Waffen sind alt und für den Kampf mit den Tataren nicht mehr geeignet. Doch weder sind wir zum Widerstand gerüstet,[387] noch haben wir die Verteidigungsanlagen, die diese Stunde erforderlich macht.

Aber wie nach der Lehre des Menche jemand, der zum Angriff auf sich einlädt, nicht lange auf seinen Angreifer zu warten braucht, so wird auch eine Stadt angegriffen werden, wenn sie den Angriff herausfordert. Auch kann man jene nicht weise nennen, die sich nur gegenseitig in den Untergang führen. Denn in unserer Geringschätzung des Militärs haben wir das Kommando darüber solchen Leuten gegeben, die nichts von der Kriegskunst verstehen, haben die Soldaten aus unserem Gesichtskreis verbannt und ihnen den Mut genommen. Anfänglich war das auch gerechtfertigt, denn es war zu befürchten, daß sie die Macht des Sohnes des Himmels an sich reißen könnten, doch inzwischen ist es ein Brauch geworden, der nicht mehr abzustellen ist. Unseren Soldaten, so zahlreich und tüchtig sie auch sind, fehlen daher in diesem Moment, da der Feind immer näher an unsere Tore heranrückt, alle Mittel, die sie brauchen.

Früher einmal konnten sich unser Adel und seine Söhne für Heldentum und Waffen begeistern, doch jetzt leben sie ein bequemes Leben in der Stadt und haben nichts mehr übrig für Körperkraft und Mut. Aber die Tataren haben währenddessen viele unserer Heimstätten und Felder verwüstet und zerstört, und dennoch regt sich bei uns kein Widerstand. Inzwischen stehen auch die Städte Sanian und Fancien – in denen die Bürger schon so ausgehungert sind, daß die Leute sagen, ihre Augen seien wasserhell geworden – kurz davor, den Truppen der Tataren in die Hände zu fallen, und damit ist auch die Eroberung unserer Provinz nähergerückt.[388]

Sollen wir uns deshalb weniger anstrengen als sie und uns schmachvoll dem Feind ergeben, oder wollen wir unsere Ehre verteidigen? Denn wir müssen tiefe Gräben ausheben und unsere Mauern erhöhen gegen den Feind, aber was, ihr Herren, habt ihr bisher zur Verteidigung der Stadt getan? Auf drei Seiten der Stadt stehen noch die starken Mauern und Türme, doch sie gehen in Verfall über, da man seit den Zeiten der Vorväter nichts mehr daran getan hat, und am Tor der Viehhändler haben nichtsnutzige Leute sogar Steine aus den Mauern herausgebrochen, um damit die Fundamente ihrer Häuser zu reparieren.

Deshalb müssen die Mauern und Tore unverzüglich verstärkt werden, damit sie die Stadt schützen und bewahren können. Der Ring der Mauern muß sogar noch erweitert und ausgebaut werden, denn wie wollen wir die Tataren draußen halten, ohne gut präparierte Mauern von zehn Schritt[389] Höhe ringsum und ohne einen tiefen Graben? Und wie soll man ohne einen hohen Wehrgang, auf dem man zu Fuß um die ganze Stadt herumgehen kann, in das

Vorfeld der Stadt hinausschauen können? Wir müssen daher in aller Eile unsere Vorbereitungen treffen, denn innerhalb einer starken Befestigung braucht man niemanden zu fürchten.«

Nun antwortete auf den edlen Pitaco ein reicher und mächtiger Kaufmann namens Lotacie, ein Mann, jung an Jahren und von schmächtigem Körperbau: »Ihr Herren, selbst wenn unsere Voraussicht die beste der Welt gewesen wäre, die Armee der Tataren und deren Volk stehen kurz davor, Manci zu erobern. Ihre Truppen sind für die Eroberung von Städten und Provinzen gut ausgebildet, und wir können einer solchen Heerschar nicht widerstehen, wenn in uns nicht der gleiche Kampfgeist brennt wie in ihnen, und da das nicht der Fall ist, können wir den heranmarschierenden Feind auch nicht aufhalten.

Denn wenn dem Großen Khan die Eroberung im Handstreich mißlingt, läßt er so lange weiterkämpfen, bis er ans Ziel gelangt ist. Wie oft hat er denn versucht, Cipenchu einzunehmen, und wie oft ist er wiedergekommen, um erneut anzugreifen? Ist das ein König, der sich durch hohe Mauern und einen tiefen Graben von seinem Plan abbringen läßt? Warum sollen wir uns von ihm in einer Schlacht töten lassen, die letzten Endes doch verlorengehen muß? Denn seine Armeen sind wie ein Schwarm von Ameisen, und seine Krieger sind tapfer wie die Löwen, doch ihre Grausamkeit regt sich erst bei Widerstand und nicht, wenn man sich ergibt. Deshalb wäre es frommer und würde es den Göttern besser gefallen, wenn wir uns in das unvermeidliche Schicksal fügten und den Himmel nicht mit unserem nutzlosen Geschrei belästigen würden. Wir müssen unsere Lage annehmen und dürfen uns nicht Zielen verschreiben, denen wir nicht gewachsen sind. Der Mensch mag wohl denken, daß die Welt verändert werden soll, doch die allerhöchste Vorsehung denkt anders. Ihr Herren, dem ewigen Ratschluß des Schicksals kann man nicht entrinnen.«

Erzürnt von diesen Worten begehrte der edle Pitaco von Lotacie zu wissen: »Woher kennst du den Willen der Vorsehung?« Lotacie antwortete ihm verächtlich: »Mit dem in ein Löwenfell gesteckten Körper eines Schafes kann man keine Schlacht gewinnen. Oder wollt ihr, mein Herr, wie die

Marco Polo am Hof des Kublai Khan –
aus dem
Livre des Merveilles

Fliege auf dem Schwanz des edlen Rosses zehntausend Li weit reisen? Es gibt keinen Grund, in den Krieg einzutreten, und der Krieg wird uns auch keinerlei Vorteil bringen. Außerdem, wie der Stern eines Reiches unter dem Himmel aufsteigt, so sinkt er auch wieder herab, doch die Leute in einen Krieg zu schicken, für den sie nicht ausgebildet sind, bedeutet, sie in den Tod zu treiben. Und wissen wir denn nicht, daß der Große Khan, jedesmal wenn ihm eine Stadt dieses Reiches Widerstand leistete, die Armeen der Nachbarstädte herbeibefahl, damit sie diese Stadt zerstörten? Da nun unsere Stadt aus Gründen ihrer Lage[390] als letzte belagert werden wird[391], sind wir doch vollkommen der Gnade unserer Nachbarn ausgeliefert, gleichgültig was wir tun.«

Darauf antwortete der edle Pitaco mit aller Entschiedenheit, die ihm zu Gebote stand: »Um so größer ist daher die Notwendigkeit, daß sich unsere Stadt mit den anderen Städten von Manci verbündet, damit wir uns gegen ein solches Schicksal gegenseitig Beistand leisten.«

Der Kaufmann Lotacie antwortete ihm so: »Die Tataren haben viele Städte zerstört und in Trümmern hinterlassen. Aber wenn wir ihnen keinen Widerstand leisten, könnte unsere Stadt diesem Schicksal entgehen. Wenn wir jedoch Widerstand leisten und scheitern, was gar nicht ausbleiben kann, wird die Stadt des Lichts zerstört werden.«

Diese Worte Lotacies fanden große Zustimmung. Manche fanden, daß er in allen Punkten recht habe, während andere schweigend verharrten. Da rief Pitaco aus: »Jeder von uns muß bereit und entschlossen sein, sich gut und tapfer zu verhalten, denn jedes andere Verhalten bringt Schande über die Stadt. Laßt uns daher unsere Befestigungsanlagen bereitmachen, unsere tapfersten Generäle zusammenrufen und unserem Feind furchtlos entgegentreten.«

Lotacie, der so ruchlos lachte, daß andere es ihm nachtaten, antwortete: »Und wie will ein alter Mann wie du, der vor lauter Alter schon alle Zähne verloren hat, tapfer in die Schlacht ziehen? Bist du so mutig, daß alle Welt vor uns Angst haben muß? Wenn Beamte die Siebzig erreichen, sollten sie sich in ihr Haus zurückziehen. Doch viele von ihnen, werte Herren, mischen sich weiterhin in die Angelegenheiten der Stadt ein. Doch da das Alter eines Mannes nur so hoch ist, wie er selbst es angibt, sagen viele von denen, die schon sehr vorgerückten Alters sind, sie seien jünger, als sie wirklich sind.«

Hierauf lachten die Kaufleute auf ihren Plätzen höhnisch über den edlen Pitaco, und andere stimmten in das Gelächter ein, Gott bewahre, worauf Lotacie fortfuhr: »Über Tugend zu reden ist noch nicht ihre Verwirklichung. Alte Männer, die gut reden, sind etwas anderes als Männer, die Tatkraft haben. Alles was du vorbringst, sind nur leere Worte, und kein Mensch wird sich nach etwas richten, woran er nicht glaubt. Außerdem sind auch die tapfersten Männer der Stadt nicht bereit, sich einem ungnädigen Schicksal auszusetzen, denn sie wissen, daß der Große Khan wenig Schaden angerichtet hat und kein Räuber ist. Deswegen wäre es besser, sich freiwillig diesem Volk[392] anzuschließen und es auf seine Gnade ankommen zu lassen, damit der Stadt nicht durch deine verfehlten Ratschläge großer Schaden entsteht.«

Diese Worte des Kaufmanns Lotacie fanden abermals große Zustimmung, aber der edle Pitaco, sein Name möge nicht vergehen, der sehr besorgt und kraftlos wirkte, gab zurück: »Männer wie du lieben den Zugewinn, aber sie geben nichts auf das Leben anderer Menschen. Es wäre besser, jeder von euch würde die Kraft und Mühe, die er auf den Erwerb und die Nutznießung seines Reichtums verwendet, für die Wahrung seiner Ehre einsetzen. Wenn ihr euch entschließen könntet, eine mutige und heldenhafte Haltung einzunehmen, wäre bei uns alles wieder so wie früher. Denn unsere Vorväter waren der Ansicht, es sei ehrenvoller, auf dem Schlachtfeld zu sterben, als sich einer schmachvollen Niederlage zu fügen.

Ihr wißt genau, daß unsere Brüder im Norden die Herrschaft des Großen Khan verabscheuen, denn in jeder Stadt – und bei uns hier wird es nicht anders geschehen – hat er Tataren und noch häufiger Sarazenen als Gouverneure eingesetzt, und dieses Joch ist für unsere Brüder unerträglich, weil sie wie Sklaven behandelt werden. Möchtet ihr etwa, daß solche Gouverneure und Minister auch über euch herrschen? Und hat nicht der Khan seine großen Barone mit einer riesigen Reiterschar, an die achttausend Mann, in die Städte des Nordens geschickt, um sie zu überwachen, und zwar auf Kosten derer, die darin wohnen, wobei diese Kosten erheblich sind? Ist es das, ihr Herren, was ihr euch für eure eigene Stadt vorstellt? Hat der Große Khan denn nicht vor den anderen Städten erklärt: ›Ich habe euch mit Waffengewalt bezwungen, und alles, was ihr habt, gehört mir‹?«

Darauf antworteten ihm die Kaufleute: »Du bist ein betagter Gelehrter, und die kriegerische Pose steht dir schlecht. Auch unter euch Gelehrten hat die Habgier viele verdorben, doch bislang hat sich noch keiner von euch anheischig gemacht, in seiner Zahnlosigkeit in die Schlacht zu reiten oder anderen die Kriegskunst beizubringen. Gehen denn die Tataren mit den Anhängern anderer Glaubensrichtungen nicht freundlich um, da sie doch noch nicht einmal für die Christen eine abfällige Bezeichnung haben, sondern sie lediglich die Hellhäutigen nennen? Hat denn der Große Khan nicht viele Diener und Ratgeber aus anderen Ländern? Ist denn nicht die Lieblingsfrau des Bruders des Großen Khan eine Christin, und weist der Große Khan nicht jeden scharf zurecht, der die Christen und die Anhänger anderer Glaubensrichtungen mit Spott belegt?

Ist es also zuviel behauptet, wenn man sagt, daß die Tataren ein Volk sind, das die Lebensart der anderen achtet, und daß auch wir unter ihrer Herrschaft nicht zu leiden haben werden, sondern davon profitieren, wenn wir uns entsprechend verhalten?«

Da erhob sich Pitaco abermals, der Friede sei mit ihm, und sprach mit großem Zorn: »Eure Einstellung ist von niedriger Denkungsart und feige. Die Tataren sind ein ungezügeltes Volk. Habt ihr denn nicht gehört, wie die Generäle des Großen Khan die Gefangenen behandeln und daß sie diese sogar in großen Kesseln sieden? Haben sie denn nicht die Beamtenschaft der Städte des Nordens ergriffen und auf die übelste Weise umgebracht, obwohl diese Beamten genau wie ihr versucht haben, sich bei den Tataren

»... VIELE DIENER UND RATGEBER AUS ANDEREN LÄNDERN«

Am Mongolen-Hof des Kublai Khan dienten in der Tat Araber und Christen als Kammerherren, Ärzte, Astronomen und als Köche. Sogar wenigstens ein Ministerposten wurde von ihnen besetzt. Marco Polo wurde – nach seinem Bericht über die siebzehn Jahre, die er sich in China aufhielt – von Kublai Khan als Gesandter des Hofs in verschiedene Gegenden Chinas geschickt und verbrachte drei Jahre als Beamter in der Stadt Yangzhou. Die chinesischen Quellen liefern hierfür keine eindeutige Bestätigung, aber es ist ihnen zu entnehmen, daß Marco Polo 1277, im Alter von dreiundzwanzig Jahren, zum Mitglied des Kronrats ernannt wurde. Ein Großteil seiner Aufgaben für den Mongolen-Hof scheint aus Informationsreisen in entfernte Provinzen bestanden zu haben, auch nach Yünnan, um Berichte über die dortigen Verhältnisse zu liefern.

Marco Polo am Hof des Kublai Khan – aus dem Livre des Merveilles

anzubiedern und ihnen zu gefallen? In eurer Feigheit verlaßt ihr euch auf die Milde dieser Leute, aber haben wir denn nicht gehört, daß sie das Fleisch derer essen, die sie mit dem Schwert hinrichten?

Wie lange wollt ihr noch mit euren schändlichen Erklärungen fortfahren, daß ihr und euer Besitz im Falle der Übergabe der Stadt unbeschädigt bleiben würden und daß dann eine maßvolle und gerechte Behandlung auf uns wartet? Das ist der Rat von Feiglingen, die ihre Feigheit als Klugheit tarnen möchten. Die Tataren sind gute Kämpfer, die den Tod nicht fürchten, während ihr mit jedem Atemzug beweist, daß ihr lieber vor unserem Feind davonlaufen möchtet,[393] als tapfer gegen ihn ins Feld zu ziehen und mutig und beherzt gegen ihn zu kämpfen.«

*Dschingis Khans
Kampf mit den
Stämmen der Khitan
und Jürchen bei
Hunegan Dabaan*

Doch auf diese Worte des edlen Pitaco erhob sich kein Beifall, sondern großes Gespött. Die Meinungen prallten hart aufeinander, als alle Kaufleute von ihren Plätzen aus gegen Pitaco losschrien, Ehre seinem Andenken. Mühsam sich Gehör verschaffend, erklärte darauf Pitaco, die Kaufleute ließen sich auf eine Weise vernehmen, die der himmlischen Ordnung widerspreche. Da rief einer aus ihren Reihen unter schamlosem Gelächter aus, die Ordnung des Himmels sei kein geeigneter Schutz vor den Armeen des Feindes, und ein anderer von ihnen erklärte, daß die Partei der Kaufleute zwar die besseren Argumente auf ihrer Seite hätte, aber man müsse selbst die zu Wort kommen lassen, die den Untergang der Stadt herbeiredeten. Der edle Pitaco, alt und hinfällig, war nicht mehr in der Lage fortzufahren, und während die, die ihm am nächsten standen, ihm zu helfen und neue Kraft einzuflößen versuchten, senkte sich ein großes Schweigen über die Versammlung. Als er schließlich wieder zu Atem gekommen war, sprach er: »Ihr seid wie Lusou, der viel redete, dem es aber an Willen fehlte. Mit

eurer Einstellung werdet ihr in der Stunde der Gefahr keine Zuflucht finden, und wie eine ins Mehl gefallene Ratte werdet ihr nur noch mit den Augen rollen können.« Hier lachten einige, und andere erhoben Zornesgebrüll, doch der ehrwürdige alte Mann fuhr fort: »Der Kaufmann Lotacie ist schwach, und seine Waren sind nicht solide, denn er ist voll Angst, und sein Herz ist verzagt. Ihr müßt deshalb lernen, eure Feigheit und euren Hang zur Bequemlichkeit zu bezwingen, mein Herr. Oder wollt ihr warten, bis die wilden Tataren vor unseren Toren stehen?

Doch ich glaube, daß ihr euch noch nicht einmal dann als Männer erweisen würdet, so jämmerlich und furchtsam seid ihr und so willens, aus Angst vor den tatarischen Armeen alles aufzugeben. Statt dessen zieht ihr es vor, daß unsere Eroberer uns durch ihre Verheerungen aufzeigen, wie lange wir schon durch Habsucht, Genußsucht und Mangel an Glauben vom rechten Wege abgekommen sind. Sind nicht die Königreiche des Nordens viele Male in die Knie gezwungen worden? Sollen wir die bitteren Lektionen ein weiteres Mal lernen müssen, die unseren Vorvätern von den Taniani, Chitani und Uceni[394] erteilt wurden, als sie wegen unserer Schwäche unser Land in Schutt und Asche legen konnten?

Sollen wir aufgrund eures schlechten Rats noch einmal solche Verluste und Schäden erleiden? Sollen jene, die uns um unseren Wohlstand, unseren Handel, unsere Kunstfertigkeit und um die Weisheit unserer Gelehrten beneiden, ihre Hand auf uns legen können? Könnten wir uns nicht besser verteidigen, wenn wir nicht nur starke Mauern und blitzende Waffen hätten, sondern auch unsere verlorene Moral wiederfänden? Und würde unser Wohlstand nicht noch mehr gedeihen, wenn unsere Bürger in ihrem Glauben geeint wären, anstatt durch ihre hohlen Begierden entzweit?«

Hierauf antwortete der junge Kaufmann Lotacie lachend, daß eine große Armee mit Tugendhaftigkeit allein nicht zu besiegen sei und daß es noch nie einen Schurken gegeben hätte, der beim Anblick ehrenhafter Männer seine Waffen wegwarf und die Flucht ergriff.

Da sprach der edle Pitaco, der sehr erschöpft wirkte: »Die Tataren und ihr Khan werden bald gegen uns vorrücken. Werdet ihr in einer solchen Gefahr und in Kenntnis des Vorangegangenen weiterhin eurer Gier nach Reichtum und Vergnügungen folgen und die Verteidigung unserer Sitten und Gebräuche hintanstellen? Werdet ihr euch weiterhin ergebnislos für besser halten als andere, während jene, die uns vernichten wollen, an Stärke gewinnen? Ich sage euch noch einmal: Ihr müßt mutig und tapfer sein und euch so verhalten, daß die ganze Welt über uns wird sagen müssen: ›Das waren wirklich heldenhafte Männer!‹«

Doch die meisten der Anwesenden befanden sich nicht in Übereinstimmung mit Pitaco, und nur wenige schienen sich für die Stadt aufs Schlachtfeld begeben und mit dem Feind messen zu wollen. Der Wortführer der Mehrheit war der Kaufmann Lotacie, der sagte, es sei besser, ein Volk zu sein, das niemals ein anderes mit Krieg überziehe und in dem alle in Frieden miteinander lebten.

Darauf erwiderte Pitaco bleich vor Qual, Gott behüte, mit leiser Stimme: »Aber wir leben nicht in Frieden miteinander. Vielmehr befindet sich jeder, von Begierden und Raffgier getrieben, im Kriegszustand mit seinem Bruder. Und keiner findet Ruhe und Frieden, so groß sein Besitz auch sein mag. In früheren Zeiten pflegte man bei uns die gegenseitige Liebe zu predigen, damit Zwist und Krieg keinen Nährboden mehr finden könnten.

Doch jetzt behaupten junge Leute wie du und dein Anführer Suninsciou, daß die Menschen der Stadt des Lichts nicht nach Art der Taube, sondern nur nach Art des Löwen und Wolfs gedeihen können. Aber was seid ihr denn für Löwen und Wölfe, die ihr dem Feind nicht ins Auge blicken könnt und im Augenblick der drohenden Gefahr in eurem Bau Zuflucht sucht? Wenn alle fest zusammenstünden, würde unter den Bürgern Zufriedenheit herrschen, die Stadt würde vor Schaden bewahrt werden, und wer will, könnte seinen Reichtum mehren.

Statt dessen laufen Scharen von Menschen Tag und Nacht auf der Suche nach Beute durch die Stadt, und jeder hat Angst vor dem anderen, denn jeder erwartet vom anderen nur das Schlimmste. Denn das ist die Stadt des Lichts, die ihr, ihr Herren, geschaffen habt: Zwar glitzern überall die Laternen, doch in den Seelen der Menschen ist es stockfinster.«

Aber der Anhang des Kaufmanns Lotacie, der durchweg zur Partei des Suninsciou gehörte, ließ sich von den Worten des edlen Pitaco nicht bewegen. Der Kaufmann Anlisciu erhob sich und fragte: »Hat nicht Chunfuzu alle verworfen, die Krieg führen wollen? Hat er nicht gesagt, der Tod sei eine unzureichende Strafe für jene, die

Dschingis Khans Streitmacht erstürmt eine Burg der Tanguten – Illustration aus der Geschichte der Mongolen, 16. Jahrhundert

den Weg zeigen, wie der edle Pitaco es tut, der dazu führt, daß Menschenfleisch vernichtet wird? Hat er nicht gelehrt, daß auch die, die im Kriegshandwerk ausgebildet sind, die strengsten Strafen der Gerichtsbarkeit erdulden müssen? Doch du, Pitaco, alt zwar, aber bar jeder Weisheit, stellst dich vor uns hin und gibst uns den Rat, zu den Waffen zu greifen. Hast du dir damit nicht den Tod verdient?«

Nach diesen Worten von Anlisciu herrschte großes Schweigen in der Versammlung, als sei der Engel des Todes, Gott behüte, in ihr eingekehrt. Doch der vornehme Pitaco, sein Gedächtnis sei auf immer bewahrt, zeigte keine Furcht und sagte nur: »Soll also der Sohn des Himmels den Tod erwarten wie ein Tier in der Falle?«

Darauf erhoben sich vielerlei Zurufe aus dem Volk[395]. Einer bedachte gar den Sohn des Himmels mit schlimmen Verwünschungen, ein anderer erklärte: »Was nützen uns[396] die tausend jungen Frauen, die der Sohn des Himmels in seinen Diensten hat, wenn das Reich in solcher Gefahr schwebt? Was weiß schon ein solcher Schürzenjäger in seiner Feigheit und Wertlosigkeit von Waffen?«

Bei diesen Worten brachen manche in Gelächter aus, doch der edle Pitaco sagte zu der Versammlung: »Ihr beleidigt den Sohn des Himmels, aber ihr habt recht damit, daß das Reich in Gefahr ist. Ihr solltet daher auf das hören, was ich euch sage, und euch von denen abwenden, die euch raten, Habgier vor Ehre und Furcht vor Tapferkeit zu setzen. Die Tataren sind nicht nur ausgezeichnete Soldaten, sie können uns auch als Vorbild dienen, nicht mit ihrer Grausamkeit, sondern weil sie Entbehrungen besser ertragen können als andere Männer. Wir jedoch können Entbehrungen am allerwenigsten ertragen, da wir gewohnt sind, ohne Rücksicht auf das Morgen an unser Vergnügen zu denken. Wahrlich, wir sind schon unterjocht, nicht durch Eroberung, sondern weil wir unsere Sitten und

Gesetze beiseite geschoben haben und von unserem Weg abgekommen sind.

Unsere Reichen halten sich für schlaue Kaufleute auf allen Gebieten, und manche glauben auch, gute Philosophen und Gelehrte zu sein. Es ist auch nicht abzustreiten, daß es bei uns viele ausgezeichnete Ärzte gibt, die Krankheiten zu erkennen und die richtigen Arzneien zu verordnen wissen, was von Ärzten aus anderen Ländern bestätigt wird.[397] Doch was haben uns dieses Wissen über Krankheiten, diese philosophischen Erkenntnisse und dieses händlerische Geschick in unserer Gefahr geholfen? Haben denn nicht die Tataren schamlos die Herrschaft des Sohnes des Himmels herausgefordert, der von manchen von uns verachtet und von anderen verehrt wird? Sollen nunmehr auch wir dem Schwert überantwortet werden, so wie Temucin[398] die Leute von Succiur hinschlachtete?

Denn wenn ihr euch meinen Rat nicht zu Herzen nehmt, werden die Flüsse von Cin und Manci ineinanderfließen, der Himmel wird sich verdunkeln, und das Meer wird in einer gewaltigen Flut die Küsten sprengen und die Stadt des Lichts und alle, die in ihr leben, verschlingen. Denn so wird es das Gesetz des Himmels befehlen.«

Hierauf erbleichte der edle Pitaco plötzlich sehr, und der Schweiß brach ihm aus, und ich eilte zu ihm, um ihm beizustehen. Seine Worte allerdings wurden heftig belacht. Er aber rief voll Qual: »Nichts macht dem Khan größeres Vergnügen als Krieg und die Eroberung von Land. Doch ihr Narren denkt an nichts anderes als an Profit, Bequemlichkeit und Frauen. Aber wenn ihr euch nicht aufrafft, werdet ihr alles verlieren.«

Dann wendete er sich an mich, Jacob ben Salomone ben Israel, Gott sei gepriesen, und sprach die Worte: »Sobald sie die Barone des Großen Khan mit ihren Heerscharen vor den Toren der Stadt erblicken, werden sie als Leute, die noch nie im Kampf gestanden haben und sich ihrer selbst nicht sicher sind, von Zittern und Zagen ergriffen werden. Solche wie sie leisten keinen Widerstand.«

Zwar wollten sich viele schon auf den Heimweg machen, doch sie waren betreten darüber, daß der edle Pitaco, Gott möge ihn bewahren, solche Worte zu einem Fremden gesprochen hatte. Doch obwohl sie alle zornigen Herzens um ihn herumstanden, zeigte er sich davon unbeeindruckt und sprach: »In gleicher Weise habt ihr es unterlassen, euch den Mißständen und Lastern eurer Stadt entgegenzustellen, habt ihr den jungen Leuten erlaubt zu tun, was sie wollen, habt ihr die Augen verschlossen vor deren Übeltaten und der Habgier der Kaufleute und der Schwäche eurer Armee. Vielleicht ist der Fremde bereit, euch zu sagen, wie ihr eure Stadt verteidigen sollt.«

So fand ich mich, Jacob ben Salomone, zu guter Letzt vom edlen Pitaco dazu aufgerufen, nicht nur zuzuhören, sondern auch vor der Versammlung zu sprechen. Während manche mir zuhörten und andere ihrer Wege gingen, erklärte ich: »Da ich ein Fremder[399] bin,

ihr Herren, kann ich mich weder richtig in die Herzen derer hineinversetzen, die diese Stadt verteidigen wollen, noch in die der anderen, die sie dem Feind kampflos übergeben wollen. Es heißt, daß eure Brüder in Cataio es nicht ertragen können, unter der Herrschaft von solchen zu leben, die aus einem anderen Land gekommen sind, ob Mongolen, Sarazenen oder andere Völkerschaften. Was die Sarazenen angeht, die den Tataren als Ratgeber dienen, muß ich euren Brüdern recht geben, denn jene betrachten jedes Verbrechen als gerechtfertigt, sogar jemanden zu ermorden, wenn er nicht ihrem eigenen Glauben anhängt.

Deshalb sind sie bereit, jeden zu töten, der etwas gegen ihre heilige Schrift sagt, welchem Volk dieser auch angehören und wo immer man ihn finden mag. Wenn sie in Machtpositionen gelangt sind, wie am Hofe des Großen Khan, neigen sie außerdem zu Ränken gegen ihren Meister. Meine Brüder allerdings tun solches nicht, denn es ist uns durch die Thora untersagt, für deren Überfülle Gott gedankt sei.

Was das Kriegführen angeht, lehren unsere Weisen, daß der, der ohne Zorn ist, größer ist als die Mächtigen dieser Erde, und daß der, der über seinen Geist herrscht, besser ist als der, der über eine Stadt herrscht. Doch andererseits hat unser Rabbi Simeon ben Azzai gelehrt, wir sollten uns beeilen, der leichtesten Verpflichtung ebenso nachzukommen wie der gewichtigsten. Und welche Verpflichtung könnte für die Menschen neben ihren Verpflichtungen vor Gott, Er sei verherrlicht, gewichtiger sein, als ihre Häuser[400] und die Häuser ihrer Nachbarn zu verteidigen?«

Dies trug ich mit großer Ehrenhaftigkeit vor, Gott sei gedankt, zum Trost des edlen Pitaco und in der Gewißheit, daß weder ein Mann noch eine Stadt einen sicheren Stand haben, wenn die Menschen ihre Pflichten vor Gott, ihren Vertrauten,[401] ihren Gefährten sowie gegenüber ihrer Stadt nicht erfüllen. Damit begab ich mich mit dem getreuen Lifenli hinweg, und ich sah nirgendwo ein Licht um mich, sondern allenthalben nur Finsternis, Gott behüte.

Sultan Gazan Khan erbaut die Tore der Frömmigkeit und wohltätige Einrichtungen in Täbris – Illustration aus der Geschichte der Mongolen

וּבְהֶמְיָתָה וּבְיַשְׁרָה אֲחֻזָּתוֹ לֹא יִמָּכֵר וְלֹא יִגָּאֵל כָּל חֵרֶם קֹדֶשׁ קָדָשִׁים הוּא לַיהוָה כָּל חֵרֶם אֲשֶׁר
יָחֳרַם מִן הָאָדָם לֹא יִפָּדֶה מוֹת יוּמָת וְכָל מַעְשַׂר הָאָרֶץ מִזֶּרַע הָאָרֶץ מִפְּרִי הָעֵץ לַיהוָה
הוּא קֹדֶשׁ לַיהוָה וְאִם גָּאֹל יִגְאַל אִישׁ מִמַּעַשְׂרוֹ חֲמִישִׁתוֹ יֹסֵף עָלָיו וְכָל מַעְשַׂר בָּקָר
רֹאשׁוֹ כֹּל אֲשֶׁר יַעֲבֹר תַּחַת הַשָּׁבֶט הָעֲשִׂירִי יִהְיֶה קֹדֶשׁ לַיהוָה לֹא יְבַקֵּר בֵּין טוֹב לָרַע וְלֹא
יְמִירֶנּוּ וְאִם הָמֵר יְמִירֶנּוּ וְהָיָה הוּא וּתְמוּרָתוֹ יִהְיֶה קֹדֶשׁ לֹא יִגָּאֵל אֵלֶּה הַמִּצְוֺת אֲשֶׁר
צִוָּה יְהוָה אֶת מֹשֶׁה אֶל בְּנֵי יִשְׂרָאֵל בְּהַר סִינָי ׃

חזק

סִמָּן סְכוּם פְּסוּקֵי דְּסִפְרָא וְטָ׳׳ה

DER WIDERSACHER

Das Kapitel beginnt mit Jacobs Versuchen, seiner des Lesens unkundigen jungen Dienerin Buccazuppo »die Schrift« beizubringen, und endet mit seinem Urteil, die Chinesen seien bei ihrer Suche nach Wahrheit »zu weit in die Tiefe vorgedrungen«. Die letztgenannten Passagen enthalten bemerkenswertes Material über den Blutkreislauf, über ein »zerplatzendes Pulver«, über Papierherstellung, Buchdruck und andere Themen mehr.

Das Kapitel stellt eins der großen Themen des Manuskripts in den Mittelpunkt: Die Notwendigkeit der gottesfürchtigen Erforschung der Natur der Dinge und der Grenzen, an die ein solches Unterfangen wegen eben dieser Gottesfurcht stoßen kann. Desungeachtet geht Jacob sich gelegentlich selbst auf den Leim, denn wie wir schon früher gesehen haben, kennt sein neugierig bohrender Geist kein Halten mehr, sobald er sich voll und ganz dem Gegenstand seines Interesses widmet. Erneut tritt hier seine gespaltene Wesensart zutage. Wir konnten bereits an vielen Stellen den Kaufmann und den Diener Gottes an ihm beobachten, hier steht der »Naturwissenschaftler« – um einen Anachronismus zu gebrauchen –, der für alles unter der Sonne eine Erklärung sucht, dem Mann des Glaubens gegenüber, der in seiner Ehrfurcht vor der Göttlichkeit der Schöpfung dem Forscher in den Arm fällt.

Auf diesen Seiten kommt es noch zu einer weiteren wichtigen Konfrontation, die besonders für den heutigen Leser bedeutsam sein dürfte. Sie findet statt zwischen Jacob und An Fengshan (Anfenscian), dem »Widersacher« oder »Satan« im Hebräischen, das Jacob fast immer zu dessen Bezeichnung verwendet. Jacob hat das italienische Adversario, Gegner oder Widersacher, schon früher auf Personen angewendet, mit denen er ins Gehege kam, einmal war es die »böse Bertoni«, die er auf diese Weise apostrophierte, ein andermal der ansonsten »getreue« Li Fenli, der sich in Sachen Religion gegen Jacobs Stachel zu löcken erlaubt hatte. Die spezifischen Bezeichnungen »Satan« und »der Böse« bleiben allerdings An Fengshan vorbehalten (meist begleitet von dem hebräischen Ausruf »Gott behüte«, als ob die pure

Jüdische Schule – aus einem deutschen Manuskript des Pentateuch, Megillat und Haftara, 1395

Erwähnung seines Namens Jacob in einem Schauder rechtschaffenen Entsetzens zurückprallen ließe).

Der Beziehung zwischen Jacob und An Fengshan, der als »Philosoph aus Zaitun«, als »anerkannter Weiser« und als »jung an Jahren« gekennzeichnet wird, haftet etwas Gezwungenes an. Letzterer scheint Jacob aushorchen, sich ihm aufdrängen zu wollen, sogar am Vorabend des Sabbat, wenn Jacob eigentlich seinen religiösen Pflichten nachkommen sollte. An Fengshans angebliches oder vielleicht auch tatsächliches Anliegen ist, Jacobs Ansichten zu bestimmten Fragen, besonders auf dem Gebiet der Pädagogik, in Erfahrung zu bringen. Wie, möchte An Fengshan wissen, sind die Vorstellungen der Juden von der Kindererziehung? Diese und die sich anschließenden Fragen bewegen Jacob zu Antworten, die große menschliche Weisheit und zugleich moralische Strenge zutage treten lassen. Doch das Gespräch der beiden Männer, zu dem später auch Pitaco hinzukommt, macht bei An Fengshan Standpunkte und Prinzipien – oder deren Mangel – erkennbar, die Jacob fürwahr »satanisch« vorkommen müssen und die selbst nach heutigen Maßstäben als radikal gelten dürften.

Die Auseinandersetzung zwischen den beiden ist heroisch – das Ringen eines Jacob mit einem »bösen und gotteslästerlichen« Engel. Über die Schranken der Zeit (und der Übersetzung) hinweg spüren wir auch heute noch den Schock, den der fromme Talmudist über die Ansichten des jungen An Fengshan empfand: über die Funktion und richtige Methode der Pädagogik, über die Fächer, die man ein Kind lehren (oder nicht lehren) sollte, sowie über den Sinn von Erziehung überhaupt. Und in dem sich anschließenden Klagelied des ältlichen Pitaco über die Unzulänglichkeiten der Jugend meint man den Tonfall eines heutigen »Untergangspropheten« zu hören.

ach meiner Rückkehr ins Haus meines Bruders Nathan, der Friede sei mit ihm, sprach ich mit Armentuzio über unsere Waren und über den dringenden Wunsch unserer Seeleute abzufahren. Anschließend kam die böse Frau Bertoni in meine Kammer und berichtete mir in Gegenwart Lifenlis, daß dessen Schwester Liciancie viele Stunden mit Buccazuppo verbracht hatte, obgleich ich untersagt hatte, sie hereinzulassen, weil sie bei dem Mädchen aufgrund ihrer Geringschätzung des Wahren und Guten Schaden anrichten konnte.

Ich tadelte deshalb den getreuen Lifenli, indem ich sagte, es dürfe sich niemand zwischen mich als den Herrn und meine Dienerin drängen, sofern ich es nicht gnädig gestatten würde, denn ich stünde in der Pflicht, mich um ihr Wohlergehen zu kümmern, wie ich es bei der Abreise aus Ancona versprochen hätte. Lifenli jedoch entgegnete, daß Liciancie zu den Menschen gehöre, die sich nichts vorschreiben ließen, da ihr Eigensinn viel zu stark sei. Sie würde sich niemals von einem Ort fernhalten, den zu betreten ihr untersagt worden sei, und wenn es ihr der Mächtigste im ganzen Reich verboten hätte, Gott behüte.

Ich befahl deshalb Buccazuppo zu mir, um sie nach den Gründen für die Besuche von Liciancie zu befragen. Doch als sie die Kammer betrat und Lifenli erblickte, begann sie zu weinen und ihr Schicksal zu bejammern und beklagte sich unter Hintanstellung der Wahrheit über die harte Behandlung, die ich ihr angeblich angedeihen ließ. Daraufhin wollte der getreue Lifenli sie trösten, doch ich verbot es ihm mit den Worten, Buccazuppo befände sich in meiner und der Frau Bertoni Obhut und in niemandes sonst.

Daraufhin ließ Buccazuppo wieder die Tränen fließen, oh hätte Gott mir solchen Verdruß erspart, und sagte, Liciancie sei zu ihr gekommen, um ihr das Lesen beizubringen, aus Verärgerung darüber, daß die Dienerin eines Weisen, wie diese Frau mich nannte, Gott sei gepriesen, der Schrift unkundig sei. Da wurde auch ich ärgerlich, Gott möge es mir verzeihen, denn ich hatte doch schon versprochen, sie auf der Rückreise in unser Land getreulich zu unterrichten, als sie mir ihren Wunsch, lesen zu können, eröffnet hatte.

Doch die Gegenwart Lifenlis, den ich sogleich aus meiner Kammer schickte, hatte Buccazuppo unverschämt werden lassen, und sie erklärte, ich könne gar kein wahres Interesse daran haben, sie zu unterrichten, denn sie sähe ja selbst, daß sie lediglich ein einfaches junges Mädchen sei[402] und ich ein gelehrter Mann, der viel über Gott nachdenke, und ich würde mich wohl kaum von Ihm abwenden, um sie das Lesen und Schreiben zu lehren. Ich mußte sie bitten, noch etwas Geduld zu haben, und sagte, ein gottesfürchtiger Mann wie ich würde immer halten, was er verspreche, und wenn sie sich ans Studium begeben wolle, würde ich ihr Lehrer sein, und es gäbe keinen Grund mehr zu weinen. Sehr befriedigt über meine Worte begab sie sich daraufhin fort.

Mein Ansehen in der Stadt des Lichts, das ich wegen meiner Worte genoß, war inzwischen so stark gewachsen, daß mich am nächsten Tag, also am siebzehnten Tag des Adar,[403] dem Vorabend des Sabbat Ki Tessa, viele Leute im Haus des Nathan aufsuchten, um sich mit mir zu unterhalten und weitergehenden Rat bei mir zu suchen, wofür Gott gepriesen sei. Es waren ihrer so viele,[404] daß ich nach dem getreuen Lifenli um Hilfe schicken mußte, denn unter ihnen befand sich auch ein gewisser Anfenscian, ein an Jahren zwar noch junger, aber wegen seiner Weisheit angesehener Philosoph, der von mir Auskunft begehrte, was die Lehrmeinung der Juden über das Amt des Lehrers der Kinder sei.[405] In der dortigen Sprache wird Anfenscian als ein *sciofu* bezeichnet, was soviel bedeutet wie »großer Lehrer«. Doch ich mußte von ihm Dinge vernehmen, die mich sehr bestürzten und in meiner Seele tief betrübten, Gott behüte.

Denn ich bat ihn nach Art unserer Schriftgelehrten[406], zuerst mir sein eigenes Wissen und seine eigene Meinung über die Dinge darzulegen, über die er meine Ansichten zu erfahren wünschte, worauf er antwortete: »Gelehrter Mann, der Himmel schickt uns keine Kinder, die sich hinsichtlich ihrer Begabung[407] sehr stark voneinander unterscheiden. Dinge der gleichen Art sind wesensgleich.[408] Wie Menche lehrt, gleichen sich die Schuhe, weil sich die Füße gleichen. Genauso verhält es sich mit dem Ohr, dem Auge und allen anderen Körperteilen. Sollten sich deshalb die Gehirne und die Herzen nicht ebenfalls gleichen und gemeinsame Eigenschaften aufweisen? Der Unterschied zwischen dem einen und dem anderen Kind ergibt sich aus den Vorlieben und den Interessen eines jeden von ihnen.«

Ich entgegnete ihm: »Deine Überzeugungen, junger Mann, stehen auf schwachen Füßen. Wenn man von ihnen auszugehen hätte, könnte man kein Kind zum Wissen führen. Alle Menschen werden im Stande derselben Unwissenheit geboren, aber auch mit demselben Drang, diese Unwissenheit zu überwinden, sofern sie nicht an einer Beschädigung ihres Geistes leiden. Denn das Bedürfnis, zu erforschen und zu wissen, lebt in allen menschlichen Wesen, und noch nicht einmal ein kleines Kind ist erfreut, wenn es als dumm bezeichnet wird.

Doch wenn jemand unter so elenden Umständen aufgewachsen ist und von Beginn an geistig und körperlich so wenig Nahrung erhalten hat, daß die Interessen, von denen du sprichst, solchen Schaden erlitten, daß er sich nur wenig von einem wilden Tier unterscheidet, was würdest du, junger Mann, dann von ihm halten? Sollen wir sagen, Gott verhüte, daß dieses Wesen das wirkliche Wesen des Menschen darstellt und daß wir es so unterweisen müssen, wie wir es vorfanden? Oder hieße das nicht, die Aufgabe des Lehrers mißzuverstehen?«

Hierauf gab Anfenscian zur Antwort: »Wir müssen in jedem Kind das Wertvolle zu entdecken suchen, denn Wertvolles ist dort vorhanden, müssen es dingfest machen und nähren, in der Hoffnung, daß es Bestand hat. Daher muß man ein Kind nicht nur das lehren, was es wünscht, sondern auch das, was seine Fähigkeiten fördert.«

Ich antwortete so, Gott sei gelobt: »Aber was ist, wenn wir kein Kind der Vernunft und Güte vor uns haben, sondern ein Kind, dem beides zu fehlen scheint? Denn der Grundsatz ist nicht richtig, daß der Lehrer sich nur nach den Wünschen und Fähigkeiten des Kindes richten darf, denn wenn das so wäre, würden nur wenige zu vorzüglichen Leistungen gelangen. Im Gegenteil, jedes Kind muß über die Schranken hinausgeführt werden, die es sich durch seine eigenen Wünsche selbst setzt. Denn nur auf diese Weise kann ihm ein Verständnis der Seele eröffnet werden, die in ihm wohnt, Gott sei gepriesen für Seine Gnade. Und sooft ein Kind sich lieber für eine Sache entscheiden möchte und für eine andere nicht, müssen ihm jene helfen, die infolge ihrer eigenen Weisheit die Eignung[409] haben, das Kind bei seiner Wahl zu leiten.«

Doch der junge Mann zeigte sich von meinen Worten, die die bewundernswürdige Frucht meiner Gelehrsamkeit darstellten, nicht beeindruckt, sondern verlegte sich aufs Übertreiben und erklärte: »Wenn ein Lehrer, der sich von den Neigungen eines Kindes leiten läßt und der die guten Eigenschaften des Kindes kennt, bemerken sollte, daß diesem Kind ein bestimmter Lehrstoff weder nützt noch behagt, da es darauf aus ist, lieber solche Dinge zu lernen, mit denen es in seinem späteren Leben etwas anfangen kann, dann soll dieser Lehrer dem Kind ruhig andere Dinge beibringen, damit in diesem das Gute zur Entfaltung kommt.

Denn Lernen ist kein bloßes Nachmachen, und es soll sich auch nicht innerhalb von engen Begrenzungen vollziehen, sondern es sollte ein Weg sein, auf dem der Geist dazu geführt wird, seine Freiheit anzunehmen. Auf diese Weise kann das Kind zu der Erkenntnis gelangen, was für es selbst wahr[410] ist und nicht nur für andere.«

Ich antwortete: »Junger Mann, deine Worte sind nicht so weise, wie sie scheinen mögen. Denn wenn das Kind vorrangig dem nachstrebt, was nur für es selbst und nicht für alle Menschen wahr ist, muß der geistige Horizont des Kindes in Anbetracht des allen Menschen gebotenen Reichtums und der Großartigkeit der Welt schrumpfen, anstatt sich zu weiten.

Auch soll der Lehrer dem Kind nicht gestatten, die eigene Wahrheit vor der allgemeingültigen zu erforschen, denn dann wird es nicht die Sicherheit des Urteils entwickeln können, um Falsch und Richtig problemlos auseinanderzuhalten. Außerdem, wenn ein Kind so beeinträchtigt ist, daß es wenig Ähnlichkeit mit einem vernünftigen und tüchtigen Kind hat, sondern diese Eigenschaften vielleicht sogar ganz vermissen läßt, da es Falsch und Richtig nicht kennt, dann können wir nicht zulassen, daß es sich seine eigene Wahrheit und Moral vor der Wahrheit und Moral der Allgemeinheit auswählt.«

Darauf gab Anfenscian zur Antwort, Gott behüte: »In einer Schule sind die Kinder zahlreicher als die Lehrer, und sie sind oft gezwungen, gegen ihren Willen an ihrem Platz zu verharren. Kann es da richtig sein, daß sie sich allem fügen müssen, was ihre weisen Lehrer für gut und richtig halten? Kein Lehrer ist davor gefeit, einem Irrtum zu erliegen und auf diese Weise ein Kind auf den falschen Weg zu führen. Die Lehrer sollten deshalb bescheidener sein, denn viele Wege führen zur Wahrheit, nicht nur einer, wie es auch viele Götter und viele Menschen gibt, und jeder von ihnen hält manchmal dasselbe wie alle anderen und ein andermal etwas anderes für besser, ganz nach seinem eigenen Urteil, das wiederum von allen anderen zu respektieren ist.

Denn nur so läßt sich herausfinden, was wahr und gut für die Mehrzahl ist und nicht nur für einige wenige. Du sprichst von der Aufgabe des Lehrers, doch es sind deine Worte, die weniger weise sind, als es den Anschein hat.«

Auf diese götzendienerische[411] Weise sprach Anfenscian, obgleich er noch jung an Jahren war, Gott möge mich verschonen für

die Niederschrift solcher Dinge. Ich verstummte, denn ich wußte, daß ich einen bösen Mann vor mir hatte, mit dem zu unterhalten große Gefahr für mich bedeutete, denn seine Worte konnten den Weisesten und Gottesfürchtigsten in Verlegenheit bringen, was Gott verhüte. Doch er verneigte sich in Erwartung meiner Antwort bis zum Boden und faltete ergeben die Hände, so daß weiteres Schweigen unmöglich war, und ich entgegnete ihm:

»Was immer du auch vorbringen magst, o junger Mann, ich bin weiser als du, denn ich habe die Dinge, über die du redest, bis in die Tiefe durchdacht. Somit kommt kein Kind darum herum, sich in allem, was es studiert, eine sichere Grundlage zu erarbeiten, denn lernen bedeutet nicht raten, sondern wissen. Zum Lesen muß ein Kind die Buchstaben kennen, zum Zählen muß man ihm die Abfolge der Zahlen[412] beibringen. Denn ohne solche Kenntnisse verharrt ein Kind in der Finsternis, Gott behüte, und ohne eine Regel stößt es nur durch Zufall auf kleine Splitter der Wahrheit.«

Hierauf antwortete Anfenscian mit einer abermaligen tiefen Verneigung: »Der Meister wäre ein Narr, wenn er dächte, daß die Dinge, die er vorbringt, mir nicht bekannt seien. Doch die Regeln der Buchstaben und Zahlen auswendig zu lernen bedeutet nicht, wahres Wissen zu erwerben, sondern nur den Anschein von Wissen, vergleichbar einem Vogel, den man das Sprechen lehrt. Wahres Wissen ist etwas anderes. Es bedeutet, ungebunden denken zu können und dergestalt vermittels der eigenen Erfahrung den Weg zu den Wahrheiten des Lebens zu finden.«

Da wurde mir offenbar, daß ich den Widersacher vor mir hatte und daß ein böser Mann vor mir aufgestanden war, mit dem ich einen Kampf bis zum bitteren Ende führen mußte. Denn was er sagte, hatte zwar den Anschein von Weisheit, doch in letzter Konsequenz bedeutete es die Zerstörung der Stadt des Lichts.

Deshalb machte ich folgenden Einwand, Gott sei verherrlicht und verehrt: »Wir müssen zum Kern der Sache vorstoßen. Kein Kind und kein Erwachsener wird den Verstand richtig gebrauchen können, ohne mit den Regeln des Lernens vertraut zu sein, sei sein Denken ungebunden oder nicht. Nur mit diesem Wissen kann ein Kind zu höheren Graden des Wissens in Wort und Tat aufsteigen, andernfalls wird es ein Zimmermann ohne Säge oder ein Chirurg ohne Skalpell bleiben. Ein Kind kann daher nur dadurch in die Lage versetzt werden, seinen Verstand zu benutzen, indem man ihm beibringt, die Regeln der Sprache und der Logik zu beachten. Ohne die Kenntnis dieser Regeln wird das Denken selbst undeutlich, und ein Gedanke wird den anderen bekämpfen, ohne daß es ein Mittel gibt, womit die Gedanken geordnet und mitteilbar gemacht werden könnten.

Doch ein Kind, das seine Gedanken nicht mitteilen kann, wird von niemandem als vernünftig und intelligent betrachtet werden. Man wird es vielmehr für dumm halten, obwohl doch in erster Linie die Lehrer die Schuldigen daran sind. Aber ist es denn nicht ungerecht, junger Mann, wenn einem Kind Fehler angelastet werden, die es gar nicht selbst zu vertreten hat, da seine Lehrer die Fehler gemacht haben?«

Vögel und Blumen – Seidenmalerei aus der Song-Dynastie

Nun war es an Anfenscian zu verstummen, als ob er um eine Antwort verlegen sei, so weise und kraftvoll waren meine Worte, bei denen Gott, Er sei gepriesen, mein Führer war, denn in Seiner Weisheit lehrt Er jene, die Ohren haben, Ihn zu hören. Zudem wurde mir in diesem Augenblick geoffenbart, daß ich mich an diesem Vorabend des Sabbat Ki Tissa[413] nach wie vor in Seiner schützenden Hand befand, denn die Frau Bertoni trat herein und meldete, daß der edle Pitaco mir sogar ohne einen Diener seine Aufwartung mache. Zu solchen Ehren vor allen Menschen war ich inzwischen aufgestiegen, nachdem sich der Ruhm meiner Weisheit in der ganzen Stadt verbreitet hatte.

Dann betrat Pitaco selbst meine Kammer, wobei Anfenscian und der getreue Lifenli sich tief verneigten. Er bedankte sich bei mir für den Beistand, den ich ihm gewährt hatte, und erklärte, ich, Jacob von Ancona, sei ein wahrhaft weiser Mann, gottesfürchtig und gelehrt zugleich, der, obzwar Jude aus einem fernen Lande, Dinge mitzuteilen habe, deren Kenntnis allen Menschen wohl anstünde.

Da sich der Widersacher, Gott behüte,[414] nicht anschickte, meine Kammer zu verlassen, denn er ist hartnäckig bei allem, was ihm in die Hände gerät, befahl mir nun Gott mit Seinem Wort, das Er Seinem Diener direkt ins Ohr sprach, solcherart war Sein Vertrauen in mich, jenen mit Verstandesschärfe noch mehr in meine Gewalt zu ziehen, damit die Wahrheit aller Dinge über die Lüge und das Licht über die Finsternis obsiege.

Ich befragte daher Pitaco nach seiner Meinung über das Wesen und die Methoden des Lernens und die Aufgaben des Lehrers. Er antwortete: »O weh, Herr, die Kinder der Stadt des Lichts obliegen ihren Studien mit Widerstreben oder überhaupt nicht. Denn sie glauben, um reich zu werden oder den Respekt der anderen zu erwerben, sei die Kenntnis von Schreiben und Rechnen nicht mehr erforderlich. Obendrein gelten derartige Kenntnisse, wie die *chuotsu* erklären, angesichts der Entscheidungsfreiheit der jungen Leute[415] jetzt nur noch wenig. Viele gehen nicht mehr zur Schule und versuchen sogar, andere vom Studium abzuhalten. Denn sie werden nunmehr von einer Unwissenheit geleitet, die schlimmer ist als ihre eigene, und das Gesetz des Himmels kommt zu Fall, da nur noch wenige bereit sind, sich unterzuordnen.

Wie unser *Buch der Lieder* lehrt, steigt der Adler in die Lüfte, und der Fisch taucht in die Meerestiefen, und in ähnlicher Weise sucht das lernende Kind überall die Wahrheit der Welt ausfindig zu machen. Daher erklärt unser Chunfuzu, daß jener, der es gewohnt ist, seine Intelligenz fruchtbar anzuwenden, auch in der Lage sei, die Wahrheit zu begreifen. Doch unsere Kinder halten wenig vom Lernen, sie verachten es vielmehr, und ihre Lehrer haben wenig Kenntnisse aufzuweisen, mit denen sie bei ihren Schülern die Flamme der Liebe zum Lernen entzünden könnten. So kommt es, daß die Lehrer mit ihren armseligen Leistungen zufrieden sind und oft noch nicht einmal wissen wollen, wo ihre Mängel liegen.

Auch behauptet bei den Lehrern der eine in vorgetäuschter Weisheit, die alten Lehren seien falsch oder zu beschränkt, ein anderer meint, die Kinder müßten sich selbst ihren Weg suchen und aus eigenem Antrieb die Fähigkeiten erwerben, die sie brauchen, um das Leben zu meistern, und ein dritter macht geltend, daß nur die Lehren unserer Ahnen richtig seien. Doch bei diesem Durcheinander nehmen die von den Kindern in der Schule erworbenen Kenntnisse

immer mehr ab, und das Wissen und Verständnis der Lehrer ebenfalls. Man kann daher den einen Lehrer sagen hören, die Beamten
und nicht etwa ihre eigenen Unzulänglichkeiten seien die Ursache
ihrer Kümmernisse. Ein anderer aber meint, man könne die Kenntnisse eines Kindes nicht wirklich beurteilen, da jedes Kind anders
sei. Und ein dritter wird jammern, daß die härtesten Urteile über
Lehrer von denen kommen, die ohnehin nichts von ihnen halten.

Doch lernen die Kinder immer weniger, und manche können
noch nicht einmal lesen und schreiben, während keiner die Schuld
für diesen Zustand auf sich nehmen will und einer sie dem anderen
zuschiebt.[416] In diese Situation sind wir durch Irrtümer und falsche
Prinzipien hineingeraten, und es ist jetzt dahin gekommen, daß nur
noch wenige etwas auf die Weisheit der Älteren geben oder sich über
die Dinge Sorgen machen, die Schaden über die Stadt bringen.

Dem Kind sollte nicht später als im vierten Lebensjahr der Griffel
in die Hand gegeben werden, damit es die Buchstaben lernt[417] und
ordentlich schreiben kann, denn allzulanges Warten ist für das Kind
von großem Nachteil. Schon im Alter von
sechs oder sieben fällt ihm das Lernen schwerer, besonders wenn die Kinder in seiner
Umgebung schon einen höheren Wissens-
stand haben, denn Kinder in diesem Alter
sind leichter ablenkbar und weniger lern-
willig, wenn ihr Geist nicht bereits auf klare
Vorgaben ausgerichtet worden ist.«

Aber der Widersacher, der dem edlen
Pitaco ohne Höflichkeit zugehört hatte,
konnte sich nicht der Einrede enthalten und
sagte: »Der Zweck der Schule besteht nicht
nur darin, Buchstaben und Zahlen zu lehren,
sie soll auch dafür sorgen, daß das Kind
glücklich wird.«

Darauf gab ich folgende Antwort, und
Gott sei gedankt, daß Er mir genügend
Stärke zur Überwindung des Widersachers
verlieh: »Das Glück ergibt sich aus dem
Lernen selbst. Wie soll ein Kind glücklich
werden, wenn man sich nicht ausreichend

*Deckblatt
einer illuminierten
Handschrift des*
Pentateuch *franzö-
sisch-deutschen
Ursprungs aus dem
13. Jahrhundert*

darum kümmert, daß es etwas lernt? Zudem ist es weder Pflicht noch Aufgabe des Lehrers, dafür zu sorgen, daß das Kind glücklich wird. Seine erste Pflicht und Aufgabe besteht vielmehr darin, zu lehren und die moralischen Prinzipien[418] fest und unverrückbar zu verankern, das Kind zum Verständnis der Schöpfung und der Gesetze der Natur zu führen, ihm die Fesseln unseres menschlichen Daseins begreiflich zu machen und es so zur Liebe Gottes zu führen, Er sei gepriesen, Er, der Schöpfer aller Dinge.«

Da fragte der Widersacher verächtlich: »Und wie sollen diese Dinge den Kindern vermittelt werden?«

Worauf der edle Pitaco, sein Gedenken bleibe gewahrt, antwortete: »Indem man auch die unbedeutenden Dinge mit Sorgfalt erledigt. Denn im Leben des Menschen führen kleine Ursachen zu großen Wirkungen. Ein Kind muß daher in kleinen Schritten an das Verständnis von Richtig und Falsch und anderen bedeutenden Dingen herangeführt werden.«

Dem fügte ich, Jacob ben Salomone, hinzu: »Auch wir sind dieser Meinung. Unser Weiser Rabbi Mose ben Maimon, der Friede sei mit ihm, hat uns in der Makala gelehrt, daß das moralische Gewissen, das wir *hilkotdeot* nennen und welches durch die Taten eines Menschen bestimmt wird, in der Seele eines Kindes durch seine Eltern und Lehrer verankert werden muß, damit es sich in ein bestimmtes Verhalten umsetzt, so Gott will. Denn der Mensch ist zu Beginn seines Lebens weder von Natur aus gut noch böse, sondern muß durch das Vorbild seiner Eltern und Lehrer dazu angehalten werden, dem Guten nachzueifern und das Böse zu meiden. Denjenigen, die den erstrebten Zustand erreicht haben, wofür Gott gepriesen sei, wächst hieraus die Verpflichtung zu, jene zu erwecken, die noch nicht soweit sind. Das ist die Aufgabe des Lehrers.«

Hierauf erklärte der edle Pitaco, der Friede sei mit ihm: »Das wird auch von unseren Weisen gelehrt.«

Daraufhin wollte ich meine Darlegungen fortführen und erläuterte, daß ein Kind durch schlechtes Beispiel verdorben, aber auch durch gutes Beispiel gebessert werden könne, doch der Widersacher unterbrach mich und sagte: »Niemand kann gezwungen werden, den moralischen Vorstellungen seines Lehrers zu folgen, denn diese sind meistens noch nicht einmal für den Lehrer selbst endgültig. Wir sollten solches weder forcieren noch verbieten, sondern vielmehr die

Kinder dergestalt unterweisen, daß sie in die Lage versetzt werden, ihren eigenen Weg zu Anstand und Wahrheit zu finden. Der Lehrer kann nicht der einzige Quell sein, aus dem alle Wahrheit fließt.[419] Außerdem findet ein Kind zu seiner eigenen Wahrheit, was ganz richtig so ist, welche der Lehrer achten und der er oft sogar Zugeständnisse machen muß.«

Diese gottlosen Worte erzürnten Pitaco sehr, und er antwortete: »Ist denn ein Bauer, dem die Hühner davongelaufen sind, nicht schlau genug, sie wieder einzufangen? Und wenn die Herzen deiner Schüler vom rechten Pfad abkommen, ist es dann nicht deine Pflicht, ihnen hinterherzulaufen, um sie wieder auf den sicheren Weg zurückzubringen?«

Dem fügte ich meinerseits hinzu, der Heilige Eine sei gepriesen: »Da kein Mensch vor Irrtümern sicher ist, ist es unmöglich, daß der Geist eines Kindes vor Irrtümern bewahrt bleibt. Deshalb ist es ein Versagen des Lehrers, wenn er zuläßt, daß seine Schüler ihr Studium vernachlässigen oder ohne eine Aufgabe untätig herumsitzen.«

Der edle Pitaco richtete darauf an Anfenscian die Frage: »Ist es denn kein Vergnügen, beständig zu lernen und in der Pflicht nicht nachzulassen?«

Hierauf entgegnete der Widersacher, Gott unterwerfe ihn am Jüngsten Tag: »Sollen wir uns folglich verhalten wie jener Landmann, der an seinen Stecklingen zog, da sie ihm zu langsam zu wachsen schienen? Als man nachsah, hatte er sie alle herausgezogen, und sie waren verwelkt. Wer meint, er müsse an seinen Stecklingen ziehen, hilft ihnen nicht nur nicht, vielmehr schadet er ihnen außerordentlich. Daher ist das Lernen durch Tun besser als die Unterweisung durch Worte. Wer ein Handwerk beherrscht, mag einem anderen sein Geschick demonstrieren, aber dadurch wird dieser nicht auch geschickt. Denn er muß auf seine Weise vorgehen und so sein Ziel erreichen.«

Pitaco antwortete knapp: »Damit vernachlässigst du deine Aufgabe. Denn wie Menche uns lehrt, legt kein Handwerker sein Senkblei beiseite, damit ein ungeschickter Zimmermann Vorteil davon hat, wie du es tun würdest.«

Hierauf wendete sich Pitaco, als sei er Anfenscians überdrüssig, an mich mit der Frage nach der Lehrmeinung eines gelehrten Juden über die Aufgaben des Lehrers, worauf ich antwortete: »Die Aufgabe eines guten und weisen Lehrers besteht darin, mit eigenem klarem Verstand dem Schüler zur Erkenntnis des Weges zu verhelfen, auf dem er zeitlebens wandeln soll.«

Pitaco antwortete darauf: »In der Stadt des Lichts ist es allerdings dahin gekommen, daß der Lehrer dem Schüler nur noch im Lichte eines getrübten Verstandes den Weg weisen kann. Manchmal heißt es bei uns sogar, daß der ungebildete Lehrer lediglich seinen unerleuchteten Zustand mit anderen zu teilen sucht, um etwas Trost für seine Blindheit zu finden.«

Darauf fuhr ich fort: »Werter Herr, ihr fragt, welche Lehre der Jude vertritt. Es ist die Lehre, die uns von unserem Lehrer Moses gegeben wurde, nämlich daß einer den anderen daran hindern soll zu freveln. Dieser Aufgabe ist aber niemand gewachsen außer jenen, die selbst gottesfürchtig sind. Wie unsere Schriftgelehrten geschrieben haben, sind die anderen unwissend und ohne Verstand und wandeln in Finsternis, und selbst wenn das Licht der Sonne auf sie herniederscheint, sehen sie es nicht. Aber wenn eure Lehrer behaupten, ein Kind müsse seinen eigenen Weg gehen, gehören sie nicht zu den Weisen. Deshalb ist es so, wie ich es auf der Insel Seilan beobachten konnte: Wer gut schwimmen kann, bringt Perlen vom Meeresgrund empor, wer aber nicht gut schwimmen kann, der ertrinkt. Nicht anders verhält es sich mit den Angelegenheiten des Menschen. Deshalb darf man den Kindern nicht lediglich das beibringen, was sie sich selbst aussuchen, sondern man muß sie das lehren, was sie wissen müssen, nicht nur, um zu überleben, sondern um als Mensch unter Menschen zu leben.«

Pitaco jedoch begehrte zu wissen: »Was sind die Kenntnisse, die ein Kind nach Meinung eurer Schriftgelehrten haben soll?«

Ich antwortete, Gott sei gedankt: »Unsere Schriftgelehrten und Weisen, der Friede sei mit ihnen, lehren, daß die Kenntnisse, die ein Kind haben soll, das Wissen von der Materie umfassen, das uns unsere Sinne zugänglich machen und das mit Hilfe der Schlußfolgerung, des Experiments, der Analogie und der Regeln[420] dargelegt werden kann, und dazu das Wissen, welches in der Weisheit der vergangenen Zeitalter beschlossen ist und das zu bewahren die Menschen der Gegenwart verpflichtet sind. Eins davon zu vernachlässigen, Gott behüte, bedeutet nicht nur, die Erziehung der Kinder zu vernachlässigen, sondern die Bildung aller Menschen. Doch vor allem anderen muß den Kindern die Fähigkeit beigebracht werden, Gutes von Bösem zu unterscheiden und das Löbliche vom Gemeinen und sich allen Menschen gegenüber wahrhaftig, gerecht und redlich zu verhalten. Denn dem, der sich nicht richtig zu verhalten versteht, gebührt kein Anteil an der Welt des Irdischen.«

Der Widersacher, Gott behüte, sagte dazu: »Was aber sind dieses Gute, diese Wahrheit und diese Gerechtigkeit, auf die du dich beziehst? Bist du der einzige, der diese richtig begreift? Der Lehrer kann nicht alles vorschreiben, und er kann sich auch nicht immer so verhalten, daß das, was er lehrt, dem Kind wie ein Geschenk vorkommt, für das er des Kindes Diensteifer und Pflichtgefühl beanspruchen darf. Auch sollte der Lehrer dem Kind nicht Tugendhaftigkeit beibringen, denn das ist die Aufgabe des Vaters, sondern es vielmehr ermuntern, seinen eigenen Weg zu gehen, und die Fähigkeit, frei von Angst zu denken und zu handeln, stellt hierfür die größte Tugend dar.«

Auf diese Worte Anfenscians erwiderte der edle Pitaco zornig, davon wolle er nichts hören, und sagte: »Alle Menschen sind von Natur aus gut und deshalb in der Lage, richtig zu handeln. Doch wie man richtig handelt, muß gelehrt werden. Denn ohne Unterweisung kann der Brunnen des Wohlwollens durch schlechtes Beispiel zum Austrocknen gebracht werden. Doch wenn ein Kind vom Lehrer häufig zum Guten angehalten und von ihm über die richtigen Gründe dafür belehrt wird, so daß es auch entsprechend motiviert ist, dann wird es bald aus eigenen Stücken Wohlverhalten an den Tag legen.«

Doch der Widersacher wollte sich damit keineswegs zufriedengeben. Mit lauter Stimme stellte er alles, was Pitaco gesagt hatte, in Abrede und äußerte üble Gedanken, wie sie noch niemand zuvor von sich gegeben hatte: »Weder der Vater noch der Lehrer sollen einem Kind etwas vorschreiben, und sie sollen auch nicht bestimmen, was es lernen soll, noch ihm irgend etwas vorenthalten, das es gerne wissen würde. Genausowenig sollen sie ihm ihre eigenen Überzeugungen, sei es hinsichtlich der Götter oder der Menschen, aufdrängen. Sie sollen deshalb ein Kind nicht gegen seinen Willen in den Tempel mitnehmen und sollen es alles aussprechen lassen, was es auf dem Herzen hat.

Denn man darf nicht davon ausgehen, daß das Glück eines Kindes auf diese oder jene Weise sichergestellt wird, nur weil sein

Vater dieser Ansicht ist. Es ist nämlich nicht richtig, daß ein Kind, das ja schwach ist, immer das tun soll, was sein Vater möchte, oder immer dahin gehen soll, wohin sein Vater möchte, oder sagen und denken soll, was sein Vater möchte. Denn ein Vater soll seinen Willen dem Kind genausowenig aufdrängen wie das Kind den seinen dem Vater, denn weder der Vater noch das Kind sollen gerechterweise gezwungen werden, sich dem anderen unterzuordnen.«

Noch nie in meinem Leben, dafür sei Gott gedankt, hatte ich solches vernommen, wie Anfenscian es ausgesprochen hatte. Doch dem edlen Pitaco hatte es in seiner Verzweiflung über das Schicksal der Stadt geradezu die Sprache verschlagen, so daß ich, der ich genau wußte, was ich sagen mußte, da ich mich in der Hand Gottes befand, erklärte: »Dies sind böse Dinge und Dinge des Widersachers, den Gott zu Boden schmettern möge. Denn durch solche Prinzipien werden die Bande der Natur[421], die den Vater mit seinem Kind verbinden, vollkommen zerrissen, und die Weitergabe von Wissen und Moral vom Vater zum Kind wird verhindert. Und damit werden die Sicherheit des Reiches, das heilige Band zwischen den Generationen und das Leben der Menschheit allesamt großer Gefahr ausgesetzt.«

Aber wieder ließ es der Widersacher nicht dabei bewenden, und er sprach boshaft und gotteslästerlich auf diese Weise weiter, bis sich der edle Pitaco unter großem Wehklagen die Ohren zuhielt, um sich nicht dessen Worte anhören zu müssen, als jener sprach:[422] »Ihr Herren, es ist ein schwerwiegender Irrtum zu glauben, man müsse darauf aus sein, daß die Kinder den Glauben und die moralischen Grundsätze der Väter übernehmen, denn dadurch werden diese ohne Zweifel an ihrer Wahrheit und Eignung von einer Generation zur nächsten weitergegeben. Man gelangt vielmehr dadurch ans Licht, daß man alle Dinge in Frage stellt, und das ist die Aufgabe des Lehrers. Wer nichts in Frage stellt, bleibt in der Finsternis. Außerdem sind kein Glaube und keine Moral so umfassend, daß sie für alle Menschen und für alle Zeiten Gültigkeit hätten, und deshalb können sie auch nicht jedem Menschen zur Richtschnur dienen. Denn kein Mensch, so weise er auch sei, kann sicher sein, daß das, was für ihn wahr und gut ist, es für andere ebenso ist.

Deshalb ist es erforderlich, daß der Lehrer jedem Kind darlegt, was man von all den Dingen, die die Menschen bislang als Wahrheit betrachtet haben, für sich selbst als Wahrheit in Betracht ziehen mag, ohne dabei jedoch die eine Lehre für weiser als die anderen zu erklären. Denn das würde bedeuten, dem Kind den Willen zu nehmen, seinen eigenen Weg zu suchen, und ihm dergestalt nicht den Unterschied zwischen Richtig und Falsch zu vermitteln, sondern ihm sein moralisches Urteil zu rauben.«

Doch nun wurde mein Zorn, derartige Dinge anhören zu müssen, gewaltig, Gott sei gepriesen, und ich antwortete dem Jüngling Anfenscian folgendermaßen: »Das ist die Stimme, Gott bewahre, des Bösen, der behauptet, daß die Verehrung Gottes, Er sei auf ewig lobpriesen, und die Verehrung von Götzenbildern gleichviel wert seien und daß das Gesetz unseres Lehrers Moses, der Friede sei mit ihm, nicht besser sei als die Erlasse des Nabuccodonosor, er sei aus der Erinnerung getilgt.

Und weiter willst du uns wohl lehren, o Satan[423], daß der Wille eines Kindes dem Willen Gottes übergeordnet sein kann und daß das, was mehr oder weniger den Wünschen und Bedürfnissen der Menschen entspricht, der Maßstab für die ewige Wahrheit ist. Aber nicht jede Wahrheit ist von gleichem Rang, wie auch ein Götzenbild aus Holz oder Stein nicht vom gleichen Rang ist wie der Unaussprechliche Name Gottes, und nicht jeder Bauerntölpel ist es wert, zur Rechten Gottes zu stehen. Wahres und Falsches, Weise und Toren

Israeliten in Ketten vor Nebukadnezar (»Nabuccodonosor« in Jacobs Text) – aus einem italienischen Manuskript des 13. Jahrhunderts

im gleichen Maße zu respektieren und zu ehren bedeutet, überhaupt nichts und niemanden zu respektieren. Für die Unterweisung eines Kindes, Gott behüte, heißt das, es in die Wüste zu schicken, doch ohne einen Propheten, der seine Schritte lenkt. Es ist sogar allemal besser, wenn ein Götzendiener seinen eigenen Glauben höher einschätzt als einen anderen, anstatt daß er jeden Glauben in gleicher Weise und damit überhaupt nicht achtet.

Alles gleichermaßen ohne Werturteil gelten zu lassen ist nämlich dasselbe, wie gar nichts gelten zu lassen, denn es bedeutet, keinen Unterschied zwischen Gott und dem Widersacher, Vernichtung über ihn, zu machen und somit keinen Stab zu haben, auf dem man sich ausruhen kann, sondern in Verwirrung zu leben. Denn der, dem beigebracht wird, alles ohne Ansehen des Wertes zu achten, dem wird beigebracht, alles zu mißachten. Auch kann der, der andere solches lehrt, ihnen nicht zur Leuchte werden, und von Generation zu Generation wird sich größere Finsternis ausbreiten, bis das Leben des Menschen, der nach dem Ebenbilde Gottes geschaffen ist, auf dieser Welt ausgelöscht sein wird.«

Doch der Widersacher war stark und immer noch nicht zu Boden geworfen. Er antwortete mir: »Ein Kind ist kein Soldat und muß nicht gedrillt werden, indem man es zu lernen zwingt, was der Lehrer von ihm verlangt, der ihm unverzüglich Strafe angedeihen läßt, wenn es versagt.«

Auf dieses falsche, aber raffinierte Argument erklärte ich, Gott sei gepriesen: »Jedes Kind hat einen starken Drang, sich hervorzutun, Gott sei gedankt, indem es zum Beispiel eine Antwort schneller findet als ein anderes Kind. Diesen Drang muß der Lehrer unterstützen. Denn wie uns unsere Rabbis lehren, tritt in diesem Drang des Kindes die Lernwilligkeit zutage.«

Der edle Pitaco, sein Gedenken möge überdauern, fügte hinzu: »Doch bei uns wird der Drang, sich hervorzutun, mittlerweile von vielen für eine Untugend gehalten, denn hierdurch heben sich die Intelligenteren von den anderen ab. Aber die Anhänger der Meinung Anfenscians sagen, daß jedem Kind eine gesonderte Aufgabe gestellt werden soll, damit es nicht mit den anderen wetteifert und friedlich lernt, was es lernen möchte, ohne den anderen das Gefühl der Unterlegenheit zu geben, falls es eine bessere Auffassungsgabe hat als jene.«

Anfenscian, der dachte, daß selbst zwei weise, alte Männer gegen ihn nicht ankommen könnten, fuhr, ohne sich zu schämen, fort: »Es ist wohl richtig, daß Kinder je nach ihren Anlagen und Bedürfnissen auch Ansporn brauchen, um ihren eigenen Weg zur Wahrheit in dem Tempo zu beschreiten, das ihnen gemäß ist.[424] Der Ansporn muß sich aber nach den Fragen richten, die ein Kind stellt, sowie nach dem Wissen, nach dem es verlangt, wobei der Lehrer das Kind niemals zur Eile drängen sollte. Auch ist es ungerecht, ein Kind nach seinen Fehlern zu beurteilen, wenn jedes seinem eigenen Weg folgt. Es ist in der Tat bei weitem besser, daß ein Kind sich im Rahmen seiner eigenen Möglichkeiten für erfolgreich hält, denn auf diese Weise wird es glücklich, und seine Seele bleibt unbelastet.«

Doch ich entgegnete diesem Vertreter des Bösen: »Unter solchen Bedingungen hat der Lehrer versagt, nicht das Kind. Denn wenn ein unwissend gebliebenes Kind sich ohne die Mittel, sich selbst oder anderen dienlich zu sein, auf den Lebensweg macht, hat der Lehrer seiner Pflicht nicht Genüge getan, denn er hat dem Kind keinen Durchhaltewillen vermittelt, sondern nur eine Vorliebe für das Nichtstun, die in der Verleugnung der Gegenwart Gottes enden muß, Gott verschone mich für meine Worte. Auch sollte der Lehrer keinem Kind Ausflüchte gestatten, wenn es seine Aufgaben nicht erledigt hat. Denn das ist der Anfang eines großen Versagens und einer großen Lebenslüge, sobald das erwachsen gewordene Kind anfängt, Gründe zu suchen, um sich den Aufgaben zu entziehen, die sich ihm stellen, oder sich nicht für das Gute anzustrengen, wenn es ihm begegnet. Genauso ist es Aufgabe des Lehrers, dafür zu sorgen, daß in der Schule keine Zeit vergeudet wird. Denn nur wer im Unterricht aufpassen, dem Lehrer schweigend zuhören und unerwartete Fragen beantworten muß, gewöhnt sich an regelmäßiges Lernen.

Junger Mann, du gehst in der Tat einen bösen Weg, denn du möchtest dich um die Entscheidung zwischen Richtig und Falsch herumdrücken, entweder weil du es selbst nicht weißt, oder weil du nicht willst, daß sich ein Kind auch einmal korrigieren lassen muß, da man es dann für weniger intelligent halten könnte als andere Kinder. Auf diese Weise entziehst du dem Lernen und dem Wissen selbst den Boden, und den dir anvertrauten Kindern enthältst du alles vor, womit sie ihren Pflichten vor sich selbst, vor Gott, Er sei gepriesen, und vor anderen Menschen gerecht werden können. Außerdem verdient ein Kind, das brav lernt, gelobt zu werden, und wenn es schlecht lernt, verdient es Tadel. Wenn nämlich alle Kinder unabhängig davon, ob sie viel oder wenig gelernt oder sich gut oder schlecht betragen haben, den gleichen Lohn empfangen, wird sich kein Kind mehr anstrengen, um besser zu werden.«

Der Widersacher verbeugte sich und antwortete: »Fremder, du sprichst wie unsere Vorväter, die ebenfalls die Gegenwart beurteilten, als sei sie die Vergangenheit.«[425]

Hierauf erklärte der edle Pitaco im Zorn über die Worte des Jungen: »Du sprichst leichtfertig und ohne Respekt vor dem Weisen, der zu uns gekommen ist. In den früheren Zeiten, über die du dich lustig machst, lernten unsere Kinder sechs Jahre lang jeden Tag zwanzig verschiedene Buchstaben sowie die Fertigkeit des Schreibens und die Zahlen von Manci[426]. Außerdem konnten sie die Worte der Dichter auswendig aufsagen, lernten Musikinstrumente zu spielen und sich sittsam zu verhalten. Doch nun behaupten junge Männer wie du, solche Dinge seien nichts anderes als das Geklapper von Gebetsmühlen, und die Kinder seien wie angepflockte Ochsen, die mit verbundenen Augen auf der Tenne im Kreise trotten und niemals das Licht zu sehen bekommen.

In unseren Klassenzimmern erschallt nicht mehr der Klang der Kinderstimmen, die gemeinsam die Gedichte unserer Poeten vorlesen.

»... ZWANZIG VERSCHIEDENE BUCHSTABEN«
Jacob meint hier eindeutig die chinesischen Schriftzeichen, deren Wesen er anscheinend sehr gut begriffen hat (s. S. 378 f.), trotz seiner früheren fälschlichen Bezugnahme auf die »Buchstaben« eines Alphabets (s. S. 360). Die Schriftzeichen sind keine Buchstaben, sondern ein außerordentlich komplexes System von optisch unterschiedenen Zeichen, deren Bedeutung aber nicht von der jeweils anderen Aussprache abhängt, die ihnen von den diversen chinesischen Sprach- oder Dialektgruppen zugeordnet wird. Das heißt, derselbe schriftliche Text kann in verschiedenen Dialekten vorgetragen werden, wobei das Gesprochene den Angehörigen anderer Dialektgruppen unverständlich bleibt. Dennoch bedeutet ein Text, der über das Auge wahrgenommen wird, für alle seine chinesischen Leser (mit geringen Abweichungen) dasselbe. Dafür sorgte die Standardisierung der chinesischen Schrift am Ende des 3. Jahrhunderts v. Chr. Seit damals fungiert die geschriebene Sprache als einheitstiftendes Element der chinesischen Kultur und Politik. In den von Pitaco angegebenen »sechs Jahren« hätte ein Kind, wenn wir ein Schuljahr mit 150 Unterrichtstagen ansetzen, etwa 15 000 Schriftzeichen gelernt. Das dürfte übertrieben sein, denn man schätzt, daß im China des 13. Jahrhunderts ungefähr 7000 Schriftzeichen in allgemeinem Gebrauch waren. (Ich habe Jacobs Ausdruck lettere mozze xx als »zwanzig verschiedene Buchstaben« übersetzt. Wörtlich bedeutet er zwanzig »beschnittene« oder »abgekürzte« Buchstaben.)

Sogar Lipo und Toufu[427] wird bald keiner mehr kennen. Doch wenn wir dafür eintreten, daß sie nicht dem Vergessen anheimfallen sollen und daß wir verpflichtet sind, unsere Kinder mit der Schönheit ihrer Werke bekannt zu machen, schlägt uns Hohn entgegen, als sei das nur etwas für alte Männer. Die Kinder wissen nichts mehr von unseren weisen Männern und den Taten der vergangenen Zeiten. Doch wenn man Wissen über die Vergangenheit erwirbt, sagt Chunfuzu, kann man die Gegenwart besser verstehen und sie ordnen und regieren. Doch wenn wir heute dafür eintreten, daß das Studium der Vergangenheit beibehalten werden soll, wie es geboten ist, da unseren Kindern sonst die Vorbilder für Tugend und Ehre fehlen, nach denen sie sich richten können, dann schenkt uns niemand Gehör.

Statt dessen geht es in den Schulen zu wie auf den Märkten dieser Stadt, denn auch hier können sich die Kinder aus vielen Angeboten aussuchen, was ihnen am angenehmsten und vergnüglichsten ist, und das Unangenehme und Beschwerliche meiden. Früher konnte ein Mann ohne Bildung weder Rang noch Geld erwerben, sondern nur bei geringem Lohn die erbärmlichste Arbeit tun.[428] Heute vermag sich ein ungebildeter Mensch, wenn er nur genügend Durchsetzungskraft und Energie hat, alles nach seinem Begehr im Überfluß zu verschaffen, bis ihn der Überfluß umbringt. Wer der Segnungen des Lebens teilhaftig werden möchte, der braucht Bescheidenheit und Weisheit weder zu besitzen noch wertzuschätzen, sondern eher deren Gegenstücke.

Das geht inzwischen so weit, daß viele, die in der Stadt etwas zu sagen haben, kaum noch etwas von den Weisen und Königen der Vergangenheit wissen und noch nicht einmal die Kunst des Schreibens beherrschen und auch nicht ohne Schwierigkeiten lesen können. Doch die Schäden an den jungen Leuten, die mit durchtriebener List ihre Wissenslücken zu übertünchen hoffen, sind noch größer. Denn sie haben durch Verschulden ihrer Lehrer nicht nur vieles versäumt, sondern aus mangelndem Bewußtsein ihrer Missetaten auch die Scham über diese verloren.

Der eine redet dann besonders laut, damit ihm keiner nahetritt und so seinen Mangel an Wissen entdecken könnte, während der andere listig das Wohlwollen der anderen zu gewinnen sucht, um sich eine nachsichtige Beurteilung zu sichern, und ein dritter erklärt ungerechtfertigterweise alle anderen zu Narren, um seine eigene

Narretei desto besser zu tarnen. Heutzutage haben deshalb noch
nicht einmal die Gelehrten der Stadt das profunde Wissen, das sie
für sich in Anspruch nehmen, sondern sie verlassen sich auf den noch
geringeren Kenntnisstand derer, die zu ihnen kommen, um etwas
zu lernen.

Aber wenn sich einer erdreistet, mit dem Finger auf ihre Un-
zulänglichkeiten zu zeigen, dann verteidigen sie sich flugs mit den
Mitteln der Verleumdung und der Lüge gegen ihre Ankläger und
nennen sie ungebildete Tölpel. So wird nach Art und Weise des
Anfenscian eine Unwahrheit mit der anderen verteidigt, bis keiner
mehr die Wahrheit feststellen kann. Statt dessen wandeln alle unter
Mißachtung des himmlischen Gesetzes auf denselben Pfaden und
bringen das Verderben über die Stadt.«

Als er dies hörte, begab sich der Widersacher ... hinweg, als ob
er nichts mehr davon hören wollte, während der edle Pitaco meinen
Trost suchte, wofür Gott gedankt sei. Da es die Pflicht eines gelehrten und gottesfürchtigen Juden ist, jene Weisheit zu lehren, die
gewillt sind, diese von seinen Lippen zu vernehmen, sprach ich zu
Pitaco: »Edler Herr, gottesfürchtige Männer müssen sich angesichts
des Widersachers mit gegenseitigem Rat stützen. Deshalb flehe ich
euch an, mir Gehör zu schenken, auch wenn die Stunde meines
Sabbats schon gekommen ist. Wir dürften sehr wohl wissen, daß der
Mensch nach Wissen strebt,[429] Gott sei verherrlicht und geehrt. Doch
die Vollendung des Menschen befindet sich in einem Zustand der
Verborgenheit, und es bedarf der Unterweisung, um sie zu erkennen. In jedem Kind schlummert die Fähigkeit zu Vernunft und
Intelligenz, das soll bedeuten: die Anlage zur Vernünftigkeit, deren
Entwicklung zu einem lebendigen Intellekt der Lehrer unterstützen
muß, indem er sie zum Vorschein bringt und das Kind mit Lob
bedenkt. Wenn der Lehrer versagt, versagt das Kind ebenso, doch
wenn er andererseits seiner Pflicht genügt, dann kann das Kind es
auch. Das Kind befindet sich in einem Zustand, in dem es noch nicht
weiß, was ihm angemessen ist, und hat vor seinen Augen noch einen
Schleier. Diesen Schleier zu heben ist die Aufgabe des Lehrers,
damit das Kind Stück für Stück die Wahrheiten der Welt erblicken
und sich in das Licht der Vernunft stellen kann[430], so Gott will.
Denn wie unser großer Gelehrter Mose ben Maimon sagt, der
Friede sei mit ihm, besteht die höchste Vollendung des Menschen

darin, zu einem vernunftbestimmten Handeln zu finden. Hierdurch erst wird der Mensch zum Menschen, und wem kein vernünftiges Handeln beigebracht worden ist und wer sich daher nicht vernünftig verhält, Gott behüte, ist kein Mensch, sondern ein Tier, das lediglich die Gestalt eines Menschen hat.

Denn Gott, Er sei gepriesen, hat den Menschen nur um ein weniges tiefer als die Engel gestellt, wie unser König David sang, der Friede sei mit ihm. Daher kommt das Kind bereits mit seiner gottgegebenen Intelligenz in die Schule, doch der Intelligenz fehlt noch der Glanz. Es ist die Aufgabe des Lehrers, ihr diesen Glanz zu verleihen, worauf das Kind als Ebenbild dessen, der den Menschen geschaffen hat, auf Erden wandeln mag, Er sei gepriesen.

Da der Mensch nach Gottes Willen als Herr über alle Geschöpfe gesetzt ist, sollte er sich seiner Aufgabe nicht ohne gute Vorbereitung nähern und lernen, sich seiner Stellung und seiner Pflichten würdig zu erweisen. Denn wenn das Kind erwachsen geworden ist, kann es ohne das richtige Verständnis zum reißenden Wolf werden, der durch die ganze Stadt streift, oder zu einem elenden Köter, der zitternd auf seiner Lagerstatt kauert und die ganze Welt ankläfft.

Deshalb muß der Lehrer, wie ich sagte, das Licht des Verstandes des Kindes zum Leuchten bringen. Doch wie mir scheint, gibt es unter euch viele Lehrer, die nicht wissen, wie das zu bewerkstelligen ist, sei es, weil das Kind widerspenstig[431] ist und der Lehrer nicht weiß, wie er damit fertig werden soll, oder weil der Lehrer die Fertigkeiten, die sein Amt erheischt, nicht besitzt, oder aus einem anderen Grund.

Doch solange die Fähigkeit zur Vernunft nicht aus dem Stadium der Möglichkeit in konkretes Handeln übergegangen ist, nämlich in den Erwerb von Wissen und Weisheit, kann sie auch nicht zum Bestandteil von Gottes Plan werden, Er sei gepriesen. Denn durch die Vernunft, die den göttlichen Anteil am Wesen des Menschen darstellt, verschafft sich das Kind unter Anleitung durch den Lehrer die wahre Erkenntnis Gottes, der Gesetze der Natur und der Menschen, wodurch es näherrückt zu Gott, Er sei lobpriesen.

Zudem ist eine erkenntnislose Seele nicht nur nicht gut, sondern die Seele dessen, der nicht zu seinen Lebzeiten nach Erkenntnis strebt, ist zudem verloren. Und deshalb, geehrter Herr, und besonders, weil wir der Ansicht sind, daß ein Mensch die Gesetze Gottes nicht erlernen kann, ohne das zu lesen, was Moses, unserem Lehrer, gesagt wurde – insbesondere die Gesetze über das richtige Verhalten gegenüber Gott und den Menschen –, und weil sich niemand ohne diese Kenntnisse Jude nennen darf, deshalb befindet sich unter meinen Brüdern keiner, der nicht das Heilige Gesetz lesen kann, wofür Gott gepriesen sei. Wie unser gesegneter Salomone ben Juda gelehrt hat, ist Erkenntnis der Zweck des menschlichen Lebens und der Grund unseres Daseins.[432] Deshalb wird man nirgendwo auf einen ungebildeten Juden stoßen, denn das wäre ein Widerspruch in sich.«

Da erklärte der edle Pitaco, daß ein Mann wie ich, falls es einen solchen unter seinen Mitbürgern gäbe, die Stadt mit Hilfe seiner Weisheit vor der Zerstörung retten könne, Gott sei gedankt für diese Ehre. Doch er sagte auch, ich täte gut daran, die Stadt bald zu verlassen, denn seine Parteigänger seien in Gefahr, und ich, als ein Fremder, habe mit meinen Worten viele gegen mich aufgebracht.

Hierauf nahten seine Diener, um ihm aufzuwarten. Sie sagten, er möge ihnen eiligst[433] folgen, denn einige hätten berichtet, Tataren zögen näher an die Stadt heran, und viele aus den Reihen der Kaufleute träfen Vorbereitungen, sie zu begrüßen.

Danach schickte ich den getreuen Lifenli mit dem Auftrag fort, alles, was wir uns notiert hatten, Seite für Seite fertigzuschreiben. Nachdem ich frische Kleidung angelegt hatte,[434] hieß ich den Sabbat Ki Tissa mit meinem Bruder Nathan willkommen und betete, meine Sünden mögen mir vergeben und meine Tage auf dieser und in der kommenden Welt gemehrt werden, Amen.[435] Doch obwohl es einem Juden aufgegeben ist, den Sabbat freudvoll zu begehen, verbrachte ich eine Nacht voller Drangsale, in der ich allenthalben weinende Stimmen vernahm[436] und erneut im Traum den Leichnam meines Vaters sah, Friede seiner Seele. Außerdem quälten mich viele gemeine Dinge in meinem Herzen, und ich sah vor mir jene Teile des weiblichen Körpers, die von den Frauen verborgen gehalten werden, Gott verschone mich, und ich schrie auf im Schmerz. Ich beklagte auch den Tod meines Bruders Vivo und meine Verlassenheit an diesem finsteren Ort ohne meine geliebte Sara, Gott möge sie bewahren.

Daher weinte ich sehr in dieser Nacht, in der ich befürchtete, die Tataren könnten über mich und meine Besitztümer kommen oder daß ich im Meer ertrinken könnte, Gott verschone mich, der ich mich von solchen Zweifeln anfechten ließ. Ich erhob mich deshalb noch in der Dunkelheit und betete, ich möge mit dem Licht des anbrechenden Sabbat-Morgens wieder hergestellt und die Stadt von keinem Übel heimgesucht worden sein. Denn rings um mich herrschte nun eine große Stille, und kein Ton war zu hören, als ob alle, die sich in den Häusen befanden, von großer Furcht befallen worden seien.

Doch selbst, als der Morgen anbrach, kam niemand aus den Häusern, und alle Türen blieben verriegelt,[437] so daß das Mädchen Buccazuppo und die Frau Bertoni sich ebenfalls sehr fürchteten. Denn es war, als sei der Engel des Todes, Gott behüte, über die Stadt des Lichts gekommen, aber es gab nur wenige, die guten Rat geben oder den richtigen Weg hätten weisen können. Während ich an diesem Morgen noch im Gebet lag, kam mein Diener Armentuzio unter großer Gefahr zu mir und drängte mich mit viel Geschrei zum Aufbruch, wobei er erklärte, daß sämtliche Seeleute, aber auch meine Brüder Eliezer und Lazzaro auf ihren Posten bereitstünden, doch ich willigte abermals nicht ein, wofür Gott gedankt sei.

Am folgenden Tag, also dem neunzehnten Tag des Adar[438], kam wieder ein Bote des edlen Pitaco in Begleitung des getreuen Lifenli zu mir und berichtete, die Gerüchte über das Herannahen der Tataren seien falsch gewesen, doch unter der Bevölkerung seien großer Zorn und Haß gegen jene Kaufleute aufgekommen, die Vorbereitungen zum Empfang der Tataren getroffen hatten. Der Kaufmann Anlisciu, der zu diesen gehörte, sei in der vergangenen Nacht von einem großen und aufgebrachten Mob wegen seines Ansinnens, die Stadt den Mongolen auszuliefern,[439] zu Tode befördert worden. Auch andere Anhänger des Großkaufmanns Suninsciou seien in nicht bekannter Anzahl während der Dunkelheit dem Schwert überantwortet worden, Gott behüte. Doch nun herrsche Ruhe in der Stadt, denn ihre Kaufleute, Gelehrten und Beamten hätten beschlossen, sich am folgenden Tage um eine größere Einigkeit zu bemühen, damit die Stadt des Lichts nicht durch die Pflichtvergessenheit ihrer Bürger in noch schlimmere Mißhelligkeiten gerate.

Deshalb beschloß auch ich, den Ältesten der Stadt mit meinem Rat beizustehen, damit die Stadt sich klug und im Einklang mit den

Lehren der Schriftgelehrten regieren möge, der Friede sei mit ihnen. Nachdem ich alle aus meiner Kammer gewiesen hatte, dachte ich über die Leiden[440] der großen Stadt und die Möglichkeiten zu ihrer Rettung nach.

Dabei kam mir in den Sinn, wofür Gott gedankt sei, daß es in der Stadt – obwohl sie in so große Verwirrung geraten war, daß keiner mehr zu sagen wußte, was der rechte Weg sei oder wie die Tugenden der Menschen die Oberhand über ihre Laster gewinnen sollten – nicht nur großen Reichtum und alle Dinge im Überfluß gab, sondern auch Gelehrte, die auf wunderbare Weise zu einem so eingehenden Verständnis der Naturgesetze[441] gelangt waren, daß sich ihnen in ihren Experimenten viele Geheimnisse der materiellen und körperlichen Wesenheiten erschlossen hatten.

So behaupten diese Gelehrten auf gotteslästerliche Weise, die Natur des ersten Bewegers und auch die der kleinsten Bestandteile des Lebens[442] zu kennen. Doch diese Dinge enthüllen sie nicht vor Fremden, denn sie halten sie für ein Geheimnis. Manche von ihnen jedoch, die Alchimie betreiben, behaupten, die Lebensprinzipien sowohl der Himmelskörper wie auch des Körpers der Menschen zu kennen, die sich ihren Angaben zufolge gleichen.

Sie sagen nämlich, daß das Lebensprinzip des menschlichen Körpers in seinem Herzen liege, und wenn das Herz sich bewege, lasse es das Blut des Herzens strömen, welches komme und gehe, und der Pulsschlag[443] bezeichne den Hin- und Rückfluß des Blutes im Körper. In gleicher Weise, so sagen sie, setze das Lebensprinzip des Himmels,

»… WENN DAS HERZ SICH BEWEGE«

Im Italienischen: … quando move 'l cor fa scorrer lo sangue del cor che ondeggia. *Diese rudimentäre Beschreibung des Blutkreislaufs ist ungefähr dreihundertfünfzig Jahre älter als William Harveys Aufsatz zu diesem Thema von 1628. Harvey (1578–1657), der eine Zeitlang in Padua studierte, beschrieb, wie das Blut in den rechten Vorhof des Herzens eintritt, zur rechten Herzkammer fließt, dann durch die Lungenschlagader in die Lungen gepumpt wird und von dort durch die pulmonalen Venen in die linke Kammer, wobei durch Herzklappen ein Zurückströmen des Blutes verhindert wird. Mittels des Herz-Kreislauf-Systems, das aus Herz, Arterien, Venen und Kapillargefäßen besteht, kreist das Blut so durch den ganzen Körper. Vor Harvey war man allgemein der Ansicht, die Arterien enthielten Luft, und das Blut fließe mit einer einfachen Hin- und Herbewegung vom Herzen zu den Arterien und zurück. Jacobs Abriß der chinesischen Ansichten zu diesem Thema läßt erkennen, daß man dort damals bereits auf halbem Weg zwischen dem einfachen antiken und dem modernen Verständnis stand, wobei das Wort* ondeggia – *mit seiner Bedeutung eines wellenartig an- und abschwellenden Flusses – eine Zirkulation des Blutes andeuten dürfte oder zumindest die Kontraktion und Dilation der Herzbewegung und den »Hin- und Rückfluß« des durchgepumpten Blutes.*

das in der Sonne liege, Gott behüte, die Himmelskörper in Bewegung, deren Hin- und Rückgang der Bewegung des Blutes entspreche.

Nach dieser Manier richten ihre Weisen auch die Götzenbilder ein, bei denen sie nicht Gott, sondern das Herz und die Sonne zum ersten Beweger machen oder was immer sie sich in ihrer götzendienerischen Art sonst ausdenken. Aber es ist Gott allein, der alles geschaffen und allem den Lebensodem eingehaucht hat, Er sei verherrlicht und gelobt. Auch haben jene, die sich nach den Lehren der Weisen richten, großes Vertrauen in die magischen Künste. Manche versuchen hinter das Geheimnis des ewigen Lebens zu kommen, Gott schmettere sie zu Boden, andere wollen den Alten die Jugend zurückgeben, wieder andere möchten sich mit der Geschwindigkeit eines Lidschlages von einem Ort zum anderen begeben und derlei magische Sachen mehr, was Gott verhüte. Sie halten diese Dinge auch nicht für Lästerungen Gottes, sondern sind der Meinung, daß dies die Mittel sind, die Segen über die Menschen bringen werden, und sie sagen, daß jene, die in der Lage sind, die geheimen Gesetze der Natur zu entdecken, nicht nur die Kräfte der Schöpfung kennen, sondern mit diesen sogar vereint[444] sein werden.

Doch ich erkläre das wiederum zu einer Lästerung des göttlichen Namens, denn hierdurch erklärt sich der Mensch für gleichrangig mit Gott. Die, die das Mittel für das ewige Leben zu ergründen suchen, träumen außerdem davon, immerdar in dieser materiellen Welt zu leben, ohne das Kommen des Messias nötig zu haben, möge Gott mir die Niederschrift dieser Worte vergeben. So können selbst die weisesten Männer dem Irrtum verfallen, wenn sie sich von Gott abwenden und Dinge suchen, die aufzufinden unmöglich ist. Aber es steht außer Zweifel, daß einige von ihnen weise Männer sind, auch wenn der Widersacher sie vom rechten Wege abgebracht hat, denn ich sah Menschen, deren Herz versagt hatte, wieder bei Kräften, sah Taube, die wieder hörten, und sogar Blinde, die wieder sahen. Außerdem erreichen viele von ihnen ein hohes Alter, sogar siebzig bis achtzig Jahre, denn sie haben bestimmte geheime Arzneien, die ihnen auch noch im hohen Alter eine gute Gesundheit verleihen. Doch auch viele unserer Weisen[445] wissen, wie man dieses Ziel erreichen kann und viele wunderbare Dinge außerdem.

Lehrt denn nicht unser Meister Mose ben Maimon voll Weisheit, daß die Krankheiten des Körpers die Antworten auf die Sorgen und Betrübnisse des Geistes sind,[446] so daß ein Mensch, der mit seiner Seele uneins ist, auch körperlich krank und hinfällig wird? Daher sollte jeder, der gesund bleiben möchte, sich rechtschaffen und im Einklang mit dem Willen Gottes verhalten, damit die Krankheit weder in seine Seele noch in seinen Körper Eingang finden kann.

Die Gelehrten von Manci sind sehr beschlagen in den Geheimnissen der Alchimie, denn sie erforschen viele Dinge. Auch wenn sich viele töricht gebärden und andere sich in magischen Kunststücken ergehen, lassen sich manche vom gerechtfertigten Staunen über die Fülle von Gottes Schöpfung leiten. Sie wissen, daß die Erde all die Dinge in sich birgt, mit denen die Menschen Gutes oder Schädliches für sich erreichen können, während sie auf ihrer Oberfläche große Städte und Berge trägt, ohne deren Gewicht zu fühlen.

Die Alchimisten von Manci haben vielerlei Kriegsgerät entwickelt, auch wenn es ihnen an Kampfgeist fehlt, und eines davon nennen sie »Donnerschlag, der den Himmel erschüttert«.[447] Unter Benutzung eines magischen krachenden Pulvers,[448] das sie in ein Rohr aus Eisen oder Kupfer schütten, können sie über eine große Entfernung ein schnelles und fliegendes Feuer schleudern, das dem Feind großen Schaden zufügt. Dies ist das Werk ihrer tüchtigsten Alchimisten, die Anhänger dessen sind, was sie den »Weg des Dao« nennen. Sie haben auch Katapulte gebaut, die eiserne Steine von solcher Geschwindigkeit ausstoßen, daß kein menschliches Auge ihnen folgen kann. Auch pflegen sie anläßlich von Festen Bambusstäbe[449] mit ihrem krachenden Pulver zu füllen, das sie entflammen, um sich an den fliegenden Lichtfunken zu erfreuen.

»… EIN SCHNELLES UND FLIEGENDES FEUER«

Der originale italienische Wortlaut foco veloce e volante dürfte die erste bekannte Beschreibung der Wirkung von Schießpulver (hergestellt aus Holzkohle, Salpeter und Schwefel) sein – sowie von seiner Anwendung in einer Art Flammenwerfer! Mit den Katapulten (balliste), die eiserne Steine ausstoßen (lapidi di ferro), sind offensichtlich Kanonen gemeint. Hier wird jedoch nicht klar, ob Jacobs Kenntnis sich auf eigene Beobachtungen stützt, doch da er nicht ausdrücklich erwähnt, er habe diese Dinge selbst beobachtet, wie er es zum Beispiel in der Passage über die Herstellung von Papier tut, ist es nicht sehr wahrscheinlich. Er dürfte diese Informationen von einem in Zaitun ansässigen jüdischen Kaufmannskollegen erhalten haben oder vielleicht auch von Li Fenli. Nach Meinung mancher Historiker verwendeten auch die Tataren schon seit 1232 Kanonen – deren Geheimnis sie möglicherweise von den Song-Chinesen hatten – und setzten sie im Jahr 1241 in Europa in der Schlacht am Sajó in Ungarn ein.

Ein gottesfürchtiger Mann sollte diese Dinge nicht geringschätzen, denn die Welt, wie sie existiert, ist uns in ihrer Fülle nicht nur zum Bestaunen gegeben, sondern auch, um sie zu verstehen und zu gebrauchen, denn das ist unsere Pflicht vor unserem Schöpfer. Doch magische Tricks und Zauberei sind, wie unser Meister lehrt,[450] der der weiseste von allen Menschen war, etwas Unreines wie das Zurückrufen eines Toten ins Leben, die Verwandlung einer Substanz in eine andere, das Einpflanzen von Liebe und Haß mit geheimen Mitteln oder das Krankmachen eines Menschen, indem bestimmte Worte auf eine bestimmte Weise gesprochen werden. Denn all dies sind Dinge Gottes und nicht des Menschen.

So sind uns zwar Dinge gegeben worden wie der Magnetstein, der Eisen anzieht und bewegt, ohne es zu berühren, oder Kräuter, die die Fische auf das Land springen lassen, wenn man sie ins Wasser wirft, und viele andere Dinge mehr in der Welt, die noch schwieriger herauszufinden sind, aber ein gottesfürchtiger Mann soll sich deshalb nicht unter die Chaldäer begeben.[451] Denn obgleich der Mensch durch seine Vernunft und seine Natur den Zwang verspürt, die Wahrheit über alle Dinge zu erforschen, würde die Erkenntnis gewisser Geheimnisse der Natur großes Übel und großen Schaden über ihn bringen, wie uns die Schriftgelehrten lehren.

Doch durch Entdeckung haben die Leute von Manci Kenntnis von vielen wunderbaren Dingen. Sie kennen die beste Methode, um Papier und Pergament herzustellen, nämlich aus einem Brei aus Holz und Rinde des Maulbeerbaums. Auch sprechen die Bewohner des Landes Sinim viele und sehr unterschiedliche Sprachen und können sich gegenseitig nicht gut verstehen, doch wenn sie schreiben, benutzen sie nur eine einzige Art von Buchstaben, die für alle dasselbe bedeuten, auch wenn ihr Klang immer wieder

---

»PAPIER UND BÜCHER«

In China war die Papierherstellung aus dem Maulbeerbaum (Broussonetia papyrifera) mindestens seit dem ersten nachchristlichen Jahrhundert bekannt. Nach Europa gelangte dieses Wissen erst mit der Wende vom 12. zum 13. Jahrhundert. Es ist bemerkenswert, daß Jacob den Chinesen »die beste Methode« dabei zuschreibt, was den Schluß zuläßt, daß ihm auch andere Herstellungsverfahren bekannt waren. C. Roth schreibt in A Short History of the Jewish People *(London 1948, S. 216) bei der Behandlung des europäischen 13. Jahrhunderts: »Die erste (und für lange Zeit einzige) Papiermanufaktur war jene, die von Juden in Jativa bei Valencia in Spanien gegründet und betrieben wurde.«*

»Kleine Formen aus Holz« (forme di legno) dürfte die erste Erwähnung des in China längst eingeführten Druckverfahrens mit hölzernen Druckstöcken sein. Dabei wurde mit einer »besonderen braunen Tinte« ein Abdruck auf Papier aus Maulbeerholz-Pulpe gemacht. Diese Art der Drucktechnik würden wir heute

ein anderer ist. So können sie sich durch das Geschriebene gut untereinander verständlich machen.[452]

Deshalb können diejenigen, die Papier und Bücher herstellen, sehr große Gewinne einstreichen.[453] Es gibt zahllose Bücher, und man kann sie für wenig Geld erwerben. Sie benutzen kleine Formen aus Holz, in die nicht nur Buchstaben, sondern auch mit großem Geschick Bilder hineingeschnitzt sind, und mit denen sie vermittels einer besonderen braunen Tinte[454] einen Abdruck auf dem Papier erzeugen. Durch die Benutzung vieler solcher Prägeformen können sie viele unterschiedliche Bücher herstellen, wie zum Beispiel von den Schriften ihrer Weisen und Dichter, aber auch von den Geschichten und Fabeln, an denen sich die gewöhnlichen Menschen ergötzen. Von den letzteren, die in großer Zahl verkauft werden, sind allerdings viele böse und gemein und zeigen Bilder[455] vom Liebesakt und von grausamen Greueltaten. Sie können von den Händlern, die alle Bücher herstellen dürfen, die sie wollen, uneingeschränkt verkauft werden. Auch die, die nicht Belehrung suchen, sondern ihre verderbten Begierden befriedigen wollen, indem sie sogar Darstellungen des Beischlafs von Menschen mit Tieren und andere Scheußlichkeiten betrachten, können dies in der Stadt des Lichts ganz nach Belieben tun.

Doch die Kenntnis solcher Dinge und anderer grausamer und verderbter Dinge mehr hat nichts mit Weisheit zu tun, denn der Mensch muß unterscheiden zwischen dem, was er gottesfürchtig durch die Benutzung seines Verstandes lernt, und dem, was der Widersacher ihm in den Weg legt. Deshalb, obwohl es unter den Bewohnern von Manci Leute gibt, die tausend Dinge wissen, von denen wir keine Kenntnis haben – und manche ihrer Weisen sagen, sie könnten sogar das sehen, was keine Form hat, und die Stimmen der Toten hören, Gott behüte –, wissen sie auch Dinge, die verborgen bleiben sollten und die zu wissen dem Menschen nicht gebührt.

Wenn nämlich das Verstehen zu weit in die Tiefe vordringt[456], ob es sich dabei um die

als Druckverfahren mit »beweglichen Lettern« bezeichnen, eine Vorwegnahme des verwandten Gutenbergschen Druckverfahrens um Jahrhunderte. Jacobs Erwähnung von »vielen unterschiedlichen Büchern«, manche mit dem Abdruck »hineingeschnitzter Bilder« (schlägt uns sogar hier noch das gottesfürchtige Entsetzen vor dem »Bilderkult« entgegen?), liefert eine weitere Bestätigung der uns bereits bekannten Tatsache, daß im China der Song-Zeit in großem Stil Bücher produziert wurden. Man nimmt an, daß die Buchdruckerkunst in China bis in die frühe Tang-Zeit (ab 618 n. Chr.) zurückreicht.

Gesetze der Natur oder um das Verhalten der Menschen handelt, kann die Kenntnis zu groß werden und Gutes in Böses umschlagen und zerstören, was die Menschen verehrt haben. Es ist, als würde man auf die Dinge mit einem Stock einschlagen oder als würde man das Herz aus dem Körper schneiden, um es besser untersuchen zu können, so daß Anus und Mund des Menschen so werden, als seien sie ein einziges.[457] Auch ist es keine wahre Weisheit, wenn der Intellekt auseinandernimmt, was ein Ganzes ist, oder wenn man die Menschen kunstfertig dazu bringt, die Dinge anzuzweifeln, auf die sie sich verlassen.

Denn nicht alles, was der Mensch begreift, ist auch Erkenntnis, wie die falschen Weisen aller Länder glauben, und nicht in allem Wissen der Gelehrten steckt Erkenntnis. So wie es oft ist, wenn ein Zuviel an Licht das Auge blendet,[458] so gibt es auch einen Überschuß an Kenntnissen, die zwar das Wissen bereichern, die Seele aber oft

Adam und Eva mit der Schlange, die sich um den Baum der Erkenntnis von Gut und Böse ringelt – Nordfrankreich, um 1280

verarmen lassen. Indem ich diese Dinge in meiner Kammer bedachte, Gott sei gelobt, begriff ich, daß Reichtum und Wissen im
Überfluß, genauso wie ihr Mangel, den Menschen in den Untergang
treiben können.

WOLKEN DER
STERBLICHKEIT

Die folgenden Passagen sind zweifellos die Krönung von Jacobs Bericht über seine Reise und seine Erlebnisse. Hier kommt er zum Kern seiner moralischen und »politischen« Überzeugungen und beschreibt, wie seine Bemühungen, »den Weisen und Ältesten mit gutem Rat beizustehen«, in einer Katastrophe enden. Die Zielstrebigkeit und die Anmaßung, die er dabei zeigt, sind beträchtlich. Es ist, als könnten wir aus seiner Beschreibung deutlicher als er selbst die Klugheit, aber auch die Kurzsichtigkeit seiner Worte und Handlungen ablesen – soweit er sie vor uns enthüllt und glaubwürdig ist.

Im Mittelpunkt der folgenden Erörterungen stehen die alten Fragen nach der Regierungsform, der Freiheit, Gerechtigkeit und Ordnung, nach der Strafjustiz und dem Gemeinwohl. Die Wortwechsel in der Bürgerversammlung und im Haus des Nathan ben Dattalo haben immer noch äußerst »moderne« Anklänge, auch wenn sie Aspekte enthalten, die für uns kaum noch nachvollziehbar sind – und schwer zu übersetzen waren. Sogar der Slogan »Alle Menschen sind gleich« wird laut, und die kurze Diskussion unter den chinesischen Ältesten über Gleichheit und Schicksal fasziniert ungeachtet des Maßstabs, den man anlegt.

Nicht weniger aufschlußreich sind Jacobs zunehmend selbstbewußt-magisterhafte Erklärungen, wie eine Stadt zu regieren sei. Sozusagen ex cathedra abgegeben, bilden sie eine Mischung aus gesundem Menschenverstand, Hochmut, Aufdringlichkeit und der Autorität des talmudischen Denkers. Er hält seinen Zuhörern Vorträge (behauptet es jedenfalls) über Lohn und Ehre, über Tugend und Verdienst und vor allem über die Pflicht. Seine Ausführungen über letztere hatten starke Auswirkungen auf mich: In The Principle of Duty habe ich mich großzügig bei Jacob bedient und mir seine Ansichten über die »zivile Ordnung« – die er ungewöhnlicherweise la civitate nennt – zu eigen

*Marktszene –
Detail aus der
Bildrolle
Den Fluß hinauf am
Frühlingsfest*

gemacht. Für ihn war »die Pflicht« mehr als eine reine moralische Abstraktion. Er unterteilt sie in einzelne Punkte und rät jeder Stadt, die Bürgerpflichten in ihrer Verfassung klar zu benennen.

Weiter oben schon (S. 257–261) habe ich versucht, den Rahmen von Jacobs politischem Denken abzustecken, und wies darauf hin, daß er zwar relativ freisinnige Ansichten vertritt, die sich allerdings nicht auf der Höhe der »fortschrittlicheren« Ideen und Praktiken seiner Zeit befinden, wie sie sich insbesondere in den damals laufend an Unabhängigkeit gewinnenden Stadtstaaten Italiens entwickeln. In den sich anschließenden Passagen schlägt er ein System zur Wahl von Räten und Beiräten aus den Reihen der Bürger vor, gekoppelt mit der »Bestellung« eines »loyalen und beherzten« Mannes zum Führer eines solchen Rates, der »für die Dauer von zwei oder drei Jahren an eurer Spitze stehen soll, um die Zügel der Stadt in der Hand zu halten«.

Jacob ist also kein »Liberaler«, und wir brauchen uns auch keinen über die Sympathie (oder das Mitgefühl), die er in uns erregt, hinausgehenden Hoffnungen hinzugeben, er könnte ein solcher werden. Meine Beurteilung von Jacobs Person läßt jedoch genügend Spielraum für andersgeartete Einschätzungen. Schließlich nähert er sich einer »modernen« politischen Auffassung, indem er (zweimal) feststellt, daß »eine Form der Herrschaft für das eine Volk gut sein mag und die andere Form für ein anderes« und daß »jede Stadt sich nach eigenem Ermessen ihre eigene Verfassung geben mag«.

Diese beiden Stellen dürften die am stärksten aristotelisch geprägten – nämlich freizügigsten – politischen Rezepte Jacobs sein. Diese Position war eindeutig von den in den frühen italienischen Stadtstaaten wirksamen Impulsen beeinflußt. Sie nimmt um ein halbes Jahrhundert die Ansichten beispielsweise eines Bartolus von Sassoferrato (1314–1357) voraus, der die Maxime civitas sibi princeps (die Stadt ist ihr eigener Souverän) zum staatsrechtlichen Prinzip erklärte.

Desungeachtet sind Jacobs Prinzipien, wie zum Beispiel in bezug auf die Strafjustiz, vielfach streng und engstirnig. In seinen Ansichten über die Regierungskunst mögen hier und da gewisse Anzeichen einer Haltung auftauchen, die man heute als »Relativismus« bezeichnen würde, doch dieser fehlt völlig, wenn es um Fragen der sittlichen Prinzipien, der Gerechtigkeit oder des moralischen Engagements geht. Vermutlich wurzeln hier seine Unbeugsamkeit in Glaubensfragen, seine Unnachgiebigkeit gegenüber den Bitten seiner Dienerschaft,

*China zu verlassen (oder, im Fall Buccazuppos, dazubleiben), seine
fast schon auf Leben und Tod ausgefochtenen beherzten Auseinandersetzungen mit dem »Widersacher« und seine Weigerung – deren Kom-
promißlosigkeit manchmal geradezu borniert auf uns wirkt –, angesichts der wachsenden Feindseligkeit, auf die seine Meinungen in
Zaitun stoßen, einen Rückzieher zu machen.*

    *An dieser Stelle treten auch die großen Qualitäten, aber ebenso die
Rätsel von Jacobs Bericht zutage. Wie wir bereits gesehen haben, sind
manche seiner Darstellungen äußerst farbig und vielleicht sogar phan-
tasievoll ausgeschmückt. Andere Stellen jedoch müssen uns zutiefst
naiv (oder unschuldig?) vorkommen, denn sie liefern uns den Beweis
für Jacobs anscheinenden Mangel an Sensibilität bezüglich der Folgen
seines Redens und Handelns. (Oder ist er schlauer als wir und handelt
nicht aufs Geratewohl, sondern bewußt im vollen Sinn des Wortes?) So
können wohl wir, nicht aber er, wie es scheint, die gegen ihn gerichteten Intrigen einer bestimmten Interessengruppe erkennen. Aber wie
setzte sie sich zusammen, und wer hatte eigentlich in dieser Stadt das
Ruder in der Hand? Wie und von wem wurden die Entscheidungen getroffen, die in das Schicksal von Jacob und Pitaco eingreifen sollten?
Stand dahinter ein Plan, war es eine Falle? War Jacob, bei all seiner
Weisheit, nur eine Schachfigur in einer Auseinandersetzung, über
deren Frontverläufe er uns zwar einige Hinweise liefert, die ihm aber
in wesentlichen Teilen oder vielleicht auch vollkommen entgangen zu
sein scheint?*

    *Zur Beantwortung dieser Fragen können wir uns lediglich auf we-
nige – allerdings faszinierende – Schlaglichter stützen. Sie lassen unter
anderem auf eine große, aber nicht näher erläuterte Autorität von
Jacobs »Widersacher« schließen und ebenso auf ein Einvernehmen und
eine Kooperation der führenden Kaufleute samt ihrer Anhängerschaft
(inklusive Schlägertruppen) mit bestimmten Leuten aus den Reihen
der »Ältesten und Weisen« und den Mietlingen aus dem einfachen Volk,
die den Kaufleuten zu Willen zu sein hatten, bis hin zur Ausführung
von Akten der Gewalt und Gegengewalt.*

    *An einer Stelle beschreibt Jacob den reichen Kaufmann Anscinen
als den »Sendboten des Widersachers«, als ob er begriffen hätte, daß es
zwischen den Leuten, die gemeinsam gegen ihn Front machten, trotz
ihrer verschiedenen Hintergründe und Interessenlagen eine »politische« Übereinstimmung gibt. In ähnlicher Weise bezieht sich der*

unter Beschuß stehende Pitaco, wenn er sich an Jacobs »Widersacher« wendet, an »deinesgleichen ..., die ... sogar bereit sind, gewaltsam ... gegen uns vorzugehen« (S. 419), also gegen Pitacos »Partei« der traditionsbewußten Ältesten und Beamten. Auch das ist ein Hinweis auf eine bedrohliche Intrige in der Stadt, auf die »der edle Pitaco« mit gefährlicher Geringschätzung und Verachtung reagiert.

Mehr als einmal findet sich in Jacobs Manuskript der Hinweis auf »Rebellen« in der Stadt und in den sie umgebenden Gebieten. Es bleibt jedoch unklar, wer diese Leute waren und ob sie politisch mit den Gegnern des ancien régime des Song-Kaisers verbunden oder sogar identisch waren, mit denen Jacob so gefährlich aneinandergeriet. Doch angesichts der beispiellosen Position des hochgeborenen Uainsciu und den in vielen Punkten freidenkerischen Standpunkten des »Widersachers« An Fengshan und des Kaufmanns Lotacie dürfte es in der Stadt wohl eine Gruppe von jungen Populisten und »Rationalisten« gegeben haben, die, wenn auch in Einzelfragen uneins, mit Nachdruck eine radikale Position aus »egalitärem« und »individualistischem« Gedankengut vertrat.

Die Auseinandersetzung mit diesen Ansichten kam Jacob trotz seines unübersehbaren intellektuellen und moralischen Stehvermögens hart an (und schockierte ihn wohl auch), vielleicht nicht zuletzt aufgrund des freidenkerischen und rationalistischen Zuges in seinen eigenen Überzeugungen. Mit seinem eigenen Verhalten, sowohl im Bordellviertel der Stadt wie bei den Problemen in den folgenden Passagen, gibt Jacob nicht das beste Bild ab. Und ganz am Ende, wenn ihn sein Egoismus und seine anscheinende Ahnungslosigkeit von der unvorteilhaftesten Seite zeigen – wovon sich Pitacos Vornehmheit nur um so glänzender abhebt –, tritt auf bestürzende Weise hervor, daß es ihm lediglich darauf ankommt, die eigene Haut und die eigenen Besitztümer zu retten.

Doch nach Art eines echten Historikers (und jüdischen Historiographen) legt er großen Wert darauf, die Geschichte seines wechselhaften Schicksals ohne Abstriche zu erzählen. Und offensichtlich gewährt er seinem getreuen Gehilfen und Schreiber eine großzügige Entlohnung für die geleisteten Dienste, um sodann mit seiner wertvollen Ladung unter frommen Klagen über die menschliche Unvollkommenheit »gen Südwesten« in See zu stechen.

m nächsten Tag, es war der zwanzigste Tag des Adar[459], machte ich mich mit dem getreuen Lifenli auf den Weg, um den Weisen und Ältesten der Stadt mit meinem Rat beizustehen, nachdem ich zuvor die Frau Bertoni, die üble Geschichten über meine Dienerin Buccazuppo hatte berichten wollen, in großem Zorn weggeschickt hatte und ebenso meinen Gehilfen Armentuzio, der unter keinen Umständen länger im Lande Sinim zu bleiben gedachte.

Doch als ich mich dem Versammlungsort näherte, fand ich meinen Weg versperrt, denn die Wächter hatten Befehl erhalten, mir, Jacob von Ancona, den Zutritt zu verwehren, da die Kaufleute der Stadt die Macht meiner gegen sie gerichteten Worte fürchteten. Außerdem war mir hinterbracht worden, daß gewisse Juden aus Manci,[460] die sich als glaubenslose und unloyale Brüder erwiesen, vor den Ältesten der Stadt Klage über mich geführt und verlangt hatten, mich zum Schweigen zu bringen, damit ich keinen Schaden über die Juden der Stadt brächte. Denn jene, die von sich behaupteten, Juden zu sein, erwiesen sich als so feige und gemein, daß sie sogar vor den Götzendienern erklärten, die Worte des Gottesfürchtigen sollten nicht gehört werden. Auf diese Weise trachteten sie danach, mich in Lebensgefahr zu bringen, Gott möge mich in Seiner Hand bewahren.

Doch der getreue Lifenli, sein Name bleibe erhalten,[461] verschaffte sich Zutritt zu der Versammlung, wo sich viele Hunderte aus dem Volk zusammengefunden hatten, um in der Stadt wieder Einvernehmen herzustellen, und bat den edlen Pitaco, man möge auch mich eintreten lassen. So konnte auch ich unter ihnen sein, Gott sei gepriesen, daß man mir eine solche Ehre erwies. Ich sah dann, daß die Ältesten und die Kaufleute einer dem anderen gegenüberstanden.[462] Die Kaufleute waren hochgradig aufgebracht, weil jener Anlisciu ermordet worden war und weil die Parteigänger des Pitaco sie als Verräter der Stadt beschuldigten.

Doch da alle beschlossen hatten, sich um Einhelligkeit zu bemühen, um die Stadt besser gegen ihre Feinde verteidigen zu können, hörten zunächst alle dem edlen Pitaco schweigend zu, während er sprach: »Es gibt ein sittliches Grundprinzip, sowohl oben im Himmel als auch unten in der materiellen Welt, und seine Gesetze sind überall gleich. Das gerechte und richtige Verhalten gehorcht denselben Prinzipien, nach denen die Jahreszeiten aufeinander-folgen und Sonne und Mond mit dem Wechsel von Tag und Nacht erscheinen.

Und wie die Abläufe in der Natur ohne Konflikt und Durcheinander ihren Gang gehen, müssen wir danach streben, das-selbe auch bei uns zu erreichen. Wie Ciancienmin lehrte, kann mit den richtigen Prinzipien sogar ein Leichnam das Reich regieren. Aber wenn die Eintracht erhalten bleiben soll, müssen die Aufgaben von den Menschen erledigt werden, solange sie noch einfach sind, und sie müssen Vorsorge treffen, bevor das Unheil eintritt. Denn es ist besser, die Dinge zu regeln, bevor es zu Zwietracht kommt, so wie es besser ist, mit der Reparatur der Dachbalken nicht so lange zu warten, bis das Dach eingefallen ist.

Doch in Chinscie stehen öffentliche Ämter in so schlechtem Ansehen, und die Menschen sehen der Zukunft so angstvoll ent-gegen, daß die eines Amtes Würdigen sich diese Dinge nicht mehr aufladen wollen. Deshalb treten nur noch Schurken und Männer ohne besondere Intelligenz in öffentliche Ämter ein, während sich alle übrigen ohne einen Gedanken an das Wohlergehen anderer nur noch für schöne Kleidung und Schmuck, für Müßiggang und Musik interessieren. Oder sie gehen von einem Ding zum nächsten und schwärmen heute für das eine und morgen für sein Gegenteil, als ob ihr Kopf sich an einem Bratspieß drehen würde.

Ihr Herren, auch in dieser Stadt sind die Männer, die ein Amt innehaben, Leute ohne Weisheit, die sich nicht um die Lehren unserer Ahnen kümmern und keine Achtung vor der Ordnung des Himmels haben. Wie in Chinscie, so leben auch wir hier unter einer schlechten Regierung, die nicht weiß, welchen Weg sie gehen soll. Doch wenn die Zukunft der Bürger besser sein soll als ihre Gegenwart, dann müssen wir unverzüglich einen anderen Weg ein-schlagen.

Deshalb müssen wir Rechtschaffenheit anstreben, und das be-deutet, jene Dinge zu tun, die erforderlich und richtig sind, und deren erstes ist stets, denen, die würdiger sind als wir selbst, Ehre zu erweisen. Aber es befinden sich viele unter uns, die anderen den Ehrentitel verweigern, den diese verdient hätten, weil sie älter, lebenserfahrener, gelehrter oder sonstwie unseres Respekts würdig sind. Doch wenn denen, die sie verdienen, die Ehre verweigert wird, dann wird die Rechtschaffenheit als solche aufgegeben und kann nicht mehr geübt werden.«

Ein alter Mann[463] sagte hierauf: »Während der Jahre meiner Mühsal habe ich anfangs die Holzsteuer eingetrieben, und später war ich Wächter der Schwimmbrücke – soll man mich deshalb einen niederen Menschen nennen?« Ein junger Mann namens Uainsciu antwortete ihm: »Nein, denn alle Menschen sind gleich.«

Darauf gab es großes Gelächter, und der Kaufmann Lotacie[464] erklärte: »Kein Mensch ist einem anderen gleich, und kein Mensch kann einem anderen gleichgemacht werden. Wir können nur dafür sorgen, daß jeder seine Fähigkeiten nach bestem Vermögen entfaltet und ihm möglichst wenig Hindernisse in den Weg gelegt werden. Doch das Leben selbst ist nicht gerecht, und es kann auch nicht durch das Eingreifen des Menschen gerecht gemacht werden. Jeder muß vielmehr seinen eigenen Weg gehen und die Konsequenzen seines eigenen Handelns auf sich nehmen.«

Da gab Uainsciu zurück: »Wir wollen keine Gleichmacherei betreiben[465] oder das Leben vollkommen gerecht machen oder die Menschen aus den Konsequenzen ihres Handelns entlassen, sondern wir suchen eine Lösung für solche Mißstände, deren Beseitigung im Interesse aller liegt. Oder sollen die Waisen[466] weiterhin in den Straßen der Stadt des Lichts herumirren, um auf diese Weise ihrer Willensfreiheit zu genügen, und sollen die Mädchen den Zuhältern als Beute überlassen werden? Sollte denn die Stadt bei ihrem Reichtum nicht beiden Schutz gewähren können, so daß wir uns nicht mit Schande bedecken für unsere Hartherzigkeit?«

Der Kaufmann Lotacie antwortete: »Die Stadt könnte es tun, doch du versuchst den Gang des Schicksals zu ändern, als ob man das Unglück als solches abwenden könnte. Aber du besitzt nicht die Weisheit des Himmels oder dessen Macht.«

Da rief der junge Mann aus: »Dann müssen wir uns an den Sohn des Himmels um Hilfe wenden.«

Doch Lotacie gab verächtlich zurück: »Wie töricht ist es, den Sohn des Himmels anzurufen, wenn sein Reich schon bald nicht mehr bestehen wird.«

Bei diesen Worten hallte ein Aufschrei durch die Versammlung, und manche schrien für die Meinung Lotacies und andere dagegen, so daß man nichts mehr verstehen konnte.

Deshalb beschloß ich, Jacob ben Salomone, die Führung zu übernehmen, und sprach wie folgt, wofür Gott gepriesen sei: »Ihr Herren, nach alldem, was ich gehört und gesehen habe, kann eine Stadt wie die eure nicht einig bleiben, sondern muß der Eroberung zum Opfer fallen und untergehen, es sei denn, ihr fangt an, anders zu leben und eure städtischen Angelegenheiten anders zu ordnen, damit Friede, Gerechtigkeit und das Gemeinwohl wieder über Hochmut, Geiz, Habsucht und Wettstreit siegen können.

Denn solch einen Körper zu regieren, wie ihn eine Stadt darstellt, ist wie ein Schiff zu steuern, und um Ruhe und Frieden im Reich zu erhalten, ist es sinnvoll, in allen seinen Städten den Lohn nach dem Verdienst zu bemessen, was heißen soll, daß jedes Verdienst seinen gerechten Lohn finden muß. Damit meine ich, daß der Lohn im richtigen Verhältnis stehen soll und der Tadel[467] auch, so daß man den Niederträchtigen keine Ehre zukommen läßt und den Guten keine Geringschätzung, und daß die Rangfolge in der Stadt sich nicht nach Reichtum oder Abstammung bemessen soll, sondern nach Verdienst.

Deshalb rangiert das Prinzip der Gleichheit bei gleichem Verdienst vor allen anderen Prinzipien, und eine Stadt und ein Reich können nur überdauern, wenn sie die Macht in die Hände der Weisesten und Rechtschaffensten legen.«

Doch ich hatte diese Worte noch nicht ganz ausgesprochen, da schrien schon viele mit großem Haß und Zorn gegen mich an, und der junge Mann erklärte mit lauter Stimme: »Dieses Prinzip der Verdienstlichkeit schafft so viel Ungerechtigkeit, daß das ganze Reich darunter leidet. Nur, wenn alle ohne Ansehens ihrer Verdienste als gleich betrachtet werden, kann bei den Menschen Friede einkehren.« Bei diesen Worten wurden jene, die gegen mich angeschrien hatten, vor lauter Hitzigkeit untereinander uneins.

Ich aber spürte keine Furcht, denn der Heilige Eine stand wieder an meiner Seite, und ich fuhr fort: »Ihr Herren, ohne gerechten Lohn für jene Handlungen, mit denen der Mensch sich seiner selbst würdig erweist, kann es in keiner Stadt und in keinem Reich eine lebendige Bereitschaft zu Rechtschaffenheit und Tugend geben. Echter Wert muß vielmehr stets gerecht belohnt werden, wenn man verhindern will, daß die Bürger in Müßiggang oder Rebellion verfallen. Deshalb müssen jene, die sich um die Stadt verdient gemacht haben, und seien sie auch noch so niedrigen Standes, sicher sein können, daß ihnen die ihrem Verhalten angemessene Ehre zuteil wird.

Denn wenn ihnen Ehre erwiesen wird, ist das nicht nur eine Belohnung der betreffenden, sondern es stärkt auch in den anderen das Vertrauen in die Gerechtigkeit. Deshalb dürfen die Anerkennung und Belohnung für pflichtgemäßes Handeln oder für den löblichen Dienst am anderen nicht vernachlässigt werden, denn es muß einen Unterschied geben zwischen denen, die ihre Pflichten vor Gott und den Menschen erfüllen, und denen, die sie versäumen, was Gott verhüte. Denn ohne diese Unterscheidung wird niemand etwas darauf geben, wie sich ein anderer verhält, wenn die Übeltäter genausogut wegkommen wie jene, die ihrer Stadt zur Zierde gereichen.

Die Rechtschaffenheit der Bürger muß daher stets honoriert werden, und gleichzeitig wird jeder besser unter dem Schutz von solchen leben, die sich ihm verpflichtet fühlen, als unter der Herrschaft jener, die lediglich stark oder schlau sind. Damit die Bürger von Zaitun in Frieden miteinander leben können, ist es daher notwendig, daß ihr eine Übereinkunft unter euch trefft, die die Pflichten des einzelnen Bürgers gegenüber der Stadt festschreibt, auf daß die Stadt des Lichts zum Wohle aller genesen und sich erneuern kann. Denn nach der Lehre unserer Weisen existiert eine Stadt zu keinem anderen Zweck als zu dem des Gemeinwohls.«

Der Kaufmann Lotacie bemühte sich um eine Antwort, indem er sagte, wo immer man ungehindert seinen eigenen Weg verfolgen könne, um je nach eigenem Verdienst reich zu werden oder arm zu bleiben, da würde auch dem Gemeinwohl am besten gedient. Doch ich vermochte ihm nicht zuzustimmen, Gott sei gelobt, und ich fuhr fort: »Ihr Herren, das Gemeinwohl ist ein sittliches Ziel, das nicht dadurch erreicht werden kann, daß jeder macht, was ihm allein richtig erscheint. Deshalb muß jede Stadt, da sie ein Körper oder ein Zusammenschluß ist,[468] ihre eigene Verfassung haben, in der auch die Pflichten eines jeden Bürgers gegenüber dem Ganzen verzeichnet sind. Denn wenn eine Stadt die Pflichten ihrer Bürger nicht selbst festlegt, kann dies ein Tyrann, nachdem er die Stadt erobert hat, um so leichter nach eigenem Gutdünken tun und die Last der Pflichten bis zur Knechtschaft ausweiten, wenn er es will.

Bei uns erklären christliche Gelehrte, daß die bürgerliche Ordnung[469] die Frucht der Natur und der Weisheit des Menschen und

der Quell der Gerechtigkeit ist, der unsere Liebe und unser Pflichtgefühl gelten sollten. Doch obgleich es von Übel ist, wenn jemand
nicht Bürger sein darf, schließen sie die Juden vom Gemeinwohl aus,
verlangen aber gleichzeitig, daß wir unsere Pflichten gegenüber der
Stadt oder dem Herrscher erfüllen.

Deshalb ist es besser und gerechter, wenn in einem Staatswesen
alle unter demselben Gesetz stehen, wenn alle, die den Schutz des
Herrschers oder der Stadt genießen, dieselben Pflichten zu erfüllen
haben, und alle, die Herrschaft ausüben, ebenfalls an dieselben
Pflichten gebunden sind. Denn die Menschen mögen sich zwar über
das eigentliche Wesen einer Stadt uneins sein, wobei die einen sie
für das Werk Gottes halten und die anderen für das Ergebnis von
Geschick und Vernunft, und die einen glauben, sie solle von einem
Herrscher regiert werden, und die anderen meinen, von ihren
Bewohnern, doch unter den Bürgern wird nur dann Einigkeit herrschen, wenn es eine gemeinsame Willensbildung[470] gibt, die für
alle verbindlich ist und auf diese Weise das Staatswesen vor dem Aus-
einanderfallen bewahrt.

Es ist wahr, daß alle Menschen die innere Freiheit haben, das zu
denken, was sie wollen, so daß ihre Gedanken nur Gott offenbar
werden, denn Er, und nicht der Mensch, herrscht über alles, Er sei
verherrlicht und gepriesen. Da der Heilige Eine der König des Universums ist, braucht es auf Erden keine weiteren Könige zu geben,[471]
und der Tyrann, dessen Regierung nur die eigenen Zwecke im Auge
hat und nicht das Gemeinwohl, sollte davongejagt werden. Aber
wenn die Menschen ihre Freiheit in Worte und Taten umsetzen, wird
sie geschmälert und muß durch das Gesetz reguliert werden. Denn
sowohl im Auge Gottes wie vor den Menschen ist es gerecht, daß
alles, wodurch andere in Mitleidenschaft gezogen werden können,
einer allgemeinverbindlichen Regel unterworfen wird, denn ohne
eine solche Regel wird die innere Freiheit leicht zu einem äußeren
Mißstand.

Ihr Herren, ich habe in eurer Stadt wahrlich viele treulose und
illoyale Bürger gesehen, und das heißt, daß eine erstaunlich große
Zahl von Bürgern sich an niemanden und nichts gebunden fühlt.[472]
Deshalb solltet ihr aus jedem Hundert oder Tausend drei oder vier
Leute auswählen, und einer aus dieser Auswahl, ein loyaler und
furchtloser Mann, sollte von euch für die Dauer von zwei oder drei

Jahren an die Spitze bestellt werden,[473] um in der Stadt ein gerechtes, aber strenges Regiment zu führen.

Denn es ist besser, wenn eine Stadt ohne einen Fürsten, dafür aber mit guten Gesetzen regiert wird, als mit einem Fürsten, aber ohne gute Gesetze. Es ist auch besser, wenn die Richter und Beamten einer Stadt sich vertrauensvoll auf den guten Willen der Bürger verlassen. Doch wenn das Vertrauen der Bürger von ihnen enttäuscht wird, dient es niemandem, darauf zu warten, bis sich das Verhalten der Bürger von allein wieder bessert, während der Zustand der Stadt von Tag zu Tag schlimmer wird, wie es bei euch der Fall ist. Vielmehr müßt ihr energisch darangehen, eine Lösung für die Mißstände der Stadt zu suchen, bevor es zu spät ist. Beamte und Bürger der Stadt müssen deshalb gleichermaßen über ihre Pflichten belehrt werden, und wer diesen nicht nachkommt, muß bestraft werden, denn es ist besser, die Pflichten werden widerspenstig erfüllt als überhaupt nicht.

Da bei euch so große Unordnung herrscht, solltet ihr, um die Stadt besser zu regieren, in jedem Stadtviertel eine Gruppe von Leuten haben, die sich einen Führer wählt und verbindliche Statuten aufstellt, und wenn jemand dagegen verstößt, sollte er bestraft werden. Diese Gruppe sollte alles überwachen, was im Viertel vorgeht, damit überall das gute Einvernehmen der Bürger gewahrt bleibt.

Denn in allen Städten, ihr Herren, seien sie groß oder klein, kann es nur ein Ziel geben, und das ist das Wohl des Ganzen und die Harmonie der Bevölkerungsschichten. Aber wenn die Angelegenheiten der Stadt der freien Entscheidung eines jeden[474] überlassen werden, dann wird sich der stärkste, aber nicht der redlichste Wille durchsetzen. Ganz anders verhält es sich, wenn die Bürger einen loyalen und furchtlosen Mann aus ihren Reihen wählen oder von anderswo herbitten, der für eine bestimmte Zeitdauer über sie herrschen soll, denn das war die Art der Regierung, die unser Prophet Samuel vorgeschlagen hat, sein Name und sein Angedenken seien geehrt. Doch die reichen Kaufleute unter euch stören den Frieden der Stadt mit ihren Lastern, und man muß ihnen beibringen, ihre Begierden zu mäßigen und ihren Reichtum zum Wohle anderer und nicht nur für sich selbst einzusetzen.«

Ich, Jacob, sagte dies und vieles andere mehr zu ihnen, wofür Gott gepriesen sei. Aber sie wollten mir nicht länger zuhören.

Manche schrien dazwischen, andere versuchten Hand an mich zu legen, Gott behüte, so daß ich nicht fortfahren konnte und zusammen mit dem getreuen Lifenli weggehen mußte.

Bei meiner Rückkehr ins Haus meines Bruders Nathan mußte ich feststellen, daß auch meine Diener gegen mich Front machten, Gott behüte. Der Gehilfe Armentuzio erklärte, meine Brüder Lazzaro und Eliezer, die schon seit Tagen reisefertig waren, hätten nicht länger warten wollen und seien in See gestochen, und uns, die wir zu lange gewartet hätten und nunmehr allein seien, drohe jetzt große Gefahr von schlechtem Wetter und von Piraten. Weiter erklärte Armentuzio, daß es inzwischen sehr gefährlich geworden sei, in See zu stechen, denn wir würden entweder in unseren Untergang fahren oder gezwungen sein, umzukehren, denn der Nordwestwind werde bald abflauen.

Doch ich schenkte ihm kein Gehör, wofür Gott gepriesen sei, und auch nicht den Klagen und Vorhaltungen der Sarazenen, die mich sogar als einen Juden beschimpften, Gott möge sie züchtigen, und behaupteten, wir würden alle untergehen und meine Reichtümer ebenfalls. Auch das Geschrei der bösen Frau Bertoni und des Mädchens Buccazuppo ließen mich nicht anderen Sinnes werden, Gott sei gedankt, wobei die eine schleunigst abreisen wollte und die andere mich unter Tränen anflehte, in der Stadt des Lichts bleiben zu dürfen, was mich in hohem Maße erstaunte.

Doch ich blieb standhaft und wankte nicht, denn ich hatte beschlossen, den Ältesten der Stadt bis zum Ende mit meinem Rat beizustehen, wie Gott es mir befohlen hatte. Denn wenn ein gottesfürchtiger Jude tut, was ihm von Gott aufgetragen wurde, und den Völkern die Wahrheit der Thora verkündet, wird ihm nichts geschehen, sondern Gott wird die Hand über ihn halten, und sein Gedenken wird für alle Zeiten bewahrt werden.

Ich schickte daher die ganze Dienerschaft fort und behielt nur den getreuen Lifenli bei mir, um den sich auf meinen Befehl Buccazuppo kümmern sollte. Später, es war schon dunkel geworden, kam Cianianmin zu mir, ein gelehrter Heilkundiger und Ratgeber des edlen Pitaco, der sich erkundigte, ob ich verletzt worden sei. Ich trat ihm mit großer Höflichkeit entgegen, wie es sich gegenüber jemandem ziemt, der sehr fortgeschrittenen Alters ist und mir große Ehre erwiesen hatte. Da er in der Dunkelheit durch die Straßen der

Stadt zu mir gekommen war, erklärte ich, daß mir zwar niemand Leid angetan habe, doch er habe große Gefahr auf sich genommen, indem er mit der Sänfte durch die Straßen der Stadt gekommen sei, nachdem die Nacht bereits hereingebrochen war.

Cianianmin antwortete: »Früher patrouillierten die Wächter durch die Viertel unserer Stadt, doch es ist wahr, inzwischen ist es vielerorts sehr gefährlich geworden. Wenn früher jemand nach der gesetzlichen Sperrstunde auf der Straße angetroffen wurde, hielt man ihn üblicherweise fest und führte ihn am Morgen den Grundherren vor. Aber sogar die Wächter fürchten sich jetzt vor der Gewalttätigkeit der Jugendlichen und gehen in der Stadt nicht mehr ihre Runden. Sie lassen die Jugendlichen einfach ihre Verbrechen begehen, so zahlreich sind die Verbrecher geworden.

Straßenszene –
Detail aus der
Bildrolle
Den Fluß hinauf am
Frühlingsfest

Deshalb haben außer denen, die verruchten Vergnügungen verfallen sind, nur noch wenige Bewohner der Stadt den Mut, nachts das Haus[475] zu verlassen. Zudem sind in der Vergangenheit die Wachleute und Nachtwächter, von denen es nicht weniger als zweitausend gab, den Leuten immer sofort zu Hilfe geeilt, und es kam selten vor, daß jemand beraubt wurde, als den Tätern die Bestrafung noch sicher war.

Doch nun, Herr, geschehen mancherlei erschreckende Verbrechen. Junge Männer stechen auf alte Frauen mit dem Messer ein oder rauben ihnen trotz des weißen Haars gewaltsam die Ehre. Andere bringen sie langsam um, indem sie deren Körper nach und nach überall durchbohren, bis diese unter Qualen sterben. Andere schweifen durch die Stadt mit der Absicht, soviel Schaden anzurichten wie nur möglich, und wenn sie ihr Ziel erreicht haben, gehen sie wie nach einer wohlgetanen Arbeit befriedigt nach Hause. Andere berauben am hellichten Tag Bürger, die nichtsahnend spazierengehen.«

Nachdem Cianianmin sich auf diese Weise geäußert hatte, betrat trotz der späten Stunde in der Person dessen, der den Namen Anfenscian trägt, gänzlich unerwartet der Widersacher meine Kammer und erklärte, er müsse mehr von meiner Weisheit hören, wofür Gott gepriesen sei. Als ich ihm gestattet hatte, unter uns Platz zu nehmen, denn selbst der Widersacher ist von Gott geschickt, der über alles herrscht, bat ich Cianianmin fortzufahren. Dieser sprach: »Wie, ihr Herren, sollen die Menschen ihr Leben leben, wenn nicht in Übereinstimmung mit bestimmten Gesetzen, die unter dem Himmel beschlossen worden sind? Doch die Richter der Stadt möchten inzwischen niemanden mehr dem Tode überantworten und halten dies noch nicht einmal dann für gerechtfertigt, wenn jemand einen anderen grausam umgebracht hat und des Todes würdig ist. In der Tat sind Todesstrafe und Folter für einige Richter Dinge, die sie mit Schrecken erfüllen, und sie sehen verächtlich auf jene herab, die darauf bestehen, daß der Mörder den gerechten Preis für seine Tat bezahlen muß. Auch dann, wenn jemand viele andere umgebracht hat, verurteilen sie ihn daher nicht zum Tode, sondern machen geltend, daß auch er gnädig behandelt werden muß. Doch die Gnade wurde von unseren Vorfahren nicht dem erwiesen, der den Schaden verursacht hat, sondern jenem, der ihn erlitt, damit Friede unter dem Himmel herrsche.«

Doch der Widersacher, Gott bewahre, entgegnete: »Aber Lazu hat doch erklärt, daß man den Bösen Gutes tun soll, damit auch sie gut werden.«

Darauf antwortete ich: »Es ist besser, dem Bösen ein Übel zuzufügen, als ihn nur nach Maßgabe des Schadens zur Rechenschaft zu ziehen. Denn die dem Bösen erwiesene Güte läßt ihn selten gut werden, sofern er nicht zuvor bestraft worden ist. Außerdem verschwimmt die Grenze zwischen Gut und Schlecht, wenn man dem Bösen mit Güte entgegentritt, denn der Jugend könnte es um so leichter in den Sinn kommen, Böses zu tun, wenn sie das weder für gut noch für schlecht halten muß. Deshalb, ihr Herren, ist es für alle Seiten viel gerechter, wenn man die Bösen bestraft und ihnen nicht auch noch Gutes tut.«

Der Böse aber gab zurück: »Du kannst nicht so tun, als gelte es, ein davongelaufenes Schwein einzufangen, denn der Mensch ist etwas anderes als ein Tier. Und dir würde es auch nicht genügen, das Schwein in seinen Stall zurückzubringen, du würdest ihm auch noch zur Strafe die Füße zusammenbinden.«

Darauf sagte der weise Cianianmin ungehalten: »Wahrlich, der Unterschied zwischen Mensch und Tier ist gering, wie unser Menche lehrt.«

Ich aber, Jacob, sagte hierauf, Gott sei gedankt: »Dann war euer Menche im Irrtum, denn Gott schuf den Menschen nach seinem Ebenbild, und auch wenn der Mensch sich dagegen versündigt, so trifft das auf die anderen Geschöpfe Gottes nicht zu. Denn da ihnen die Seele des Menschen fehlt, wie auch dessen Vernunft und Streben nach Vollkommenheit, sind sie vom Menschen verschieden.«

Cianianmin jedoch antwortete: »Aber die Handlungen des Menschen sind nicht besser als die der Tiere. Man kann sie sogar als schlechter einstufen, denn insofern der Mensch Vernunft besitzt, wie der fromme Fremde behauptet, ist er, anders als das Tier, auch in der Lage, zwischen Richtig und Falsch zu unterscheiden. Deshalb ist es gerechtfertigt, ihn für seine Missetaten zu bestrafen.«

Darauf antwortete der Widersacher, jener, der unter dem Namen Anfenscian auftrat: »Gelehrter Herr, dann ist es also richtig, jene mit Hieben zu traktieren, die eine geringfügige Sache gestohlen haben, oder jene, die ein Pferd gestohlen haben, mit dem Schwert längszuteilen wie bei den Tataren, oder den Verbrechern die Ohren oder die Hände zu verstümmeln wie bei den Sarazenen? Oder sollen wir ihnen das Genick brechen, wie es früher in dieser Stadt geschah, oder sollen wir sie mit Gift umbringen oder im Meer ertränken? In der Vergangenheit wurden sie mit dem schweren oder mit dem leichten Stock geschlagen und dem Verhör unterzogen,[476] bis ihr Fleisch in Fetzen hing und das Blut hervorschoß, so daß sie schrien und stöhnten, als wollten sie den Himmel zum Einsturz bringen. Aber wieso sollten diese Dinge die Menschen zum Guten bekehren?«

Der gelehrte Cianianmin antwortete: »Herr, der Zweck dieser Dinge liegt nicht darin, die Bösen zum Guten zu bekehren, sondern sie sind eine Warnung an jene, die der Bestrafung zusehen, sich nicht ebenso zu verhalten wie die Bösen, damit nicht auch sie die gerechte Strafe erleiden. Die Tataren, zum Beispiel, brauchen keine Hirten oder sonstigen Wächter mehr für ihre Viehherden und sonstigen Besitztümer, denn ihr Gesetz ist wahrlich sehr streng. Bei ihnen kann nicht nur der Verbrecher selbst bestraft werden, sondern seine Brüder und seine Kinder auch, und die Allerbösartigsten werden abgeschlachtet wie Schafe.«

Darauf erwiderte Anfenscian glühend vor Zorn: »Das, wovon du hier sprichst, ist wahrhaftig das Gesetz der wilden Tiere. Da ist es in der Tat besser, die Menschen die Gesetze brechen zu lassen, als durch die Bestrafung selbst geringer als ein Mensch zu werden.«

Der Weise Cianianmin gab zurück: »Du irrst. In der Vergangenheit, als den Menschen das Wissen von Richtig und Falsch noch nicht abhanden gekommen war, wußte man noch, daß der Mörder oder Räuber das Gesetz des Himmels verletzt hatte. Außerdem handelten jene, deren Verhalten das gebotene Maß überschritt und die anderen damit Schaden zufügten, nicht bei Gefahr ihres Lebens, sondern ihrer Freiheit oder ihres Wohlbefindens, denn für ihre Verfehlungen und Verbrechen wurden sie entweder ins Gefängnis gesperrt, oder sie blieben zwar auf freiem Fuß, mußten sich aber Verboten und Einschränkungen fügen, oder sie wurden in die Verbannung geschickt.[477] Doch heute werden viele Verbrecher nicht nur nicht gezüchtigt, sondern man läßt sie auch wieder laufen und beruft sich auf ihre Armut oder auf sonst einen Grund.«

Da wandte der Widersacher ein: »Aber selbst wenn jemand ein übler Mensch ist, rechtfertigt das denn, daß man ihm Schaden zufügt?«

Cianianmin antwortete: »Du bist zu weich, und deine Nüstern haben keinen Atem.«

Der Widersacher entgegnete: »Wenn Unschuldige im Namen des Gesetzes dem Tode überantwortet werden, muß ein vornehmer Mann gerechterweise seinem Land den Rücken kehren, wie Menche lehrt.«

Cianianmin aber gab zurück: »Menche lehrt aber auch, wer kein Mitgefühl kennt, ist nicht wahrhaft ein Mensch, wer keine Scham kennt, ist nicht wahrhaft ein Mensch, und wer Richtig und Falsch nicht zu unterscheiden weiß, ist ebenfalls nicht wahrhaft ein Mensch.«

Da warf ich ein: »So befindet sich Menche im Einklang mit unseren Schriftgelehrten, der Friede sei mit ihnen.«

Doch der Widersacher und Böse wurde durch unsere Worte keineswegs zum Schweigen gebracht, sondern sagte: »Der Gefangene[478] bleibt ein Mensch. Deshalb verdient er Respekt, und seine Menschlichkeit muß geschützt werden, wie groß auch sein Vergehen gewesen sein mag. Er soll auch nicht gegen seinen Willen zur Schwerarbeit gezwungen werden oder sich vor seinen Wärtern erniedrigen müssen, sondern abgesehen vom Verlust der Freiheit soll er behandelt werden wie ein freier Mann.[479]

Doch sehr oft sind der Schuldvorwurf und die Bestrafung nicht einmal gerecht, wenn zum Beispiel eine Gewalttat von einem Menschen begangen wurde, der unter einem niederen und blinden Geist leidet, aber von sich aus gar nicht gewalttätig ist. Das kommt vor allem bei jungen Leuten vor, die zwar möglicherweise anderen zu schaden trachten, aber nicht immer aus eigener Schuld, denn oft werden sie in Wut versetzt, weil sich keiner um sie kümmert.

Aber wer im Gefängnis Reue zeigt und sich gut führt, sollte freigelassen werden, und wenn er die schlimmste Untat begangen hätte, damit er wieder seinen Zielen nachgehen kann, vorausgesetzt, sie befinden sich im Einklang mit dem Gesetz. Anstatt einen solchen Menschen seiner Freiheit zu berauben, sollte man ihn dazu bringen, die Sinnlosigkeit seines Handelns zu begreifen, und ihn wieder in die menschliche Gemeinschaft eingliedern. Denn es ist nicht zu vertreten, daß ein Mensch ein ganzes Leben lang an den Konsequenzen seiner Taten zu tragen haben soll. Im Gegenteil, wenn jemand Schaden verursacht und Gesetzesverstöße begangen hat, sollten wir versuchen, ihn so schnell wie möglich von seiner Schuld zu befreien, damit sein Leben letztlich doch noch Früchte tragen kann.«

Doch ich entgegnete dem Widersacher, der dem gottesfürchtigen Mann von Gott geschickt wird, um ihn zu prüfen: »Junger Mann, wie in allen Dingen, so ist es auch hier ein Gebot der Weisheit, nicht in Übertreibung zu verfallen. Deshalb ist es besser, nur die ins Gefängnis zu werfen und in Ketten zu legen, die für die anderen Menschen eine Gefahr darstellen, und die anderen unter Bewachung Arbeit verrichten zu lassen. Ganz und gar verderbte Männer darf man nicht auf freien Fuß setzen oder ihnen einen Garten voll süßer Blumen anbieten oder Jungfrauen, Gott behüte, Müßiggang und köstlichen Wein, sondern mühsame Arbeit, ein strenges Reglement und knappe Verpflegung. Denn wer ins Gefängnis geworfen wird, der esse das Brot des Unglücks und trinke das Wasser der Betrübnis.

Deine Überlegungen taugen nicht dazu, Gerechtigkeit walten zu lassen. Denn wenn man die Kinder nicht unterweist, Richtig und Falsch zu unterscheiden, und die Verbrecher nicht angemessen und in einer Weise bestraft, die dem Gesetz Genüge leistet, kann man von den Einwohnern einer Stadt kein Wohlverhalten erwarten.«

Da ersuchte mich der gelehrte Cianianmin, obwohl es schon tief in der Nacht war, die Lehre der Juden, Gott möge sie bewahren, über

Gerechtigkeit und das richtige Verhalten des Menschen zu schildern. Ich sagte daher, und Gott lenkte meine Worte: »Unsere Schriftgelehrten sagen, daß das Wissen um Richtig und Falsch im Herzen aller Menschen wohnt. Deshalb ersehen die Guten, daß die Gerechten über sie herrschen und die Ungerechten in die Verdammnis gestoßen werden, denn die Seele des Menschen strebt zur Gerechtigkeit, wie der Vogel zu seinem Nest, Gott sei gepriesen.

Ganz ähnlich sind auch die Laster der Menschen Erzeugnisse ihres Willens, denn der Mensch, der nach dem Ebenbild Gottes geschaffen ist, kann sich zwischen Gut und Böse entscheiden. Durch seine Entscheidung kann er schuldig werden, und wenn er sich für das Böse entscheidet, ist es nur gerecht, wenn er für seine Wahl den entsprechenden Preis bezahlen muß. Wer diese Wahrheit ableugnet, der türmt Böses auf Böses[480] und dient weder dem, der Unrecht tut, noch jenem, dem Unrecht geschieht.

Auch kann, wer mit einem freien Willen begabt ist, nicht geltend machen, er sei durch seine Geburt benachteiligt, als ob das für alles eine Entschuldigung wäre. Als Gott, Er sei lobpriesen, den schlechten Kain fragt, warum er seinen Bruder erschlagen habe, antwortete dieser: ›Ich bin vollkommen unschuldig, die Schuld liegt bei Dir, denn Du hast mir den bösen Trieb gegeben‹. So sprach unser Übeltäter mit großer List, nachdem er seinen Bruder erschlagen hatte, und so sprechen auch in der Stadt des Lichts die Bösen unter euch mit derselben Zunge und denselben Worten.

Daher stellt in der Menschheit erklärtermaßen jeder für den anderen eine Gefahr dar, weil alle Menschen zwischen den Pfaden von Gut und Böse die Wahl haben. Noch gefährlicher wird es, wenn der Unterschied zwischen Gut und Böse anfängt zu verschwimmen, so daß das Andenken an die Guten nicht mehr bewahrt wird, Gott behüte, und die Namen der Schlechten nicht vergehen. Deshalb muß alles, was ungesetzlich ist, deutlich vom Erlaubten unterscheidbar sein, damit darüber bei den Ältesten eurer Stadt nicht der geringste Zweifel herrschen kann. Und den Jugendlichen soll man die Grenzen ihres Handelns klarmachen, bevor es soweit kommt, daß sie Grund zur Reue haben.

Ihr Herren, die Neigung, anderen etwas anzutun, die Gott nicht wohlgefällig ist, nährt sich aus mehreren Ursachen, wie der Philosoph Aristoteles lehrt. Die eine ist der Mangel an Beherrschung oder

der Übermut, die andere ist der Mißbrauch der Vernunft oder die Arglist, und eine weitere ist die Rohheit mancher Menschen, die erbarmungslos wie wilde Tiere sein können, obwohl sie doch etwas anders sind als diese. Man muß deshalb jeden für sich betrachten, damit die Ursache seiner Verfehlungen gefunden und mit der passenden Strafe bedacht werden kann, denn das ist der Ratschluß unserer Schriftgelehrten, der Friede sei mit ihnen.

Eine Strafe darf zudem nie ungerecht sein oder dem geschehenen Vergehen nicht entsprechen. Unsere Schriftgelehrten sagen deshalb, Auge um Auge, Zahn um Zahn, aber nie Auge um Zahn oder ein Leben bloß für eine Wunde,[481] außer wenn ein Sohn die Eltern schlägt, wovor Gott sei.

Unter den Menschen, die größtes Unheil über andere bringen, befinden sich aber auch solche, die schwach im Geiste oder krank in der Seele sind. Unser Rabbi Mose ben Maimon lehrt, daß diese sich zu den Weisen, den Meistern der Seele, begeben mögen, die trachten müssen, die Krankheit zu heilen, indem sie jenen sittliche Werte vor Augen führen, bis sie wieder zum Weg der Mitte zurückgefunden haben. Sofern das nicht eintritt, sollen sie nicht mehr zu den vernünftigen Menschen gerechnet werden, und man kann ihnen nicht mehr gestatten, sich unter andere Menschen zu begeben, damit sie niemanden ohne jede Warnung niederschlagen oder sonst ein großes Leid zufügen.

Aber wenn über einen Menschen das Urteil für seine Untaten gesprochen werden muß, so lehren unsere Richter, Friede sei mit ihnen, möge die Waage sich vorab zu seinen Gunsten neigen, doch wenn seine Schuld unzweifelhaft erwiesen ist, dann treffe ihn kein mildes Urteil.«

Der Widersacher, von der Weisheit meiner Worte um eine Antwort verlegen gemacht, stritt ihre Wahrheit abermals ab und sagte, harte Richter würden lediglich ein Unheil auf das andere häufen. Sie brächten nicht Frieden und Gerechtigkeit, sondern Haß und Angst über die Stadt.

Ich gab ihm im Einklang mit der Weisheit unserer Schriftgelehrten zur Antwort: »Wahrlich, wenn jemand Reue zeigt, ist es besser, ein Leben zu retten, als es zu nehmen. Und wahrlich, es ist auch eine Missetat und ein Verbrechen, mit grausamem körperlichem Schmerz wie Auspeitschung und Folter auf den Verurteilten einzuwirken, was Gott verhüten möge. Denn das ist eine Mißhandlung derer, die nach dem Ebenbilde Gottes geschaffen sind, und ein Ausdruck der Geringschätzung der Würde des Menschen.

Das gilt ganz besonders, wenn man solche Dinge, die meine Brüder oft über sich ergehen lassen mußten, der Herr bewahre sie, zum Vergnügen des gemeinen Volkes geschehen läßt. Doch es gibt keine Gerechtigkeit ohne Strenge. Deshalb müssen die Urteilssprüche der Richter streng, aber gerecht sein. Denn ein Richter mag zwar Gnade walten lassen, aber Gerechtigkeit erfordert immer Standhaftigkeit, denn ohne diese wird sie nicht geachtet und lädt die Boshaften nur zu noch größeren Verbrechen ein.

Junger Herr,[482] man soll sich nicht aus falschem Mitleid fürchten, harte Urteile zu fällen. Zwar trachtet ein freundlicher Mensch stets danach, keinem anderen Schaden zuzufügen, doch für viele Krankheiten ist die Strafe die einzige Arznei. Milde und Mitgefühl sind daher für die Stadt des Lichts kein geeignetes Heilmittel, sondern es muß wirkliches Recht gesprochen werden, das den Schuldigen für seine Untat im angemessenen Maße zur Verantwortung zieht, sei es mit der Verurteilung zum Tode oder mit dem Ausschluß aus der Gesellschaft der Mitmenschen oder mit dem Verlust der Privilegien des Bürgers der Stadt.[483]

In der Tat entsteht größerer Schaden durch die Verschonung der Verbrecher als durch die Verurteilung der Unschuldigen. Denn im ersten Fall dürfte der Verbrecher alsbald wieder Untaten begehen und abermals Leid über andere bringen, während im zweiten Fall lediglich der Richter für seinen Fehler Frieden mit seiner Seele machen muß. Aber vor allem widerspricht es den Regeln des Gesetzes, Verbrechen ungesühnt hinzunehmen, denn Rechtsverletzungen und Verbrechen muß die Strafe auf dem Fuße folgen. Denn wo Verbrechen keinen Preis haben, hat Rechtschaffenheit keinen Wert.«

Der gelehrte Cianianmin gab seinem großen Respekt vor meinen Worten Ausdruck und erklärte, die Weisen der Juden seien wahrhaft die weisesten aller Menschen.

So fuhr ich fort, obwohl die Morgendämmerung schon nahte: »Unsere Weisen meinen, ein Mann dürfe den Frieden einer Stadt nicht durch seine Habgier oder andere Laster, die er haben mag, stören. Deshalb, ihr Herren, ist es notwendig, daß in eurer Stadt ein wirksamer Wachdienst eingerichtet wird, damit die Leute nicht länger in Angst leben. Denn wenn ein Bürger stets auf der Hut sein muß, damit ihm oder seinem Besitz nichts geschieht, werden die Niederträchtigen immer dreister, denn sie wissen, daß alle sich fürchten. Doch die Angst ist ein schlechter Ratgeber, der die Ängstlichen oft geradewegs in die Hände der Verbrecher selbst treibt.«

Der Widersacher, der Einwände erheben wollte, sich aber auch ehrerbietig vor mir verneigte, war keinesfalls bereit, meine Worte gelten zu lassen. Er behauptete, ich würde mit Hinterlist argumentieren, Gott behüte, und es gehe mir nicht darum, daß Gerechtigkeit in der Stadt einkehre, sondern um eine straffere Herrschaft der Statthalter über die Bürger, welch erstere Tag und Nacht auf die Einwohner aufpassen sollten wie ein Vater auf seine Kinder, so daß weder der Stadt noch ihren Bürgern die Freiheit erhalten bliebe.

Ich antwortete ihm: »Nichts ist so schlimm wie Zwietracht und wenn die Menschen grundlos aufeinander losgehen und Gewalttätigkeit ihr Handeln bestimmt. Auch ist es nicht richtig, daß nur derjenige frei ist, der freiwillig gehorcht, sei es ein Kind oder ein Mann.[484] Denn auch unfreiwilliger Gehorsam führt dazu, daß die Stadt in Frieden leben kann, während das Handeln nur nach der eigenen Willkür die Stadt zerstört.[485] Und nur durch eine unerschütterliche Rechtsprechung können Gesetzesbrecher wieder zu einer größeren Rechtschaffenheit veranlaßt werden, die in Wahrheit eine viel größere Freiheit schenkt, als jener sie zu haben glaubt, der an seine Laster gefesselt ist.

Ihr müßt deshalb viele Dinge verbieten, die euch euer Gesetz gestattet.[486] Denn der Mensch unterscheidet sich zwar vom Tier, aber losgelassene Menschen sind wie losgelassene Doggen. Beide muß man an die Ordnung gewöhnen und sie lehren, sich friedlich in die menschliche Gesellschaft einzuordnen, wenn sie nicht verwildern sollen. Boshaftigkeit und Verderbtheit müssen bekämpft werden, aber statt dessen ergibt sich eure Stadt den Gesetzesbrechern und läßt Untaten ungestraft geschehen, bis sie den Fluch Gottes, Er sei gepriesen, auf sich gezogen hat.

Doch der Mensch soll nicht vom Pfad der Gerechtigkeit abweichen, und er soll merken, daß wahre Gerechtigkeit ihm auch etwas abverlangt, Gott sei gelobt.«

Der gelehrte Cianianmin pflichtete diesen Worten überschwenglich bei und erklärte, ich solle noch einmal vor der Versammlung der

Minister und Ältesten sprechen, die nach Tagesanbruch erneut versuchen wollten, Einvernehmen über den Ausweg aus den Bedrängnissen der Stadt zu erzielen.

Doch der Widersacher, Gott möge ihn zu guter Letzt zu Boden schmettern, setzte sich beharrlich zur Wehr und sagte: »Fremdling, du sprichst Böses, denn im Namen der Gerechtigkeit redest du dem Leid das Wort, und im Namen der Wahrheit willst du nur deine eigene Meinung gelten lassen. Deshalb dürfen die Bürger dich nicht anhören, denn im Namen der Gerechtigkeit beschwörst du nur Angst und Zwietracht herauf. Auch werden ohnehin nur wenige mit deinem Weg einverstanden sein, denn es ist der Weg der Fügsamkeit und nicht des unabhängigen Urteils. Außerdem weißt du nicht wirklich, was der Zweck der Strafe ist, denn du glaubst ja, Strenge wäre Gerechtigkeit, und Milde würde der Stadt schaden. Deshalb wäre es besser, dich aus unserer Mitte zu vertreiben, damit deine Ratschläge die Verwirrung nicht noch vergrößern.«

Ich aber sprach, und der Heilige Eine wies mir um Seines Namens willen den Weg der Weisheit der Thora: »Der Zweck der Strafe liegt darin, den Bestraften seine Schande empfinden zu lassen.[487] Denn wenn ihm seine Schande nicht bewußt wird, wird er auch sein Verhalten nicht ändern, sondern in der Finsternis seiner Seele verharren wollen, die nur noch durch das Licht der Gerechtigkeit erhellt werden kann. Und wer dazu gebracht wird, sich seiner Vergehen zu schämen, wird sie auch bereuen, so daß er desto leichter wieder einen verantwortungsvollen Platz unter seinen Mitbürgern einnehmen kann, so Gott will. Denn wie das Licht des Auges aus dem Dunkel des Auges hervortritt, so kann die gerechte Strafe bei einem Menschen aus dem Bösen das Gute hervortreten lassen. Doch um das zu erreichen, darf die Gerichtsbarkeit nicht untätig sein, damit die Laster, zu denen alle Menschen neigen, gezähmt werden.

Deshalb hat der Heilige Eine in Seiner Gerechtigkeit das Gesetz herrlich gemacht und in Ehre gekleidet, denn das Gesetz ist das Band

Die erste Seite des Buchs der Sprüche – italienische Bibel, um 1300

zwischen dem Menschen und Gott, Er sei gepriesen, durch das der
Mensch zum höchsten Gut gelangen kann. Auch sollte dem, der das
Gesetz ehrt, die Ehrung aller zuteil werden, während über jenen, der
Schande über es bringt, auch wieder Schande gebracht werden soll.

Das, ihr Herren, ist die Lehrmeinung der Juden zum Gesetz.«

Inzwischen war der zweiundzwanzigste Tag des Adar angebrochen,[488] und das erste Licht der Sonne strahlte vom Himmel, wofür
Gott gepriesen sei. Der gelehrte Cianianmin und besagter Anfenscian gingen fort, damit ich meine Pflichten erfüllen und ruhen
konnte.[489] Danach kamen irgendwelche Wachen zu mir und befahlen mir, die Stadt und das Reich bis zum Sonnenuntergang zu verlassen. So wurde mir meine Weisheit gedankt. Doch ich beschloß,
Gott sei gelobt, ungeachtet dieser Anordnung vor die Versammlung
der Minister und Ältesten der Stadt des Lichts zu treten, wie der
edle Pitaco, sein Name sei bewahrt, und der Meister Cianianmin,
der Friede sei mit ihm, es von mir gewünscht hatten.

Während der getreue Lifenli sich zur Ruhe begab, rief ich meinen
Gehilfen Armentuzio zu mir, um ihm zu sagen, daß ich die Versammlung der Ältesten und Minister der Stadt aufsuchen würde, doch man
solle meine Flotte zum Ankerlichten bereitmachen.

Denn inzwischen stand unter den Ältesten eine Partei gegen die
andere, und jede drohte damit, der anderen und überhaupt allen, die
ihrer Meinung nach Schaden über die Stadt gebracht hatten, übel
mitzuspielen. Darauf begab sich Armentuzio in Begleitung meines
Bruders Nathan eilig zum Hafen, damit alles Nötige veranlaßt und
alle Vorbereitungen getroffen würden.

Nun kam meine Dienerin Bertoni zu mir, die den dringenden
Wunsch zur sofortigen Abfahrt äußerte. Sie sagte, überall werde davon gesprochen, daß die Wahrsager der Stadt schlimmste Vorzeichen
verkündeten, die selbst ein gottesfürchtiger Mann ernst nehmen
müsse, denn die Verwirrung der Stadt und die düsteren Drohungen,
die über ihr hingen, seien sehr groß. Doch ich mochte von ihrem
Flehen nichts hören, Gott sei gepriesen für meine Standhaftigkeit,
denn zuerst wollte ich meine letzten Ratschläge unterbreiten, um die
Stadt vor ihren Feinden zu erretten, so Gott will.

Auch meine Dienerin Buccazuppo kam zu mir und flehte mich
unter vielen Tränen an, in der Stadt des Lichts bleiben und hier ihren

Weg finden zu dürfen. Ich wurde durch ihren Jammer zu großem Mitleid gerührt, denn sie war jung, schien aber gleichwohl ohne Hoffnung. Ich tadelte sie daher mit sanften Worten und erklärte ihr, daß sie nicht bleiben könne, denn die Stadt sei in großer Gefahr, und wenn die Tataren kämen, wäre sie verloren. Außerdem sagte ich ihr, daß ich durch mein Versprechen, sie in ihr Geburtsland zurückzubringen, gebunden sei, und sie solle sich deshalb fertig machen zur Abreise.

Als ich so im Hause meines Bruders Nathan ben Dattalo alles bestellt und sodann den getreuen Lifenli geweckt hatte, Friede sei mit ihm, machte ich mich auf zu der großen Halle des Präfekten, zu der sich ein großer Menschenstrom hinwälzte, denn auch viele aus dem einfachen Volk wollten sich nicht entgehen lassen, was gesprochen würde.[490] Und doch glichen sie verirrten Schafen, die von ihren Hirten im Stich gelassen worden waren, welche nicht mehr das Wohl aller im Sinn hatten, sondern ihre eigenen vielfältigen Zwecke verfolgten. Jeder hatte Angst, daß der andere sich nur noch der eigenen Willkür verschreiben würde, und man konnte sagen, daß die Stadt des Lichts zwar noch nicht von den Tataren genommen, Gott behüte, aber dennoch schon gefallen war.

Somit betrat ich, Jacob von Ancona, Gott sei gelobt, zum letzten Mal die Versammlung, in der alle Ältesten, Ratgeber, Kaufleute und Weisen der großen Stadt und andere hohe Beamte[491] zusammengekommen waren, denn ich wollte dem edlen Pitaco[492] beistehen und einen weisen Rat erteilen, durch den es vielleicht doch noch gelingen mochte, die Stadt zu retten.

Zunächst sprach der Präfekt zu den Versammelten: »Ihr Herren, die Niederträchtigen mögen draußen bleiben, und nur die Rechtschaffenen mögen eintreten, die Diebe und Vagabunden mögen fernbleiben, aber wer die Redlichkeit liebt und sich um die Sicherheit der Stadt sorgt, der komme! Und wer sprechen will, der spreche kurz und höflich, wie es sich gehört, und ohne unbeherrschte und beleidigende Worte! Und hütet euch vor roten Mündern und weißen Zungen!«[493], was in ihrer Sprache bedeutet, daß man ohne Zorn und Falsch reden soll.

Nachdem sie ihren Göttern Verehrung erwiesen hatten, Gott behüte, sprachen viele voll Bitterkeit über die schwierige Lage der Stadt, wobei manche der einen Meinung waren und manche der anderen, so daß sich keiner fand, der die Gunst aller hinter sich hatte, und auch niemand, der mit der Zustimmung der anderen die Stadt hätte regieren können. Obendrein stritten die Gelehrten ohne Weisheit, weil es ihnen nur darum ging, den anderen auf unwürdige Weise auszustechen, und manche von ihnen, denen der Wille gänzlich fehlte, sich für das Wohl anderer einzusetzen, leugneten gar, daß ihre Stadt in Gefahr sei.

Da die Kaufleute der Stadt voller Stolz und Selbstbewußtsein waren und die Ältesten verzweifelt über die Niedertracht der Leute und niedergedrückt von ihrem Mangel an Zuversicht, war der Haß des einen auf den anderen derart groß, daß mir in meinem Herzen ein großartiger Gedanke auftauchte, der meinen Mut anschwellen ließ.[494] Ungeachtet der Tatsache, daß viele der hier Anwesenden mir mit großem Haß begegnet waren, andere jedoch mit großer Ehrerbietung, ersuchte ich bescheiden den Präfekten, der Friede sei mit ihm, man möge mich mit Hilfe des getreuen Lifenli sprechen lassen. Doch die Wächter wollten das unter keinen Umständen zulassen und erklärten, ich sei der Stadt und des Reiches verwiesen worden, und viele aus den Reihen der Kaufleute und Gelehrten schrien, ich sei ein Fremdling und Mann ohne Weisheit, wofür Gott sie am Jüngsten Tag zu Boden schmettern möge.

Doch der edle Pitaco und der Gelehrte Cianianmin setzten sich im Verein mit dem großen Weisen Ociuscien dafür ein, daß man mich anhören möge, so daß ich schließlich folgendermaßen reden konnte, Lobpreis sei Gott: »Ihr Herren, unsere Pflichten angesichts Gottes und der Menschen stehen im Mittelpunkt aller Dinge auf der Welt. Deshalb ist es die Aufgabe der Weisen, zu erforschen und anzugeben, worin diese Pflichten bestehen, und sie andere zum Wohl der kommenden Generationen zu lehren.« Diese Worte sprach ich mit lebendiger Seele und mit der Inspiration Gottes, Er sei gepriesen. Dann fuhr ich fort: »Doch wie sollen die Menschen gedeihen, wenn jeder von der Stadt und den anderen immer nur nimmt und niemals gibt? Und wie soll eure Stadt des Lichts sich vor ihren Feinden verteidigen, wenn ihre Bürgerschaft[495] nicht verstehen lernt, daß ihre Stadt die Quelle des Rechts darstellt und deshalb durch die Pflichterfüllung der Bürger zu verteidigen ist? Darum muß jeder Person begreiflich gemacht werden, was ihre Pflichten sind, damit die Stadt gerettet werden kann.[496]

Denn die Pflicht ist das Herz des Seins und des Wesens des Menschen, wobei der Kern unserer Pflicht die Pflichterfüllung ist, das einzige, dessen sich der Mensch stets befleißigen soll, wofür Gott gepriesen sei. Außerdem muß jeder Bürger den Unterschied begreifen lernen zwischen dem, wozu er die Macht hat, und dem, wozu er berechtigt ist, damit Zwietracht und überhöhte Ansprüche vermieden werden können.

Auch müssen die Erlässe der Stadt beachtet und unterstützt werden, und die Leute müssen zur Erfüllung ihrer Pflichten Zusammenschlüsse[497] bilden können, nicht um des Gehorsams selbst willen, sondern um die Stadt zu verteidigen. Und die Herrscher der Stadt müssen lernen, ohne Furcht einen Unterschied zu machen zwischen den guten Bürgern und den schlechten, und wenn einer der letzteren nicht willens ist, zum Wohlergehen der anderen etwas beizutragen, oder noch nicht einmal bereit ist aufzuhören, ihnen sogar Schaden zuzufügen, dann müßt ihr ihn mit einer gerechten Strafe belegen oder sogar aus der Stadt weisen.

Ebenso sind alle, die ein öffentliches Amt bekleiden oder eine öffentliche Funktion ausüben,[498] dem Wohl der Stadt in ganz besonderer Weise verpflichtet. Deswegen darf man die Herrschaft über die Stadt nur jemandem anvertrauen, der frei von Korruption ist, und wer von euch eines so großen Vertrauens nicht würdig ist, muß abgewiesen werden. Und wenn ein Bürger redlich und gründlich seinen Pflichten genügt hat, sollte er dafür auch kein Geld nehmen wollen, denn das wäre ein unwürdiges Verhalten. Ihr müßt ihm vielmehr eure Ehrerbietung zeigen, wie sie dem, der sie verdient hat, gebührt, und jene unter euch züchtigen, die eurer Stadt Schaden zufügen.«

Hierauf wurde meine Rede von den Beifallsrufen der einen Seite und vom Protestgeschrei der anderen übertönt, so daß Pitaco, obwohl wegen seines Alters geschwächt, gezwungen war zu erklären: »Es ist unsere Pflicht, die Welt der Menschen in Ordnung zu bringen, wie der weise Jude gesagt hat. Selbst wenn wir dorthin gelangen, wo es weder Form noch Substanz, weder Ort noch Klang gibt, sollten wir dennoch nach der Ordnung unter dem Himmel streben, wie Chunfuzu uns gelehrt hat. Denn wo viele Bewohner einer Stadt sich nicht um ihre Pflichten[499] in bezug auf das Leben kümmern, darf man nicht damit rechnen, daß der Himmel eine solche Stadt allzulange fortbestehen läßt. Wie der weise Jude uns darlegt, sollte

es deshalb unser Ziel sein, Kinder und Erwachsene in ihren Pflichten zu unterweisen und in ihnen allen den Willen zur Pflichterfüllung zu wecken. Doch dieser Wille wird sich in keiner Stadt und keinem Reich einstellen, wenn unter den Menschen kein Gleichgewicht besteht. Deshalb muß das Ungleichgewicht beseitigt werden, das die Reichen mit ihrer Habgier und ihrem Wohlstand in die Stadt des Lichts getragen haben, indem ihnen je nach Maß ihres Reichtums größere Pflichten abverlangt werden.

Es wird nur dann eine gerechte Ordnung unter dem Himmel geben, wenn die Reichen stärker in die Pflicht genommen werden als die Armen und diejenigen, die befehlen, mehr Pflichten haben als die, die den Befehlen gehorchen müssen.«

Doch diese Worte des edlen Pitaco erregten sehr den Zorn der Parteigänger der Kaufleute, denn sie wollten keinesfalls hinnehmen, daß die Reichen mehr Pflichten haben sollten als die Armen. Der Kaufmann Lotacie sprang deshalb erzürnt auf und erklärte, mit solchen Maßnahmen suche man die Kaufleute aus der Stadt zu vertreiben, die allein der Stadt Gutes brächten, und manche von ihnen seien schändlicherweise bereits dem Schwert überantwortet worden. Außerdem behauptete er aufs Verleumderischste, daß ich, Jacob von Ancona, mit meiner Rede lediglich Zwietracht zwischen den Leuten zu säen trachtete und jene mit meinen Ratschlägen versehen würde, die den Mächtigsten der Stadt Schaden zufügen wollten, was Gott verhüte.

Er streckte mit großer Bosheit den Finger aus und zeigte auf mich, daß mich an meinem Platz das Zittern überkam, Gott möge mir meine Feigheit vergeben, und erklärte, jeder kenne die Anordnung der Wächter, und mit Sonnenuntergang müsse ich fort sein.

Doch ich gewann meine Furchtlosigkeit wieder zurück, Gott sei gepriesen, unter dessen Führung sich meine Feigheit in Mut verwandelte, und ich sprach: »Ihr Herren, mein Rat ist nicht der Rat eines Schufts, sondern der eines weisen Mannes, der vieles gesehen und begriffen hat, Gott sei gedankt. Und obgleich, wie ich glaube, für ein Volk die eine Herrschaftsform geeignet ist und für ein anderes Volk eine andere und sich jede Stadt selbst die Verfassung geben mag, die zu ihr paßt, so ist dennoch das, was Anstand und Gerechtigkeit bei *einem* Volk fördert, dem Anstand und der Gerechtigkeit bei allen Völkern förderlich.

Denn wir sind alle, Jude wie Nichtjude, nach dem Ebenbild Gottes geschaffen und in gleicher Weise dem moralischen Gesetz verpflichtet. Zudem wohnt im Herzen eines jeden von uns das Urbild der Pflicht,[500] zu der wir alle von Gott, Er sei gelobt, aufgerufen werden, nicht nur, damit Ihm Lobpreis zuteil werde, sondern damit die Menschen in Eintracht mit ihrem Nächsten zusammenleben.

Die Pflicht, von der ich spreche, besteht darin, auf die anderen Rücksicht zu nehmen und das im eigenen Verhalten zum Ausdruck kommen zu lassen, wodurch sich für den Menschen zweierlei Pflichten ergeben, die allerdings oft miteinander vermischt sind, nämlich die Pflichten des Herzens, die sich auf das beziehen, was man denkt, und die der inwendige Teil sind, sowie die weltlichen Pflichten, die das Verhalten gegenüber den Mitmenschen betreffen.

Die größten von diesen Pflichten sind: das Gotteslob und die Gottesfurcht, Er sei verherrlicht, die Pflicht, das Leben der Mitmenschen und der übrigen göttlichen Schöpfung zu erhalten und zu achten, die Pflicht, ein würdiges und vernunftgemäßes Leben zu führen, wie es einem nach dem Ebenbild Gottes Geschaffenen gebührt, und die Pflicht, zu lernen und zu arbeiten. Auf diese Weise mag es gelingen, Gott zu ehren und unsere Gaben, so Gott will, dem Gemeinwohl zugute kommen zu lassen. Es genügt auch nicht, Kinder lediglich in die Welt zu setzen, wir müssen uns auch um sie kümmern, sie nähren und dafür sorgen, daß ihnen beigebracht wird, was richtig und was falsch ist. Außerdem sollten wir aus Ehrfurcht vor Gott auch die Tiere und Pflanzen achten, die von der Erde auf Gottes Befehl hervorgebracht werden und für die der Mensch, obwohl sie ohne Seele und Verstand sind, ebenfalls Verantwortung trägt, damit sie nicht grundlos verletzt werden.

Auf diese Weise kann jeder Mensch durch die Erfüllung der Pflichten seinen Verpflichtungen gegenüber Gott und den Mitmenschen gerecht werden und damit gleichzeitig die Stadt beschützen, indem er die Interessen der anderen in Betracht zieht und sich damit gerade nicht so verhält, wie die Bürger eurer Stadt, sondern wie ein guter Mensch.«

Als ich so gesprochen hatte, wofür Gott gepriesen sei, wollte der besagte Uainsciu nunmehr folgendes wissen, während die Kaufleute zornig untereinander redeten: »Aber wie steht es mit den Pflichten der Stadt gegenüber den Bürgern? Hat die Stadt denn keine? Oder

müssen die Leute vor den Reichen auf die Knie gehen, um ihre Gunst zu bekommen?«

Ich antwortete ihm: »Junger Mann, deine Fragen sind klüger als die der Kaufleute deiner Stadt, die deren Leiden in keiner Weise verstehen. Denn du kannst nicht erwarten, daß ein Bürger seine Pflicht erfüllt, wenn du deine Pflicht ihm gegenüber nicht erfüllst. Vielmehr sind Verpflichtungen, wenn sie gerecht sind, immer gegenseitig und bilden ein Band zwischen den Menschen. Zudem: Wenn ich meine Pflicht erfülle, muß mein Nachbar die seine auch erfüllen, genauso wie diejenigen, die über uns herrschen, ihre Pflichten uns gegenüber erfüllen müssen, wenn sie verlangen, daß wir die unseren nachkommen.«

Darauf erklärte der edle Pitaco: »Der gottesfürchtige Jude lehrt uns große Weisheit, denn unsere Stadt hat wahrlich vergessen, was ihre Pflichten unter dem Himmel sind. Wir sind so sorglos geworden, daß der Himmel uns seine Fürsorge entzogen hat, während die Menschen hier unten in ihren Herzen den Haß auf jene nähren, die ihnen ihre Pflichten ins Gedächtnis rufen. Als Folge davon wird unsere Stadt zerstört werden, wenn sie nicht wieder auf den Weg der Weisheit geführt wird, wie der Jude uns lehrt.«

Ich antwortete vor der großen Versammlung: »Gott sei gepriesen für die Ehre, die der edle Pitaco mir erweist. Denn, in der Tat, ihr Herren, ihr habt in vielerlei Hinsicht versagt und müßt euch nun beschämt und mit Haß im Herzen die Worte eines Mannes anhören, der weiser ist als ihr.«

Bei diesen Worten brandete lautes Rufen und Schreien[501] gegen mich an, doch Gott, Er sei gepriesen, ließ mich keine Furcht verspüren. So schrie einer von den Kaufleuten die gottlosen Worte, den Ahnen Gehorsam zu erweisen und nur das Wohl der anderen im Auge zu haben, sei die Haltung von Sklaven und nicht die Haltung von Männern mit Willen und Stolz.

Ich gab zurück: »Ihr Herren, nur bestimmte Menschen nehmen es auf sich, das Wohl der anderen hochzuhalten und ihnen zu dienen. Die das tun, sind jene, die sich mit Anstrengung und Willenskraft dafür einsetzen, daß auch die anderen und nicht nur sie selbst in Sicherheit und Zufriedenheit leben können. Denn in ihrer Seele, die ihnen von Gott gegeben wurde, gibt es etwas, das kostbarer ist als der schönste Rubin, nämlich der Wunsch, dem Gemeinwohl zu dienen.

Aber besonders, wenn sich eine Stadt in großer Verwirrung und Gefahr befindet, muß in allen der Wunsch zu rechtschaffenem und gerechtem Handeln geweckt werden.[502] Doch in der Stadt des Lichts ist die Gefahr für euch besonders groß, weil viele von euch glauben, jeder habe das Recht, alles zu tun, woran ihm gelegen ist, und diesem Begehren komme der erste Platz vor allem anderen zu. In diesem Punkt seid ihr die größten Narren der ganzen Welt, denn keine Stadt und kein Reich kann allein auf dem Begehren der Menschen gründen.

Wenn eure Stadt gerettet werden soll, muß sie aus dem eisernen Griff der Habgier befreit werden, und die begütigende Hand des Wohlwollens muß sich auf sie legen, so Gott will.[503] Außerdem muß es für alle zur Regel werden, daß ein Bürger seine Pflicht redlich erfüllt und auf dem Pfad der Pflicht weder zaudert noch schwankt,[504] und es wäre besser, wenn diese Pflichterfüllung freiwillig und nicht gezwungenermaßen erfolgen würde.

Aber eine notwendige Pflichterfüllung nicht durchzusetzen ist ein Unrecht gegenüber jenen, die bereitwillig das tun, was sie sollen. Ganz ähnlich leidet das Vertrauen der Leute in das Gesetz ihrer Stadt, wenn nur wenige etwas zwangsweise tun müssen, worüber andere sich achtlos hinwegsetzen dürfen. Deshalb müssen sich alle ihre Pflichten zu eigen machen[505], bis schließlich alle freiwillig das tun, wozu anfänglich nur wenige aus Angst bereit waren, damit alle ein ruhiges Leben führen können.«

Doch ungeachtet der Weisheit meiner Worte schien die Zahl der Gegner um mich herum zuzunehmen. Der Kaufmann Lotacie behauptete, meine Prinzipien würden die Stadt ihres Reichtums und Glanzes berauben und ihr Licht zum Verlöschen bringen. Doch meine Argumente waren gut aufgebaut, Gott sei gepriesen, und kein Kaufmann und kein Gelehrter konnte mich übertrumpfen.

Denn außer jenen um den edlen Pitaco empfanden nur wenige Verantwortung gegenüber der Stadt als solcher, und jeder war nur mit dem beschäftigt, was ihm selbst am Herzen lag. Deshalb war es ihnen unmöglich, sich selbst aus ihrer Verwirrung zu befreien, sondern sie zappelten wie Fische auf dem Trockenen und trieben vom Kurs ab wie ein ankerloses Schiff, so daß ein weiser Mann sie in ihren Qualen nur bedauern konnte.

So sprach erst einer und dann ein anderer verärgert für die Sache seiner eigenen Anliegen, aber keiner konnte den anderen von der

Wahrheit seiner Worte überzeugen, denn der Argwohn des einen gegen den anderen war viel zu groß. Als ich die Blindheit sah, mit der das Herz selbst der weisesten von ihnen geschlagen war, wurde mir die überlegene Weisheit der Thora um so mehr bewußt, wofür Gott lobpriesen sei, und auch, daß der gelehrte Jude den Nichtjuden, die ihren Weg nicht erkennen können, auf ewig als Licht dienen muß.[506]

Ich, Jacob ben Salomone aus Ancona, sprach daher zu ihnen: »Wenn ihr keinen wahren Gott habt, Er sei gepriesen, und keinen Glauben außer eurem Krämergeist, müßt ihr ohne Rat und Richtschnur auskommen. Sogar Leben und Tod und das Verstreichen der Zeit werden euch aus eurem Blickfeld abhanden kommen, was Gott verhüte.

Doch der Mensch kann nicht nur für niedrige Zwecke leben, und die meisten werden durch ihre eigenen Laster und Narrheiten unglücklich. Deshalb würdet ihr der Stadt und ebenso euch selbst einen besseren Dienst erweisen, wenn ihr die Sehnsucht nach dem Guten zu wecken versuchtet, die in allen vernunftbegabten Menschen zu finden ist. Denn wie es nur wenige Menschen gibt, die sich nicht danach sehnen, jemand anderen mehr zu lieben als sich selbst, so gibt es auch nur wenige, die nicht den Wunsch haben, durch ihre guten Taten den Bedürfnissen anderer zu dienen und für ihre Leistung die Anerkennung der Stadt zu empfangen.

Mehr noch: Wenn ihr in Frieden und Fülle leben möchtet, dann dürft ihr nicht zulassen, daß jemand, einschließlich euch selbst, aus jeder Verpflichtung entlassen wird und daß jemand, wiederum einschließlich euch selbst, sich um nichts weiter kümmert als um sein eigenes Begehren. Denn ein Mann ohne Verantwortung ist letztlich wie ein Hund, der seinen Herrn verloren hat und mit suchendem Blick auf und ab läuft und jeden, der vorbeikommt, anbellt und nur das eine ersehnt, daß sein Herr ihn wieder unter seine Fittiche nehme, damit er wieder weiß, wie er sich verhalten soll.[507] Den Menschen wieder die Erfüllung ihrer Pflichten abzuverlangen bedeutet auch nicht, sie zu Sklaven oder Schwächlingen zu degradieren, sondern ihnen zu zeigen, wer sie sind, wobei die Erfüllung dieser Pflichten den einzigen Weg zur Rettung eurer Stadt darstellt.

In eurer gefährlichen Lage müßt ihr zur Bewahrung des Friedens das Ruder herumwerfen und der Gerechtigkeit und der Vernunft in eurem Reich wieder zum Aufstieg verhelfen. Andernfalls werdet ihr nicht nur keinen festen Grund finden, auf dem ihr in diesem Durcheinander stehen könnt, ihr werdet auch eure Freiheit und das Reich gleich dazu verlieren. Und wenn diese schöne Stadt des Lichts durch die Habgier ihrer Kaufleute, die Torheit ihrer Weisen und die Lasterhaftigkeit ihrer Bevölkerung den Tataren anheimfallen sollte, wäre das Grund genug für die ganze Welt, von eurer ewigen Schande zu sprechen.«[508]

Nachdem ich auf diese Weise gesprochen hatte, kam ein gewisser Cian[509], Fluch über ihn, hocherzürnt zu mir, versetzte mir einen Fausthieb auf den Mund, Gott behüte, und schrie, man solle mich für meine Anmaßung fertigmachen, und andere schrien, man solle mich schnurstracks aus der Stadt hinausjagen. Doch ein paar Wächter eilten mir zu Hilfe, Gott sei verherrlicht und gepriesen für Seine liebevolle Güte, und einer von ihnen belehrte die Versammlung, daß meine Zeit erst mit dem Sonnenuntergang ablaufe. Auf diese Worte hin wurde in den Reihen der Kaufleute und Gelehrten sehr gejohlt und gelacht, und große Bitterkeit erfüllte meine Seele.

Da erhob sich der edle Pitaco, sein Andenken sei gesegnet,[510] und sprach: »Der Jude hat uns weise beraten, doch ihr habt mit Wort und Tat den Himmel schwer beleidigt. Als ihr auf unseren verehrten Gast einschlugt, habt ihr das Moralgesetz zur Gänze vergessen. Denn das, was wir nicht wünschen, daß andere es uns antun, sollten wir auch ihnen nicht antun, wie Chunfuzu lehrt.[511] Ebenso müssen wir das, von dem wir wünschen, daß es uns selbst geschehe, auch den anderen angedeihen lassen und daher unseren Vätern genauso dienen, wie wir möchten, daß unsere Söhne uns dienen, und uns gegenüber unseren älteren Brüdern so verhalten, wie wir von unseren jüngeren Brüdern behandelt werden wollen. Obendrein ist anständiges und gerechtes Handeln eine Pflicht, denn richtiges Verhalten und Pflichterfüllung sind dasselbe.

Deshalb müssen wir verdiente Männer ehren, wie der weise Jude gesagt hat, unsere Schuldigkeit gegenüber den Blutsverwandten erfüllen, den Schwachen helfen und den Fremden aus fernen Ländern[512] Höflichkeit erweisen, indem wir sie bei ihrem Eintreffen willkommen heißen, ihnen helfen, solange sie bei uns sind, und sie beschützen, wenn sie wieder gehen, denn alles andere stört die Harmonie des Himmels.«

Da fragte einer von den Kaufleuten: »Und was sollen wir mit diesem Fremdling machen, der sich in die Angelegenheiten unserer Stadt einmischt?« Auch einer der Gelehrten erklärte: »Man kann nicht jedem helfen, und nicht jeder Fremde ist ein Weiser«, worauf viele in unziemliches Gelächter ausbrachen.

Doch der edle Pitaco antwortete ihnen so: »Wenn jemand Herrscher sein will, muß er den Pflichten des Herrschers nachkommen, und wer Bürger sein will, muß den Bürgerpflichten nachkommen, wie Menche lehrt. Wenn die Herrschenden pflichtbewußt sind, sind es die Bürger viel eher auch. Doch wenn der Herrscher seine Pflicht vernachlässigt, vernachlässigen die Bürger die ihre ebenfalls.«

Hierauf fragte der junge Mann Uainsciu mit einer tiefen Verneigung vor dem edlen Pitaco, welche Pflicht des Bürgers an allererster Stelle stehe, und Pitaco antwortete: »Junger Mann, es gibt viele Pflichten, die man erfüllen muß,[513] aber die des Sohnes gegenüber den Ahnen ist die höchste von ihnen.«

Der junge Mann entgegnete: »Wie viele Arme werden davon satt, und wie viele finden dadurch ein Dach über dem Kopf?«

Als ich das hörte, konnte ich nicht mehr ruhig bleiben, Gott sei gedankt, und sagte: »Soweit ich weiß und davon sprechen kann, leben die Reichen dieser Stadt wahrlich in großem Überfluß, aber auch diejenigen unter euch, die arm sind, haben reichlich zu essen und zu trinken,[514] Gott sei gelobt, und anderes mehr außerdem. Aber dennoch jammert deinesgleichen über Ungerechtigkeit, als ob jeder Arme das angenehme Leben eines Fürsten führen müßte und jeder nur arbeiten sollte, wenn es ihm gerade paßt und er Lust dazu hat. Aber wenn das so wäre, was würde dann aus den Pflichten der Menschen?«

Darauf antwortete der Kaufmann Lotacie dreist: »Das ist nicht der Augenblick, um über Pflichten zu reden, denn wir haben Pflichten genug. Es ist vielmehr an der Zeit, einmal über das zu sprechen, was einem uneingeschränkt zu tun freigestellt sein sollte und wie sichergestellt werden soll, daß man sich ungestört auf die eigenen Ziele konzentrieren kann.«

Pitaco antwortete ihm: »Wer seinen Mund so unbedarft öffnet, hat nie die Bürde der Pflichten eines wichtigen Amtes zu tragen gehabt.« Doch bei seinen Worten machten sich viele von den jungen Kaufleuten über ihn lustig, Gott behüte, obwohl er weißes Haar hatte und Ehrfurcht verdiente.

Doch der junge Uainsciu brachte sie zum Schweigen und sprach: »Ihr macht euch über ihn lustig, doch was heißt es schon, reich zu sein? Ist es nicht so, daß ihr von der Pflicht, arbeiten zu müssen, ohne Lust dazu zu haben, freigestellt seid, während den Armen gar keine andere Wahl bleibt? Ist es nicht ungerecht, daß es euch gestattet sein soll, von Dienern umsorgt auf einem weichen Sofa zu liegen,[515] während andere ein schweres Joch auf ihren Schultern tragen müssen?« Doch obwohl er in dieser hitzigen Manier sprach, verstand Uainsciu nichts von mühseliger Arbeit, denn er war, wie der getreue Lifenli mich informierte, der Sohn eines Grundherrn und tat sich nur mit seinen Kenntnissen hervor, um einen Ruf als junger Mann des Volkes zu erlangen.[516]

Pitaco entgegnete ihm zornig: »Für die Armen hast du Kopf und Augen wie ein Löwe,[517] aber nicht für das Reich.«

Doch der junge Mann gab sofort zurück: »Du sprichst von Pflicht, aber meinst doch nur, daß die Leute den Geboten gehorchen sollen. Du sprichst vom Dienen, aber nur, damit sich die Leute für den Sohn des Himmels mit Geld und Lehenstreue aufopfern. Und du suchst ein Band zwischen den Menschen zu flechten, aber nur, damit sie aneinandergekettet sind.«

Ich aber sprach zu ihm, und Gott lenkte meine Worte: »Junger Mann, du glaubst, daß deine Ansichten gut und wohlbegründet sind und daß jeder, der sie vertritt, ebenfalls ein guter und werter Mann sein muß. Doch es gibt keine größere Knechtschaft als die Knechtung des Geistes unter eine falsche Idee, wie zum Beispiel jene, daß die Stadt blühen kann, wenn die Menschen nicht ihre Pflichten erfüllen, oder daß wir keinen Unterschied machen müssen zwischen denen, die ihren Pflichten nachkommen, und jenen, die dies nicht tun.

Denn es ist Knechtschaft, wenn man glaubt, daß der Mangel an Rechtschaffenheit keinen geringeren Anspruch auf Belohnung begründen würde als das Vorhandensein von Rechtschaffenheit und Güte, denn wer das glauben will, muß seine Seele der Lüge unterwerfen. Du machst dich über die Pflicht lustig, aber um das zu tun, muß man der Meinung sein, daß es nicht darauf ankommt, ob ein Bürger gut oder schlecht ist und ob er sich böse oder anständig verhält.«

Als der junge Mann meine Rede verstanden hatte, verstummte er, denn mein Argument war so klug, daß er dem nichts mehr entgegenhalten konnte.

Doch an seiner Stelle erhob sich der Widersacher, besagter Anfenscian. Er gebot allen zu schweigen, und mit einer Verneigung vor mir, wofür Gott gepriesen sei, sprach er: »Aber wer soll denn entscheiden, ihr Herren, ob ein Bürger gut oder schlecht ist? Behauptest du, Fremder, etwa zu wissen, wer von deinen Nächsten ein guter und wer ein schlechter Mensch ist und wer seinen Pflichten gerecht geworden ist und wer nicht? Lautet die größte Wahrheit denn nicht auch für dich, der du so viel von Wahrheit und Lüge redest, daß kein Mensch so tugendhaft ist, daß er sich erlauben könnte, die Tugendhaftigkeit der anderen zu beurteilen? Ist doch jeder eine Mischung aus Gutem und Schlechtem und manchmal besser und ein andermal schlechter als die anderen, so gottesfürchtig er auch sein mag.

Und ist es denn nicht so, daß du in unsere Stadt als Fremder und Anhänger eines besonderen Glaubens gekommen bist, den du in deiner Überheblichkeit am liebsten jedem anderen als die einzige Wahrheit der Welt aufdrängen würdest? Dein Gott und deine Schriftgelehrten sind mir gleichgültig, und dennoch habe ich meine eigenen Vorstellungen davon, was richtiges und was falsches Verhalten ist, obwohl ich deine heiligen Schriften[518] nicht gelesen habe, so weise sie auch sein mögen.«

Ich schloß den Widersacher aus meinem Herzen, Gott sei gedankt für meine Stärke, und erklärte vor der Versammlung, die Worte Anfenscians verstießen gegen die Vernunft. Wenn nämlich niemand die Tugendhaftigkeit eines anderen beurteilen könne, gäbe es weder Gesetz noch Gerechtigkeit in ihrem Reich. Aber der Widersacher gab keine Ruhe, Gott behüte, sondern gewann noch an Stärke, und auf seinem Gesicht zeichnete sich Triumph ab, als er antwortete: »Im Gegenteil, ihr Herren, wir verteidigen die Vernunft, während jener, der uns angreift, die Vernunft selbst angreift, aber wir versuchen, hinter die wirklichen Ursachen und Wirkungen aller Dinge zu kommen.

So sind wir der Meinung, es wäre hinsichtlich des Wohles der Stadt nicht im Einklang mit der Vernunft, wenn jene, die nicht wollen, daß alle Bürger ein angenehmes Leben haben, Macht und Herrschaft über uns ausübten. Ebensowenig können die, die im Namen der Reichen sprechen, für sich allein die Stadt verteidigen. Denn nur die, die darauf drängen, daß allen, ob reich oder arm, die Freiheit zu gewähren sei, auf jede ihnen dienlich erscheinende Weise die eigenen Zwecke zu verfolgen, dürfen das Vertrauen und den Gehorsam aller beanspruchen.«[519]

Ich antwortete ihm, und Gott war mein Führer: »Du behauptest, niemand sei würdig, die Tugendhaftigkeit eines anderen zu beurteilen, aber du selbst fällst ein Urteil darüber, was sich im Einklang mit der Vernunft befindet und was nicht. Ganz ähnlich wirfst du dem gottesfürchtigen Mann vor, er behaupte, alles Recht sei auf seiner Seite und alles Unrecht auf der der anderen, aber verhältst du dich denn nicht genauso?

Denn für dich, o Widersacher, sind deine Gegner bar jeder Tugend und in allen ihren Urteilen im Irrtum. Doch gleichzeitig behauptest du, alles sei eine Mischung aus Gut und Schlecht und niemand könne entscheiden, was richtig und was falsch sei, vielmehr stünden Ehre und Güter jedermann im gleichen Maße zu. Deine Ansichten, die weder logisch noch wahr sind, entbehren jeglicher Bedeutung, denn sie sind ohne Grund und Vernunft[520] und können niemandem als Richtschnur dienen.«

Nun lachten die, die den edlen Pitaco umgaben, und auch einige der Gelehrten über Anfenscian, wofür Gott gepriesen sei. Doch der Widersacher war überaus verärgert und antwortete mit geballten Fäusten: »Jude, du begehst einen großen Fehler, wenn du dich über mich lustig machst, und ich bitte dich, mich nicht noch einmal zur Zielscheibe des Gespötts zu machen. Wir haben dich gut und mit Nachsicht aufgenommen, doch nun werden wir uns in dieser Angelegenheit nach den von der Vernunft gebotenen Regeln verhalten.[521] Denn lieber werden wir von der Hand der Tataren sterben, als zuzulassen, daß solche, die sich dem Willen und berechtigten Begehren eines anderen in den Weg stellen, weiterhin in der Stadt des Lichts bleiben.« Diese und ähnliche Reden führte der Widersacher, während die Gelehrten und Weisen in ihrer Feigheit stumm blieben und Angst hatten zu antworten.

Doch als einziger erhob sich der edle Pitaco trotz seiner Hin-fälligkeit und Schwäche, um Anfenscian zu antworten: »Früher trug jeder Beamte seinen Mantel in der seinem Rang entsprechenden Farbe, schwarz und weiß für die unterste Stufe, purpurn ab der dritten Stufe, zinnoberrot ab der sechsten, ab der siebten grün und ab der neunten in der Farbe des Himmels.[522] Doch jetzt tragen alle unterschiedslos Purpur, und keiner findet sich mehr zurecht.«

Doch nun entstand so großes Gelächter, daß man kein Wort mehr verstehen konnte, und der Präfekt und die Wachen mußten alle zur Ordnung rufen.

Da wandte sich der Widersacher ohne jede Scham mit folgenden Worten an den edlen Pitaco: »Alter Mann, sollen wir dich etwa lediglich aufgrund deines hohen Alters und der Farbe deiner Gewänder in Ehren halten? Oder worin besteht dein Verdienst, der du, abgesehen von dir selbst, jeden verurteilst?«

Pitaco antwortete: »Anfenscian, ich verurteile mich selbst ebenso, weil ich dir nicht entgegengetreten bin und andere nicht dazu angehalten habe, dir entgegenzutreten, solange noch Zeit dazu war. Denn du und deinesgleichen, ihr seid Männer, die selber Beamte werden wollten und nun ihre Ältesten verachten und sogar bereit sind, mit Wort und Tat gewaltsam gegen uns vorzugehen.

Früher gab es unter uns nicht nur keinen, der seine Pflichten nicht kannte, wie der gelehrte Jude predigt, sondern es waren auch alle, die denselben Titel trugen, in gegenseitiger Verpflichtung miteinander verbunden, und jeder war seinem Vorgesetzten ergeben, wie das Gesetz des Himmels es verlangt. Doch jetzt sind so viele von ihrer Heimat, den Eltern und ihren Kindern getrennt, und alle kommen auf der Suche nach körperlicher Lust und Reichtum in die Stadt des Lichts, so daß die Ordnung nicht mehr aufrechterhalten werden kann.«

Der Kaufmann Lotacie antwortete darauf: »Du bist ein närrischer alter Mann. Die Stadt, die du dir in deinen Träumen ausmalst, wäre ein Ort des Todes und nur für Götter, aber nicht für Menschen als Wohnort geeignet. Denn Menschen sind an Materie und Zeit gebunden, und es ist ihr Schicksal, sterben zu müssen. Du aber strebst nach einer Welt, in der sie nicht leben können und in der sich auch in den kommenden Zeiten niemand wird aufhalten wollen.«

Als ich diese frevelhaften Worte aus dem Mund des getreuen Lifenli vernahm, weinte ich vor Gram über das Los der Menschen. Viele, die das sahen, zeigten mit dem Finger auf mich und lachten laut über meinen Schmerz.

Da sprach ich, Jacob ben Salomone ben Israel, zu ihnen: »Und doch, ihr Herren, muß eine Stadt, in der alles erlaubt ist, alle, die in ihr leben, zu den unglücklichsten Menschen machen. Denn es kann kein Glück geben ohne Regel und keine Regel ohne Verbote, denn nur die Macht Gottes, Er sei gepriesen, kennt keine Beschränkung. Doch in der Welt des Menschen kann es weder Ordnung noch Gerechtigkeit, noch Vertrauen geben ohne Verbote und Einschränkungen.«[523]

Hierauf antwortete Lotacie mit Worten, die die Welt noch nicht vernommen hat, der Heilige Eine möge mir vergeben, was ich aufgeschrieben habe: »Ihr Herren, das einzige, dessen wir gewiß sein können, sind die Leidenschaften des Menschen. Denn auf das, was mit seinen niedrigen Trieben zu tun hat, kann man sich immer verlassen. Doch die hohen Tugenden, von denen du sprichst, finden sich nur bei wenigen, und sie sind wechselhaft wie der Wind. Niemand kann sich auf sie verlassen, ohne enttäuscht zu werden. Deshalb ist die Wahrheit auf unserer Seite und nicht auf deiner, und es müssen sich auch alle vor den Lügenmärchen hüten, die du verkündest.«

Derart fuhr der Widersacher fort, Gott möge ihn zu Boden schmettern, mit der Hilfe Lotacies seine eigenen bösartigen Ziele zu verfolgen. Er ließ sich nicht beirren, so groß war sein Selbstvertrauen. Schließlich erklärte er vor uns: »Eure Prinzipien, ihr Herren, sind voll Tücke, denn ihr habt nur eine Überzeugung, ihr glaubt nämlich insgeheim, daß der Frieden nur da gewahrt werden kann, wo die Menschen aus Angst gehorsam sind. Das hat Anfensu gelehrt, und ihr glaubt es auch, aber es fehlt euch der Mut, es zuzugeben.«[524]

Es war mir, als hörte ich über mir den Flügelschlag des Todesengels, Gott bewahre, denn der Himmel begann sich zu verdunkeln, und Donner ertönte, und der edle Pitaco, Gott möge seine Seele erlösen, versuchte trotz seines schwer betrübten Herzens die Ehre aller Menschen bis zum Letzten hochzuhalten.

Er sprach daher zu Lotacie und Anfenscian: »Ihr gleicht beide Cienciunsu, der für einen Mann der Wahrheit gehalten werden wollte, aber sämtliche Pflichten vernachlässigte. So glaubst auch du, Lotacie, weil du großen Reichtum hast, könntest du tun, was du willst, während der arme Mann meint, er sei, da arm, von allen Pflichten entbunden außer der vor sich selbst. So kommt es, daß Reich und Arm sich inzwischen gleichermaßen der Beschränkungen durch das Gesetz enthoben und nur noch dem eigenen Willen verpflichtet wähnen. Doch keiner von beiden ist wirklich ein Bürger, denn der eine ist seinem Reichtum unterworfen und der andere seiner Bedürftigkeit. Aber du, Lotacie, bist schlimmer, möchtest du doch die Stadt den Tataren in die Hände spielen, denn es ist keiner unter euch, der nicht den Reichtum dem Kampf vorzieht.«

Lotacie antwortete nur kurz: »Alter Mann, deine Worte kümmern mich nicht mehr. Denn du bist verloren, und wir werden dir nicht länger zuhören.«

Als ich das hörte und keiner die Kraft fand, sich den Sendboten des Bösen entgegenzustellen, ergriff daher ich das Wort und sprach: »Ihr Herren, die Prinzipien, von denen die Rede war, sind gerecht und werden es bis zum Ende aller Zeiten sein, Gott sei gepriesen. Denn wenn jemand seine Verpflichtungen gegenüber allen nicht erfüllt, wird seine Stadt keinen Bestand haben. Zudem waren die Dinge, die der edle Pitaco über die Reichen und die Armen äußerte, die sich um niemand anderen kümmern als um sich selbst, weise gesprochen.

Auch spielt es für einen weisen Mann keine Rolle, wenn seine Vorschläge manchen willkommen sind, anderen aber nicht. Denn auch wenn sie, wie die des Salomo, die weisesten sind, die ein Mensch seit dem Anbeginn der Welt gemacht hat, wird ihr Urheber von den anderen stets heftig beneidet werden, und deshalb werden sie auf Zurückweisung stoßen.«

Einer ihrer Weisen, nämlich besagter Cian, der mich zuvor geschlagen hatte, Gott möge ihn zu Boden schmettern, antwortete darauf: »Herr, wir empfinden keinen Neid auf dich, denn alles, was du dargelegt hast, war uns längst bekannt. Wir haben in der Tat vor langer Zeit selbst solche Ansichten gehegt, wie du sie in unserer Stadt geäußert hast, und deshalb kann uns nichts, was du sagtest, etwas lehren, das wir nicht schon wissen. Dennoch befinden sich unter uns einige schwache Männer, die Pitaco gerne gegen die Stadt führen würde und die die Früchte aus einem fremden Garten im Auge haben, denn in ihrer Niederträchtigkeit finden sie solche Früchte süßer als die eigenen.

Deshalb, Jude, wird der Fremdling von ihnen mit größerer Ehre bedacht als jemand aus unseren eigenen Reihen. Und wer aus einem fremden Land kommt und sich selbst zum Weisen erklärt, wird wie ein Weiser aufgenommen, ob er nun wirklich weise ist oder nicht.«

Ein anderer Gelehrter fügte hinzu: »Der gelehrte Cian, der der weiseste von allen Menschen ist, hat richtig gesprochen. Haben wir denn die Dinge, die der Jude sagte, nicht schon gewußt, und sind denn nicht die Dinge, die wir nicht wissen, leer und wertlos? Waren wir denn nicht immer davon überzeugt, daß ein Mensch die Götter ehren und tun soll, was ihm aufgetragen ist? Weshalb also wirft sich der edle Pitaco vor dem Fremden zu Boden, wenn wir alle seine Prinzipien schon lange befolgt haben und unsere Väter vor uns auch?«

Und ein dritter Weiser erklärte: »Ein Erlaß des Sohnes des Himmels ist an unsere Stadt ergangen. Darin steht geschrieben, daß ein Fremder uns keine Ratschläge bezüglich unserer Gefährdung erteilen soll.«

Auf diese Weise sprachen die Weisen und Gelehrten der Stadt des Lichts mit haßerfülltem Herzen, denn der Engel des Todes, Gott behüte, war in die Versammlung getreten und stand unter uns.

Darauf sprach der edle Pitaco, sein Name bleibe bewahrt, als ob er das Nahen des Todes ahne: »Ihr Herren, seit den Zeiten unserer entferntesten Vorfahren gab es bei uns nur wenige Jahre der Ordnung, aber viele der Unordnung. Doch die Menschen wollen in jedem Zeitalter in Frieden unter den sanften Winden leben, und sie hoffen, daß kein Sturm über ihre Häupter kommt. In vergangenen Zeiten der Bedrohung haben wir uns zur Wiederherstellung des Reichsfriedens an unsere Kaiser und an die großen Minister gewendet, doch jetzt gibt es keine solchen Kaiser und Minister mehr. Sogar Chunfuzu verbrachte viele Jahre auf Wanderschaft von Hof zu Hof und suchte einen Herrscher, der sich nach seinen Empfehlungen zu richten bereit war, doch er fand keinen.

Um so größer, ihr Herren, ist deshalb die Notwendigkeit, daß sich nunmehr ein jeder seiner Pflichten erinnert, damit die Ordnung des Himmels wieder Wertschätzung erfährt und ein gottesfürchtiger Fremdling, der zu uns kommt und den rechten Weg kennt, würdig und respektvoll behandelt wird.«

Dann ergriff der edle Pitaco meine Hand, wofür Gott gepriesen sei, und sprach: »Werter Herr, da wir sehen, daß du in hohem Ansehen und großer Achtung stehst, weil du in vielen Angelegenheiten eine vernünftige[525] Urteilskraft hast, wünschen wir, daß du bei uns bleibst. Auch suchen die Menschen in jeder Stadt und in jedem Volk einen überlegenen Mann, dem sie folgen können und den man bei uns *ciuntsu* nennt. Wie unser Lehrer Chunfuzu feststellt, muß ein solcher Mann aufrecht, loyal, fromm und weise sein, denn nur dann ist er würdig zu herrschen.

Wenn du also zustimmst, uns in Gesetzesangelegenheiten ein Ratgeber[526] zu sein, werden wir deinem Urteil folgen, als wäre es eine hoheitliche Anordnung,[527] damit die Menschen wieder auf den rechten Weg gelangen und die Stadt wieder zur Ordnung findet.«

So schlug der edle Pitaco vor, der Friede sei mit ihm, mich, Jacob aus Ancona, mit dem Amt eines Schiedsrichters[528] zu betrauen, damit ich den Ältesten der Stadt meinen weisen Rat zuteil werden lasse, Gott sei für die Ehre, die mir erwiesen wurde, verherrlicht und gepriesen.

Doch da waren viele, die haßerfüllt gegen Pitaco schrien und mich verlachten und verhöhnten, während andere wünschten, daß ich zum Herrn[529] über die Stadt gemacht werde. Andere erklärten, sie seien sehr wohl bereit, mich zu einem ihrer Richter zu machen und meinen Anordnungen dieselbe Achtung und Ehrerbietung entgegenzubringen, wie denen der anderen Richter der Stadt. Andere jedoch schrien sie an und erklärten sie zu Verrätern. Darauf gebot der Präfekt Stille und forderte den edlen Pitaco auf, seinen Antrag zurückzuziehen, doch dieser ließ sich nicht dazu bewegen.

Und während ich abermals den Donner vernahm, sprach ich deshalb folgendermaßen, wobei Gott mich führte, Er sei verherrlicht und gepriesen: »Ihr Herren, man soll mich nicht für einen Mann von grenzenloser Weisheit und unermeßlichem Wert halten, sondern für einen gottesfürchtigen und gelehrten Juden, der das Gesetz der Thora und die Eigenheiten der Menschen studiert hat. Auch bringt die Machtausübung keinen wirklichen Lohn.[530] Die Menschen sollten vielmehr ihr Vertrauen auf Gott richten, Er, der allein uns Segen bringen kann, sei gelobt. Doch ich bin sehr dankbar für die Ehre, die ihr mir erwiesen habt, auch wenn ich ihrer nicht würdig bin.

Doch es ist klar, daß bei euch viele mitregieren, denen es an echtem Wert mangelt. In unseren Ländern werden ebenfalls gelehrte Meister des zivilen und des sittlichen Rechts, die durch ihre Weisheit ebenso geadelt sind wie andere durch ihre Herkunft[531] oder durch den Ritterschlag, oft an den Hof der Herrscher als Ratgeber bestellt, darunter auch viele meiner Brüder, Gott bewahre sie in Seiner Hand. Denn sie besitzen praktischen Verstand[532] und politische Klugheit[533], Tugenden, die sich aus ihrem Verständnis des Menschen ergeben. Wahrlich, manche von uns sagen, ein tiefgründiger Geist qualifiziere einen Mann eher zum Herrscher als adliges Blut.

Unser Prediger lehrt auch, daß Mangel nie ein Ende hat, da es immer mehr Narren als Weise gibt und die Zahl der Herrscher, die nicht soviel Weisheit haben, wie ihr Reich ihnen abverlangt, groß ist. Doch andere sind der Ansicht, für einen weisen Mann sei es besser, bei seinen Studien zu bleiben und sein vertrautes Leben weiterzuleben, anstatt ein einfaches Gewand gegen das königliche Purpur[534] einzutauschen.

Doch hier in eurer Stadt haben die Habgier und die Gewalttätigkeit der Bürger ein solches Ausmaß angenommen, und jeder ist so sehr davon überzeugt, der beste Richter über Richtig und Falsch zu sein, daß noch nicht einmal Salomo, unser Weiser der Weisen, der Friede sei mit ihm, imstande gewesen wäre, die Eintracht unter euch wiederherzustellen. Obendrein haben in eurer Stadt die gelehrten Narren, die euch leiten sollten, euch aber mit ihrer angeblichen Weisheit an der Nase herumführen, selbst den Drang nach Tugendhaftigkeit verloren und verstehen es nicht mehr, Gut und Böse voneinander zu unterscheiden.«

Nach diesen meinen Worten, für die Gott gedankt sei, verfiel die ganze Versammlung in tiefes Schweigen, denn keiner zeigte seine Meinung über sie, so daß der himmlische Donner erneut hörbar wurde.

Deshalb fuhr ich fort: »Aber obwohl ein gottesfürchtiger Mann auf keinen Fall von seinen Studien ablassen sollte, haben meine Vorfahren, der Friede sei mit ihnen, den Herrschern unseres Landes als Ratgeber gedient. Mein Vater, seine Seele ruhe in Eden, der bei dem Übereinkommen mit Venedig als Ratgeber mitwirkte, begab sich viele Male zu unserem Bruder Alleuccio, um unsere Stadt von den schweren Lasten zu befreien.«

»Des weiteren lehren unsere Schriftgelehrten, daß jener, der aus Bescheidenheit seine Pflichten nicht erfüllt, dem Irrtum

»... UM UNSERE STADT VON DEN SCHWEREN LASTEN ZU BEFREIEN«

Diese Befreiung der Stadt Ancona von »schweren Lasten« nach der Aushandlung eines Vertrags mit dem Rivalen Venedig, an der nach Jacobs Darstellung dessen Vater beteiligt war, dürfte sich auf den Handelsvertrag beziehen, der (unter Kriegsandrohung Venedigs) am 29. Juli 1264, sechs Jahre vor Jacobs Abreise, zwischen den beiden Städten geschlossen wurde. Die Vertragsbedingungen waren jedoch – im Gegensatz zu Jacobs Lesart, falls dies das fragliche »Übereinkommen« ist – ihrerseits äußerst drückend. Sie bezweckten, die Handelsbeziehungen der Kaufleute von Ancona mit der islamischen und byzantinischen Welt zu beschneiden, indem sie der Stadt die Entrichtung einer besonderen Importsteuer von zwanzig Prozent auf alle Güter auferlegten, deren Herkunft außerhalb des adriatischen Raums lag. Es scheint allerdings, daß die Kaufleute von Ancona den Vertrag ignorierten und weiterhin unverdrossen Handel trieben, wo immer es ihnen gefiel – was das Manuskript bezeugt –, und das sogar in Partnerschaft mit venezianischen Kaufleuten.

unterliegt. Denn wenn ein Mann die Macht hat, unter den Mitmenschen für Recht und Gerechtigkeit zu sorgen, soll er sich dem nicht entziehen, damit er nicht am Untergang des Landes mitschuldig werde. Ihr Herren, um den edlen Pitaco zu unterstützen und um eure Stadt zu retten, was gewiß die größte Ehre der Welt wäre, nehme ich deshalb seinen Vorschlag an.«

Da veranstalteten alle, die hier versammelt waren, einen solchen Lärm und schrien derart häßliche Dinge, daß mein Herz traurig wurde und meine Augen nicht mehr erkennen konnten, was vor ihnen geschah, Gott behüte. Denn ich, der ich mich bemüht hatte, den Einwohnern der Stadt des Lichts, die nun in Finsternis lag, Weisheit und Wahrheit zu bringen, wurde vor aller Augen verächtlich zurückgewiesen.

Während dieses Tumults kamen Anfenscian und der Großkaufmann Anscinen, die Abgesandten des Widersachers, von Cian und gewissen anderen begleitet, nach vorne, um der Versammlung Lügengeschichten zu unterbreiten, wie sie noch nie an eines Menschen Ohr gedrungen waren, und Anfenscian sprach: »Einer aus unserer Mitte, der es nicht wert ist zu leben, steht schon seit langem in Auflehnung gegen das Gesetz. Er versucht jene herunterzumachen, die über das Gesetz bestimmen, und diejenigen, die Reichtum in die Stadt bringen, versucht er, aus ihr zu vertreiben und Zwietracht unter den Bewohnern zu säen. Auch führt er üble Nachrede, sogar vor einem Fremden, über all jene, die dem Gemeinwohl dienen. Zudem hat er sich herausgenommen, der Ehre unwerte Leute einzuladen, wie diesen Juden, damit sie über unsere Sitten ein Urteil abgeben, als ob es nicht genügend gelehrte Männer unter uns gäbe, die besser als jeder Fremdling wissen, womit es in unserer Stadt und in unserem Reich gut und womit es schlecht bestellt ist.«

Bei diesen Worten zeigte Anfenscian, Gott behüte, mit dem Finger auf mich und erklärte: »Ihr Herren, dieser da, der sich unter uns befindet, ist nicht so, wie er zu sein scheint. Er behauptet, ein frommer Mann zu sein, doch den Glauben anderer, zum Beispiel der Christen, verachtet er in solchem Maße, daß die Christen unserer Stadt den Richtern eine Anklage vorgetragen haben, um ihn wegen seiner gegen sie gerichteten Worte aburteilen zu lassen. Er, der die Frömmigkeit anderer verhöhnt, will uns Pflichtbewußtsein lehren; er mißachtet die Weisheit aller Menschen außer seiner eigenen, will

uns aber Weisheit lehren, und er leugnet alle Götter außer seinem eigenen Gott und will uns Glauben lehren.

Mehr noch, dieser törichte Jude, der uns Tugend lehren will, hält außer seiner eigenen Person alle Leute für minderwertig. Dabei ist er, der sich Urteile über die Habgier anderer erlaubt, nicht etwa auf der Suche nach Weisheit in unsere Stadt gekommen, sondern auf der Suche nach Wohlstand und hat überall die teuersten Dinge zusammengekauft, die ihm in die Hände kamen, wie Edelsteine, Seide, Gewürze und vieles andere mehr.

Obendrein hält er uns unsere Laster vor, besonders die Sünden des Fleisches, dabei hat er selbst die übelsten Orte der Stadt aufgesucht und dort in Lust bei Frauen gelegen, wie uns ein gewisser Uaiciu[535] zu berichten wußte. Zudem behandelt dieser Jude, der so gern von den Verpflichtungen des einen für den anderen redet, seine Dienerinnen voll Grausamkeit und läßt seine niederen Triebe[536] an ihnen aus, wie uns hinterbracht wurde.

Auch die Juden dieser Stadt haben wenig Gutes über diesen Mann zu berichten und sagen, er gehöre zu jenen Menschen, die mit großem Geschick Zwietracht zwischen den Leuten säen, um daraus ihren Gewinn zu ziehen.[537] Ferner sagen sie, daß Leute wie er, die nicht im Kreise ihrer Brüder beten, sondern sich von der Gemeinde der anderen absondern, keine echten Juden seien.

Dennoch wollte Pitaco ausgerechnet diesen Mann als unseren Richter aufstellen, damit seine üblen Machenschaften gegen die Stadt gedeihen können, einen Mann, der nach dem Beschluß unserer Richter unser Land bis Sonnenuntergang zu verlassen hat.«

Noch nie war soviel Bosheit von einem Mann gegen einen anderen vorgebracht worden, wie von dem Widersacher gegen mich. Der getreue Lifenli flüsterte mir zu, er wolle zu meinen Gunsten vor den anderen sprechen, doch ich verbot es ihm, damit ihm kein schweres Leid angetan werde. Gleichzeitig dankte ich Gott, daß Er mich durch die Verlogenheit des Widersachers vor meiner eigenen Schwachheit und Hoffart bewahrt hatte.

Denn hatte ich nicht vor der Versammlung wahrheitswidrig erklärt, daß ihr Richter zu sein die größte Ehre der Welt bedeute, während diese Ehre doch ausschließlich dem Studium der Thora gebührt, Gott sei gepriesen für die Fülle Seiner Gnade? Auch wäre ich nicht mehr in mein Land und zu meiner geliebten Sara zurückgekehrt, die Gott in guter Gesundheit erhalten möge, sondern ich wäre am fernsten Ende der Welt untergegangen und zu Tode gekommen, was Gott verhüte.

Während sich alle Stimmen gegen mich erhoben und die Wächter den edlen Pitaco umstellten, dankte ich daher Gott, daß Er mich derart vor meiner Hoffart und der Torheit meines Herzens bewahrt hatte, die einen Mann, und sei er auch noch so fromm und gelehrt, in den größten Irrtum führen können.

Doch ein Mann soll es nicht zulassen, daß jene, die ihn seines guten Rufes berauben wollen oder schlecht von ihm reden, ohne Antwort bleiben, denn ein guter Name ist besser als das süßeste Parfüm. Daher sah ich mich veranlaßt zu entgegnen, Gott sei gelobt: »Ihr Herren, alles, was gegen mich vorgebracht wurde, ist eine Lüge von solcher Niedertracht, daß ein weiser Mann sich unmöglich so tief herablassen kann, daß er darauf antwortet. Außerdem ist alles wahr, was ich vor euch über das zur Rettung der Stadt erforderliche Pflichtbewußtsein gesagt habe, wie ihr selbst wißt.

Ferner sagt ihr, ich sei nur ein Fremder, aber man sollte sich die Wahrheit anhören, unabhängig davon, wer sie ausspricht, sei es ein Mann aus Manci, ein Franke, ein Sarazene oder ein Jude. Da ihr mich nicht anhören wollt, sondern darauf besteht, mich fortzujagen, möge Gott mich erhalten für das, was ich tue. Doch ich rechne nicht mit der Dankbarkeit der Menschen, denn den besten Taten und den edelsten Zielen wird oft der geringste Lohn zuteil.«

Während sich der Himmel noch mehr verdunkelte und der Engel des Todes unter uns weilte, betrat der große Suninsciou, der Führer[538] der Kaufleute der Stadt, von seinen Wächtern begleitet die Versammlung, wobei er mit lauter Stimme rief, so daß alle ihn hören konnten: »Wir hegen keinen Zweifel daran, daß es Verrat und eine Verschwörung gegen uns gibt und daß Leute existieren, die unserer Freiheit schweren Schaden zufügen wollen, und daß sogar ein Fremder sich an diesen Verbrechen beteiligt.«

Bei diesen Worten gefror mir das Herz, und alle verharrten einen Augenblick lang schweigend und stumm. Denn Suninsciou trat nicht auf wie ein Mensch, sondern vielmehr wie ein Sturm.[539] Sein ganzer Körper war vom Haß verzerrt, und seine Augen quollen wütend hervor. Doch nun schrie dieser Suninsciou, Gott behüte, den edlen Pitaco an, Gott möge dessen Seele bewahren: »Alter Mann,

was weißt du schon vom Kampf, der du ihn so nichtsnutzig anderen aufzuzwingen trachtest? Wieviel Ruhe kann sich der Kaufmann leisten, der seinem Gewinn nachstrebt?[540] Zu lange schon erhebst du deine Vorwürfe gegen uns, von denen die ganze Stadt spricht und um deretwillen viele schon ihr Blut vergießen mußten. Doch jetzt ist der Augenblick gekommen, dir und deinen Gefährten jeden erdenklichen Schaden an Leib und Besitz zuzufügen.«

Er rief dies mit großem Ingrimm, Gott behüte, doch Pitaco erzitterte nicht.

Suninsciou, um den sich seine Anhänger und nun auch die Wächter der Stadt geschart hatten, fuhr fort, während er mit dem Finger auf den edlen Pitaco zeigte: »Alter Mann, es sind Leute wie du, die uns belehren, wir sollten uns der Reinheit befleißigen, und uns anhalten, nichts zuzulassen, was dem gerechten Maß entgegensteht. Doch alle wissen, daß du dich selbst nicht nach diesen Regeln richtest, sondern ein schwerreicher Mann bist, was du mit schlichter Kleidung zu verbergen trachtest. Andere hältst du dazu an, den Besitz weltlicher Güter geringzuschätzen, aber du selbst betätigst dich auf dem Markt. Ganz ähnlich schreibst du anderen vor, die Gesellschaft sittenloser Frauen zu meiden, doch du selbst hast dich dem Laster der Lust verschrieben.

Auch wendest du dich, alter Mann, gegen jene, die ihren eigenen Zielen nachgehen, doch niemand vermag dich an Hochmut zu übertreffen. Du wirfst anderen Feigheit vor, doch du würdest sogar die Stadt zerstören, falls es dir die Oberhand über andere einbrächte. Und schließlich lobpreist du den Glauben der Väter und das Gesetz des Himmels, und dabei bist du ein Freund der Feinde unserer Stadt und begibst dich nachts in ihre Häuser, wie zum Beispiel in die Häuser der Juden, um deine Ziele voranzubringen.

Alter Mann, du hast unsere Stadt verraten. Deine letzte Stunde ist gekommen!«

Nun entstand große Stille. Niemand sprach oder rührte sich. Der edle Pitaco stand aufrecht vor dem Großkaufmann Suninsciou, ohne die geringste Todesfurcht zu zeigen und mit einem Mut, daß es wunderbar anzuschauen war, Gott sei gepriesen.

Dann sprach Pitaco dies: »Die Lüge kann letztlich die Wahrheit nicht besiegen, auch wenn sie unter allgemeinem Beifall[541] ein langes Leben haben mag. Deine Behauptungen über mich und den gottesfürchtigen Juden bringen selbst einen Stummen zum Sprechen, denn du entzündest das Feuer ohne Namen. Doch Sommerfliegen wie du sollten nicht von der tödlichen Kälte sprechen und der Frosch auf dem Grund des Brunnenschachtes[542] nicht über die Sonne oder den Himmel.

Bruder Suninsciou, du kritisierst meine Lehre, daß nichts im Unmaß betrieben werden soll, und du beklagst dich zu Recht. Denn das Universum setzt sich nicht aus Widersprüchen zusammen, sondern ist ein Gleichgewichtszustand, und die Gelehrten und Weisen müssen dieses Gleichgewicht in jedem Bereich zu finden suchen, denn der Ort, wo das Gleichgewicht liegen soll, ist nicht allen offenkundig.

Ein Teil dieses Strebens ist die Achtung vor allem, was früher geschehen ist, und der andere Teil besteht darin, das Neue offenherzig anzunehmen. Ganz ähnlich besteht auch ein Teil darin, die schlechten Dinge der Vergangenheit auszusondern, und wieder ein anderer Teil ist das Aussondern der schlechten Dinge der Gegenwart. Die Wahrung des gerechten Gleichgewichts, o Suninsciou, ist eine schwierige Kunst. Aber diese Kunst kann man nicht erlernen, ohne das Prinzip der Pflicht zu verstehen, wie auch der Jude ganz richtig gesagt hat.«

Doch bei diesen Worten des edlen Pitaco stellte sich der Widersacher vor ihm auf und erklärte: »Alter Mann, du sprichst vom gerechten Gleichgewicht, aber du hast die Stadt verraten. Denn hast du nicht mit einem Fremden konspiriert, wie jedermann zu berichten weiß, um Zwietracht unter uns zu säen? In dieser Stunde der Gefahr ist es unsere Pflicht, die verschworenen Verräter zu benennen und dem Tode zu überantworten. Im Namen der Stadt des Lichts müssen wir gegen dich und alle, die so reden wie du, ankämpfen und euch nach besten Kräften in Stücke brechen.«

Darauf entstand großes Geschrei und Gebrüll gegen den edlen Pitaco, möge seine Seele in Frieden ruhen. Einer schrie, in freiheitlichen Zuständen könne ein jeder nach seinem Willen einen anderen überwältigen, und die Leute um Suninsciou schickten sich sogleich an, auf ihn loszugehen.[543] Sie stürmten mit großer Wut auf Pitaco ein.[544] Einer war mit einem Messer bewaffnet, Gott behüte, das er ihm in die linke Seite stieß, so daß er zu Boden fiel und das Blut aus seinem Körper schoß, was einen schrecklichen Anblick bot.

So ereilte den, der das Beste für die Stadt beabsichtigt hatte, das schlimmste Schicksal.

Da ich daraufhin um mein Leben fürchtete – die Sonne war bereits untergegangen –, nutzte ich den Tumult, um zu fliehen, Gott sei gepriesen und verherrlicht, denn alle rannten herum und prallten aufeinander, so daß es ein großes Getümmel war,[545] aber der getreue Lifenli wich nicht von meiner Seite, wofür Gott gedankt sei.

So ergriff ich die Flucht und lief so schnell ich konnte. Da die Dinge, die ich ihnen vorgetragen hatte, ihnen nichts galten, rief ich laut, sie möchten tun, was sie für richtig hielten, und ich wolle ihnen keine weiteren Unannehmlichkeiten bereiten, während manche versuchten, Hiebe auf meinen Kopf herabregnen zu lassen, Gott behüte, und andere an meinen Kleidern zerrten, aber wieder andere versuchten, mich vor dem Zorn der Menge zu schützen.

Doch der Wille Gottes sah vor, daß ich ihnen entrinnen sollte. Obwohl ich mich körperlich schwach fühlte, lief ich allein zum Haus des Nathan ben Dattalo, nachdem ich zuvor Lifenli aufgetragen hatte, alles, was er geschrieben hatte, zu holen und dorthin zu bringen.[546] Ich befahl meinen Dienerinnen Bertoni und Buccazuppo, sich fertigzumachen, und schickte auch nach Micheli und Fultrono mit der Mitteilung, daß die Stunde, das Land Sinim zu verlassen, gekommen sei, denn ich sah, daß ich hier nicht länger bleiben konnte.

Als Lifenli in aller Eile mit den Dingen zu mir zurückkehrte, die zu bringen ich ihn ersucht hatte, gewährte ich ihm für seine Hilfe eine reichliche Entlohnung von vielen Gold-Besanten und steckte ihm, ohne daß die anderen es sahen, einen kostbaren Edelstein aus Seilan zu, worauf ich jene Dinge zusammensuchte, die ich im Haus meines Bruders Nathan versteckt gehalten hatte.[547] Ich empfand große Zuneigung für Lifenli, der mir in der Stadt Zaitun stets bereitwillig zu Diensten gewesen war, auch wenn er leichtfertig über meinen Glauben gesprochen hatte.

Doch nun, während ich mit ihm sprach, begann meine Dienerin Buccazuppo sehr zu klagen und erklärte, sie würde nicht abreisen. Dabei klammerte sie sich an Lifenlis

---

»... DAS SCHLIMMSTE SCHICKSAL«
Hiermit soll vermutlich gesagt werden, daß Pitaco getötet wurde, doch es fällt auf, daß Jacob das nicht unter Benutzung des entsprechenden Begriffs zum Ausdruck bringt. Bei der letzten Erwähnung Pitacos in seinem Manuskript spricht er ebenfalls nur von dem »Unglück« (sventura), das Pitaco ereilt hat (S. 433).

Arm, um nicht von ihm getrennt zu werden. Ich war darüber ungemein erstaunt. Die Frau Bertoni versuchte sie fortzuziehen, was in Lifenli große Qualen hervorrief, denn er schien sein Herz an das Mädchen verloren zu haben.

Ich ordnete deshalb an, sie mit Gewalt zu den Schiffen zu schaffen, und Micheli und Fultrono schleppten sie dorthin. Die Sonne war nämlich schon längst untergegangen, und ich fürchtete um mein Leben, Gott möge mich für immer schützen. Doch auf dem Weg zum Hafen kam die Frau Liciancie, die ebenfalls den Arm Buccazuppos zu ergreifen suchte. Sie schrie laut, ich sei ein bösartiger Mann, und meine Dienerin habe nur einen Wunsch, und das sei, in der Stadt des Lichts zu bleiben. Ich sah mich daher gezwungen, sie niederzuschlagen, Gott behüte, damit wir nicht allesamt von den Wächtern der Stadt ergriffen würden, wobei der getreue Lifenli, obwohl sehr bewegt von dem Geschrei um ihn herum, Micheli und Fultrono unterstützte.

So gelangten wir zum Hafen, wofür Gott gedankt sei, wo meine Flotte in Bereitschaft lag und die Wächter sich bei meinem Kommen tief verneigten, Gott sei gelobt. Dort sagte ich unter vielen Tränen meinem Bruder Nathan und dem getreuen Lifenli Lebewohl, und wir lichteten am zweiundzwanzigsten Tag des Adar[548] den Anker. Mein Vermögen war in Sicherheit und mein Körper unverletzt, wofür Gott gelobt, geehrt und gepriesen sei, Amen, Amen und Amen.

Denn wie ich schon schrieb, waren die Schiffe schon bereitgemacht und mit allen nötigen Vorräten versehen. Das Schiff meines Bruders Isaia von Basra, das ein großes Ladevolumen hatte[549] und über achttausend Kantar[550] tragen konnte, war von Bug bis Heck[551] mit allen meinen Waren beladen. So nahmen wir Abschied von der Stadt des Lichts, während die beiden Galeeren vorausfuhren.

So fuhr ich mit meinem großen Bestand an Gütern aus Groß- und Kleinindien ab. Es waren nicht weniger als einhundert Kantar[552] Seide, fünfundzwanzig Kantar[553] feinster Satin, außerdem eine große Menge Porzellan, Ingwer, Galgant-Wurzel aus Sinim, Safran und Kampfer, vierhundert Kantar Zucker, dazu viele Arten von Räucherwerk, Arzneien, Kräutern und Gewürzen, wie auch Papier, Edelsteine und die erlesensten Perlen und noch viele andere Dinge mehr. Noch nie zuvor wurde ein solcher Schatz zu Wasser transportiert, Gott sei dafür gepriesen und verherrlicht.

Das göttliche Gericht über Sodom und Gomorrha – aus einer mittelalterlichen hebräischen Bibel

Außerdem wehte ein günstiger Wind aus dem Nordosten, und auch wenn der Donner am Himmel grollte, ließ der Vollmond[554] die Seeleute den Weg zum Meer[555] mit Leichtigkeit finden. So entfernten wir uns von der Stadt, die immer kleiner wurde, je länger wir segelten, bis schließlich ihre Laternen und Lampen nur noch kleine Punkte und am Ende gar nicht mehr zu sehen waren. Doch dort lag nicht die Stadt des Lichts, sondern die der Wolken der Sterblichkeit[556], Gott behüte, und die dort lebten, waren nicht die Söhne und Töchter des Lichts, sondern die Kinder der Blindheit und Finsternis.

Denn eine solche Stadt hatte verdient, daß Feuer und Steine herabregneten, um ihre Untaten zu bedecken wie in Sodom. Am Abend dunkelt der Tag, und mit der Morgendämmerung kehrt das Licht zurück, wofür Gott gepriesen sei. Doch über diese Stadt Zaitun war die Finsternis hereingebrochen, und das Licht wird ihr nicht wieder leuchten, es sei denn, sie ändert sich. Doch eher wird sie gänzlich zerstört werden mit allem, was in ihr ist, Menschen, Tiere, Besitztümer und Profite, und sie wird auf ewig ein Trümmerhaufen sein, um niemals wieder aufgebaut zu werden. Denn wenn Menschen mit Hundegesichtern und lärmenden Zungen den Ton angeben, wenn der Sohn den Vater entehrt und die Pflichterfüllung mit Hohn bedacht wird, wenn die Weisheit versagt und die Anmaßung an ihrer Stelle regiert, dann wird die Stadt unbewohnbar, und die Wahrheit verflüchtigt sich.

Denn in der Stadt des Lichts, die so gar nicht licht war, störten die Kaufleute den Frieden der Stadt mit ihren Lastern, und sie versuchten auch nicht, ihre Begierden zu zügeln, so daß ein gerechter Ausgleich nicht zu finden war. Vielmehr sah ich hier das Übel, dem alle Menschen anheimzufallen drohten, wenn Habgier die Stadt regiert und wenn die Menschen durch die Dinge, die ihnen Lust verschaffen, blind werden für die Gefahren von morgen.

So zog unsere Flotte unter dem Mond, wofür Gott gedankt sei, gen Südwesten[557] dahin. Meine Dienerin Buccazuppo, die bei unserer Abfahrt noch sehr geweint hatte, wurde allmählich ruhiger, doch sie sprach mit niemandem ein Wort, obwohl ich ihr doch erklärt hatte, daß ich sie gemäß meinem Versprechen unterrichten wollte.

Nach Erfüllung meiner religiösen Pflichten befaßten sich meine Gedanken viel mit den traurigen Erinnerungen an die Stadt und das Unglück, das meinen Diener Turiglioni und den edlen Pitaco ereilt hatte, Gott möge mir vergeben. Gleichzeitig dankte ich Gott, Sein Unaussprechlicher Name sei gepriesen, daß Er mein Leben und meine Besitztümer verschont hatte.

Denn obwohl ich anfangs beim Betreten der Stadt von ihrem Reichtum wahrlich überwältigt gewesen war und danach noch viele wunderbare Dinge gesehen hatte, für die Gott gepriesen sei, sah ich nun auf die Stadt herab wie ein freier Mann auf einen Gefangenen oder wie ein frisch gebadeter und dem Wasser soeben entstiegener Mann auf einen anderen herabschaut, der mit Schlamm beschmiert ist. Doch ich hatte auch schwer gesündigt, Gott behüte, und meinen Blick auf Dinge gerichtet, die ein frommer Mann nicht betrachten sollte. In der Nacht betete ich deshalb zu Gott um Vergebung, denn kein Mensch ist vor den Begierden des Fleisches gefeit, wofür Gott gepriesen sei.[558]

Doch die Strafen, die Gott mir für meine Verfehlungen auferlegt hatte, waren auch nicht gering gewesen, denn ich hatte in dieser Stadt mannigfache Bedrängnisse über mich ergehen lassen müssen. Obwohl ich vielerlei großartige Dinge gefunden hatte, die eines Menschen Herz erfreuen, war mir großes Unrecht widerfahren, als ob ich ein Verräter sei, so daß ich gezwungen war, mich so zu verhalten, wie ich es tat, und, von niemandem beraten, die Flucht aus der Stadt ergreifen mußte. Denn hätte ich das nicht getan, wäre ich mit Gewißheit getötet und meine Leiche an einen Ort geworfen worden, wo man sie nie wieder gefunden hätte, was Gott verhüte. Doch mit der Hilfe des Heiligen Einen wurde ich von niemandem erkannt, als ich durch die Stadt lief, und niemand bemerkte meine Flucht, wofür Gott gedankt sei.

Doch zur selben Zeit war ich im Herzen betrübt, denn im Lande Sinim hätte ich ein Fürst[559] sein können, doch all meine Ratschläge waren vergeblich gewesen. Wahrlich, wäre meine Weisheit angenommen worden, ich hätte gewiß das Lob der ganzen Welt verdient. Doch ich dankte Gott, auf diese Weise so viel über die Eigenheiten der Menschen gelernt zu haben, denn in der Stadt des Lichts war mir die verblendete Lebensweise der Bewohner von Zaitun enthüllt worden.

Denn ich sah, daß freie Menschen in freien Lebensverhältnissen sich vor dem Auge Gottes selbst in den Ruin getrieben hatten. Wohl ist es wahr, daß die Gesetze der Menschen unterschiedlich sind, denn jede Stadt gibt sich die Gesetze, die sie für sich erforderlich hält, und Gesetze, die für die eine Stadt passend sind, mögen für die andere unpassend sein. Doch das Gesetz Gottes ist ewig und unveränderlich, auch wenn uns unsere Schriftgelehrten zeigen, wie wir Gottes Willen besser erfüllen können, oder mit ihrem Wissen jene Stellen überbrücken, an denen Er geschwiegen hat, als Er unseren Propheten das Gesetz gab, Er sei gelobt für die Fülle Seiner über Israel ausgegossenen Gnade.

Auch sah ich, daß die Einwohner der Stadt des Lichts, die alle zwischenmenschlichen Regeln außer Kraft setzten und immer schnell dabei waren, sich mit anderen zu tummeln, auf der Suche nach Vergnügungen fruchtlos hin- und herrannten und dennoch keine Befriedigung ihrer Sehnsüchte fanden. Denn sie hatten ruhelose Seelen, Gott behüte, und was sie ersehnten, spendete ihnen keine Befriedigung, und was sie besaßen, keinen Frieden, denn ihre Kaufleute lehrten sie, daß jeder nur seine eigenen Interessen verfolgen solle, und ihre Weisen und Gelehrten waren unfähig, zwischen Gut und Böse zu unterscheiden. Auf diese Weise suchten der Widersacher und seine Sendboten, sich über die Blindheit dieser Elenden lustig zu machen.

Wahrlich, die Herrlichkeit Gottes strahlt nie so hell, daß sie nicht von Zeit zu Zeit durch einen dunklen Schleier verhüllt werden könnte. Mancher läßt sein Leben fahren, um sich seinem Zugewinn oder seinen Begierden zu widmen, ohne zu wissen, daß er somit vergeblich lebt und wandelt, als würde Gott ihn nicht sehen. Aber soll ein Mensch sein ganzes Leben in seiner Werkstatt oder hinter seinem Ladentisch verbringen, und Gott tritt erst in der letzten Stunde ein?

Ich trauerte daher sehr über die verlorenen Bewohner der Stadt des Lichts, doch innerlich war ich froh, daß es schwer für sie werden würde und daß das aus den Ratschlüssen der ewigen Gerechtigkeit entstammende Urteil Gottes der Stadt keine lange Dauer gewähren würde. Denn die Stadt hatte den falschen Weg eingeschlagen, und da all ihre Angelegenheiten sich verschlimmerten, stand sie kurz vor ihrem Ende.

Aber bei dem großen Überfluß an Gütern, der Raffgier, Eitelkeit, Hohlheit und dem Unglauben der meisten ihrer Bewohner begriffen nur wenige, welchem Schicksal ihre Stadt entgegentrieb. Solchermaßen schien der Vormarsch der Tataren, die die ganze Welt zu unterjochen trachten, Gott behüte, die Mehrzahl der Einwohner wenig zu kümmern. Doch wer unter dem Szepter der Narrheit lebt, weiß nicht, wie man den Widersacher bezwingt. Ohne die Hilfe Gottes werden die Bewohner seinem bösen Willen nichts entgegenzusetzen haben, und seien ihre Waffen noch so stark, denn der Widersacher ist schlauer und listiger als sie.

Es gibt nämlich keinen Gedanken, den der Widersacher nicht für seine eigenen Zwecke einzusetzen verstünde, denn seine List kann in alle Richtungen gehen und vielerlei Gewänder der Wahrheit anlegen. Aber Weisheit und Narrheit besitzen jeweils nur ein einziges Gewand, und beide können nur einen einzigen Weg gehen und sind daher stets im Nachteil.

Während ich nachts schlaflos lag, kamen diese Gedanken mit vielen Tränen über mich, zusammen mit dem unverrückbaren Wunsch in mir, so schnell wie möglich in mein Land zurückzukehren, sofern Gott mich verschonte. Denn ich führte große Reichtümer mit mir, die mir mein Handel durch ein günstiges Schicksal eingebracht hatte, darum erhob ich mich lieber aus dem Bett, um Gott Dank abzustatten, zumal die See sehr hoch ging. Denn der Engel des Todes, Gott behüte, hat keine Macht über einen gottesfürchtigen Mann, der mit der Thora befaßt ist, weshalb ich mich bis zum ersten Licht mit dem Studium beschäftigte, während meine Diener schliefen, der Friede sei mit ihnen[560].

So fuhren wir mit Segel und Ruder, bis wir eine große Entfernung vom Hafen gewonnen hatten, und folgten unserem Kurs gen Südwesten.

وأثرتم الصواب والغلط وإن جلية الحكم عندى فارضوا سقي ولا استفتوا احد

يعني ٥ اعلموا أن صناعة الأنباء أربع وصناعة أحد انفع الأماكنة

Das Ende
war gut

Aus Platzgründen habe ich mich entschlossen, den überwiegenden *Teil von Jacob von Anconas Bericht über seine Heimreise wegfallen zu lassen, der dreiundzwanzig Blatt (fünfundvierzig Seiten, die letzte davon leer) des Manuskripts einnimmt. Nachdem Jacob Zaitun in der Nacht des 24. Februar 1272 bei günstigem Nordwestwind verlassen hatte, wenn auch sehr viel später, als seine ungeduldig gewordenen Seeleute und Bediensteten wünschten, mußte sein kleiner Geleitzug von drei Schiffen ohne die Sicherheit auskommen, die das Segeln in einem großen Flottenverband geboten hätte. Jacobs italienisch-jüdische Kaufmannskollegen Eliezer von Venedig und Lazzaro del Vecchio waren schon vorausgefahren.*

In den von Jacob als »See von Ciamba« bezeichneten Gewässern vor dem heutigen Vietnam holte er allerdings die Schiffe seiner Reisegenossen »zwei Tage nach Pessach«, also am 26. März 1272, wieder ein. Jacob verbrachte das Fest auf See und mußte den Ritus, seine »religiösen Pflichten«, so gut begehen, wie es eben ging. Sein Bericht enthält folgende Darstellung:

Da ich mich zum Pessach-Fest auf See befand und das Schiff viel *chamez*[561] barg, es jedoch nicht möglich war, den Ritus einzuhalten, säuberte ich den mir vorbehaltenen Platz beim Licht einer Laterne und untersuchte auch die Risse in den Balken nach Spuren des Verbotenen, wie es Vorschrift ist, damit kein Rest von gesäuertem Brot über meine Lippen komme, Gott sei gepriesen. Danach brachte ich der Gegenwart Gottes mein Dankgebet für die Errettung unserer Vorväter aus der Knechtschaft in Mitzrain dar, als wäre ich selbst in jenen Tagen aus der Gefangenschaft ausgezogen, wie Rabban Gamaliel es uns heißt.

*Kaufleute zur See –
aus einer Ausgabe
von Abu Muhammed
al-Kasim Hariris
Makamen
von 1237*

*Einen Monat darauf, am 26. April, mußten sie wieder in »Java Minor«
Unterschlupf suchen (und nicht in Ceylon, wie Jacob es seinem Bericht
zufolge geplant hatte), da der Monsun jetzt aus Südwesten kam und
»sehr starken Gegenwind, einen Sturm und schwere Regenfälle« mit
sich brachte. Hier blieben sie bei nahezu ununterbrochenem Regen bis
zum 29. Mai 1272, was Jacob allerdings nicht von weiteren Einkäufen
und Beobachtungen abhielt.*

*In dieser Zeit der erzwungenen Zuflucht auf Sumatra, in der er
begann, seine Dienerin Buccazuppo zu unterrichten – über die er
freundlich spricht –, beklagt er sich, und nicht nur dieses eine Mal,
daß er »ein Fürst in Sinim hätte sein können«, und er spinnt Gedan-
kenspiele über die entgangene Herrschaft, die man ihm seiner
Meinung nach angetragen hatte, die aber durch die Machenschaften
seiner Verleumder zunichte gemacht worden war. Um in die Monsun-
Winde zu kommen, die die mittelalterlichen Seeleute zwischen Juni
und September die indische Küste hinauf nach Arabien brachten,
wagte Jacobs Flotte ungeachtet des anhaltend schlechten Wetters die
Überfahrt zu den Nikobarischen Inseln und weiter nach Ceylon, da
»eine weitere Verzögerung nicht wünschenswert war«, wie er es ausdrückt. Trotz heftiger Winde, hohen Seegangs und schwerer Regenfälle
erreichten sie Mitte Juni Ceylon – wofür Jacob in seiner bekannten
Weise Gott pries. Unter seinen interessanten Bemerkungen über
Ceylon findet sich auch folgende:*

Meine Einnahmen im Lande Sinim waren so groß, daß ich weitere
Edelsteine erwarb, von denen ich einen Rubin, der wie die Flamme
eines Feuers funkelte, einen Saphir von der reinsten Qualität, die
man finden kann, und ein äußerst kunstfertig aus Korallen und Gold
gearbeitetes Halsband für meine geliebte Sara aussuchte, die sich so
trefflich zu schmücken versteht. Danach kaufte ich noch ein Perlen-
Halsband von großem Wert und ein Amethyst-Armband[562] als Mitgift für meine Töchter. Ich erwarb dort auch lange Zimtstangen, die
noch mehr kosten als der Zimt aus Malabar ...

Zwar waren die Regenfälle heftig, aber meine Seele erfrischte sich
am Anblick der vielen farbenfrohen Vögel in den Bäumen, doch an
beschatteten Orten gibt es auch eine große Zahl von wilden Tieren,
so daß es gefährlich ist, sich dorthin zu begeben.

*Nach nur fünftägigem Aufenthalt in Ceylon, vom 18. bis zum 22. Juni –
einschließlich des Sabbat Pinchas, wie Jacob uns akribisch mitteilt –,
segelten die Schiffe der drei Kaufleute, häufig in rauher See, die Malabar-Küste im Westen Indiens hinauf, mit Zwischenstationen in Colam
(Quilon), Callicote (Calicut), Marrabia und Tana (bei Cannanore).
In dem Abschnitt über Quilon finden sich in Jacobs Manuskript die
folgende Mischung aus Kommerziellem und Sentimentalem, eine
Kombination, die für Jacobs Persönlichkeit so typisch ist:*

Hier gab es feinen Ingwer, den ich für Alessandria und Ancona kaufte, sowie Indigo für das Haus meines Bruders Abramo von Foligno
und ferner Farben und geheimnisvolle Dinge, die den Schmerz
fortnehmen sollen, den jemand im Körper verspürt, und von denen
deshalb auch jedermann etwas haben möchte ...[563]

Hier kam ich wie zuvor bei meinem Vetter Levi unter. Er staun-
te über die Reichtümer, die ich aus dem Lande Sinim mitgebracht
hatte, Gott sei gelobt, und nicht minder darüber, daß ich bei den
Mancini wegen meiner Liebe zu Weisheit und Wahrheit in Gefahr
geraten war. Er bewies mir seine große Liebe, so daß ich bei meinem
Abschied von ihm viele Tränen vergoß, denn ich wußte, daß wir uns
nie wiedersehen würden.

*In Tana verbrachte Jacob das jüdische Neujahrsfest, das auf den
23. August 1272 fiel. Er gibt uns eine Schilderung der jüdischen Gebräuche in diesem Ort, spielt aber auch wieder auf seine Vorahnungen vom
Tod des Vaters an:*

Es war der letzte Tag des Ellul und der Tag des Neumondes vor der
Herbst-Tagundnachtgleiche sowie der Vorabend des Neujahrsfestes,
also der sechsundzwanzigste Tag des August im Jahre 1272, Gott sei
dafür gelobt, daß Er mich sicher bewahrt hat, und alle Juden des
Ortes begaben sich in die Synagoge und sprachen die angemessenen
Gebete, wobei einer zum anderen in arabischer und in unserer
Sprache sagte: »Möge dir in diesem Jahr das Schicksal gut sein, und
möge alles, was du tust, zu einem günstigen Ende kommen.«[564]

Danach aß jeder etwas Honig und betete, das Jahr möge süß
werden, doch ich mußte an mich halten, um nicht zu weinen, denn
ich wußte in meinem Herzen, daß mein Vater nicht mehr lebte. Am

nächsten Tag[565], nach dem Ertönen des Widderhorns, Gott sei verherrlicht, betete ich, die Ungerechtigkeit möge ihren Mund verschließen, und alles Übel möge verwehen wie Rauchwolken, wenn der Heilige Eine dereinst dafür Sorge trägt, daß die Herrschaft der Hoffart von der Erde verschwindet, Amen und Amen.

Den Versöhnungstag am 5. September 1272 mußte Jacob allerdings trotz seines religiös begründeten zornigen Protests auf See verbringen, denn die Seeleute drängten darauf, den günstigen Monsun zu nutzen, um nach Aden zu gelangen. Bei Jacob schlägt sich das in einer bemerkenswerten Textpassage nieder:

Als am Abend des geheiligten Tages der Regen nachgelassen hatte, wurde die Hitze so groß, daß man denken mochte, es sei Mittag. Mein Körper litt sehr unter der Austrocknung,[566] und meine Dienerin Buccazuppo flehte mich an, etwas Wasser zu mir zu nehmen, was Gott verhüte.

Rund zwei Jahrzehnte nach Jacob von Ancona wird Marco Polo eine ähnliche Route wie dieser für seine Rückreise aus China wählen – Detail aus dem Livre des Merveilles

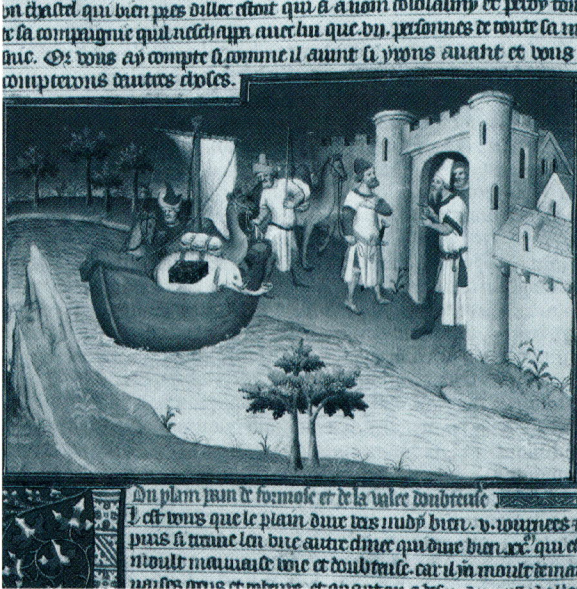

Und als die Sonne an diesem Tag des Schreckens und der Buße in den Himmel stieg, wofür Gott gepriesen und geehrt sei, vernahm ich in meinem Herzen den Klang des Widderhorns, der meinen Leib erzittern ließ. Denn niemand vermag mehr in seiner Seele ruhig zu bleiben, wenn ihm *terua* und *tekia*[567] ins Ohr kommen, Er sei gepriesen und verherrlicht. Der Klang, den ich hörte, war so laut, daß er im Himmel widerzuhallen schien, doch um mich herum konnte ihn niemand hören, so daß ich zu Gott um die Vergebung der Sünden schrie, die ich im Lande Sinim begangen hatte. Ich betete auch für die Seele meines geliebten Vaters, der Friede sei mit ihm, und für meine Vorväter, Friede ihren Seelen.

Denn der Heilige Eine verzeichnet und zählt alles und erinnert sich auch an das, was vergessen wurde. Und wenn die große Trompete erschallt,[568] und die Engel rufen: »Höret, der Tag des Gerichts ist nah«, dann wird der Heilige Eine das Schuldregister öffnen und verkünden, was dort geschrieben steht, nämlich wer leben und wer sterben wird, Gott verhüte, und wer arm werden und wer zu Reichtum aufsteigen wird, so Gott will, wer erniedrigt und wer erhöht werden wird und wer durch Feuer und wer durch Wasser[569] zugrunde gehen wird, was Gott ebenfalls verhüte.

Denn der Mensch ist wie die Blume, die verwelkt, oder wie ein Schatten, der vorüberzieht,[570] wie der Staub, der hierhin oder dorthin weht, oder wie ein Traum, der weit fortfliegt.[571] Doch Gott lebt ewig, möge Er mich auf immer in Seiner Hand bewahren, Amen und Amen.

Danach hörten die Regenfälle auf, und inmitten einer plötzlichen Hitzewelle, in der einige Seeleute »beinahe zu Tode« kamen, erreichte die kleine Flotte an den ersten Oktobertagen den Hafen von Aden, das Jacob in »Mittelindien« ansiedelt. Er nennt die Hafenstadt abwechselnd »Edente«, »Ahaden« oder »Edena« und hat uns folgende Beschreibung von ihr hinterlassen – zusammen mit (merkantilen) Urteilen zum alten Thema »Abgötterei«.

[Aden] liegt auf einer Insel nahe beim Land der Sarazenen und birgt über dreitausend Juden, Gott möge sie bewahren, unter denen sich die reichsten Bewohner dieses Ortes befinden. Sie unterstehen ihrer eigenen Gerichtsbarkeit und haben Synagogen, Gerichte und große

Besitztümer. Einige von ihnen, zu denen auch mein Vetter Efraim von Ceneda gehört, besitzen großartige Schiffe und Lagerhäuser, andere besorgen die Erhebung der Zölle. Viele malabarische Kaufleute aus Cambaetta, Tana, Calam und anderen Orten wie auch aus Seilan und Java Minor sind hier ansässig und haben Vertreter und Lagerhäuser.

Die Sarazenen dieses Ortes hegen großen Haß auf die Christen und sind von gewalttätigem Verhalten, doch den Juden, die sie als ihre älteren Brüder und gemeinsamen Söhne unseres Vaters Abraham bezeichnen, der Friede sei mit ihm, sind sie wohlgesonnen.

Hier kaufte ich große Mengen feinster Balsame und feinsten Räucherwerks, denn hier gibt es vielerlei Sorten wie Roter Drache[572], Myrrhe[573] und Storax[574]. Die feinsten davon werden in kleine Schachteln und Tiegel verpackt, wie bei uns auch, und manche in Töpfe, die wunderbar anzusehen sind, wenn man sie alle beisammenstehen sieht, denn sie zeigen den Überfluß Gottes, Er sei gepriesen.

Das kostbarste von allen Dingen ist aber der Weihrauch[575], wovon ich für die bilderverehrenden Brüder des Klosters von Santa Croce bei Monte Catria[576] einen großen Posten jener Sorte erwarb, die *zaffaro*[577] genannt wird. Sie verwenden bei ihren Andachten nur das Allerreinste und lehnen gemischten Weihrauch ab, der von brauner Farbe ist. Sie behaupten, dieser eigne sich nicht für ihre Weihrauchfässer[578], mit denen sie ihre Altäre und andere Dinge einräuchern, wenn sie herumgehen und ihre Gebete singen. Solche Dinge sind ihnen wichtiger als etwa die wahre Nächstenliebe, und sie wählen nur die feinsten Düfte für die Zeremonien vor ihren Götzenbildern.

Doch unsere Weisen haben auch geschrieben, daß es einem Juden nicht gestattet sei, derartige Dinge an Nichtjuden zu verkaufen, da diese damit ihre Götzenbilder verehren. Aber andere lehren, daß es an allen Tagen erlaubt ist außer an jenen, die unmittelbar vor den größeren Festen liegen, an denen sie ihre Götter feiern. Da man also durch die Christen und ihre Gottesdienste große Gewinne erzielen kann, ließ ich durch meinen Bruder Abramo von Baudas für sechzig Besanten zwei Kantar des besagten Zaffaro einkaufen.

Jacob berichtet uns, bevor er in Aden wieder in See stach – wobei »die Hitze groß blieb und der Wind so heiß wie zuvor« –, habe er nach

»Ciusar« oder Quseir, einen Hafen am Roten Meer, den Auftrag voraus-
gehen lassen, bei seiner Ankunft »vierhundert Kamele, frisch und aus-
geruht«, bereitzuhalten »sowie Esel und Pferde«. Dann zahlte er die
»Seeleute von Basra« aus, die sich ihm angeschlossen hatten, als auf der
Hinreise das große Schiff gechartert wurde, und auch die anderen, die
im westlichen Indien und in China »an Bord genommen« worden
waren. Manche von ihnen waren, bemerkt er lakonisch, »unterwegs
gestorben«, einige wollten ihn weiterhin begleiten, und andere kehrten
nach Basra zurück, vermutlich mit dem Schiff, das er Isaia von Basra,
dem Schwiegervater seines Sohnes, rücküberstellen mußte. An-
schließend scheint er ein anderes Schiff gemietet zu haben, auf das er
seine Güter umlud, und nachdem er »mittels Geschenken unseren
Vorteil gesichert hatte«, wie er es nennt – es dürfte sich dabei um
Schmiergelder für die Hafenbeamten von Aden gehandelt haben –,
stach er in Richtung Rotes Meer und Ägypten in See.

Schon bald legte er auf der »Insel Carnoran«, deren eindeutige
Identifikation mir nicht gelungen ist,[579] wieder an und notiert einige
höchst interessante Anmerkungen über eine Gemeinde von »Juden«,
die er dort vorgefunden zu haben meint.

Auf der Insel Carnoran, die nahe bei dem Land Habescia[580] liegt, aber
noch bevor man das Meer von Zede durchfährt,[581] wohnt ein Volk
von seltsamen Menschen, die sich selbst als Christen bezeichnen, jedoch Juden zu sein scheinen. Denn sie wissen nichts von
diesem Menschen, und doch machen sie das Zeichen und verabscheuen das Schwein und haben die äußere Erscheinung von Juden,
obwohl ihre Haut schwarz ist.

Auch versammeln sie sich viermal am Tag in ihrem Tempel, um
gemeinsam »Halleluja« zu rufen, und an einem Tag des Jahres, der
allerdings nicht auf unseren Versöhnungstag[582] fällt, tun sie Buße für
alle ihre Sünden und schlagen sich an die Brust. Außerdem
essen sie kein Fleisch und trinken miteinander Milch, auch heiraten
sie nach Art der Juden.

Bei ihnen gibt es die Namen Isaco und Iachba, also Jacob, und
auch das Wort Zion, wofür Gott gepriesen sei. Doch sie verbrennen
Weihrauch wie die Bilderverehrer, haben aber keine große Vorliebe
für Wein, worin sie den Juden gleichen. Außerdem verwenden sie
keinen Altar, sondern einen Schrein, in dem sie ihre Heilige Schrift

aufbewahren, die jedoch in einer Sprache geschrieben ist, die niemand sonst kennt. Trotzdem tragen sie das Kreuz, Gott behüte, obwohl sie wie Juden wirken. Denn wenn jemand männliche Kinder hat, werden diese, sobald sie dreizehn Jahre alt sind,[583] als Mitglieder der Gemeinde betrachtet, Gott sei verherrlicht und geehrt.

Doch wenn man sie fragt, unter welchem Gesetz sie leben und von wem sie es empfangen haben, dann antworten sie, sie hätten es von ihren Vorvätern übernommen. Und wenn man weiter fragt, wann diese Vorfahren gelebt hätten und wie lange sie schon ihrem Glauben anhingen, dann sagen sie »siebenhundert Jahre«, wohl aber hätten sie lange Zeit keine Unterweisung mehr gehabt. Über ihr Gesetz sagen sie jedoch auch: »Wir feiern und verehren unser Gesetz und unsere Vorschriften, wie wir sie von den Vorvätern übernommen haben.«

Man kann deshalb sagen, daß sie das verlorengegangene Volk Israel sind, Gott sei gepriesen, das aber in Finsternis lebt, Gott behüte. Denn die Christen haben ihnen Abbilder gebracht, deren Schatten das Antlitz Gottes verbergen.

Am 26. Oktober 1272 erreichte Jacob mit seinen Gefährten und Angestellten den Hafen von Quseir in Ägypten, wo seine Güter, wie von Aden aus arrangiert, auf die Rücken von »vierhundert Kamelen« und vielen Pferden und Eseln geladen wurden. Er beschreibt dies und das anschließende, (für ihn) schmerzhafte Ereignis folgendermaßen:

Dann luden sie meine Güter auf Kamele, von denen jedes ein Gewicht von zehn Kantar trug, und schafften alles neun Tage lang über Land zu dem großen Fluß Mitzraim[584], den wir am zehnten Tag des Kislew erreichten.[585] Es waren über vierhundert Kamele, so daß niemand je zuvor eine so große Zahl gesehen hatte, zusammen mit fünfundneunzig Lasteseln, von denen jeder vier Kantar[586] trug, und zudem dreißig Pferde, so daß es ein gar wunderbarer Anblick war. Bewacht wurden wir von unseren Bogenschützen[587], denn es streifen hier Sarazenen herum, die rauben, was immer sie finden.

So reisten wir in einem langen Zug, ernährten uns von Datteln, Milch und Wasser und auch von süßem Brot, doch wir achteten stets auf die Umgebung. Denn besonders wenn nachts kein Mond scheint, machen sich die sarazenischen Räuber an die Karawanen heran,

um zu stehlen, und die Wächter können nicht sehen, wohin sie entweichen.

So kamen wir nach Cius und an den großen Fluß, wo meine Güter auf Boote verladen wurden. Doch eine große Schurkerei kam zutage, denn eines der vierhundert Kamele, mit denen wir in Ciusar aufgebrochen waren, fehlte samt der Güter, die es trug. Als mir die getreuen Armentuzio und Pizzecolli Meldung davon machten, wurde ich so wütend, daß mein Herz beinahe aufhörte, in meinem Körper zu schlagen, Gott behüte. Denn die Sarazenen berauben mutwillig die Kaufleute, und das Handwerk des Kameltreibers ist das eines Diebes, wie unsere Schriftgelehrten sagen.

Deshalb erlitt ich in Cius einen schweren Verlust, wofür Gott den Verbrecher bestrafe, doch der größere Teil meines Vermögens war in Sicherheit, und ich dankte Gott in meinem Herzen, daß Er mich mit unversehrtem Körper vom Land Sinim bis an den großen Fluß Mitzraim hatte gelangen lassen. Wie ich schon schrieb, wurden meine Güter hier auf Boote geladen, und man trug für uns sogar die Sättel der Kamele[588] auf den Schultern, da uns dies von unseren Schriftgelehrten, der Friede sei mit ihnen, verboten worden ist.

Von diesem Ort aus fuhren alle meine Güter und Bediensteten und ebenso die von Eliezer und Lazzaro den Fluß hinunter, so daß wir nach zehn Tagen nach Fustat kamen und die Stadt am zweiundzwanzigsten Tag des Kislew[589] betraten.

Jacob blieb nur ein paar Tage in Fustat (Kairo) – die ersten Tage des Chanukka-Festes, wie er uns mitteilt –, doch er liefert uns leider keinen Bericht von dieser Stadt. Statt dessen brach er nach Alexandria auf, vermutlich nicht, ohne zuvor seine Waren ein weiteres Mal umgeladen zu haben. Für die Reise von »zweihundert venezianischen Meilen« brauchte er zehn Tage, wobei er von seinen »Brüdern« oder Glaubensgenossen begleitet wurde, die, wie er interessanterweise sagt, als »Eskorte« zwischen den Städten fungierten. Während dieser Reise, fügt er fromm hinzu, »zündete ich die Kerzen des sechsten Tages bis zu denen des achten Tages (von Chanukka, dem »Lichterfest«) an«, gleichzeitig bat er Gott um Vergebung für die allgemeine Vernachlässigung seiner religiösen Pflichten.

In Alexandria verbrachte er den Winter 1272–73 mit seinem Bruder Baruch, seinem Sohn Isaak, seiner Schwiegertochter Rebekka – deren

Hochzeit er in Basra mitgefeiert hatte – und seinem Enkel. Hier erfuhr er auch vom Tod seines Vaters Salomone in Ancona am 19. Februar 1272, also einige Tage bevor er aus Zaitun abgefahren war. Seine ersten angstvollen Visionen vom Tod seines Vaters waren also verfrüht gewesen. Doch hören wir uns seine eigenen bewegenden Worte an:

Die Stadt Alessandria ist ein Markt für die ganze Welt, und der Hafen ist stets voll von den Flotten der Kaufleute aus allen Königreichen und Ländern. Auch viele Kaufleute aus Ancona halten sich in dieser Stadt auf. Hier traf ich meinen geliebten Bruder Haim, meinen Sohn Isaak, meine Tochter Rebekka und meinen Enkel Mose David, er sei gesegnet mit Glück und einem langen Leben. Aber mit einer Trauer, wie sie vergleichbar kein Mann je gekannt hat, erfuhr ich hier auch vom Tod meines Vaters am zehnten Tag des Adar, dem Vorabend des Sabbat Tetzaveh im Jahre 5032,[590] seine Seele möge ruhen in Eden.

Als ich dies erfuhr, weinte ich viele Tage hintereinander, denn die Welt ist endlos bitter, und betete, daß seine Seele sicher bewahrt bleiben möge, doch gleichzeitig dankte ich Gott dafür, daß mit dem Hinscheiden des einen Juden von dieser Welt ein anderer geboren wird. So hielt ich jenen in meinen Armen, der als Träger sowohl des Namens unseres Lehrers wie auch unseres Königs[591] alle Tage seines langen Lebens auf den Pfaden unseres Glaubens wandeln möge.

So sprach ich zwar gebrochenen Herzens und mit tränengefüllten Augen den Kaddisch, denn ich war der unglücklichste Mensch der Welt, doch jeden Tag sah ich mit Frohlocken mein Kind,[592] wodurch mein Kummer seinen Ausgleich in meiner Freude fand, denn das eine hing mit dem anderen zusammen. Außerdem läßt der Heilige Eine bei allen Dingen eine große Wiederkehr geschehen,[593] wodurch das Leben auf den Tod folgt wie der Frühling auf den Winter, wofür Gott verherrlicht und verehrt sei.

Jacob war trotz seines Kummers in jenem Winter in Alexandria nicht untätig. Die letzten Abschnitte seines Manuskripts lassen den Eindruck entstehen, daß er die Reise in den Fernen Osten vielleicht auch gezielt deshalb unternommen hatte, um die allgemeine Wirtschaftslage dort während des Vorrückens der Tataren zu ergründen. (Wie wir sahen, gibt es versteckte Hinweise darauf, daß er trotz seiner antiklerikalen Schmähreden möglicherweise eine diplomatische Mission im Auftrag der Kirche zu erfüllen hatte.) Im nächsten Abschnitt versucht er, seinen Kaufmannskollegen in Alexandria Ratschläge zu erteilen. Genauer gesagt, scheint er von der jüdischen Kaufmannsgemeinde (oder -gilde?) formell zu einem Bericht über seine Reise aufgefordert worden zu sein, wobei er jedoch feststellen mußte, daß seine Ermahnungen – wie in Zaitun – in den Wind geschlagen wurden. Er schreibt:

Ich wurde auch zu den Großen Efraim Ha-Levi und Salomone Hasdai[594] gerufen, um einen Bericht über meine Reise in das Land Sinim und meine dortigen Unternehmungen zu geben. Dabei riet ich ihnen, jenen meiner Brüder aus Alessandria, die mit Manci Handel trieben, besondere Vorsicht zu empfehlen, denn die Tataren des Nordens würden bald Chinscie und die Stadt Zaitun einnehmen, wie auch andere meinten.

Doch dieser Efraim zeigte Vertrauen in den Khan und sagte, obwohl jener der Bevölkerung von Manci vielleicht Schaden zufügen würde, könnten die Kaufleute aus anderen Ländern wegen des Reichtums, den sie deren Reich brächten, bestimmt trotzdem auf die Gunst der Tataren zählen, wie es auch in Cataio und anderen Teilen Tattariens der Fall sei. Es gelang mir daher nicht, ihnen begreiflich zu machen, daß die Verwirrung in der besagten Stadt von einem solchen Ausmaß war, daß die Übel zu ihrer gänzlichen Zerstörung führen mußten, wie auch die Stadt Sodom zerstört worden war. Sie lachten vielmehr über meine Befürchtungen, denn sie wußten nichts von den Dingen, die ich gesehen und gehört hatte, und sagten, Geld sei der Herr aller Dinge auf der Welt, Gott behüte, und werde die Tataren besiegen, wie es andere Menschen auch besiegt habe.

Da es jedoch der Vorabend des Sabbat Vaera[595] war und ich in meinem Herzen eine große Trauer darüber empfand, daß mein Ratschlag bei meinen Brüdern auf eine solche Geringschätzung gestoßen war, betete ich zu Gott, Er möge sie größere Weisheit lehren, damit das Licht der Thora unter ihrer Herrschaft nicht auf der ganzen Welt verlösche, Gott vergebe mir meine Worte.

Diese Zurückweisung sowie sein außerordentliches Lamento darüber, was hätte sein können, wenn er in Zaitun den Purpur des Herrschers angelegt hätte, und dazu die unübersehbare Trauer um den Tod seines Vaters versetzten Jacob in einen verzweifelten Zustand. Doch neben der

aufmunternden Anwesenheit seines Enkels Mose David war es vor
allem sein Erfolg als Kaufmann, durch den seine Stimmung, und
offenbar auch die seines Umfelds, sich besserte:

Hier [in Alexandria] verkaufte ich mit großem Gewinn einen Teil
meines Bestandes an Gewürzen sowie an Seide und anderen Dingen,
so daß mir der Verkauf von sechshundert Kantar[596] mehr Einnahmen brachte, als mich der Erwerb aller meiner Waren gekostet
hatte. So erzielte ich großen Gewinn mit meinem Honig-Weihrauch
und dem Aloe-Holz, die mir mit Gold aufgewogen wurden,[597] was
die Herzen der getreuen Armentuzio und Pizzecolli höher schlagen
ließ und die meiner anderen Bediensteten auch. Ich gab ihnen deshalb Wein und Süßigkeiten, damit sie ein Fest feiern konnten,
wobei meine Dienerin Buccazuppo nunmehr ein tugendhaftes und
ruhiges Betragen an den Tag legte, wofür Gott gedankt sei. Denn wie
alle Menschen hatte das Studium auch sie Tugendhaftigkeit gelehrt.

Danach kaufte ich eine große Menge alessandrinischer Baumwolle für Ancona sowie feine Datteln, Sesam, auch gelbes Kupfer,
Silbergefäße und beste Arzneien gegen Wassersucht und Erschöpfung, gegen das Drei- und das Vierwochenfieber und auch für das
Herz und die Nieren.

Jacobs Einkäufe auf der Heimreise scheinen das Einkaufsvolumen der
Hinreise noch übertroffen zu haben. In »Ciamba« kaufte er Aloe – er
nennt sie tarum *– und Kardamom, auf Java »zwanzig Kantar«, also*
rund eine Tonne, »Pfeffer, sowohl schwarzen wie weißen«, und außer-
dem Muskat, Gewürznelken und Kubeben. Er sagt, diese Güter seien
»für Alessandria und Ancona«, und er habe sie »zu einem niedrigen
Preis« eingekauft. (Eine ungenannte Menge seiner in Ostindien einge-
kauften Gewürze hatte er schon in China wieder verkauft, berichtet er.)
Jacob hatte außerdem bedeutende Mengen von ostindischem Sandel-
holz, Lackharz, indischem Rotholz und Koschenille erworben, wobei
die beiden letzten Posten wahrscheinlich als Färbemittel vermarktet
werden sollten.

Auch auf der Heimreise war er sehr bemüht, Räucherwerk erster
Qualität einzukaufen – »Weihrauch für die Götzenanbeter«, wie er
sagt –, besonders Benzoe-Harz und Kampfer, wobei er letzteren vor
allem wieder in Sumatra erstand. Er berichtet, er habe das »für den

Abt des Klosters von San Lorenzo in Campo und für den Bischof von Fano« getan, die ihm vermutlich einen entsprechenden Auftrag erteilt hatten. In Sumatra, aber auch in Quilon in Südindien, kaufte er Lavendelöl (spigo) *und Kassia, noch mehr Galgant- und Ingwer-Wurzel »und viele andere äußerst seltene Gewürze«.*

Im Westen Indiens fuhr er fort, »Pfeffer« zu kaufen – das Wort ist sowohl als Gattungsbegriff wie auch als spezielle Bezeichnung zu verstehen –, der, wie er uns mitteilt, »im Mai und Juni geerntet wird«. In Marrabia kaufte er »großen Zimt« und pharmazeutische Grundstoffe (von denen manche Namen nicht mehr übersetzbar sind), darunter Mirobalan und turpetto *oder Turpith-Wurzel. Von beidem hatte er schon auf der Hinreise einen Posten eingekauft und zweifellos in China wieder verkauft oder eingetauscht.*

In der Hafenstadt Tana in Gujarat kaufte er noch mehr »Indigo aus Cambaetta« sowie Steifleinen und »bestickte Matten aus Leder«, die nach seiner Aussage »von den Sarazenen in Alessandria sehr geschätzt werden«. In Aden schließlich erwarb er weitere Weihrauchsorten für seine klerikalen Kunden in Italien. Einen Teil seiner Spezereien und anderen Waren verkaufte er in Alexandria und Ragusa und deckte sich vermutlich in Alexandria für den italienischen Markt mit Baumwolle, Kupferbarren, Datteln und Arzneien ein.

Am 3. März 1273 verließ er Alexandria im Konvoi mit Eliezer von Venedig und anderen Kaufleuten, wobei seine eigene »Flotte« aus »fünf Schiffen« unter venezianischer Flagge segelte, obwohl drei der Schiffe in Ancona beheimatet waren. Weiter teilt er uns mit, daß er »die wertvollsten« seiner Güter auf »zwei schnellen Galeeren mit Rudern« transportierte, die jeweils mit »achtzig Bewaffneten« besetzt waren. Die übrige Ladung befand sich auf zwei Schiffen »mit zweihundert Seeleuten« – das fünfte Schiff bleibt unerwähnt –, alles »Schiffe meines Bruders Jacob von Sinigaglia«,[598] die dieser vermutlich an Jacob verchartert hatte.

Wieder legt er in Ragusa an, wo er einige Geschäfte offenbar eher nebenbei tätigt, wie auch in Zara, wo er vom 4. bis zum 11. April 1273 das Pessach-Fest verbringt und – aus Gründen, die er nicht näher erläutert – noch drei weitere Wochen bleibt; möglicherweise wurde das Schiff überholt. Am 5. Mai 1273 kommt Jacob in Ancona an, am »sechzehnten Tag des Ijar im Jahre 5033«, wie er sagt, »im zweiundfünfzigsten Jahr meines Lebens ... wofür ich Gott lobte«.

Auch wenn es ihm nicht gelungen war, »ein Fürst in Sinim« zu werden, hat man bei seinem eindrucksvollen Bericht über seine Heimkehr – der hier ungekürzt folgt – den Eindruck, daß er, zumindest auf absehbare Zeit, sein materielles Glück gemacht hatte.

Am Vorabend des Sabbat Behar, es war der sechzehnte Tag des Ijar im Jahre 5033 nach der Erschaffung der Welt und im zweiundfünfzigsten Jahr meines Lebens, kamen wir endlich nach Cònero,[599] wofür ich Gott lobte, denn ich war mit meinen Reichtümern und allen meinen Bediensteten außer dem wackeren Turiglioni und dem Burschen Berletto wohlbehalten zurückgekehrt. Bei meiner Abreise hatte ich befürchtet, meine Reise würde scheitern, doch an diesem Tag kehrte ich zurück mit günstigem Wind, bei guter Gesundheit, und meine Schiffe waren mit Reichtümern beladen, denn nur wenig war verdorben oder verlorengegangen außer den Dingen, die mir die Sarazenen gestohlen hatten.

Ich dankte deshalb Gott dafür, daß Er mich in Seiner Gnade gesund hatte zurückkehren lassen, denn dafür hatte ich auf meiner Reise morgens beim Aufstehen und abends, wenn ich mich zur Ruhe legte, gebetet. So kam ich nach Ancona mit viel Pfeffer aus Groß- und Kleinindien, rundem und langem, mit Ingwer aus Sinim und Melibar, mit langem und dickem Zimt, mit Zimtstangen, Safran, Muskat, Kardamom und Gewürznelken, mit Zucker aus Manci, Sandelholz aus Sumoltra, mit Aloe, mit Kampfer aus Fansura und Weihrauch aus Edente für die Brüder, dazu mit zehntausend Pfund Moschus, wovon schon ein weniges großen Gewinn bringt, wofür Gott verherrlicht und gepriesen sei.

An Zimt hatte ich einhundertzwanzig Kantar, an Kubeben sechzig Kantar, an Gewürznelken einhundertfünfzig Kantar und an Ingwer vierzig Kantar,[600] dazu noch eine große Menge anderer Dinge, wie Bernstein, Perlen und Korallen.

Groß war auch mein Bestand an erlesener Seide sowie großen und kleinen Tuchen aus Seide und Gold, an Goldbrokat[601] für meinen Bruder Samuel von Lucca sowie Damaste und auch Baumwolle aus Alessandria, dazu bestes Lackharz, von dem ich zweihundertfünfzig Kantar gekauft hatte, und viel indisches Rotholz, Indigo und Mirobalane für das Haus meines Bruders Abramo von Foligno.

An Arzneien hatte ich die besten Kubeben für Isaak von Arezzo und noch viele andere Arzneien obendrein, wie feinen Rhabarber,[602] Perlen zum Zerstoßen,[603] *squinanti*,[604] Muschelschalen für die Augen,[605] Schöllkraut,[606] Galgant-Wurzel aus Sumoltra und auch kleinen Galgant und Turpith-Wurzel[607], dazu *succus lycii*[608] für die Augen und andere geheime Dinge.

Mit diesem großen Bestand an Reichtümern und mit Gottes Segen wurde ich meiner Geliebten zurückgegeben, nachdem ich vom Tag meiner Abreise bis zu meiner Rückkehr drei Jahre und vierundzwanzig Tage von ihr getrennt gewesen war. Meine Sara, o mein Licht, sie hatte kummervolle Jahre ohne mich verbringen müssen, in denen sie von vielerlei Sorgen bedrückt worden war. Sie weinte bitterlich, als sie von meinem Vater sprach, doch andere Dinge spendeten ihr großen Trost, wie die Geburt unseres Enkelsohns Moses, dem noch vor dem achten Tag das Zeichen gemacht wurde,[609] wofür Gott gepriesen sei. Über die Edelsteine, die ich ihr mitgebracht hatte, freute sie sich ebenfalls sehr, so daß sie sich schließlich beruhigte, als ihr Herz wieder Sicherheit empfand.

So gelangte ich mit meinen Schätzen nach Ancona, denn in Melibar und im Lande Sinim hatte ich große Gewinne gemacht, wodurch meine Partner einen guten Ertrag verbuchen konnten, wofür Gott gepriesen sei. Außerdem trug ich zahlreiche erlesene Edelsteine aus Seilan und Manci verborgen an meinem Körper und hatte obendrein viele Korallen und Bernsteinketten für die Bilderverehrer.[610] Dazu kamen Gold-Besanten, [...] an der Zahl, zur Unterstützung für mich und meine Kinder, falls wir in Bedrängnis geraten sollten, was Gott verhüte.

Denn ein gottesfürchtiger und standhafter Jude, der sich aus eigener Kraft und durch die Erfüllung seiner Pflichten erhält sowie durch die Güte seiner Brüder, der Friede sei mit ihnen, sollte stets mit solchem Lohn, wie er mir bei meiner Rückkehr zuteil wurde, bedacht werden. So lobte ich Gott, denn nachdem ich soviel gesehen und gehört hatte, war das Ende gut, denn der Herr wacht über dein Fortgehen und Heimkommen auf ewig.

Darauf gingen wir von Bord des Schiffes,[611] nachdem ich dem getreuen Armentuzio ein reiches Geschenk gemacht und meinen Dienern Pizzecolli, Bertoni und Buccazuppo je eine Börse mit Gold gegeben hatte und der Buccazuppo dazu noch zwei schöne Perlen für die Ohren, Gott vergebe mir meine Sünde.[612] Da aber die Stunde des Sabbat Behar schon angebrochen war, übergab ich meine Waren der Obhut der Diener unseres Hauses, während alle anderen zu ihren Häusern und zu ihren Familien gingen, um Gott zu preisen, jeder nach seiner Art. Denn Er hatte uns sicher an Seiner Hand zu unserem Hafen geleitet, Er sei verherrlicht und gepriesen.

So segnete ich meine Kinder und dankte Gott, das Licht der Welt, daß Er sie bewahrt und mich nach Hause an meinen Geburtsort geleitet hatte, denn alles ist in der Hand Gottes, und ich betete mit meiner geliebten Sara, Er möge uns den Messias senden und uns noch in unseren Tagen erlösen, Amen und Amen.

Und auch wenn es kein Entrinnen gibt vom Tod, denn er kommt für alle, dankte ich Gott dafür, daß Er mich vor dem Tod auf dem Meer und in fernen Ländern verschont hatte. Denn obwohl wir keinen sicheren Hort und keine letzte Zuflucht haben außer Jerusalem, möge der Tempel noch zu unserer Zeit wieder errichtet werden, ist diese Mark von Ancona mein Hort und mein Heim.[613]

Zudem befindet sich dieser Ort gewiß in der Obhut Gottes, denn bei den Juden gibt es keine Generation ohne gelehrte Männer, die die anderen das lehren, was vergessen werden könnte, und ohne wohlhabende Männer, die in ihrer Barmherzigkeit ihren Brüdern Hilfe angedeihen lassen. Gott möge uns deshalb weiterhin als Seinen Schatz und im Schatten Seiner Kraft bewahren und nicht auf unsere Sünden schauen, sondern auf unsere Drangsal, Amen.

Das, was in diesem Buch vorkommt, ist die genaue Niederschrift all dessen, was ich, Jacob ben Salomone von Ancona, auf meinen Reisen beobachtet, gehört und selbst getan und gesagt habe, während derer ich in Sinim ein Fürst hätte werden können. Doch ich habe diese Dinge unter großen Zweifeln enthüllt, denn es ist besser, wenig zu sagen und viel zu tun, und ein großgemachter Name ist ein zerstörter Name. Und nichts entgeht dem Auge Gottes, Er sei gepriesen, so daß ein Mensch vergeblich seine Zeit einsetzen mag, das zu entdecken, was Ihm schon bekannt ist.

Doch mit der Anordnung und Erzählung der Geschicke und der Mißgeschicke, die mir widerfahren sind, und der Gefahren, die mir begegneten, bin ich zufrieden, wofür Gott gepriesen sei. Denn jeder Mensch hat die Pflicht, eine Darstellung seines Lebens zusammenzustellen, damit er es wohl ermesse und bedenke, um aus den Fehlern zu lernen, die er begangen hat. Deshalb habe ich mich bemüht, schlicht zu erzählen,[614] und ich danke Gott, daß Er mich den heutigen Tag erleben und meinen Bericht vollenden ließ.[615]

Denn obwohl ich seit den Tagen meiner Jugend zu den wahrhaft Weisen in Beziehung gestanden habe und Gott mir schon in jungen Jahren die Augen für die Erkenntnis geöffnet hat, habe ich noch nie zuvor solche Dinge kennengelernt oder gehört wie in Zaitun, das die Stadt des Lichts genannt wird. Doch wenn alles, was ich gesehen und niedergeschrieben habe, anderen bekanntgemacht würde, befürchte ich, daß man mir wegen der Wunder, die ich beobachtet und von denen ich berichtet habe, keinen Glauben schenkte, Gott behüte, und andere Teile meines Berichts würden als schwere Verfehlung gelten.

Aber sogar die Torheiten, die mir widerfuhren, und die Sünden, die ich begangen habe, Gott möge mich verschonen, dienten mir als Lehre über die richtige und gerechte Art, in der alle Menschen leben sollten. Deshalb, o Gott, gepriesener Einer, rechne mich zu jenen, die als weise gelten in Israel, und das Licht Deiner Gunst scheine für immer auf mich herab, Amen, Amen und Amen.[616]

EPILOG

Etwas über ein Jahr nach Jacobs Abreise aus Zaitun im Februar 1272 begann unter dem Mongolen-General Bayan (1236–1294) der planvolle tatarische Feldzug gegen »Manci«, das Reich der Süd-Song. Die Stadt Xiangyang und die Festung Fanzheng, auf deren Belagerung sich Pitaco in einer seiner Reden vor den Ältesten von Zaitun bezieht, fielen im März 1273. In den Jahren 1273 und 1274 gerieten nach und nach weitere Gebiete der Süd-Song unter tatarische Gewalt. Im Januar 1275 war General Bayan bis zu Jacobs »Chinscie« (Kinsai) vorgerückt, wo der damalige Kaiser, Nachfolger des »Toutson« aus dem Manuskript, sich im Jahr 1276 den Tataren als Vasall unterwarf. Zaitun, die Stadt des Lichts, fiel im Jahr 1277 der Eroberung durch eine tatarische Armee unter uigurischem, persischem und arabischem Befehl zum Opfer.

Der Song-Kaiser aus Jacobs Bericht, Du Zong, verstarb im Jahr 1274 und hinterließ offenbar nur minderjährige Kinder, von denen ein Sohn unter der Regentschaft der Großmutter seine Nachfolge antrat. Nachdem die Hauptstadt Kinsai zwei Jahre später den Tataren in die Hände gefallen war, wurde der größte Teil der kaiserlichen Familie gefangengesetzt; die Prinzessinnen der Dynastie wurden nach Khanbalik (Beijing) gebracht, wo sie von Kublai Khan angeblich gut behandelt wurden. Mindestens zwei der jungen Söhne von Du Zong waren der Gefangennahme entgangen, und einer von ihnen wurde von den letzten Anhängern der Song-Dynastie zum Kaiser ausgerufen. Er soll 1278 auf einer Insel im Südchinesischen Meer gestorben sein. Ein zweiter minderjähriger Sohn trat seine Nachfolge an, doch im Jahr darauf, nach einem letzten Seegefecht zwischen den Tataren und den verbliebenen Song-Loyalisten, sprang der ranghöchste Minister mit dem Kindkaiser auf dem Arm ins Meer, und beide ertranken.

Die meisten bedeutenden Familien der Süd-Song-Aristokratie – die Adligen, die Grundbesitzer und die »Mandarine« – hatten sich schon vor dem endgültigen Fall des Song-Reichs im Jahr 1279, sechs Jahre nach Jacobs Heimkehr nach Ancona, den Invasoren angedient. Kublai Khan

Dschingis Khan marschiert in China ein – Illustration aus der Geschichte der Mongolen 16. Jahrhundert

wurde somit zum Herrscher über ganz China, und die Mongolen-Herrschaft erwies sich tatsächlich als so hart, wie der »edle Pitaco« es in seinen leidenschaftlichen Auseinandersetzungen mit den Defätisten von Zaitun prophezeit hatte. Historiker sagen sogar, daß die Chinesen von »Manci« und damit auch die der »Stadt des Lichts« unter besonders schlimmer Diskriminierung leiden mußten. Sie wurden weitgehend aus Regierung und Verwaltung ausgeschlossen, durften keine Waffen besitzen und wurden überall mongolischen und turktatarischen Amtsträgern unterstellt, die eine neue militärische und zivile Herrschaftskaste bildeten.

Die Mongolen-Herrscher Südchinas ließen bei der Besetzung wichtiger Ämter ausschließlich Mongolen zu und bezeichneten die Chinesen in amtlichen Dokumenten als »Untertanen«. (Der Mord eines Chinesen an einem Mongolen wurde mit dem Tod geahndet, die Ermordung eines Chinesen durch einen Mongolen mit einer Geldstrafe.) Die Zwangsrekrutierung von Arbeitskräften für öffentliche Bauvorhaben wurde eingeführt, und die neuen Herren verlangten den Chinesen auch noch andere unbezahlte Zwangsdienste ab und beschlagnahmten ihre Ländereien. Laut Gernet[617] wurden die besten Handwerker – darunter möglicherweise die, deren Porzellan und andere Produkte Jacob gekauft hatte – verhaftet »und gut bewacht in speziellen Gebäuden untergebracht«, wo sie nichts anderes tun durften, als ihr Handwerk ausüben – eine andere Art der Zwangsarbeit.

Mit der Machtübernahme der Tataren kehrte allerdings keine völlige Ruhe ein. Zhangzhou zum Beispiel wurde zwei Monate nach der Eroberung durch die Tataren im Jahr 1275 von den Chinesen zurückerobert. Nach längerer Gegenwehr wurde es schließlich aber doch überrannt, und die Invasoren schlachteten die meisten Einwohner wegen ihres Widerstands ab – womit genau das eintrat, wovor die »Friedenspartei« von Zaitun in den von Jacob festgehaltenen Debatten gewarnt hatte.

Die wirtschaftlichen Auswirkungen der mongolischen Eroberung Südchinas gelten im allgemeinen als negativ[618] und »in mancher Hinsicht als katastrophal«. Die mongolische Verwaltung war offenbar korrupt, nepotistisch und nachlässig, was große Schäden verursachte, beispielsweise an dem komplexen Kanal- und Bewässerungssystem der Chinesen, dessen Entwicklung die Arbeit von Generationen gekostet hatte. Die Härte der Mongolen-Herrschaft verbesserte andererseits die allgemeine Sicherheit: Die über Land reisenden Kaufleute, deren Ängste Jacob in seinem Manuskript festgehalten hat, waren jetzt weniger gefährdet. Zudem erlebte der Fernhandel unter der Herrschaft der Mongolen eine Blüte, ganz im Gegensatz zu den Warnungen, die Jacob seinen Kaufmannskollegen und -brüdern in Alexandria erteilt hatte.

Einige moderne Historiker vertreten sogar die Auffassung, daß der Fernhandel während der mongolischen Unterdrückung Chinas fast vollständig in fremde Hand kam, daß also der chinesische Kaufmann, der seit unvordenklichen Zeiten von chinesischen Häfen aus mit den ostindischen Inseln, mit Indien und Arabien Handel getrieben hatte, unter den Mongolen von Ausländern ersetzt wurde, die ihm seine Märkte abnahmen. Und erst nach dem Tod des Kublai Khan im Jahr 1294 scheinen sich europäische Kaufleute in größerer Zahl aus China zurückgezogen zu haben, als die zerbröckelnde mongolische Herrschaft den Handel und die Handelsrouten in China unsicher werden ließ.

Doch in der Phase direkt nach der Eroberung Zaituns und der anderen südchinesischen Handelsstädte wurden ausländische Kaufleute von den Mongolen bevorzugt – und vielleicht sogar Ausländer überhaupt, wie durch Marco Polos Erfahrungen mit Kublai Khan belegt wird. Das scheint ganz besonders für moslemische oder »sarazenische« Kaufleute gegolten zu haben, und vielleicht galt es auch für die jüdischen, denn beide kannten das Finanzwesen der abendländischen Welt, und ihr Handel hatte eine enorme Reichweite. Ironischerweise wäre den Interessen eines Kaufmanns wie Jacob von Ancona, der sich auf der Seite des Konservativen Pitaco für den Widerstand gegen die mongolische Eroberung ausgesprochen hatte, mit ebendieser Eroberung eher gedient als geschadet worden.

Die Mongolen-Herrschaft über Südchina zerstörte nicht nur die bestehende Gesellschaftsordnung – die ohnehin durch die in Jacobs Bericht beschriebenen merkantilistischen Wertvorstellungen unterminiert war –, sondern brachte auch die Plünderung vieler Vermö-

Darstellung des mongolischen Monopols bei der Besteuerung der Perlfischerei und des Türkis-Abbaus – Szene aus dem Livre des Merveilles

gen mit sich. Die besitzenden Klassen wie der Adel und die reichen Kaufleute hatten gehofft, Status und Vermögen durch ihre bereitwillige Unterwerfung erhalten zu können, worauf so viele Stimmen bei den Debatten in Zaitun gedrängt hatten, doch statt dessen erging es ihnen schlecht. (Wie die Historiker belegen, verhielten sich die Landbevölkerung und der arme Teil der Stadtbevölkerung weniger passiv.)

Der Mongolen-Khan belegte »Manci« mit harten Steuern und Tributen. Wie Marco Polo berichtet, wurden die in Zaitun (laut Jacob) zuvor abgeschafften Abgaben und Steuern des »Freihafens« in drückender Höhe wieder eingeführt. »Der Großkhan«, schreibt er, »erzielt ungeheure Einnahmen aus den in dieser Stadt [»Zayton«] und dem Hafen erhobenen Zöllen. Man muß nämlich wissen, daß er auf alle importierten Güter einschließlich der Edelsteine und Perlen einen Zoll von zehn Prozent erhebt oder in anderen Worten, er nimmt von allem den Zehnten. Des weiteren beträgt die Frachtgebühr pro Schiff bei Kleinwaren dreißig Prozent, bei Pfeffer vierundvierzig Prozent und bei Aloe-Hölzern, Sandelholz und anderen sperrigen Gütern vierzig Prozent, so daß der Kaufmann für die Fracht und die Zölle des Khans gut die Hälfte seiner Investition aufzuwenden hat, wobei er mit der verbleibenden Hälfte jedoch immer noch soviel Gewinn macht, daß er stets mit Freuden mit neuer Ware wiederkommt. Aber man wird mir wohl bereitwillig glauben, daß der Khan aus dieser Stadt ein riesiges Einkommen zieht.«[619]

Der Idealzustand des »Freihandels«, für den sich die Kaufleute Zaituns vor der Eroberung der Stadt so leidenschaftlich eingesetzt hatten, war vorbei – bis in unsere heutige Zeit. Doch ausländische Händler machten – laut Marco Polo, der ihnen das Wort redet – trotz der massiven Steuerlast auch unter den Tataren profitable Geschäfte. Alles in allem kamen die Vorahnungen des (offenbar) ermordeten Pitaco der Wahrheit allerdings näher als die begeisterte Darstellung der Tataren-Herrschaft, die uns Marco Polo als Gefolgsmann des Khan geliefert hat.

Am Ende überdauerte die durch Korruption und interne

Eintreibung der Steuern auf Salz, Gewürze und Wein – Szene aus dem Livre des Merveilles

Intrigen zersetzte Tataren-Herrschaft mit ihrem unbeholfenen und starren Autoritarismus noch nicht einmal ein Jahrhundert. Das Regime mußte sich mit ausgedehnten Rebellionen der armen Volksschichten auseinandersetzen, besonders mit jenen, die von der Geheimgesellschaft der »Roten Turbane« (1351–1366) ein gutes halbes Jahrhundert nach Jacobs Zeit organisiert wurden. In einer Gesellschaft, die den (in Jacobs Manuskript so lebendig dargestellten) ungezügelten Konsum gewöhnt war und über ihre Verhältnisse lebte – mit der Folge eines beträchtlichen Importüberschusses, der nur zum Teil durch den Export von Edelmetallen wieder ausgeglichen wurde –, trugen auch die Inflation und die dadurch ausgelösten sozialen Konflikte ihr Teil zur Auflösung der Mongolen-Herrschaft bei.

Sie wurde von der Dynastie abgelöst, die wir heute als Ming kennen und deren erster Kaiser ein ehemaliger buddhistischer Mönch war. Unter seiner effektiven Regierung wurden die Stabilität und viele traditionelle Werte und Verhaltensweisen, deren Verlust der »edle Pitaco« so bitter beklagt hatte, wiederhergestellt. China stabilisierte sich und blühte wieder auf. Die Tataren zogen sich nach ihrer endgültigen Vertreibung aus China in ihre ursprüngliche Heimat zurück und machten Karakorum am Fluß Orchon in der Mongolei wieder zu ihrer Hauptstadt.

Nachdem die Tataren 1276 Kinsai, die Hauptstadt der Song-Dynastie, erobert hatten, wurde dort ein neues »Amt für religiöse Angelegenheiten« eingerichtet. Ein Jahr später wurde dieses Amt einem gewissen Yang Lian Zhen Jia unterstellt, einem berüchtigten tibetischen Mönch, dessen schamanistischer Buddhismus bei den Mongolen sehr beliebt war. Eins der vielen Verbrechen, die dieser Mönch sich gegen die religiösen Gefühle der unterworfenen Chinesen zuschulden kommen ließ, war die Schändung und Plünderung der Gräber der Süd-Song-Kaiser (der »Söhne des Himmels«) bei Shaoxing im Jahr 1278, sechs Jahre nach Jacobs Abfahrt aus Zaitun.

Doch am meisten profitierte wohl der Islam vom mongolischen Regime in China, nicht zuletzt deshalb, weil ein bedeutender Teil der mongolischen Streitkräfte bei den moslemischen Völkern Zentralasiens und besonders bei den Turk-Völkern rekrutiert wurde. Entwurf und Bau der großen Residenz des Khans in Khanbalik (Beijing) wurden einem moslemischen Architekten anvertraut; Moslems wurden Gouverneure in den eroberten chinesischen Provinzen wie beispiels-

weise Yünnan; in Südchina, so auch in Zaitun und Guangzhou, wurden neue Moscheen gebaut, und nach Auskunft der Historiker gab es Massenübertritte der Chinesen zum moslemischen Glauben. Die langgehegte Hoffnung des mittelalterlichen Papsttums, die Mongolen zum Christentum zu bekehren und sie im Kampf der Kirche gegen den Islam als Bundesgenossen zu gewinnen, erwies sich somit als ziemlich fruchtlos. Einer der wenigen Erfolge war 1294 die Bekehrung des mongolischen Fürsten Öngut Körguz durch Giovanni de Monte Corvino,[620] dem späteren Erzbischof von Beijing.

Im großen und ganzen sind die Historiker der Auffassung, daß »der geistige Fortschritt« in China unter dem Tataren-Regime beträchtlich zu leiden hatte, allerdings weniger, was die bemerkenswerte Entwicklung der chinesischen Mathematik, Naturwissenschaft und Technologie betraf – manche Wissenschaftler sehen hier so gut wie keine Defizite –, als vielmehr auf den Gebieten der Philosophie und Ethik. Denn das Mongolen-Regime förderte die ausgeprägte Neigung der chinesischen Gelehrten (von denen uns Jacob eine verachtungsvoll-vernichtende Schilderung geliefert hat), sich den kurzlebigen Weisungen der Macht zu fügen – zweifellos, um die »Ordnung unter dem Himmel« zu bewahren. Den Mongolen wird auch ein Hang zu Magie und Aberglauben nachgesagt, der zweifellos bei denen Anklang fand, die von Jacob als die »Magier und Wahrsager« unter den »Weisen« der Stadt bezeichnet wurden.

Während Jacobs dreijährigem Aufenthalt im Orient hatten sich die Beziehungen zwischen Venedig und Ancona verschlechtert.[621] Ab 1277 kam es mehrmals zu Seegefechten zwischen beiden Städten, bis 1281 – in Jacobs sechzigstem Jahr, sofern er noch lebte – ein Friedensvertrag unterzeichnet wurde. Ohne ausdrücklichen Bezug auf wirtschaftliche Aspekte bestätigte der Vertrag Venedigs Vorherrschaft in der Adria. Auf dieser Grundlage kehrte nach einem über einhundertfünfzigjährigen Konflikt endlich Frieden im Adria-Gebiet ein. Die Beziehungen zu Venedig verbesserten sich im 14. Jahrhundert weiter, besonders nach dem neuen Vertrag von 1345, in dem Anconas Handel mit Ragusa (Dubrovnik) und den Märkten des byzantinischen Reichs auf eine sicherere und einvernehmlichere Grundlage gestellt wurde.

Doch im größeren wirtschaftlichen und politischen Zusammenhang gesehen, war Italien im 14. Jahrhundert ein von gesellschaftlichen

Konflikten zerrissenes Land, in dem Aufstände den wichtigsten Wirt-
schaftsbereichen ernste Rückschläge versetzten, und das zudem vom
Schwarzen Tod (1347–1350) schwer in Mitleidenschaft gezogen wurde.
Einige der größten italienischen (nichtjüdischen) Finanz- und Wirt-
schaftsdynastien des Mittelalters, besonders solche aus Florenz, mach-
ten in dieser Periode bankrott: 1341 die Bonnaccorci und die Corsini,
1343 die Bardi, Peruzzi und die Acciajuoli. Dennoch konnte, wie Pirenne
schreibt, »die Vorherrschaft Italiens im Bankwesen und in der Luxus-
güterindustrie ... gegenüber dem übrigen Europa trotz der politischen
Uneinigkeit erfolgreich verteidigt werden, bis sich mit der Entdeckung
der neuen Seewege nach Indien [im 15. Jahrhundert] der Hauptstrom
des Schiffsverkehrs und des Seehandels vom Mittelmeer in den Atlantik
verlagerte«.[622]

Während der Aufstände im 14. Jahrhundert fiel Ancona für kurze
Zeit – von 1348 bis 1355 – unter die Herrschaft der Malatestas aus
Rimini, danach kehrte es unter die päpstliche Oberhoheit zurück. In
einem Dokument von 1392 wird die Stadt sehr ansprechend als
notabilissima, potentissima et ditissima civitas *(eine höchst bemer-*
kenswerte, mächtige und reiche Stadt) mit einer »unendlichen« Zahl
von Schiffen und dreimastigen Galeeren in ihrem Hafen dargestellt –
genauso, wie Zaitun ein Jahrhundert zuvor auf Jacob gewirkt hatte.

Wir können nur darüber spekulieren, ob sich unter denen, die
in diesen Schiffen ultra mare, *hinter die Meere, segelten, auch Jacobs*
Nachfahren befanden, wahrscheinlich ist es allerdings nicht,[623] *denn*
die zunehmenden Restriktionen, die der jüdischen Wirtschaftstätigkeit
im 14. Jahrhundert auferlegt wurden, dürften seine Familie aus dem
italienischen Fernhandel verdrängt haben. Denkbar ist aber, daß Jacob
sich mit der Sicherheit, die ihm sein im Orient angehäufter Reichtum
hoffentlich verschaffte – auch wenn er Anteile daran an seine Partner
abtreten mußte –, noch zu Lebzeiten dem einheimischen Bankwesen
zuwandte.

Ein kurzer Blick auf das Schicksal speziell der Juden von Ancona
wird zu einer Zeit möglich, in der Jacob zweifellos noch lebte: Im Jahr
1279, als er achtundfünfzig Jahre alt und seit sechs Jahren aus Südchina
zurück war, wurden die Juden der Stadt beschuldigt, das Erdbeben ver-
ursacht zu haben, das Ancona in diesem Jahr heimsuchte.[624] *Noch*
Schlimmeres brach über die Juden nach Jacobs Lebzeiten herein, nicht
zuletzt unter dem Einfluß der damaligen Franziskanerprediger. Die

berüchtigsten von ihnen waren Bernardino da Siena (1380–1440),
Giacomo della Marca (1391–1476), Giovanni da Capistrana (1386–
1456) und Bernardino da Feltre (1439–1494), die Angst unter den Juden
säten, indem sie die unteren Volksschichten mit der ständig wieder-
holten Beschuldigung des Ritualmordes und der Hostienschändung
gegen sie aufwiegelten.[625]

In vielen mittelalterlichen und Renaissance-Fürstentümern Ita-
liens und in unabhängigen Städten, darunter in Mantua, Parma,
Ferrara und Urbino, und sogar im Kirchenstaat selbst konnten die
Juden jedoch nicht nur überleben, sondern trotz zeitweiliger Gewalt-
ausbrüche, Restriktionen und Vertreibungen sogar zu einer gewissen
Blüte gelangen. Im Jahr 1554, während des Pontifikats von Julius III.,
existierten in den Teilen Italiens, in denen Juden sich niederlassen durf-
ten,[626] *115 Synagogen, von denen sich 34 in Jacobs Heimatregion, der*
Marche, befanden. Aber auch wenn Ancona offenbar eine lange Tradi-
tion (relativer) Sympathie den Juden gegenüber hatte – nach 1569 durf-
ten die Juden des Kirchenstaats (offiziell) nur noch in Rom und Ancona
wohnen –, so konnte doch die unterschwellige Feindseligkeit jederzeit
aufbrechen, wie Jacobs Ängste schon zu seiner Zeit verdeutlichten.

Das schlimmste uns bekannte Vorkommnis dieser Art ereignete sich
während des Pontifikats von Kardinal Gian Pietro Carafa (1476–1559),
der bei seiner Wahl zum Papst im Jahr 1555 den Namen Paul IV. an-
nahm. Damals lebten in Ancona etwa hundert Familien portugie-
sischer Marranos – zum Christentum zwangsbekehrte Juden –, die in
den vierziger Jahren Zuflucht in Ancona gesucht hatten und sich in-
zwischen wieder offen zu ihrem ursprünglichen Glauben bekannten.
Im Namen einer beschleunigten »Bekehrung der Juden« fiel Paul IV.
mit inquisitorischem Eifer über die Marranos von Ancona her, ließ
ihren Besitz konfiszieren und befahl ihnen die Wiederannahme und
korrekte Ausübung des christlichen Glaubens.

Vierundzwanzig Männer und eine Frau, die der Folter widerstan-
den und bis zum Schluß die Annahme des Christentums verweigerten,
wurden zwischen April und Juni 1556 erdrosselt oder auf dem Scheiter-
haufen verbrannt, rund drei Jahre nachdem die Bücher der Juden von
Urbino ebenfalls öffentlich verbrannt worden waren.[627] *Wir wissen*
nicht, ob sich zu diesem Zeitpunkt noch Nachfahren Jacobs in Ancona
befanden, die Zeugen dieser blutigen Ereignisse hätten werden können.
Doch seine Angst dürfte noch in vielen Herzen lebendig gewesen sein.

Nachdem ich Jacobs außergewöhnliches Werk akribisch übersetzt und mich dabei so sehr in seine Persönlichkeit eingefühlt hatte, daß er mir überall gegenwärtig zu sein schien, hatte es für mich etwas Quälendes, nicht mehr »Fakten« über ihn zu wissen, als ich es tue – besonders in bezug auf sein Ende. Allerdings stellt sich dieses Gefühl von Verlust und Mangel bei vielen Historikern ein, wenn sie sich – im Wissen, daß sie ihnen bei allem Bemühen nicht näherkommen können – schließlich von den ungreifbaren Gestalten ihrer Forschung lösen.

Diese Enttäuschung spricht aus den Worten von Henry Yule, dem großen Kenner des mittelalterlichen China, der, als er über die von Jacob so gefürchtete mongolische Eroberung schreibt, anmerkt: »Missionare und Kaufleute verschwinden bald nach der Mitte des vierzehnten Jahrhunderts von der Bildfläche, als die mongolische Dynastie ins Wanken gerät und ihren Niedergang erlebt. Wir hören ... von Mönchen und Bischöfen, die in Avignon ausgesandt werden, aber sie verschwinden in der Dunkelheit, und man vernimmt nichts mehr von ihnen ... Ein dunkler Nebel hat sich über den Fernen Osten gesenkt und bedeckt Mangi und Cathay [und] jene Städte, von denen die alten Reisenden solche Wunder zu berichten wußten, Cambalic und Cansay und Zaytun und Chinkalan. Und als sich eineinhalb Jahrhunderte später ... der Schleier wieder hebt, sind die Namen vergangen ... Die alten Namen sind nicht nur vergessen, selbst die Tatsache, daß man diese Namen früher einmal gekannt hat, ist vollkommen untergegangen.«[628]

Was Jacob ben Salomone von Ancona angeht, den Gelehrten, Reisenden, Kaufmann und vielleicht auch Rabbi und Arzt, so ist er hilfreicher (und glücklicher) als die meisten, denn er hinterließ uns zu unserer Information und Freude ein Manuskript. Ob er in Ancona starb und dort beerdigt wurde, kann dennoch heute niemand mehr sagen. Falls seine Gebeine in dem alten und aufgegebenen, hoch auf einer Meeresklippe gelegenen jüdischen Friedhof von Ancona zur letzten Ruhe gebettet wurden, wäre dies ein passender Ort für ihn gewesen. Denn er überblickt die Adria und den Kurs, den er übers Meer nahm, und die Grabsteine – manche von ihnen sind vor langer Zeit ins Meer hinabgestürzt – sind nach Jerusalem ausgerichtet, der Stadt, die Jacob auf der vorletzten Seite seines Manuskripts seine »letzte Zuflucht« nennt. Wo immer er auch seine Tage beschlossen haben mag, »der Friede sei mit ihm«, wie er gewiß gesagt hätte.

Jacobs

Sprache

Wie ich sehr bald bemerkte, ist Jacob von Anconas Manuskript ein komplexes Amalgam aus vielen sprachlichen Einflüssen und sogar Sprachen. In erster Linie ist es italienisch: offenbar vorwiegend toskanisch, aber mit einigen venezianischen Wendungen durchsetzt, besonders bei den Eigennamen und Wortendungen, dazu mit vielen Bildungs-Latinismen. Es finden sich Redewendungen, Verben und andere Formen, die fast französisch oder doch französisch-italienisch sind. Außerdem treffen wir auf ein bißchen reines Latein und viel Hebräisch sowie auf verstreute arabische und griechische Wörter in ihrer jeweiligen Schrift. Dazu kommen noch merkwürdige und manchmal unverständliche Transliterationen von chinesischen Personen- und Ortsnamen sowie von Amtsbezeichnungen. Die letzteren konnten zum größten Teil noch nicht bestimmt werden.

Im Italienischen gibt es neben dem lateinischen und dem »franko-italienischen« Vokabular eine Unzahl rätselhafter Begriffe. Unter denen, die meine (anfangs noch völlig ungeschulte) Aufmerksamkeit besonders erregten, befanden sich viele gängige Begriffe, von denen ich einige willkürlich herausgreife: *duolo, doglio, duol* (Kummer, Schmerz) – wie ich noch zeigen werde, ist die Verwendung verschiedenlautender Varianten desselben Wortes ein durchgehender Zug des Manuskripts –, *doglioso* (schmerzlich), *contrada* (Land, Gegend), *loggia* (Haus), *signoria* (Herrschaft), *periglio* (Gefahr), *mastro* (Meister), *reame* (Reich, Königreich), *ospizio* (Unterkunft), *cupidigia* (Habgier), *piove* (Regen), *fe* (Glaube), *matera* (Materie) und *reo* (böse). Dieses letzte, von Jacob sehr häufig benutzte Wort, taucht manchmal auch mit der Bedeutung »verderbt« auf. Bei anderen Worten ist die Bedeutung weniger offensichtlich und vertraut: *speglio* für Spiegel, *negghente* für nachlässig, *presto* für Priester, *labbia* für Gesicht, *corsalo* für Pirat, *palagio* für Palast, *veneno* für

Gift, *ariento* für Silber, *naula* für Miete. Jacob schreibt *inveggia* für *invidia*, *soprano* für *sovrano*, *manciar* für *mangiare*, *loico* für *logico*, *aitar* für *aiutare*, *archimia* für *alchimia* und, dem modernen Sprachgebrauch noch unähnlicher, *mai* für *mali* (Übel, Unheil, Pl.), *augelli* für *uccelli* (Vögel), *lai* für *lagni* (Klagen, Beschwerden), *fi* für *figli* (Söhne); und – ganz hausbacken – *fazzioli* für Bohnen und *tegghia* für Teller. Ebenso gewöhnte ich mich an *anco* für *anche* (auch), *fori* für *fuori* (draußen) und *niuno* für *nessuno* (niemand).

Viele der von Jacob benutzten Wörter – einige der obengenannten gehören auch dazu – sind leicht als archaische Schreibweisen moderner Begriffe zu erkennen. Im Vergleich zu dem Unterschied zwischen beispielsweise modernem Englisch und dem Englisch Chaucers erscheinen mir die Veränderungen im Wortschatz und sogar in der Grammatik des Italienischen weitaus geringfügiger. Jacob schreibt *dimando* für *domando*, *calamaro* für *calamaio*, *feruta* für *ferita*, *posta* für *posto*, *dificio* für *edificio*, *intrando* für *entrando*, *cultello* für *coltello*, *forastieri* für *forestieri*, *lagrime* für *lacrime* und *giudicio* für *giudizio* und verwendet noch viele andere Wörter, die einen ähnlich geringen Unterschied zum modernen Italienisch aufweisen.

Bei bestimmten Arten von Worten lassen die Abweichungen beim näheren Hinsehen ein bestimmtes Muster erkennen. So kann zum Beispiel ein zusätzliches »i« Jacobs Worte von ihren modernen Gegenstücken unterscheiden: *sentenzie* für *sentenze* (Sätze), *lievar* für *levare* (heben), *brieve* für *breve* (kurz), *leggiero* für *leggero* (leicht), *sustanzia* für *sustanza* (Substanz), *niegar* für *negar* (verneinen), *cimiterio* für *cimitero* (Friedhof) und andere mehr. Auch das Gegenteil, daß nämlich das erwartete »i« in einem Wort fehlt, kommt vor: *spirto* für *spirito*, *dritto* für *diritto*, *queto* für *quieto*, *merto* für *merito*, *sentero* für *sentiero*, *pensero* für *pensiero* und noch andere.

Es kann auch ein »i« anstelle eines erwarteten »e« stehen, wie bei *quistioni* statt *questioni*, *discriver* statt *descrivere*, *nimico* statt *nemico*, *dimoni* statt *demoni*, *diserto* statt *deserto* und so weiter. Auch das Umgekehrte kommt vor, ein »e« für ein »i«, wie in *devoto* für *divoto*, *trestizia* für *tristizia*, *uomeni* für *uomini* oder *pregioni* für *prigioni*. Manchmal steht auch ein »e« für ein »a« wie in *greve* für *grave* *assessino* für *assassino* – oder auch umgekehrt: *maraviglia* für *meraviglia*. Es gibt »u« anstelle von »o« wie in *vagabundo* oder »g« für

»c« wie in *dugento* für *duecento, lagrima* für *lacrima, aguto* für *acuto* und *gastigar* für *castigare* oder andersherum ein »c« für ein »g« wie in *macro* für *magro* und *navicando* für *navigando*.

Für unsere Ohren etwas unbeholfen klingt das zusätzliche »u«, beispielsweise in *pruova* für *prova* (Beweis), *cuoprono* für *coprono* (sie bedecken), *truovano* für *trovano* (sie finden). Manchmal fehlt ein erwartetes »u« wie in *mover* für *muovere* (bewegen), *scola* für *scuola* (Schule), *rote* für *ruote* (Räder), *cocer* für *cuocere* (kochen), *sonar* für *suonare* (klingen) und *bono, novo, foco* und *voto* für die modernen *buono, nuovo, fuoco* und *vuoto*. Verwirrenderweise verwendet Jacob gelegentlich dasselbe Wort an verschiedenen Stellen seines Manuskripts in unterschiedlichen Formen und Schreibweisen, woraus für uns erhellt, daß wie im mittelalterlichen Englisch auch im Italienischen die Schreibweise damals noch nicht festgelegt und daher fließend war. So stößt man auf *cor* und *cuor* (Herz), *giovanetta* und *giovinetta* (junge Frau), *periglio* und *pericolo* (Gefahr), *esempio* und *esemplo* (Beispiel), *imprenta* und *impronta* (Abdruck) und *giudei* und *zudei* (Juden). Manchmal folgen die verschiedenen Schreibweisen im Abstand von nur ein paar Zeilen aufeinander.

Außerdem stößt man häufig auf befremdliche Vertauschungen von Konsonanten innerhalb eines Wortes, insbesondere bei Verben: Jacob verwendet *vegnono* für *vengono* (sie kommen), *stringer* für *strignere* (zusammendrücken) und *ritegno* für *ritengo* (ich bewahre). Unerwartete – und hier und da unverständliche – Perfekt-Partizipien sind ebenfalls zu finden: *ecceso* (übertroffen), *ragunato* (zusammengebracht), *onrato* (geehrt), *ascoso* (verborgen), *soprato* (überwunden) und *miso* (gesandt) befanden sich unter den Eigentümlichkeiten, die mir auffielen. Seltsam war auch – so seltsam, daß ich es zunächst für einen Schnörkel in der Handschrift des Schreibers hielt – ein »i«, das häufig den Wörtern – Substantiven, Verben und Adjektiven – anlautend vorangestellt war: *isperanza* für *speranza* (Hoffnung), wobei Jacob hierfür auch das Wort *speme* benutzt, *istrade* für *strade* (Straßen, Pfade), *ignude* für *nude* (nackt), *ispezerie* für *spezerie* (Spezereien, Gewürze), *ispirti* für *spiriti* (Geister, Lebensgeister) und sogar *ispada* (Schwert). Das Manuskript bietet noch weitere Beispiele.

Von größerem Interesse für den Sprachwissenschaftler und Etymologen des Italienischen dürfte jedoch Jacobs fortwährender

Gebrauch des substantivierten Infinitivs anstelle eines Substantivs sein, wie bei *il voler, l'ordir, il narrar, il cangiar* und sogar *il dar* (der Reihe nach: der Wille, das Anordnen, die Erzählung, der Wechsel, das Schenken/das Geschenk). »Verständnis« ist (manchmal) *il comprender*, »die Suche« *il cherer*, »die Rede« *il parlar*, »die Heilung« *il guarir*, »die Nahrung« *il mangiar* oder *il manicar*, »das Leben« oder »der Lebensunterhalt« *il viver*, und »der Verkauf« *il vender*. Jacob spricht in der Tat in seinem Manuskript (mehrfach) von »meiner Rede« als *il mio parlar*, von »seiner Auswahl« (aus den angebotenen Waren) als *suo sceglier* und (mehr als einmal) von »ihren Erklärungen« als *loro dire*. Gleichzeitig benutzt er in einem für das mittelalterliche Italienisch ungewöhnlich umfangreichen Ausmaß abstrakte Substantive mit den Endungen *-ezza (pienezza, debilezza, durezza, secchezza*, sogar *amichezza), -anza* und *-enza (simiglianza, sembianza, conoscenza, parvenza, doglianza)* oder *-mento (pensamento, parlamento, nascimento)*.

Man stößt auch auf zahlreiche abstrakte Substantive mit der Endung *-ion* (ohne Schluß-»e«), die meiner Ansicht nach dem venezianischen Sprachgebrauch entsprechen. Davon sind mir fast drei Dutzend aufgefallen, wozu *orazion, ragion, cagion, perfezion, profession, oblivion, diluvion, derision, estimazion* und sogar *proporzion* gehören. Auch der Wegfall des »e« nach venezianischem Muster kommt vor: *baston* (Stock), *ordin* (Ordnung), *pregion* (Gefängnis) und *religion* (Fessel, Band).

In Jacobs Wortschatz findet sich auch eine große Gruppe von latinisierten abstrakten Substantiven und anderen Begriffen, die der gehobenen Sprache entstammen, wie *felicitate* (Glück), *salutate* (Sicherheit, Gesundheit), *bontate* (Güte, Freigebigkeit), *etate* (Generation, Ära), *pietate* (Frömmigkeit), *civitate* (bürgerliche Gesellschaft, wie man heutzutage sagen würde) und *autoritate* (Autorität). Andere Latinismen sind zum Beispiel *turpo* (böse – ein Wort, das Jacob sehr gerne benutzt), *sueti* (gewohnt), *patre* (Vater), *stulto* (dumm), *magno* (groß), *nigre* (schwarz), *pulcro* (schön), *festino* (schnell, eilig), *milite* (Soldat), *delicti* (Verbrechen, Pl.), *labore* (Arbeit), *arbore* (Baum), *peregrino* (Fremder), *templi* (Tempel, Pl.), *apti* (geeignet) und *civi* (Bürger).

Zusätzlich haben rein lateinische Wörter und Phrasen in der Text Eingang gefunden, die sich von den genannten latinisierten

italienischen Ausdrücken klar unterscheiden. Einige davon werden in den Fußnoten aufgeführt. Dazu gehören *contra naturam* (mehrfach verwendet), *rerum natura* (zweimal), *res publica, in actu, proprium, prudentia, politica* und *spelunca latronum* (Diebesnest); ebenso greift Jacob bei der Beschreibung erotischer Praktiken in den freizügigen Passagen des Manuskrips auf das Lateinische zurück: *inter crura, mentula, labra.*

Doch typisch für Jacobs Stil und von obiger Bildungssprache weit entfernt sind seine eher volkstümlichen italienischen Verkürzungen, wie *'n* für *un, 'na* für *una, 'l* für *il, de'* für *dei* und *degli* und andere mehr. Außerdem verwendet Jacob viele Phrasen – *suso e giuso* (rauf und runter), *quinci e quindi* (hier und dort), *di 'verno e di state* (in Winter und Sommer), *al merigge* (mittags) kommen mir sofort in den Sinn –, die für den Ungeübten wie Floskeln der Alltagssprache klingen. Neben den bereits erwähnten »venezianischen« Auslassungen läßt Jacob vielfach Wortendungen fortfallen, die seiner Prosa eine Art mundartliches Tempo verleihen, das eher der gesprochenen als der geschriebenen Sprache entspricht. Statt *il bene e il male* (das Gute und das Böse) – früher wie heute das Standardbegriffspaar des manichäischen italienischen Denkens – lesen wir *'l ben e 'l mal,* und *il cuore buono* (das gute Herz) wird zu *'l cor bon.* Ganz ähnlich ist es bei Jacobs anspruchsvolleren Substantiven: Sie werden zu *poder, amor, piacer, dover, valor, splendor, favor, error, onor, romor* (für *rumore*), *mare* (für *mar),* und bei vielen anderen verfährt er ähnlich.

Dies sind Wörter, die eigentlich mit einem »e« enden, dessen Auslassung jedoch bequem und zu Jacobs Zeit bestimmt üblich war. Doch Jacob verkürzt auch oft Endungen auf »o«, was zum Beispiel *fren, titol, vincol, cammin, piccol, uom, vassel, ver* (für *vero*) und *ciel* ergibt. *Lor* steht für *loro,* und im selben Geist schreibt er *gran* für *grande, vergogn'* für *vergogna* (Schande), *vicin* für *vicino, son* für *sono* und sogar *han* für *hanno.*

An solchen Stellen glaubt man manchmal, es mit Französisch oder mit einem franko-italienischen Dialekt zu tun zu haben, denn die heutigen Grenzen zwischen den Sprachen scheinen noch so gut wie gar nicht zu existieren. Dieser Eindruck entsteht zum Teil durch Jacobs Hang zur Verkürzung: *gentile* wird im Manuskript zu *gentil, male* zu *mal* oder *bestiale* zu *bestial.* Die Wörter werden zu »französischen« Wörtern oder könnten jedenfalls als solche gelesen werden. Das von Jacob häufig verwendete *sanza* (ohne) ist dem französischen *sans* eng verwandt, *secreto* (statt *segreto*) dem französischen *secret*, *sovente* dem *souvent*, *om* dem Wort *homme*, *la dimane* (morgen) dem Wort *demain*, *pien* (voll) dem *plein*. Auch Jacobs *tien* statt *tiene* wirkt eher französisch als italienisch, und dasselbe gilt bei *egale* und *egal* (gleich), die Jacob anstatt *uguale* benutzt, oder bei *sol* (Sonne) für *sole*, bei *pan* (Brot) für *pane* oder bei *pie* für *piedi*. Solche Verkürzungen und Verdichtungen, die die Überschneidung der beiden Sprachen zu dieser Zeit deutlich machen, werden von Jacob sehr häufig verwendet. Er schreibt *al fin* (am Ende), und *ver* und *inver* (hin, nach) klingen wie und sind auch das französische *vers* und *envers*. Wenn Jacob *mani* (Hände) zu *man* verkürzt, vernehmen wir das französische *mains*. Und wenn Jacob für *regine* (Königinnen) *reine* schreibt, besteht zwischen den beiden Sprachen fast kein Unterschied mehr.

Jacobs technisches Vokabular, wie ich es nennen möchte – die Sprachen des Seemanns, des Kaufmanns und des medizinisch gebildeten (?) Sammlers von Heilkräutern – ist von hohem wissenschaftlichen Interesse. Jacob selbst war zweifellos kein Seemann (manche seiner Beschreibungen und Bezeichnungen stammen eindeutig aus dem Mund einer Landratte), doch er ist sehr präzise, was die Windrichtungen und die vom Kompaß abgelesenen Himmelsrichtungen angeht, in die seine Schiffe fuhren. Winde wehen zum Beispiel *al maestro* (aus Nordwesten), *alla tramontana* (aus Norden), *al ponente* (aus Westen), *al mezzodi* (aus Süden) und *al gherbino* (aus Südwesten). Den Nordostwind nennt er *'l vento greco* und den Nordwestwind *vento maestro*. Sehr knapp und wie ein geborener Seemann spricht er von einem Kurs *per gorbi* (gen Südwest) und, etwas weniger salopp, von *verso isciroc* (in Richtung Südosten). Im allgemeinen liefert er genaue Angaben: Sein Schiff läuft *verso levante e sciroc* (Ostsüdost) oder *verso greco e levante* (Ostnordost), und in den meisten, wenn auch nicht allen Fällen stimmen die von ihm angegebenen Richtungen mit der Karte und den von ihm genannten Routen überein.

Weniger gut scheint er sich mit den Eigenheiten und Bauteilen der Schiffe auszukennen, obwohl es ihm keineswegs am diesbezüglichen Vokabular fehlt. Er spricht von den Decks als *ponti*, von *prora e poppa* (Bug und Heck) und von *orza e poggia* (lee- und luvwärts). Sein Schiff legt seine »Strecke« *(passaggio)* »mit Segel und Ruder« *(a vela e a remi)* zurück, es ist mit einem *buxida* (Kompaß) ausgerüstet, den Kapitän nennt Jacob *mastro* oder *ammiralio*, und der Ballast *(zavorra)* verrutscht im Sturm. Doch eine ganze Reihe von Bezeichnungen verrät den Landbewohner: »Ruhige See« nennt Jacob vorsichtig *acqua piccola*, hoher Wellengang ist *acqua grande*. Er fürchtet die *rottura*, den »Bruch« seines Schiffs, und an Bord gehen ist für Jacob ein unbeholfenes »Einsteigen« *(entrare)*, während von Bord gehen lediglich »hinausgehen« *(uscire)* ist.

In kommerziellen Dingen ist Jacob durchweg sehr zurückhaltend, was seine Gewinne und Kalkulationen angeht, doch bei den Steuern, Provisionen und Abgaben gibt er sich (bezeichnenderweise) weniger zugeknöpft, wobei allerdings manche seiner diesbezüglichen Angaben schwer deutbar oder unübersetzbar sind. Je nachdem zahlt er *il quarantenum* (2,5 Prozent?), *il decimo, il quindecimo* und *il ventesimo*. Er wiegt seine Einkäufe Unze für Unze *(oncia a oncia)* nach, er kauft Waren ein, die in Gold oder Silber aufgewogen werden *(a peso d'oro, a peso d'ariento)*, kauft billig *(a denari piccoli)*, macht großen Gewinn *(grandi guadagni* oder *avanzi)* oder gewährt Preisnachlässe *(sconti)*. Gold-Besanten (*bisanti d'oro*) verwahrt er in seiner Börse *(borse* oder *tasche)*, er besucht seine Handelsniederlassungen *(fondachi)* und verhandelt oder streitet sich mit dem Handelsagenten *(commisso)* und dem Bevollmächtigten *(fattor)*. Er bezieht sich auf Steuern und Abgaben, auf Gewinne und Verluste, auf Einnahmen und Nettoeinkommen und auch auf die Buchhaltung, die sein Sekretär Armentuzio »in einem großen Buch« vornimmt. Aber enttäuschenderweise ist Jacob (wie es scheint) zu diskret, um in geschäftliche Details zu gehen.

Wo es allerdings um seine konkreten Einkäufe geht – um die Tuche *(nacchi, cammucche, maramate, zituni, bucherame* und andere*)*, die Gewürze, die Arzneien, das Räucherwerk – stoßen wir auf einen umfangreichen Wortschatz aus gelegentlich schwer deutbaren, oftmals jedoch vertrauten Begriffen, von denen viele in den Anmerkungen näher erläutert sind. Jacobs medizinischer Wortschatz, zu dem interessanterweise auch solche Begriffe wie *parlassia* (Paralyse), *tisi* (Tuberkulose?), *idropsesi* (Wassersucht), *livore* (Anämie?), *la terzana* und *la quartana* (Malaria?) gehören, enthält eine Vielzahl von manchmal lateinischen Bezeichnungen der unterschiedlichsten Körperteile – vom Zahnfleisch bis zu den Genitalien – und eine große Menge von Begriffen und Namen für Spezereien und Heilkräuter, die er unterwegs kauft.

Die von Jacob verwendeten hebräischen Wörter, Ausrufe und (zumeist kurzen) Bibel- und Talmud-Zitate sind sehr zahlreich. Manche Ausrufe wie »Gott sei gelobt« oder »Friede sei mit ihm« und so weiter werden unentwegt wiederholt. Die meisten davon sind zwar bei der Übersetzung gestrichen worden, dennoch blieben immer noch eine Menge übrig, denn ohne sie wäre meiner Meinung nach viel von der Eigenheit des Textes verlorengegangen. Eine beträchtliche Zahl der Bezüge auf biblische und rabbinische Texte konnte nicht verifiziert werden. Wo ich sie mit fachlicher Hilfe zum Beispiel im Pentateuch oder in der Mischna auffinden konnte, habe ich mich bemüht, bereits vorhandene, autorisierte Übersetzungen zu zitieren.

Jacob benutzt ziemlich durchgängig hebräische Wörter (in hebräischer Schrift) für die Namen der Sabbate, der jüdischen Festtage und Gebete, der Monate des jüdischen Kalenders, der Schriftgelehrten und Rabbiner sowie für die seiner Verwandten und jüdischen Reisegefährten, wobei er letztere und auch die Namen von deren italienischen Geburts- und Wohnorten zum Teil aus dem Italienischen in hebräische Schrift umschreibt. Für bestimmte Ausdrücke und Wörter jedoch verwendet Jacob fast ausnahmslos Hebräisch in Wort und Schrift: Für die Anrufungen Gottes (mit einer einzigen Ausnahme) und für die Begriffe Thora, Messias, Gehenna, Synagoge, Arche, König (merkwürdigerweise fast immer *melech*), Moses, Versammlung, Nichtjuden, Chaos, Ägypten, Spötter, Hochzeit (und Hochzeitsbaldachin), Beschneidung, Scheidung, Tefillin, Widderhorn sowie (angebrachterweise) für das häufig verwendete Amen. Wenn sich der Gattungsbegriff »Weiser« oder »Weise« auf Juden bezieht, benutzt Jacob (in hebräischer Schrift) das Wort *haham* beziehungsweise den Plural *hahamim*. Für Nichtjuden verwendet er die Worte *savio* oder *saggio* und *savi* oder *saggi*.

Viele der häufig verwendeten Redewendungen mit jüdischem Bedeutungshintergrund werden im Manuskript ebenfalls stets hebräisch geschrieben. Dazu gehören alle, die sich auf Gott beziehen (der Zorn Gottes, die Freigebigkeit Gottes, die Wahrheit Gottes, die Herrlichkeit Gottes, das Wort Gottes, das Gesetz Gottes) bezie-

hungsweise auf die Thora (die Wahrheit der Thora, das Gesetz der Thora, die Weisheit der Thora, die Leuchte der Thora). Hebräisch geschrieben werden außerdem die Ausdrücke: Heiliges Land, Haman, Buch der Vergebung, Engel des Todes, unser Exil, die Kinder (oder Söhne) Israels, der Böse (oder Widersacher), am Ende der Tage sowie (zweimal) die Stadt des Lichts.

Anrufungen und Verwünschungen, die gelegentlich etwas umfangreicher ausfallen, sind ebenfalls fast immer hebräisch. Die einfachsten Anrufungen wie »so Gott will« und »Gott behüte«, »Friede sei mit ihm / ihnen«, »er sei gesegnet«, »seine Seele ruhe in Gott« und »möge Gott mir vergeben« sind immer und überall hebräisch und manchmal (verwirrenderweise) zu ein oder zwei hebräischen Buchstaben abgekürzt. Gott (er wird fast immer als der Heilige Eine bezeichnet) wird gedankt, er wird gepriesen, geehrt, verehrt, verherrlicht und gelobt, manchmal »bis in Ewigkeit«, oft ohne Nennung von Gründen, aber manchmal »für/wegen Seine(r) Gnade«, »für das Geschenk der Thora« und sogar, in bezug auf Jacob selbst, »für meinen Mut« und »für meine Stärke«! Gott wird auch angerufen um Hilfe, um Vergebung, um Gnade, um Mitleid, um »uns zu bewahren«, »Sein Volk zu bewahren« und »uns ... die Prüfung zu ersparen«. Für sich selbst erbittet Jacob (fast immer auf hebräisch), Gott möge ihn beschirmen, trotz seiner Verfehlungen verschonen, ihn in Seiner Hand bewahren und (mehrmals) ihm das Niederschreiben bestimmter Passagen des Manuskripts vergeben. Für andere erbittet er, daß Gott ihr Leben schütze, daß ihr Name und ihr Gedenken gesegnet, unvergessen oder verzeichnet sein mögen, daß sie im Himmel oder in Eden ruhen mögen und daß ihre Seele überdauere oder erlöst werde. Für die Juden insgesamt bittet er, wieder auf hebräisch, »daß der Tempel von Jerusalem noch in unseren Tagen wieder errichtet werden möge«.

Seine Verwünschungen und Flüche sind nicht weniger kraftvoll und manchmal geradezu furchteinflößend: »Gott möge sie bestrafen« gehört noch zu den mildesten. Manchmal genügt schon die bloße Erwähnung eines Gegners oder einer mißliebigen Person, um seinen Ausruf »... den Gott zu Boden schmettern möge« zu provozieren. »Der Fluch Gottes komme über ihn«, »Gott verkürze sein Leben«, »sein Name sei getilgt«, »sein Gedenken sei ausgelöscht«, »möge Gott ihn am Jüngsten Tage zu Boden schmettern« und (in bezug auf den bösen Haman) »Gott stoße ihn am Jüngsten Tage nach Gehenna hinab und zerstöre seine Seele« sind Ausrufe, deren Kraft uns auch heute noch erreicht. Doch manchmal versagen selbst Jacob die Worte, und wenn er in Erinnerung an Kummer und Leid *oh, ohime, oh me, ahime, ahme* oder *ahi* niederschreibt, läßt er die Distanz zwischen ihm und uns verschwinden.

Original oder Fälschung?

Anmerkungen zu einer Debatte. Meine Übersetzung von Jacob von Anconas *Stadt des Lichts* hat einen Sturm ausgelöst: Einerseits traf das Buch auf großes allgemeines Interesse – mit der Folge, daß es in über ein Dutzend Sprachen von Katalanisch bis Koreanisch und auch ins Chinesische weiterübersetzt wurde –, andererseits erregte es den Argwohn der Fachwelt, der sich in einer Flut von Pseudo-Wissenschaftlichkeit und sogar falschen Behauptungen über den Inhalt des Manuskripts niederschlug. Es gab neidische Anwürfe, die oft auf einer oberflächlichen Lektüre des Buchs basierten, und auch – wenngleich seltener – eingehendere, aber fast durchweg feindselige Analysen. Zudem erwiesen sich die Einwände selten als schlüssig und hoben sich oft sogar gegenseitig auf: Was der eine Fachmann beispielsweise über das China der Song oder über die mittelalterlichen Handelsrouten in den Orient oder über die Herkunft und Datierung bestimmter von Jacob benutzter Wörter und Wendungen als Tatsache hinstellt, wurde von einem anderen glattweg verneint.

Im *Times Literary Supplement* (20. 11. 1997) machte ich daher den ironischen Vorschlag, »Hebräisten, Arabisten, Romanisten, Sinologen und andere Wissenschaftler« sollten »einen Ausschuß bilden ... um zu einer einheitlichen Kritik an dem Text zu gelangen«. Für mich, der ich die Wahrheit über das Manuskript kenne und mich – zum verständlichen Ärger der Fachwelt – gegenüber seinem Eigentümer mit meinem Wort zur Wahrung der Anonymität verpflichtet habe, war der größte Teil dieses Geweses ohnehin nur ein unergiebiger Witz, und auch der Streit, der über die Authentizität des Texts ausbrach, brachte nichts Neues. Wie Frances Wood (deren Bemerkungen zur *Stadt des Lichts* nicht sachkundig waren) in ihrem Buch *Did Marco Polo Go to China?* (London, 1995, S. 43) ausführt, gibt es etwa 150 Manuskripte von Marco Polos *Reisen*, von denen sich keins als »das Original« identifizieren läßt, ja, es ist nicht einmal geklärt, in welcher Sprache dieses »Original« abgefaßt wurde.

In der Einleitung zur Erstausgabe meiner im Oktober 1997 herausgekommenen Übersetzung – einer Einleitung, die die meisten Kritiker offenbar nicht allzu aufmerksam gelesen haben – äußere ich mich sehr vorsichtig zu der Frage, wer das Manuskript aus Ancona tatsächlich geschrieben hat, und räume auch die Möglichkeit ein, daß es eventuell die Arbeit eines Kopisten sein könnte. Ebenso erwäge ich dort, daß es die italienische Übersetzung eines hebräischen Originals sein könnte, und stelle fest, daß es sich nicht sicher datieren läßt. Ich plaziere es zunächst grob »in den letzten Jahren des 13. oder in den ersten des 14. Jahrhunderts«, bevor ich unter der spekulativen und erhofften Annahme, daß das Manuskript zu Jacobs Lebzeiten und in seiner eigenen Handschrift verfaßt wurde, eine (möglicherweise falsche) Datierung zwischen »kurz nach 1280« und den frühen neunziger Jahren wage. Außerdem weise ich anhand des Gebrauchs einiger vor dem Jahr 1280 nicht üblicher Wörter nach, daß eine *frühere* Datierung als 1280 ausscheidet. (Bestimmte angebliche »Anachronismen« – wie die Bezeichnung »Toutson«, die Jacob für den Song-Kaiser benutzt – könnten nur dann Anachronismen sein, wenn man das Manuskript früher ansiedelte *als meine früheste Datierung*. Manche Kritiker haben das übrigens getan.)

Einige weniger vorsichtige »Wissenschaftler« ließen sich trotz meiner eigenen Zurückhaltung nicht davon abhalten, mit wenig Vorbedacht und nur allzuoft mit noch weniger Sachwissen auf ihren angeblichen Forschungsgebieten über die *Stadt des Lichts* herzufallen. Der Phantasie war auch keine Grenze gesetzt, wenn es galt, das Manuskript zu einem »Schwindel«, gar zu »dem literarischen Schwindel der Neunziger«, zu erklären oder zu »einem schlauen Schachzug, um die Aufmerksamkeit auf sich zu lenken«. Es hieß, ich hätte eine politische Satire nach Art eines Swift oder Montesquieu geschrieben – was ich nur als großes Kompliment bezüglich meiner Intelligenz und Bildung auffassen kann – oder einen Roman. Bei verschiedenen Gelegenheiten – in Rundfunkinterviews und Artikeln – zeigte ich mich daher über diese Unterstellung geschmeichelt, denn falls sie zuträfe, wäre Jacob von Ancona mein Don Quijote und ich sein Cervantes.

In den zu Dutzenden erschienenen Rezensionen und Kommentaren trat jedoch ein hohes Maß an Naivität und Irrtum zutage, sowohl in der wissenschaftlichen Methodik als auch in der Bewertung – dazu kam schlichte Oberflächlichkeit. Seltsamerweise wurde kaum erwähnt, daß Jacobs Manuskript unter anderem auch ein jüdisches Werk von beträchtlicher Religiosität ist, das sowohl von historischem jüdischem Leid und jüdischer Selbstbehauptung berichtet, als auch den »Bilderkult« des Christentums scharf angreift. Dieser Aspekt des Texts hat mich zu der Bemerkung veranlaßt: »Wenn es den Index des Vatikan noch gäbe, stünde dieses Werk mit Sicherheit darauf« (*The Times*, 23. 12. 1997). Auch habe ich wenig Zweifel, daß die Aggressionen mancher Kritiker gegenüber Jacobs direkten und sogar scharfen Äußerungen ihre Rezensionen beeinflußt haben, vor allem jene, die besonders ungestüm daherkamen.

Meine Analyse von Jacobs Sprache wurde zudem genauso ignoriert wie die vielen Anmerkungen mit Passagen und Wendungen aus dem italienischen Original. Ich konnte sogar verfolgen, wie manche Kritiker bei ihrer »Wahrheitssuche« Narren aus sich machten. So belehrte mich David Abulafia, Dozent für Geschichte des Mittelmeerraums in Cambridge, kraft seines Amtes, Jacob könne im Jahr 1270 unmöglich von Ancona aus in See gestochen sein, da Venedig zu diesem Zeitpunkt »jeglichen Schiffsverkehr von Ancona zu den reichen Häfen des Ostens unterbunden hatte« (*The Times*, 1. 12. 1997). Doch das Gegenteil trifft zu: Die Bemühungen Venedigs um eine Blockade Anconas zwischen 1228 und 1231 – also vierzig Jahre *vor* Jacobs Aufbruch – scheiterten, und 1270 war Ancona eine unabhängige und blühende Handelsstadt. Es prägte seine eigene Währung, war der Haupthafen für Güter aus der Toskana und Mittelitalien sowie der wichtigste Ausgangspunkt für den Vatikan in Richtung Byzanz und darüber hinaus.

In ähnlicher Weise wurde behauptet, daß der Blockdruck, den Jacob beschreibt, sich bei den Süd-Song »noch nicht durchgesetzt hatte«, während besser informierte Historiker darüber im Bilde sind, daß das Gegenteil zutrifft und solche Drucke zur Zeit von Jacobs Besuch weitverbreitet waren. Andere behaupten, der Hafen von Zaitun könne in keiner Weise ein »Freihafen« gewesen sein, wie Jacob berichtet, während durchaus bekannt ist, daß viele in Südchina operierende Kaufleute von der Besteuerung ihrer Handelstätigkeit

befreit waren (siehe S. Yoshinobu, *Commerce and Society in Southern China*). Dann wird geltend gemacht, daß öffentliche Debatten in der von Jacob beschriebenen Weise in Zaitun »nicht stattgefunden haben können«, ungeachtet meiner mehrfachen Hinweise im Kommentar, daß Jacob seine Beschreibungen wahrscheinlich erst nach seiner Rückkehr nach Italien ausgearbeitet hat.

Ein »Wissenschaftler« erklärte, daß »die Chinesen große Schwierigkeiten hatten, sich mündlich untereinander zu verständigen«. Dieser augenfällige Unsinn widerspricht einerseits den Tatsachen, denn wir wissen aus vielen Quellen, daß diese Zeit eine Periode des Aufruhrs und der Auseinandersetzungen über öffentliche Angelegenheiten war, und andererseits ist diese abendländische, um nicht zu sagen rassistische Herablassung völlig verfehlt. In ähnlicher Weise wurde eingewendet, gerade ein ausländischer Kaufmann wäre nicht mit jener außerordentlichen Hochachtung behandelt worden, wie sie Jacob nach seiner eigenen Schilderung (zumindest anfänglich) erwiesen wurde. Das Buch *Commercial Development and Urban Change in Song China* (Michigan 1971) von Laurence Ma belegt das genaue Gegenteil.

Viele der Einwände waren ebenso banal wie unzutreffend. So wurde behauptet, um einmal das andere Extrem zu Wort kommen zu lassen, Jacob habe keinen Safran einkaufen können, denn dieser sei »im damaligen China unbekannt« gewesen. Nach der Quellenlage ist diese Behauptung falsch, denn Safran findet zum Beispiel in den dynastischen Annalen aus der Zeit der Sui-Dynastie (581–618) Erwähnung und war außerdem zur Zeit von Jacobs Besuch Gegenstand eines zwar illegalen, aber nichtsdestoweniger schwungvollen Handels mit den Tataren.

Auch Jacobs wunderbarem Bericht über den Straßenlärm und besonders über den von »Fahrzeugen« verursachten hohen Lärmpegel von Zaitun wurde die fehlende Authentizität bescheinigt, denn, wie Jonathan Spence aus Yale erklärt, »es war keine Epoche der Fahrzeuge ... damals hatte man vor allem Sänften« – und das in einer großen Hafenstadt, in der ein gewaltiger Güterumschlag bewältigt wurde! »Wir sind der Meinung, daß Transportmittel mit Rädern in den Song-Städten sehr ungewöhnlich waren«, meldete sich ein anderer (westlicher) Gelehrter zu Wort – und dabei zieren Straßenszenen mit allen Arten von Fuhrwerken und Karren von einer Bildrolle des Künstlers Zhang Zeduan aus dem Kaifeng des 12. Jahrhunderts die erste Ausgabe meiner Übersetzung. Desgleichen berichtet Marco Polo von einer »endlosen Wagenprozession« in den Straßen von Hangzhon (H. Yule und H. Cordier, Hrsg., *The Travels of Marco Polo*, New York 1902, Reprint 1993, Bd. II, S. 20).

Noch leichter machte es sich jener Kritiker, der mich belehrte, die Song-Chinesen hätten sich nicht als »Mancini« bezeichnet, denn das Wort habe einen abwertenden Klang. Doch sie nennen sich gar nicht so – Jacob tut es. Ganz ähnlich gab man mir zu wissen, der Name »Pitaco« komme in der Namensliste der Präfekten von Zaitun nicht vor. Doch Pitaco wird nirgendwo als »Präfekt von Zaitun« bezeichnet, sondern lediglich als »früherer Präfekt« eines ungenannten Ortes.

In der nach Ursprung und Geist amerikanischen Kampagne gegen *Stadt des Lichts* erklärte Peter Bol aus Harvard (*Newsweek*, 6. 10. 1997), daß Silber in China erst ein Jahrhundert nach Jacobs Zeit als Zahlungsmittel in Gebrauch kam. Doch daß Silber in China als Währung in Gebrauch sei, wurde von Jacob an keiner Stelle behauptet. Ähnlich hieß es, ein frommer Jude würde die Bibel niemals auf italienisch zitieren – aber die Zitate sind fast ausschließlich hebräisch, wie meinen Kommentaren und Anmerkungen eindeutig zu entnehmen ist.

Und in diesem Stil ging es weiter: Ohne die erforderliche Sorgfalt und Umsicht wurden voreilige Urteile gefällt, und das von Leuten, die sich gleichzeitig besonders viel auf ihre Gewissenhaftigkeit zugute hielten. Diese aus dem Handgelenk geschüttelten Kritiken wirkten auf mich in der Tat ebenso befremdlich, wie meine Erklärung der Herkunft des Manuskripts offensichtlich auf diese Kritiker gewirkt hat.

Neben jenen, die kritiklos nachbeteten, daß die Echtheit von *Stadt des Lichts* fragwürdig ist, ohne anscheinend ein einziges Wort daraus gelesen zu haben, stellten die von Skrupeln am wenigsten geplagten Kritiker unter Beanspruchung ihrer Fachkompetenz Dinge als Tatsachen hin, von denen sie wissen müßten, daß sie auf Mutmaßungen oder schlimmer noch, auf reiner Spekulation beruhen. Zu ihnen gehörten Bernard und David Wasserstein, die (im *Times Literary Supplement* vom 14. 11. 1997) – nach einem bösartigen persönlichen Angriff, den sie mit der Empfehlung an den Leser krönten, er solle »sein Geld zurückverlangen«, aber »das Buch behalten, denn es könnte eines Tages noch wertvoll werden« – im Jacob-von-Ancona-Text den entscheidenden Knackpunkt, sozusagen »den noch rauchenden Revolver«, entdeckt haben wollten.

Das Corpus delicti war Jacobs Verwendung des arabischen Worts *mellah* für das jüdische Viertel von Cormosa (Hormuz oder Bandar Abbas) am Persischen Golf (S. 90). Mit unverkennbarer, aber verfrühter Genugtuung erklärten sie, ohne ihre Quelle, nämlich die *Encyclopedia of Islam*, zu zitieren, dieses Wort »wurde zum erstenmal ... im Jahre 1438 benutzt« – wieso verraten sie uns eigentlich nicht den Monat und den Tag? –, »als den Juden in der Stadt Fez [in Marokko] ein Stück versalztes Sumpfgebiet zur Errichtung ihres Quartiers überlassen wurde«. *Mellah*, so wurde unterstellt, sei nämlich unabdingbar mit der arabischen Bedeutung »Salz« verknüpft, und Jacobs Verwendung des Worts war mithin als krasser Anachronismus entlarvt.

Doch hier zeigt sich, wie man auf die Nase fallen kann, wenn man Fachwissen zweckentfremdet und sich auf Volksetymologie verläßt. Vorab sei bemerkt, daß es in Fez keine Salzsümpfe gibt. Das Wort *mellah*, das Jacob ungefähr 140 Jahre früher verwendet, als unsere beiden Gelehrten es ihm erlauben wollen, leitet sich (nach Ansicht anderer Wissenschaftler) mit viel größerer Wahrscheinlichkeit nicht von dem Wort für Salz ab, sondern ist eine Variante von *mahalla*, einer in arabischen Ländern üblichen Bezeichnung für »jüdisches Viertel« mit der Konnotation von »Zufluchtsort«. Außerdem war das Wort im Irak und in Persien allgemein gebräuchlich, also genau dort, wo es in Jacobs Bericht auch auftaucht.

Ein ernsthafterer Einwand, mit dem sich einige andere Kritiker auseinandersetzten, lag darin, daß der Text vermutlich hebräisch geschrieben »war« oder es »hätte sein müssen«. Aber eine derartige Gewißheit oder Regel gibt es nicht, ganz abgesehen davon, daß ich selbst, wie bereits erwähnt, die Möglichkeit der Existenz eines »hebräischen Originals« jenes Manuskripts, das meiner Arbeit zugrunde lag, erwogen habe. Das Manuskript enthält einen nennenswerten Anteil von biblischem Hebräisch, ist jedoch zum überwiegenden Teil im Volgare, dem damaligen Italienisch abgefaßt. Wie gezeigt wurde, hatten die italienischen Juden des Mittelalters ihre eigene Form eines »judäo-italienischen« Idioms, das in jüdischen

Schriftzeichen geschrieben wurde – sozusagen einen hebräisierten italienischen Dialekt, dem Jiddisch vergleichbar, das ein hebräisierter »Dialekt« des Hochdeutschen ist.

Es ist also denkbar, daß es ein in dieser Form verfaßtes (und verlorengegangenes) Original des von mir übersetzten Textes gegeben hat. Wahrscheinlich ist das allerdings nicht, denn der Gebrauch eines ins Hebräische umgeschriebenen »Judäo-Italienisch« scheint religiösen Texten vorbehalten gewesen zu sein (siehe etwa G. Jochnowitz, *Romance Philology*, 9. Jahrg., Nr. 3, Feb. 1995, S. 297–300).

Stadt des Lichts wurde zwar von einem (der jüdischen Orthodoxie schon etwas entwachsenen) Pietisten verfaßt, dennoch handelt es sich bei dem Werk, trotz der immer wieder in den italienischen Erzählfluß eingeflochtenen hebräischen Bibel- und Talmudzitate, ganz entschieden nicht um einen religiösen Text. Wie ich in meiner Einleitung zur Erstausgabe schrieb, war der weltliche Anteil an Jacobs Bildung nicht unbeträchtlich und enthielt sogar christlich-philosophische Einflüsse, auf die ich ebenfalls hingewiesen habe. Aus der Sicht der jüdischen Orthodoxie handelt es sich hier aber hauptsächlich um einen »diesseitigen« und profanen Text.

Wichtiger noch: Die Juden im mittelalterlichen Italien waren in erster Linie Einheimische und keineswegs so etwas wie Zugvögel. Sie waren mindestens ebensosehr Italiener wie Juden und siedelten schon in vorchristlichen Zeiten in Rom. Wie immer der hebräisierte italienische Dialekt geklungen haben mag, den sie untereinander sprachen oder für ihr liturgisches Schrifttum benutzten, die Sprache für die Verständigung mit Freunden und Nachbarn – und im Fall Jacobs, für die Verständigung mit den christlichen Kaufmannskollegen und den führenden Bürgern Anconas – war Italienisch und konnte auch nur Italienisch gewesen sein.

Im Mittelalter und in der Renaissance wurde christlichen Elternpaaren vom Klerus immer wieder untersagt, ihre Kinder auf jüdische Schulen zu schicken, wie es mancherorts zur Regel geworden war, damit sie dort Lesen und Schreiben lernten. Und sie schickten sie gewiß nicht zu den jüdischen Lehrern, um sie Hebräisch oder irgendein »Hebräo-Italienisch« lernen zu lassen. Auch Jacobs Studium in Neapel erforderte kein Hebräisch, sondern Kenntnisse in Latein, Arabisch und Italienisch oder in allen drei Sprachen zusammen, und diese drei kommen, zusammen mit Hebräisch, auch im Manuskript vor.

Es liegt deshalb nahe, von einem *italienischen* Originaltext auszugehen, abgefaßt in jenem verfeinerten Italienisch, wie es in Jacobs Werk vorliegt. Die Vorstellung, daß er als Jude »Hebräisch geschrieben haben muß« – eine Vorstellung, die bei vielen, von der Komplexität des Themas überforderten Kritikern wiederkehrt –, ist nicht weniger absurd als die Forderung, ich selbst hätte Hebräisch zu schreiben. Es ist, unverblümt gesagt, eine »ghettoistische« Vorstellung, die von vornherein davon ausgeht, daß ein gebildeter jüdischer Kaufmann aus dem Ancona des 13. Jahrhunderts einfach deshalb, weil er Jude war, sich nicht eines gebildeten literarischen Italienisch als Ausdrucksmittel bedient haben kann. Diese Vorstellung ist unannehmbar.

Ein italienischer Hebräist gab mir vertraulich zu verstehen, daß ein *buon ebreo*, also ein »guter Jude« – ein Merkmal, das mir nicht behagt –, zur Datierung der von ihm beschriebenen Ereignisse wohl kaum den christlichen Kalender herangezogen hätte. Aber der Kaufmann und Reisende Jacob, der seine Tage keineswegs nur unter seinen Glaubensbrüdern verbrachte, sondern dessen Kontakte und Erfahrungen buchstäblich bis an die Grenzen der bekannten Welt reichten, war intellektuell nicht an die konventionellen Denkweisen gebunden, die diese (jüdischen) Kritiker offenbar bevorzugen. Es ist natürlich durchaus möglich, daß die »christlichen« Datierungen durch einen Kopisten und/oder Übersetzer in das Manuskript hineingetragen worden sind, doch es darf nicht übersehen werden, daß die Datierung dort nicht einheitlich gehandhabt wird: Manchmal kommt das christliche Datum zuerst, an anderer Stelle das jüdische, manchmal wird nur das jüdische Datum angeführt und gelegentlich – allerdings sehr selten – nur das christliche.

Wie die Mehrzahl der Vorbehalte gegenüber dem Ancona-Manuskript gibt also auch dieser Einwand gegen seine Echtheit nichts her. Und wenn Jacob in mancherlei Hinsicht gewisse Schwächen oder Eigenheiten zeigt wie beispielsweise in seiner Anfechtbarkeit als Mann, in seinen moralischen Überzeugungen, religiösen Praktiken und philosophischen Positionen – warum nicht? Oder gibt es etwa ein gültiges wissenschaftliches Schema, das vorschreibt, wie ein Mann vergangener Zeiten »zu sein hatte«, was er gewußt und wie er sich verhalten »haben muß« – und wäre das dem vorzuziehen, was dieser Mann uns selbst über seine Worte und Taten berichtet?

Die Arroganz der (oftmals unzulänglich informierten) Akademiker verleitet diese nur allzuleicht dazu, genau das anzunehmen, damit ihre bereits vorhandenen Erkenntnisse, so unvollständig sie notwendigerweise sind, nicht in Frage gestellt werden müssen. Das Leben weiß es aber besser. Ein »Experte« von der London School of Economics erklärte zum Beispiel, daß »die Menschen des Mittelalters« keine Ohrringe trugen (K. Lacey, *The Times*, 12. 12. 1997), weshalb Jacob bei der Rückkehr nach Ancona seiner leidgeprüften jungen Dienerin Buccazuppo nicht »zwei erlesene Perlen für die Ohren« habe schenken können, wie er berichtet. Doch wer nur ein bißchen *Menschen*kenntnis hat, kann angesichts solcher »Gewißheiten« nur noch aufstöhnen. Ähnlich verhält es sich mit jenem anderen Kritiker, der, ohne irgendeinen Beleg oder Beweis anzuführen, einfach behauptet, Jacob könne in seiner Dienerschaft, die ihm in den Orient folgte, unmöglich *zwei* weibliche Bedienstete als Wäscherinnen beschäftigt haben.

Diese Vorgehensweise kam auch in vulgären und plumpen Varianten daher: »Kublai Con-Job« [etwa: Kublai Mogelpackung], »Chinese Fake-Away« [etwa: pseudo-chinesischer Schnellimbiß], »Everything Bar the Chopsticks« [etwa: Alles, nur nichts Chinesisches] waren nur einige der pauschal-vernichtenden Überschriften, in denen sie sich ausdrückte. Es gab auch eine Reihe von besonders aufschlußreichen, um nicht zu sagen: prüden, Einwänden gegen Jacobs lebendigen Bericht über die sexuellen Sitten in Zaitun: Das von Jacob beschriebene Verhalten sei bei den Song-Chinesen (oder bei den Chinesen überhaupt) unbekannt gewesen, Jacobs Bericht sei für seine Zeit viel zu »offen«, oder Jacob würde sich, als frommer Jude, niemals herbeigelassen haben, »so etwas« niederzuschreiben.

Was den ersten Einwand betrifft, verweise ich auf Jacques Gernets Buch *Daily Life in China on the Eve of the Mongol Invasion, 1250–1276* (London, 1962), in dem er beschreibt, wie eine »ungeschliffene, kriegerische, ziemlich steife und hierarchische Gesellschaft« einer anderen Gesellschaft Platz machte, die »lebendig, merkantil, vergnügungssüchtig und korrupt« war (S. 14). In Hangzhon – und wieviel mehr in einer großen Hafenstadt wie Zaitun! – »gab es praktisch keinen öffentlichen Ort, keine Taverne, kein Restaurant, kein Hotel, keinen Markt, keinen ›Lustgarten‹, keinen Platz und keine

Brücke, wo man nicht auf Dutzende von ›stadtbekannten Damen‹ traf« (S. 96). Wie Gernet schreibt, gab es im Kaifeng des 12. Jahrhunderts auch männliche Prostituierte, die genauso »lächelten, sich kostbar kleideten und schminkten, sangen und tanzten wie ihre weiblichen Pendants« (S. 99). Jacob hat wenig beifällig von ihnen berichtet. Auch die von Jacob erwähnten Erektionshilfen kennen wir aus anderen Quellen, und die daoistische Arzneimittellehre bietet eine Vielzahl von Tränken und Hilfsmitteln zur Förderung und zum Erhalt der männlichen Potenz.

Wer darüber erstaunt ist, daß Jacob sich überhaupt auf dieses Gebiet begibt, dem sei empfohlen, sich ein wenig mit der jüdischen Literatur des 13. Jahrhunderts, und besonders mit der Lyrik, vertraut zu machen – einschließlich der Gedichte der italienisch-jüdischen Dichter aus Jacobs Zeit. Man wird schnell erkennen, daß die von manchen Kritikern als »unmöglich« bezeichnete Direktheit seiner Schilderungen ganz im Gegenteil gerade zu Jacobs Zeit gang und gäbe war. (Das *Penguin Book of Hebrew Verse*, herausgegeben 1981 von T. Carmi, dürfte sich für die meisten [englischsprechenden] Leser als die am leichtesten zugängliche Quelle anbieten.) Außerdem haben gerade und vor allem die *frommen* Juden die christliche Prüderie in allen Belangen der Körperlichkeit so gut wie nie gekannt. Sie sahen die Sexualität als ein »Geschenk Gottes« und nicht als einen Sündenpfuhl, der mit Skorpionen gegeißelt werden mußte.

Moses ibn Esra von Granada (etwa 1055 – post 1135), der Verfasser von erotischer Lyrik und von Meditationsgesängen für die Synagoge, dichtet: »Dies sind die Wonnen der Welt ... laß nicht ab, an feuchten Lippen zu trinken, bis du in Händen hältst, was dir gebührt – die Brust und den Schenkel« (op. cit. S. 325). Ein Zeitgenosse Jacob von Anconas, Todros Abulafia von Toledo (1247 – post 1295) verfaßte ein Gedicht mit dem Titel *Behava Chalta* (Oh, eine Frau zu sein!), in dem er ausruft: »Wie wundervoll waren deine Füße, als sie mich umschlangen und meinen Hals erklommen!« (op. cit. S. 411), und beschreibt damit eine sexuelle Akrobatik, die zu benennen auch Jacob sich nicht scheute. Und dann gab es noch den anonymen mittelalterlichen jüdischen Dichter, der »die ideale Frau« mit anatomischer Genauigkeit vom Mund bis zu den Füßen beschrieb, wobei er hinzufügte »beim Beischlaf ... auf ihrem Bett«. T. Carmi bemerkt zu der Auslassung mit den drei Pünktchen (op. cit. S. 361), »das Manuskript ist hier unvollständig«, während Jacob bei seinen Beschreibungen solcher Vorgänge großartig ausführlich ist.[629]

Wie so viele Fehlurteile im Fall von Jacob von Anconas Manuskript geht also auch dieser Pfeil ins Leere. Die bei Jacob zu bemerkende Kombination von Frömmigkeit und »Erotizismus« ist keineswegs ein Unding. Die noch törichteren Unterstellungen, ein unbekannter oder mehrere unbekannte Drahtzieher hätten mich zum Opfer eines »abgekarteten Spiels« ausersehen oder daß *Stadt des Lichts* die »Fälschung eines nicht besonders geschickten Hansdampf in allen Gassen« sei, wie die *London Review of Books* es in einem entrüsteten und auf öffentliche Aufmerksamkeit bedachten Stoßseufzer formulierte (21. 10. 1997), möchte ich übergehen.

Es gab einige wenige Fehler zu berichten, auf die ich mit Ergänzungen oder Erweiterungen der Anmerkungen eingegangen bin. Ein gravierender Druckfehler mußte korrigiert werden, der aus dem »Fasten von Gedalia« [engl. *fast*] ein »Fest von Gedalia« [engl. *feast*] werden ließ, ferner war ein orthographischer Fehler zu bereinigen und zwei sachliche Korrekturen in der Einleitung des zweiten Kapitels anzubringen.

Jacob von Anconas großartiger Text hält in jeder Hinsicht allen Anfechtungen stand. Während ich dies schreibe, erheben sich andere, um ebenfalls eine Lanze für die Echtheit des Manuskripts zu brechen – nachdem sich der Schock über die vehementen und gelegentlich sogar konzertierten Bemühungen gelegt hat, mit denen das Werk diskreditiert werden sollte. Weitere Übersetzungen sind vielerorts in Vorbereitung. Aber die auf Anhieb erkennbare Authentizität des Manuskripts wird trotz der derzeitigen Schwierigkeit, einen endgültigen Beweis der Echtheit beizubringen, allmählich anerkannt. Der Mailänder *Corriere della Sera* bezog sich zum Beispiel in einem Artikel über die lange Geschichte der italienisch-chinesischen Beziehungen vom 23. 12. 1997, ohne zu zögern, auf drei Vorläufer dieser Kontakte, nämlich auf »Marco Polo, Jacob von Ancona und Matteo Ricci« (den Jesuiten-Missionar).

Während meiner Arbeit an der Übersetzung hatte ich ursprünglich natürlich gehofft, daß nach der Fertigstellung – erst dann – der Zugang zu dem Manuskript auch anderen Wissenschaftlern gewährt werden würde, damit sie bei der Feststellung seiner Echtheit ein stützendes Wort würden mitreden können. Dazu sollte es leider nicht

kommen. Mir selbst wurde der weitere Zugang zum Manuskript verwehrt, nachdem ich dem Eigentümer den leider nicht besonders
wohlüberlegten Vorschlag gemacht hatte, unter der Garantie, seine
Anonymität zu wahren, den Anwälten des italienischen Verlegers
Mondadori das Manuskript vorzuweisen. Dieser Vorschlag wurde als
Vertrauensbruch gewertet, der es ja auch war oder der sich zumindest daraus hätte entwickeln können. Bei diesem Stand der Dinge ist
es bis auf weiteres geblieben.

Das Manuskript des Jacob von Ancona steht zwar der Wissenschaft (und den »Experten«) nicht zur Verfügung – es ist genausowenig greifbar wie das »Originalmanuskript« der *Reisen* Marco
Polos, das, noch gravierender, sogar spurlos verschwunden ist, falls
es ein solches Original überhaupt je gegeben hat –, aber Jacob ist
nicht minder lebendig als Marco Polo. Aufmerksame Leser konnten
sich des Gefühls nicht erwehren, diesen Mann zu kennen, der hier
seine Erlebnisse erzählt. Robyn Davidson sah sich in der *Times* vom
2. 10. 1997 in der Situation, über ein Buch zu schreiben, »das zu
großartig ist, um ihm in der Kürze einer Besprechung gerecht zu
werden« und dessen Reiz »in der unwillkürlichen Zuneigung liegt,
die es für seinen Verfasser weckt«.

Jacob von Anconas Flotte wurde dank der Zähigkeit meiner Ver-
leger auf einen guten und richtigen Kurs gebracht und segelt nun
mit Schätzen beladen auf den Weltmeeren der Literatur dahin. Die
Verfolger mühen sich in undichten Booten und mit stumpfen
Harpunen ab, den Geleitzug zu stellen, doch er kann nicht mehr zum
Beidrehen gezwungen werden.

David Selbourne, Urbino 1998

ANMERKUNGEN

[1] Zum Beispiel F. Wood, *Did Marco Polo go to China?*, London, 1995

[2] Aus dem Jahr 1254 gibt es einen Hinweis aus dem Stadtarchiv von Dubrovnik (Ragusa) auf einen gewissen Antonoi Bonaiunte, der als »Kaufmann aus Ancona« bezeichnet wird; J. F. Leonhard, *Ancona nel basso Medio Evo*, Ancona, 1992, S. 288 ff.

[3] G. Luzatto, *I Banchieri Ebrei in Urbino nell'Eta Ducale*, Padua, 1902 (Wiederauflage 1983), S. 59. Diesen Hinweis verdanke ich Dr. Lauro Guidi aus Urbino.

[4] Averroes oder Ibn Roschd wurde im Jahre 1126 in Cordoba geboren und starb 1198 in Marokko. Dieser arabische Philosoph und Arzt hatte als Kommentator des Aristoteles großen Einfluß auf das christlich-abendländische Denken. Man warf ihm vor, den Islam verraten zu haben.

[5] Avicenna (980–1037) aus Ibn Sina. Persischer Abstammung, in Buchara geboren, bedeutender Philosoph und Arzt, bekannt wegen seiner medizinischen Werke und philosophischen Enzyklopädien. Bei ihm vereinigen sich Aristotelismus und neo-platonisches Denken.

[6] Siehe M. und L. Moranti, *Il Transferimento dei »Codices Urbinates« alla bibliotheca Vaticana*, Urbino, 1981. In diesem Buch wird die ganze Geschichte der Bestandsliste und des Bücherschwunds aufgerollt. Diesen Hinweis verdanke ich Maria Luisa Moscati Benigni aus Urbino.

[7] *La Vita di Alessandro VII*, Prato, 1839, 2. Bd., S. 185

[8] Andere mittelalterliche Reisende, die einen Bericht ihrer Reise nach China hinterlassen haben, sind u.a. der japanische Mönch Jojun (1011–1081), Wilhelm von Rubruk, der 1253 bis zum Karakorum-Gebirge vorstieß, der Armenier Hetoum (oder Hayton), der 1307 in China war, sowie der deutsche Ritter Wilhelm von Boldensele, der sich 1336 im Orient aufhielt.

[9] Siehe S. D. Goitein, *Letters of Medieval Jewish Traders*, Princeton, 1973, S. 270. Der Manuskriptenschatz wurde in den neunziger Jahren des 19. Jahrhunderts entdeckt.

[10] Siehe S. D. Goitein, über jüdische und moslemische Kaufleute in Kairo: »Der gelehrte Kaufmann aus der gesellschaftlichen Mittelschicht« war eine »ziemlich weitverbreitete Erscheinung«, op. cit. S. 9, und »einige waren akademische Lehrer«, ibid.

[11] J. F. Leonhard, a.a.o., S. 15

[12] Ibid. S. 193

[13] Vom 5. Jahrhundert an befand sich das »Heilige Römische Reich« formell in den Händen der deutschen Herrscherhäuser. Als nominelle Herrscher über die italie-nischen Königtümer (und als Kaiser, die von den jeweiligen Päpsten gekrönt wurden) beanspruchten sie die Oberherrschaft – die ihnen 1153 ausdrücklich zugestanden wurde – über die zunehmend nach Unabhängigkeit strebenden italienischen Stadt-staaten und führten in Italien zur Durchsetzung ihrer Rechte immer wieder Feldzüge durch, auch gegen die Armeen des Papstes.

[14] Diese »Ausländerkolonien« hatten zumeist ein eigenes Stadtviertel mit Kirchen, Läden und Lagerhäusern.

[15] J. F. Leonhard, op. cit., S. 72 ff.

[16] »Da die Juden in Wirklichkeit gebildeter, kultivierter und geschickter waren als ihre christlichen Gegenspieler, mußte die Legende ihre Herabwürdigung auf ein ›unter-menschliches‹ Niveau leisten und sie zu schmutzigen Kreaturen mit niedrigen Begier-den verzerren, die die christliche Gesellschaft unter Zuhilfenahme finsterer Mächte von unten mit einer die größte denkbare eigene Niederträchtigkeit um ein Vielfaches übersteigenden Bösartigkeit bedrohen.« R. I. Moore, *The Formation of a Persecuting Society*, 950–1250, Oxford 1987, S. 151 f.

[17] Man weiß, daß schon um 160 v. Chr., über zweihundert Jahre vor der Eroberung Jeru-

salems durch Titus um 70 n. Chr., Juden in Rom wohnten. »Jüdische Älteste in Rom« werden als Autoritäten zur Interpretation des jüdischen Gesetzes in der Mischna benannt, jener Sammlung von Vorschriften in Fragen des Gesetzes und der Rituale, die in der Periode zwischen dem zweiten vorchristlichen und dem zweiten nachchristlichen Jahrhundert entstanden ist (Awoda Sara, 4,7).

[18] Einige moderne Gelehrte wie Noel Coulet sind der Ansicht, daß die mittelalterlichen provenzalischen Juden, die durch ihre Lage und die lange Ortsansässigkeit mit den Juden Italiens vergleichbar sind, sich im Besitz vollgültiger Bürgerrechte befanden und anscheinend die gleichen Privilegien und Freiheiten genossen wie die Christen (*Minorités et Merginaux en Espagne et dans le Midi de la France, VII–XVII siècles*, Paris 1986, S. 203–219). Soweit ich allerdings feststellen kann, liegen keine unmittelbaren Belege dafür vor, daß die Juden im mittelalterlichen Italien ein verbrieftes Vollbürgerrecht genossen. Jacob sagt in seinem Manuskript über die Juden von Ancona, daß manche »sowohl vornehm wie reich« seien. Damit meint er gewiß nicht deren vornehme Geburt, sondern die Vornehmheit durch würdevolles Verhalten und eine entsprechende Lebensführung oder aufgrund großer Gelehrsamkeit, denn er macht auch einen Unterschied zwischen den »Vornehmen der Stadt« und »meinen Brüdern« oder »Glaubensbrüdern«. Außerdem weist er ausdrücklich darauf hin, daß die Juden nicht zu den »bedeutenden Bürgern« gehören, die im 13. Jahrhundert aus ihren eigenen Reihen die Konsuln wählten. Ob die Juden dennoch Vollbürger, wenn auch niedrigeren Ranges waren, verrät Jacob uns leider nicht, doch es ist höchst unwahrscheinlich, daß dies der Fall gewesen ist.

[19] Rabbi Benjamin von Tudela stellt fest, daß sich sogar an der Kurie in Rom Juden befanden. Ein gewisser Jehiel, den er »einen wohlansehnlichen, weisen und klugen jungen Mann« nennt, war »Innenminister« des Papstes. *Travels*, London 1783, S. 44.

[20] A. Milano, *Storia degli Ebrei in Italia*, Turin 1963, S. 127

[21] Auch heute noch stößt man im ganzen Mittelmeerraum auf diesen Namen, denn die Kolonien der anconesischen Kaufleute verteilten sich im Mittelalter über ein sehr großes Gebiet. Es ist anzunehmen, daß die Träger eines eine solche Herkunft bezeichnenden Nachnamens ursprünglich jüdischer Abstammung sind.

[22] J. F. Leonhard, op. cit. S. 219 ff.

[23] Die päpstlichen Bullen sprechen von »Gütern, die den Ungläubigen nützlich sind«, Leonhard, op. cit., S. 277.

[24] Das mittelalterliche Lucca war ein bedeutendes Zentrum des Tuch- und Seidenhandels. Camerino, die einen Hügel bekrönende Stadt in der südlichen Marcha-Region, unterhielt im Mittelalter umfangreiche Handelsbeziehungen zu Ancona, das Camerino als Ausfuhrhafen für den Export seiner Waren nach Süditalien und in die Levante diente. Sowohl in Lucca wie in Camerino gab es damals bedeutende jüdische Gemeinden. Samuele di Nathan und Levi di Abramo waren zweifellos reiche Kaufleute, die sich an der Finanzierung kostspieliger Überseeunternehmungen beteiligten, wie Jacob eine unternahm, wobei es ihnen vermutlich nicht nur um die Gewinnbeteiligung ging, sondern auch um den Erwerb bestimmter Güter zu einem vorteilhaften Preis.

[25] »Gualdi« ist kein jüdischer Name. Es gibt zwar bislang keine Belege für christlich-jüdische Zusammenarbeit bei Überseeunternehmungen, aber wir haben Dokumente von toskanischen (und besonders florentinischen) Banken und Kreditgesellschaften mit jüdischen Teilhabern. Solche Gesellschaften bestanden gegen Ende des 13. Jahrhunderts in Mittelitalien: um 1295 in Montegiorgio und um 1297 in Asco Piceno.

[26] H. Pirenne, *Economic an Social History of the Middle Ages*, (950–1350), Cambridge 1976, S. 166

[27] *The Commercial Revolution of the Middle Ages, 950–1350*, Cambridge 1976, S. 60

[28] H. Pirenne, op. cit. S. 47, 50, 94, 166

[29] Ibid. S. 214

[30] S. D. Goitein, op. cit. S. 184

[31] Siehe zum Beispiel C. Roth, *A Short History of the Jewish People*, wo der Autor nachweist, daß den jüdischen Kaufleuten »überall Hindernisse in den Weg gelegt« wurden; S. 203–204.

[32] J. Gernet, *A History of Chinese Civilisation*, Cambridge 1985, S. 327

[33] nach jüdischem Kalender

[34] Die Umschrift der jüdischen Sabbat- und Monatsnamen erfolgte nach der Barmizwa-Tabelle der Synagogen-Gemeinde, Köln.

[35] Jacob bezieht sich in seinem Manuskript auf sein *legnaggio rabbinico nobile*, was nur so gedeutet werden kann, daß er der Abkömmling eines vornehmen Geschlechts von Rabbinern und Schriftgelehrten war und sich mit Stolz dazu bekennt.

[36] Eine dieser »Missetaten« mag die nicht erfolgte Rückzahlung von Krediten gewesen sein, die die Kirche von Jacob von Anconas Familie erhalten hatte. Unter dem Pontifikat von Clemens IV. war Kardinal Simone ab 1266 päpstlicher Legat in Ancona. Die Kardinäle Raniero (oder Rainer) und Capocci di San Giorgio in Velabro hatten das Legat zuvor ausgeübt. Bei der »Wiedergutmachung«, von der im Manuskript die Rede ist, scheint es sich um eine (möglicherweise heimliche) finanzielle Beteiligung der Kirche an Jacobs Reiseunternehmung zu handeln; siehe auch S. 55.

[37] Das Kloster Santa Croce di Fonte liegt gut achtzig Kilometer von Ascona entfernt.

[38] Das Wort *sinim* wird im Manuskript stets in hebräischer Schrift geschrieben.

[39] Das kann nichts anderes bedeuten als nicht koschere Speisen.

[40] Hier handelt es sich vermutlich um einen örtlichen Rabbi, der offensichtlich in Huldigung eines alten jüdischen Aberglaubens Jacob als eine Art schützenden Talisman zum Schutz vor Unglück eine Münze gab. Diese Tradition dauert bis in unsere Tage fort.

[41] Im Mittelalter wurden Sklaven vermutlich vor allem im häuslichen Bereich und auf Galeeren eingesetzt. Die Wirtschaftsgeschichte hat festgestellt, daß zu Jacobs Zeiten Venedig im Sklavenhandel führend war. Im Manuskript wird das Wort im weiblichen Plural *schiave* verwendet.

[42] ein Hafen am Asowschen Meer

[43] *Fattori* kaufen und verkaufen nicht im eigenen Namen, sondern für jemand anderen; siehe S. 81.

[44] Diese im ursprünglichen Italienisch *comissi* genannten Agenten waren auf Kommissionsbasis als Vertreter des Überseekaufmanns tätig; siehe S. 79 ff.

[45] Zadar im heutigen Kroatien. In einer im März 1258 unterzeichneten Übereinkunft vereinbarten die beiden Städte Ancona und Zara (Zadar) eine wechselseitige Befreiung ihrer Kaufleute von Steuern und Abgaben. Zwischen den beiden Städten bestanden daher enge freundschaftliche Beziehungen. Zara war mit Ancona auch in der Gegnerschaft zu Venedig vereint.

[46] im Manuskript: *nostro filo d'oro;* wurde vermutlich für Stickereien benutzt

[47] Siehe S. 34. Es fällt auf, daß Jacob das respektvolle *Ser* (Herr) nur den Namen der Nichtjuden voransetzt.

[48] Vermutlich ein jüdischer Schiffseigner, der Schiffsraum einschließlich bewaffneter Begleitfahrzeuge für die gefährliche Überfahrt nach San Giovanni d'Acri (Akko) vermietete. Die Schiffscharter scheint in Zadar, das für seine geschickten Schiffsbauer berühmt war, weniger kostspielig gewesen zu sein als in Ancona.

[49] die Insel Korcula

[50] Diese und andere Passagen, die sich auf talmudische Texte beziehen, ergeben den überzeugenden, wenn auch nicht endgültigen Beweis, daß Jacob eine rabbinische Ausbildung genossen hat. Diese Textstelle hat große Ähnlichkeit mit Eruwin, 4,1 der Mischna oder dem mündlichen Gesetz. Diese Stelle ist besonders bemerkenswert, da sie den Nachweis über die Präsenz der Juden in Italien in vorchristlicher Zeit enthält.

[51] 26. April 1270

[52] Das Wort »Bruder« dürfte zur Bezeichnung von Glaubensbrüdern dienen.

[53] vermutlich Leo ben Benedetto aus Ragusa

[54] eine besonders ehrenvolle Funktion im Sabbat-Gottesdienst

[55] 18. Mai 1270. Am »Tag Lag ba-Omer« (im Original hebräisch) findet das »Fest der Jünger« statt, das in Erinnerung an das Ende einer Seuche unter den Anhängern des Schriftgelehrten Akiba (ca. 50–132) begangen wird.

[56] die Inseln Karpathos und Rhodos

[57] Möglicherweise der auf [S. 38] genannte Anteilseigner Samuele di Nathan aus Lucca. Lucca war im Mittelalter ein zentraler Handelsplatz für hochwertige Tuche.

[58] San Giovanni d'Acri (Akko) im östlichen Mittelmeer war seit 1104 in christlicher Hand, wurde 1187 von Saladin zurückerobert und 1191 von Kreuzrittern unter Richard Löwenherz erneut eingenommen.

59 Dies ist vermutlich eine Bezugnahme auf eine Streitigkeit zwischen der venezianischen und der genuesischen Kolonie von Akko, die sich am Besitzrecht an einer Kirche entzündete, die auf der Grenzlinie zwischen den beiden Gemeinden stand. Bei den folgenden Kämpfen, in die auch andere hineingezogen wurden, wurde ein großer Teil von Akkon zerstört.

60 Im Manuskript: *maomettani*. Jacob benutzt abwechselnd die Begriffe »Sarazenen« und »Mahometaner« (Moslems), wobei er letzteren Begriff offensichtlich weniger als ethnische Bezeichnung oder als Bezeichnung einer Gruppe von Völkern versteht, sondern als Bezeichnung einer religiösen Gruppierung.

61 Kleinindien *(India minore)* dürfte die Region von Sumatra, Malaya, Thailand und Indochina (also Vietnam und Kambodscha) umfaßt haben.

62 Im Manuskript *volome magno*. Vermutlich ein Buchhaltungsjournal oder Hauptbuch, das von Jacobs Sekretär geführt wurde.

63 Im Manuskript arabisch geschrieben. Es handelt sich um den Kreditbrief einer Partei – im vorliegenden Fall ist es Jacob –, dessen Besitzer, hier Jacobs Onkel Elia, an einem anderen Ort, im vorliegenden Fall in Ragusa und Ancona, von einer anderen Partei oder mehreren Parteien, die beim Aussteller »in der Kreide stehen«, eine Zahlung einfordern kann.

64 Im Manuskript: *arabi*; vermutlich sind Beduinen gemeint.

65 entspricht ungefähr 125 Kilo, also etwa dem Gewicht von zwei Erwachsenen

66 Eine venezianische Spanne mißt ungefähr fünfundzwanzig Zentimeter.

67 aus Sorge um die Heiligung des Sabbats

68 Die Tataren fielen tatsächlich im folgenden Jahr in Nordsyrien ein. Der mamelukkische Sultan Bundukdar, der von 1259 bis 1276 herrschte, kam im September 1271 nach Damaskus. Jacob war durchaus richtig informiert worden, denn die Politik des Sultans war in der Tat darauf gerichtet, die Christen und die Tataren aus Syrien zu vertreiben.

69 Bagdad

70 Ich halte dies für den Fluß *(wadi)* Hauran, auf den man kurz nach der Hälfte des Weges zwischen Bagdad stößt und der zum östlichen Rand der Syrischen Wüste fließt.

71 Name einer babylonischen Göttin. Der jüdische Gedenktag des Niederreißens der Mauern von Jerusalem durch Nebukadnezar erhielt ihren Namen.

72 Am neunten Tag des Aw wird die Zerstörung des Ersten und des Zweiten Tempels betrauert. Bei der Schilderung seiner Trauer benutzt Jacob in seinem Manuskript hebräisch geschriebene Worte aus Jeremia 1:1,3,6, und 12. An diesem Tag werden in der Synagoge Lesungen aus Jeremia gehalten.

73 Das ist eine Reise von 37 Tagen ab Damaskus. Hieraus ergibt sich eine Tagesleistung von etwa 33 Kilometern.

74 Jacob nennt die Stadt in seinem Manuskript abwechselnd Bastra, Bassora und al-Basra (wenn er ihren Namen auf arabisch schreibt). Basra wurde im Jahr 638 von dem Kalifen Omar gegründet und hatte die größte Glanzzeit unter den Abassiden. Trotz des Niedergangs nach dem Einfall der Beduinen blieb Basra im Mittelalter eine wichtige Hafenstadt mit Zugang zum Persischen Golf, Indien und dem Fernen Osten.

75 Vermutlich bestimmte Arten von Brokat. Eine genaue Übersetzung war mir nicht möglich.

76 Er stammte aus Ascoli Piceno in der Marche-Region und dürfte Jacob persönlich gekannt haben, wenn er nicht sogar mit ihm verwandt war.

77 ein Ehrentitel

78 Das heißt, sie ist nicht willkürlich und daher kalkulierbar.

79 Im Manuskript *quarantenum*. Eine Abgabe in Höhe von 2,5 % des importierten Warenwertes war ein sehr niedriger Satz. Die Kaufleute mußten vielfach 10 % und auf bestimmte Güter sogar noch mehr bezahlen. Wahrscheinlich hat Jacob die »wertvollen Dinge«, die er »verborgen am Körper« trug, überhaupt nicht deklariert.

80 Dieser Satz liefert den Hinweis, daß Jacob wohl eine gewisse medizinische Ausbildung genossen hatte, wobei es allerdings denkbar ist, daß die Kenntnis der Zusammensetzung einer Salbe gegen Mückenstiche Allgemeingut war.

81 im Manuskript: *il novilunio verso l'equinozio d'autunno*

82 d.h. Schwiegertochter

[83] zum Gedenken an die Zerstörung des Tempels und als Symbol für die Zerbrechlichkeit aller Dinge, einschließlich des Glücks

[84] Isaia von Ascoli trat damit dem schon bestehenden Investorenkonsortium bei, die Höhe seines Anteils wird jedoch nicht genannt.

[85] Diminutiv von Iacobbe

[86] entspricht 400 bis 500 Tonnen

[87] Diese (und die anderen) Angaben könnten übertrieben sein, allerdings behauptet der Mönch Odorich (S. 19), das Schiff, mit dem er nach China segelte, habe »700« Personen an Bord gehabt.

[88] vermutlich die besonders seltenen Gewürze

[89] Diese Tage lassen sich als 2. bis 11. Oktober 1270 bestimmen.

[90] vermutlich eine Bezugnahme auf das talmudische Gebot, daß ein Ehemann mindestens einmal alle sechs Monate den Geschlechtsakt mit seiner Frau vollziehen muß

[91] Im Manuskript: *nell'agonia mortale della quartana.* Man hält dies im allgemeinen für Malaria, aber die mittelalterlichen Ärzte benutzten diesen Begriff auch für unspezifische fiebrige Erkrankungen. *Quartana* bedeutet lediglich, daß das Fieber alle vier Tage zurückkehrt. Das von Jacob bemerkte Zittern von Berlettos Beinen läßt an Malaria denken, allerdings starb Berletto so schnell, daß eine andere Ursache wahrscheinlicher ist.

[92] Im Manuskript: *perdei li polsi.* Das Prüfen von Berlettos Puls, Augen und Zunge sind die deutlichsten Hinweise, die das Manuskript auf die medizinischen Kenntnisse Jacobs liefert.

[93] Es ist nicht feststellbar, ob es sich hier um Hörensagen oder eine reine Behauptung handelt oder ob Jacob vielleicht selbst Persisch gesprochen hat.

[94] Haman war ein hoher Beamter am Hof des Perserkönigs Xerxes. Er wollte aus verletztem Stolz die dortigen Juden umbringen lassen, was jedoch durch die (jüdische) Königin Esther vereitelt wurde.

[95] Philologisch gesehen gibt es keinen Grund, den Wortbestandteil »corano« dieses Ortsnamens mit dem Koran in Verbindung zu bringen, wie Jacob es offensichtlich tut. (»Kesmacoran« ist heute das Kernland von Makran, das Teile des heutigen Iran und Pakistans überdeckt und sich bis zum Indus-Delta und zum heutigen Karachi erstreckt.)

[96] möglicherweise der Hafen, der einst in der Nähe der mittelalterlichen Stadt Kij in Makran lag

[97] Hier übertreibt Jacob, denn diese Phase kann nach seinen Informationen über den zeitlichen Ablauf allerhöchstens vier bis fünf Tage gedauert haben.

[98] Der aus dem im Himalaya lebenden Moschustier gewonnene Moschus (ein Drüsensekret) wurde im Mittelalter im Orient wie auch in Italien als Arznei benutzt. Zu den genannten persischen Häfen muß er durch Afghanistan herbeigeschafft worden sein.

[99] Das heißt, aus Kaschmir; zweifellos sind Zobelpelze gemeint.

[100] Jacob nennt Kaschmir wechselweise Chesimur ober Chesimuro. Die Tataren hielten das Land unter Kajjala von 1259 bis 1287 besetzt.

[101] 8. November 1270

[102] Dieser hebräisch geschriebene Todeswunsch stellt für einen gottesfürchtigen Juden eine Lästerung Gottes dar. Er wurde im Manuskript teilweise getilgt, ist aber immer noch lesbar.

[103] Simone Pizzecolli, der zweite Sekretär und Gehilfe

[104] Das ist eine interessante Anspielung auf eine in Cambay möglicherweise bestehende jüdische Kaufmannsgilde mit Regeln und Sanktionen für das Verhalten bzw. Fehlverhalten der Kaufleute.

[105] 1,5 Meter

[106] Die Bedeutung von *custo* und *kino* konnte ich nicht ermitteln. Mirobalane sind herbe, pflaumenartige Früchte, die früher in getrockneter Form sowohl als Arznei gegen Verdauungsstörungen als auch zum Färben, Gerben und zur Herstellung von Tinte benutzt wurden. Die Frucht erfreute sich im Mittelalter großer Wertschätzung. Im späteren Verlauf behandelt Jacob seine Dienerin Buccazuppo mit einem Sud aus diesen Früchten.

[107] Im Manuskript *lo indo,* von mir mit »Inder« übersetzt. Möglicherweise hat Jacob dem Wort die Bedeutung »Hindu« beigelegt.

[108] Die Kubebe ist eine scharf schmeckende Beere, die im Mittelalter unter anderem als Antiseptikum benutzt wurde, insbesondere bei Infektionen des Urogenitaltrakts (und bei Geschlechtskrankheiten) sowie ganz allgemein bei inneren Beschwerden. In der mittelalterlichen Küche fand die Beere unter dem Namen »Kubebenpfeffer« auch Verwendung als Gewürz.

[109] nicht identifizierbar

[110] Es ist nicht klar, welcher Ort damit gemeint ist, aber Jacob muß zwischen Cambay und Mangalore auch noch andere Häfen angelaufen haben.

[111] vermutlich Mount Delly nördlich vom heutigen Cannanore im indischen Bundesstaat Karnataka

[112] Der Name wurde im Manuskript geändert und überschrieben und ist kaum noch lesbar. Aus dem Inhalt dieses Abschnitts geht allerdings hervor, daß es sich um Cranganore oder Cochin im Staat Kerala handelt, wo sich von frühester Zeit an eine jüdische Siedlung befand. Der Sabbat Wajeschew läßt sich präzise auf den 6. Dezember 1270 datieren.

[113] Aus anderen Textstellen des Manuskripts läßt sich schließen, daß es um unterschiedliche Auffassungen in jüdischen Glaubensfragen ging.

[114] Beim Chanukka-Fest (Einweihungsfest), begründet im Jahr 165 n. Chr., wird der Reinigung des jüdischen Heiligtums nach seiner Entweihung durch Antiochus Epiphanes gedacht.

[115] Dies ist der (fast) endgültige Beweis, daß Jacob Rabbiner war, denn es ist höchst unwahrscheinlich, daß man sonst bei schwierigen Auslegungsfragen der Thora seinen Rat gesucht hätte, zumal die Gemeinde selbst einen Rabbi hatte. Dennoch bestätigt Jacob dies nirgendwo ausdrücklich, sondern verweist nur, so auch hier, auf seine »Herkunft«.

[116] Vermutlich, um auf alle Fälle zu vermeiden, daß das Gewicht des künstlichen Beins mit den Händen bewegt werden muß, denn das wäre eine Verletzung des Arbeitsverbots am Sabbat.

[117] Das entspricht 500 Kilogramm oder einer halben Tonne. Diese beträchtliche Menge verleiht uns eine gute Vorstellung von den Größenordnungen bei Jacobs Einkäufen.

[118] Quilon oder Kollam, hundert Kilometer nordwestlich von Kap Comorin, der Südspitze Indiens, gelegen, war im Mittelalter einer der bedeutendsten Häfen und Märkte Asiens.

[119] Männer aus einem Priestergeschlecht

[120] Dieses Wort (für Ceylon) ist im Manuskript klar erkennbar in einer anderen Handschrift überschrieben worden. Das vorherige Wort ist nicht mehr entzifferbar.

[121] Das im Manuskript fast unlesbare Wort lautet entweder *pere* (Birnen) oder *perle* (Perlen). Ich habe mich für *pere* entschieden, da Jacob von Singvögeln und Bäumen spricht.

[122] Im Manuskript *vanno tutti ignudi;* grammatikalisch eine männliche Pluralkonstruktion. Es ist unklar, wieso sich Jacob nur auf männliche Inselbewohner bezieht.

[123] Paccambou ist eine hinreichend genaue Wiedergabe des Namens von Prakrama Bahu, der von 1267 bis 1301 auf Ceylon herrschte. Sundara ist eindeutig der Hindu-Name eines Kleinfürsten, der sich mit den buddhistischen Seilani im Süden der Insel im Krieg befand.

[124] Terpentinöl wurde von der mittelalterlichen Medizin als Brechmittel eingesetzt und aus einer Pflanze gewonnen, die in Ceylon, aber auch andernorts heimisch war. Ser Bartolomeo könnte Apotheker gewesen sein.

[125] Über die Einzelheiten der Transaktion schweigt Jacob sich aus.

[126] Batticaloa an der Ostküste von Ceylon

[127] Sakyamuni, der Buddha

[128] Man könnte diese Stelle als eine der großartigsten und knappsten mittelalterlichen Darstellungen des Aristotelismus bezeichnen. Hier zeigt sich (unter anderem) der Einfluß, den Maimonides und seine Anhänger auf Jacob ausgeübt haben.

[129] Dieser Tag ist auf den 24. Januar 1271 datierbar.

[130] ungefähr 90 Zentimeter

[131] Jacob scheint hier erstaunlicherweise anzunehmen, der jüdische Gott werde das christliche Mädchen retten.

[132] Man erinnere sich, daß das Schiff, laut Jacob, vier Masten und zwölf Segel sowie zwei Ersatzmasten hatte.

[133] wahrscheinlich die beiden kleineren Schiffe, die das große begleiteten

[134] Das jüdische Totengebet. Im Kiddusch wird vor allem um das schnelle Kommen des Messias gebetet und um die Anerkennung der Vorherrschaft Gottes in der ganzen Welt.

[135] Hier wird kaum verhüllt angedeutet, daß der »große Aaron«, der – nach Jacobs Verständnis – schon früher einen Mangel an Thora-Treue hatte erkennen lassen, ein »Böser« und »Übeltäter« sei.

[136] Name einer Provinz in Nordwest-Sumatra, den Jacob für den Namen des Hafens zu halten scheint. Jacob nennt keinen identifizierbaren Namen für den Hafen, der Schutz vor dem Nordwestwind bot und, wie es scheint, die Einrichtungen für die Reparatur der Schiffe hatte. Es könnte Daya gewesen sein.

[137] Sarha lag an der Nordostküste von Sumatra, da Jacob sagt, es habe nahe bei »Sumantala« bzw. Samarlanga, der Hauptstadt, gelegen. Die Fahrt von Daya um die Nordwestspitze Sumatras herum nach Sumantala, um dort auf Reede zu gehen, muß ein riskantes Unternehmen gewesen sein, doch war vermutlich notwendig, um die Schiffe wieder instandzusetzen und neu zu verproviantieren.

[138] Es fiel auf den 28. März 1271.

[139] ein Gebiet auf Sumatra südlich von Lambri

[140] entspricht 60 Kilogramm

[141] Also 500 Kilogramm Gewürznelken und 1000 Kilogramm Pfeffer. Diese Angaben dürften sehr hoch gegriffen sein.

[142] Im Manuskript hebräisch; Efraim sprach in der von Jacob beschriebenen Situation aus Gründen der Geheimhaltung vermutlich ebenso. Er zitiert aus Psalm 38, 13.

[143] Das scheint zu bedeuten, daß Jacob auf die normale Vertreterprovision noch fünf Prozent aufschlug. Es könnte sein, daß die Einhaltung der Standardprovisionssätze von der örtlichen Kaufmannsgilde kontrolliert wurde.

[144] Im Manuskript del gherbino. Der Südwest-Monsun hatte eingesetzt und verschaffte der Flotte einen günstigen, aber böigen Rückenwind nach Südchina.

[145] Es handelt sich vermutlich um den Inselarchipel vor Sumatra und Singapur am südlichen Ende der Straße von Malakka. Jacobs Bemerkung mag sich jedoch auch auf Celebes oder die Molukken beziehen, von denen Seeleute gesprochen haben könnten.

[146] Es könnte sich um einen Hafen im heutigen Malaysia handeln, vielleicht lag er aber auch weiter nördlich in Thailand.

[147] die Insel Poulo Condore vor der Südküste des heutigen Vietnam

[148] Im Manuskript fini. Das Wort kann zweierlei bedeuten: Grenzen oder Zwecke.

[149] gemeint: die religiöse Pflicht oder die durch das Wort Gottes gesetzten Grenzen

[150] 20. beziehungsweise 27. Juni 1271

[151] »Zabai« läßt sich nicht verifizieren.»Ciamba« (oder Chamba) – das Wort ist mit dem modernen Wort »Kambodscha« verwandt – scheint ein Teil des heutigen Vietnam zu sein. »Comari« könnten die Khmer sein.

[152] 15. August 1271

[153] H. Yule und H. Cordier (Hrsg.): The Travels of Marco Polo, New York 1993, (Reprint der Ausgabe von 1903), Bd. II, S. 234

[154] Das ist doppelt soviel wie die geschätzte Bevölkerungszahl Chinas im 8. Jahrhundert. Das Wachstum ist das Ergebnis der erhöhten Nahrungsmittelproduktion, der Ausweitung des Wirtschaftsraums und der städtischen Agglomeration.

[155] J. Gernet, Daily Life in China on the Eve of the Mongol Invasion, 1250–1276, London 1962, S. 17

[156] Vergl. Bischof Andrea di Perugia, 1322 franziskanischer Bischof in Zaitun, der 1326 in Briefen an seine Ordensoberen auf die Vielzahl der »Kulte und Sekten« in der Stadt eingeht. Sinica Franciscana, A. van den Wyngaert (Hrsg.), Florenz 1929, Bd. I, S. 376

[157] siehe auch J. Gernet, A History of Chinese Civilization, S. 376

[158] »Anders als die mittelalterlichen Städte Europas waren die chinesischen Städte bürokratische Verwaltungszentren unter der festen Kontrolle des (ergänze: Song-) Kaisers und keine autonomen Machtzentren der darin lebenden Bürger«, W.W. Lo, An Introduction to the Civil Service of Sung China, University of Hawaii Press, Honolulu 1987, S. 1. Ganz ähnlich erklärt Gernet, daß »trotz des gewaltigen Maßstabs der Entwicklung

nichts anderes geschah, als daß die Kaufleute reich wurden«, op. cit., S. 61, und daß »die von Brauchtum, Moral und Gesetz auferlegten sozialen Bindungen« jegliche »Emanzipation des Einzelnen und von sozialen Gruppen absolut unmöglich machten«, ibid., S. 62. Das Ancona-Manuskript belegt, daß dies nicht so war.

[159] R. P. Hymes und C. Schirokauer, *Ordering the World: Approaches to State and Society in Sung Dynasty China*, Berkeley 1993, S. 1

[160] ibid. S. 19

[161] ibid. S. 20

[162] J. Gernet, *Daily Life in China*, S. 16 – 17

[163] Gernet schreibt: »Unter den Song wurden verzweifelte Kämpfe ausgetragen zwischen den Parteigängern des bewaffneten Widerstandes gegen die Barbaren und den Verfechtern einer Politik, die mit dem Angebot von Tributleistungen für ihn bezahlen bereit war . . . Die Gewalttätigkeit der Auseinandersetzungen innerhalb der regierenden Kreise war eine der bislang noch nie dagewesenen Neuheiten dieser Periode.« *A History of Chinese Civilization*, S. 63. Diese Ansicht wird von Jacob von Anconas Manuskript eindeutig gestützt.

[164] Für eine zeitgenössische Beschreibung der Stadt Zaitun siehe H. Yule und H. Cordier (Hrsg.), *The Travels of Marco Polo*, New York 1993 (Reprint der Ausgabe von 1903 mit Erweiterungen), Bd. II, S. 237. Der Band bietet auch eine Erörterung der geographischen Lage Zaituns.

[165] im Manuskript hebräisch

[166] Dieses Wort ist im Manuskript sehr unleserlich und mehrfach überschrieben. Mit Hilfe von Shu-ching Naughton von der Bodleian Library in Oxford, dem ich zu Dank verpflichtet bin, wage ich die vorliegende Version anzubieten, die dem chinesischen *guangmang zhi cheng*, der »Stadt des Lichts«, ziemlich nahekommt.

[167] Huang He, der Gelbe Fluß

[168] Ich nehme an, daß auch hier wieder »Glaubensbruder« gemeint ist und nicht »Blutsverwandter«. Andererseits besteht durch dessen Heimatort Sinigaglia (Senigallia) an der Adria-Küste nördlich von Ancona eine gewisse Wahrscheinlichkeit für eine Familienverwandtschaft. Diese Möglichkeit wird auch dadurch gestützt, daß Jacob mit seinen beiden Dienerinnen so viele Monate bei Nathan wohnen durfte.

[169] möglicherweise das heutige Guangzhou

[170] möglicherweise das heutige Sibirien oder Rußland

[171] im Manuskript: *una città e un porto in stato franco*

[172] Ich nehme an, daß damit das bereits von den Tataren beherrschte Nordchina gemeint ist, das von ausländischen Reisenden auch »Cathay« genannt wurde.

[173] im Manuskript: *inghilesi*

[174] »Großchina«

[175] Kublai Khan herrschte ab 1260 über Nordchina. Im Jahr 1271 war er ungefähr fünfundfünfzig Jahre alt.

[176] Du Zong (gest. 1274) war Kaiser von Süd-Song zur Zeit von Jacobs Besuch.

[177] Gemeint ist Shangdu (»oberer Hof«) – die vertrautere Umschrift ist Xanadu –, wo Kublai Khan bis zum Abschluß der Bauarbeiten an seiner neuen Residenz Khanbalik (Beijing) residierte.

[178] Jacobs Schreibweise von Kinshe oder Kinsai, dem modernen Hangzhou, der Hauptstadt der Süd-Song zur Zeit seines Besuchs

[179] Gemeint ist Dschingis Khan. Jacob bezeichnet ihn als Schmied, doch es ist mir nicht gelungen, die Herkunft dieser Behauptung zu ermitteln.

[180] Falls es sich hier, wie ich vermute, um den »rettore Simone« handelt, von dem auf den ersten Seiten des Manuskripts die Rede war, läßt die Nennung seines Namens ohne Titel und Höflichkeitsfloskel auf ein ziemlich vertrauliches Verhältnis schließen. An dieser Stelle klingt wieder an, daß Jacob möglicherweise auch in einer nicht genannten diplomatischen Mission unterwegs war.

[181] Das Manuskript liefert allerdings keinerlei Hinweis, daß Jacob in China persönlichen Kontakt mit Tataren gehabt hat.

[182] Der Mongolen-Einfall in Böhmen ereignete sich ungefähr 1241/42.

[183] im Manuskript: *non avendo addosso pelo niuno salvo che nel capo e nella natura*

[184] Ich habe keinen Hinweis auf die Existenz einer jüdischen Synagoge in Zaitun finden

können. Es ist jedoch bekannt, daß Zaitun eine im Jahr 1009 erbaute Moschee besaß, auf die Jacob sich später bezieht. Diese Moschee galt als eins der bedeutendsten Zentren des Islam in China. F. Wood, *Did Marco Polo go to China?*, London 1995, S. 94.

[185] Damit kann nur Hebräisch gemeint sein.

[186] Vermutlich andere italienische Juden, obgleich es höchst unwahrscheinlich ist, daß von ihnen »Hunderte in der Stadt weilten«.

[187] Damit dürften die chinesischen Juden gemeint sein, von denen weiter oben gesagt wurde, daß sie in Zaitun eine eigene Synagoge hätten.

[188] Im Manuskript ist der ganze Satz hebräisch geschrieben. Der uns heute vorliegende Text der vier Bücher der Makkabäer ist griechisch. Die semitischen Originale sind verlorengegangen. Sie liefern einen historischen Bericht der Zeitspanne von der Eroberung Asiens durch Alexander den Großen (332 v. Chr.) bis zum Tod des Hasmonäerkönigs Simon (135 v. Chr.) und sind eine Chronik der Kriege und sonstigen Kämpfe der Juden. Der genannte Sachverhalt ist jedoch nicht glaubwürdig; es ist allerdings äußerst wahrscheinlich, daß Jacob von seiner Richtigkeit überzeugt war. *Die Weisheit Jesu, des Sohnes des Sirach* (oder *Ecclesiasticus*), dessen Autor dem Talmud als Ben Sira (um 200 v. Chr.) bekannt ist, lag bis zum 10. Jahrhundert im hebräischen Original vor, ging aber bis zum Ende des 19. Jahrhunderts verloren, bis ungefähr zwei Drittel dieses Textes im Manuskriptenschatz der Genisa [Archiv für unbrauchbar gewordene Bücher] einer Kairoer Synagoge wieder auftauchten. Es ist zwar nicht völlig ausgeschlossen, daß eine Kopie dieser hebräischen Handschrift im Mittelalter oder schon früher irgendwie den Weg nach China gefunden hat, doch es ist, trotz Jacobs gegenteiliger Versicherung, in hohem Maße unwahrscheinlich.

[189] Dies entspricht den Tatsachen. Der Rebell Bae-Choo veranstaltete im Jahr 877 n. Chr. in Guangzhou ein Massaker unter Siedlern und Angehörigen religiöser Minderheiten; s. J. Finn, *The Jews in China*, London 1843, S. 61–62.

[190] Im Manuskript: *gran mastri della medicina*. Das Wort *mastri* bedeutet Lehrer oder Führer.

[191] Soweit mir bekannt ist, hatten die Chinesen in dieser Hinsicht keine Bedenken.

[192] Hier bezieht sich Jacob vermutlich auf eine chinesische Dschunke.

[193] Jacob erklärt zwar, es sei ihm nicht gelungen, die Wahrheit über Alofeno (der im allgemeinen Olopan genannt wird) herauszufinden, doch dieser Bericht über den römischen Missionar, der im 7. Jahrhundert nach China gekommen sein soll, ist hinreichend genau. Olopan erhielt 638 durch einen Erlaß des damaligen Kaisers Tai Zong die Erlaubnis, in Chang'an eine Kirche zu bauen.

[194] Das ist zweifellos eine Übertreibung. Die folgende Zahlenangabe von »tausend Leute« ist noch unwahrscheinlicher.

[195] Diese Stelle liest sich so, als ob in Zaitun Porzellan hergestellt worden sei. Es ist jedoch wahrscheinlicher, daß Jacob Werkstätten für Porzellanmalerei meint.

[196] Demnach scheint es in Zaitun schon so etwas ähnliches wie eine kostenlose Tagespresse gegeben zu haben, in der neben behördlichen Erlassen auch die »Handlungen von Bürgern« veröffentlicht wurden.

[197] im Manuskript: *in francesco*

[198] im Manuskript: *delle nostre contrade*, womit ziemlich sicher das Gebiet oder die Städte Italiens gemeint sind

[199] Hier klingt eine frühe, wenn auch noch unspezifische Vorstellung von Italien als einer Einheit an. Dante benutzt das Wort *Italico* zur Bezeichnung dessen, was in *Paradiso*, IX, 25–6 unter »Italien« zu verstehen ist.

[200] »Die Leichenverbrennung, die gewiß weniger kostspielig war als die Erdbestattung, war allgemein üblich geworden, besonders bei den unteren und mittleren Schichten. Diese der traditionellen Verfahrensweise so entgegengesetzte Praxis hatte sich ab dem Ende des 10. Jahrhunderts in mehreren Regionen Chinas (Hopei, Shansi und in den Küstenprovinzen des Südostens) trotz des amtlichen Widerstands der Regierung immer mehr durchgesetzt.« J. Gernet, *Daily Life in China*, op. cit. S. 173.

[201] 22. August 1271

[202] Dies dürfte sich auf die Messe während Christi Himmelfahrt beziehen.

[203] Das im Manuskript griechisch geschriebene Wort *Chaos* (mit der unmittelbar darauf folgenden klassischen, hebräisch geschriebenen Invokation) bedeutete ursprünglich

die gestaltlose Masse, aus der im Schöpfungsakt das Universum hervorging. (Heute hat das Wort diesen Beiklang vollkommen verloren.) Die Rückkehr zu diesem Zustand war für einen frommen Juden zweifellos das Schrecklichste, was er sich vorstellen konnte, und der von Jacob hier angestellte Vergleich ist daher ziemlich ungewöhnlich. Ein orthodoxer Talmudist hätte diesen Begriff vermutlich gescheut.

204 An Jacobs Beobachtung bestehen gewisse Zweifel, denn der Verzehr von Hammelfleisch war in Südchina nicht sehr verbreitet.

205 Das »uns« dürfte sich auf die Juden beziehen. Mir ist allerdings keine andere Quelle bekannt, die auf die im übrigen sehr wahrscheinliche Existenz von jüdischen Kauffrauen und Maklerinnen im Mittelalter hinweist.

206 Zu »unreinem« Fisch gehören Krustentiere und Aale.

207 Vermutlich waren es Wasseruhren.

208 wahrscheinlich ein Gong

209 im Manuskript: *mingendo ver la strada*

210 Im Jahr 1271 fiel der Sabbat Nizzawim auf den 5. September und das jüdische Neujahrsfest auf den 7. September.

211 Der Tag des Versöhnungsfests, 16. September 1271. Obwohl Jacob berichtet, daß er an diesem Tag »jeglicher Speise entsagte«, hat er sich während dieser Zeit offenbar zahlreiche Gedanken über die Vielfalt der Lebensmittel in Zaitun gemacht.

212 im Manuskript: *daini della ca*

213 Die meisten Chinesen, besonders jene im Süden des Landes, haben Milch und Käse seit jeher nicht besonders geschätzt, was allerdings nicht religiös oder hygienisch begründet war. Jacobs Beobachtung, daß Knoblauch als »abscheulich« gegolten hätte, ist ungewöhnlich. Allerdings bemerkt J. Gernet in *Daily Life in China*, op. cit., S. 135, daß »… glaubenstreue Buddhisten … den Verzehr von Pflanzen mit starkem Geruch (Zwiebeln und Knoblauch), von Fleisch und Eiern gemieden [haben]«.

214 Das ist ein Verweis auf frühere Staatsmonopole (siehe S. 274 und 280).

215 Zwischen 1265 und 1274 wurden von der Regierung der Süd-Song tatsächlich von Gold- und Silberreserven getragene Banknoten in Umlauf gebracht. Als Folge davon verlor das Hartgeld (vor allem die Kupfermünzen) stark an Wert.

216 Ich habe *signori delegati dal re* als »Königliche Minister« übersetzt. Der Begriff »Mandarine«, dem es zu entsprechen scheint, wurde im Englischen erst ab dem 16. Jahrhundert verwendet und wäre deshalb ein Anachronismus.

217 im Manuskript: *mastro del colto*; vermutlich: Meister der konfuzianischen Rituale

218 30. September 1271

219 im Manuskript: *maligna*, »dem Bösen zugetan«

220 Die von Jacob fortwährend vorgenommene Gleichstellung von Christentum und Bilderverehrung, die er in den später folgenden Streitgesprächen großartig verteidigt und sogar rechtfertigt, widerspricht dennoch der talmudischen Lehre des großen mittelalterlichen Rabbiners Salomone ben Isaak von Troyes (genannt Raschi, 1040–1105), der lehrte, daß das Christentum nicht als Bilderkult einzustufen sei.

221 im Manuskript: *ordine*; das Wort bezeichnet ein geistiges System oder eine entsprechende Organisation.

222 Die jüdische Orthodoxie würde jede Art von Bilderkult verdammen und Jacobs unterschiedliche Bewertung ablehnen.

223 im Manuskript: *lignee e dorate*

224 im Manuskript: *imagine*. Heutzutage würde man an dieser Stelle das Wort Illusion verwenden, aber das von Jacob benutzte Wort ist vielschichtiger und spielt in die Bedeutungen von »Abbild«, »Wiedergabe« und »Gestalt« hinein. Ich habe deshalb für das Englische den Ausdruck *impression* gewählt.

225 im Manuskript: *la natura stessa di Dio*. In diesem Satz kommt mehr Deismus als Hebräismus zum Ausdruck, und Jacobs unverblümte Verwendung des Wortes *Dio* ist uncharakteristisch. Er zieht für gewöhnlich die umschreibende jüdische Ausdrucksweise vor, die unter Benutzung hebräischer Abkürzungen die unmittelbare Namensnennung Gottes vermeidet. Indem Jacob sagt, daß Gott die Form und Substanz der Schöpfung *ist*, gibt er sich hier als wahrer Anhänger des Maimonides zu erkennen, der schon außerhalb der Grenzen der mittelalterlichen rabbinischen Orthodoxie steht.

226 Meines Wissens ist keine dieser Geschichtsschreibungen bislang übersetzt worden. Zu

ihnen gehören das *Du Cheng Ji Sheng* (1253), das *Men Lianglu* (1275) und das *Wu Liu Jiu Shi* (1280).

227 Dieses Wort soll seinen Ursprung bei den Khitan haben, einem an den Grenzen Chinas lebenden Nomadenvolks, die bei ihren frühen Eroberungen die nördlichen Regionen Chinas als Kitai bezeichneten.

228 J. Gernet, *A History of Chinese Civilization*, Cambridge 1985, S. 258

229 Bei allgemeiner Betrachtung war das Schicksal vieler italienischer Handelsstädte mit dem Schicksal Chinas verknüpft. Vergl. die Argumentation Gernets, der erklärt, daß jene italienischen Städte, die sich an den »Ausgangspunkten der großen Handelsrouten nach Asien befanden«, im Mittelalter die größte Blüte erlebten. Ibid. S. 347.

230 Im Manuskript stehen *l'umile* (der Unwürdige), *al sapiente* (dem Gelehrten) und *in questa poverella dimora* (in dieser ärmlichen Behausung). Diese Selbsterniedrigung des Sprechers und Hervorhebung des Angesprochenen wird streng eingehalten.

231 Erkennbar eine Bezugnahme auf den legendären Herrscher Huang-ti, dessen Regierungszeit bei den Chinesen als Goldenes Zeitalter galt.

232 Eindeutig Konfuzius (später auch Chunfuzu genannt, heute: Kongzi); entsprechend ist Lazu der Begründer des Daoismus, Laozi (Lao Tse).

233 im Manuskript: *reame celeste in terra*

234 im Manuskript personifiziert: *barattieri*; Inhaber öffentlicher Ämter, die sich mittels ihres Amtes durch Bestechlichkeit oder auf andere Weise Vorteile verschaffen

235 Amtsabzeichen oder andere Ehrenzeichen wurden damals vermutlich am Gürtel getragen.

236 Mit dieser höflichen Floskel ist Jacob gemeint.

237 »Über den Brauch der Leichenverbrennung, der zu Beginn des 12. Jahrhunderts schon weit verbreitet war, rümpfte man in Regierungskreisen und auch sonst immer noch die Nase, vor allem dort, wo man sich den konfuzianischen Traditionen noch besonders stark verpflichtet fühlte.« J. Gernet, *Daily Life in China*, op. cit. S. 173.

238 ungefähr acht Kilogramm; also gut ein Kilogramm für einen venezianischen Groschen.

239 Im Manuskript: *zittani*; Jacob leitet die Bezeichnung für Satin von Zaitun ab oder von Zitun, wie er häufig schreibt. Das Oxford English Dictionary erklärt die Herkunft des Worts Satin allerdings aus dem italienischen *setino*, einer Ableitung von *seta*, Seide.

240 Eine Pflanze aus der Ingwer-Familie, die im Mittelalter vielfach als Gewürz verwendet wurde. Kapaune kochte man zum Beispiel in Ingwer, Gewürznelken, Zimt und Galgant-Wurzel. Die Wurzel wurde auch als Aphrodisiakum und als Narkotikum eingesetzt.

241 Im Manuskript: *allume;* ein Massengut, das bei den vorbereitenden Arbeitsgängen des Färbens und der Vergütung von Textilien Verwendung fand. Alaun wurde in Europa in nennenswerten Mengen erst ab 1275 in den Bergwerken von Phokäa in Griechenland gewonnen und mußte davor aus dem Orient und vor allem aus China herbeigeschafft werden.

242 im Manuskript: *il ben e 'l mal d'opre e de' fatti vengono dal fattor stesso e 'l suo voler*

243 An dieser Stelle versucht Jacob auf eine für die Schule des Maimonides typische Weise das Gesetz der Moral mit dem Gesetz der Logik zu versöhnen.

244 eindeutig Mengzi, chinesischer Philosoph aus dem 4. Jahrhundert v. Chr.

245 10. Oktober 1271

246 Mir ist unklar, worin »die vier Bestrafungen« bestanden. Der Strafenkatalog der Süd-Song-Dynastie beinhaltete die Todesstrafe (in verschiedenen Formen), die Exilierung, Zwangsarbeit, Prügel und Geldbußen. Es gibt – offenbar – auch keine andere Quelle, die bestätigt, daß auf diesem Gebiet ein Schwebezustand geherrscht hätte oder daß Strafen als »bösartiger Akt gegen den Übeltäter« angesehen wurden.

247 als Zeichen der Volljährigkeit

248 im Manuskript: *cui la cura strigne*

249 Das dürfte bedeuten, daß »der getreue Lifenli« das Gehörte – vermutlich auf chinesisch – mitschrieb und Jacob sodann eine Übersetzung gab, die dieser, wie ich vermute, bei der Niederschrift ausgiebig bearbeitete.

250 Hier wurde als Randbemerkung in hebräisch hinzugefügt: »Möge Gott mir vergeben, was ich hier geschrieben habe.«

251 im Manuskript: *alcuni beono oppio e dormono dopo ben iii di*

252 Der Beschreibung nach scheinen diese »Priester« in schwarzem Seidenhut mit

goldener Bordüre *(al vivagno d'oro)* und schwarzen Gewändern *(cappe nere)* Daoisten gewesen zu sein. Jacob liefert allerdings keinerlei Erklärung, weshalb sie sich im Rotlichtviertel von Zaitun aufhielten.

253 Im Manuskript lateinisch: *aut in postico aut in porta feminea aut inter crura.* Hier wie an einer noch folgenden, ähnlichen Stelle nimmt Jacob Zuflucht zum Lateinischen, vielleicht aus Gründen der Tarnung gegenüber weniger gebildeten Glaubensbrüdern (und auch der eigenen Familie?), vielleicht auch aus persönlicher Zurückhaltung. Der erste Grund wirkt auf mich wahrscheinlicher.

254 Es fällt auf, daß Jacob in diesem Abschnitt die Abfolge der Sabbate unerwähnt läßt, als ob ihm während der Suche nach seinem verschwundenen Steuermann in der »Unterwelt« der Stadt das Zeitgefühl abhanden gekommen sei.

255 im Manuskript: *come lo stelo di fioretto che s'inclina al vento*

256 Es ist unklar, was das bedeuten soll. Vermutlich bezieht es sich auf ihren Tanz.

257 Das ist der 26. November 1271. Der Ablauf ist etwas rätselhaft, denn seit der letzten Datumsangabe, die uns Jacob geliefert hat (S. 193), sind 45 Tage vergangen. Das legt entweder die Vermutung nahe, daß sich Jacob länger in der »Unterwelt« von Zaitun aufgehalten hat, als er zuzugeben bereit ist, oder er hat sich (was wahrscheinlicher ist) seinen Geschäften gewidmet – wie zum Beispiel der Bestellung von Porzellan – und sich nicht die Mühe gemacht, die Ereignisse festzuhalten. Dennoch wird die angegebene Chronologie der Suche nach Turiglioni und der Entdeckung seiner Leiche zweifelhaft.

258 vermutlich die Vision vom Tod seines Vaters (S. 216)

259 29. November 1271

260 5. Dezember 1271

261 im Manuskript: *cocer 'l drago e uccider la fenice*

262 Jacob scheint an dieser Stelle behaupten zu wollen, daß die Magier und Seher der Chinesen weniger gebildet waren als ihre italienischen Zunftgenossen.

263 »Bei uns« bedeutet wohl »bei den Juden« und nicht »bei den Italienern«, obwohl es für beide zutraf.

264 *Dottrina* (Doktrin, Lehre) enthält Anklänge von »Wissen«, »Theorie« und sogar »Wissenschaft«.

265 im Manuskript: *sembiano savi a loro che li odono*

266 im Manuskript: *l'oblivion,* ein vornehmer Latinismus; siehe Anhang »Jacobs Sprache«, S. 464 ff.

267 Im Manuskript: *volti.* Das Wort kann zweierlei bedeuten: 1. Gesichter, 2. verdreht, verzerrt. Diese sprachliche Pointe ist leider nicht übersetzbar.

268 Im Manuskript: *a rivelar e rinovarlo.* Diese Passage ist in hohem Maß von hebräischem Geist durchdrungen. Die Verpflichtung zur Auseinandersetzung mit der Welt ist ein Kernpunkt des talmudischen Konzepts des *Tikkun,* der Erlösung der Welt von ihren Übeln bzw. deren Korrektur und »Reparatur«.

269 Im Manuskript: *ipocrisia;* die Bedeutung entspricht dem englischen *hypocrisy* (Heuchelei).

270 Wörtlich: die sich »von anderen absetzen« *(parteggiano).* In Erweiterung dieser Vorstellung ergibt sich die Bildung von Fraktionen oder Parteien, die ein besonderes Interesse verfolgen. Einige Zeilen davor verwendet Jacob das Wort *parte,* das hier etwas freier mit »Partei des« (Pitaco) übersetzt wurde. Eine genauere Übersetzung wäre »... sich auf die Seite (des Pitaco) gestellt haben«.

271 12. Dezember 1271

272 Hier müssen Tiger gemeint sein. Es gibt keine Berichte über Löwen in diesen Teilen des Landes.

273 Das kann nur heißen, daß Jacob die ungeordneten Zustände eines Interregnums und den Zusammenbruch der gesetzlichen Ordnung fürchtete, solange die Erlässe eines Nachfolgers ausstanden. Der reisende Kaufmann war während so einer Übergangsperiode besonders gefährdet.

274 Im Manuskript: *della mia terra e fe;* Jacob meint: von Italien und von seinem jüdischen Glauben.

275 Jacobs Darstellung ist ungenau. Das ausdrückliche Verbot betrifft nur den Wucher zwischen Juden.

276 Jacob gibt hier die (zweifelhafte) Position des Maimonides und seiner Anhänger wieder. Vergl. M. Cohen, *Under Crescent and Cross; The Jews in the Middle Ages*, Princeton 1994. Cohen vertritt an mehreren Stellen den Standpunkt, daß im 13. Jahrhundert die Juden der islamischen Welt ganz im Gegenteil weniger Verfolgung und Not erleiden mußten als die Juden unter der abendländischen Christenheit. Außerdem befindet sich diese bissige Bemerkung Jacobs im Widerspruch zum Tenor seiner früheren Bewertungen des Verhältnisses von Moslems und Juden. Die Einstellung, die hier bei Jacob zum Ausdruck kommt, haben Wissenschaftler bis zum *Brief an die Jemeniter* des Maimonides zurückverfolgen können, worin dieser über die Moslems sagt »sie schmähen und erniedrigen uns«. A. Kalkin und D. Hartman, *Crisis and Leadership; Epistles of Maimonides*, Philadelphia 1985, S. 126.

277 Jacob bezieht sich zwar nicht auf einen bestimmten Vorfall, doch 1234 wurde die Thora vom Dominikanerorden als »schädlich für den Glauben« abqualifiziert.

278 Das bezieht sich eindeutig auf die Plünderung Anconas durch sarazenische Truppen in den Jahren 840 und 850. Die im Manuskript hebräisch geschriebene Anrufung »mögen sie in Frieden ruhen« ist an dieser Stelle ungewöhnlich, da die Opfer alle Nichtjuden waren, aber vielleicht besagt eine örtliche Überlieferung, daß sich auch Juden darunter befanden.

279 Im Manuskript arabisch. Al-Hakim (996–1021) war der Fatimiden-Kalif von Ägypten, der in Jerusalem unterschiedslos alle Synagogen und Kirchen zerstören ließ, einschließlich der Kirche des Heiligen Grabes. Mit »Fürsten der Berber« dürfte Jacob die berberischen Almohaden meinen, deren Eroberungszüge im Jemen, in Nordafrika und Spanien für Juden und Christen in den 1140er Jahren Terror und Tod bedeuteten. Trotz der Knappheit sind die Bezüge (hier) zutreffend und genau.

280 Dieses Ereignis fand am 31. Dezember 1066 in Granada statt und war den Juden zwei Jahrhunderte später offensichtlich immer noch präsent. Damals wurde der königliche Wesir von Spanien, Josef Ha-Nagid, auch Joseph ibn Nagrela genannt, von einer aufgebrachten Volksmenge ermordet.

281 Im Manuskript: *il minore*, also der Sprecher. Der »Bedeutendere« ist natürlich Jacob.

282 Die Daten der Zhou-Dynastie (1122–255 v. Chr.) lassen eine so frühe jüdische Besiedlung Chinas sehr unwahrscheinlich, wenn auch nicht völlig ausgeschlossen erscheinen.

283 Das entspricht genau der Vorschrift aus Genesis 32, 32.

284 Gemeint ist das jüdische Volk insgesamt.

285 also außerhalb des Hauses für das Thorastudium und damit außerhalb der Gemeinde

286 im Manuskript: *strazio;* ein sehr drastisches Wort mit der Bedeutung »Leiden«, »Qual«, »Peinigung«

287 Im Manuskript hebräisch; am Rand wurden (auch auf hebräisch) die Worte »Amen und Amen« hinzugefügt.

288 29. und 30. Dezember 1271

289 Sir Thomas Browne zitiert diese Überlieferung und erklärt, daß Aristoteles »alles kannte, was im Lande des Moses niedergeschrieben wurde, und schließlich zum Proselyten wurde«; *Pseudoxia Epidemica*, 4. Ausgabe, 1658, S. 445. Als seine Quellen nennt Browne »Rabbi ben Josef« und »Abraham ben Mordecai Farissol«, einen italienischen Rabbi, der seinerseits etwas verwaschen erklärt, er habe sein Wissen »aus einem ägyptischen Buch«.

290 Immerhin standen damals die Schriften von Marsiglio (ca. 1275–1342) mit ihren frühen Vorstellungen von der Souveränität des Volkes noch aus und ebenso die von William of Ockham (ca. 1280–1349) mit seinen ebenfalls sehr »modernen« Ansichten, daß »alle Sterblichen frei geboren sind« und daß es die Pflicht des Herrschers sei, die Rechte und Freiheiten der Bürger zu wahren.

291 1. Januar 1272

292 Im Manuskript: *grande popolano*. Das kann einfach ein »großer nichtadliger Bürger« oder ein »sehr volkstümlicher Mann« sein, doch in Hinblick auf das, was Jacob über Suninscious Autorität und die Machtverhältnisse in der Stadt berichtet, neige ich zu der Interpretation (die meiner Ansicht nach ebenfalls im Bedeutungsfeld von *popolano* enthalten ist), daß Suninsciou eine Art formalen Status als Führer der Interessengruppe der Kaufleute innehatte. Das Wort »Volksvertreter« (engl. *burgess*) scheint mir der Sache am nächsten zu kommen.

293 Im Manuskript: *gente nova*. Dieser Ausdruck dürfte sich ziemlich genau mit den Begriffen »Neureiche« oder »Emporkömmlinge« decken.

294 Im Manuskript: *maladetto*. Dieses Fluchwort ergibt sich aus der Vorwegnahme seiner Rolle in den Konflikten der Stadt, über die uns Jacob berichtet.

295 Suninsciou bezog sich vermutlich auf den »Weg« der Daoisten, doch das wird nicht näher ausgeführt.

296 im Manuskript: *Chi vien piu vicin' al foco vien piu presto caldo*

297 Im Manuskript: *libero arbitrio*. Ich habe es im allgemeinen vorgezogen, diesen Ausdruck mit »freie Entscheidung« zu übersetzen und nicht mit »freier Wille«.

298 Soweit mir bekannt ist, hatte der Süd-Song-Kaiser kein Monopol für diesen Handel. In dem unter der Herrschaft der Tataren stehenden Norden scheint allerdings ein solches kaiserliches Monopol bestanden zu haben.

299 im Manuskript: *il dritto della libertate*

300 Januar 1272

301 5. und 6. Januar 1272

302 im Manuskript: *a tener gran parlamento*

303 im Manuskript: *uom libero in stato franco*

304 Dies dürfte sich auf die Waisen beziehen.

305 im Manuskript: *aitorio;* eine Gewährung von Almosen, Sachleistungen oder sonstige Unterstützung

306 Das soll vermutlich heißen, daß der König nicht in der Lage ist, die Grenzen des Reichs und dessen innere Ordnung zu wahren.

307 im Manuskript: *piu mercantanzie vi si vendono piu si comperano*

308 Im Manuskript: *come si coce lo pesce piccol*. Wir würden vielleicht sagen: »Nur nicht übertreiben!«

309 im Manuskript: *sanza comune incarco e 'l negozio civil*

310 Salz und Eisen waren traditionell Monopole des Kaisers. Pitaco deutet hier an, daß die Kaufleute von Zaitun auch über diese Sparten bereits eine Form der Kontrolle ausübten.

311 Ein hochinteressanter Hinweis darauf, daß es möglicherweise eine organisierte Widerstandsbewegung gab, über die wir jedoch nichts weiter erfahren.

312 Einer der wenigen Bezüge des Manuskripts auf allgemeine Probleme der inneren Ordnung in den Städten der Süd-Song.

313 im Manuskript: *torna cosi la rota della mercatanzia*

314 im Manuskript: *sulle punte*

315 im Manuskript: *una tegghia di fazioli caldi*

316 Hier spürt man bei Jacob starke Sympathie, doch es ist nicht zu entscheiden, ob sie sowohl der anschaulichen Ausdrucksweise des Kaufmanns und dem spannungslösenden Gelächter gilt oder nur letzterem.

317 Hieraus geht hervor, daß die Kaufleute von Zaitun auch Grundeigentümer waren.

318 im Manuskript: *a sospigner Anscinen con le mani*

319 Das heißt, nach den physikalischen Gesetzen der materiellen Welt. Wie Wasser zwangsläufig abwärts fließt, so soll auch Wohlstand entstehen.

320 Im Manuskript: *disfar*, wörtlich »ungetan machen«. Das Wort hat auch die Bedeutung von »verwesen«, z.B. eines Leichnams.

321 Im Manuskript lateinisch: *res tantum valet quantum vendi potest*. Bei diesem Wortwechsel zwischen Jacob und Anlisciu wird vielleicht am ehesten deutlich, daß das Manuskript in einer gewissen Muße verfaßt worden ist, denn es enthält Argumente, die in der aktuellen Auseinandersetzung kaum angeführt worden sein können. Siehe auch Anhang »Jacobs Sprache«.

322 Im Manuskript: *nostro grande Aquina*. Für einen frommen Juden ist das eine außerordentliche Hervorhebung des Thomas von Aquin und gleichzeitig ein Hinweis auf die Breite und Tiefe von Jacobs Bildung und Sympathien. Es zeigt auch, wie weit er sich schon von der jüdischen Orthodoxie entfernt hatte.

323 Der »erste« Satz dürfte die Aussage sein, »daß etwas soviel wert ist, wie man dafür erlösen kann«.

324 Das italienische Wort *grado* bedeutet sowohl »Rang« oder »gesellschaftlicher Status« als auch »Stufe« (einer Treppe oder Leiter). Hier, meine ich, bezieht es sich auf die Sitzordnung in der Versammlung, bei der die Kaufleute vermutlich zusammensaßen.

[325] Diese im Manuskript aus ungefähr zwanzig hebräisch geschriebenen Worten bestehende Stelle hat einen stark christlichen Anklang, doch sie läßt sich auf das mischnaische Sanhedrin 10,3 zurückführen. Die Gestalt des im Irrtum Befangenen heißt dort »der Epikuräer«.

[326] 9. Januar 1272

[327] Jacobs Kaufmannsgefährten sind allem Anschein nach zu Land nach Chinscie (Kinsai) gereist und zur See zurückgekehrt.

[328] Im Manuskript: *novecentomillia fumanti*. Diese Zahlenangabe dürfte entschieden zu hoch gegriffen sein. Wenn man pro »Herd« vier Personen ansetzt, käme man auf eine Gesamtbevölkerung von über 3,5 Millionen. Auch die vorangegangene und die folgende Zahlenangabe dürften überhöht sein.

[329] 20. und 27. Januar 1272

[330] Im Manuskript: *promessa*. Dies könnte bedeuten, daß Jacob vor der Abfahrt aus Ancona den Eltern des Mädchens gegenüber eine formale Verpflichtung eingegangen war, für ihre Sicherheit zu sorgen.

[331] Im Manuskript: *oppinioni*. Das Wort dürfte eine gewichtigere Bedeutung gehabt haben als unser Wort »Ansichten« (engl. *opinions*). Es spielt in die Bedeutungsfelder von »Beurteilung«, »Erwägung« und »Überzeugung« hinein.

[332] im Manuskript: *gigli d'oro*

[333] im Manuskript: *bozzi*

[334] Dieser Zeitpunkt kann genau datiert werden: die frühen Abendstunden des 29. Januar 1272.

[335] 4. Februar 1272. Dieses Datum paßt allerdings nicht zu Jacobs früherer Aussage, daß sich die Weisen in Abständen von zwanzig Tagen zu versammeln pflegten (S. 223), sofern die Datierung seines ersten dortigen Auftritts auf den 8. oder 9. Dezember 1271 zutrifft.

[336] Vermutlich wegen seiner Bemühung um Schlichtung ihrer Streitigkeiten und wegen seines Diskussionsbeitrags bei der vorhergehenden Versammlung.

[337] Der nun folgenden Rede – oder Abrechnung – mit dem Christentum, die von mir beträchtlich gekürzt wurde, ist die spätere Ausarbeitung deutlich anzumerken.

[338] im Manuskript: *simonia*; Bezeichnung für nach dem Kirchenrecht strafbare Schiebereien mit geweihten Gegenständen und andere Vorteilnahmen kirchlicher Amtsinhaber

[339] Im Manuskript werden diese beiden Formen des Wuchers als *usuria anteriore* und *usuria posteriore* bezeichnet. Die Benutzung der latinisierten Begriffe zeigt, daß Jacob mit der innerkirchlichen Diskussion dieses Themas vertraut war. Es ist mir allerdings nicht gelungen, die Herkunft dieser Begriffe zu klären. Das Zitat des Rabbi Gamaliel stammt aus dem Mischna-Text Baba Metzia 5, 10.

[340] Im Manuskript lateinisch: *ad honorem dei et ecclesie Romanae et summi pontificis*. Dieser Ausdruck war von Jacob offenbar sehr ironisch gemeint; er zeigt darüber hinaus seine Kenntnis der lateinischen Kirchenliturgie. Die waghalsige Verwendung so einer Invektive durch einen Juden machte die Verbreitung des Manuskripts über einen kleinen Freundeskreis hinaus unmöglich; siehe S. 10 f.

[341] Im Manuskript: *a succiar i giudei nel nome della croce*. »Der heilige Kardinal unserer Stadt« ist mit an Sicherheit grenzender Wahrscheinlichkeit wieder der Kardinal Rainer oder Raniero di Viterbo, päpstlicher Legat in Ancona von ca. 1244 bis 1249.

[342] im Manuskript: *università degli iguali*, d.h. eine kollektive Gesamtheit von Gleichen

[343] möglicherweise eine Anspielung auf Erlebnisse während Jacobs Studienzeit in Neapel

[344] Das von Jacob hier knapp skizzierte Bild von der Zusammenarbeit der Gelehrten könnte sich sehr wohl auf eigene Erfahrungen am Hofe Friedrichs II. in Neapel beziehen, siehe S. 23 ff. Ein spezieller Fall einer solchen Zusammenarbeit ist aus Italien bekannt, wo Moses ben Salomon von Salerno (gest. 1279) zusammen mit dem Dominikanermönch Nicolas von Giovinazzo einen Kommentar zu Maimonides' *Führer der Verwirrten* verfaßte. (Siehe C. Sirat, *A History of Jewish Philosophy in the Middle Ages*, Cambridge, 1985, S. 266).

[345] im Manuskript: *sanza titoli di fama*

[346] im Manuskript: *fratello stesso di quel om*

[347] Hier scheint (nach Jacobs Darstellung) folgendes geschehen zu sein: Bartolomeo versuchte Jacob am Weitersprechen zu hindern, doch Jacob selbst wünschte, daß der

Priester zu Wort kommen solle, und wollte ihm für seine Rede seinen »getreuen Lifenli« als Dolmetscher zur Verfügung stellen. Ungewöhnlicherweise liefert Jacob von der Schmährede des Priesters lediglich eine kurze Zusammenfassung, doch die Stelle wirkt durchaus authentisch.

[348] Es ist unklar, ob sich dieser Ausruf auf Fra Bartolomeo bezieht oder auf Priester überhaupt.

[349] Das ist das erste klare Indiz dafür, daß Jacob diese Worte zum angegebenen Zeitpunkt zumindest gesagt haben könnte, wenn auch seine Behauptung im Februar 1272 nicht mehr den Tatsachen entsprach. Papst Clemens IV. war im November 1268 gestorben, aber wegen der politischen Uneinigkeit der Kardinäle kam es erst fast drei Jahre später, im September 1271, zur Wahl eines Nachfolgers, bei der Theobald von Piacenza den Papstthron bestieg. Zu dem Zeitpunkt, an dem Jacob Italien verließ, gab es in der Tat noch keinen neuen Papst, und allem Anschein nach waren Jacob (und vermutlich auch Fra Bartolomeo) im Februar 1272 über den wahren Sachverhalt noch nicht im Bilde.

[350] Das ist offensichtlich eine Anspielung auf den Dauerkonflikt zwischen der Kirche und dem Heiligen Römischen Reich, in dessen Verlauf Friedrich II., der vom Papst zum »Kaiser von Rom« gekrönt worden war, 1245 von Innozenz IV. wieder abgesetzt wurde.

[351] im Manuskript: *esser cristiano assassino nel nom di quel uomo è gran villania e quando dicono che la croce non vole far altro che diritto è menzogna*

[352] Im Frühjahr 1204, siebzehn Jahre vor Jacobs Geburt, wurde Konstantinopel, das Zentrum der Ostkirche, von Kreuzrittern geplündert, die einen unermeßlichen Schaden anrichteten. »Obwohl sie Kreuzritter waren und eine christliche Stadt anliefen, machten sie keinerlei Anstalten, sich friedlich zu nähern. Ein paar Fischerboote, die ihnen in den Weg kamen, wurden sofort angegriffen, und als die Flotte dicht unter den Mauern der Stadt vorbeisegelte, waren die Soldaten an Deck schon damit beschäftigt, ihre Waffen für das Gefecht zu reinigen ... Es war in der heiligen Karwoche, aber für die Soldaten Christi war das kein Hinderungsgrund. Binnen drei Tagen, in denen die Soldateska wie von Sinnen vergewaltigte, plünderte und zerstörte, wurde Byzanz restlos verwüstet ... Die größten Schätze des klassischen Zeitalters wurden mutwillig zerstört ... Konstantinopels ganze Größe war dahin.« J. Morris, *The Venetian Empire*, Harmondsworth 1990, S. 28, 39, 41.

[353] im Manuskript lateinisch: *domini canes*, ein sehr sarkastisches Wortspiel

[354] im Manuskript: *fue il miglior uom che mai fosse*

[355] Im Manuskript hebräisch. Diese Kennzeichnung bleibt in der jüdischen Tradition üblicherweise König David vorbehalten und stellt somit vielleicht eine Bezugnahme auf die Psalmen dar. Jacob scheint die »Zweckentfremdung« der Psalmen für christliche Gebete nicht zu billigen.

[356] Das ist die hebräische Form des Namens Jesu. Hier wird zum ersten Mal von Jesus nicht als *dieser Mensch* gesprochen.

[357] also durch Kreuzigung

[358] Hieraus geht hervor, daß auch die »Weisen« *(savi)* in Fraktionen gespalten waren, die die verschiedenen Interessenlagen der Stadt insgesamt widerspiegelten. Einige sympathisierten mit der Kaufmanns-»Partei«, andere unterstützten den Konservativen Pitaco, und bei diesem Treffen hatten sie sich offensichtlich in entsprechenden Gruppen plaziert.

[359] im Manuskript: *poiche non fassi cristiano*

[360] im Manuskript: *arde;* wieder im sarkastisches Wortspiel

[361] Das deutet wohl darauf hin, daß die »Weisen«, die einfache Bevölkerung und auch die Kaufleute keine geschlossenen Blöcke bildeten. Dies ist der erste klare Hinweis auf unterschiedliche Standpunkte bei den Kaufleuten.

[362] Wenn der Kaufmann Anlisciu wirklich zu denen gehörte, die nach Jacob »schicken ließen«, damit er abermals zur Versammlung spreche, könnte das zweierlei heißen: Erstens, daß die Kaufmannsfraktion zunehmend den Gang der Ereignisse in der Stadt diktierte, und zweitens – etwas spekulativer –, daß Jacob sich vielleicht unvorsichtigerweise von interessierter Seite der Kaufleute in eine Art Falle hat locken lassen, indem er sich zu einem ungezügelten Auftritt hinreißen ließ oder sich (und Pitaco) durch eine zu tiefe Einmischung in die Angelegenheiten der Stadt diskreditierte, was der Partei der Kaufleute genützt hätte. Wollte Lifenli Jacob davor warnen?

363 »Uns« ist wohl als »bei den Juden« zu verstehen, doch auf die in Italien zu dieser Zeit gängigen Überzeugungen dürfte es nicht minder zutreffen.

364 Gott und die Engel sind von dieser Feststellung zweifellos ausgenommen! Hier zeigt sich deutlich der Einfluß des damaligen Aristotelismus auf Jacobs Vorstellungen.

365 Im Jahr 1254, also kaum zwei Jahrzehnte zuvor, waren die Juden durch einen päpstlichen Erlaß aufgefordert worden, »von ihren magischen Praktiken abzulassen«. Dies könnte sich auf die Astrologie und Wahrsagerei bezogen haben, von denen Jacob spricht.

366 Im Manuskript lateinisch: *id est contra naturam.* Jacob befindet sich hier nicht in Übereinstimmung mit orthodoxen jüdischen Glaubensvorstellungen, denn seine Lesart würde jegliches weitere Eingreifen Gottes in die Angelegenheiten der Menschen – Wunder also – ausschließen. Die Wunder Gottes beim und unmittelbar nach dem Auszug aus Ägypten wären somit die letzten gewesen. (Jacobs Sicht lieferte allerdings die Antwort auf die bedrückende moderne Frage: »Wo war Gott in Auschwitz?«)

367 die um das Goldene Kalb tanzten

368 im Manuskript: *ispirti in aere*

369 Knapp 130 Kilometer; falls es sich – wie es scheint – um den Strauß handelt, wurde Jacob ein Opfer seines eigenen Rationalismus.

370 Im Manuskript: *lo gran colubro di Mitzraim* (das letzte Wort ist hebräisch geschrieben).

371 Im Manuskript: *castella.* Das Wort kann hier nicht »Burgen« bedeuten, sondern dürfte die mit einem hohen Ziegel- oder Erdwall umschlossenen Dörfer bezeichnen, die man heute noch im ländlichen China sehen kann.

372 5. Februar 1272

373 vermutlich die Buchstaben des hebräischen Alphabets, die das Kind lesen lernen soll

374 Im Manuskript: *avversaro*; Jacob belegt einige Personen mit dieser Bezeichnung, sogar den »getreuen Lifenli«, wenn er sich über ihn ärgert.

375 Jacob bleibt in der folgenden Passage die Antwort auf die von ihm selbst aufgeworfene Frage schuldig. Er sagt also nicht, oder vermeidet es zu sagen, ob die Juden hier grundsätzlich im Recht sind oder nicht. Bei seiner Frömmigkeit hätte sich ihm eine offen skeptische Haltung zu den jüdischen Speisevorschriften zweifellos von selbst verboten. Aber allein schon die Tatsache, daß er überhaupt eine solche Frage stellt, noch dazu in einer zweifellos mit Bedacht nach dem aktuellen Ereignis niedergeschriebenen Passage, läßt eine skeptische Haltung erkennen.

376 7. Februar 1272

377 Im Manuskript: *dugentosesanta passi vinegiani*; ein chinesisches *li* entspricht ungefähr vierhundert Metern.

378 Der Name hat Ähnlichkeit mit Yangzhou, die anderen Namen sind jedoch nicht identifizierbar. »Tausend große Städte« ist zweifellos eine Übertreibung.

379 oder *Jiang*, also der Yangzi-Jiang (frühere dt. Umschrift: Jangtsekiang)

380 eindeutig der Huang He, der Gelbe Fluß

381 Es muß sich hier um die Zimtbaumart (bot. Kassie) handeln, die Sennesblätter hervorbringt, die getrocknet als Abführmittel verwendet werden.

382 zum Färben und Veredeln von Textilien

383 im Manuskript: *tante ispezie che nonne vegnono in nostre contrade*

384 12. Februar 1272

385 Im Manuskript: *mia masnada*; mit *masnada* wird eine Gruppe enger Vertrauter bezeichnet, hier zweifellos Jacobs Glaubensbrüder.

386 eindeutig der sarazenische (oder arabische) Admiral von Jacobs Schiffsverband, der in Basra angeheuert worden war

387 im Manuskript: *difensione,* hier als »Widerstand« übersetzt und nicht als das naheliegendere »Verteidigung«, da *difensione* den Beiklang einer gewissen Hartnäckigkeit hat

388 Das wird von Jacob zutreffend berichtet. Xiangyang und Fanzheng standen erstmals 1257 und dann wieder ab 1268 unter tatarischer Belagerung. Sie fielen im März 1273, ein Jahr nach dieser Rede.

389 fünfzehn Meter

390 im Südosten des Reichs der Süd-Song

391 Das sollte sich als richtig erweisen. Zaitun fiel erst 1277 in mongolische Hand.

392 Im Manuskript: *dietro a questa gente;* gemeint sind wohl die Tataren oder zumindest die tatarischen Invasionstruppen.

393 im Manuskript: *'l voler di fuggir nostro nimico*

394 Zwei dieser Namen sind einwandfrei identifizierbar: Die nomadischen Stämme der Tangut, die im 10. Jahrhundert Teile von Westchina eroberten, und die Khitan, mit denen China im Jahr 1004 einen Friedensvertrag unterzeichnete, allerdings um den Preis eines immensen, in Silber und Seide bemessenen Jahrestributs. Mit den »Uceni« könnten die Jürchen gemeint sein, deren Armeen 1129–1130 Nanjing und Kinsai einnahmen und die im Süden bis Ningbo in der Provinz Zhejiang vordrangen, knapp tausend Kilometer nördlich von Zaitun.

395 Im Manuskript: *'l popolo.* Es ist natürlich schwer auszumachen, auf wen genau sich dieses Wort bezieht, wie zahlreich »das Volk« erschienen war und ob für das Volk in Form eines abgegrenzten Bereiches oder einer Galerie ein fester Platz vorgesehen war. Ein zusätzliches Rätsel gibt die Tatsache auf, daß den Fragestellern – zumindest im italienischen Text – eine sehr formale Sprache in den Mund gelegt wird, die auf gebildete Sprecher schließen läßt. Das könnte allerdings auch das Produkt von Jacobs nachträglicher Bearbeitung sein.

396 Im Manuskript: *merta,* umgangssprachlich für »Welchen Verdienst hat?« (Im Deutschen mit »Meriten« verwandt.)

397 Das könnte eventuell auf Jacob gemünzt sein, den man vielleicht für einen Arzt hält.

398 leicht erkennbar als »Temujin«, der ursprüngliche Name des Dschingis Khan

399 im Manuskript: *peregrino,* mit der Konnotation von »Wanderer« oder »Reisender«

400 im Manuskript: *case* (Häuser), aber auch »Haushalte«, »Familien« und sogar »Sippen«

401 im Manuskript: *famigliari,* wörtlich: »Familienmitglieder«

402 Im Manuskript: *giovinetta simplice.* Die wechselnde Orthographie in Jacobs Manuskript zeigt sich deutlich an dieser Stelle, wo innerhalb von zwei Dutzend Zeilen die Schreibweisen *giovanetta* und *giovinetta* auftauchen. Es gibt noch viele Beispiele ähnlicher Art, wo man manchmal in aufeinanderfolgenden Zeilen auf unterschiedliche Schreibweisen stößt. Siehe Anhang: Jacobs Sprache.

403 20. Februar 1272. Jacob vermerkt ab jetzt das Datum fast jedes einzelnen Tages, was darauf schließen läßt, daß er die historische Schlußphase seiner Tage in Zaitun mit besonderer Sorgfalt aufzeichnet.

404 Der »Münchhausen-Effekt« ist hier unverkennbar.

405 Im Manuskript: *del pedagogo.* Ich habe es wörtlich mit »Lehrer der Kinder« übersetzt, da der Ausdruck »Pädagoge« weniger spezifisch ist und sich aus dem Zusammenhang ergibt, daß tatsächlich das Unterweisen von Kindern gemeint ist.

406 vermutlich in Anwendung der dialektischen Methode des talmudischen Streitgesprächs

407 im Manuskript: *dota,* ein anspruchsvoller Ausdruck

408 im Manuskript: *son simiglianti in essenza loro*

409 Im Manuskript: *apti.* Ein reiner Latinismus; siehe Anhang: Jacobs Sprache. Der ganze Abschnitt zeigt eine aristotelische Grundhaltung oder hat doch zumindest einen aristotelischen Einschlag.

410 Im Manuskript: *lo ver per se.* Man könnte versucht sein, das mit »die Wahrheit an sich« – also einer transzendenten Wahrheit – zu übersetzen, doch aus dem Kontext ergibt sich, daß An Fengshan etwas anderes meint. Jacob hat sich mit der Darstellung von An Fengshans Argumentation große Mühe gegeben, wie an dem sorfältig ausgearbeiteten und gelehrten Sprachstil abzulesen ist. Der Grund dafür mag entweder sein, daß dieser tatsächlich so redete, vielleicht vermochte Jacob aber auch dessen Ansichten trotz seiner Einwände ein gewisses Gewicht und Interesse nicht abzusprechen, oder vielleicht glaubte er auch, auf diese Weise das Streitgespräch gewichtiger und seinen eigenen Standpunkt dadurch verdienstvoller machen zu können. Möglicherweise haben wir es auch mit einer Mischung aller drei Gründe zu tun.

411 vermutlich, weil er zuvor von »vielen Göttern« sprach

412 im Manuskript: *l'ordin de' numeri*

413 20. Februar 1272; es ist nicht ersichtlich, wieso Jacob das hier einfügt.

414 Dieser im Manuskript hebräisch geschriebene Ausruf kehrt von jetzt an bei jeder Nennung des »Widersachers« oder »Satans« wieder, den Jacob in An Fengshan sieht oder zu sehen glaubt.

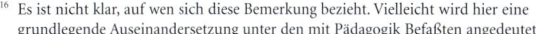
415 im Manuskript: *posposta al libero arbitrio del giovane*

416 Es ist nicht klar, auf wen sich diese Bemerkung bezieht. Vielleicht wird hier eine grundlegende Auseinandersetzung unter den mit Pädagogik Befaßten angedeutet.

417 Im Manuskript: *lettere.* Pitaco dürfte allerdings nicht von den »Buchstaben« des Alphabets, sondern von chinesischen Schriftzeichen gesprochen haben. Wenige Zeilen später legt Jacob dieses Wort auch An Fengshan in den Mund. Dennoch dürfte ihm die Funktion der chinesischen Schriftzeichen wenigstens oberflächlich klar gewesen sein, wie S. 378 f. zeigt.

418 im Manuskript: *a far fissi e fermi i principi morali*

419 im Manuskript: *fonte unico ond' ogni vero vene*

420 im Manuskript: *ragionamento ... esperienza ... analogia e ... regola*

421 im Manuskript: *li vincoli naturali*

422 Die Ausführlichkeit, ja die Begeisterung von Jacobs Bericht läßt erkennen, daß er die Ansichten des »Widersachers« durchaus ernst nimmt (und bedenkt), sosehr sie ihm auch widerstreben mögen. Könnte es sein, daß er von ihnen, zumindest in mancherlei Hinsicht, sehr angetan war?

423 Im Manuskript hebräisch. Jacob möchte uns glauben machen, er habe An Fengshan diesen Ausruf entgegengeschleudert, dazu noch auf hebräisch!

424 im Manuskript: *al passo che lo convien*

425 gemeint: ihre damalige Gegenwart

426 Im Manuskript: *i numeri di Manci.* Das könnte bedeuten, daß es im China der Süd-Song eigene Rechenmethoden oder möglicherweise auch Rechentafeln gegeben hat.

427 Li Taibo und Du Fu, die bedeutendsten Dichter der Tang-Dynastie (618 – 907)

428 im Manuskript: *il labore piue aspro a denari piccoli*

429 Das ist keine »Wahrheit«, die aus der Thora stammt, sondern eindeutig aus dem berühmten ersten Satz der *Metaphysik* des Aristoteles. Dieser Text war das Kernstück der mittelalterlichen philosophischen Lehre. (Jacob dürfte ihn in Neapel studiert haben.) Wenn Jacob diesen Satz hier als moralisches Grundprinzip anführt, dann zeigt das, wie stark die aristotelischen Vorstellungen vom Judentum aufgesogen worden sind, bis hinein in die frömmsten Kreise.

430 im Manuskript: *alla luce della ragion*

431 im Manuskript: *ostante*

432 Das ist mit großer Wahrscheinlichkeit ein Bezug auf Solomon ben Juda ibn Gabirol (ca. 1021 – ca. 1058), Grammatiker, Philosoph und Dichter und einer der ersten Lehrer des Neuplatonismus.

433 im Manuskript: *a fretta*

434 Im Manuskript: *vesti novi.* Der Ausdruck muß »frische« oder »saubere« Kleidung in dem Sinn bedeuten, wie sie für den Sabbat vorgeschrieben war.

435 Der fromme Jude glaubt, daß derjenige, der am Vorabend des Sabbat seine Sünden bereut, die Fürsprache der Engel erhält.

436 Vielleicht das Weinen von Buccazuppo?

437 im Manuskript: *alla spranga*

438 21. Februar 1272

439 im Manuskript: *lassar*

440 im Manuskript: *doglie*

441 Im Manuskript: *della legge naturale.* Auch hier meint Jacob mit dem Gesetz der Natur kein naturrechtliches moralisches Gesetz, sondern schlicht die physikalischen Naturgesetze der Welt der Materie.

442 im Manuskript: *della matera vital la piue piccola*

443 im Manuskript: *'l bàtter de' polsi*

444 Im Manuskript: *uniti.* Das Wort legt die Interpretation nahe, die Chinesen hätten geglaubt, sie könnten die Kräfte des »Schöpfers« mit diesem teilen und so unmittelbar über die Natur gebieten.

445 Es ist (wieder einmal) nicht klar, ob Jacob speziell die jüdischen Weisen und Schriftgelehrten meint oder die Gelehrten und Weisen des »Abendlandes« insgesamt oder nur die in Italien. Das direkt darauf folgende Zitat von Maimonides läßt auf ersteres schließen.

446 im Manuskript: *i mali corporali respondono alle travaglia e duoli animali*

447 im Manuskript: *folgor che scote lo ciel*

448 im Manuskript: *magico polve che scoppia*

449 im Manuskript: *riempir stecchi di bambagio*

450 eindeutig ein Bezug auf Maimonides

451 Die Chaldäer galten bei den biblischen Juden als Magier. Diese Auffassung durchzieht den ganzen Talmud.

452 Jacobs intellektuelle Spannweite und Beharrlichkeit lassen sich daran ablesen, daß er in der Lage ist, all dies genau zu erklären, zweifellos nach sorgfältiger Befragung von Gewährsleuten. Daß die Dinge auch einen wirtschaftlichen Aspekt haben, bleibt dem Kaufmann in ihm dabei keineswegs verborgen.

453 Im Manuskript: *quaderni*. Das Wort wurde hier mit »Bücher« übersetzt, was auch statthaft ist. Es kann für Jacob allerdings auch etwas weniger Handfestes wie beispielsweise »Broschüren« bedeutet haben. Dante verwendet das Wort in *Purgatorio* XII., 105, wo es heißt, es habe die Bedeutung einer »Ausgabe« eines Schriftstücks, was möglicherweise für ein einzelnes Blatt steht.

454 im Manuskript: *incostro bruno*

455 im Manuskript: *impressi*, wörtlich: (auf das Papier) »aufgedrückte« Bilder

456 im Manuskript: *va troppo al profondo*

457 Im Manuskript: *come se fossero medesma cosa*. Es ist etwas unklar, was Jacob damit meint, doch er scheint anzudeuten, daß bestimmte unbegründete Forschungen den moralischen Unterschied zwischen gutem und schlechtem – oder zwischen nützlichem und schädlichem – Wissen aufweichen können. Falls er dies meint, hätten wir hier eine sehr frühe ethische Kritik der empirischen Wissenschaftsmethode vor uns, der Jacob an anderer Stelle durchaus positiv gegenübersteht.

458 im Manuskript: *eccesso di lume che abbaglia li occhi*

459 22. Februar 1272

460 Es dürfte sich um Angehörige der Gemeinde der »Chinesischen Juden« in Zaitun handeln, s. S. 144.

461 Im Manuskript hebräisch. An dieser Stelle bedenkt Jacob zum ersten Mal auch seinen getreuen Diener mit dem schützenden Ausruf, den er sonst nur seinen Religionsbrüdern zukommen läßt.

462 Im Manuskript: *disposti uno contra al altro*. Hier wird zum ersten Mal gesagt, daß die Ältesten als Folge der Auseinandersetzung in gegenüberliegenden Blöcken Aufstellung genommen haben. Es ist verlockend, aber zweifellos falsch, darin eine Vorform von »Reichsständen« zu sehen.

463 Es ist ungewöhnlich, daß Jacob nicht den Namen des Sprechers nennt. Nach seiner Beschreibung scheint es sich um einen einfachen Mann zu handeln, der von seinem Platz aus dazwischenrief, wie es wohl auch schon bei den vorherigen Debatten vorgekommen war.

464 Lotacie, der als »ein Mann jung an Jahren und von schmächtigem Körperbau« geschildert wurde, hatte sich nachdrücklich gegen den Widerstand gegen die Tataren ausgesprochen; s. S. 339 ff.

465 Aus der Verwendung der ersten Person Plural geht eindeutig hervor, daß Uainsciu als Sprecher für andere auftrat oder aufzutreten vorgab, möglicherweise für die Gruppe von »Radikalen« oder »Rebellen«, auf die im Text weiter oben Bezug genommen worden ist, s. S. 281. Da sich später zur Stützung seiner Ansicht auf den Song-Kaiser beruft, kann man ihn (widersinnigerweise) nicht als »Linken« oder »Demokraten« einordnen, so naheliegend das angesichts seines Bekenntnisses zur Gleichheit aller Menschen auch wäre. Man beachte auch, daß er die »Gleichmacherei« verurteilt, sich aber zur Gleichheit der Menschen bekennt.

466 Im Manuskript: *orbo*. Es könnte auch »blind« bedeuten, doch an dieser Stelle scheint das Wort die ältere lateinische Bedeutung von »verlassen«, »verwaist« zu haben.

467 im Manuskript: *il remunerar de' esser altretanto e biasimo anco*

468 Im Manuskript lateinisch: *corpus sive universitas*. Der von Jacob verwendete lateinische Ausdruck deutet abermals darauf hin, daß die Rede nicht in der vorliegenden Form gehalten wurde, jedenfalls nicht mit diesem Fachjargon.

469 im Manuskript: *la civitate*

470 im Manuskript: *voler commun*

471 Hier kommt die jüdische Ablehnung von Monarchismus und Absolutismus deutlich zum Ausdruck; s. S. 258 ff.

472 im Manuskript: *obbligati a niuno e neente*

473 Im Manuskript: *de' esser chiamato*. Das Verb »bestellen« ist wieder unscharf, doch es beinhaltet nicht automatisch eine Wahl durch eine gesetzgebende Körperschaft – wie wir das heute erwarten würden. Jacobs Empfehlung könnte sich auf die Methode beziehen, mit der in den mittelalterlichen italienischen Stadtstaaten bürgerliche Körperschaften geschaffen wurden.

474 im Manuskript: *al libero arbitrio di ciascheduno*

475 im Manuskript: *avrebbero ardimento d'uscir di casa*

476 Im Manuskript: *messi alla quistion*. Es kann auch bedeuten »auf die Folterbank spannen«, doch hier ist es die Projektion der Jacob bekannten Methoden der Inquisition auf die Chinesen.

477 im Manuskript: *posti in bando*

478 Im Manuskript: *lo cattivo*. (Im modernen Italienisch hat das Wort die Bedeutung »Verbrecher« angenommen.)

479 im Manuskript: *come se fosse om libero*

480 im Manuskript: *mal al mal*

481 im Manuskript: *feruta*. Hier zitiert Jacob das im ersten Traktat Baba Quamma der vierten mischnaischen Ordnung festgehaltene Strafmaß für einen Sohn, der die Eltern schlägt. Wenn den Eltern bei einem solchen Angriff eine Wunde geschlagen wurde, war die Todesstrafe zu verhängen.

482 Eine merkwürdige Bemühung um Höflichkeit gegenüber jemandem, den Jacob für die Verkörperung des Satans hält.

483 Dieser ganze Abschnitt hatte bei der Abfassung meines Buchs *The Principle of Duty* (Das Prinzip der Pflicht) starken Einfluß auf mich.

484 Jacob spielt hier wohl auf die zuvor geäußerten Ansichten des »Widersachers« in Erziehungsfragen an, s. S. 354 ff.

485 Jacobs Argument ist logisch nicht bis zum Ende durchgeführt, denn er möchte vermutlich sagen, daß in Frieden zu leben eine Form der Freiheit ist, während mit der Zerstörung der Stadt auch die Freiheit verloren sein wird.

486 im Manuskript: *dovete vietar anco molte cose che vostra legge vi permette*

487 im Manuskript: *a sentir la vergogn*

488 24. Februar 1272

489 Im Manuskript: *riposo*. »Pflichten« bezieht sich auf die morgendlichen religiösen Übungen, allerdings sollte ein wirklich frommer Jude anschließend nicht »ruhen« oder sich schlafen legen.

490 im Manuskript: *essendo attenti ad ascoltar le cose parlate*

491 im Manuskript: *altri ufficiali maggiori*

492 Das ist die einzige Stelle, an der Jacob offen seine Parteinahme erklärt.

493 Im Manuskript: *ne bocche rosse ne lingue bianche*. Jacobs Interpretation dieser Floskel erscheint plausibel.

494 Im Manuskript: *che venne gran pensero al cor mio e l'animo mio cominciò a gonfiar*. Jacobs »großartiger Gedanke« bleibt unklar. Die folgenden Passagen enthalten eine Zusammenfassung von Ideen, die er schon an anderer Stelle in fragmentarischer Form äußerte und die in seiner hebräischen und weltlichen Gelehrsamkeit wurzeln.

495 im Manuskript: *la cittadinanza*

496 Im Manuskript: *farlo chiascheduno accorto del suo dover*. Dieser Abschnitt, aus dem ich mich freizügig bedient habe, hatte großen Einfluß auf mich, als ich *The Principle of Duty* schrieb.

497 im Manuskript: *la gente dev' esser obligata per patto*

498 im Manuskript: *negozio civil*

499 im Manuskript: *vincoli*

500 im Manuskript: *nel cor d'ogni esser umman sussiste l'imago del dover*

501 im Manuskript: *strida*

502 im Manuskript: *al disderio d'agir bene e rettamente*

503 Im Manuskript: *se Dio v'aiuta;* eine der wenigen Stellen des Manuskripts, wo dies nicht hebräisch geschrieben ist.

504 im Manuskript: *ne ritrarsi ne torcersi dal cammin del dover*
505 im Manuskript: *sueti*, ein reiner Latinismus, siehe Anhang: Jacobs Sprache
506 Dies wurde in einer Mischung aus Italienisch und Hebräisch niedergeschrieben, mit *lume* für »Licht«; vergl. Jesaja 49,6.
507 Dieser Mensch-Tier-Vergleich widerspricht Jacobs früherer Ablehnung der Vorstellung, daß zwischen Mensch und Tier eine feine Trennlinie bestehe; s. S. 396 ff.
508 im Manuskript: *la farne parlar il mondo intiero alla vostra vergogna eterna*
509 Es ist unklar, ob es sich hier um denselben »Cian« (Chang) handelt, der weiter oben als »Weiser« vorgestellt wurde und mit dem Jacob über die Juden diskutierte.
510 Hier bedenkt Jacob einen Nichtjuden mit einem sehr starken Ausruf.
511 In der von Pitaco zitierten Form ist diese konfuzianische Version der »Goldenen Regel« mit ihrer hebräischen fast gleichlautend.
512 im Manuskript: *alli peregrini dalle terre che son di lontano*
513 im Manuskript: *che si de' far*
514 Jacob scheint hier seine Ansicht über die Lage der Armen geändert zu haben, denn zuvor hob er ihre Bedürftigkeit hervor, z.B. S.138, 264.
515 im Manuskript: *iacer sul dolce lettolo*
516 im Manuskript: *come giovine popolano*
517 Das heißt eindeutig: »Im Namen der Armen legst du dir ein wildes Gehabe zu.«
518 im Manuskript: *vostre scritture*
519 Der »Widersacher« scheint hier eine radikalere oder »egalitärere« Position einzunehmen als zuvor.
520 im Manuskript: *senza cagion e ragion*
521 im Manuskript: *tratteremo cosi come ragion esige*
522 Im Manuskript: *sor lo terzo grado di porpora ... vermiglio ... color del ciel;* letzteres bedeutet vermutlich »himmelblau« oder »türkis«.
523 im Manuskript: *senza interdetto e fine*
524 im Manuskript: *a voi manca 'l valor a dirlo*
525 Im Manuskript: *sano.* Der Begriff enthält Anklänge von »gesund« und »normal«.
526 im Manuskript: *consiglier*
527 im Manuskript: *quale sovrano*
528 im Manuskript: *incarcato come giudice*
529 Im Manuskript: *signoreggiar.* Wörtlich »als Signore fungieren«. Es ist nicht klar, welche politische Funktion damit gemeint sein soll – Magistrat? Gouverneur? –, und wir können aus Jacobs Bericht auch nicht genau ableiten, welche Funktion ihm angeboten wurde. Es scheint, daß Pitaco ihn zum »Ratgeber« bestellen wollte, was Jacob offensichtlich als gleichbedeutend mit »Schiedsrichter« oder »Richter« verstand, wobei auf seiner Seite vielleicht eine gewisse Anmaßung mitspielte. Jacobs Charakterzug, sich gern mit seiner Tüchtigkeit zu brüsten, scheint hier am Werk zu sein.
530 Im Manuskript: *nel imperar*, wörtlich »das Herrschen«, »das Regieren«, »das Übernehmen der Verantwortung«. (Auch dies übertrifft wiederum weit das Angebot, das Jacob nach seiner eigenen – anfänglichen – Aussage gemacht wurde.)
531 im Manuskript: *dal nascimento*
532 Im Manuskript griechisch: *phronesis;* Jacob verwendet hier den ursprünglichen aristotelischen Ausdruck.
533 Im Manuskript lateinisch: *prudentia politica*
534 im Manuskript: *cangiar vesta semplice per la porpora real*
535 Siehe S. 214, wo Jacob den Bordellwirt Uaiciu wegen seiner Verleumdung (falls es eine solche war) verflucht. Die Nennung Uaicius durch An Fengshan legt nahe, daß in Zaitun irgendeine Art der Fremdenüberwachung oder Informationsbeschaffung betrieben wurde, worauf auch die anderen gegen Jacob erhobenen Anschuldigungen schließen lassen.
536 Im Manuskript: *appetiti turpi.* Über die Quelle dieser Behauptung kann man nur spekulieren, doch es fällt auf, daß Jacob seine Dienerin Bertoni häufig mit dem Adjektiv »böse« *(maligna)* bedenkt. Nahm er an, sie könnte diese Quelle gewesen sein?
537 im Manuskript: *seminando discordie tra le genti con cotanto acume per cio hanno guadagni*
538 im Manuskript: *duce*

539 im Manuskript: *non pareva om anzi una tempesta*

540 Hier dürfte es sich um eine Retourkutsche für die früher geäußerte Kritik am Müßiggang der reichen Kaufleute handeln.

541 im Manuskript: *passata al son de' lodi altrui*

542 im Manuskript: *la rana che sta ad imo del pozzo*

543 Im Manuskript: *si lanciarano contro a lui.* Mit »lui« ist eindeutig Pitaco gemeint.

544 im Manuskript: *si corsero a dosso con gran furia*

545 im Manuskript: *gran mischio*

546 Für mich bezieht sich dieser Satz auf Notizen und Zusammenfassungen von Jacobs Diskussionen, die Li Fenli angefertigt hatte. Der Lohn (nächster Absatz) für den Sohn der Stadt Pisa dürfte beträchtlich ausgefallen sein.

547 Wenn man sich an Jacobs frühere Erwähnungen erinnert, daß er kostbare Waren zu verstecken pflegte, dürfte es sich hier um seine wertvollsten Erwerbungen gehandelt haben.

548 24. Februar 1272

549 Im Manuskript: *di gran portar.* Dies war das große Schiff, das in Basra angemietet worden war.

550 über 400 Tonnen

551 im Manuskript: *caricata a pien a prora e poppa*

552 Das wären fast fünf Tonnen, was bestimmt übertrieben ist.

553 Über eine Tonne; auch diese Angabe klingt unwahrscheinlich.

554 Im Manuskript: *tonda.* Jacob irrt sich allerdings, falls es, wie er sagt, »der zweiundzwanzigste Tag des Adar« war. Zu diesem Zeitpunkt hatte der Mond schon beträchtlich abgenommen.

555 flußabwärts zur offenen See

556 Im Manuskript: *delle nubi di mortalità.* Diese merkwürdige Phrase läßt auf eine kabbalistische Beeinflussung von Jacobs Denken schließen.

557 im Manuskript: *per gorbi*

558 Angesichts Jacobs früherer Selbstvorwürfe kommt es überraschend, daß Gott für die »Begierden des Fleisches« gepriesen werden soll. Dies erklärt sich zweifellos daraus, daß die fromme hebräische Tradition die menschlichen Triebe – im Gegensatz zur Verdammung seitens der Christen – eher als gottgegeben ehrt.

559 Im Manuskript: *principe.* Dies ist eine weitere und eindeutig eingebildete Übersteigerung des Angebots, das Pitaco Jacob angeblich machte.

560 Die einzige Stelle, an der Jacob seine Dienerschaft mit einem solchen Ausruf bedenkt.

561 »Gesäuertes«, im Manuskript hebräisch. Es betrifft alles, was aus Korn oder Mehl hergestellt worden ist, da an Pessach kein gesäuertes Brot erlaubt ist. Wie aus den folgenden Zeilen hervorgeht, muß jeder Rest gesäuerten Brotes in einer rituellen Reinigung aus dem Haus entfernt werden.

562 im Manuskript: *un cordone di perle di gran valuta e bracciale di amatisti*

563 Im Manuskript: *cose segrete a remover il dolor ch' alcun avesse nel corpo e per questo ognuno ne vuole.* Es fällt auf, daß Jacob die Bezeichnungen dieser Arzneien nicht preisgibt. Hierbei, wie auch bei der Tatsache, daß er nichts näheres über die von ihm erzielten Gewinne verlauten läßt, könnte man vermuten, daß er bei der Niederschrift eine bestimmte »Leserschaft« vor Augen hatte, vor der er gewisse Dinge lieber für sich behalten wollte.

564 im Manuskript: *v'intravenga ben ogni cosa che farete*

565 Im Manuskript hebräisch: *schofar.* Der »nächste Tag« ist zu verstehen als Rosch Ha-Schana, das jüdische Neujahrsfest.

566 Jacob fastete selbstverständlich. Das Verbot, Wasser zu sich zu nehmen, muß an einem heißen Augusttag auf See äußerst schwer einzuhalten gewesen sein.

567 Im Manuskript hebräisch: *terua* ist ein Stakkato-, *tekia* ein Dauerton zum Aufruf der Gemeinde zum Gebet.

568 im Manuskript: *risona la gran tromba*

569 im Manuskript: *chi perira di foco e chi d'acqua*

570 im Manuskript: *com il fior che langue o l'ombra che trapassa*

571 im Manuskript: *come la polve che volita o sogno che vola lontan*

572 im Manuskript: *draco rosso*, ein rotes Gummiharz zum Färben

573 im Manuskript: *murra*, ein Gummiharz zur Herstellung von Parfüm und Weihrauch

574 im Manuskript: *stirace*, ein duftendes Gummiharz, das offenbar auch als Arznei Verwendung fand

575 Im Manuskript hebräisch: *lebonah*. Es entspricht *olibanum*, einem aromatischen Harz, das als Weihrauch verwendet wird.

576 Ein Ausläufer des Apennin in der Marche-Region. Das Kloster ist das heute noch bestehende Kloster von Fonte Avellana.

577 nicht zu ermitteln

578 im Manuskript: *incensieri*

579 vielleicht eine der zahlreichen Inseln des Dahlak-Archipels im Roten Meer vor der äthiopischen Küste

580 »Habescia« ist höchstwahrscheinlich Äthiopien.

581 Dschidda an der saudi-arabischen Küste

582 Da Jacob mit keiner Silbe behauptet, an diesem Tag selbst dort gewesen zu sein, muß er mindestens diese »Tatsache« – wenn nicht den gesamten Bericht über »Carnoran« – aus zweiter Hand bezogen haben, höchstwahrscheinlich von den Juden in Aden.

583 im Manuskript: *subito che sono in età d'anni xiii*

584 im Manuskript hebräisch, offensichtlich der Nil

585 3. November 1272

586 Wenn man Jacobs Zahlenangaben Glauben schenken will, dann transportierte die Kamelkarawane ungefähr zweihundert Tonnen und die anderen Packtiere weitere zwanzig Tonnen. (Das Gewicht von zehn Kantar je Kamel entsprach vermutlich zwanzig Ballen Seide.) Es bleibt jedoch unklar, ob die Waren von Lazzaro del Vecchio und Eliezer von Venedig auch zu dieser beträchtlichen Menge gehörten.

587 Wer diese »Bogenschützen« waren, ist unklar, doch es ist unwahrscheinlich, daß es sich um dieselben »Bewaffneten« handelt, die Jacob zum Schutz seines Eigentums vor Piraten von Ancona aus mitnahm und die später nicht mehr erwähnt werden.

588 Im Manuskript: *selle de' camelli*. Über dieses spezielle Tabu konnte ich nichts herausfinden, doch es dürfte damit zu tun haben, daß die Würde eines Mannes in Mitleidenschaft gezogen wird, wenn er einen Tiersattel auf dem Rücken trägt.

589 15. November 1272

590 12. Februar 1272, zwölf Tage vor Jacobs Abfahrt aus Zaitun

591 also Moses und David

592 im Manuskript: *mio fi*, der Enkelsohn

593 im Manuskript: *una gran ricorrenza;* für einen frommen Juden eine eher unorthodoxe Vorstellung, die mehr »orientalisch« als talmudisch erscheint

594 Jacob sagt nicht, wer diese Männer waren. Es könnten Älteste der Synagogengemeinde gewesen sein oder die Vorsteher einer jüdischen Fernhandelsgilde in Alexandria. (Ersteres ist weniger wahrscheinlich, da die Äußerungen der Betreffenden wenig kommerzielles Interesse verraten.) Man schätzt die damalige Zahl der Juden in Alexandria auf ungefähr viertausend; Jacob macht keine Angabe dazu.

595 23. Dezember 1272

596 Ungefähr 30 Tonnen oder 30 000 Kilogramm. Falls Jacobs weiter oben gemachte Angaben über das Volumen seiner Waren stimmen, war das nicht mehr als ein Fünftel oder gar nur ein Sechstel seiner gesamten Einkäufe.

597 Im Manuskript: *dal mio (?) melincenso e legno aloe li quali vendevo a peso d'or*. Die genaue Identifikation von *melincenso* ist mir nicht gelungen, doch es könnte sich um Räucherwerk mit Honigduft gehandelt haben. Das Aloe-Holz wurde bei der Herstellung von Weihrauch verwendet.

598 »Jacob von Sinigaglia« – heute Senigallia an der Adria-Küste Mittelitaliens – war vermutlich ein Reeder oder Vercharterer von Schiffen, die zwischen den Mittelmeerhäfen pendelten, oder möglicherweise von Schiffen, die speziell auf die Bedürfnisse der Kaufleute zugeschnitten waren, die zwischen der Levante und der Adria hin- und herreisten. Senigallia hatte im Mittelalter eine große jüdische Gemeinde, von der heute noch einige Familien existieren.

599 Das ist der Name eines Ancona überragenden Hügels. Der Ausdruck meint also »in Sichtweite des Cònero«.

600 Diese Mengenangaben erscheinen in der Tat sehr reichlich bemessen und wirken unglaubhaft. (Das in China gekaufte Porzellan wird von Jacob nicht erwähnt).

601 Im Manuskript: *maramati d'oro*. Damit könnte auch eine Art Goldvelours gemeint sein.

602 im Manuskript: rabarbaro bono, Abführ- und Stärkungsmittel

603 im Manuskript: perle *da pestar,* vermutlich als Arznei verwendet

604 unübersetzbar; medizinische Kräuter?

605 Zerstoßene Muschelschalen wurden für Augensalben verwendet.

606 im Manuskript: *chelidonia,* eine Pflanze aus der Mohn-Familie, die als Stärkungsmittel verwendet wurde

607 im Manuskript: *turpetto (Radex turpethi),* wurde als Brechmittel verwendet

608 unidentifizierbar: »Saft (?) aus Lycius«

609 Gemeint ist das »Zeichen« der Beschneidung, die innerhalb von acht Tagen nach der Geburt durchzuführen ist.

610 möglicherweise für Rosenkränze

611 im Manuskript: *uscimmo di nave*

612 Ich nehme an, die »Sünde« hat darin bestanden, etwas so Persönliches an die junge Dienerin zu verschenken.

613 im Manuskript: *questa marca di Ancona è loggia mia e mia ca'*

614 Im Manuskript: *a far piana mia scrittura.* »Piana« bedeutet hier »leichtverständlich«, auch dies ein Hinweis, daß Jacob einen bestimmten, wenn auch möglicherweise sehr kleinen Leserkreis vor Augen hatte.

615 im Manuskript: *compier la mia narrazion*

616 Sieben Zentimeter unter den letzten Worten des Manuskripts steht die Unterschrift »Gaio Bonaiuti« (siehe S. 14).

617 J. Gernet, *A History of Chinese Civilization,* Cambridge 1985, S. 370

618 Eine repräsentative Bewertung liefert W. Rowicki in seinem Buch *The Walled Kingdom,* London 1991, S. 138 – 140

619 H. Yule und H. Cordier (Hrsg.), *The Travels of Marco Polo,* New York 1993 (Reprint der Ausgabe von 1903), Bd. II, S. 235

620 siehe auch S. 19

621 siehe auch S. 29 f. u. 424

622 H. Pirenne, *Economic and Social History of Medieval Europe,* London 1947, S. 223

623 siehe auch S. 35 ff.

624 A. Milano, *Storia degli Ebrei in Italia,* Turin 1963, S. 73. (Für diesen Hinweis danke ich Maria Luisa Moscati Benigni.)

625 Im Jahr 1475 führte zum Beispiel die provozierende Predigt eines Bernardino da Feltre in Trient, wo gerade mal dreißig Juden lebten, zum grausamen Tod einiger von ihnen und zur Vertreibung der übrigen. Er hatte ihnen den Ritualmord an einem zweijährigen Kind namens Simone anläßlich des Pessach-Festes unterstellt. Simone wurde seliggesprochen, die Anschuldigung des Ritualmords gegen die Juden von Trient wurde erst 1965 zurückgezogen.

626 Die Juden wurden im Lauf des 15. und 16. Jahrhunderts aus Sizilien und Süditalien – und auch aus Mailand – vertrieben. Nach Mailand und Neapel kehrten sie erst in der Mitte des 19. Jahrhunderts zurück.

627 siehe auch S. 10 ff.

628 H. Yule, *Cathay and the Way Thither,* London 1866, Bd. I, S. 172

629 Das Verhalten des gottesfürchtigen Jacob bei der Erforschung der Unterwelt von Zaitun findet eine amüsante moderne Parallele in einem Fall, der sich unlängst zutrug, als der Direktor eines Jerusalemer Rabbiner-Seminars in einem Stripteaselokal ertappt wurde. Als man ihm »moralische Verderbnis« vorwarf, verteidigte er sich auf fast dieselbe Weise wie Jacob von Ancona in seinem talmudischen Dialog mit sich selbst: Er habe sich »unter äußerster Selbstverleugnung an diesen abscheulichen Ort begeben, um« – so der Rabbiner – »zu überprüfen, ob etwa seine Studenten hier verkehren« (*Daily Telegraph,* 30.1.1998).

REGISTER

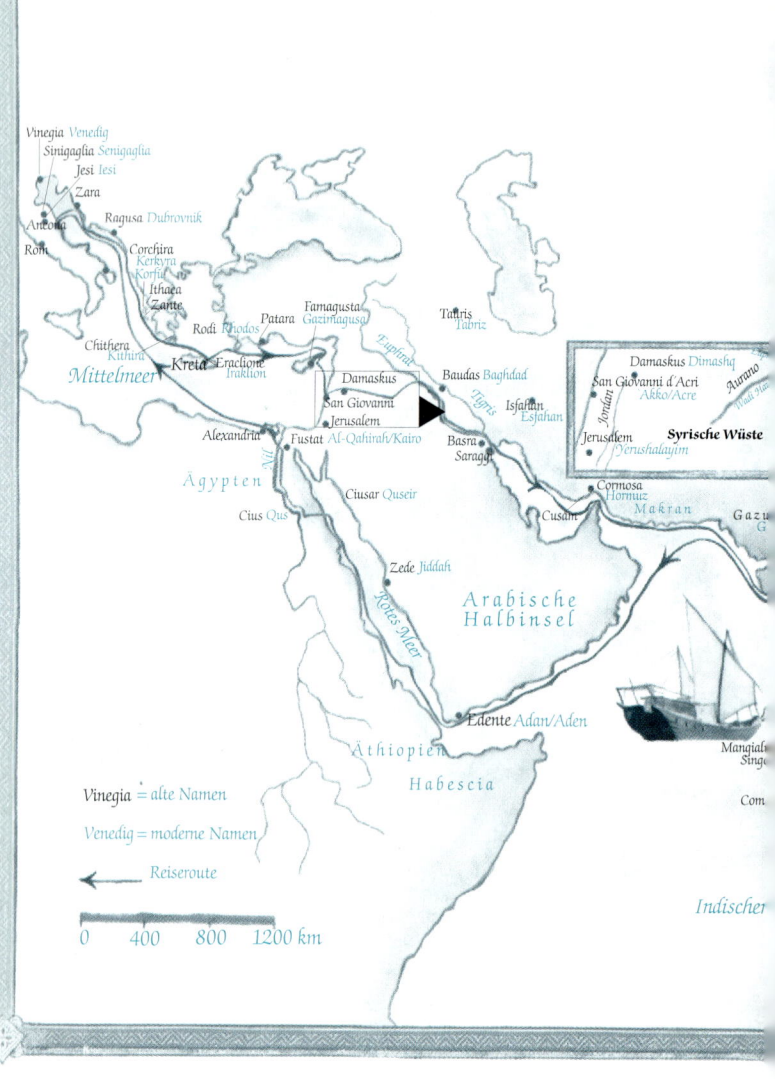

Vinegia *Venedig*
Sinigaglia *Senigaglia*
Jesi *Iesi*
Zara
Ancona
Rom
Ragusa *Dubrovnik*
Corchira
Kerkyra
Korfu
Ithaca
Zante
Chithera
Kithira
Kreta
Eraclione
Iraklion
Rodi *Rhodos*
Patara
Famagusta *Gazimagusa*
Tauris *Tabriz*
Baudas *Baghdad*
Isfahan *Esfahan*
Damaskus
San Giovanni
Jerusalem
Alexandria
Fustat *Al-Qahirah/Kairo*
Basra
Saragg
Ciusar *Quseir*
Cius *Qus*
Cusam
Cornosa
Hormuz
Makran
Gazu
G
Zede *Jiddah*

Mittelmeer

Ägypten

Rotes Meer

Arabische
Halbinsel

Edente *Adan/Aden*

Äthiopien

Habescia

Damaskus *Dimashq*
San Giovanni d'Acri *Akko/Acre*
Aurano
Wadi Auja
Jerusalem *Yerushalayim*
Jordan
Syrische Wüste

Mangial
Sing

Com

Vinegia * = alte Namen

Venedig = moderne Namen

← Reiseroute

0   400   800   1200 km

Indischer

Die Reise des
Jacob von Ancona
(1270 – 1273)

GISELA GRAICHEN

SCHLIEMANNS ERBEN UND DIE BOTSCHAFT DER VERSUNKENEN STÄDTE

Mit ihrer Erfolgsserie »Schliemanns Erben« im ZDF hat Gisela Graichen ein breites Publikum für die Archäologie gewonnen. Das vorliegende, reich illustrierte Begleitbuch zeigt, wie spannend diese Wissenschaft heute sein kann: hochmodern, interdisziplinär und mit einer High-Tech-Ausrüstung, die mit den Methoden eines Heinrich Schliemann nur noch wenig zu tun hat. Rund um die Welt – von den Anden bis in den Kaukasus, vom Amazonas zum Indus, von der Taiga Sibiriens in die Wüste Omans – stellen Archäologen, Ingenieure und Naturwissenschaftler neue Fragen an alte Zeiten. Und Gisela Graichen zeigt, daß Forschungsergebnisse über die Welt von einst nicht von gestern sein müssen – sondern, daß sie uns wertvolle Anhaltspunkte für unser Leben, für unser Verhalten, für unsere Zukunft geben können. Archäologie geht uns alle an.

Mit zahlreichen Abbildungen

ISBN 3-304-64168-X

BASTEI
LÜBBE

Europa im fünfzehnten Jahrhundert. Michel Melzer, ein Spiegelmacher aus Mainz, reist in das ferne Konstantinopel, um sein Glück zu machen. Durch Zufall gelangt er dort in den Besitz einer Erfindung, die unermeßlichen Reichtum verspricht: das Geheimnis der künstlichen Schrift. Dadurch gerät er in den Konflikt zwischen dem Kaiser von Byzanz und dem türkischen Sultan, dem Papst in Rom und dem Dogen von Venedig.

Doch der Spiegelmacher läßt sich allein vom Zauber der schönen Lautenspielerin Simonetta blenden, die im Dienst einer fremden Macht steht, welche die Schwarze Kunst für ihre eigenen Zwecke mißbrauchen will.

»Philipp Vandenberg ist ein Meister in der Verwandlung historischer Stoffe zu spannend-farbigen Romanen.«
AACHENER ZEITUNG

ISBN 3-404-14277-2

Das versunkene	Das fünfte	Der Schatz
Hellas	Evangelium	des Priamos
3-404-64070-5	3-404-12276-3	3-404-61423-2

Philipp
VANDENBERG
Der Meister des archäologischen Thrillers

Der Fluch des	Das Pharao-	Der
Kopernikus	Komplott	Pompejaner
3-404-12039-7	3-404-11883-9	3-404-11366-7

Der grüne
Skarabäus
3-404-12594-0

Sixtinische
Verschwörung
3-404-11606-0

Die heimlichen
Herrscher
3-404-61441-0

Mitreissende Spannung zwischen Antike und Gegenwart »Seit 15 Jahren wird alles, was Philipp Vandenberg schreibt, zum Bestseller.«

Der Fluch
der Pharaonen
3-404-64067-5

Nofretete
3-404-61200-0

Nofretete, Echnaton
und ihre Zeit
3-404-64155-8

Hans-Christian Huf

sphinx
Geheimnisse der Geschichte

Von Ramses II. bis zum Ersten Kaiser von China

Mit *Sphinx 1* und *Sphinx 2* gelang es Hans-Christian Huf, ein großes Publikum für die Geheimnisse der Geschichte zu begeistern. Der dritte Band der erfolgreichen Serie widmet sich »Rätselhaften Gestalten und Geheimnissen aus drei Jahrtausenden« – Gestalten und Geheimnissen, über die es zahlreiche Legenden gibt. *Sphinx 3* macht sich auf die Suche nach der Wahrheit.
Aus dem Inhalt:

Sehnsucht nach Unsterblichkeit: Ramses II.
Menschenjagd im Namen Gottes: Inquisition und Hexenverfolgung.
Der Fall Maria Stuart.
Das Rätsel der sieben Weltwunder.
Nero – Plädoyer für eine Bestie.
Auf den Spuren des Ersten Kaisers von China.

»Meilensteine der Geschichte – spannende Geschichtslektionen, die Spaß machen.«
Augsburger Allgemeine

Mit zahlreichen Abbildungen

ISBN 3-304-64166-3

BASTEI LÜBBE

»Das beste populäre Werk, das über Troia geschrieben worden ist.«

Prof. Dr. Manfred Korfmann

Troia – die rätselhafte Stadt vom Beginn der abendländischen Kulturgeschichte, die eineinhalb Jahrtausende lang
verschollen war und deren Geheimnisse bis heute noch
nicht gelüftet sind. Seit kurzem graben Archäologen wieder in Troia – mit faszinierenden Entdeckungen. Birgit
Brandau durfte ihnen mehrere Jahre lang über die Schulter
schauen. Herausgekommen ist dieses bemerkenswerte,
durchaus kritische Buch, »streckenweise spannend wie ein
Krimi« (SDR), das den Leser nicht nur mit der Ge-schich-
te Troias und seiner Entdeckung, sondern auch mit den
Methoden der modernen Archäologie und ihren überra-
schenden Forschungsergebnissen vertraut macht.

ISBN 3-404-64165-5

BASTEI
LÜBBE

China, gegen Ende des neunzehnten Jahrhunderts: Nach dem Tod des letzten Kaisers hält seine Witwe T'se-hi die Macht in Händen. Skrupellos und mit eiserner Härte lenkt sie die Geschicke des Reiches, das von inneren und äußeren Feinden bedroht wird. Das Zentrum ihrer Macht liegt in der Verbotenen Stadt, im Herzen von Peking – einem Ort, den kein gewöhnlicher Steblicher betreten darf. Unterstützung erfährt sie von der seit Jahrzehnten in China ansässigen Kaufmannsfamilie Barrington, deren Schicksal eng mit der politischen Entwicklung des Reiches verbunden ist. Als die Japaner China in einen Krieg verwickeln und chinesische Patrioten, die sogenannten Boxer, allen Ausländern mit großer Feindseligkeit begegnen, müssen die Barringtons um ihr Überleben kämpfen. Mit der *Herrscherin der Verbotenen Stadt* knüpft ALAN SAVAGE an sein China-Epos *Die weiße Lotosblüte* an und schildert die weiteren Abenteuer der Familie Barrington im Reich der Mitte.

ISBN 3-404-1442-3